COMPÊNDIO DE INTRODUÇÃO À

CIÊNCIA DO DIREITO

SOBRE A AUTORA

Detentora de inúmeros prêmios desde os tempos de seu bacharelado na PUCSP, Maria Helena Diniz tem brilhante carreira acadêmica, com cursos de especialização em Filosofia do Direito, Teoria Geral do Direito, Direito Administrativo, Tributário e Municipal.

Além de parecerista, é autora de mais de trinta títulos publicados pelo selo Saraiva Jur, tendo traduzido consagradas obras do direito italiano e escrito mais de 150 artigos em importantes revistas jurídicas nacionais e internacionais. Todas as suas obras têm alcançado excelente aceitação do grande público profissional e universitário, como a prestigiada coleção *Curso de direito civil brasileiro* (8 volumes), que é maciçamente adotada nas faculdades de Direito de todo o país. Igual caminho têm seguido seus outros títulos:

- *A ciência jurídica*
- *As lacunas no direito*
- *Atualidades jurídicas* (em coordenação – 7 volumes)
- *Código Civil anotado*
- *Código Civil comentado* (em coautoria – esgotado)
- *Comentários ao Código Civil* v. 22
- *Compêndio de introdução à ciência do direito*
- *Conceito de norma jurídica como problema de essência*
- *Conflito de normas*
- *Dicionário jurídico* (4 volumes)
- *Dicionário jurídico universitário*
- *Direito à integridade físico-psíquica*: novos desafios – *e-book* (no prelo)
- *Direito fundacional*
- *Função social e solidária da posse* (em coautoria – no prelo)
- *Lei de Introdução às Normas do Direito Brasileiro interpretada*
- *Lei de Locações de Imóveis Urbanos comentada*
- *Lições de direito empresarial*
- *Manual de direito civil*
- *Norma constitucional e seus efeitos*
- *O direito civil no século XXI* (em coordenação – esgotado)
- *O estado atual do biodireito*
- *Sistemas de registro de imóveis*
- *Sucessão do cônjuge, do companheiro e outras histórias* (em coordenação)
- *Tratado teórico e prático dos contratos* (5 volumes)
- *Desconsideração da personalidade jurídica:* uma interdisciplina (em coautoria)

É incontestável a importância do trabalho desta autora, sem dúvida uma das maiores civilistas do nosso tempo.

A editora

Maria Helena Diniz

Mestre e Doutora em Teoria Geral do Direito e Filosofia do Direito pela PUCSP. Livre-docente e Titular de Direito Civil da PUCSP por concurso de títulos e provas. Professora de Direito Civil no curso de graduação da PUCSP. Professora de Filosofia do Direito, de Teoria Geral do Direito e de Direito Civil Comparado nos cursos de pós-graduação (mestrado e doutorado) em Direito da PUCSP. Coordenadora do Núcleo de Pesquisa em Direito Civil Comparado nos cursos de pós-graduação em Direito da PUCSP. Professora emérita da Faculdade de Direito de Itu. Membro benemérito do Instituto Silvio Meira. Sócia honorária do IBDFAM. Membro da Academia Paulista de Direito (cadeira 62 – patrono Oswaldo Aranha Bandeira de Mello), da Academia Notarial Brasileira (cadeira 16 – patrono Francisco Cavalcanti Pontes de Miranda), do Instituto dos Advogados de São Paulo e do Instituto de Direito Comparado Luso-Brasileiro. Membro honorário da Federação dos Advogados de Língua Portuguesa (FALP). Presidente do Instituto Internacional de Direito.

COMPÊNDIO DE INTRODUÇÃO À CIÊNCIA DO DIREITO

INTRODUÇÃO À TEORIA GERAL DO DIREITO, À FILOSOFIA DO DIREITO, À SOCIOLOGIA JURÍDICA, À LÓGICA JURÍDICA, À NORMA JURÍDICA E À APLICAÇÃO DO DIREITO

29ª EDIÇÃO

gen | saraiva jur

- Data de fechamento do livro: *21.08.2025*

- **Atendimento ao cliente: (11) 5080-0751 | faleconosco@grupogen.com.br**

Publicada pelo selo **SaraivaJUR**
Uma editora integrante do GEN | Grupo Editorial Nacional
Travessa do Ouvidor, 11
Rio de Janeiro – RJ – 20040-040
www.grupogen.com.br

- Capa: Paulo Cadoni

- Editoração eletrônica: Padovan Serviços Gráficos e Editoriais

- **CIP-BRASIL. CATALOGAÇÃO NA PUBLICAÇÃO**
SINDICATO NACIONAL DOS EDITORES DE LIVROS, RJ

D612c
29. ed.

Diniz, Maria Helena, 1956-
Compêndio de introdução à ciência do direito : introdução à teoria geral do direito, à filosofia do direito, à sociologia jurídica, à lógica jurídica, à norma jurídica e aplicação do direito / Maria Helena Diniz. – 29. ed. – Rio de Janeiro : Saraiva Jur, 2026.

Inclui bibliografia
ISBN 9788553623693

1. Direito - Filosofia. I. Título.

25-100047.0 CDU: 340.12

Carla Rosa Martins Gonçalves – Bibliotecária – CRB-7/4782

Ao Prof. Dr. Goffredo da Silva Telles Jr. (*in memoriam*),
meu mestre de ontem, de hoje
e de sempre.

"Un buen jurista dejaría de ser un buen jurista si en todo momento de su vida profesional no fuera enteramente consciente, al mismo tiempo que de la necesidad de su disciplina, de la profunda problematicidad de la misma" (Gustav Radbruch, ***Filosofía del derecho***, 2. ed., Madrid, Revista de Derecho Privado, 1944, p. 208).

Índice

Capítulo III

Conceitos jurídicos fundamentais

Prefácio

Neste livro não pesquisamos o direito, mas a própria ciência que se ocupa dos fenômenos jurídicos, ou seja, a *ciência jurídica*, porque a introdução à ciência do direito pretende dar aos que se iniciam no estudo do direito não só uma visão panorâmica e sintética das principais fundamentações doutrinárias da ciência jurídica, sem repudiar qualquer delas, mas também delimitar os conceitos básicos da elaboração científica do direito.

Procuramos oferecer, de modo simples e objetivo, a base informativa necessária aos estudantes do direito, para que eles, compreendendo como se constitui e se caracteriza o conhecimento do jurista, possam iniciar uma viagem nos domínios da ciência jurídica e adotar uma atitude analítica e crítica diante das questões de direito.

É mister deixar bem claro que este ensaio está longe de ser um tratado completo da ciência jurídica, pois não tem a pretensão de esgotar todas as questões relativas ao conhecimento jurídico-científico. Trata-se de uma obra com cunho didático, por isso colocamos ao final de cada ponto um quadro sinótico, para proporcionar uma visão global da matéria ministrada. As referências bibliográficas auxiliarão os estudiosos na busca de leituras complementares mais profundas e ricas em investigações científico-jurídicas.

Ante o grande número de concepções epistemológico-jurídicas que pretendem explicar a ciência do direito, cada qual sob um prisma diverso, concluímos que não se deve aceitar rótulo doutrinário que a circunscreva dentro de certo sectarismo, uma vez que o jurista contemporâneo tem necessidade de acolher todas as contribuições teóricas, para nelas identificar as diretrizes comuns e essenciais, mediante um trabalho de reflexão e comparação, pois todas as concepções surgidas na história da ciência jurídica, por mais hostis que sejam, trazem sua parcela para o patrimônio geral do conhecimento científico-jurídico.

Evitamos o monopólio de uma teoria, visto que os problemas epistemológicos não mais se resolvem por uma especulação abstrata ou por um mergulho no pensamento puro, por ser impossível compreender, em todo o seu alcance científico-filosófico, a ciência do direito sem o recurso a todas as noções fundamentais contidas nas teorias clássicas e modernas. Todavia, reconhecendo que há pontos discutíveis e opiniões prováveis, confessamos que certas posições tomadas pelo nosso espírito advieram de princípios filosóficos assentados como base, por nos parecerem mais expressivos para configurarem a ciência do direito e os conceitos jurídicos fundamentais.

Maria Helena Diniz

CAPÍTULO I

Natureza epistemológica da introdução à ciência do direito

1. INTRODUÇÃO À CIÊNCIA DO DIREITO E SEU CARÁTER PROPEDÊUTICO OU ENCICLOPÉDICO

A *introdução à ciência do direito* é uma matéria, ou um sistema de conhecimentos, que tem por escopo fornecer uma noção global ou panorâmica da ciência que trata do fenômeno jurídico, propiciando uma compreensão de conceitos jurídicos comuns a todas as disciplinas do currículo do curso de direito e introduzindo o estudante e o jurista na terminologia técnico-jurídica. É, por isso, uma enciclopédia, por conter, além dos conhecimentos filosóficos, os conhecimentos de ordem científica — sem, contudo, resumir os diversos ramos ou especializações do direito — e por abranger, não só os aspectos jurídicos, mas também os sociológicos e históricos.

Trata-se de uma disciplina essencialmente preparatória ou propedêutica ao ensino dos vários ramos jurídicos, devido às noções básicas e gerais que visa transmitir, constituindo uma ponte entre o curso médio e o superior. Poder-se-ia trazer à colação, para justificar essa matéria no curso de direito, as sábias palavras de Victor Cousin, ao pleitear, em 1814, a sua criação, em França, transcritas por Lucien Brun: "Quando os jovens estudantes se apresentam em nossas escolas, a jurisprudência é para eles um país novo do qual ignoram completamente o mapa e a língua. Dedicam-se de início ao estudo do direito civil e ao do direito romano, sem bem conhecer o lugar dessa parte do direito no conjunto da ciência jurídica, e chega o momento em que, ou se desgostam da aridez desse estudo especial, ou contraem o hábito dos detalhes e a antipatia pelas vistas gerais. Um tal método de ensino é bem pouco favorável a estudos amplos e profundos. Desde muito tempo os bons espíritos reclamam um curso preliminar que tenha por objeto orientar de algum modo os jovens estudantes no labirinto da jurisprudência; que dê uma vista geral de todas as partes da ciência jurídica, assinale o objeto distinto e especial de cada uma delas e, ao mesmo tempo, sua recíproca dependência e o laço íntimo que as une; um curso que estabeleça o método geral a seguir no estudo do direito, com as modificações particulares que cada ramo reclama; um curso, enfim, que faça conhecer as obras importantes que marcaram o progresso da ciência. Um tal curso reabilitaria a ciência do direito para a juventude, pelo caráter de unidade que lhe imprimiria, e exerceria uma influência feliz sobre o trabalho dos alunos e seu desenvolvimento intelectual e moral".

A *introdução à ciência do direito* não consiste apenas no conjunto de noções propedêuticas necessárias para que o estudante possa embrenhar-se, com proveito, na selva emaranhada dos estudos jurídicos, nem no instrumento que há de guiar o principiante no áspero caminho que começa a transitar, por ser também o saber que expõe as linhas fundamentais da ciência jurídica.

Comparada a um mapa que guia o viajante recém-chegado pela imensidão do continente jurídico, a *introdução à ciência do direito* responde, obviamente, à necessidade de uma disciplina com caráter enciclopédico ou geral no curso jurídico.

Tal matéria já foi rotulada como: introdução ao direito, introdução às ciências jurídicas, enciclopédia jurídica, introdução geral ao direito, introdução enciclopédica ao direito, introdução ao direito e às ciências sociais, introdução às ciências jurídicas e sociais, prolegômenos do direito, teoria geral do direito etc. No Brasil, essa disciplina tornou-se obrigatória nos cursos jurídicos pelo Decreto n. 19.852/31, com a denominação *introdução à ciência do direito*. Com a aprovação da Resolução n. 3, de 25 de fevereiro de 1972, pelo Conselho Federal de Educação, a tradicional denominação introdução à ciência do direito, que era oficial desde 1931, foi substituída por *introdução ao estudo do direito*, incluída entre as matérias básicas como pré-requisito de todas as disciplinas profissionais. Atualmente, pela Portaria n. 1.886/94, art. 6º, I, do Ministério da Educação e do Desporto, tal disciplina recebe a designação de *Introdução ao Direito*. Contudo, preferimos a designação *introdução à ciência do direito*, pelo seu rigor técnico, inquestionável[1].

1. Luiz Fernando Coelho, *Teoria da ciência do direito*, São Paulo, Saraiva, 1974, p. 1; Francisco Uchoa de Albuquerque e Fernanda Maria Uchoa, *Introdução ao estudo do direito*, São Paulo, Saraiva, 1982, p. 36-8; Paulo Nader, *Introdução ao estudo do direito*, Rio de Janeiro, Forense, 2004; J. M. Leoni Lopes de Oliveira, *Introdução ao direito*. Ed. Lumen Juris, 2004; A. Machado Pauperio, *Introdução ao estudo do direito*, Rio de Janeiro, Forense, 1981, p. 13, 15 e 16; Daniel Coelho de Souza, *Introdução à ciência do direito*, 4. ed., São Paulo, Saraiva, 1983, p. V, IX e X; A. L. Machado Neto, *Teoria da ciência jurídica*, São Paulo, Saraiva, 1975, p. 2 e 9; *Compêndio de introdução à ciência do direito*, 5. ed., São Paulo, Saraiva, 1984, p. 3; Djacir Menezes, *Introdução à ciência do direito*, 4. ed., Rio de Janeiro, 1964, p. 283; Abelardo Torré, *Introducción al derecho*, 6. ed., Abeledo-Perrot, Buenos Aires, p. 84 e s.; Arturo Orgaz, *Lecciones de introducción al derecho y a las ciencias sociales*, Córdoba, 1945, p. 8; Rui Ribeiro de Magalhães, *introdução ao estudo do direito*, São Paulo, Juarez de Oliveira, 2003; Luiz Carlos Branco, *Manual de introdução ao direito*, Millennium, 2003. Sílvio de Salvo Venosa, *Introdução ao estudo do direito*, São Paulo, Atlas, 2004; Lair da S. Loureiro Filho, *Introdução ao direito*, Belo Horizonte, Del Rey, 2009; Rosa Maria de A. Nery, *Teoria geral do direito privado*, São Paulo, Revista dos Tribunais, 2008; Ricardo P. Braga, *Juristocracia e o fim da democracia*, Londrina, Editora E.D.A., 2021, p. 63 a 67. No texto de Lucien Brun o termo *Jurisprudência* está sendo empregado como sinônimo de *ciência jurídica*.

2. INTRODUÇÃO À CIÊNCIA DO DIREITO E EPISTEMOLOGIA JURÍDICA

A introdução à ciência do direito[2] não é uma ciência, mas uma enciclopédia, visto que contém conhecimentos científicos (jurídicos, sociológicos e, às vezes, históricos), filosóficos, introdutórios ao estudo da ciência jurídica.

A introdução à ciência do direito não possui um prisma próprio para contemplar o direito, fazendo as vezes de filosofia jurídica, quando procura expor os conceitos universais do direito, que constituem os pressupostos necessários de quaisquer fenômenos jurídicos; de dogmática jurídica, quando discute normas vigentes em certo tempo e lugar e aborda os problemas da aplicação jurídica; de sociologia jurídica, quando analisa os fatos sociais que exercem influência na seara jurídica, por intervirem na gênese e desenvolvimento do direito; de história jurídica, quando contempla o direito em sua dimensão temporal, considerando-o como um dado histórico-evolutivo que se desenrola através dos tempos. Falta-lhe, portanto, unidade de objeto, ou seja, um campo autônomo e próprio de pesquisa. Não é uma ciência,

---

2. Numerosas são as obras sobre tal disciplina, dentre elas destacam-se as de: Paulo Dourado de Gusmão, *Introdução à ciência do direito*, Rio de Janeiro, Forense, 1959; A. L. Machado Neto, *Compêndio*, cit.; J. Flóscolo da Nóbrega, *Introdução ao direito*, 3. ed., Rio de Janeiro, Konfino, 1965; Luiz Fernando Coelho, *Teoria*, cit.; Francisco Uchoa de Albuquerque e Fernanda Maria Uchoa, *Introdução*, cit., p. 26 e 27; A. Machado Pauperio, *Introdução*, cit.; Daniel Coelho de Souza, *Introdução*, cit.; André Franco Montoro, *Introdução à ciência do direito*, 3. ed., São Paulo, Livr. Martins Ed., 1972, v. 1 e 2; François Rigaux, *Introduction à la science du droit*, Bruxelles, Ed. Vie Ouvrière, 1974; Wilson de Souza Campos Batalha, *Introdução ao direito*, São Paulo, Revista dos Tribunais, 1967; Djacir Menezes, *Introdução*, cit.; A. B. Alves da Silva, *Introdução à ciência do direito*, São Paulo, Ed. Salesianas, 1940; Julien Bonnecase, *Introduction à l'étude du droit*, Paris, Sirey, 1931; Carlos Mouchet e Ricardo Zorraquín Becu, *Introducción al derecho*, 7. ed., Buenos Aires, Abeledo-Perrot, 1970; Legaz y Lacambra, *Introducción a la ciencia del derecho*, Barcelona, Bosch, 1943; Alessandro Groppali, *Avviamento allo studio del diritto*, Milano, Giuffrè, 1951; Eduardo García Máynez, *Introducción al estudio del derecho*, México, Porrúa, 1972; Gaston May, *Introduction à la science du droit*, Paris, Ed. M. Giard, 1932; J. Haesaert, *Théorie générale du droit*, Émile Bruylant, Bruxelles, 1948; Aftalión, García Olano e J. Vilanova, *Introducción al derecho*, 5. ed., Buenos Aires, El Ateneo, 1956, 2 v.; Miguel Reale, *Lições preliminares de direito*, São Paulo, Saraiva, 1976; Hermes Lima, *Introdução à ciência do direito*, Rio de Janeiro, Freitas Bastos, 1970; Vicente Ráo, *O direito e a vida dos direitos*, São Paulo, Max Limonad, 1952; Benjamin de Oliveira Filho, *Introdução à ciência do direito*, Tip. Jornal do Comércio, Rio de Janeiro, 1954; Tercio Sampaio Ferraz Jr., *Introdução ao estudo do direito*, São Paulo, Atlas, 1988; Wilson José Gonçalves, *Lições de introdução ao estudo do direito*, Campo Grande, UCDB, 2000, v. 1 e 2; José Fábio Rodrigues Maciel, *Teoria geral do direito*, São Paulo, Saraiva, 2004; Jean-Louis Bergel, *Teoria geral do direito*, São Paulo, Martins Fontes, s/d; Jacy de Souza Mendonça, *Introdução ao estudo do direito*, São Paulo, Saraiva, 2002; Luiz Carlos Branco, *Manual de introdução ao direito*, São Paulo, Millennium, 2003; Dimitri Dimoulis, *Manual de introdução ao estudo do direito*, São Paulo, Revista dos Tribunais, 2003; Goffredo Telles Jr., *Iniciação na ciência do direito*, São Paulo, Saraiva, 2001, e *Estudos*, São Paulo, Ed. Juarez de Oliveira, 2005; Luís A. Warat, *Introdução geral do direito*, Porto Alegre, Fabris, 1997, v. I, II e III; Luiz Fernando Coelho, *Aulas de introdução ao direito*, Barueri, Manole, 2004; Sílvio de Salvo Venosa, *Introdução ao estudo do direito*, São Paulo, Atlas, 2004; Ricardo R. Gama, *Curso de Introdução ao Direito*, São Paulo, Ed. Juarez de Oliveira, 2006; Friedrich Müller, *Teoria estruturante do direito*, São Paulo, Revista dos Tribunais, 2008; Carlos Camillo, *Manual da Teoria Geral do Direito*, São Paulo, Almedina, 2019.

por não ter objeto próprio, mas, apesar disso, é uma disciplina epistemológica, como nos ensina A. L. Machado Neto, porque:

a) Responde às seguintes questões: O que é a ciência do direito? Qual o seu objeto específico? Qual o seu método? A que tipo de ciência pertence? Como se constitui e caracteriza o conhecimento do jurista?

Essas interrogações existem, surgem a cada momento na vida do cientista do direito, pois concernem a um dos problemas jusfilosóficos fundamentais, tornando necessário procurar-lhes, senão uma resposta definitiva, pelo menos um esclarecimento à altura de sua importância para o mundo jurídico.

Compete à filosofia do direito solucionar o problema do conhecimento jurídico, na sua parte especial designada *epistemologia jurídica*, que, no sentido estrito, tem a incumbência de estudar os pressupostos, os caracteres do objeto, o método do saber científico e de verificar suas relações e princípios. Nesse sentido a *epistemologia jurídica* é a *teoria da ciência jurídica*, tendo por objetivo investigar a estrutura da ciência, ou seja, visa o estudo dos problemas do objeto e método da ciência do direito, sua posição no quadro das ciências e suas relações com as ciências afins. A epistemologia é considerada, em sentido amplo, como sinônimo de gnoseologia, parte integrante da filosofia que estuda crítica e reflexivamente a origem, a natureza, o alcance, os limites e o valor da faculdade humana de conhecimento e os critérios que condicionam a sua validade e possibilidade. É a teoria do conhecimento em geral e não apenas do saber científico; é a teoria do conhecimento jurídico em todas as suas modalidades: conceitos jurídicos, proposições, raciocínio jurídico etc. Depreende-se daqui que a epistemologia difere da teoria do conhecimento ou gnoseologia, visto que estuda o conhecimento na diversidade das ciências e dos objetos, enquanto aquela o considera na unidade do espírito. Logo, a epistemologia jurídica é a teoria da ciência do direito, um estudo sistemático dos pressupostos, objeto, método, natureza e validade do conhecimento jurídico-científico, verificando suas relações com as demais ciências, ou seja, sua situação no quadro geral do conhecimento[3].

Ante o exposto, fácil é concluir que a *introdução à ciência do direito* é uma *epistemologia jurídica*, já que alude não ao direito, mas à ciência que trata dos fenômenos jurídicos, de maneira a responder à questão sobre o que é a ciência jurídica como uma introdução, a fim de que o estudante não a confunda com direito, que é seu objeto, o que levaria a uma inversão de conceitos, comprometendo o nível teórico dos juristas.

O autor de uma obra sobre "introdução à ciência do direito" deve dar, pelo menos, uma ideia do que seja a ciência jurídica, deixando claro que não está tratando do direito, que é tarefa do jurista. O professor de introdução à ciência do direito, situando-se na categoria intelectual de quase jusfilósofo, ocupa-se, no dizer de Ortega y Gasset, com algo *que tem que ver* com o direito, mas que não se identifica com ele.

---

3. O vocábulo *epistemologia* advém do grego *epistéme* que significa ciência e *logos*, ou seja, estudo; e o termo *gnoseologia* é oriundo do grego *gnosis* que indica conhecimento. *V.* A. Franco Montoro, *Introdução*, cit., v. 1, p. 130; A. L. Machado Neto, *Teoria da ciência jurídica*, cit., p. 4; Miguel Reale, *Filosofia do direito*, 5. ed., São Paulo, Saraiva, v. 1, p. 40 e 160; Johannes Hessen, *Teoría del conocimiento*, Buenos Aires, Losada, p. 21; André Lalande, Épistémologie e gnoséologie, in *Vocabulaire téchnique et critique de la philosophie*, 4. ed., Paris, PUF, 1968, v. 2; A. Xavier Teles, *Introdução ao estudo da filosofia*, Ática, 1965, p. 55; Victor F. Lenzen, Philosophy of science, in *Twentieth century philosophy*, New York, Ed. Runes, 1943, p. 109.

Quem trata do direito está elaborando ciência jurídica, mas quem se ocupa com a ciência do direito está fazendo epistemologia. Daí o nítido teor epistemológico da introdução à ciência do direito, que busca apresentar, esquematicamente, os vários problemas ou questões que se apresentam à ciência jurídica.

b) Define e delimita, com precisão, os conceitos jurídicos fundamentais que serão utilizados pelo jurista para a elaboração da ciência jurídica. Tais conceitos básicos abrangem os de relação jurídica, fonte jurídica, direito objetivo e subjetivo, direito público e privado, fato jurídico, sanção e interpretação, integração, aplicação da norma no tempo e no espaço etc. Sem a determinação desses conceitos, o jurista não poderá realizar sua tarefa intelectual. Este estudo, que é objeto da *teoria geral do direito*, segundo muitos autores, por ser considerado o centro vital da introdução à ciência do direito, possui, indiscutivelmente, caráter epistemológico, por ser um conhecimento de natureza filosófica.

c) Apresenta, sistematicamente, a evolução das escolas científico-jurídicas que predominaram na história, para familiarizar o estudante com as correntes fundamentais do pensamento jurídico[4].

Exige-se, hodiernamente, ante o fato de se dar à normatividade do direito uma nova dimensão, que o jurista tenha um conhecimento sistemático do ordenamento jurídico, voltado à jusfilosofia, para fixar toda a riqueza da vida jurídica, essencialmente dinâmica, sob pena de ser absorvido pela mediocridade. A definição destes novos rumos da ciência do direito é a grande tarefa da epistemologia jurídica, como introdução à ciência do direito e teoria da ciência jurídica[5].

À guisa de conclusão, pode-se dizer que a *introdução à ciência do direito* é uma disciplina epistemológica, por dar ao estudante e ao cientista não só a visão sintética da ciência jurídica como também a noção dos conceitos jurídicos fundamentais[6].

Já que a *introdução à ciência do direito* é uma disciplina eminentemente formativa, destinada a criar no estudioso uma mentalidade jurídica, proporcionando-lhe uma bagagem cultural para a compreensão da ciência jurídica e dos conceitos jurídicos básicos para a elaboração científica do direito, procuramos nesta obra abordar sua temática em apenas dois grandes capítulos: *Ciência jurídica* e *Conceitos jurídicos fundamentais*.

4. A. L. Machado Neto, *Teoria da ciência jurídica*, cit., p. 2-10; e *Compêndio*, cit., p. 3-9; Miguel Reale, *Lições preliminares*, cit., p. 11; M. Helena Diniz, *A ciência jurídica*, Prefácio, 2. ed., São Paulo, Resenha Universitária, 1982, p. 11 e 12, nota 30; A. B. Alves da Silva, *Introdução*, cit., p. 2; Luiz Fernando Coelho, *Teoria*, cit., p. 6-12; Ortega y Gasset, Apuntes sobre el pensamiento, su teurgia y su demiurgia, in *Obras completas*, 2. ed., Madrid, Revista de Occidente, 1951, v. 5, p. 525; Carlos Mouchet e Ricardo Zorraquín Becu, *Introducción*, cit., p. 83.

5. Luiz Fernando Coelho, *Teoria*, cit., p. 12.

6. A. Machado Pauperio, *Introdução*, cit., p. 16; A. B. Alves da Silva, *Introdução*, cit., p. 2.

QUADRO SINÓTICO

NATUREZA EPISTEMOLÓGICA DA INTRODUÇÃO À CIÊNCIA DO DIREITO

1. CONCEITO DE INTRODUÇÃO À CIÊNCIA DO DIREITO	A introdução à ciência do direito é uma matéria que visa fornecer uma noção global da ciência que trata do fenômeno jurídico, propiciando uma compreensão de conceitos jurídicos comuns a todos os ramos do direito e introduzindo o estudante e o jurista na terminologia técnico-jurídica.
2. CARÁTER PROPEDÊUTICO DA INTRODUÇÃO À CIÊNCIA DO DIREITO	É uma enciclopédia, por conter conhecimentos científicos, abrangendo, além dos aspectos jurídicos, por vezes, até, os sociológicos e históricos, filosóficos, introdutórios ao estudo da ciência jurídica. É uma matéria essencialmente propedêutica ao ensino dos vários ramos jurídicos, constituindo uma ponte entre o curso médio e o superior.
3. CARÁTER EPISTEMOLÓGICO DA INTRODUÇÃO À CIÊNCIA DO DIREITO	A introdução à ciência do direito não é ciência, por faltar-lhe unidade de objeto, mas é uma disciplina epistemológica por: *a*) dar uma visão sintética da ciência jurídica; *b*) definir e delimitar, com precisão, os conceitos jurídicos fundamentais, que serão utilizados pelo jurista na elaboração da ciência jurídica; *c*) apresentar, de modo sintético, as escolas científico-jurídicas.

CAPÍTULO II

Ciência jurídica

1. NOÇÃO PRELIMINAR DE CONHECIMENTO E CORRELAÇÃO ENTRE SUJEITO COGNOSCENTE E OBJETO COGNOSCÍVEL

Este item é imprescindível para a compreensão cabal deste ensaio, pois, para entendermos a ciência jurídica, é mister que esbocemos, sucintamente, algumas noções fundamentais sobre o conhecimento, visto que ciência é conhecimento.

Importa nessa ordem preliminar de considerações levantar a seguinte questão: o que é conhecimento?

Conhecer é trazer para o sujeito algo que se põe como objeto. "É a operação imanente pela qual um sujeito pensante se representa um objeto"[1]. Consiste em levar para a consciência do sujeito cognoscente algo que está fora dele. É o ato de pensar um objeto, ou seja, de torná-lo presente à inteligência[2]. O conhecimento é a apreensão intelectual do objeto. É, na magistral lição de Goffredo Telles Jr., o renascimento do objeto conhecido, em novas condições de existência, dentro do sujeito conhecedor[3]. Apresenta-se, portanto, o conhecimento como uma transferência das propriedades do objeto para o sujeito pensante. Esse renascimento vai alterar de certa maneira o sujeito cognoscente, porque a coisa conhecida será sua parte integrante[4].

Sendo o conhecimento a representação do objeto dentro do sujeito cognoscente, torna-se fácil evidenciar os liames que se estabelecem entre os dois elementos inseparáveis do binômio sujeito e objeto[5].

---

1. Goffredo Telles Jr., *Tratado da consequência*, 2. ed., Bushatsky, 1962, p. 7; *Palavras do amigo aos estudantes de direito*, São Paulo, Ed. Juarez de Oliveira, 2003, p. 97-130.

2. Goffredo Telles Jr., *Tratado*, cit., p. 7 e 8; Miguel Reale, *Filosofia do direito*, 5. ed., Saraiva, v. 1, p. 48. O sujeito é aquele que conhece. O termo objeto advém do latim *ob* e *jectum* — aquilo que se põe diante de nós. "Objeto" é tudo aquilo de que se pode dizer alguma coisa. Ou, como dizem Romero e Pucciarelli (*Lógica*, Buenos Aires, 1948, p. 16, § 2º): "Do ponto de vista formal, denomina-se objeto tudo o que é capaz de admitir um predicado qualquer, tudo o que pode ser sujeito de um juízo. É, pois, a noção mais geral possível, já que não importa que o mencionado objeto exista ou não: basta que dele se possa pensar e dizer algo". Sobre conhecimento, consulte Francisco Uchoa de Albuquerque e Fernanda Maria Uchoa, *Introdução ao estudo do direito*, São Paulo, Saraiva, 1982, p. 1 e 2.

3. Goffredo Telles Jr., *Tratado*, cit., p. 7 e 8. Conhecimento para esse autor é "a tradução cerebral de um objeto". Salienta esse mestre que o vocábulo "conhecimento" decorre de "*cognasci*", significando "*conascimento*" (*v. O direito quântico*, 5. ed., São Paulo, Max Limonad, 1980, p. 204 e 189 e s.).

4. Goffredo Telles Jr., *O direito quântico*, cit., p. 204. Oportuno é lembrar a esse respeito o ensinamento kantiano, segundo o qual com o conhecimento do sujeito transferem-se ao objeto as estruturas próprias do pensamento do conhecedor e se reduz o ser, que é o simples termo do "eu" que conhece. O objeto não é mais do que um produto do sujeito, de sorte que a realidade fica aprisionada às condições em que funcionou o pensamento. *V.* Manuel G. Morente, *Fundamentos de filosofia — lições preliminares*, trad. Guillermo de la Cruz Coronado, 4. ed., São Paulo, Mestre Jou, 1970, p. 125.

5. Jaspers, *Introdução ao pensamento filosófico*, Cultrix, p. 36; Joseph Maréchal, *O ponto de partida da metafísica*, cad. V, sec. II, cap. 1, § 2º, citado por Goffredo Telles Jr., *O direito quântico*, cit., p. 204; N. Hartmann, *Ontologia*

No conhecimento encontram-se frente a frente a consciência cognoscente e o objeto conhecido. A dualidade de sujeito e objeto é uma relação dupla, ou melhor, é uma correlação em que o sujeito é sujeito para o objeto e o objeto é objeto para o sujeito, de modo que não se pode pensar um sem o outro. O sujeito cognoscente tende para o objeto cognoscível. Esta tendência é a intencionalidade do conhecimento, que consiste em sair de si, para o objeto, a fim de captá-lo mediante um pensamento; o sujeito produz um pensamento do objeto. O ato cognoscitivo refere-se a algo heterogêneo a si ou diferente de si. Todo pensamento é apreensão de um objeto; pensar é dirigir a atenção da mente para algo. O objeto, por sua vez, produzirá uma modificação no sujeito conhecedor que é o pensamento. Este, visto do sujeito, nada mais é senão a modificação que o sujeito produziu em si mesmo para apossar-se do objeto; visto do objeto é, como já dissemos, a modificação que o objeto, ao entrar no sujeito, produziu no seu pensamento[6].

Assim sendo, aquilo que o "eu" é, quando se torna sujeito cognoscente, o é em relação ao objeto que conhece. A função do sujeito consiste em apreender o objeto e esta apreensão apresenta-se como uma saída do sujeito de sua própria esfera, invadindo a do objeto e captando as suas propriedades. O objeto captado conserva-se heterogêneo em relação ao sujeito, por ser transcendente, pois existe em si, tendo suas propriedades, que não são aumentadas, diminuídas ou modificadas pela atividade do sujeito que o quer conhecer. Mas, na relação cognoscitiva, segundo os moldes kantianos, não é um "ser em si", como uma realidade transcendente; despoja-se desse caráter de existente por si e em si e converte-se em um ser "para" ser conhecido, em um ser posto, logicamente, pelo sujeito pensante como objeto de conhecimento. Aquilo que o objeto a conhecer é, o é não "em si" mas em relação ao sujeito conhecedor[7]. O objeto enquanto conhecido é uma imagem e não algo do mundo extramental. Essa imagem não é uma cópia de um objeto, apesar de ser a tradução cerebral desse objeto, não é idêntica a ele por ser mais pobre em elementos determinantes[8].

---

y fundamentos, México, 1954, p. 147; Miguel Reale (Sentido do pensar no nosso tempo, *RBF*, fasc. 100, p. 391) escreve: "O caráter intencional da consciência e a correlação funcional subjetivo-objetiva são condições do conhecimento".

6. Johannes Hessen, *Teoria do conhecimento*, 5. ed., Coimbra, Arménio Amado Ed., 1970, p. 26; P. Stanislavs Ladusans, Fenomenologia da estrutura dinâmica do conhecimento, *Anais do VIII Congresso Interamericano de Filosofia*, v. 1, p. 379 e 380; Manuel G. Morente, *Fundamentos de filosofia*, p. 145-6 e 167; Miguel Reale, Sentido do pensar em nosso tempo, *RBF*, cit., fasc. 100, p. 392-5.

7. Manuel G. Morente, *Fundamentos de filosofia*, cit., p. 147-217, 143 e 244-63.

8. Goffredo Telles Jr. (*O direito quântico*, cit., p. 209-14, 217-74, 277-82) escreve: Mesmo quando o estímulo deixa de excitar um órgão sensório, perdura o conhecimento. Esse conhecimento é a imagem, que é o que fica no cérebro, de uma sensação cessada. As sensações é que são objetos do conhecimento. Os objetos do mundo exterior permaneceriam inacessíveis ao conhecimento, pois, ao estimularem os órgãos dos sentidos, apenas produzem impulsos nervosos sempre iguais. Esta afirmação não nega o mundo exterior, isto porque o conhecimento é efeito da ação dos objetos sobre os órgãos dos sentidos; se assim não fosse não haveria explicação possível para a existência de sensações. Cada sensação é a tradução individualizada de um determinado objeto ou estímulo. A percepção individualizada de um todo — de uma árvore, de uma música, p. ex. — resulta da conjugação de sensações individualizadas das partes desse todo. Os órgãos dos sentidos ao serem impressionados por um objeto do mundo exterior lançam, pelos nervos aferentes, um conjunto harmônico de impulsos e não apenas um só impulso. Esses impulsos produzem, no cérebro, sensações reciprocamente ajustadas, compondo a percepção do objeto que agiu como estímulo. A qualidade da sensação depende do centro cerebral a que o impulso é levado. As imagens são interpretações dadas pelo cérebro a esses impulsos. O cérebro não se limita a traduzir em sensações os impulsos nervosos, mas também ordena as reações do organismo, em resposta aos estímulos que excitaram as células nervosas... A imagem não é cópia de um objeto, isto porque toda cópia é cópia de um objeto já conhecido. Como copiar o que não se conhece?... O objeto é para o sujeito sempre diferente, segundo os aspectos com que se examina, pois muda de aspecto conforme o ângulo em que é visto, conforme a distância que o separa do conhecedor etc. Observa, ainda, Jolivet (*Curso de filosofia*, Ed. Agir, 1965, v. 3) que, deveras, a razão não é uma cera passiva onde as sensações se inscrevem, mas um órgão ativo que as ordena, transformando a multiplicidade caótica dos fatos da experiência em ordenadas unidades do pensamento. A coisa em si (em oposição à coisa tal qual aparece) permanece, de certo modo, uma in-

O sujeito cognoscente é sujeito apenas enquanto há objeto a apreender e o objeto é somente objeto de conhecimento quando for apreendido pelo sujeito. Logo, todo conhecimento envolve três ingredientes: o "eu" que conhece; a atividade ou ato que se desprende desse "eu" e o objeto atingido pela atividade[9].

Nítida é a correlação entre o sujeito pensante e o objeto pensado. Esse relacionamento intelectual entre ambos é o que chamamos de conhecimento. Há dualidade de pensamento e objeto[10].

Cabe salientar ainda que o conhecimento de algo está condicionado pelo sistema de referência daquele que conhece, logo, não há conhecimento absoluto, pois ele só pode ser relativo[11].

Ao se relacionar um conhecimento a um sistema de referência, formula-se um juízo, que é o ato mental pelo qual se afirma ou se nega uma ideia. Impossível é o conhecimento sem esta operação de enunciar e combinar juízos entre si, uma vez que o conhecimento implica sempre uma coerência entre os juízos que se enunciam e, além disso, só se poderia transmitir conhecimentos mediante juízos[12].

QUADRO SINÓTICO

NOÇÃO PRELIMINAR DE CONHECIMENTO E CORRELAÇÃO ENTRE SUJEITO COGNOSCENTE E OBJETO COGNOSCÍVEL

1. CONCEITO DE CONHECIMENTO	Segundo Goffredo Telles Jr., conhecimento é o renascimento do objeto conhecido, em novas condições de existência dentro do sujeito conhecedor.
2. CORRELAÇÃO ENTRE SUJEITO E OBJETO	Nítida é a correlação entre sujeito pensante e objeto pensado, por ser o conhecimento a representação do objeto dentro do sujeito cognoscente, de modo que aquilo que o "eu" é, quando se torna sujeito conhecedor, o é em relação ao objeto que conhece, e aquilo que o objeto a conhecer é, o é não "em si", mas em relação ao sujeito pensante, isto é, converte-se em um ser "para" ser conhecido, em um ser posto, logicamente, pelo sujeito cognoscente como objeto de conhecimento.

cógnita, segundo Kant. Admite esse filósofo a realidade do objeto independente do sujeito pensante. As coisas em si ou *noumenons* são incognoscíveis.

9. Luiz Fernando Coelho, *Teoria da ciência do direito*, São Paulo, Saraiva, 1974, p. 14.

10. A dualidade entre sujeito pensante e objeto é universal. Se pensamos uma maçã mediante o pensamento de uma maçã, ambas as coisas não se identificam; a maçã é doce e posso mordê-la, o pensamento nem é doce, nem tem a possibilidade de ser mordido. Se penso um triângulo mediante o pensamento de um triângulo, o triângulo possui três ângulos, mas o pensamento que lhe é correspondente carece de ângulos (*v.* Carlos Cossio, *Teoría egológica del derecho y el concepto jurídico de libertad*, 2. ed., Buenos Aires, Abeledo-Perrot, 1964, p. 227).

11. Goffredo Telles Jr. (*O direito quântico*, cit., p. 284-93) entende que o sistema de referência é produto de muitas causas: do legado genético, aprendizagem, experiências etc. Cada homem possui seu próprio universo cognitivo, mas seu sistema de referência pode não pertencer exclusivamente a ele, por ser de uma comunidade inteira. Oriundos das mesmas contingências, é natural que os sistemas de referência de pessoas de um mesmo grupo sejam semelhantes uns aos outros. Tais sistemas constituem um patrimônio cultural comum.

12. *V.* Ladusans, Fenomenologia, *Anais do VIII Congresso Interamericano de Filosofia*, cit., p. 386; Miguel Reale, *Filosofia do direito*, cit., v. 1, p. 54; Goffredo Telles Jr., *O direito quântico*, cit., p. 292 e 293. Sobre conhecimento e correlação entre sujeito cognoscente e objeto, consulte M. Helena Diniz, *A ciência jurídica*, 2. ed., São Paulo, Resenha Universitária, 1982, p. 7, notas 21 e 22; p. 168-72, nota 59.

2. CONHECIMENTO CIENTÍFICO

A. CARACTERES E CONCEITO

Chegados a essa altura, cremos que não soaria como um despropósito respondermos à indagação: o que é ciência?

Antes de iniciarmos nosso estudo sobre o tema, ouçamos, pela sua oportunidade e sabedoria, a lição de Tercio Sampaio Ferraz Jr.[13], que evidencia que o vocábulo "ciência" não é unívoco, se bem que com ele se designe um tipo específico de conhecimento; mas não há um critério único que determine a extensão, a natureza e os caracteres deste conhecimento, isto porque os vários critérios têm fundamentos filosóficos que extravasam a prática científica e, além disso, as modernas disputas sobre tal termo estão intimamente ligadas à metodologia.

Entendemos que, na acepção vulgar, "ciência" indica conhecimento, por razões etimológicas, já que deriva da palavra latina *scientia*, oriunda de *scire*, ou seja, saber. Mas, no sentido filosófico, só merece tal denominação, como veremos logo mais, aquele complexo de conhecimentos certos, ordenados e conexos entre si[14]. A ciência é, portanto, constituída de um conjunto de enunciados que tem por escopo a transmissão adequada de informações verídicas sobre o que existe, existiu ou existirá. Tais enunciados são constatações. Logo, o conhecimento científico é aquele que procura dar às suas constatações um caráter estritamente descritivo, genérico, comprovado e sistematizado. Constitui um corpo sistemático de enunciados verdadeiros. Como não se limita apenas a constatar o que existiu e o que existe, mas também o que existirá, o conhecimento científico possui um manifesto sentido operacional, constituindo um sistema de previsões prováveis e seguras, bem como de reprodução e inferência nos fenômenos que descreve[15].

À vista disso, tentaremos ensaiar algumas de suas características primordiais.

Em oposição ao saber vulgar, que faz constatações da linguagem cotidiana, a *ciência* é um *saber metodicamente fundado, demonstrado* e *sistematizado*. A sistematicidade é o principal argumento para afirmar a cientificidade[16].

---

13. *Direito, retórica e comunicação*, São Paulo, Saraiva, 1973, p. 159 e 160.

14. Alves da Silva, *Introdução à ciência do direito*, São Paulo, Ed. Salesianas, 1940, p. 5. Consulte Yulo Brandão, O problema do conhecimento e a sua exata posição, *RBF*, fasc. 105, p. 92-8.

15. Tercio Sampaio Ferraz Jr., *A ciência do direito*, São Paulo, Atlas, 1977, p. 10 e 11; Charles W. Morris, *Language and behavior*, New York, 1955, cap. V.

16. Tercio Sampaio Ferraz Jr., *Direito, retórica e comunicação*, cit., p. 160 e 161, e *A ciência do direito*, cit., p. 10; C. W. Morris, *Language*, cit.; Elyana Barbosa, O que constitui a ciência, o método ou o objeto?, *RBF*, fasc. 94, p. 153-7.

O conhecimento científico não é um saber que se receba pronto e acabado; é, isto sim, um saber obtido e elaborado deliberadamente, com consciência dos fins a que se propõe e dos meios para efetivá-lo, visando sua justificação como *saber verdadeiro* ou certo[17]. Para tanto, procura dar uma explicação satisfatória da realidade, fundamentada em rigorosas comprovações ou demonstrações.

O conhecimento vulgar, por sua vez, não decorre de uma atividade deliberada; é mesmo anterior a uma reflexão do pensamento sobre si mesmo e sobre os métodos cognitivos. É, em regra, assistemático, pois as noções que o integram derivam da experiência da vida cotidiana: de ver atuar, da leitura acidental, de ouvir etc. São exemplos de saber vulgar a verificação de que ao dia sucede a noite, de que o fogo queima, de que o relógio marca as horas etc. Enfim, são ideias que se vão depositando por aluvião, sem que nada as ordene. É um saber parcial ou fragmentário, casuísta, desordenado ou não metódico, pois não estabelece, entre as noções que o constituem, conexões, nem mesmo hierarquias lógicas. Tais conteúdos do conhecimento vulgar ou comum não contam com outra garantia de verdade, senão o fato de serem geralmente aceitos, porque não se procura verificar a exatidão das observações em que se baseiam, desconhecendo, assim, as verdadeiras causas que os explicam e as regras que os regem; e tampouco se invoca a correção lógica do pensamento de que provieram[18].

O método é a garantia de veracidade de um conhecimento. Método é a direção ordenada do pensamento na elaboração da ciência. Logo, a ciência requer uma atividade ordenada segundo princípios próprios e regras peculiares. É ele que guia a investigação científica, provando que o resultado de suas pesquisas é verdadeiro. Não se deve confundir *método* com *técnica*, pois o saber científico pode utilizar diversas técnicas, mas só pode ter um método. "*Método* é o conjunto de princípios de avaliação da evidência, cânones para julgar a adequação das explicações propostas, critérios para selecionar hipóteses, ao passo que *técnica* é o conjunto dos instrumentos, variáveis conforme os objetos e temas. O problema do método, portanto, diz respeito à própria definição de enunciado verdadeiro."[19]

Ensina Tercio Sampaio Ferraz Jr. que, quanto ao método e objeto, as ciências podem ser naturais e humanas. O método de abordagem, na ciência da natureza, ao estudar os fenômenos naturais, refere-se à possibilidade de explicá-los, isto é, constatar a existência de ligações constantes entre fatos, deles deduzindo que os fenômenos estudados daí derivam. Já, ao estudar os fenômenos humanos, se acresce à explicação o ato de compreender, isto é, o cientista tem por objetivo reproduzir, intuitivamente, o sentido dos fenômenos, valorando-os. Logo, a ciência humana é explicativa e compreensiva à medida que se reconhece a conduta humana; não tem apenas o sentido que lhe damos, mas também o sentido que ela própria se dá; exige um método próprio que faz repousar sua validade na validade das valorações que revelam aquele sentido. Tal método compreensivo pode ser valorativo, como pretendem

17. Expressivas são, sobre o assunto, as palavras de Miguel Reale (*Lições preliminares de direito*, Bushatsky, 1973, p. 101): "Todo conhecimento científico pressupõe uma ordenação intencional da inteligência e da vontade, capaz de permitir ao investigador alcançar um resultado dotado pelo menos de relativa certeza".

18. *V.* Júlio Luis Moreno, *Los supuestos filosóficos de la ciencia jurídica*, Montevideo, 1963, p. 17-9; Romero y Pucciarelli, *Lógica*, cit., Buenos Aires, 1948, p. 127; Liard, *Lógica*, Buenos Aires, 1943, p. 269; A. Torré, *Introducción al derecho*, 6. ed., Buenos Aires, Abeledo-Perrot, 1972, p. 40-3.

19. Tercio Sampaio Ferraz Jr., *A ciência do direito*, cit., p. 11, e *Direito, retórica e comunicação*, cit., p. 161; Ernest Nagel (*Ciência: natureza e objetivo*) apud Morgenbesser, *Filosofia da ciência*, São Paulo, Cultrix, 1967, p. 19.

Gunnar Myrdall, Hans Freyer, Miguel Reale, ou conter "neutralidade axiológica", como preferem, dentre outros, Max Weber[20] e Kelsen.

A ciência é, portanto, uma ordem de constatações verdadeiras, logicamente relacionadas entre si, apresentando a coerência interna do pensamento consigo mesmo, com seu objeto e com as diversas operações implicadas na tarefa cognoscitiva. O conhecimento científico pretende ser um saber coerente. O fato de que cada noção que o integra possa encontrar seu lugar no sistema e se adequar logicamente às demais é a prova de que seus enunciados são verdadeiros. Se houver alguma incompatibilidade lógica entre as ideias de um mesmo sistema científico, duvidosas se tornam as referidas ideias, os fundamentos do sistema e até mesmo o próprio sistema. Da sistematização, como mais adiante veremos, decorre a justificação do saber científico.

Estas considerações sublinham a importância do método para a ciência, já que só ele é que possibilita fundamentar a certeza e a validade desse saber, por demonstrar que os enunciados científicos são verdadeiros[21].

Cada ciência tem seu objeto, pois, "para que haja ciência, é essencial a unicidade epistemológica, isto é, unidade de objeto"[22]. Logo, é um saber metodicamente fundado sobre um objeto. O conhecimento científico, portanto, está condicionado pelo ser e pela estrutura do objeto, pois visa transmitir um enunciado verdadeiro; assim sendo, deve ter por escopo a sua coincidência com aquilo a que se propõe conhecer. Essa relação de mútua dependência entre a ciência e seu objeto é condição da fecundidade da tarefa científica[23].

Não se julgue que o objeto de uma ciência seja algo que o cientista encontre determinado de modo rígido antes de dar início a sua tarefa cognoscitiva; pelo contrário, é ele, em grande parte, um produto de sua livre eleição. Ele elege com relativa liberdade o objeto com que há de se ocupar, escolhendo, ainda, o prisma sob o qual há de considerá-lo. A investigação científica não inventa seu objeto, ela o descobre tal como ele se mostra sob uma certa perspectiva. Em outras palavras, a ciência escolhe, dentro dos limites da multiplicidade de estruturas do objeto a conhecer, o ponto de vista que tomará sobre ele[24].

20. Tercio Sampaio Ferraz Jr., *A ciência do direito*, cit., p. 11 e 12; Gaston Granger, *A razão*, São Paulo, Difel, 1962, n. 85; Elyana Barbosa, O que constitui a ciência, *RBF*, cit., p. 157; Ernildo Stein, Metalinguagem e compreensão nas ciências humanas, in *Filosofia-I, Anais do VIII Congresso Interamericano de Filosofia e V da Sociedade Interamericana de Filosofia*, 1974, p. 293-307. A. L. Machado Neto, As ciências humanas e a neutralidade científica, *RBF*, fasc. 57, p. 19-52; Gunnar Myrdall (*Value in social theory*, Routledge and Kegan Paul, 1958, p. 54) escreve: "*A desinterested social science is, from this view-point, pure nonsense. It never existed, and it will never exist. We can strive to make our thinking rational in spite of this, but only by facing the valuations, not by evading them*", logo da impossibilidade lógico-sociológica de existir uma ciência social desinteressada, Myrdall conclui a negação da neutralidade científica; Hans Freyer, *La sociología, ciencia de la realidad*, Buenos Aires, Losada, 1944.

21. Júlio L. Moreno, *Los supuestos filosóficos*, cit., p. 19, 21, 27 e 28; Jaspers, Esencia y valor de la ciencia, *Rev. Universidad Nacional del Litoral*, Santa Fé, Imprenta de la Universidad, 1939, n. 5, p. 161; Jolivet, *Curso de filosofia*, cit., p. 77; Lalande, Épistémologie e gnoséologie, in *Vocabulaire téchnique et critique de la philosophie*, 4. ed., Paris, PUF, 1968, v. 2, p. 735 e s.; Hessen, *Tratado de filosofía*, Buenos Aires, Ed. Sudamericana, 1957, t. 1, p. 392; Lastra, *Que es el derecho?*, La Plata, Ed. Platense, 1972, p. 87; Van Acker, Curso de filosofia do direito, *Revista da PUCSP*, *34*(65-6): 122, 1968; Juan A. Nuño, Metodología científica: el problema del conocimiento, in *Filosofia-I, Anais do VIII Congresso Interamericano de Filosofia e V da Sociedade Interamericana de Filosofia*, cit., p. 425-32.

22. Machado Neto, *Teoria da ciência jurídica*, São Paulo, Saraiva, 1975, p. 3.

23. J. L. Moreno, *Los supuestos filosóficos*, cit., p. 31 e 33.

24. J. L. Moreno, *Los supuestos filosóficos*, cit., p. 33-8; Goffredo Telles Jr. (*O direito quântico*, cit., p. 266-88) pondera que o ato de escolha não é um ato de liberdade, depende do patrimônio genético, do confronto de uma informação, provinda do mundo exterior, com todo o cabedal de aprendizagem já armazenado pelo agente.

A determinação do objeto e da forma pela qual será examinado[25] pressupõe uma reflexão sobre as finalidades cognoscitivas, que se aspira conseguir, sobre o tipo de conhecimento que se deseja obter[26].

A operação pela qual se constitui o objeto deve ser, obviamente, governada pelo método, que, por sua vez, fixará as bases de sistematização da ciência[27].

Importa acentuar que o fim e o objeto do conhecimento científico se supõem e se determinam reciprocamente, de modo que a ciência pode ser considerada como sendo a "síntese dialética do objeto e do fim, porque é o fim do conhecimento o que faz do objeto um objeto do conhecimento e o determina sob um certo prisma; e a finalidade é o fim de conhecer esse objeto"[28].

A ciência é um *saber condicionado* por seu objeto e objetivo. Mas esse condicionamento não implica marcos definitivos, dentro dos quais se deve desenvolver o labor científico. A ciência não é um conhecimento acabado de seu objeto, mas o processo de investigação em que o objeto vai sendo conhecido[29].

Todavia, isto não indica que a investigação científica seja autossuficiente e completa. É ela *limitada*, em razão de sua natureza teorética; por ela a ciência aparece como saber do que é ou do que deve ser, sendo seu campo de ação a experiência em que o ser se manifesta. Consequentemente, limitará sua indagação, se for ciência natural, ao que a realidade é, sem qualquer pretensão de verificar o que deve ser axiologicamente. A ciência natural é teoria e, enquanto tal, seu fim é o conhecimento do dado e não sua valoração. Já a ciência humana, ao estudar seu objeto, pode reproduzir, como vimos alhures, o seu sentido, valorando-o. A ciência natural ou humana não pode conhecer nada fora do objeto, nem dar o fundamento último a seus métodos, nem mesmo justificar as noções primeiras que estão na base de suas construções e a sua atitude cognoscitiva. Realmente, a ciência é o conhecimento de seu objeto e não dos modos de conhecê-lo; ela não conhece seu método; ela apenas o pressupõe e nele tem seu ponto de apoio, por ser ele uma garantia para o pensar científico[30].

Sinteticamente podemos dizer que a ciência é um complexo de enunciados verdadeiros, rigorosamente fundados e demonstrados, com um sentido limitado, dirigido a um determinado objeto.

Para que haja ciência, deve haver as seguintes notas: caráter metódico, sistemático, certo, fundamentado ou demonstrado, limitado ou condicionado a um certo setor do objeto.

---

25. J. L. Moreno (*Los supuestos filosóficos*, cit., p. 34) observa que um mesmo objeto da experiência pode ser considerado sob vários pontos de vista e cada um deles pode converter-se em tema de uma ciência distinta.

26. A. Franco Montoro (*Introdução à ciência do direito*, 3. ed., Livr. Martins Ed., v. 1, p. 76) esclarece, em poucas linhas, quais são os fins perseguidos pela ciência. O objetivo de toda ciência é conhecer, mas os objetivos finais são diferentes. A ciência teórica tem por finalidade o próprio conhecimento. A prática ou normativa é a que conhece para dirigir a ação, e nas p. 82 e 83 apresenta as três acepções de ciência: a *latíssima*, segundo a qual *ciência* é o conhecimento certo pelas causas, aplica-se neste sentido a todos os conhecimentos demonstrados, abrangendo tanto as ciências teóricas como as práticas; a *estrita*, que se refere apenas às ciências teóricas ou puras (naturais, culturais, formais e metafísicas); e a *estritíssima*, apenas às teóricas de tipo natural e matemático.

27. J. L. Moreno, *Los supuestos filosóficos*, cit., p. 38.

28. J. L. Moreno, *Los supuestos filosóficos*, cit., p. 41.

29. J. L. Moreno, *Los supuestos filosóficos*, cit., p. 41. Diz Hessen (*Tratado de filosofía*, cit., p. 389) que "por ciência costuma-se entender ora o processo de investigação ou conhecimento, ora o resultado desse processo".

30. J. L. Moreno, *Los supuestos filosóficos*, cit., p. 23 e 24; Miguel Reale, *Filosofia do direito*, cit., v. 1, p. 50.

Um conhecimento que não reúna as características próprias da investigação científica não é ciência, é matéria opinável, isto é, uma questão de opinião[31].

B. FUNDAMENTAÇÃO FILOSÓFICA

A apreciação que pretendemos fazer neste livro será restrita à colocação do assunto sob o seu aspecto filosófico.

A fundamentação filosófica da ciência, como já pudemos apontar, é tarefa da filosofia da ciência, ou melhor, da *epistemologia*. Isto é assim porque nenhum ramo da ciência pode viver sem filosofia, porque é nela que o cientista vai buscar as linhas mestras que orientam e norteiam o saber científico. Todas as ciências estão em estreito contato com a filosofia, uma vez que possuem princípios gerais, axiomas e supostos que não entram no objeto que investigam[32], daí a necessidade de uma consideração filosófica que permita justificá-los. Dentro desse teor de ideias, parece-nos útil salientar que uma explicação científica não é filosófica e vice-versa. Os problemas científicos não são idênticos aos da filosofia. Deveras, o encadeamento dos fenômenos, como a ciência os visa descobrir, deixa intacta a questão da natureza profunda de seu objeto, de seu método, de seus pressupostos. Uma explicação crítica sobre o conhecimento de seu método, de seu objeto de estudo, de seus pressupostos ou postulados, não nos saberia dar a ciência. Tudo isso, portanto, é tarefa da teoria da ciência, ou seja, da epistemologia[33].

C. CLASSIFICAÇÃO DAS CIÊNCIAS

As ciências podem ser, sob diversos critérios, submetidas a uma classificação.

Augusto Comte[34] classificou as ciências em *abstratas*, também designadas teóricas ou gerais, e *concretas*, consideradas particulares ou especiais, partindo de três critérios: *a*) o da *dependência dogmática*, que consiste em agrupar as ciências, de modo que cada uma delas se baseie na antecedente, preparando a consequente; *b*) o da *sucessão histórica*, que indica a ordem cronológica de formação das ciências, partindo das mais antigas às mais recentes; e *c*) o da *generalidade decrescente* e da *complexidade crescente* de cada ciência, que procede partindo da mais geral para a menos geral e da menos complexa para a mais complexa.

---

31. É a opinião a que se referem Schreier e García Máynez. Exemplificativamente, é nesse sentido que se diz que o advogado tem um saber vulgar da medicina, mas não conhecimento científico. Enfim, é o conhecimento de um objeto que tem uma pessoa sem preparo especial sobre ele e derivado da experiência da vida prática. *V.*, sobre os caracteres da ciência, o que dizem: Lastra, *Que es el derecho?*, cit., p. 107-38, 98, 100-4; A. Torré, *Introducción al derecho*, cit., p. 44; Lourival Vilanova, *Sobre o conceito do direito*, Recife, Imprensa Oficial, 1947, p. 9; Francisco Uchoa de Albuquerque e Fernanda Maria Uchoa, *Introdução*, cit., p. 2-4.

32. José M. Vilanova, *Filosofía del derecho y fenomenología existencial*, Buenos Aires, Cooperadora de Derecho y Ciencias Sociales, 1973, p. 50; Van Acker, *Introdução à filosofia — lógica*, São Paulo, Saraiva, 1932, p. 7; Francisco Uchoa de Albuquerque e Fernanda Maria Uchoa, *Introdução*, cit., p. 4-13.

33. Erik Wolf (*El carácter problemático y necesario de la ciencia del derecho*, Buenos Aires, Abeledo-Perrot, 1962, p. 61) transcreve o seguinte texto de Bierling (*Juristische Prinzipienlehre*, 1894): "*La filosofía del derecho es cosa de filósofos... nada más dudoso que cuando un jurista, en su carácter de tal, quiere escribir una filosofía del derecho*". *V.*, ainda, Milton Vargas, Sobre a demarcação entre filosofia e ciência, in *Filosofia-I, Anais do VIII Congresso Interamericano de Filosofia e V da Sociedade Interamericana de Filosofia*, cit., p. 309-15; Karl Popper, *Conjectures and refutations; the growth of scientific knowledge*, London, Routledge and Kegan Paul, 1962; e Yulo Brandão, Digressão em torno de um problema de sempre: a filosofia como fundamento, *RBF*, fasc. 58, p. 207-25.

34. Augusto Comte, *Cours de philosophie positive*, Paris, 1949.

As *ciências abstratas* são as que estudam as leis gerais que norteiam os fenômenos da natureza, e apenas a elas se aplicam os critérios supra-arrolados. Abrangem:

1. *Matemática*, ciência do número e da grandeza, a mais simples e universal. Realmente, é a menos complexa, porque só se refere às relações de quantidade, e a mais geral, porque se estende a todos os fenômenos.

2. *Astronomia*, física celeste, ou mecânica universal, ciência que estuda as massas materiais que existem no universo.

3. *Física*, ciência que se ocupa dos fenômenos físicos, ou seja, das forças da natureza.

4. *Química*, ou físico-química, ciência que tem por objeto a constituição dos corpos particulares.

5. *Biologia*, ou física biológica, ciência que estuda os fatos biológicos, isto é, os seres vivos ou os corpos muito complexos que se apresentam com vida.

6. *Sociologia*, ou física social, ciência das relações sociais. Esta ciência é a mais complexa de todas, visto que o fato social abarca relações matemáticas, mecânicas, físicas, químicas e biológicas, e a menos geral, por se aplicar tão somente à vida social do homem.

Infere-se desta classificação que todas as ciências são do tipo físico-natural, devendo ser estudadas com o rigor e a precisão dos métodos matemáticos.

Augusto Comte não chegou a classificar as *ciências concretas* por entender que não se prestavam a uma discriminação perfeita, por não apresentarem as condições de irredutibilidade e de indivisibilidade das abstratas. As ciências concretas, para esse filósofo, são as que aplicam as leis gerais aos seres naturais, realmente existentes. A biologia é ciência abstrata, explica ele, porque investiga e descobre as leis da vida, ao passo que a botânica e a zoologia são concretas, dependentes da biologia, visto que têm por escopo descrever o modo de existência de cada corpo vivo. Igualmente, a geografia, a geologia e a mineralogia são ciências concretas em relação à física e à química, das quais derivam. A ciência do direito e a economia são ciências concretas, oriundas da sociologia.

Wilhelm Dilthey[35], adotando o critério dicotômico, inspirado na classificação de ciência de Ampère, tendo em vista o seu objeto de estudo, distingue:

1) *Ciências da natureza*, que se ocupam dos fenômenos físico-naturais, empregando o método da explicação. Explicar, ensina-nos Miguel Reale, consiste em ordenar os fatos segundo nexos ou laços objetivos e neutros de causalidade ou funcionalidade.

2) *Ciências do espírito*, também designadas por ciências humanas, noológicas ou culturais, como prefere Rickert, que se subdividem em:

a) *ciências do espírito subjetivo*, ou psicológicas, que estudam o espírito humano no próprio sujeito, isto é, têm por objeto o mundo do pensamento;

35. *Introduction à l'étude des sciences humaines*, Paris, 1942, cap. 2; *Introducción a las ciencias del espíritu*, México, Fondo de Cultura Económica, 1944, p. 69. *V.* Miguel Reale (*Lições preliminares*, cit., p. 86) sobre a distinção entre explicação e compreensão. Sobre Eduardo Spranger, discípulo de Dilthey, consulte Juan Roura-Parella, *Spranger y las ciencias del espíritu*, México, Ed. Minerva, 1944, p. 240.

b) ciências do espírito objetivo, que consideram o espírito humano nos objetos ou nos produtos culturais, isto é, descrevem e analisam a realidade histórica e social, produto das ações humanas. Constituem as ciências culturais propriamente ditas, históricas, morais, sociais e jurídicas. O método de estudo das ciências culturais é o da compreensão. Compreender é, na lição de Miguel Reale, ordenar os fatos sociais segundo suas conexões de sentido, isto é, finalisticamente, segundo uma ordem de valores. Na ciência humana, o cientista, por mais que pretenda ser cientificamente neutro, não vê os fatos sociais apenas em seus possíveis enlaces causais, porque há sempre uma tomada de posição perante os fatos, que se resolve num ato valorativo. Logo, pode e deve existir objetividade no estudo dos fatos sociais, mas é impossível uma atitude comparável à "neutralidade avalorativa" de um analista em seu laboratório ante uma reação química. Daí a célebre afirmação de Wilhelm Dilthey: "a natureza se explica, enquanto que a cultura se compreende".

A mais famosa das classificações da ciência é a de Aristóteles[36], que aqui reproduzimos com as alterações feitas pelo pensamento científico e filosófico ulterior.

A classificação aristotélica, baseada no critério da função de cada ciência, subdivide-se em:

1) *Ciência teórica* ou especulativa, que tem por finalidade o próprio conhecimento. A ciência teórica conhece por conhecer, limitando-se a ver a realidade, reproduzindo-a como existe. Tem sempre em vista a *verdade*. As ciências teóricas, por sua vez, subdividem-se, conforme o grau de abstração de cada uma delas, em:

a) ciências físicas ou naturais, que abrangem não só as ciências naturais, propriamente ditas, que se referem aos seres da natureza, considerados em sua realidade qualitativa e quantitativa, fazendo abstração das diferenças individuais, levando em conta apenas as propriedades comuns a todos os seres da mesma espécie, mas também as ciências culturais, que se ocupam da natureza transformada e aperfeiçoada pelo homem;

b) ciências matemáticas ou formais, atinentes ao mundo das quantidades, principalmente ao número (aritmética) e à extensão (geometria). Abstraem as diferenças individuais e as qualidades sensíveis, para considerar tão somente a quantidade de ser, isto é, a pura relação quantitativa;

c) ciências metafísicas, relativas ao ser enquanto ser, ocupando-se com noções de causa e efeito, essência e existência, substância e acidente, matéria e forma etc. Fazem abstração das diferenças individuais das qualidades sensíveis, dos aspectos quantitativos ou formais, para considerarem apenas o "ser" em si mesmo. São também chamadas ontológicas.

2) *Ciência prática*, que tem por objeto o conhecimento, para que ele sirva de guia à ação ou ao comportamento. As ciências práticas podem ser:

---

36. *Metafísica*, 1025, *b*, 25; W. D. Ross, *Aristote*, Paris, Payot, 1930, p. 34 e 91; G. Vico, *Scienza nova*, Padova, CEDAM, 1953; Miguel Reale, *Filosofia do direito*, cit., cap. 17.

a) ciências morais ou ativas, que visam dar normas ao *agir*, procurando dirigir a atividade interna e pessoal do homem, buscando atingir o *bem*;

b) ciências artísticas, factivas ou produtivas, que têm por fim dar normas ao *fazer*, dirigindo a produção de coisas exteriores. Abrangem as artísticas propriamente ditas, que almejam a produção do *belo* (música, escultura, pintura etc.), e as técnicas, que têm por finalidade a produção do *útil* (engenharia, medicina, arquitetura). Portanto, a arte considera as coisas exteriores, sob o aspecto da beleza, e a técnica, sob o da utilidade[37].

Como se vê, há várias classificações de ciência, cada qual observando certo critério, pois cada filósofo defende sua tábua classificatória sob o prisma que lhe for mais conveniente.

37. Sobre a classificação das ciências, *v.*: A. Franco Montoro, *Introdução*, cit., v. 1, p. 65-85; L. van Acker, *Introdução à filosofia — lógica*, cit., p. 28 e s.; Fausto E. Vallado Berrõn, *Teoría general del derecho*, México, Universidad Nacional Autónoma de México, 1972, p. 228-33; Francisco Uchoa de Albuquerque e Fernanda Maria Uchoa, *Introdução*, cit., p. 14-7; Abelardo Torré, *Introducción al derecho*, cit., p. 46 e s. Para Luis Mendizábal y Martin (citado por Miguel Sancho Izquierdo, *Principios de derecho natural como introducción al estudio del derecho*, 5. ed., Zaragoza, 1955, p. 25 e 26) as ciências podem ser: *a) teológicas*, se versarem sobre Deus e as coisas divinas; *b) ideais*, relativas a conceitos de razão pura; *c) físico-naturais*, que estudam o mundo inorgânico e orgânico, sendo, nesta última hipótese, ciência biológica; *d) antropológicas*, se ocupam do homem como ser vivo (ciência biológica), como ser inteligente (ciências psicológicas) e como ser livre (ciências morais) (Principios morales básicos, in *Tratado elemental de filosofía de la Universidad de Lovaina*, t. 1). Luiz Fernando Coelho classifica as ciências jurídicas em diretas, indiretas e complementares (*Aulas de introdução*, cit., p. 33-64).

QUADRO SINÓTICO

CONHECIMENTO CIENTÍFICO

1. CONCEITO

Ciência é um complexo de enunciados verdadeiros, rigorosamente fundados e demonstrados, com um sentido limitado, dirigido a um determinado objeto.

2. CARACTERES

- saber metódico
- saber sistemático
- saber verdadeiro
- saber fundamentado
- saber limitado a um certo objeto

3. FUNDAMENTAÇÃO FILOSÓFICA

A fundamentação filosófica da ciência é tarefa da epistemologia, que contém as linhas mestras, norteadoras do saber científico, por explicar, de modo crítico, seu objeto, seu método e seus pressupostos ou postulados.

4. CLASSIFICAÇÃO DAS CIÊNCIAS

- de Augusto Comte
  - *a*) ciências abstratas
    - matemática
    - astronomia
    - física
    - química
    - biologia
    - sociologia
  - *b*) ciências concretas
- de Wilhelm Dilthey
  - *a*) ciências da natureza
  - *b*) ciências do espírito
    - ciências do espírito subjetivo
    - ciências do espírito objetivo
- de Aristóteles
  - *a*) ciências teóricas
    - ciências físicas ou naturais
      - ciências naturais, propriamente ditas
      - ciências culturais
    - ciências matemáticas
    - ciências metafísicas
  - *b*) ciências práticas
    - ciências morais ou ativas
    - ciências artísticas, factivas ou produtivas
      - ciências artísticas, propriamente ditas
      - ciências técnicas

3. CARÁTER PROBLEMÁTICO DO TEMA "CIÊNCIA JURÍDICA"

Importa, numa ordem preliminar de considerações, levantar a seguinte indagação: *que é a ciência jurídica?*

Sobre essa questão encontramos todas as respostas possíveis e imagináveis, porque o termo "ciência" não é unívoco e porque há uma surpreendente pluralidade de concepções epistemológico-jurídicas que pretendem dar uma visão da ciência jurídica, cada qual sob um critério diferente. A ciência do direito distingue-se pelo seu método e também pelo seu objeto.

A determinação do *objeto* é o problema central da especulação jurídico-científica. A ciência do direito, como todo conhecimento, pressupõe um objeto. O objeto de conhecimento é, em sua origem, como nos diz José M. Vilanova[38], a coisa descircunstancializada pela atividade teorética. É aquilo "a que a Ciência tende ou que ela conhece"[39].

Seria impossível compreender a pesquisa jurídico-científica sem considerar o ponto capital: qual é o objeto em torno do qual desenvolve o jurista o seu estudo?

À primeira vista esta indagação parece ser das mais simples, porque o único objeto da Jurisprudência[40] é o conhecimento do *direito*, mas, na verdade, traz em seu bojo grande complexidade.

Comprova essa assertiva o fato de haver quem julgue necessário, para que o jurista possa conhecer o direito, que se capte o que o direito é, que se elucide qual é a sua essência, isto é, qual é o "ser" do objeto. Só depois dessa reflexão de cunho nitidamente ontológico é que se poderá conhecer este objeto: o *direito*. Para tanto, a ontologia jurídica deve partir dos fenômenos que sejam indicativos do objeto "direito", para determinar seus elementos essenciais, que, por sua vez, serão estudados pelos juristas[41].

---

38. *Filosofía del derecho*, cit., p. 22, 86 e 100.

39. Gilles, *Pensée formelle et sciences de l'homme* (prefácio), 1967.

40. Verifica Miguel Reale (*Lições preliminares*, cit., p. 62) que "a Ciência do Direito durante muito tempo teve o nome de Jurisprudência, que era a designação dada pelos jurisconsultos romanos. Atualmente possui uma acepção estrita para indicar a doutrina que se vai firmando através de uma sucessão convergente e coincidente de decisões judiciais ou de resoluções administrativas. Pensamos que tudo deve ser feito para manter a acepção clássica dessa palavra, tão densa de significado, que põe em realce uma das virtudes primordiais que deve ter o jurista: a prudência, o cauteloso senso de medida das coisas humanas". A. Franco Montoro (*Introdução*, cit., v. 2, p. 90) vislumbra três significações da palavra "jurisprudência" — pode indicar a "ciência do direito", em *sentido amplíssimo*; pode referir-se ao conjunto de sentenças, em *sentido amplo*, abrangendo tanto a jurisprudência uniforme como a contraditória; e, em *sentido estrito*, é apenas o conjunto de sentenças uniformes. É na primeira acepção que empregamos neste item esse vocábulo. Consulte também Luiz Fernando Coelho, *Teoria*, cit., p. 19 e 51; Ricardo A. Guibourg, Instrucciones para el uso de la ciencia del derecho, *Revista Abrafi de Filosofia Jurídica e Social*, n. 1, p. 20-5.

41. Júlio Luis Moreno, *Los supuestos filosóficos*, cit., p. 54; Lourival Vilanova (*Sobre o conceito do direito*, cit., p. 76 e 88) assevera que a questão gnoseológica não elimina o aspecto ontológico, mas o implica como funda-

O conhecimento jurídico supõe a determinação do conceito do direito[42]. "O conceito tem a função lógica de um 'a priori', é um esquema prévio, um ponto de vista anterior, munido do qual o pensamento se dirige à realidade, desprezando seus vários setores e somente fixando aquele que corresponde às linhas ideais delineadas pelo conceito'"[43].

Sendo esse conceito um suposto da ciência jurídica, ela jamais poderá determiná-lo. A definição essencial do "direito" é tarefa que ultrapassa a sua competência. Trata-se de problema supracientífico ou jusfilosófico, pois a questão do "ser" do direito constitui campo próprio das indagações da ontologia jurídica[44].

Contudo a ontologia jurídica, ao executar sua missão, encontrará, em seu caminho, intrincadas dificuldades que desafiam a argúcia dos pensadores[45].

O grande problema consiste em encontrar uma definição única, concisa e universal, que abranja as inúmeras manifestações em que se pode apresentar o direito[46] e que o purifique de notas contingentes, que velam sua verdadeira natureza, assinalando as essências[47] que fazem dele uma realidade diversa das demais.

Como nos ensina, com clarividência, Lourival Vilanova[48], o conceito, para ser universal, há de abstrair todo conteúdo, pois o único caminho possível será não reter no esquema conceitual o conteúdo, que é variável, contingente, heterogêneo, determinado *hic et nunc*,

---

mento necessário. Goffredo Telles Jr. (*Tratado*, cit., p. 325) diz: "De grande valor é a definição na investigação científica; ela demarca o objeto a estudar". A filosofia do direito compreende três temas fundamentais: 1) o problema da essência do direito (*ontologia jurídica*), investigando o que é o direito, para chegar a defini-lo e precisar seu conceito; 2) o problema do conhecimento do direito (*epistemologia jurídica*), que no sentido estrito é a teoria da ciência jurídica, pois tem a incumbência de estudar os pressupostos, os caracteres do objeto, o método do saber jurídico-científico, sua posição no quadro das ciências e suas relações com as ciências afins. A epistemologia jurídica é considerada em sentido amplo como sinônimo de gnoseologia jurídica, que estuda crítica e reflexivamente a origem, a natureza, os limites e a veracidade do conhecimento jurídico-científico e os critérios de possibilidade e de validade do saber jurídico; 3) o problema da justiça e dos valores do direito (*axiologia jurídica*), indicando as finalidades do direito. *V.* A. Franco Montoro, *Introdução*, cit., v. 1, p. 130-2; Machado Neto, *Teoria da ciência jurídica*, cit., p. 4; Johannes Hessen, *Filosofia dos valores*, 3. ed., Coimbra, Arménio Amado Ed., 1967, p. 19; Carlos Mouchet e Ricardo Z. Becu, *Introducción al derecho*, 7. ed., Buenos Aires, Abeledo-Perrot, 1970, p. 75; Luis Cabral de Moncada, *Direito positivo e ciência do direito*, Porto Alegre, Fabris, 2003.

42. Ernst von Beling, La science du droit, sa fonction et ses limites, in *Recueil d'études sur les sources du droit, en honneur de Geny*, t. 2, p. 150; Del Vecchio, *Filosofía del derecho*, p. 267 e s.; Stammler, *Economía y derecho según la concepción materialista de la historia*, Madrid, 1929, p. 102 e s.

43. Lourival Vilanova, *Sobre o conceito do direito*, cit., p. 28 e 29. Não se trata de formular uma definição nominal do direito, que consiste em dizer o que uma palavra significa. Nem convém empregar uma definição real descritiva, que é utilizada, em regra, nas ciências naturais, pois é aquela que à falta dos caracteres essenciais enumera os exteriores mais marcantes de uma coisa, para permitir distingui-la de todas as outras; nem uma definição acidental que revela tão somente um elemento acidental, próprio do definido, mas contingente. A *definição* que se deve buscar é a *real-essencial*, que consiste em dizer o que a coisa é, desvendando as essências das próprias coisas que essa palavra designa (*v.* Régis Jolivet, *Curso de filosofia*, cit., p. 36).

44. Para Hegel, o problema do conceito é uma questão filosófica (ontológica) e não lógica ou gnoseológica (*Filosofía del derecho*, p. 37 e 45-62; *La phénoménologie de l'esprit* e *Filosofía de la historia universal*, p. 86-100). Del Vecchio (*Lezioni di filosofia del diritto*, 9. ed., Milano, Giuffrè, 1953, p. 2) escreve: "*La definizione del diritto in genere è una indagine che trascende la competenza de ogni singola scienza giuridica ed è invece il primo compito della filosofia del diritto*".

45. *V.* as observações de Manuel G. Morente, *Fundamentos de filosofia*, cit., p. 119.

46. Alexandre Volansky, *Essai d'une définition expressive du droit basée sur l'idée de bonne foi — étude de doctrine juridique*, Paris, Librairie de Jurisprudence Ancienne et Moderne/Édouard Duchemin, 1930, 1ª parte, cap. 2, sec. 1ª, § 1º, n. 29 e s., p. 65 e s.

47. *V.* Fausto E. Vallado Berrõn, *Teoría general del derecho*, cit., p. 7; Morente, *Fundamentos de filosofia*, cit., p. 76 e 96.

48. *Sobre o conceito do direito*, cit., p. 64-7.

mas sim as essências, que são permanentes e homogêneas. Ante a multiplicidade do dado, o conceito deve conter apenas a nota comum, a essência que se encontra em toda multiplicidade.

No entanto, não há entre os autores um certo consenso sobre o conceito do direito; impossível foi que se pusessem de acordo sobre uma fórmula única. Realmente, o direito tem escapado aos marcos de qualquer definição universal; dada a variedade de elementos e particularidades que apresenta, não é fácil discernir o mínimo necessário de notas sobre as quais se deve fundar seu conceito.

Isto é assim porque a palavra *direito* não é unívoca nem equívoca[49], mas análoga, pois designa realidades conexas ou relacionadas entre si. Deveras, esse termo ora se aplica à "norma", ora à "autorização" dada pela norma de ter ou de fazer o que ela não proíbe, ora à "qualidade do justo" etc., exigindo tantos conceitos quantas forem as realidades a que se refere. Em virtude disso, impossível seria dar ao direito uma única definição.

Mas, devido ao princípio metódico da divisão do trabalho, há necessidade de se decompor analiticamente o direito, que é objeto de várias ciências — sociologia jurídica, história do direito, jurisprudência —, constituindo assim o aspecto em que será abordado[50].

Não se julgue que o prisma sob o qual a ciência jurídica há de considerar seu objeto seja algo que o jurista já encontre determinado[51], pois a escolha da perspectiva em que se vai conhecer está condicionada, como vimos, pelo sistema de referência daquele que conhece o objeto[52] e pressupõe uma reflexão sobre as finalidades cognoscitivas que ele aspira conseguir e sobre o tipo de conhecimento que pretende obter[53].

Tem a ciência jurídica uma atitude teórica ou prática? Ou ambas ao mesmo tempo? Teria uma função crítica?

Este é outro problema a solucionar: o caráter teórico, prático ou crítico da jurisprudência depende da posição e do objeto de cada autor ou cientista do direito[54].

A ciência jurídica é considerada ora como *scientia*, pelo seu aspecto teórico, ora como *ars*, pela sua função prática[55]. Outros ainda dão ao problema uma solução eclética[56].

Fácil é evidenciar os liames que se estabelecem entre o sujeito e o objeto, pois o sujeito cognoscente (jurista) tende para o objeto (direito).

---

49. Termo unívoco é o que se aplica a uma só realidade e equívoco o que designa duas ou mais realidades desconexas (Goffredo Telles Jr., *Tratado*, cit., p. 329-31; A. Franco Montoro, *Introdução*, cit., v. 1, p. 35-8).

50. Lourival Vilanova, *Sobre o conceito do direito*, cit., p. 40, 50 e 57.

51. J. L. Moreno, *Los supuestos filosóficos*, cit., p. 33 e 38.

52. Goffredo Telles Jr., *O direito quântico*, cit., p. 284-93.

53. J. L. Moreno, *Los supuestos filosóficos*, cit., p. 34.

54. Miguel Reale (*Filosofia do direito*, cit., v. 2, p. 336) explica: a obra do jurista persegue três propósitos fundamentais: *a) científico ou teorético*, mediante a análise e sistematização dos preceitos jurídicos vigentes, podendo encontrar princípios gerais; *b) prático*, pela exposição do ordenamento jurídico e interpretação das normas jurídicas, para facilitar a tarefa de aplicar o direito; *c) crítico*, quando se afasta do comentário e sistematização para julgar sua justiça ou conveniência e sua adequação aos fins a que o direito deve perseguir, emitindo juízo de valor sobre o conteúdo de uma ordem jurídica.

55. No Digesto, p. ex., encontramos *jurisprudentia est divinarum atque humanarum rerum notitia iusti atque iniusti scientia* (Inst. 1, I); *jus est ars boni et aequi* (Celso, 1D, 1, 1).

56. *V.* as observações de A. Torré, *Introducción al derecho*, cit., p. 55; Van Acker, Curso de filosofia do direito, *Revista da PUCSP*, cit., *34* (65-6): 185, 1968; A. Franco Montoro, *Introdução*, cit., v. 1, p. 82 e 83; Theodor Viehweg, *Argumentação jurídica e modelo sistemático na história — a Era Moderna*, trad. Tercio Sampaio Ferraz Jr. (esse trabalho com o título de *Die Juridische Argumentation in der Geschichte II — die Neuzeit* foi apresentado no Congresso Mundial de Filosofia do Direito e Social, em Bruxelas, em 1971).

É o critério filosófico adotado pelo jurista que determina seu objeto. Essa operação pela qual se constitui o objeto deve ser, obviamente, governada pelo *método*[57], que fixará as bases de sistematização da ciência jurídica.

A ciência do direito é uma inquietude ante o problemático. Assim sendo, esse problema só pode ser por ela solucionado se se eleger um caminho que possibilite ao sujeito pensador ideias firmes sobre o objeto de sua análise. Verifica Tercio Sampaio Ferraz Jr. que há grandes debates sobre o método da ciência jurídica. Dentre eles ressaltam-se três posições: *a*) a que insiste na "historicidade" do método e vê a ciência do direito como uma atividade metódica, que consiste em pôr em relevo o relacionamento espaciotemporal do fenômeno jurídico, buscando neste relacionamento o seu "sentido"; *b*) a que defende uma concepção analítica, reduzindo a atividade metódica do jurista ao relacionamento do direito com as suas condições lógicas; e *c*) a que, evitando posições historicistas, tenta um relacionamento do direito com as condições empíricas a ele subjacentes, na busca de "estruturas funcionais"[58]. É imprescindível que a pesquisa jurídico-científica adote um método apropriado, porque a segurança e a validade do resultado do pensamento científico dele advém.

O cientista está autorizado a escolher seu itinerário, mas isto em função do ponto de vista sob o qual estudará seu objeto. Deve descobrir a rota exata que conduza aos fins que persegue. O sucesso de uma investigação científica depende do método adotado. Sem um método que dê coerência e sentido à operatividade científica, as tentativas de conhecer desembocam em experimentos sem consistência[59].

De que modo deve conduzir-se o pensamento do jurista para obter o conhecimento científico-jurídico? Pode-se empregar no campo do direito um método análogo ao adotado para conhecer um fenômeno físico-natural? Qual o método adequado ao estudo do direito? O método científico por si só conduz a um resultado seguro?

---

57. A palavra *método* é formada pela justaposição de dois vocábulos gregos: *meta* e *odos*. *Meta*, com o significado de fim, objeto que tende a uma atividade, através de, mediante. *Odos* equivale a caminho, trâmite. O composto *método* quer dizer caminho para, o meio para o fim, ou seja, é o caminho ordenado que conduz a ciência aos enunciados verdadeiros. Sobre a noção de método e sua importância para a ciência, consulte: José Lois Estevez, *Investigación científica y su propedeutica en el derecho*, Caracas, 1970, t. 1, p. 74; A. Franco Montoro, *Os princípios fundamentais do método no direito*, Livr. Martins Ed., 1942, p. 40; Sanchez Roman, *Estudios de derecho civil*; Ramon Badenes Gasset, *Metodología del derecho*, Barcelona, Bosch, 1959, p. 17-35; Miguel Reale, *Lições preliminares*, cit., p. 10; K. Jaspers, Esencia y valor de la ciencia, *Rev. Universidad Nacional del Litoral*, cit., p. 161; J. Hessen, *Tratado de filosofia*, cit., p. 392; Lastra, *Que es el derecho?*, cit., p. 87; Bonnecase, *Introduction à l'étude du droit*, 2. ed., Paris, Sirey, 1931, p. 271; Goblot, *Le vocabulaire philosophique*, 5. ed., 1920; Heidegger, *Ser e tempo*, p. 24, 109 e 146; Stein, *A questão do método na filosofia — um estudo do modelo heideggeriano*, Livr. Duas Cidades, 1973. Duas são as espécies de método, sendo que a nota diferenciadora encontra-se no ponto de partida do conhecimento: *a*) *discursivo*, quando o espírito marcha por etapas mediante um procedimento escalonado de verificações mediatas ou indiretas; a indução é o argumento que conclui pelo particular, por intermédio de enumeração de casos particulares. Na indução generalizadora o espírito procede do particular para o geral, constituindo um processo de descoberta de verdades gerais. E na indução analógica o pensamento percorre um ou mais casos particulares para chegar ao particular; a dedução é a argumentação que conclui por intermédio de um elemento total; *b*) *intuitivo*, quando a apreensão do objeto se efetua de modo direto e imediato; é o que se projeta sobre o objeto sem que nada se interponha entre o sujeito que conhece e o objeto que se procura conhecer (Torré, *Introducción al derecho*, cit., p. 441; José Cretella Jr., *Curso de filosofia do direito*, Bushatsky, 1967, p. 51; M. Helena Diniz, *Conceito de norma jurídica como problema de essência*, São Paulo, Revista dos Tribunais, 1977, p. 9 e 10).

58. Luiz Fernando Coelho, *Teoria*, cit., p. 72; Valdour, *Les méthodes en science sociale*, Paris, A. Rousseau, 1927, p. 12; Tercio Sampaio Ferraz Jr., *A ciência do direito*, cit., p. 15.

59. *V.* José Salgado Martins, O método no direito, *Revista da Faculdade de Porto Alegre*, *1*:903 e s., 1951, ano 3.

A finalidade de sistematização tem sido negada por alguns autores, como, por exemplo, Esser, e defendida com veemência por outros, dentre eles Kelsen, Engisch, Larenz, Coing, Giovanni, Legaz y Lacambra, Miguel Reale[60].

Cabe-lhe, sem dúvida, como veremos, a tarefa de sistematizar o ordenamento jurídico.

Há, ainda, quem duvide da viabilidade de um conhecimento científico do direito, negando a cientificidade da Jurisprudência. Existe ou não possibilidade de se submeter o direito a qualquer conhecimento científico? É a Jurisprudência uma ciência?

Para uns[61], adeptos do *ceticismo científico-jurídico*, o direito é insuscetível de conhecimento de ordem sistemática, afirmando com isso que a ciência jurídica não é, na realidade, uma ciência, baseados na tese de que o seu objeto (o direito) modifica-se no tempo e no espaço, e essa mutabilidade impede ao jurista a exatidão na construção científica, ao passo que o naturalista tem diante de si um objeto permanente ou invariável, que lhe permite fazer longas lucubrações, verificações, experiências e corrigir os erros que, porventura, tiver cometido.

Para outros, que constituem a maioria, a Jurisprudência é uma ciência[62], pois não há por que negar sua cientificidade, visto que contém todas aquelas notas peculiares ao

---

60. Hans Kelsen, *Teoria pura do direito*, 2. ed., Coimbra, Arménio Amado Ed., 1962, v. 1 e 2; Engisch, *Introdução ao pensamento jurídico*, 2. ed., Lisboa, Calouste Gulbenkian, 1964; Larenz, *Metodología de la ciencia del derecho*, Barcelona, Ed. Ariel, 1966, p. 35; Coing, *Fundamentos de la filosofía del derecho*, Barcelona, 1961; Giovanni, Dal sistema sopra al sistema, *RIFD*, 1965, v. 1 e 2, p. 71 e s.; Legaz y Lacambra, *Filosofía del derecho*, 3. ed., Barcelona, Bosch, 1972, p. 87; Miguel Reale, *Filosofia do direito*, cit., v. 1, p. 57.

61. Erik Wolf (*El carácter problemático*, cit.) e Bobbio (*Teoria della scienza giuridica*, Torino, Giappichelli, 1950, p. 53) citam os que assim pensam, dentre eles Chamberlain (*Grundlagen des neunzehnten jahrhunderts*, 1890), que afirma: "A jurisprudência é uma técnica..."; Nussbaum (Ueber aufgabe und Wesen der Jurisprudenz, *Zeit fur Sozialwiss*, v. 9, fasc. 17), para quem a ciência jurídica não é uma verdadeira ciência, mas é uma técnica, por estudar normas apenas sob o ponto de vista formal e não como fatos determinados pela vida espiritual da sociedade; Max Rumpf (*Volk und Recht*, 1910, p. 93 e s.) que pondera que a ciência do direito não é ciência, nem técnica, mas uma organização; Franz W. Jerusalem (*Kritik der Rechtswissenschaft*, 1948, p. 53), para quem "a jurisprudência carece de liberdade de pensamento (necessária a toda ciência autêntica) porque está ligada à autoridade da teoria predominante"; Max Salomon (*Grundlegung zur Rechtsphilosophie*, 1925, p. 54) que diz que "a jurisprudência não é ciência, porque o objeto de seu estudo varia a todo momento"; e principalmente Julius Herman von Kirchmann, como se pode ver em sua obra *La jurisprudencia no es ciencia* (Madrid, Instituto de Estudios Políticos, 1949). Von Kirchmann, na obra *Die Wertlosigkeit der Jurisprudenz als Wissenschaft* (A falta de valor da jurisprudência como ciência), 1848, na p. 37 da edição de G. Neesse, de 1938, escreveu: "bastariam três palavras retificadoras do legislador e bibliotecas inteiras se transformam em papel sem valor". Sobre Von Kirchmann, *v.* Theodor Sternberger, *J. H. von Kirchmann*, 1908; Dorantes, *¿Quê es el derecho?*, México, UTEHA, 1962, p. 12-5; e Vincenzo Palazzolo, *La filosofia del diritto de Julius Binder*, Milano, Giuffrè, 1947, p. 51-7, 126-31. Theodor Viehweg (Ideologie und Rechtsdomatik, in *Ideologie und Recht*, Frankfurt, Ed. Maihofer, 1968, p. 90-6) entende que a ciência do direito não é ciência, porque a cientificidade, apesar de se fundar na possibilidade de objetivação, deve pressupor uma referência à atividade intencional da subjetividade e a jurisprudência, embora ligada ao mundo real, não se volta à subjetividade. A cientificidade exigiria uma neutralidade axiológica, em consequência da dessubjetivação da metodologia, visto que o método axiológico requer uma relação dialógica a um sujeito. A cientificidade requer a eliminação da dialogicidade, logo a possibilidade de uma cientifização da jurisprudência levaria a sua desideologização. Nesse mesmo teor de ideias *v.* Ballweg, Science, prudence et philosophie du droit, *ARSP*, *51*(4):550-3, 1965, e *Rechtswissenschaft und Jurisprudenz*, Basee, 1970. As concepções de Viehweg e Ottmar Ballweg, aqui apontadas, foram abordadas por Tercio Sampaio Ferraz Jr. (Algumas observações em torno da cientificidade do direito, segundo Miguel Reale, *RBF*, fasc. 74, p. 228-30, 1969.) Interessante é o estudo de Cláudia Lima Marques: A crise científica do direito na pós-modernidade e seus reflexos na pesquisa, *Arq. Minist. Justiça*, Brasília, *50*(189):49-64, jan./jun. 1998.

62. P. ex.: Heinrich Rickert, *Ciencia cultural y ciencia natural*, Buenos Aires, Espasa-Calpe, 1943; Wundt, *Introdução às ciências do espírito*; Recaséns Siches, *Tratado general de filosofía del derecho*, 3. ed., México, Porrúa, 1965; Larenz, *Metodología*, cit.; M. G. Morente, *Fundamentos de filosofia*, cit.; Miguel Reale, *Lições preliminares*, cit.; Machado Neto, *Teoria da ciência jurídica*, cit.; A. Torré, *Introducción*, cit.; Luiz Fernando Coelho, *Teoria*, cit. Observa Tercio Sampaio Ferraz Jr. (*A ciência do direito*, cit., p. 13) que: A grande maioria dos juristas costuma falar

conhecimento científico. A Jurisprudência possui caráter científico, por se tratar de conhecimento sistemático, metodicamente obtido e demonstrado, dirigido a um objeto determinado, que é separado por abstração dos demais fenômenos. A sistematicidade é um forte argumento para afirmar a cientificidade do conhecimento jurídico[63].

É mister salientar que a ciência jurídica só veio consolidar-se no século XIX. Inúmeras são as concepções epistemológico-jurídicas atinentes à cientificidade da Jurisprudência, todas elas peculiares ao pensamento jusfilosófico do século passado e do atual[64].

Verifica-se, portanto, que há discrepâncias irredutíveis a respeito do tema em questão, impossibilitando pronunciamentos definitivos sobre os problemas levantados. Ante a impossibilidade de se captar com exatidão o objeto de investigação da ciência jurídica e de se eleger o seu método adequado, por não haver um "equilíbrio epistemológico"[65] na abordagem científica do direito, a investigação jurídico-científica torna-se difícil, pois "toda e qualquer solução do problema envolve uma decisão metacientífica, cujas raízes filosóficas não se escondem"[66]. A crise da ciência do direito consiste, exatamente, nessa grande inexatidão, daí a aporia do conhecimento científico-jurídico, que persistirá enquanto os juristas não se puserem de acordo sobre o objeto e método de sua ciência.

A apreciação, que pretendemos fazer nesta obra, será restrita a uma reflexão filosófica. É a epistemologia jurídica que se ocupa da ciência do direito, estudando os seus pressupostos, analisando os fundamentos em que repousam os princípios que informam sua atividade, bem como a delimitação de seu objeto temático, procurando verificar, ainda, quais os métodos, ou melhor, os meios lógicos que dão garantia de validade aos resultados teóricos alcançados. De maneira que não é o teórico do direito, ou seja, o jurista, quem vai estabelecer as condições de certeza ou de verdade dos juízos formulados, fixando os requisitos de coerência, mas sim o epistemólogo. Por isso nosso ensaio situa-se no âmbito da epistemologia jurídica que fundamenta filosoficamente a ciência do direito[67], já que, no dizer de Van Acker, "sem jusfilosofia a ciência jurídica é cega; sem ciência jurídica a jusfilosofia é vã"[68].

---

que as suas investigações nos diversos ramos jurídicos têm um caráter científico, sem se preocupar muito com as justificações requeridas pelo prisma proposto ou suposto. Assim, continua o eminente jusfilósofo, se percorrermos os tratados de direito civil, direito comercial, direito penal e outros, podemos assinalar duas preocupações que revelam um aparente comum acordo sobre a existência de uma ciência do direito, nas suas diversas ramificações, e sobre sua especificidade: 1ª) definir cada um destes ramos como partes de uma "ciência unitária do direito"; e 2ª) distinguir a "ciência do direito", propriamente dita, de outras com as quais mantém relações, em geral, de subsidiariedade, p. ex., ciência do direito penal e criminologia; psicologia forense, sociologia criminal. Fala-se em ciência dogmática do direito, para distingui-la da psicologia, da história e outras.

63. Tercio Sampaio Ferraz Jr., *A ciência do direito*, cit., p. 13. Convém repetir que a expressão "ciência jurídica" é empregada para designar a *jurisprudência*, isto é, o ramo especial do conhecimento que trata do fenômeno jurídico, sob um ponto de vista único, idêntico a si mesmo e que não se confunde com o das demais ciências que se ocupam do direito (Luiz Fernando Coelho, *Teoria*, cit., p. 19 e 51).

64. Cossio, *Teoría de la verdad jurídica*, Buenos Aires, Losada, 1964, p. 22, e *Las actitudes filosóficas de la ciencia del derecho*, Buenos Aires, La Ley, 1956; Machado Neto, *Teoria da ciência jurídica*, cit., p. 80 e 85-118.

65. Granger, *A razão*, cit., p. 83.

66. Tercio Sampaio Ferraz Jr., *A ciência do direito*, cit., p. 16.

67. J. M. Vilanova, *Filosofía del derecho*, cit., p. 50; Van Acker, *Introdução à filosofia — lógica*, cit., p. 7; A. B. Alves da Silva, *Introdução*, cit., p. 143; Miguel Reale, *O direito como experiência — introdução à epistemologia jurídica*, São Paulo, Saraiva, 1968, p. 87; Bobbio, *Teoria della scienza giuridica*, cit., p. 6; Machado Neto, *Teoria da ciência jurídica*, cit., p. 168. Sobre a problemática do tema *ciência jurídica*, consulte: Antonio Hernández Gil, *Problemas epistemológicos de la ciencia jurídica*, Madrid, Ed. Civitas, 1976; Maria Helena Diniz, *A ciência jurídica*, cit., p. 1-11.

68. Leonardo van Acker, Experiência e epistemologia jurídica, *RBF*, *19*(74): 154, 1969. Karl Jaspers (*Filosofía de la existencia*, Madrid, 1958, p. 23) escreve: "Sin filosofía la ciencia no se comprende a sí misma"; B. Mantilla

QUADRO SINÓTICO

CARÁTER PROBLEMÁTICO DO TEMA CIÊNCIA JURÍDICA

PROBLEMAS EPISTEMOLÓGICOS DA CIÊNCIA JURÍDICA	— delimitação do termo "ciência" da ciência do direito — determinação do objeto da especulação jurídico-científica — especificidade do método da ciência jurídica — reflexão sobre o caráter teórico, prático ou crítico da jurisprudência — distinção entre ciência do direito e outras ciências que têm por objeto o estudo dos fenômenos jurídicos — considerações sobre a "cientificidade" ou "não cientificidade" da jurisprudência — fundamentação doutrinária da cientificidade do conhecimento jurídico

Pineda, La crisis de las ciencias del derecho, in *Filosofia-II, Anais do VIII Congresso Interamericano de Filosofia e V da Sociedade Interamericana de Filosofia*, cit., p. 409-14.

4. CONCEPÇÕES EPISTEMOLÓGICO-JURÍDICAS RELATIVAS À CIENTIFICIDADE DO CONHECIMENTO JURÍDICO

A. PROBLEMA DA CIENTIFICIDADE DO SABER JURÍDICO COMO QUESTÃO EPISTEMOLÓGICO-JURÍDICA

É, portanto, a filosofia do direito, enquanto epistemologia jurídica, que vai tratar dos problemas da ciência do direito, procurando dirimi-los, delimitando o sentido de "ciência", a especificidade do objeto e do método da especulação jurídico-científica, refletindo sobre o caráter teórico, prático ou crítico da Jurisprudência, distinguindo a ciência do direito das outras que, igualmente, têm por material de pesquisa os fenômenos jurídicos, indagando acerca da natureza científica do saber jurídico. Este último problema é o central da epistemologia do direito, pois se houver uma filosofia ou teoria da ciência jurídica que possibilite uma jurisprudência como rigorosa ciência do direito, as demais questões serão, satisfatoriamente, respondíveis.

Várias são as teorias epistemológico-jurídicas, principalmente as do século passado e do atual, endereçadas aos problemas da ciência do direito, inclusive ao atinente à sua cientificidade.

A fim de nos orientarmos na grande selva das posições epistemológicas, procuraremos esquematizá-las, ordenando-as, tendo em vista os problemas versados por elas. Para isso tomamos por base, com algumas variações, a sugestão de Carlos Cossio, concentrando as doutrinas epistemológicas que justificam teoricamente a ciência do direito ou que procuram dar à investigação do direito um caráter científico, em seis direções fundamentais: racionalismo metafísico ou jusnaturalista; empirismo exegético; historicismo casuístico; sociologismo eclético; racionalismo dogmático e egologia existencial[69]. Este panorama — e não história — das teorias jurídicas nos demonstrará tendências que não nos darão uma visão ordenada do que se poderia chamar *ciência do direito*, mas que delinearão os problemas básicos da teorização do direito.

---

69. Machado Neto, *Teoria da ciência jurídica*, cit., p. 77-81; Carlos Cossio, *Las actitudes filosóficas*, cit. Tercio Sampaio Ferraz Jr. (*A ciência do direito*, cit., p. 39 e 18-21) observa que a expressão "ciência do direito" é relativamente recente, tendo sido uma invenção da escola histórica alemã, no século passado, que se empenhou em dar cientificidade à investigação do direito. Entre os romanos não havia tal preocupação, pois suas teorizações jurídicas ligavam-se à práxis. Não se preocupavam com a questão de saber se sua atividade era uma ciência ou uma arte. Interessantes são as observações de Enrico Opocher (*Lezione di filosofia del diritto — il problema della natura della giurisprudenza*, Padova, CEDAM, 1953) sobre a questão da cientificidade da ciência do direito.

Passemos a analisar as teorizações jurídicas que se preocuparam com o pensamento jurídico enquanto ciência.

B. JUSNATURALISMO

"Desde as representações primitivas de uma ordem legal de origem divina, até a moderna filosofia do direito natural de Stammler e Del Vecchio, passando pelos sofistas, estoicos, padres da Igreja, escolásticos, ilustrados e racionalistas dos séculos XVII e XVIII, a longa tradição do jusnaturalismo se vem desenvolvendo, com uma insistência e um domínio ideológico que somente as ideias grandiosas e os pensamentos caucionados pelas motivações mais exigentes poderiam alcançar"[70].

Na Idade Média, sob o império da patrística ou da escolástica, a teoria jusnaturalista apresentava conteúdo teológico, pois os fundamentos do direito natural eram a inteligência e a vontade divina, devido ao fato de a sociedade e a cultura estarem marcadas pela vigência de um credo religioso e pelo predomínio da fé[71]. Na era medieval prevalecia a *concepção do direito natural objetivo e material*, de espírito tomista[72], que estabelecia o valor moral da conduta pela consideração da natureza do respectivo objeto, conteúdo ou matéria, tomada como base de referência a natureza do sujeito humano, considerado na sua realidade empírica, mas enquanto reveladora do seu dever-ser real e essencial. Não é, observa Van Acker, um direito natural puramente objetivo, mas objetivo-subjetivo, tomando o objeto como ponto de partida e o sujeito como termo da relação de conveniência ou do valor moral, nem direito natural puramente material, mas material e formal ou hilemórfico, porque a matéria da conduta não é fato ou objeto indiferente, por ser, necessariamente, carregada de sentido ou valor humano, positivo ou negativo. Além disso, a natureza humana não é pura matéria norteável por valores transcendentes ou ideais, mas matéria dinamizada por uma forma imanente ou natural, que a orienta para fins convenientes, excluindo os inconvenientes. Logo o bem, no sentido do valor ou da conveniência a certos fins, é inerente à natureza humana[73]. Portanto, o jusnaturalismo dos escolásticos concebia o direito natural como um conjunto de normas ou de primeiros princípios morais, que são imutáveis, consagrados ou não na legislação da sociedade, visto que resultam da natureza das coisas e do homem, sendo por isso apreendidos imediatamente pela inteligência humana como verdadeiros.

Deveras, os primeiros princípios da moralidade correspondem ao que há de permanente e universal na natureza humana, por isso perceptíveis, de imediato, pela razão comum da generalidade dos homens, independentemente de sua cultura ou civilização. Abrangem tais princípios os deveres dos homens para consigo mesmos, para com os outros homens e para

70. Machado Neto, *Teoria da ciência jurídica*, cit., p. 82; Luiz Fernando Coelho, *Aulas de introdução*, cit., p. 141-62; Emerson Ike Coan, Ainda e sempre o direito natural, *Revista Brasileira de Filosofia*, v. LVI, fasc. 228, p. 421-54; Aurora T. Carvalho, *Curso de teoria geral do direito*, São Paulo, Noesis, 2010, p. 72; Norberto Bobbio, *Jusnaturalismo e Positivismo jurídico*, São Paulo, Unesp, 2016, p. 193 a 288.

71. Machado Neto, *Teoria da ciência jurídica*, cit., p. 83.

72. Aristóteles, *Ethica Nicomachea*, 1, 5; Tomás de Aquino, De justitiale, II, in *Decem libras Ethicorum, Aristoteles and Nicomachum expositio* e *Summa theologica*, 2a, 2ae, q. 57 e 58; la, 2ae, q. 94-97; José Maria Rodriguez Paniágua, *Historia del pensamiento jurídico*, Madrid, 1976, p. 73-80; N. Vandyck de Araújo, *Fundamentos aristotélicos do direito natural*, Porto Alegre, Fabris, 1988.

73. Van Acker, Curso de filosofia do direito, *Revista da PUCSP*, cit., *35* (67-8): 355-6.

com Deus. O princípio fundamental é "o bem deve ser feito" e, portanto, o mal evitado. O homem há de querer o bem pela sua vontade, que é iluminada pela razão. Os demais princípios referem-se aos deveres diretamente impostos pela natureza humana, relativos às tendências naturais do homem, que são: *a*) deveres do homem para consigo mesmo, como "o homem deve conservar-se, deve perseverar no ser, não deve destruir-se"; *b*) deveres do homem para com o primeiro grupo social dentro do qual vive, isto é, para com a família: "o homem deve unir-se a uma mulher, procriar e educar seus filhos"; *c*) dever de respeitar sua racionalidade, ou seja, sua inteligência: "o homem deve procurar a verdade", isto é, deve buscar o conhecimento da realidade; *d*) deveres do homem para com a sociedade: "o homem deve praticar a justiça, dando a cada um o que é seu"; "o homem não deve lesar o próximo".

A lei natural é imutável em seus primeiros princípios. O direito natural, imanente à natureza humana, independe do legislador humano. As demais normas, construídas pelos legisladores, são aplicações dos primeiros princípios naturais às contingências da vida, mas não são naturais, embora derivem do direito natural. P. ex.: do princípio de direito natural de que "o homem deve conservar a si próprio" decorre que "não é permitido matar", "são proibidos a eutanásia e o aborto" etc., e mais remotamente ter-se-á a proteção à saúde dos trabalhadores em local insalubre. Para a concepção aristotélico-tomista o direito natural abrange todas as normas de moralidade, inclusive as normas jurídico-positivas, enquanto aceitáveis ou toleráveis pela moral.

Com essa doutrina dos escolásticos, o saber jurídico começou a ter as aparências de uma ideia científica[74].

A concepção do direito natural objetivo e material (século XIII) foi, paulatinamente, substituída, a partir do século XVII, pela doutrina jusnaturalista de tipo *subjetivo e formal*, devido ao processo de secularização da vida, que levou o jusnaturalismo a arredar suas raízes teológicas, buscando os seus fundamentos de validade na identidade da razão humana. O direito natural tornou-se subjetivo enquanto radicado na regulação do sujeito humano, individualmente considerado, cuja vontade cada vez mais assume o sentido de vontade subjetiva e absolutamente autônoma. Nesta concepção jusnaturalista a natureza do homem é uma realidade imutável e abstrata, por ser-lhe a forma inata, independente das variações materiais da conduta.

Nítida é a feição dedutiva desse jusnaturalismo, que é levado a propor normas de conduta pelo método dedutivo, por influência do racionalismo matematicista, tão em voga na época; assim, a partir de uma hipótese lógica sobre o estado natural do homem, se deduzem racionalmente todas as consequências. Nesta teoria que encontrava sua legitimidade perante a razão, mediante a exatidão matemática e a concatenação de suas proposições, a ciência jurídica passa a ter uma dignidade metodológica especial. Foi nessa época (século XVII) que se deu a ligação entre ciência e pensamento sistemático, pois, segundo Christian Wolff, sistema é o *nexus veritatum*, isto é, agregado ordenado de verdades, que pressupõe a correção e a perfeição formal da dedução. Lambert, em 1787, delimitou os caracteres desse

74. Goffredo Telles Jr., *Direito natural* (anotações das aulas do curso de mestrado, proferidas na FDUSP, em 1973 — 1º semestre) e *Introdução à ciência do direito*, fasc. 2, p. 140-6 (postila); Van Acker, Curso de filosofia do direito, *Revista da PUCSP*, cit., *35* (67-8): 380; Tomás de Aquino, *Summa theologica*, cit., la, 2ae, q. 94, art. 4 e 5; la, 2ae, q. 95, art. 2; la, q. 19, art. 7; q. 21, art. 3.

conceito ao afirmar que sistema é um *mecanismo,* isto é, partes ligadas umas às outras; um *organismo*, ou seja, um princípio comum que liga partes numa totalidade e uma *ordenação*, por ser intenção fundamental e geral, idônea para ligar e configurar as partes num todo.

O conceito de sistema, no entender de Wieacker, foi a maior contribuição do jusnaturalismo moderno[75].

Nesta segunda concepção jusnaturalista a natureza do ser humano foi concebida[76]:

1. Como genuinamente social, por Grotius, Pufendorf e Locke.

Grotius dividiu o direito em duas categorias: *jus voluntarium*, que decorre da vontade divina ou humana e *jus naturale*, oriunda da natureza do homem devido a sua tendência inata de viver em sociedade. Para Grotius, o direito natural seria o ditame da razão, indicando a necessidade ou repugnância moral, inerente a um ato por causa da sua conveniência ou inconveniência à natureza racional e social do homem. Daí ser moralmente necessário e conveniente a celebração de pactos sociais, em que o povo livremente escolha a forma de seu governo, sem se ater às qualidades objetivas do regime, mas à sua preferência subjetiva, de modo que a livre escolha é o critério do ordenamento jurídico, mesmo que este escravize o povo. Logo, o preceito fundamental do direito natural, para essa escola, é observar fielmente qualquer contrato celebrado livremente. Grotius libertou a ciência do direito de fundamentos teológicos, cedendo às tendências sociológicas de seu tempo, e intuiu que o senso social, tão peculiar à inteligência humana, é fonte do direito propriamente dito.

Locke[77] chega a afirmar que a lei natural é mais inteligível e clara do que o direito jurídico-positivo, que é complicado e ambíguo e *justo* apenas se fundado na lei natural. Segundo a lei natural, cada homem tem, sem recorrer ao Poder Judiciário e Executivo, o direito de punir qualquer ofensa a um direito natural a bem da humanidade e o direito de ressarcir-se dos prejuízos que lhe foram causados pessoalmente. Para Locke só o pacto social pode sanar as deficiências do estado de natureza, instaurando o governo do estado civil ou político, com três poderes: o legislativo, o executivo e o federativo; este último é o poder de declarar a guerra ou a paz, de concluir pactos e alianças (*foedera*). Reconhece, ainda, Locke, o individualismo do direito natural moderno, pois, para ele, a única sociedade política condizente com a natureza humana é o Estado liberal-democrático, cujo fim é garantir os direitos naturais ou liberdades individuais, mormente o direito intangível e irrestrito à posse e ao uso dos bens adquiridos pelo trabalho.

Samuel Pufendorf apresenta em suas obras um sistema completo do direito natural, dando um caráter sistemático ao processo de secularização desse direito, iniciado com Grotius, só que para ele a *lex naturalis* não era a voz interior da natureza humana, como pretendia Grotius, mas resultava de forças exteriores, ligando os homens em sociedade. Para

75. Machado Neto, *Teoria da ciência jurídica*, cit., p. 83; Van Acker, Curso de filosofia do direito, *Revista da PUCSP*, cit., *35* (67-8): 357, 359 e 384; Tercio Sampaio Ferraz Jr., *A ciência do direito*, cit., p. 23 e 24. Wolff, *Philosophia moralis sive ethica*, 1750, p. 440; Franz Wieacker, *Privatrechtsgeschichte der Neuzeit*, Göttingen, Vandenhoeck & Ruprecht, 1967, p. 275, citados por Tercio Sampaio Ferraz Jr., *A ciência do direito*, p. 24.

76. Van Acker, Curso de filosofia do direito, *Revista da PUCSP*, cit., *35* (67-8): 359-61, 363-6, 368-70, 386 e 387; Machado Neto, *Teoria da ciência jurídica*, cit., p. 83-4; Tercio Sampaio Ferraz Jr., *A ciência do direito*, cit., p. 24-6; Direito natural ou racional, in *Enciclopédia Saraiva do Direito*, v. 27, p. 376; Alexandre Correia, Direito natural-I, in *Enciclopédia Saraiva do Direito*, v. 27, p. 343-69; José Maria Rodriguez Paniágua, *Historia*, cit., p. 97-135.

77. *Essays on the law of nature*, Oxford-Clarendon, Ed. Leyden, 1954.

Pufendorf as prescrições do direito natural pressupõem a natureza decaída do homem, por isso, todo direito contém uma proibição, e seu caráter fundamental repousa em sua função imperativa. A principal propriedade do homem é, para Pufendorf, a *imbecillitas*, o desamparo em que se acha na sua solidão. Da *imbecillitas* decorre o mais importante e racional dos princípios jusnaturalistas: a *socialitas*, a necessidade de o homem viver em sociedade, imprescindível na medida em que Deus prescreve sua observação. Logo, o direito natural, para Pufendorf, na sua função imperativa, funda-se na vontade divina, que originariamente fixou os princípios da razão humana perpetuamente. Com base nestes princípios, Pufendorf desenvolve uma sistemática jurídica, conjugando a dedução racional e a observação empírica, estabelecendo uma relação imediata com a realidade social, tornando-se um precursor da autonomia das ciências da cultura. Para esse autor, as normas de direito natural podem ser *absolutas*, se obrigam independentemente das instituições criadas pelo homem, e *hipotéticas*, se as pressupõem. Estas últimas, pela sua flexibilidade, possibilitam ao direito natural uma adequação à evolução temporal.

2. Como originariamente a-social ou "individualista", por Hobbes, Spinoza e Rousseau.

Para Hobbes[78], no estado natural, livre de qualquer obrigação social, o homem tinha o direito de tudo fazer e ter, não havendo distinção entre o bem e o mal, o justo e o injusto, o meu e o seu. Como essa liberdade a-social e pretensão de igualdade provocaram um estado de guerra, oriundo da cobiça, do instinto de segurança e do desejo de glória, inerentes à natureza humana, os homens foram levados a celebrar um contrato social, entregando a um governo absoluto o poder de estabelecer a ordem jurídica, garantindo todos os acordos ou pactos necessários à vida pacífico-social e interindividual. Segundo Hobbes, as leis naturais são as normas morais que incutem no ser humano o desejo de assegurar sua autoconservação e defesa por uma ordem político-social garantida por um poder coercitivo absoluto.

Para Rousseau o homem é insocial por natureza, a tal ponto que, sendo bom no estado natural, é a sociedade que o corrompe. Essa concepção de Rousseau[79], por sua vez, pretende fundar o direito natural na hipótese de um estado natural da humanidade, concebido como estado primitivo e pré-reflexivo, anterior a qualquer sociedade ou cultura. O homem nesse estado natural possui o instinto de conservação própria e o da comiseração ou repugnância natural a ver sofrer qualquer criatura. Desses dois instintos decorrem as normas do direito natural: *a*) nunca se deve fazer mal a outrem, salvo no caso de ser legítima a preferência da própria conservação; *b*) autoconservação abrange além do ser e bem-estar biológicos, a manutenção da qualidade específica do homem, consistindo no dom moral e natural da liberdade e igualdade entre os homens. Logo, se nenhum homem tem autoridade sobre o outro, a sociedade e toda autoridade legítima repousam em pactos, para respeitar a liberdade e a igualdade dos contratantes. Dessas normas de direito natural decorrem os corolários: *a*) o preceito de justiça é negativo (não prejudicar outrem; realizar o bem próprio com o mínimo possível de prejuízo alheio); *b*) imoralidade do pacto social, em que uma parte se

78. *Leviathan*, caps. 13 a 15. Sobre Hobbes, consulte: Tercio Sampaio Ferraz Jr., *Estudos de filosofia do direito*, São Paulo, Atlas, 2002, p. 271-8.

79. *Discours sur l'origine de l'inégalité parmi les hommes*, Livr. Garnier, s/d, p. 36-9, 93, 44, 58, 59, 73, 85, 61, 40, 78, 79, 94; *Émile*, Ed. Nelson, p. 143, 150, 151; *Du contrat social*, 1762, I, 2, c.3, c.12; I, 1, c.7. Consulte: Goffredo Telles Jr., *A criação do direito*, São Paulo, Juarez de Oliveira, 2004, p. 125-57.

constitui, livremente, escrava da outra; *c*) condenação do pacto social que reconhece a alguns membros o direito de propriedade privada sobre os bens por eles anteriormente adquiridos, por ser tal direito contrário à igualdade e à liberdade dos sócios e ao direito natural de todos à autoconservação biológica e aos meios necessários de subsistência, pois na medida em que a uns permite o uso do supérfluo, a outros priva o uso do necessário; *d*) o único pacto social moralmente lícito e eficaz é o que estabelece uma forma de associação em que cada membro é defendido e protegido por um poder comunitário unido, mas sem prejuízo e antes com vantagem para a liberdade e a igualdade dos homens. Tal pacto exige a entrega total da pessoa e dos bens de cada particular ao poder da comunidade, isto é, à vontade geral do povo soberano, que é competente para fixar o patrimônio social e redistribuir os bens, para a consecução do bem comum. A liberdade consiste na obediência do homem à norma que a si mesmo prescreveu.

Apesar de Rousseau apregoar a democracia socialista ou comunista, nítido é seu individualismo por: *a*) condenar sociedades privadas intermediárias entre os indivíduos e o Estado, por serem grupos de interesses particulares, que podem diminuir a influência da vontade geral nos indivíduos, lesando o interesse comum do Estado; *b*) exigir leis civis, estabelecendo um mínimo de interdependência e um máximo de dependência dos indivíduos em relação ao Estado, pois só a força estatal faz a liberdade individual; *c*) reverter ao indivíduo qualquer concessão por este feita, anulando o engajamento social e qualquer doação desinteressada. O contrato social apregoa o egocentrismo, por não implicar um autêntico engajamento social do indivíduo, dando-se a todos, pois, na realidade, não dá nada a ninguém, e ao receber de todos o mesmo que entregou, nada perde, mas ganha a força pública para conservar o que tem.

Para essa teoria do direito natural subjetivo, os preceitos do justo e do injusto continuam válidos, mesmo se suposta a inexistência de Deus, por terem seu fundamento nas leis imanentes à razão humana (Grotius).

A concepção do direito natural subjetivo e formal considera inatas no homem as tendências para a liberdade física e moral e para a igualdade, se não nas qualidades físicas, intelectuais e morais, pelo menos na dignidade essencial à natureza humana, presente em cada indivíduo e exigindo dos outros que o respeitem e tratem como especificamente igual (Pufendorf).

As leis racionais do justo e do injusto, segundo Grotius e Hobbes, foram entregues à guarda do Leviatã, do Estado Absoluto, mas, quando as condições sociais foram favoráveis à burguesia, em ascensão, tal guarda passou à vontade geral, segundo Rousseau.

Para uns (Locke) o pacto de submissão ou social é condicional e rescindível, resguardando a soberania popular; para outros, tal pacto pode ser incondicional e irrescindível, conforme a livre decisão dos contraentes (Grotius), ou mesmo deve sê-lo, a fim de evitar a volta à desordem e à anarquia (Hobbes).

Na especificação dos direitos naturais, salientam-se: o direito de livremente concluir pactos (Grotius); o direito de autoconservação (Hobbes) e de liberdade física (Spinoza); o direito ao trabalho, à propriedade privada enquanto fruto do trabalho; à defesa da própria vida e dos bens, punindo as ofensas por conta própria (Locke); o direito à liberdade e igualdade política (Rousseau); o direito ao reconhecimento da dignidade humana (Pufendorf).

Com Kant[80], que levou às últimas consequências essa concepção jusnaturalista, surgiu a teoria do direito racional. Kant organizou uma ciência do direito rigorosamente lógica.

Na teoria kantiana, processa-se a separação entre direito e moral, sob o prisma formal, e não material, isto é, tal distinção depende do motivo pelo qual se cumpre a norma jurídica ou moral. No ato moral, o motivo só pode ser a própria ideia do dever, mesmo que seja diretamente dever jurídico e só indiretamente dever moral. Porém, no mesmo ato jurídico, o motivo de agir pode ser, além do motivo moral de cumprir o dever, o da aversão à sanção, seja ela pena corporal ou pecuniária. Kant identifica o direito com o poder de constranger.

Para o jusnaturalismo de Kant, sendo racional e livre, o homem é capaz de impor a si mesmo normas de conduta, designadas por normas éticas, válidas para todos os seres racionais, que, por sua racionalidade, são fins em si e não meios a serviço de outros. Logo, a norma básica de conduta moral que o homem se pode prescrever é que em tudo o que faz deve sempre tratar a si mesmo e a seus semelhantes como fim e nunca como meio. Aplicada à conveniência jurídico-social, essa norma moral básica transmuda-se em norma de direito natural. A obediência do homem à sua própria vontade livre e autônoma constitui, para Kant, a essência da moral e do direito natural. As normas jurídicas, para tal concepção, serão de direito natural, se sua obrigatoriedade for cognoscível pela razão pura, independente de lei externa ou de direito positivo, se dependerem, para obrigarem, de legislação externa. Mas, nesta hipótese, deve-se pressupor uma lei natural, de ordem ética, que justifique a autoridade do legislador, ou seja, o seu direito de obrigar outrem por simples decisão de sua vontade. Tal lei natural, que é o princípio de todo direito, deriva da liberdade humana, reconhecida por intermédio do imperativo moral categórico. Essa lei de liberdade, como ideal da razão, é moral e encerra imediatamente a autorização de coagir quem a impede ou prejudica, conforme leis gerais sancionadoras. Logo, tanto a moral como o direito têm como princípio último a liberdade ou autonomia da vontade. O direito natural kantiano aparece como uma filosofia social da liberdade, por atribuir a esta um valor moral que se manifesta numa teoria dos direitos subjetivos, criando as bases teoréticas da concepção jurídica, que vislumbra o direito privado, estaticamente, como sistema de direitos subjetivos, e, sob o prisma dinâmico, como sistema de atos que criam e modificam aqueles direitos. A ciência jurídica deve levar em conta essa fundamentação prévia do direito.

Como Grotius havia estabelecido o direito natural dependente do conceito de sociabilidade, Kant fá-lo depender da ideia de *liberdade*, que é a autonomia da vontade, orientada unicamente pela razão pura, que se preocupa apenas com os princípios gerais concebidos em si mesmos e independentes da localização temporal.

Kant, portanto, pode ser considerado como jusnaturalista, enquanto admite leis jurídicas anteriores ao direito positivo. Trata-se de leis naturais, que obrigam *a priori*, antes

80. *Metaphysik der Sitten*, Berlin, v. 6, p. 213, 214, 218-21, 224, 229-33 e 239; *Fundamentação da metafísica dos costumes*, trad. A. P. de Carvalho, São Paulo, Ed. Nacional, 1964. Machado Neto, *Teoria da ciência jurídica*, cit., p. 84; Tercio Sampaio Ferraz Jr., *A ciência do direito*, cit., p. 27; Van Acker, Curso de filosofia do direito, *Revista da PUCSP*, cit., *35* (67-8): 370-80 e 386; Alexandre Correia, Direito natural-I, in *Enciclopédia Saraiva do Direito*, cit., p. 350; Victor Delbos, *La philosophie pratique de Kant*, Paris, Alcan, 1905; José Maria Rodriguez Paniágua, *Historia*, cit., p. 137 e 142; Helmut Coing, *Zur geschichte des Privatrechtssystems*, Frankfurt, 1962, p. 25 e 46, citado por Tercio Sampaio Ferraz Jr., *A ciência do direito*, cit., p. 27; Pilon, *Liberdade e justiça, uma introdução à filosofia do direito em Kant e Rawls*, Porto Alegre, Fabris, 2002; Goffredo Telles Jr., *A criação*, cit., p. 58-89.

de qualquer imposição de autoridade humana. Tais leis não são naturais no sentido de referentes à natureza, dependentes da causalidade e conhecidas pela experiência. Não é ele jusnaturalista no sentido de que o direito se baseia na natureza, mas porque se funda na metafísica dos costumes, na razão prática.

A ciência do direito, no jusnaturalismo moderno, que, apesar de não estar preso a nenhuma fonte positiva do direito, lhe deu a qualidade de sistema, que se constrói a partir de premissas cuja validade repousa na sua generalidade racional, passa a ser um *construído sistemático* da razão e um instrumento de *crítica* da realidade. A *concepção jusnaturalista de tipo subjetivo* ou formal trouxe duas contribuições de grande valia: o método sistemático conforme o rigor lógico da dedução e o sentido crítico-avaliativo do direito posto em nome de padrões éticos contidos nos princípios reconhecidos pela razão[81].

Observa Machado Neto que, durante o século XIX, houve reações contra o jusnaturalismo, encabeçadas pelo historicismo, sociologismo e positivismo jurídico, que quase expulsaram do mapa das ideias jurídicas a teoria do direito natural. Todavia, sob o influxo do sociologismo e do historicismo dominantes nessa centúria eminentemente cientificista, dá-se o renascimento da ideologia jusnaturalista, em nosso século[82]. Surge a doutrina *jusnaturalista* de Stammler, Del Vecchio, Helmut Coing, Jean Dabin, Jacques Leclerq e outros, como reação antijuspositivista.

Neste *retorno* ao *direito natural* estudaremos, brevemente, apenas Del Vecchio e Stammler, representantes máximos do moderno jusnaturalismo.

Rudolf Stammler[83] procurou fazer uma *teoria do direito natural* de conteúdo variável, rejeitando o direito natural material baseado na natureza humana, enaltecendo o método formal, para sistematizar uma dada matéria social, em cada momento histórico, no sentido de um direito justo. Sustenta ele que o direito natural não pode ser visto como um sistema orgânico de preceitos concretos, válidos com caráter absoluto para qualquer povo, tempo e lugar, mas apenas como um critério diretor, que plasme as figuras jurídicas, de acordo com as circunstâncias sociais, ou espaciotemporais, com a tradição histórica, com o tipo de sociedade, com a cultura etc. Há uma só ideia de justiça (direito natural de conteúdo variável) e inúmeros direitos justos, conforme as variações da matéria social e as diversas circunstâncias de cada época.

Na base da teoria stammleriana está uma concepção ideal de sociedade, que se desenvolve por meio de critérios formais de valoração. A justiça, no entender de Stammler, é a noção formal da comunidade pura, sendo que o direito concreto estaria ou não orientado por esse mesmo ideal social, que indica que todo querer social pensável é ordenado numa harmonia que se impõe. Se o direito concreto repousar no ideal social será considerado justo, apesar de ter conteúdo variável. O direito justo não constitui, porém, um direito em si. O único direito existente é o direito positivo, justo ou injusto. O direito justo, para

81. Tercio Sampaio Ferraz Jr., *A ciência do direito*, cit., p. 26.

82. Machado Neto, *Teoria da ciência jurídica*, cit., p. 84.

83. *Teoria da ciência jurídica*, 1911; *Economía y derecho*, cit.; *Tratado de filosofía del derecho*, Madrid, 1930; José Maria Rodriguez Paniágua, *Historia*, cit., p. 191-201; Luiz Fernando Coelho, *Teoria*, cit., p. 139 e 140; Tercio Sampaio Ferraz Jr., *Conceito de sistema no direito*, São Paulo, Revista dos Tribunais, 1976, p. 44 e 45; Goffredo Telles Jr., *A criação*, cit., p. 177 e s.

Stammler, é um direito positivo, cujo conteúdo volitivo possui a propriedade de justeza ou de correção. Logo, a ideia de direito justo é um mero princípio regulativo, um critério do qual todo direito positivo se aproxima sem esgotá-lo, transformando-se o direito em tentativa de direito justo. As máximas do direito justo: a do respeito mútuo e a da participação são meros procedimentos mentais para conhecer, em casos concretos, a meta ideal da vida social. Daí o seu neocriticismo formalista.

Giorgio del Vecchio[84] também procurou restaurar o jusnaturalismo, não no sentido de propugnar uma volta pura e simples às concepções clássicas, mas de dar-lhe uma nova base idealista depurada, procurando tornar compatíveis os vários materiais histórico-condicionados com a pureza formal do ideal do justo, permanente e imutável.

Na fixação do ideal de justiça, o primeiro problema é saber o que é a natureza humana, enfocada no plano da causalidade ou no da finalidade.

Ao estabelecer o sentido de "natureza humana", como princípio jurídico, Del Vecchio esclarece que pode designar duas coisas bem diversas. Se analisarmos a expressão sob o prisma da causalidade, "natureza" é a totalidade do real empírico, isto é, o conjunto de todos os fenômenos ligados entre si por vínculos causais, logo "homem" é uma partícula infinitesimal da natureza como todo. Este critério da causalidade é uma forma de conhecimento *a priori*, ou seja, universal e necessária, que funciona como condição de possibilidade da experiência. Essa consideração causal da natureza não faz aferições valorativas. Se a estudarmos baseados na concepção teleológica, não mais aparece somente como uma unidade mecânica de fenômenos, mas como uma ordem valorativa, como um princípio que se desenvolve em marcha ascendente, como razão que vivifica e organiza a matéria.

Ambas as concepções (a física causal e a teleológica) se fundam reciprocamente em duas formas ou funções *a priori* do intelecto humano. O homem, de um lado, se apresenta como partícula minúscula da natureza e, de outro, se afirma em sua qualidade de sujeito pensante. O supremo grau de conhecimento, pelo qual o "eu" se reconhece como princípio do mundo, não tem apenas valor teórico, mas constitui o fundamento e a essência da ética. Todas as ações humanas são necessárias, insuscetíveis de valoração, enquanto consideradas como fenômenos da natureza no critério causal, mas têm sentido e valor ético se as referimos ao sujeito como seu princípio absoluto. Como a filosofia do direito e a ética devem levar em conta os valores, só podem fundar-se na concepção metafísico-teleológica da natureza humana e não no seu critério causal fenomênico. É no aspecto teleológico da natureza humana que se deve fundar a moral e o direito, englobados num mesmo princípio ético, regulador da atividade humana. Assim, a vocação transcendental, afirmada na consciência da própria liberdade e imputabilidade, converte-se na norma: "Age, não como instrumento das forças da natureza, mas como ser autônomo que possua a qualidade de princípio e fim".

---

84. Sobre a teoria de Del Vecchio, consulte Luis Recaséns Siches, *Direcciones contemporáneas del pensamiento jurídico*, México, Ed. Nacional, 1974, p. 100-7; Del Vecchio, *A justiça*, São Paulo, Saraiva, 1960; *Philosophie du droit*, Paris, Dalloz, 1953, p. 270; *I presupposti filosofici della nozioni del diritto*, Bologna, 1905; *Il concetto della natura e il principio del diritto*, Torino, 1908; *Los principios generales del derecho*, 3. ed., Barcelona, Bosch, 1971; *Il concetto del diritto*, 1906; Van Acker, Curso de filosofia do direito, *Revista da PUCSP*, cit., *35*(67-8): 439-41; José Maria Rodriguez Paniágua, *Historia*, cit., p. 203-13; Vela, *El derecho natural en Giorgio del Vecchio*, Roma, 1965; Goffredo Telles Jr., *A criação*, cit., p. 177 e s.

Para Del Vecchio, o ser humano deve comportar-se como um ser dotado de inteligência, isto é, não como indivíduo empírico (*homo phaenomenon*) guiado pelo determinismo rígido de causas e efeitos, cujos atos são necessários e axiologicamente indiferentes, mas como "eu" racional (*homo nooumenon*), que age com a consciência da pura espontaneidade de suas determinações, tendo liberdade de determinar-se a si mesmo, prescindindo de tudo que constitui sua individualidade na ordem empírica. Sob o prisma da finalidade metafísica ou espiritual, o homem é sujeito consciente e livre, realidade inteligente ou noumenal, abrangendo pelo pensamento todo o mundo material e constituindo-o como a sua ideia ou ponto de vista; assim sendo, seus atos são conscientes e livres, bons ou maus, justos ou injustos, legais ou ilegais. O homem deve agir como ser autônomo, dominando os motivos como partícipe do mundo inteligível. Tal máxima ética, aplicada no campo subjetivo da consciência individual, origina o princípio da moralidade. Porém esse princípio ético pode ter um sentido objetivo ou jurídico. Há uma forma específica de consciência, pela qual o sujeito se contrapõe objetivamente a outros, reconhecendo que pertence a uma ordem de relações com outros. Esta posição da consciência, que é uma forma *a priori* da mesma, além do valor teórico, possui o prático, porque indica o jurídico, que é um dos aspectos essenciais da ética, apresentando-se não apenas como ideia, mas como sentimento de justiça. O primeiro princípio ético do direito estabelece uma prerrogativa perpétua e inviolável da pessoa. Logo, todo homem pode pretender que não seja tratado por outro como se fosse apenas elemento do mundo físico-natural, isto é, pode exigir que seja respeitado por todos; mas, em compensação, nenhum homem deve pretender submeter-se à natureza autônoma de outrem, impondo-lhes a sua vontade. Destes princípios deduz-se o direito natural racional, *a priori*, e universalmente apropriado à pessoa humana. Esse direito considera não só as justas pretensões da pessoa, mas também as suas obrigações racionais para com outrem. O direito natural representa o reconhecimento das propriedades e exigências essenciais da pessoa humana.

Del Vecchio outorga à teoria do direito natural um importante papel na prática do direito, não só no aperfeiçoamento das normas, mas também na sua interpretação e aplicação, e, sobretudo, na integração do direito positivo.

A teoria jusnaturalista de Del Vecchio, em alguns momentos, assemelha-se com o neocriticismo stammleriano, mas não se identifica com ele, pois na concepção do professor italiano mesclam-se elementos kantianos, fichteanos e hegelianos, visto que procura uma via média entre o racionalismo jusnaturalista, inspirado em Kant e Fichte, e o empirismo sociologista ou historicista, e, além disso, sofre influência de Schelling. Difere de Stammler na fundamentação metafísica e pela ausência do excessivo formalismo.

Contudo, o *jusnaturalismo*, no entender de Carlos Cossio[85], jamais pôde proporcionar um fundamento suficiente à ciência do direito, por tratar "de la actitud precientífica en el campo del conocimiento jurídico". Deveras, observa Machado Neto, enquanto a atitude científico-jurídica é aquela que pretende enfrentar o direito positivo como ele é, isto é, como fenômeno histórico, social e humano, o jusnaturalismo duplifica essa realidade para conceber uma esfera jurídica ideal, a do direito justo que, padrão estimativo do direito positivo,

85. *Las actitudes filosóficas*, cit.

dar-lhe-ia os fundamentos de validade e de existência, pois para a concepção jusnaturalista o direito injusto não é direito, nem vale como tal.

Bobbio observa que para o jusnaturalismo a Jurisprudência não seria uma ciência, porque o jurista se move num mundo de mutabilidade e provisoriedade. A jurisprudência seria uma arte prática, fora do campo da ciência, porque não era exata. O *direito natural* (jurisprudência ideal) era a verdadeira ciência do direito, saber definitivo das leis humanas, necessárias e universais. Nesse sentido, nas palavras de Emil Lask, todo direito natural é racionalismo metafísico, por hipostasiar os valores jurídicos, em realidades jurídicas. Tal se dá porque, sendo o jusnaturalismo anterior à moderna axiologia, não distinguia valor e ser, hipostasiando o valor jurídico do justo numa realidade jurídica ideal: o direito natural.

A moderna filosofia fenomenológica dos valores veio a superar o jusnaturalismo, ao conceber o direito como objeto cultural, que pode ocorrer tanto sob a forma de direito justo como de direito injusto. Além disso, pelo simples fato de ser um ideal valorativo, o direito natural é incompatível com a neutralidade axiológica a que, como ciência, deve estar sujeita a ciência jurídica. Donde se infere que uma teoria jusnaturalista não serve para fundamentar uma verdadeira ciência do direito, uma vez que, não sendo neutra ao valor, essa teoria deixaria de considerar como direito um determinado ordenamento jurídico, p. ex., o fascista ou o nazista, por entender que transgrediu ideais de justiça. O jusnaturalismo, longe de ser ciência, era uma ideologia, tolerável num tempo em que os instrumentos teóricos da filosofia eram insuficientes, hoje superada pela fundamentação da axiologia jurídica[86].

Na década de 70 do século XX, surge a *concepção quântica do direito* de Goffredo Telles Jr., que dá ao *direito natural*, ao direito legítimo, a designação de *direito quântico.* Reproduzimos, nestas páginas, as lições desse professor paulista, ante a originalidade de sua atitude em face do direito natural, que, em grande parte, vem a confirmar as críticas feitas à concepção jusnaturalista acima mencionadas.

Para esse renomado jusfilósofo, o direito objetivo de uma sociedade nem sempre coincide com o direito que os membros dessa sociedade gostariam de ver vigorante, para que todos usufruam dos seus bens soberanos. Tais bens soberanos têm existência histórica, mudam com as circunstâncias. Os sistemas éticos de referência das sociedades humanas se transformam porque refletem juízos da inteligência humana, mudando as fisionomias das civilizações. A inteligência humana é, necessariamente, determinada pelo que o homem realmente é. O homem real é um *ser no tempo*, ou seja, é o homem em seu processo vital,

86. Machado Neto, *Teoria da ciência jurídica*, cit., p. 85 e 86. *V.*, ainda, o que escreve Van Acker (Curso de filosofia do direito, *Revista da PUCSP*, cit., *35*:443-51) sobre o valor e o desvalor do jusnaturalismo, limitando-se à objeção lógica da incompossibilidade, ou seja, da incompatibilidade ou impossível coexistência do direito positivo e do direito natural; à objeção prática da inutilidade e à objeção histórica da irrealidade, assinaladas por Claude du Pasquier (*Introduction à la théorie générale et à la philosophie du droit*, 4. ed., Neuchâtel, Delachaux-Niestlé S.A., 1967, n. 294) e Norberto Bobbio (*Teoria della scienza giuridica*, cit., p. 60-3). Sobre o jusnaturalismo no Brasil, *v.* Tomás Antonio Gonzaga (*Tratado de direito natural*, Rio de Janeiro, 1957), que afasta a tese de Grocio, sustentando ser Deus o princípio do direito natural; José Maria de Avelar Brotero (*Princípios de direito natural compilados*, Rio de Janeiro, 1829), rechaçando o racionalismo ilustrado no ponto capital da origem racional (e não divina) do direito natural (p. 77); Lourival Gomes Machado (*Tomás Antonio Gonzaga e o direito natural*, São Paulo, Livr. Martins Ed., 1968); Pedro Autran, cuja obra foi estudada por João Silveira de Souza — *Lições de direito natural (sobre o compêndio do Sr. Conselheiro Autran)*, Recife, 1880; João Teodoro Xavier de Mattos (*Teoria transcendental do direito*), que constitui uma expressão krausista do jusnaturalismo. Jusnaturalistas, na perspectiva tomista, são: A. B. Alves da Silva, Armando Câmara, Benjamin Oliveira Filho, Edgard Matta Machado, Alceu Amoroso Lima.

dentro das condições concretas de sua evolução e perfazimento. O homem real, o *eu mesmo*, não é o *eu* transcendental de Kant, não é a ideia transcendental do sujeito pensante. Não é um *eu* formal, nem mesmo uma *consciência comum*, colocada fora e acima das consciências individuais. Mas é, para Goffredo Telles Jr., um *eu* feito das próprias consciências individuais. É o *eu* construído pela sua história e, em parte, construtor de sua história. É um *eu* moldado por um patrimônio genético e dotado de uma inteligência com função constituinte, capaz de originar ideias e de traçar os caminhos do homem. É um *eu* formado pelas experiências já vividas e sofridas pelo homem. É, concomitantemente, *eu cultivador* e *eu produto da cultura*, ou melhor, é o *eu* histórico, que é um *eu* permanente em contínuo perfazimento.

As coisas do mundo, continua esse ilustre pensador, não são simples *dados*, objetos que ocupam espaço e tempo no Universo, mas têm um *sentido para o homem*, logo são objetos *confrontados* com o *eu* e *apreciados* pelo *eu*, que lhes atribui um valor. Assim sendo, o *eu* é a fonte doadora de sentido ao mundo circundante. A pessoa humana é a medida de todos os valores. A experiência ética em geral e a experiência jurídica em especial devem ser apreendidas como *experiência integral*, em que os fatos objetivos e as categorias subjetivas, que os qualificam, são igualmente partes da experiência, e incluídos na história do homem.

Transforma-se o *eu*, a fonte doadora de sentido, à medida que se vai enriquecendo de passado e de experiência. Transforma-se o *sistema de referência* de todos os valores.

A experiência jurídica é a vivência daquilo que uma comunidade qualifica de jurídico, em certo momento histórico e num determinado lugar. Por isso o conhecimento dessa experiência exige a revelação do sentido e valor dos fatos objetivos que a constituem, conforme os sistemas de referência, que são as categorias axiológicas, hauridas no homem mesmo e consagradas pela comunidade, em cada momento de suas respectivas histórias.

O homem histórico, o *eu real*, apesar de não ser transcendental, é um *a priori*, porque é condição subjetiva de *compreensão* da experiência objetiva. O *eu real* "*a priori*" é a medida com que avaliam as coisas do mundo. O mundo do *eu real* é o mundo histórico, designado *mundo da cultura* ou dos valores, porque é o mundo das coisas adaptadas pelo homem aos interesses humanos.

O direito objetivo é elaborado de conformidade a um sistema ético de referência especial. Pode ocorrer que o sistema de referência de uma sociedade evolua e se renove, e que o direito perdure e envelheça. Trata-se do ancilosamento das estruturas jurídicas. Hipótese em que a movimentação humana oficialmente exigida e proibida talvez não seja mais a movimentação que deve ser oficialmente exigida ou proibida. O mesmo pode suceder quando um governo impõe a uma sociedade normas que contrariem os ideais consagrados pelo sistema de referência da coletividade. Nestes dois casos ter-se-á um *direito artificial*, por não exprimir a realidade biótica da sociedade. É um *pseudodireito* que força o surgimento de interações humanas insubmissas, dentro do campo de sua competência. Grande parte da vida social processar-se-á à revelia de seus mandamentos.

O *direito natural*, para Goffredo Telles Jr., é o direito que não é artificial, é o direito consentâneo com o sistema ético de referência, vigente em certa coletividade. Para ele, o direito natural não é o conjunto dos primeiros e imutáveis princípios da moralidade, que, por não serem normas jurídicas, não são *direito*. Tais princípios não são autorizantes, não autorizam o lesado pela sua violação a exigir o seu cumprimento ou a reparação do dano sofrido, por isso não são normas jurídicas, logo não há por que rotulá-los de *direito natural*, mas sim de moral social.

O direito natural é um conjunto de normas jurídicas promulgadas, isto é, oficializadas pela inteligência governante, de conformidade com o sistema ético de referência da coletividade em que vigora. O direito natural é o *direito legítimo*, que nasce, que tem raízes, que brota da própria vida, no seio do povo. O governo só pode declarar o direito conforme a ideia de ordem jurídica acalentada pelo grupo social que dirige.

Goffredo Telles Jr. confere ao direito natural, ao direito legítimo, o nome de *direito quântico,* porque é o direito resultante do processo da organização do humano, atendendo às inclinações genéticas de um povo ou de um grupo social, exprimindo o seu sentimento ou estado de consciência, refletindo sua índole. O direito quântico é o direito do *eu* histórico. O direito legítimo é quântico, porque delimita, quantifica a movimentação humana, segundo o sistema ético de referência que espelha disposições genéticas da coletividade. O direito quântico não é arbitrário. É quântico porque é feito sob medida, e é a medida da liberdade humana. É quântico porque relaciona o *dever ser* com o *ser* de um sistema social de referência. A ciência do direito, portanto, nunca enunciará que um homem ou um grupo de homens agirá deste ou daquele modo, mas que não sabe como procederá, embora tenha mais probabilidade de se comportar da maneira "*x*", do que da maneira "*y*", porque a "*x*" é a mais conforme ao sistema ético de referência da comunidade a que pertence. A norma promulgada pelo governo legítimo é o único dogma da ciência jurídica, é o ponto de partida e fundamento de toda ação do jurista[87].

C. EMPIRISMO EXEGÉTICO

c.1. Concepções legalistas ou mecânicas da interpretação e da aplicação do direito

A ciência do direito, no século XIX, encontra sua expressão mais característica no exegetismo. Para a escola da exegese, a totalidade do direito positivo se identifica por completo com a lei escrita; com isso a ciência jurídica se apegou à tese de que a função específica do jurista era ater-se com rigor absoluto ao texto legal e revelar seu sentido. Todavia, é preciso não olvidar que o exegetismo não negou o direito natural, pois chegou a admitir que os códigos elaborados de modo racional, eram expressão humana do direito natural, por isso o estudo do direito deveria reduzir-se a mera exegese dos códigos. Visavam os franceses a construção de um sistema normativo estruturado de acordo com as normas da natureza, com o escopo de assegurar os direitos subjetivos fundamentais do homem, que lhe eram inerentes. O estudo do Código Civil seria a concretização desse ideal jusnaturalista. A lei e o direito constituem uma mesma realidade, pois a única fonte do direito é a lei e tudo o que estiver estabelecido na lei é direito.

A escola da exegese reuniu a quase totalidade dos juristas franceses (Proudhon, Melville, Blondeau, Bugnet, Delvincourt, Huc, Aubry e Rau, Laurent, Marcadé, Demolombe, Troplong, Pothier, Baudry-Lacantinerie, Duranton etc.), durante a época da codificação do direito civil francês e o tempo que se sucedeu à promulgação do célebre Código de Napoleão.

87. Goffredo Telles Jr., *O direito quântico*, cit., cap. 9, p. 415-33, que resumimos; *Iniciação na ciência do direito*, São Paulo, Saraiva, 2001, p. 207-24.

Como esse Código, publicado em 1804, unificou o direito civil francês, os juristas entenderam que deviam fazer apenas a exegese do texto legal, ficando, assim, a ciência do direito reduzida a mera tarefa de exegetas. Tal se deu porque toda época de recente codificação é idólatra da lei, que se apresenta no corpo dos Códigos como algo completo e acabado. O racionalismo buscava a simetria, a construção lógica perfeita, o que o levou à utopia. Foi essa mesma simetria que conduziu os juristas franceses, do século XIX, à idolatria do Código de Napoleão, resumo da moral do mundo, considerado como o edito de natureza eterna e imutável. Esse Código foi tido como a expressão mais exata e completa do direito civil. Daí o reinado, em França, do dogma absoluto da omnisciência, da omnicompreensão e da onipotência das leis. Bugnet chegou até a afirmar: "Não conheço o direito civil, ensino somente o Código de Napoleão". Laurent ponderava: "Os códigos nada deixam ao arbítrio do intérprete, este não tem mais por missão fazer o direito: o direito está feito. Não existe mais incerteza, porque o direito está escrito nos textos, já há a segurança dos textos. Mas para que esta vantagem dos códigos seja real, é preciso que os juristas e os juízes aceitem sua nova posição de subalternos ao Código... Diria até que devem resignar-se a ela". Laurent, portanto, apesar de considerar necessária a interpretação, não admitia qualquer oposição entre a vontade do intérprete e a do legislador, de modo que o jurista devia tão somente explicar a lei e não reformá-la, devendo aceitar todos os seus defeitos.

Proudhon, por sua vez, escrevia que "a divisa do jurisconsulto devia ser a adesão aos textos quimicamente puros, com a abstração de toda a mescla". Demolombe declarava: "*Ma divise, ma profession de foi, est aussi: les textes avant tout*".

Inicialmente, os sequazes da escola da exegese se atinham à interpretação literal do texto legal, deduzindo o sentido oculto da lei mediante procedimentos filológicos e lógicos. Ante a ineficiência desse processo interpretativo, tiveram de recorrer às fontes, isto é, aos trabalhos legislativos preparatórios, à tradição histórica e aos costumes, para desvendar a vontade do legislador, a fim de conhecer não apenas a letra da lei, mas também seu espírito. Com isso passou-se a admitir a interpretação histórica, isto é, o exame das circunstâncias que antecederam a lei. Posteriormente, essa escola veio a utilizar a interpretação lógico-sistemática, que consistia em descobrir o sentido da lei, tendo por base o lugar que ela ocupa dentro do sistema legislativo. Tal interpretação sistemática parte do princípio de que a legislação é um conjunto orgânico e que as leis têm seus lugares específicos, de modo que umas preponderam sobre outras, por isso o jurista deve sistematizá-las, dando a cada uma seu significado dentro do ordenamento jurídico.

Todavia, qualquer um desses processos interpretativos era empregado com muita prudência, para evitar a substituição da intenção do legislador por uma vontade estranha. Só havia um objetivo: entender os textos e nada mais. Para o reducionismo exegético, interpretar é a mera exegese dos textos, tendo por fim a descoberta da intenção do legislador.

Ao concentrar no Legislativo a competência exclusiva para legislar, os teóricos da exegese reduziram o direito à lei.

A função do intérprete e do julgador era uma função mecânica de lógica dedutiva.

Consequentemente, essa doutrina ultralegalista proclamou que a lei deve ser a única fonte das decisões jurídicas, logo toda solução jurídica não pode ser mais do que a conclusão de um silogismo, em que a premissa maior é a lei e a menor, o enunciado de um fato concreto.

De maneira que a função do aplicador não era senão a de subsumir os fatos concretos à determinação abstrata da lei. Reinava, portanto, a concepção mecânica da função judicial, entendida como um processo de dedução lógica, que supunha que houvesse para cada caso controvertido uma lei e que aquele caso fosse redutível a uma expressão simples, livre de qualquer ambiguidade. Os mais extremados, como Blondeau, chegavam até a afirmar que, ante a plenitude da lei, nos casos em que a vontade do legislador não podia ser alcançada, o magistrado deveria abster-se de prolatar a sentença, por não haver lei que fundamentasse a sua decisão.

Mourlon afirmava que para o jurista, advogado e juiz, só existia o direito positivo e Valette ponderava, exaltando a omnisciência e omnicompreensão do legislador, que "muito se tem legislado, sobretudo nos últimos setenta anos, que seria surpreendente encontrar um caso que estivesse fora do alcance dos preceitos legais". Outros, porém, não chegaram a tal exagero, admitindo o emprego da analogia como procedimento de integração. Isto era assim porque o positivismo legal apresentou a concepção do sistema jurídico, como sistema fechado e completo, do que decorre a ausência de lacunas no direito.

Para o exegetismo, se a lei continha todo o direito, se o processo de aplicação era um mero silogismo, e se podia ser superada, segundo alguns de seus sequazes, a ausência de premissa maior pelo procedimento integrativo da analogia, o direito seria certo e completo[88].

Kantorowicz[89] descrevia esta concepção legalista do direito e mecânica da jurisprudência da seguinte forma: "A opinião dominante imagina um jurista ideal como um funcionário de carreira de certa categoria, munido de uma máquina de pensar da mais fina espécie, tendo à sua frente o Código do Estado. Entrega-se-lhe um caso qualquer, real ou não, e, conforme seu dever, pode aquele funcionário, por meio de operações meramente lógicas e de uma técnica secreta, que lhe é própria, chegar a uma solução preconizada pelo legislador no Código, com exatidão absoluta".

Este positivismo legal, estatista e avalorativo é o traço dominante dessa escola, que se encontrava em condição mais propícia do que a jusnaturalista para fundamentar uma ciência neutral do direito[90].

Entretanto, é preciso esclarecer que tal postura exegética da "*École de l'Exégèse*", do século XIX, que preconizava a tarefa do jurista circunscrita à teorização e sistematização da experiência jurídica, descambando para o *positivismo legal*, com a autolimitação da ciência jurídica ao estudo da lei positiva e o estabelecimento da estatalidade do direito[91],

---

88. Machado Neto, *Teoria da ciência jurídica*, cit., p. 87-97; *Compêndio de introdução à ciência do direito*, São Paulo, Saraiva, 1984, p. 20-4; Tercio Sampaio Ferraz Jr., *A ciência do direito*, cit., p. 33; Goffredo Telles Jr., anotações de aula do curso de mestrado da FDUSP, 1973; Recaséns Siches, *La nueva filosofía de la interpretación del derecho*, México, 1950, p. 190-201; Julien Bonnecase, *La escuela de la exégesis en derecho civil*, trad. José M. Cajica Jr., México, Puebla, p. 141 e s.; Laurent, *Cours élémentaire de droit civil*, t. 1, p. 9; Proudhon, *Cours de droit français*, t. 1, p. XII; Blondeau, *Chrestomatie* (prefácio), p. XII; Demolombe, *Cours du Code Napoléon*, t. 1, p. 3 e 135; Luiz Fernando Coelho, *Teoria*, cit, p. 57; *Lógica jurídica e interpretação das leis*, Rio de Janeiro, Forense, 1979, p. 88-92; Gaudemet, *L'interprétation de Code Civil en France*, p. 20; *Archives de Philosophie du Droit, 17*: 122; Mourlon, *Répétitions écrites sur le Code de Napoléon*, 8. ed., Paris, t. 1, p. 3 e s.; Valette, *Cours de Code Civil*, t. 1, p. 3 e s., 34 e s.; Aurora T. Carvalho, *Curso*, cit., p. 74.

89. La lucha por la ciencia del derecho, in *La ciencia del derecho*, Buenos Aires, Ed. Losada, 1949, p. 329.

90. Machado Neto, *Teoria da ciência jurídica*, cit., p. 87.

91. Miguel Reale, *Filosofia do direito*, cit., p. 361 e s.

não é idêntica à dos glosadores, do século XI. Deveras, a chamada ciência europeia do direito é oriunda da Bolonha, no século XI, devido ao aparecimento de uma resenha crítica dos digestos justinianeus (*littera Boloniensis*), transformados em texto escolar do *jus civile* europeu. Os glosadores pretenderam reconstruir a obra romana, reelaborando, perseverante e meticulosamente, textos do direito romano redescobertos, adaptando-os, de modo lógico, às situações de seu tempo, levando a cabo uma obra de exegese e compreensão, ao fazer considerações à margem dos fragmentos dos textos antigos. Tais considerações receberam a denominação de *glosa*. Surgiu assim o empirismo analítico dos glosadores. Esses juristas da época medieval passaram a dar aos textos de Justiniano um tratamento metódico, baseado nas técnicas explicativas usadas em aulas, principalmente do *Trivium*, composto de gramática, retórica e dialética. Aqueles juristas empregavam, então, uma técnica especial de abordagem daqueles textos, muitos por sua autoridade, caracterizada pela glosa gramatical e filológica, pela exegese ou explicação do sentido, pela concordância etc. O jurista, na leitura e aplicação dos textos, procurava uma harmonização, sanando contradições. Essa tarefa exegética ou interpretativa era o modo de enfrentar a falta de acordo relativamente comum dos textos. Assim, as suas contradições davam lugar a dúvidas, que exigiam uma solução, e a sua discussão científica. Esta era, usualmente, chamada de elaboração de concordância, cujo método mais simples era a subordinação hierárquica de autoridades, ou, quando as autoridades tinham a mesma dignidade, a distinção de peculiaridades, que acabavam por fazer com que cada texto se mantivesse num limitado círculo de validade.

Com isso, através dos glosadores, surge a *ciência do direito*, com caráter dogmático, ou seja, a dogmática jurídica, com o caráter exegético dos seus propósitos e a forma dialético-retórica (no sentido aristotélico) do seu método. Mas esse pensamento jurídico que dominou a ciência do direito até o século XVI, isto é, até o Renascimento, pecava pela falta de sistematicidade[92]. Havia, sem dúvida, "um certo impulso para um tratamento sistemático da matéria jurídica" entre os glosadores, mas longe das exigências que a nova ciência da Era Moderna iria estabelecer[93].

A escola da exegese, da França, correspondeu ao *pandectismo*, da Alemanha, e à *escola analítica* (*Analytical School*) de Austin, da Inglaterra.

Como se vê, tal orientação exegética também foi adotada em países que não cuidaram da codificação das leis, como a Alemanha e os países do *common law*, no século XIX, que apregoavam a concepção mecânica da função judicial.

Na Alemanha[94], num certo momento histórico, deu-se a incorporação do direito romano à ordenação jurídica alemã, e os juristas alemães, os *pandectistas* do século XIX, dentre eles Windscheid, Brinz, Gluck, passaram a ter uma atitude rigorosamente exegética em relação aos textos do *Corpus Iuris*, bem semelhante à que os franceses tinham relativamente ao Código Napoleônico.

---

92. Sobre os glosadores, *v.* Tercio Sampaio Ferraz Jr., *A ciência do direito*, cit., p. 21 e 22; Viehweg, *Tópica y jurisprudencia*, Madrid, Taurus, 1964, § V.

93. Paul Koschaker, *Europa und das römische Recht*, Berlin-Munchen, Ed. Beck'sche, 1966, p. 87, citado por Tercio Sampaio Ferraz Jr., *A ciência do direito*, cit., p. 22.

94. Sobre os pandectistas, Recaséns Siches (*La nueva filosofía*, cit., p. 194 e 195) e Rudolf von Ihering (*Jurisprudencia en broma y en serio*, trad. Ramón Riaza, Madrid, Revista de Derecho Privado, 1932) criticam o pandectismo alemão. *V.* L. Fernando Coelho, *Lógica jurídica*, cit., p. 96.

Todavia, havia uma diferença entre a posição dos pandectistas e a dos exegetas franceses. O ponto de partida dos franceses era a lei, considerada como princípio racional formulado para sempre pelo legislador, devido à idolatria dos códigos e das leis, retirando dos textos a cadeia de deduções silogísticas. Já o ponto de partida da escola dos pandectistas era, exclusivamente, os textos de direito romano; logo, só as fontes romanas importavam. Esta escola abeberava a tradição jurídica alemã a partir das fontes romanas, cultivando a história do direito romano e a interpretação dos textos da compilação justinianea com o escopo de aplicá-los como fonte direta do direito alemão. Apesar da diferença do ponto de partida, havia uma semelhança de atitude: tanto a *École d'Exégèse* como o *pandectismo* desembocaram, por igual, num sistema rígido de fetichismo pelos textos e de construção sistemática, apregoando o uso do método dedutivo, exigindo a aplicação das leis de acordo com um processo rigorosamente silogístico[95].

O exegetismo também apareceu nos países do *common law*[96]. O *common law* é um corpo omnicompreensivo que contém em si normas para solucionar qualquer caso. É o direito elaborado por juízes (*judge made law*). Os países do *common law* sofreram influência da escola histórica, mas apesar de terem uma concepção diversa e até mesmo oposta à escola racionalista que inspirou a codificação francesa, também vieram a admitir o fetichismo dos textos e a função mecânica da atividade judicial.

O ponto de vista convencional que prevalecia no *common law*, em meados do século XIX, era o de que o direito constituía-se por um conjunto de normas permanentes, que só podiam ser modificadas pelo legislador. Os juízes não podiam alterá-las, mas apenas aplicá-las. A função judicial era descobrir e não criar direito novo, como dizia Blackstone. Quando um tribunal se afastava da doutrina consagrada em sentenças anteriores, não estava criando um novo direito, mas liberando o velho direito de uma interpretação errônea. Observa Beale que esse direito constava de leis, de normas declaradas (não elaboradas) nos precedentes judiciais e de princípios científicos aceitos como critérios fundamentais da jurisprudência. Estes princípios não podiam ser alterados nem pelo legislador, nem pelo juiz.

John Austin, ao criticar o casuísmo do *common law*, recomendou a adoção de processos lógico-analíticos na interpretação e aplicação do direito costumeiro e do direito derivado das decisões da Corte da Chancelaria. A ciência do direito deveria estudar apenas a legislação vigente, isto é, o direito positivo emanado do soberano, sem se ater ao aspecto ético, segundo esquemas lógico-formais.

A escola histórica do direito, que influenciava os países de *common law*, reconhecendo que o direito positivo não é algo criado definitivamente e que permanece estático, mas que se desenvolve lentamente, conforme a evolução social e as necessidades do povo, acabou por

95. Comentário feito por Roscoe Pound, *Interpretations of legal history*, Harvard University Press, 1923, cap. 1, sobre a influência da escola histórica na Alemanha.

96. A respeito da escola analítica, *v.*: Roscoe Pound, *Interpretations*, cit.; *The sprit of the common laws*, 4. ed., Boston, 1921; Recaséns Siches, *La nueva filosofía*, cit., p. 195-201; Joseph H. Beale, *A treatise on the conflict of laws*, Baker, 1935; John Willian Salmond, *Science of legal method*, p. 75 e 82; *Jurisprudence on the theory of the law*, 1902; *First principles of jurisprudence*, 1893; John Austin, *Province of jurisprudence determined*, 1832; Goffredo Telles Jr., anotações de aulas dadas no curso de mestrado da FDUSP, em 1972; Jerome Frank, *Law and the modern mind*, New York, Coward-McCann, 1949, p. 118-47, 207-16; *Courts on trial*, Princeton University Press, 1950, p. 56, 147 e 207; Luiz Fernando Coelho, *Lógica jurídica*, cit., p. 97-9.

endeusar o passado, dando origem ao fetichismo do precedente e das ordenações tradicionais. Esta atitude analítica conduziu a um legalismo contrário ao espírito do direito inglês. A simbiose entre o dogmatismo exegético e o historicismo da *common law*, ao consagrar como absoluto o velho direito, fez resultar, nesses países, a petrificação do direito.

Salmond, pertencente à *Analytical School*, ponderava que a *common law* era vista como um rígido e completo sistema de normas, mais imóvel do que o sistema jusnaturalista, um sistema de direito edificado sobre fundamentos históricos antigos. Consequentemente, houve a proibição imposta aos juízes de tornar flexível a lei, inutilizando-se assim quaisquer trabalhos judiciais de adequação das leis às novas circunstâncias. Havia uma atitude hostil dos tribunais e dos juristas em relação a qualquer norma inovadora, cuja eficácia era restringida ao máximo. A administração da justiça devia ser uniforme, evitando qualquer desvio. Não se permitia ao juiz a introdução de alguma inovação, nem que tivesse espírito criador, nem que procedesse a alguma adaptação da lei às circunstâncias peculiares do caso concreto.

No final do século XIX e no início do século XX, no ambiente jurídico norte-americano, houve até mesmo quem proibisse ao juiz qualquer trabalho de inovação e de flexibilidade interpretativa e considerasse como inoperante qualquer tentativa do legislador nesse sentido.

Se surgissem novas normas propondo reforma da ordem social estabelecida, haveria uma atitude hostil por parte dos tribunais, que, imbuídos da ideia de que a *common law* era um sistema pleno e definitivo, não as aplicariam, mas as interpretariam restritivamente, limitando seu alcance. Semelhante era a atitude dos juristas, raras vezes citavam normas legislativas, e quando o faziam, não se referiam a elas diretamente, pois mencionavam as sentenças alusivas a elas.

Deveras, é curioso observar que justamente a escola histórica tivesse uma atitude eminentemente tradicionalista, adotando o mesmo espírito da orientação exegética, e a mesma concepção mecânica da função judicial dominante na França, no século XIX, regida por um direito codificado. Todavia a escola analítica representou uma tentativa de sistematização, estabelecendo a coerência entre uma mentalidade que exigia um sistema de direito positivo acabado e perfeito e uma ordem jurídica que, construída sobre a tradição, os costumes, os precedentes e a atividade diuturna dos tribunais, não comportava aquela mentalidade.

c.2. Críticas contra o exegetismo

c.2.1. *Considerações preliminares*

A interpretação preconizada pela escola da exegese, pelo pandectismo e pela escola analítica não se coadunou com a realidade dos tempos modernos, devido ao processo evolutivo das nações. As descobertas da ciência moderna, que modificaram até mesmo a noção de liberdade humana, e as conquistas extraordinárias da técnica, determinaram a alteração da vida humana. Novos fatores econômico-sociais fizeram surgir novas condições de vida social; consequentemente, operou-se a mudança do sistema de referência. Velhos problemas já resolvidos hão de exigir soluções novas e novos problemas jamais cogitados hão de surgir, requerendo uma solução jurídica imediata. Com isso, houve a necessidade de enquadrar a ordem jurídica vigente no sistema de referência dos novos tempos. Gaston Morand retratou isso no seu famoso panfleto "A revolta dos fatos contra os Códigos". Deveras, a extraordinária exuberância da vida não cabe nos limites de um Código. Novas necessidades, novos meios de transporte, novos usos, novos ideais, mostram quão vã é a esperança de que se possam elaborar normas jurídicas definitivas, que solucionem sempre todas as questões jurídicas. Daí as sábias palavras de Recaséns Siches: "Uma lei indeformável somente existe numa sociedade imóvel". O malogro da orientação exegética resultou da necessária adequação da lei às novas circunstâncias, em virtude da evolução social[97].

Ergueram-se, em oposição às ideias gerais sustentadas pelo legalismo exegético, várias escolas interpretativas, dentre elas: o utilitarismo de Jeremy Bentham, o teleologismo de Rudolf von Ihering, a experiência prática de Oliver Wendell Holmes, a livre investigação científica de François Geny, a ofensiva sociologista de Eugen Ehrlich, o movimento do direito livre, a jurisprudência de interesses, a jurisprudência sociológica dos Estados Unidos, a lógica experimental de John Dewey, a teoria interpretativa de Joaquín Dualde, o realismo jurídico norte-americano e escandinavo, a teoria de Hart, a teoria geral da interpretação de Betti, o raciovitalismo etc.

Analisaremos cada uma dessas principais *críticas*, apontadas por Recaséns Siches, contra a lógica dedutiva na aplicação e na interpretação do direito, mas não podemos olvidar, seguindo os passos de Machado Neto, que, apesar do exegetismo, sob o prisma da hermenêutica, ser considerado como uma concepção obsoleta por reduzir a ciência do direito a mera técnica de interpretação e de auxílio à aplicação silogística da norma, contribuiu muito no sentido de firmar a ideia de que uma autêntica ciência jurídica deve trabalhar, exclusivamente, com o direito positivo, qualquer que seja o juízo estimativo que o jurista, como ser humano, possa fazer sobre a ordem jurídica vigente[98].

c.2.2. *Utilitarismo de Jeremy Bentham*

Jeremy Bentham[99], em sua doutrina utilitarista do direito, critica, implicitamente, o uso do método dedutivo na aplicação e interpretação jurídicas e, consequentemente, se opõe à concepção mecânico-silogística, voltando-se contra Austin e a *Analytical School*.

Para Bentham não se deve, a partir de princípios abstratos, extrair, ilimitadamente, por meio de inferências lógicas, certas consequências. Deve-se, isto sim, interpretar as normas sob o ponto de vista dos *efeitos reais* por elas produzidos quando aplicadas. Seriam justas as normas que ao serem aplicadas produzissem efeitos bons, enquanto seriam injustas as que, em sua aplicação, originassem consequências desfavoráveis. O critério objetivo, segundo Bentham, para qualificar aqueles efeitos, era a *utilidade*, segundo a qual *bom* é o que produz prazer e *mau* o que causa dor e, sob o prisma social, bom ou justo é o que tende a aumentar a felicidade de todos ou de um grande número de pessoas. Bentham, portanto, critica o legalismo da escola analítica, em nome do utilitarismo, que defende o lema da maior felicidade para o maior número de pessoas. Tal ética hedonística, que procura o prazer e evita o sofrimento, teve grande influência no direito inglês. O método para estimar objetivamente a

97. Goffredo Telles Jr., anotações de aulas dadas no curso de mestrado da FDUSP, em 1972.

98. Sobre todas essas críticas, *v.* Recaséns Siches, *La nueva filosofía*, cit., p. 38-119 e 128-78, que aqui resumimos. Consulte, ainda, Machado Neto, *Compêndio*, cit., p. 25.

99. *Principles of morals and legislation*, Oxford University Press, 1892; *The theory of legislation*, Ed. Ogden, 1931; R. Siches, *La nueva filosofía*, cit., p. 38-40; Machado Neto, *Teoria da ciência jurídica*, cit., p. 92.

utilidade e o prejuízo social era por ele designado "cálculo", que não consistia numa fórmula matemática, mas numa engenhosa classificação das espécies do agradável e do desagradável, e das mútuas relações existentes entre elas. Para tanto, Bentham criou teorias sobre a causação social e métodos valorativos das vantagens e desvantagens sociais. Com isso firmou a ideia de que a função da ciência do direito consistia em determinar, no conjunto dos interesses de uma sociedade, quais os valiosos, isto é, os que devem ser levados em consideração, estabelecendo uma hierarquia entre eles e fórmulas para conciliar o maior número possível de interesses lícitos.

c.2.3. *Teleologismo de Rudolf von Ihering*

A orientação teleológica de Ihering[100] voltava-se contra o pandectismo ante o rigor lógico-formal do pensamento científico que ensejava uma atitude cética do jurista.

Em sua obra, há uma crítica à jurisprudência conceitual, rechaçando o abstracionismo dos conceitos jurídicos e o emprego do método dedutivo-silogístico na aplicação do direito, salientando o caráter finalístico das normas jurídicas. A concepção do direito é prática, resulta da vida social e da luta contínua que é o meio de realização do direito; sua finalidade é a paz. Tem uma concepção essencialmente teleológica do mundo jurídico. Logo, para ele, a ciência jurídica deve interpretar normas de acordo com os fins por elas visados. A letra da lei é importante, porém não tem o condão de fundamentar interpretação contrária aos fins visados pela norma.

O *critério relativo de finalidade* é o norteador da interpretação jurídica, que deve buscar o fim pretendido pela norma jurídica em um caso concreto.

Para Ihering, deve-se, portanto, interpretar a norma levando em conta seus fins, esclarecendo que a norma jurídica não é um fim em si mesma, mas um meio a serviço de uma finalidade, que é a existência da sociedade. Se a sociedade não pode subsistir sob o regime jurídico dominante numa determinada época, e se o direito se mostrar ineficaz para manter a sociedade de forma adequada, a força entra em ação abrindo caminho para uma nova ordem jurídica, que se mostre como meio idôneo e apropriado para realizar aquela finalidade. O fato de as normas se apresentarem desta ou daquela maneira não depende de exigências lógicas, mas, precisamente, da circunstância de que no modo como se apresentam possam satisfazer as necessidades da vida social. Nenhuma lei de determinada época de um certo povo pode ser compreendida sem o conhecimento efetivo das condições sociais deste povo e desta época, porque o sentido da norma depende das circunstâncias sociais dentro das quais foi elaborada. Ihering classifica aquelas *condições gerais da vida* em: *a) extrajurídicas*, relativas ao meio físico e que impõem condicionamentos que não podem ser disciplinados pelo direito; *b) mistas*, as atinentes à conservação da vida, ao trabalho e a certas relações sociais. Denominam-se mistas porque são, em certa escala, regulamentadas pelo direito, apesar de não ser por causa do direito que o homem vive, trabalha e participa da vida de relação; e *c) jurídicas*, as dependentes, exclusivamente, do direito, como a aquisição

---

100. *Jurisprudencia en broma y en serio*, cit., 1933; *La lucha por el derecho*, Buenos Aires, Lacort, 1939; *El fin en el derecho*, trad. Adolfo Losada, t. 1; L. Fernando Coelho, *Lógica jurídica*, cit., p. 101 a 104; Goffredo Telles Jr., anotações de aulas do curso de mestrado da FDUSP, em 1972; Recaséns Siches, *La nueva filosofía*, cit., p. 40-8; Machado Neto, *Teoria da ciência jurídica*, cit., p. 93.

e gozo dos direitos civis. Todas essas condições são necessárias à vida social e reguladas pelo poder estatal. Apenas pelo conhecimento das condições gerais da vida se pode explicar a existência das normas de direito e compreender seu significado.

O direito autêntico não é o que aparece formulado em conceitos abstratos pelas normas gerais, mas o que é vivido realmente pelo jurista e pelo aplicador.

Salienta, ainda, Ihering que o ponto de partida na elaboração do direito positivo não é constituído por conceitos abstratos e gerais, pois a criação do direito deve ter em vista determinadas situações reais da vida social, concebendo como fim certos resultados para tais situações, buscando os meios eficazes para a consecução daqueles propósitos. Logo, o conteúdo da norma jurídica apresenta uma índole alógica.

Na obra *El fin en el derecho*, Ihering afirma categoricamente que "o fim é o criador de todo direito; não há norma jurídica que não deva a sua criação a um fim, a um propósito, isto é, a um motivo prático". O direito não exprime a verdade absoluta: a sua verdade é apenas relativa e mede-se pelo seu fim. Em consequência, o conteúdo do direito é, infinitamente, vário, adaptando-se às situações concretas. Para ressaltar esta ideia Ihering lança mão do argumento desenvolvido pelo Pe. Francisco Suárez, em seu tratado *De legibus*, de que "assim como o médico não prescreve a mesma medicação a todos os enfermos, dando uma receita de acordo com a condição concreta de cada paciente, assim também o direito não pode apresentar sempre e em todos os lugares a mesma regulação, deve adaptar-se às condições do povo, atendendo seu grau de civilização e as necessidades da época". Portanto, o direito não pode apresentar a mesma solução para todos os casos.

A finalidade do direito, no entender de Rudolf von Ihering, é a proteção dos interesses, procurando conciliar os individuais com os coletivos.

Para Ihering, o direito é uma criação objetiva e real da história, não sendo, porém, o resultado de um processo natural, mas de um trabalho árduo de conquista, da luta pelo direito, já que o direito existe para um fim, objetivando garantir as condições de existência da sociedade. Logo, a pesquisa dessa finalidade é o mais alto objetivo da ciência jurídica. A ciência do direito passou a ser uma ciência de fins, regida pelo critério da finalidade.

c.2.4. *Experiência prática de Oliver Wendell Holmes*

Oliver Wendell Holmes, baseado em sua experiência como juiz, afirmou que a dedução silogística mecânica não é a única força operante no conhecimento e desenvolvimento do direito, mas sim a experiência, ou seja, as necessidades de cada época, as teorias morais e políticas predominantes, as intuições que inspiraram a ação política. Não há dúvida que a decisão judicial deve apresentar forma lógica, que dá a impressão de manter o princípio da certeza e da segurança jurídica. Todavia, tal impressão é ilusória, porque sempre que surge um problema jurídico há um conflito entre dois interesses sociais, ou entre duas normas vigentes incompatíveis uma com a outra, total ou parcialmente, e o aplicador deve esforçar-se para manter, até onde for possível, os princípios norteadores daqueles preceitos legais.

No desenvolvimento do direito, sobretudo no processo de sua aplicação, há um tipo de razão designada "bom sentido", que não pertence à lógica tradicional, nem à lógica matemática. O direito é o resultado de um conflito entre a lógica e o bom sentido.

A prática jurídica, ao resolver um caso concreto, procede por inferências lógicas, deduzindo das normas as possíveis soluções, mas, para Holmes, deve assentar-se em premissas corretas, sejam elas de princípio, sejam relativas aos fatos, sopesando as vantagens sociais dos desejos conflitantes. A experiência vital desempenha, para ele, um importante papel. O raciocínio do jurista e do aplicador é valorativo e deve levar em conta a razão vital.

Para Holmes, a ciência positiva é o único meio válido para o conhecimento do direito. Nota-se em sua concepção um certo ceticismo, ante o seu desinteresse em encontrar orientações definitivas que pudessem ser decantadas da vida social e das modificações dos fatos socioeconômicos. Seu ceticismo manifesta-se como um relativismo axiológico, revelando sua descrença em valores absolutos. Funda-se, como observa Friedmann, no exame meticuloso do problema em causa e na consideração escrupulosa dos valores em oposição e dos interesses em jogo.

Com muita propriedade, Mark Howe assim resume a teoria de Oliver Wendell Holmes: "Em primeiro lugar, considerava impossível aceitar a tese de Austin de que o direito pode sempre identificar-se ao comando do soberano... Se o direito, em última instância, é elaborado pelas decisões judiciais que resultam da ação dos costumes, regulamentos, precedentes e opinião pública, torna-se virtualmente impossível para o jurista dizer o que é o direito em um caso particular. O melhor que ele pode fazer, normalmente, é predizer, de modo mais ou menos seguro e penetrante, como o assunto em tela será solucionado pelo processo judicial. A lei não é feita pelas ordens do soberano, como quer Austin, mas por juízes sensíveis aos ditames da tradição, aos seus próprios princípios e à opinião da comunidade sobre o que é exigido pela ordem pública"[101].

Com Holmes, no *common law*, houve a sociologização do direito e a consideração da conduta do órgão judicante como fator decisivo, o mais importante elemento experiencial do direito. Em tal conduta judicial, não se deve vislumbrar a prevalência de um certo psicologismo, mas se deve considerá-la em atenção às leis, às sentenças e escritos teóricos dos juristas, submetidos a uma manipulação parcialmente lógica, parcialmente histórica e parcialmente axiológica[102].

c.2.5. *Livre investigação científica de François Geny*

As obras de François Geny[103], *Méthode d'interprétation et sources en droit privé positif* e *Science et technique en droit privé positif*, procuram solucionar os problemas enfrentados pelo jurista prático.

---

101. Oliver Wendell Holmes, *The common law*, Boston, 1882; *Collected legal papers*, 1920; *Book notices and uncollected letters and papers*, New York, 1936, p. 157; The path of the law, *Harvard Law Review*, *10*:457 e s., 1897; Book review, *American Law Review*, *6*:593, 1871; Recaséns Siches, *La nueva filosofía*, cit., p. 48-51; Luiz Fernando Coelho, *Lógica jurídica*, cit., Rio de Janeiro, Forense, 1979, p. 119-21; Mark Howe apud O. W. Holmes, Introdução. In: *O direito comum*, Rio de Janeiro, 1967, p. 17 e 18; Friedmann, *Théorie générale du droit*, Paris, LGDJ, 1965, p. 309 e 310; José Maria Rodriguez Paniágua, *Historia*, cit., p. 281-3; John Ford, The fundamentals of Holmes' juristic philosophy, *Fordham Law Review*, *11*:255-78, 1942; Sergio Cotta apud Rinaldo Orecchia, Filosofia e scienza del diritto a proposito del pensiero di Oliver W. Holmes. In: *I problemi attuali della filosofia del diritto*, Milano, Giuffrè, 1954, p. 29-39; R. McKinnon, *The secret of Mr. Justice Holmes*, 1950, v. 31, p. 261-4 e 342-6; Ben Palmer, Hobbes, Holmes and Hitler, *American Bar Association Journal*, n. 31, 1945, p. 568-73.

102. Luiz Fernando Coelho, *Lógica jurídica*, cit., p. 121.

103. *Método de interpretación y fuentes en el derecho privado*, 2. ed., Madrid, Ed. Reus, 1925; *Science et technique en droit privé positif*, Paris, Sirey, 1924/1930, 4 v.

O pensamento integral e definitivo de Geny não está exposto em sua primeira obra (*Méthode d'interprétation et sources en droit privé positif*), escrita na época em que predominava, na França, a tese de que as disposições dos códigos compreendiam todas as normas necessárias para resolver quaisquer problemas jurídicos. Neste livro, afirma que a lei não é obrigatoriamente a expressão de um princípio lógico-racional imposto pela força da razão. A lei seria, segundo ele, uma manifestação da vontade do legislador, que nem sempre expressa o que racionalmente deveria exprimir. Como o legislador manifesta na lei a sua vontade e não sua razão, a interpretação jurídica deve buscar a vontade do legislador, desvendando qual o seu propósito ao elaborar a norma, remontando às suas origens para conhecer o seu verdadeiro e autêntico sentido. Na aplicação da lei exige-se que se descubra a *mens legislatoris*. Ora, diz François Geny, a experiência demonstra que a lei escrita é incapaz de solucionar todos os problemas suscitados pelas relações sociais e até mesmo os casos que caem sob sua égide, isto porque a sua solução não depende somente da letra da lei mas também de ponderação dos fatos sociais concretos, por ser necessário investigar as realidades sociais concretas, para que a aplicação da lei produza os resultados perseguidos pelo legislador. Com isso Geny opõe-se, radicalmente, à escola da exegese. Na ausência de normas para resolver um caso concreto, o intérprete, segundo Geny, deverá lançar mão de fontes supletivas, ordenadas hierarquicamente: *a*) o costume, que era negligenciado ante o entusiasmo da codificação e racionalização do direito; *b*) a autoridade e a tradição, quando consagradas pela doutrina e jurisprudência dos tribunais, que passam a assumir grande papel na adequação das normas aos casos concretos, ante sua contribuição para estender e modificar os princípios estabelecidos pelos códigos; e *c*) a livre investigação científica.

Por tais razões, Vicente Ráo entende que a melhor ubicação da doutrina de Geny é dentro da teoria das lacunas do direito, pois apresenta-se como um processo integrativo do direito, já que visa suprir, mediante a livre apuração de novas normas, as omissões das normas jurídicas existentes. Para Geny, nos casos de lacunas e nos de várias soluções admissíveis, o intérprete deve recorrer à *livre investigação científica*. Essa investigação é *livre* porque não se submete a uma autoridade positiva e é *científica*, porque pode dar bases sólidas aos elementos objetivos descobertos pela ciência jurídica. A livre investigação científica deve basear-se em três princípios: *a*) o da autonomia da vontade; *b*) o da ordem e do interesse público; e *c*) o do justo equilíbrio ou harmonização dos interesses privados opostos, pois o aplicador deve considerar a respectiva força desses interesses, pesando-os na balança da justiça, para saber a qual deles deve dar preponderância, levando em conta as convicções sociais vigentes, resolvendo de modo que se produza o devido equilíbrio.

O pensamento de Geny completa-se no seu segundo livro *Science et technique en droit privé positif*, onde apresenta as diretrizes da função da livre investigação científica na tarefa judicial.

Distingue nesta monumental obra o pensamento da vontade, esclarecendo que o direito comporta dois enfoques distintos: a ciência e a técnica. O domínio da ciência é o conhecimento objetivo das realidades sociais que fornecem ao direito a sua matéria social, que é dada. Logo, o jurista não a pode criar, nem modificar, mas apenas aplicar-lhe a sua técnica, que constitui, nesta teoria, o campo de ação criadora. Esclarece-nos Geny que a atividade do jurisconsulto se realiza num duplo campo de ação: o do *dado* e o do *construído*, que são os dois ingredientes da norma jurídica.

O *dado* é o conjunto de realidades sociais que se apresentam ao jurista, constituindo as realidades normativas da sociedade, independentes da vontade do legislador, pois sua normatividade não decorre de normas legais, e além disso representa o material real com que lida o jurista na elaboração de seus conceitos. Os dados são realidades morais, econômicas, que impõem direções, principalmente morais, aos fatos sociais. São realidades existentes em toda sociedade humana por serem norteadoras do comportamento do homem. Geny estabelece uma curiosa analogia entre estas realidades e o direito natural, por servirem como este de orientação, visando a uma ideia de justo objetivo ou ideal, que tem por escopo o equilíbrio dos interesses. Essas realidades normativas constituem os princípios básicos da ordem social, que são constantes, embora haja mutação das circunstâncias sociais, e impostos a todos pelo simples fato de existirem. São direções gerais que devem ser seguidas, encerrando, portanto, a vontade humana em quadros elásticos, lembrando os princípios elásticos e amplíssimos do direito natural. As normas jurídicas são consagrações concretas dessas realidades normativas da sociedade, que constituem o dado, na doutrina de Geny.

Aponta Geny quatro classes de dados: *a*) Os *dados naturais ou reais*, que são simples expressões puras da própria natureza das coisas, ou melhor, são tendências do ser humano e dos grupos sociais que não podem ser ignoradas pelo jurista, tais como, p. ex., as realidades físico-biológicas e psicológicas, incluindo os hábitos sociais e as tradições. *b*) Os *dados históricos*, que compreendem todos os fatos que são produto da evolução histórica e que determinam as situações sociais concretas. Abrangem, portanto, o que ficou na história do que foi dado natural ou real. São os resultantes de fatos, tradições e circunstâncias do meio que moldam os fatos físicos e psicológicos de um modo particular. São espécie de sedimento dos dados naturais, p. ex., vestuário, folclore etc. *c*) Os *dados racionais* consistentes nos princípios inferidos racionalmente dos dados reais. A razão humana trabalhando sobre as tendências básicas do homem infere princípios, como, p. ex., a ideia dos direitos fundamentais do homem. Os dados racionais são elementos decisivos porque, segundo Geny[104], "a elaboração científica do direito sempre residiu nesse discernimento de normas pela razão, considerando a vida, donde provém o que especial e precisamente se chamou direito natural. Criado pelas realidades e pela história, incessantemente trabalhado pela ideia, nele reside a essência profunda do direito". *d*) Os *dados ideais* representam as aspirações humanas que num determinado momento tendem a imprimir uma direção especial às relações jurídicas, como os ideais de progresso técnico, de sabedoria, de riqueza etc. Consistem nos princípios exigidos por uma situação histórica real e concreta. Esses princípios são captados, por intuição, da realidade social.

Tais dados precisam ser acionados para produzir efeitos práticos. O acionamento dos dados é feito pela *técnica jurídica*, que consiste no emprego de meios ou artifícios para adaptação das realidades concretas da vida às orientações abstratas dos dados. A técnica jurídica visa a adaptação dos fatos reais aos fins do direito, porque, no pensamento de François Geny, o direito não está nas leis promulgadas, mas na própria sociedade, ou seja, nos dados normativos existentes na sociedade. Logo, seguir a orientação fornecida por esses dados é cumprir o direito, é atingir seus fins. A técnica jurídica deve adaptar meios e

104. *Science et technique*, cit., v. 2, n. 166-77.

artifícios aos fins do direito e adaptar o direito às exigências concretas da vida. Em suma, a técnica jurídica visa construir meios para que se realizem os fins do direito. Esses meios e artifícios é o que François Geny designa de *construído*.

As construções jurídicas de Geny são recursos criados pelo engenho humano e são infinitas, variáveis e contingentes, dependentes das circunstâncias de tempo e lugar. Dentre as *construções jurídicas* temos: *a*) as *plásticas*, que são as formas jurídicas (revestimentos sem os quais um ato ou instituição não podem ser reconhecidos como jurídicos) e as categorias jurídicas (quadros de instituições organizadas, para que os fatos e circunstâncias incluídos em cada quadro sejam submetidos à regulamentação jurídica específica); *b*) as *intelectuais*, que são os conceitos jurídicos, as ficções e presunções escritas; *c*) a *lei escrita*, que é um artifício, um instrumento técnico para credenciar a regra de direito (a regra de direito não é a lei, na concepção de Geny, ela precede a lei, a lei a revela); *d*) as *necessárias*, que são as que adaptam os preceitos de direito positivo às exigências da vida social; são, portanto, normas individuais, construídas para os casos concretos e particulares.

A interpretação e a elaboração do direito exigem a ciência dos dados e a técnica do construído.

O construído é obra do jurista, do técnico do direito, do aplicador, para satisfazer necessidades práticas. Mas para isso o intérprete e o aplicador da lei devem saber discriminar, com clareza, dado e construído. O dado é simples objeto do conhecimento científico-jurídico, o construído é obra do jurisconsulto, é produto de uma técnica, sendo imprescindível um certo empirismo do construído para a descoberta, dentro da debilidade das obras humanas, de algumas soluções que possam satisfazer as necessidades e o sentimento de justiça. O empirismo organizado é que constitui a técnica jurídica[105].

Para Geny, é um dado da experiência que todas as relações sociais contêm, em si mesmas, as suas condições de equilíbrio, isto é, as normas por que se devem reger. Tais normas nascem com a sociedade, com ela se desenvolvem, se renovam e se aperfeiçoam com base nas necessidades da vida social. Portanto, a livre investigação científica não dá liberdade ao jurista e ao juiz para investigar nos fatos da vida qual a melhor solução para os conflitos e as lacunas da lei. Ela não é criação arbitrária do direito, não é produto das convicções pessoais do intérprete ou do aplicador.

O jurista e o magistrado, ao desempenhar suas funções, não agem arbitrariamente, procuram ater-se aos dados, procedendo à sua valoração com base na justiça, e não nas suas preferências ou pontos de vista pessoais. Percebe-se que, conforme Geny, para que o intérprete e o aplicador escapem aos perigos da arbitrariedade, eles devem desligar-se, portanto, de toda e qualquer influência pessoal, fundando sua interpretação e decisão (construído) sobre elementos de natureza objetiva, que são os dados, levando em conta os interesses das partes, sem afetar o equilíbrio que deve haver entre os interesses conflitantes.

105. Sobre a obra de Geny, consulte: Recaséns Siches, *La nueva filosofía*, cit., p. 51-4; Goffredo Telles Jr., *A criação do direito*, São Paulo, 1953, e anotações de aulas proferidas no curso de mestrado da FDUSP, em 1972; Vicente Ráo, *O direito e a vida do direito*, São Paulo, Max Limonad, 1952, p. 614; Luiz Fernando Coelho, *Lógica jurídica*, cit., p. 105-11; M. Helena Diniz, *As lacunas no direito*, São Paulo, Revista dos Tribunais, 1980, p. 85 e 86; Friedmann, *Théorie générale du droit*, cit., p. 286 e 287.

c.2.6. *Ofensiva sociologista de Eugen Ehrlich*

Para Eugen Ehrlich[106], o ordenamento jurídico-positivo é incompleto ante a complexa realidade. A vida é muito mais rica do que tudo o que a totalidade das normas jurídico-positivas pôde prever. Os interesses apresentam infinitos matizes diferentes, que não encontram expressão nas normas jurídicas gerais, o que dificulta o intérprete e, principalmente, o aplicador que pretende julgar corretamente o caso, levando em consideração as suas peculiaridades. Se se ordena ao órgão judicante que leve em conta os fatos que aparecem como suposto legal, corre o perigo de prolatar sentença que não capte a verdadeira índole do interesse em tela. As normas que compõem a ordem jurídica não podem prever todos os fatos presentes, e muito menos os supervenientes, de maneira que a tese da completude do sistema resulta numa exacerbação lógica, na tentativa malograda de equiparar sistemas normativos, vinculados a relações fáticas, aos sistemas formais, independentes e sem vazios. O problema que levanta o mencionado autor é que se se codificar normas, estabelecendo tipos de associação ou de contratos, se há de concluir que outros tipos, que a vida social exija, posteriormente, estão proibidos? Se surgirem novas formas de sociedade, novos tipos de contrato que não cabem nos modelos previstos e que não encontram previsão legislativa deverão ser afastados?

Ehrlich entende que a realidade jurídica é composta de três categorias de direito: *a*) normas abstratas do direito estatal ou leis; *b*) normas de direito da sociedade extraestatal; e *c*) regras de decisão judicial, em casos de conflito.

A categoria principal é a ordenação da sociedade extraestatal, que nada tem que ver com o Estado. A sociedade humana cria suas ordenações que são, no seu entender, também jurídicas, internas e autônomas. Trata-se de um *direito vivo*, dinâmico, que nasce, cresce e se desenvolve, e não de um direito estatal, codificado, que se encontra expresso em normas abstratas. As ordenações estatais, bem como as regras de decisão dos tribunais, são categorias subalternas, que se devem assentar nas ordenações internas das associações. O direito vivo é o que evolui e que nem toma conhecimento do estatal. Este último está sempre em atraso, e é impotente ante o direito vivo, submetendo-se a ele. Assim o juiz, em caso de lacuna ou incompletude do direito estatal, deve sujeitar-se ao direito vivo, alcançando assim a plenitude da ordenação jurídica.

Ehrlich, como se vê, é um dos sequazes do movimento sociológico do direito; a partir do conceito positivista da ciência, chega a afirmar que a sociologia jurídica é a verdadeira ciência do direito, pois é ela que investiga os fatos sociais nos quais o direito se assenta, e, além disso, o centro de gravidade do desenvolvimento jurídico não radica nem na legislação, nem na ciência jurídica, nem na decisão judicial, mas na sociedade humana. Assim sendo, o que se considera, tradicionalmente, como ciência jurídica, não deveria ser qualificado como tal, mas como tecnologia. Com isso a doutrina de Ehrlich veio impulsionar o estudo dos fatos no direito. Portanto, a interpretação do direito não devia ser feita segundo a lógica

---

106. *Principles of the sociology of law*, p. 126-9, 172, 179, 430 e 435; *Soziologie und Jurisprudenz*, 1906; Lourival Vilanova, *As estruturas lógicas e o sistema do direito positivo*, São Paulo, Revista dos Tribunais, 1977, p. 156-8; L. Fernando Coelho, *Lógica jurídica*, cit., p. 114-6; R. Siches, *La nueva filosofía*, cit., p. 54-8; M. Helena Diniz, *As lacunas no direito*, cit., p. 86 e 87; Goffredo Telles Jr., Anotações de aulas do curso de mestrado da FDUSP, em 1972; *A criação do direito*, São Paulo, Juarez de Oliveira, 2004, p. 465-72.

jurídica tradicional, que, segundo Ehrlich, estava superada, por fundar-se em três ficções: *a*) a da sujeição do aplicador às normas prefixadas; *b*) a da sujeição do direito ao Estado; e *c*) a da unidade da ordenação jurídica, desconhecendo o pluralismo das ordenações jurídicas. Tais ficções, para Ehrlich, não exprimem a realidade das coisas, sendo destituídas de valor racional, por isso a lógica jurídica tradicional é falsa, não passando de uma péssima técnica, inventada pelos autores de uma época, para servir a um fim irrealizável, o de reduzir o direito à lei do Estado.

c.2.7. *Escola do direito livre*

Hermann Kantorowicz, sob o pseudônimo de Gnaeus Flavius, foi o arauto da escola do direito livre[107], na Alemanha, contestando o primado da lei. Colocou, como sendo principal, no direito, as normas jurídicas que brotam, espontaneamente, dos grupos sociais.

O direito livre não é o direito estatal, contido nas leis, mas aquele que está constituído pelas convicções predominantes que regulam o comportamento, em um certo lugar e tempo, sobre aquilo que é justo. Para ele é inaceitável a construção do direito por meio de conceitos abstratos, porque não se funda em realidades concretas, sendo incompatível com a simples necessidade da existência. Logo, condena a elaboração do direito positivo por meio de uma jurisprudência de conceitos. O juiz deve ouvir o sentimento da comunidade, não podendo decidir, exclusivamente, no direito estatal ou com base em lei.

A interpretação jurídica, segundo ele, deve seguir quatro diretrizes: *a*) se o texto da lei é unívoco e sua aplicação não fere os sentimentos da comunidade, deve-se aplicá-lo; *b*) se o texto legal não oferece solução pacífica, ou se conduz a uma decisão injusta, o magistrado deverá ditar a sentença, que, segundo sua convicção, o legislador ditaria se tivesse pensado no caso; *c*) se o magistrado não puder formar convicção sobre como o legislador resolveria o caso concreto, então deve inspirar-se no direito livre, ou seja, no sentimento da coletividade; e *d*) se ainda não encontrar inspiração nesse sentimento, deverá, então, resolver discricionariamente.

Para esse autor, toda técnica jurídica se rege segundo a vontade do juiz ou do intérprete, chegando até a dizer que a sentença é uma *lex specialis*. Logo, a concepção de Kantorowicz é voluntarista e antilogicista, porque a eleição de um critério que conduza a uma solução justa não é problema de racionalidade, mas de volição. Na ciência jurídica domina a *vontade*, por isso deve seguir sempre a direção indicada pelo direito livre, de modo que o jurista manifesta, no entender de Kantorowicz, um ato volitivo, ao eleger em cada caso que pretende interpretar o princípio que serve para justificar sua escolha.

Se a ciência do direito reconhece o direito livre, a jurisprudência não poderá fundar-se, exclusivamente, no direito estatal, não poderá ser mera intérprete da lei. Com isso critica a concepção axiomático-dedutiva do direito.

Esta escola foi seguida por inúmeros juristas, dentre eles Ernst Fuchs.

---

107. A respeito do movimento do direito livre na Alemanha, *v.* as lições de: Gnaeus Flavius (Hermann Kantorowicz), *Der Kampf um die Rechtswissenschaft*, 1906 (A luta pela ciência do direito); Recaséns Siches, *La nueva filosofía*, cit., p. 58-63; M. Helena Diniz, *As lacunas no direito*, cit., p. 87; L. Fernando Coelho, *Lógica jurídica*, cit., p. 116 e 117; Goffredo Telles Jr., anotações de aula do curso de mestrado da FDUSP, 1972.

c.2.8. *Jurisprudência de interesses*

A *Jurisprudência de interesses*[108], desenvolvida na Alemanha por Philipp Heck, Max Rumelin, Paul Oertmann, Soll, Muller-Erzbach, dentre outros, fixou princípios que deviam ser seguidos pelos juízes na elaboração de suas sentenças, e conheceu a ordem jurídica como um conjunto de leis que produzem efeitos na vida real, afetando a vida humana, que está sempre se modificando, de modo que os interesses cambiantes estão sempre em competição, apresentando demandas contraditórias. Para tornar mais compreensíveis as normas jurídicas e os interesses da vida, surge a ciência jurídica, classificando-os em conceitos gerais.

Os mandamentos jurídicos resultam das necessidades práticas da vida, da variação e do ajuste dessas necessidades feito pelo legislador. A função judicial é também a de ajustar os interesses, como o legislador o faria se tivesse de legislar sobre aquele caso.

Na determinação judicial do direito deve-se proteger interesses atuais que, para sua realização, dependem do conhecimento daqueles interesses, cuja satisfação foi exigida na formulação da norma jurídica que está sendo interpretada. Os juízos de valor contidos na lei exprimem interesses da comunidade. A competência do juiz não consiste em criar livremente um novo direito, mas em colaborar, dentro da ordem jurídica vigente, na realização dos ideais que positivamente a inspiram. O órgão judicante submete-se à norma, e não aos seus ideais de justiça, mas, se a lei não regula certo fato, ou se rege de modo deficiente, poderá construir normas.

A Jurisprudência de interesses não confina o juiz a mera função cognoscitiva, permite que ele construa novas normas para as situações não previstas, mediante o emprego da analogia, que todavia não se apoia sobre a literalidade de um texto, mas na valoração de interesses que inspirou aquele dispositivo, e que corrija as normas deficientes. O juiz é, portanto, um eficaz auxiliar do legislador.

Os conceitos jurídicos são instrumentos do jurista, são conceitos classificatórios, utilizados para sistematizar as normas jurídicas.

Logo, a Jurisprudência tem a dupla função de elaborar normas e de organizá-las ou ordená-las.

c.2.9. *Jurisprudência sociológica norte-americana*

A escola da Jurisprudência sociológica[109] teve, nos Estados Unidos, como prosélitos, dentre outros, Roscoe Pound, Benjamin N. Cardozo e Louis Brandeis, que procuraram

108. Consulte, sobre a *jurisprudência de interesses*, Recaséns Siches (*La nueva filosofía*, cit., p. 64-73), que cita Philipp Heck, Interessen jurisprudenz, in *Recht und Staat der Gegenwart*, 1933, e *Rechtsphilosophie und Interessen jurisprudenz*, 1937; Max Rumelin, *Erlebte Wandlungen in Wissenschaft und Lehre*, 1931; Paul Oertmann, *Interessen und Begriffe in der Rechtswissenschaft*, 1931; L. Fernando Coelho, *Lógica jurídica*, cit., p. 104 e 105; Goffredo Telles Jr., anotações de aula do curso de mestrado da FDUSP, 1972; Philipp Heck, *Interpretação da lei*, cit. A jurisprudência axiológica de Westermann e Reinhardt se propõe a reexaminar a jurisprudência de interesses de Heck.

109. R. Siches, *La nueva filosofía*, cit., p. 74-88; Benjamin Cardozo, *The nature of the judicial process*, Yale University Press, 1921; *The growth of the law*, Yale University Press, 1924; *The paradoxes of the legal science*, New York, Columbia University Press, 1928; Goffredo Telles Jr., anotações de aula do curso de mestrado da FDUSP, 1972; Roscoe Pound, *The formative era in American jurisprudence*, 1938; The scope and purpose of sociological jurisprudence, *Harvard Law Review*, v. 24 e 25, 1911-1912; The political and social factor in legal interpretation: an introduction, *Michigan Law Review*, mar. 1947; Sociología y jurisprudencia, in *Sociología del siglo XX*, Buenos Aires,

solucionar os problemas práticos da função judicial, que surgiam na dinâmica e na aplicação judicial da *common law*.

A *sociological jurisprudence* ao constatar que a *common law* era uma ordem jurídica inadequada para solucionar, de modo justo, os problemas surgidos nos novos tempos, entendeu não só que eram necessárias novas normas como também que as velhas disposições normativas requeriam uma nova interpretação, ao serem relacionadas com os novos fatos, o que seria impossível pelo emprego do método dedutivo. Para tanto era imprescindível uma operação prévia, que consistia na análise compreensiva da realidade dos tempos atuais e numa correta ponderação valorativa das realidades sociais produzidas na época presente. O conhecimento social da realidade atual era a base para a formulação de normas gerais e individuais realmente inspiradas num critério de justiça. Assim sendo, o trabalho do jurista teórico, do legislador e do juiz não devia limitar-se a um processo lógico, mas conter um conhecimento sociológico da realidade presente.

Benjamin N. Cardozo procurou analisar o trabalho do juiz, nos tribunais superiores, aproveitando suas próprias experiências, compreendendo, nesta análise, o conhecimento dos elementos integrantes do processo judicial, isto é, as fontes e os métodos de sua interpretação, o modo como se mesclam tais elementos e a atitude do juiz ante as leis e a *common law*. A tarefa judicial não é automática, não pode ficar reduzida a mera averiguação da intenção do legislador, que, muitas vezes, nem sequer existiu, porque o juiz, em alguns casos, se encontrará diante de lacunas que terá de preencher, de rigorismos que terá de mitigar e de contradições que deverá solucionar. O trabalho judicial é ainda mais complicado quando não conta senão com os recursos oferecidos pela *common law*, e sob a perspectiva de um juiz superior é também delicado, por estabelecer uma orientação para o futuro.

Benjamin N. Cardozo, por isso, apresenta-nos quatro métodos que devem ser empregados no processo mental de elaboração de uma sentença:

a) O *método lógico* ou dedutivo, pois o juiz não pode deixar de ser lógico, racional e imparcial, mas salienta que a coerência lógica da sentença não é o bem supremo em matéria jurídica, mas sim a justiça que se pretende realizar. O que o direito almeja não é a logicidade. O método lógico não deve conduzir a que a conclusão lógica existente na estrutura da sentença seja o bem supremo da justiça, visto que o magistrado pode, no mesmo caso, ser conduzido pelo raciocínio lógico-formal a caminhos diferentes.

b) O *método histórico* ou evolutivo, visto ser importante, na elaboração da sentença, conhecer os motivos históricos, as circunstâncias que justificaram a existência das instituições, sejam quais forem as razões lógicas.

c) O do *recurso ao costume e às convicções sociais vigentes*, que não tem grande aplicabilidade, pois somente é considerado no caso de os métodos anteriores serem insuficientes ou de ausência de norma jurídica expressa sobre determinado assunto.

El Ateneo, 1956, t. 1, p. 307 e 308; Charles Beard, *The social and economic views of Mr. Justice Brandeis*, 1936; T. Mason, *Brandeis: lawyer and judge in the Modern State*, 1933; De Haas, *Louis Dembitz Brandeis*, 1929; L. Fernando Coelho, *Lógica jurídica*, cit., p. 117-25; José Maria Rodriguez Paniágua, *Historia*, cit., p. 283-8; Albert Kokousek, Roscoe Pound as a former colleague knew him, in *Interpretations of modern legal philosophies*, New York, Oxford University Press, 1947, p. 423.

d) O do *recurso à ideia de justiça e bem-estar social*, seguindo os *standards* de boa conduta que expressem os usos ou costumes de uma determinada comunidade, que não é somente um método, mas o meio que decide previamente qual o método que vai ser empregado em cada caso. Serve de diretriz ao juiz e ao intérprete para que escolham o método adequado. Esse método dá solução aos casos em que os demais métodos são insuficientes ou inaplicáveis e aos casos de conflitos resultantes da aplicação dos outros métodos; isto porque os fins supremos do direito são a justiça e o bem-estar social. Como a sentença é a individualização do direito conforme a lógica, a história, os costumes etc., deve ficar rigorosamente adstrita aos limites fixados por aqueles fins supremos do direito. Ao julgar o bem-estar social e o funcionamento adequado das normas, deve lançar mão de critérios objetivos, oriundos das práticas e convicções sociais, acudindo, ao optar por um interesse social, à experiência, ao estudo, à reflexão ou à vida. O juiz não deve, desde logo, aplicar sua própria valoração, deixando de lado a imposta pela legislação ou por outros meios objetivos, mas se estes forem insuficientes, o juiz não terá outra pauta estimativa a não ser a sua própria.

Esse método predomina sobre os outros, porque nenhuma norma que se afaste dessas finalidades pode justificar sua existência.

Roscoe Pound, teórico mais destacado da *Sociological jurisprudence*, ante a urgência de emancipar-se do dogmatismo da exegese lógico-dedutiva e do fanático historicismo de Savigny, que tiranizavam o pensamento do século XIX, torna patente em suas obras que a jurisprudência sociológica é, sobretudo, um ensaio de estimativa jurídica completa, que tem em vista a aplicação prática, sobre a base prévia de uma análise sociológica dos fatos sociais que devem ser regulados.

Roscoe Pound procurou inserir o direito no mundo das ações concretas tendendo à efetiva realidade social, conduzindo para fora do campo puramente normativo e conceitual, salientando que os fatos, no âmbito da juridicidade, devem ser considerados sob o prisma da justiça.

Descreveu a tarefa principal do moderno pensamento jurídico como obra de construção social, apresentando-se como uma "engenharia social", cuja competência corresponderia àquela parte de todo o campo social no qual pode lograr-se a ordenação de relações humanas por meio de ação da sociedade politicamente organizada. Concebe tal tarefa como uma obra que se realiza tendo em vista a consecução de um fim.

Compara Roscoe Pound o trabalho do jurista ao do engenheiro, visto que sua obra é considerada em atenção à sua adequação aos fins para os quais foi realizada e não à sua correspondência a um projeto. Deve-se medir as normas, as doutrinas e instituições jurídicas pela extensão em que realizam os fins pelos quais existe o direito. Tais fins são desejos e aspirações sociais. Assim sendo, o labor do jurista, do juiz e do legislador deve ser julgado da mesma forma, pensando-se, principalmente, no que é preciso assegurar ou satisfazer, pois a jurisprudência gira em torno de interesses, pretensões e demandas e não de direitos subjetivos e instituições. Roscoe Pound justifica tal tarefa pela formulação e classificação dos interesses em públicos (interesse do Estado), privados (interesse à vida, à integridade pessoal, à liberdade de crença etc.) e sociais (interesses que visam obter paz, ordem, segurança geral etc.), cujo equilíbrio realiza o progresso jurídico. A jurisprudência deve reconhecer, delimitar e proteger eficazmente os interesses reconhecidos.

Ensina Roscoe Pound[110], a respeito, que todos os homens desejam um pouco menos do que a terra inteira, donde ser a composição dos conflitos uma imensa tarefa de engenharia social, nunca definitivamente terminada, porque sempre haverá interesses ainda não reconhecidos juridicamente e que pressionam para o serem; como sempre, haverá também interesses reconhecidos apenas parcialmente, bem como velhos interesses reconhecidos que se dissipam, perdendo o reconhecimento de sua juridicidade. A administração da justiça radica na metódica resolução das controvérsias por parte dos tribunais, cujo poder tem origem consuetudinária, contratual, religiosa ou política. A modificação das circunstâncias sociais determina a mudança contínua dos interesses e consequentemente a modificação dos critérios de avaliação, sendo, então, preciso dar-se novas interpretações a normas velhas, a fim de que estejam elas de acordo com os novos critérios. Isto é assim porque se se aplicarem os velhos critérios dos interesses modificados ter-se-ão resultados contrários aos interesses desejados ou resultados ineficazes. Ante o conflito entre novos e velhos critérios axiológicos, surge a necessidade de renovação dessas pautas de avaliação e de nova interpretação das antigas leis. A aplicação individual das normas conduz a jurisprudência ao terreno da intuição, a qual se manifesta no arbítrio dos tribunais quando recorrem à equidade, na interpretação de certos conceitos como os de conduta leal (*fair conduct*), diligência devida (*due care*) e outras situações onde se depara com um elemento que é único em cada caso e que exige, de acordo com Bergson, este perfeito domínio de uma situação particular na qual rege o instinto.

O pensamento de Roscoe Pound radica na sua intuição de um direito em evolução, fundado na vida social, mas profundamente envolvido na construção da sociedade, segundo o ideal de justiça[111].

c.2.10. *Lógica experimental de John Dewey*

John Dewey, um dos maiores jusfilósofos norte-americanos do século XX, tratou em suas obras do tema da interpretação e aplicação do direito, procurando demonstrar que a lógica dedutiva, que tem no silogismo a sua expressão máxima, é imprestável para a elaboração de sentenças justas, porque se baseia em princípios gerais do direito, que são imutáveis e rígidos, levando à santificação do vetusto e, por consequência, à injustiça calamitosa. Muitas injustiças resultam da aplicação rígida de princípios gerais inflexíveis às situações variáveis e infinitas da vida humana. A lógica dedutiva é a causa do real abismo entre os princípios gerais do direito e as situações concretas presentes, o que ocasiona, muitas vezes, o sentimento de hostilidade contra o direito.

Por isso, segundo este autor, a lógica dedutiva deve ser abandonada como instrumento principal e decisivo para chegar à sentença judicial e deve ser substituída por uma lógica que, em lugar de levar em conta os antecedentes, tenha seu centro de gravidade na consideração das consequências. Seria uma lógica de previsão de probabilidades, cujo escopo constituiria averiguar os efeitos prováveis. A lógica do jurista deve prever as consequências que decorrerão da aplicabilidade das normas. Logo, as consequências prováveis é que deverão constituir o cerne da lógica jurídica, ou seja, da interpretação do direito. Eis por que a lógica

110. *Las grandes tendencias del pensamiento jurídico*, trad. Puig Brutau, Barcelona, Ed. Ariel, 1950, p. 204; José Maria Rodriguez Paniágua, *Historia*, cit., p. 288-93.

111. L. Fernando Coelho, *Lógica jurídica*, cit., p. 125.

do jurista é denominada, por Dewey, *lógica experimental*. A verdadeira interpretação é, em suma, aquela que produziria consequências provavelmente justas em casos concretos.

Os princípios gerais existem e são necessários apenas como meio de trabalho do jurista, e precisam ser reajustados em razão dos efeitos que devem causar, para serem instrumentos de soluções verdadeiramente justas. Assim sendo, fácil é verificar que, para Dewey, tais princípios necessitam de constantes adaptações às novas situações sociais sobre as quais vão projetar-se, porque precisam ter utilidade prática para chegar àquelas soluções convenientes e justas. Isto é assim porque, com a evolução da realidade social, aqueles princípios absolutizados em fórmulas rígidas seriam obstáculos para ordenar com justiça as novas situações sociais. Logo, não se pode pretender a imutabilidade dos referidos princípios[112].

c.2.11. *Teoria interpretativa de Joaquín Dualde*

Joaquín Dualde, catedrático de direito civil da Universidade de Barcelona, influenciado pelo intuicionismo de Bergson e pela escola do direito livre, lançou a tese de que deveria ser aplicada ao direito uma interpretação intuitiva, pois a inteligência humana, limitada ao mundo estático do tempo espacializado, seria inidônea para a apreensão da qualidade pura. Logo, interpretar uma norma seria investigar a série causal em que ela se insere, visto que toda disposição normativa está incluída numa série de causas e efeitos, que é constituída por múltiplos fatores determinantes da elaboração da norma. Isto levará o intérprete ao estudo desses vários fatores e não à investigação da intenção do legislador, que lança o *fiat lex* da gênese jurídica, porque a norma não é apenas o resultado de um ato isolado de seu elaborador. Não sendo a lei o simples efeito de um *fiat lex* do legislador, a interpretação não pode, pura e simplesmente, relacionar a norma com a *mens legislatoris*, visto que tal atitude destruiria a série causal da lei e a interpretação seria, então, incompleta.

O legislador nem sempre tem uma noção clara da norma por ele próprio formulada, porque ele, segundo Dualde, é feito de consciência e inconsciência; principalmente desta última, porque o legislador, como ser humano, não pode conhecer tudo que o influencia ou que determina suas reações, decisões e ações. Todo legislador, tanto individual como coletivo, ignorante ou sábio, tem uma grande dose de inconsciência, devido ao condicionamento social das ideias, isto é, devido à circunstância de sofrer influência de vários fatores, como hábitos, meio ambiente etc. O legislador jamais poderá conhecer, com exatidão, a série causal que determina a lei.

O sentimento jurídico, esquecido pelo método tradicional, passa a ganhar relevo na produção da lei, já que o sentimento é fator importantíssimo na gênese de qualquer atividade humana. A restauração do valor do sentimento é de grande interesse, pois se o jurista, ao interpretar a lei, ascendendo a suas causas, não encontrar o sentimento, errará. O sentimento é de grande valia para a interpretação, enquanto elemento causal da produção normativa. O mundo da razão e dos conceitos está, para Dualde, construído, em grande parte, sobre o dos sentimentos. Como a lei, para este autor, é a expressão abstrata da vida psicológica

112. John Dewey, Logical method and law, *Cornell Law Review*, v. 10, 1924; *The theory of inquiry*, 1938; *Problems of man*, 1946; L. Fernando Coelho, *Lógica jurídica*, cit., p. 118 e 119; Goffredo Telles Jr., anotações de aula do curso de mestrado da FDUSP, 1972; Recaséns Siches, *La nueva filosofía*, cit., p. 88-91.

de relação, ou seja, do mundo sentimental do legislador, consequentemente a interpretação seria a descoberta desse sentimento por meio da intuição bergsoniana do intérprete. Essa intuição consiste no método de se penetrar na realidade corrigindo suas desfigurações. Como, segundo Bergson, o verdadeiro conhecimento consiste numa união do sujeito cognoscente com a coisa conhecida, para Dualde o intérprete não poderá ser um mero exegeta da norma, ele deverá identificar-se com ela, vivê-la, trazê-la para a vida real e concreta, de onde a lei se evadiu quando se tornou um princípio legal e abstrato. Daí as expressivas palavras de Dualde: "*El máximo poder corresponde al intuitivo culto, al intuitivo científico. Comprender y vivir el derecho. He ahí la plenitud del método. El llamado sentido jurídico es la intuición a la que se llega después de templar todas las cuerdas del espíritu y a la que fortalecen con auxilios tan imperfectos como necesarios, las concepciones intelectuales, los impulsos sentimentales y las fuerzas inconscientes*". Repudia, portanto, a lógica formal aplicada ao direito. Com isso Joaquín Dualde transformou o intérprete em um colaborador na tarefa de criação da lei[113].

c.2.12. *Realismo jurídico norte-americano e escandinavo*

O *realismo jurídico* abrange as correntes teóricas que se afastam de qualquer investigação jusfilosófica de ordem metafísica ou ideológica, negando todo fundamento absoluto à ideia do direito, considerando tão somente a realidade jurídica, isto é, o direito efetivamente existente ou os fatos sociais e históricos que lhe deram origem[114]. O realismo jurídico busca a realidade efetiva sobre a qual se apoia e dimana o direito, não a realidade sonhada ou ideal. Para os realistas, o direito real e efetivo é aquele que o tribunal declara ao tratar do caso concreto.

O *realismo jurídico norte-americano* teve como principais representantes John Chipmann Gray, Karl N. Llewellyn e Jerome Frank. Mas, além desses, destacaram-se no movimento realista Underhill Moore (Rational basis of legal institution, *Columbia Law Review, 23*:609, 1923); Herman Oliphant (A return to stare decisis, *American Bar Association Journal*, 1928; Facts, opinions, and value-judgements, *Texas Law Review*, n. 10, 1932); Walter W. Cook (The logical and legal basis of the conflicts of laws, *The Yale Law Journal*, n. 33, 1924) e Charles E. Clark (The dilemma of American judges: is too great trust for salvation placed in them?, *American Bar Association Journal*, n. 35, 1949).

John Chipmann Gray[115], precursor da escola, ao lado de Oliver Wendell Holmes, que exerceu influência tanto na jurisprudência sociológica como no realismo jurídico, distinguiu o direito efetivo das fontes do direito. O direito efetivo constituiu-se de normas aplicadas pelos tribunais, e as fontes jurídicas são os fatores ou materiais que inspiravam juízes e tribunais no estabelecimento das normas efetivas de sua sentença, que constituíam o direito real. Tais fatores eram as leis, os precedentes judiciais, doutrina, costume e princípios éticos. O juiz

113. Consulte: Joaquín Dualde, *Una revolución en la lógica del derecho (concepto de la interpretación del derecho privado)*, Barcelona, Bosch, 1933; Recaséns Siches, *La nueva filosofía*, cit., p. 91-9; Goffredo Telles Jr., anotações de aula do curso de mestrado da FDUSP, 1972; Luiz Fernando Coelho, *Lógica jurídica*, cit., p. 129 e 130; Aurora T. Carvalho, *Curso*, cit., p. 76.

114. L. Fernando Coelho, *Lógica jurídica*, cit., p. 132.

115. *The nature and the sources of the law*, 1909; Luiz F. Coelho, *Lógica jurídica*, cit., p. 133; Recaséns Siches, *La nueva filosofía*, cit., p. 101-4; Goffredo Telles Jr., anotações de aula do curso de mestrado da FDUSP, 1972.

deverá, portanto, recorrer aos princípios morais da doutrina e dos costumes, inspirando-se nos precedentes. A norma só é jurídica após sua interpretação e aplicação pelo magistrado, depois de incorporada à sentença. O legislador só emite palavras que apenas entram em ação efetiva mediante as sentenças judiciais. O direito passa a existir somente após a decisão judicial, definindo-se como um conjunto de normas estabelecidas pelos órgãos judiciais de um certo grupo social, para determinação dos direitos subjetivos e deveres jurídicos. Logo, todo direito efetivo é direito elaborado pelo Poder Judiciário. Em última instância, o direito efetivo está constituído por normas assentadas pela Suprema Corte de Justiça.

Os realistas completaram esse pensamento de John Chipmann Gray, fundando a realidade jurídica na conduta efetiva dos juízes e dos funcionários administrativos. Partindo da distinção feita por Gray entre direito efetivo e fonte do direito, diferenciaram as normas mencionadas pelo juiz na sentença da decisão efetiva que o magistrado toma no ato sentencial. Salientam os realistas que as normas mencionadas pelo Poder Judiciário na sentença, muitas vezes, nada mais são do que um disfarce para justificar a sua decisão efetiva, constituindo uma tentativa de justificação aparente de sua sentença perante a doutrina tradicional. Mas o que, na verdade, importa não é o que o juiz diz, mas o que ele faz. As normas citadas pelo tribunal nas sentenças nem sempre são as mesmas em razão das quais ele efetivamente julga ou decide. Logo, se se pretende saber o que efetivamente é direito, dever-se-á averiguar a real conduta dos juízes, isto é, estudar como eles se comportam, porque o direito efetivo e real não é o que aparece declarado nas normas, nem o que os juízes declaram como base de suas decisões, mas aquele que os juízes efetivamente fazem, independentemente do que expõem em suas sentenças.

Karl N. Llewellyn[116], em sua teoria hermenêutica, distinguiu as normas no papel das normas efetivas. As normas no papel são as leis, regulamentos, ou seja, as normas que os juízes declaram em suas sentenças, como fundamento de suas decisões. As normas efetivas são as declaradas, ou não, em razão das quais os magistrados realmente decidem os litígios.

Explica Llewellyn que certas *normas no papel* têm grande alcance, exercendo influência decisiva na sentença, caso em que o jurista deve averiguar isso em cada norma, mediante a análise da real conduta judicial. Outras não são nem mesmo levadas em conta pelos juízes, por serem leis e regulamentos que caducaram ou perderam eficácia, embora ainda tenham vigência ou por serem normas jurisprudenciais já esquecidas, constituindo letra morta. Outras são mencionadas como fundamento da decisão judicial, mas de fato não são seguidas nessa sentença ou apenas em parte, de forma que constituem normas citadas pelo

116. *The bramble busch: on our law and its study*, New York, 1951; A realistic jurisprudence: the next step, *Columbia Law Review*, v. 30, 1930; Legal tradition and the social sciences method: a realist's critique, in *Essays in research in the social sciences*, 1931; Some realism about realism responding to dean pound, *Harvard Law Review*, v. 44, 1932; The normative, the legal, and the law jobs: the problem of juristic method, *The Yale Law Journal*, n. 49, 1940; *My philosophy of law*, 1941; On the good, the true, and the beautiful on law, *University of Chicago Law Review*, v. 9, 1942. Karl N. Llewellyn considera realistas os seguintes autores: Joseph Walter Bingham, What is the law?, *Michigan Law Review*, v. 11, 1912; Arthur L. Corbin, Legal analysis and terminology, *The Yale Law Journal*, n. 29, 1919; Max Radin, *Law as logic and experience*, 1940; Leon Green, *Judge and jury*, 1930; Joseph C. Hutcheson Jr., The judgement intuitive; the function of the hunch in judicial decisions, *Cornell Law Quarterly*, n. 14, 1929. Sobre Llewellyn, consulte Recaséns Siches, *La nueva filosofía*, cit., p. 104-7 e 112-4; Luiz Fernando Coelho, *Lógica jurídica*, cit., p. 133-5; Georges Gurvitch, *Sociologia jurídica*, trad. Djacir Menezes, Rio de Janeiro, Kosmos, 1946, p. 208, 215 e 216; Goffredo Telles Jr., anotações de aula do curso de mestrado da FDUSP, 1972.

juiz, mas depois são elididas, total ou parcialmente, por meio de raciocínios interpretativos que pretendem demonstrar obediência à norma, mas, na verdade, constituem um disfarce de outra norma, que não foi mencionada, mas que é, de fato, seguida ou aplicada. Isto é assim porque o magistrado almeja atingir uma certa solução e, como não tem norma para fundamentá-la, se apoia em outras.

Para Karl N. Llewellyn, a investigação realista deverá:

a) remover os disfarces para revelar a norma efetiva em que o magistrado baseou sua sentença, independente das normas explicitamente por ele referidas na decisão judicial;

b) descobrir os verdadeiros fatores, de índole variável, que influenciaram os juízes na apreciação e qualificação jurídica dos fatos *sub judice*, ou seja, na eleição das normas efetivas em que se fundam suas sentenças.

Analisa, ainda, Llewellyn, os problemas atinentes às questões de fato, tanto no que concerne à prova como no que diz respeito à qualificação jurídica dos fatos relevantes. Salienta que os fatos nunca chegam ao magistrado no estado em que realmente se deram, porque lhe são apresentados após uma série de reapresentações e reconstruções. Primeiramente, são os advogados dos litigantes que selecionam os fatos, mostrando ao órgão judicante apenas os que convêm à sua causa, e dentre estes nem todos podem ser apresentados, mas somente os que forem admissíveis legalmente, na forma prescrita pela lei processual. Além disso, os depoimentos das testemunhas, muitas vezes, não exprimem o real pensamento delas, que é desvirtuado, principalmente nas respostas dadas ao advogado do demandado ou ao do demandante.

O juiz ouve e julga os depoimentos sob o jugo de diversos fatores que influenciam sua convicção, como, p. ex., a aparência física da testemunha, o olhar, o tom de voz etc. Depois de substanciados os meios de prova, cada um dos advogados qualifica os fatos de modo diferente, em razão do objetivo que pretende alcançar; consequentemente, os fatos da sentença podem não coincidir com os fatos como eles se deram.

Segundo Llewellyn, há íntima correlação entre a norma eleita e a sentença, pois o juiz, antes de descobrir a norma para dela extrair sua conclusão, reconstrói os fatos, formando sua convicção, mesmo antes das provas, das audiências, da peritagem, decidindo-se em favor de uma conclusão que estima justa, indo, então, procurar uma norma que justifique aquela sua decisão. Tal norma assume um caráter de justificativa *a posteriori*, ou seja, de conclusão já tomada com fundamento na íntima convicção do magistrado.

Para ele os criadores do direito não são os legisladores, nem os magistrados, porque o direito provém da sociedade em fluxo. Entretanto, embora de origem social, o direito se manifesta com a atividade do Poder Judiciário para o qual a lei e o precedente são tão somente guias. O direito não se encontra apenas nos textos legais, mas também na conduta do povo em geral e na dos juízes, em especial.

Para ele, a sociologia jurídica é o único fundamento científico para a ciência do direito. Llewellyn define o direito pela sociologia, destarte, o jurídico se lhe apresenta como generalização normativa estandardizada, onde se distinguem o *direito-modo*, que é a conduta jurídica, e o *direito-substância*, que indica toda manifestação cultural relacionada com o jurídico, abrangendo normas, instituições jurídicas, juristas, hábitos, costumes, órgãos judiciais, bibliotecas jurídicas e escolas de direito e até mesmo a técnica jurídica, como sistema de solução dos problemas de conservação daquelas instituições de direito. Tal definição jurídica é, portanto, elaborada sob o ponto de vista da sociologia jurídica, a partir da concepção pluralista das ordenações jurídicas e da sociedade.

Jerome Frank[117] analisou, em suas obras, a conduta efetiva do juiz e os problemas relacionados com a apreciação da prova, além de ter desenvolvido um estudo primoroso da ordem jurídica e criticado a metodologia jurídica fundada na lógica silogístico-dedutiva.

Para Jerome Frank, o direito nada tem de geral, uniforme, certo, seguro, porque ele dá mais importância à verdade circunstancial da vida do que à invariabilidade da norma jurídica. O único direito certo é o revelado na sentença judicial. Antes que um tribunal se pronuncie sobre um problema, não se pode saber quais os deveres jurídicos e direitos subjetivos decorrentes de uma determinada situação. Se alguém firmar um contrato e perguntar ao seu advogado qual seu direito e seu dever, essa pergunta não poderá ser respondida com plena certeza, pois é impossível prever o que vai ocorrer em juízo. Enquanto não houver sentença não há direito certo, mas tão somente um direito provável, isto é, o direito opinativo ou o direito dos pareceres. O direito efetivo consiste nas decisões judiciais. Assim sendo, o direito sobre certa situação, na lição de Jerome Frank, ou é o direito efetivo, contido numa sentença, ou é o direito provável, contido numa suposição sobre uma sentença futura, resultante de intuição ou de sentimentos.

Acrescenta Frank que o direito provável é, sem dúvida, relativamente certo, uniforme em sociedades simples, pouco evoluídas e de estrutura estável, mas nas sociedades do nosso tempo, evoluídas e civilizadas, as normas jurídicas são sempre instáveis, inseguras e incertas, devido ao rápido desenvolvimento da vida moderna. O direito, na opinião de Frank, é uma ordem essencialmente mutável, por ter uma dimensão plástica adaptável às novas circunstâncias. O direito não mais possui a segurança estática que era estabelecida para garantir velhas situações. O direito atual possui, no seu entender, segurança dinâmica para proteger as pessoas de novas situações determinadas pela realidade, que, muitas vezes, nem remotamente estão previstas nas normas estabelecidas, de modo que o juiz, frequentemente, precisa formular novas normas sob a aparência de estar interpretando as velhas e, outras vezes, precisa eleger entre princípios igualmente válidos aquele que vai fundamentar sua sentença, sofrendo nesta eleição, que depende de juízos valorativos, a influência de suas convicções pessoais.

Diante das provas o juiz forma a sua opinião do que é justo no caso *sub judice*, por meio da intuição ou do sentimento do justo. Tal convicção depende muito das ideias pessoais do magistrado, pois mesmo quando ele não deseja fazer prevalecer suas ideias, orientando-se pela convicção social predominante, são suas opiniões éticas, sociais e políticas que vão determinar a sentença. Além disso, o juiz tem sempre um conhecimento indireto do fato *sub judice*, pois só vai obtê-lo mediante provas, como o relato das testemunhas, documentos, opiniões de peritos etc. O juiz é uma testemunha do testemunho das testemunhas, no dizer de Frank. O juiz ao considerar as provas é influenciado, inconscientemente, por uma série

---

117. *Law and the modern mind*, cit.; *Courts on trial*, cit., 1949; Goffredo Telles Jr., anotações de aula do curso de mestrado da FDUSP, 1972; Recaséns Siches, *La nueva filosofía*, cit., p. 108-11 e 114-9; L. Fernando Coelho, *Lógica jurídica*, cit., p. 135-8.

de fatores causados pela natureza dos fatos ou pelo feitio das pessoas com eles relacionadas, conforme suas tendências pessoais, emoções, simpatias, antipatias, preferências e seu relacionamento com as partes. Muitas vezes até as experiências pretéritas do juiz são causas de suas reações imprevisíveis, p. ex., pode ocorrer que ele tenha desconfiança ou repulsa por certas pessoas (certo tipo de mulheres, homens barbados etc.) ou não se simpatize com ciganos, com pessoas de determinadas raças ou filiadas a certas correntes políticas e sociais. Tais fatores podem, inconscientemente, afetar a atenção e a memória do magistrado sobre a declaração testemunhal, influindo nos motivos de credibilidade. Como a personalidade do juiz é um fator decisivo na elaboração da sentença, daí a incerteza do direito positivo. Somente depois de já haver formado a sua convicção, de haver elaborado sua sentença, ainda que mentalmente, é que o juiz vai buscar os princípios, os considerandos que possam justificar sua opinião, dando a qualificação jurídica do fato. Com isso, adotou de certa maneira a opinião de Llewellyn. Tal qualificação jurídica é, geralmente, posterior à convicção do juiz sobre o que é justo naquele caso concreto. Assim, o direito efetivo e real é o contido na decisão judicial. Ninguém pode conhecer o direito relativo a certa situação até que tenha havido uma decisão específica a respeito, porque a sentença está influenciada pela *dieta do juiz*, suas preferências, seus preconceitos e seu estado de ânimo.

A exigência da certeza do direito só poderia ser, então, atendida se os hábitos mentais e as condições emocionais dos magistrados fossem idênticos, ou se a designação estatal de juízes tivesse por objetivo pessoas de mentes estereotipadas, insensíveis às mutações sociais, agindo mecanicamente. Será que tal insensibilidade do órgão judicante conduziria a soluções mais justas? Tal questão, segundo Frank, levanta dúvidas.

Frank declara que a decantada certeza e segurança do direito não passa de uma ilusão, de um mito decorrente de um complexo de infância. A criança foge do inseguro, procura o aconchego do estável e, muitas vezes, cria o ideal de um mundo perfeito. É uma peculiar tendência do ser humano, diz Frank, a de ver o mundo pelo avesso. A observação mostra que o mundo é hostil aos desejos de paz, que o mal e o perigo andam soltos, que existem guerras, pestes, crises econômicas, que nada é como se quer, por isso o homem foge da realidade, finge que é real o que gostaria que o fosse, apegando-se a ideias de um mundo imaginário, substituindo o real pelo ideal. A certeza do direito decorre deste processo psíquico do ser humano. O direito, na realidade, nada tem de certo, mas a sua incerteza não é um mal catastrófico, pelo contrário, constitui a condição do incremento da justiça e do progresso do direito. A sociedade, na verdade, prescinde da certeza jurídica, por necessitar muito mais de magistrados amadurecidos e autoconscientes que promovam as mudanças que a vida social requer. Nem excessiva estabilidade, nem instabilidade total. Eis o que a realidade revela.

O direito efetivo, por estar petrificado em normas abstratas, se aperfeiçoa, paulatinamente, pela ação decisiva dos juízes.

As normas jurídicas gerais existem e são importantes, diz Frank, mas apenas como ingredientes que intervêm na elaboração do direito efetivo, em que o fator central é a personalidade do magistrado, que sofre influência de vários fatores, como educação geral e jurídica, vínculos familiares ou pessoais, posição econômica e social, experiência política e jurídica, filiação religiosa, temperamento etc. A convicção do magistrado resulta, convém repetir, de uma intuição ou sentimento do justo, dependentes do sistema de referência do juiz, dos seus ideais pessoais, de sua escola axiológica. A personalidade do magistrado é o fator principal na determinação da sentença, daí a insegurança do direito. O direito efetivo depende desses fatores e não de conclusões tiradas das normas jurídicas gerais.

Os realistas norte-americanos, portanto, procuraram demonstrar que a sentença não constitui silogismo, por ser um ato mental, uma espécie de intuição intelectiva que abrange a decisão, os fatos relevantes e juridicamente qualificados e a norma pertinente.

Gurvitch[118], apreciando o realismo jurídico norte-americano, observa que, além de identificar a realidade concreta do direito com o direito dos juízes e tribunais, eliminou, devido ao seu ceticismo axiológico, da ciência jurídica, as considerações teleológicas e valorativas. Deveras, alguns realistas, como Llewellyn, voltam-se para uma sociologia jurídica baseada, exclusivamente, em julgamentos da realidade e libertada da dependência da ciência do direito, cuja única tarefa consiste em aplicar os resultados dos *julgamentos da realidade*, sem qualquer consideração de fins e valores. Outros, como Frank, eliminaram a ciência do direito para substituí-la pela psicanálise dos juristas. Outros ainda reduzem a ciência do direito apenas a uma técnica jurídica, baseada numa generalização indutiva do *comportamento dos órgãos judiciais*.

Observa, a respeito, Luiz Fernando Coelho[119] que o alcance metodológico do movimento realista é inquestionável por ter chamado a atenção dos meios jurídicos para a falácia em que a certeza e segurança do direito, na visão dogmática e analítica, consistiam, esboçando uma tentativa de basear a verdade jurídica em fatos reais e não em princípios carentes de conteúdo. O direito, para os realistas, é o resultado de forças sociais e um instrumento de controle social. Abre, o realismo jurídico, perspectivas para a procura da realidade do direito nas decisões judiciais.

O *realismo jurídico escandinavo* preocupa-se com a questão hermenêutica e com a delimitação do *ser* do direito, tendo por escopo superar a concepção que o considera como um conjunto de fatores sociais, a consideração epistemológica que se apresenta como uma espécie de psicologia social e o jusnaturalismo que vislumbra o direito como uma ordem normativa que retira sua validade de princípios apriorísticos[120]. Os juristas da escola de Upsala rejeitam o direito natural e todas as ideias absolutas de justiça, daí seu relativismo, por negar que as normas sejam deduzidas de princípios imutáveis de justiça. Essa escola preconiza uma interpretação antijusnaturalista dos ideais jurídicos, na descoberta dos princípios gerais de direito e dos ideais empíricos, que não são apriorísticos, visto que resultam da experiência concreta da coletividade.

A escola de Upsala, iniciada por Axel Hägerström, teve como sequazes Lundstedt, Karl Olivecrona e Alf Ross.

O direito é um fato social que compreende dois aspectos: a ação e a norma. Tal dualismo epistemológico leva a separar a sociologia jurídica, que se ocupa da ação, da ciência

118. Sobre o movimento realista norte-americano, *v.* Gurvitch, *Sociologia jurídica*, cit., p. 204; Lon L. Fuller, *American legal realism*, 1934; E. N. Garlan, *Legal realism and justice*, 1941; José Maria Rodriguez Paniágua, *Historia*, cit., p. 293-9.

119. *Lógica jurídica*, cit., p. 138.

120. Alf Ross, *Hacia una ciencia realista del derecho*, Buenos Aires, Abeledo-Perrot, 1961, p. 11.

do direito, que trata da norma, mas ambas as ciências se implicam porque a conduta, objeto sociologicamente observável, assume caráter de juridicidade em função das normas jurídicas em vigor.

Trata-se de uma concepção empírica do direito, com fundamento na natureza humana social, que pode ser descoberta mediante observações empíricas de cunho psicológico ou sociológico, buscando interpretar a vigência do direito em termos de efetividade social das normas jurídicas.

Partindo do problema ontológico-jurídico, os realistas escandinavos deduzem as consequências para a teoria e a técnica jurídica. Fortemente influenciados pela filosofia da linguagem concebem o direito como um meio de comunicação entre os seres humanos, como forma de controle social do comportamento; logo, o sentido jurídico-normativo das expressões linguísticas que o identificam deve ser buscado por meio da análise linguística ao nível da sintaxe, semântica e pragmática. Sua teoria da interpretação jurídica pode ser, por isso, identificada como *realismo linguístico*, o que a distingue do realismo psicológico dos juristas norte-americanos.

Axel Hägerström foi o criador desse movimento, com sua teoria sobre a inexistência factual de direitos subjetivos e deveres jurídicos. Segundo ele, o direito subjetivo e o dever jurídico não existem, por não poderem ser identificados com nenhum fato, carecendo, por isso, de realidade efetiva. Os conceitos jurídicos fundamentais devem corresponder a forças reais independentes das faculdades humanas naturais, liberadas pelas fontes do direito. Considera, ainda, ser um absurdo afirmar a existência de um poder sobrenatural, pelo que as pessoas creem que estão dotadas, em relação às coisas (direitos reais) e às pessoas (direitos pessoais ou obrigacionais).

Lundstedt, baseado nessas ideias, estabelece um ceticismo epistemológico ao negar à ciência jurídica uma hierarquia científica e ao afirmar que o direito subjetivo nada mais é do que uma posição favorável em relação a uma pessoa, em razão da pressão psicológica exercida nos demais membros da sociedade. Esse jurista da escola de Upsala propôs a substituição do critério da justiça, por considerá-lo inútil, pelo do bem-estar social, referido a convenções tidas como úteis pela sociedade, nas investigações jurídico-científicas.

Karl Olivecrona, por sua vez, considera as normas jurídicas como imperativos derivados da vontade intermitente de certos indivíduos e não de um sujeito unitário como o Estado. Esses imperativos devem ser sistematizados, tendo-se em vista a existência de uma organização coercitiva. Buscou, ainda, compreender o direito a partir da linguagem jurídica, que assume caráter diretivo, influindo no comportamento humano, dirigindo-o como instrumento de controle social.

Alf Ross, opondo-se ao jusnaturalismo, ao kelsenismo e ao realismo jurídico norte-americano pretendeu expor, em suas obras, uma teoria realista do direito, isto é, uma teoria empírica, buscando uma interpretação de acordo com os princípios de uma filosofia empírica, afastando a especulação metafísica, concentrando-se nos fatos do *ser*, pois os conceitos jurídicos fundamentais devem ser interpretados como concepções da realidade social, do comportamento humano em sociedade. Isto é assim porque para existir uma ciência empírica do direito, voltada aos fatos da experiência, o direito deve ser concebido como fato do *ser* e as normas jurídicas como normas do *ser*, ou melhor, como normas que enunciam como se conduzem, de fato, os homens, isto é, os aplicadores, e não como devem comportar-se.

O realismo de Alf Ross é um misto de psicologismo e condutivismo social, já que aceita o realismo condutista na medida em que busca encontrar a consistência e pré-decidibilidade na conduta verbal do juiz, isto é, no ato decisional, e o realismo psicológico, pelo seu entendimento de que essa consistência é um todo coerente de significado e motivação, cuja possibilidade envolve o pressuposto de que o magistrado, em sua vida espiritual, se encontra influenciado por uma ideologia normativa. O realismo psicológico baseia-se em fatos psíquicos, de tal sorte que a norma vigente é a aceita pela consciência jurídica popular, que também determina as reações do juiz ao aplicar aquela norma, e o condutista é o que encontra a realidade jurídica nas ações dos tribunais. Assim uma norma será vigente se houver fundamentos suficientes para supor que será aceita pelos juízes e tribunais como base de suas decisões. Para Alf Ross só se poderia alcançar uma interpretação sustentável da vigência do direito se se efetuasse uma síntese do realismo psicológico e condutista.

Em sua obra *Sobre el derecho y la justicia*, Alf Ross procura lançar as bases de uma teoria do direito e da justiça sob o prisma da moderna filosofia empirista.

Contestando todas as doutrinas que dão ao direito uma validez transcendente, pondera que a validade jurídica apoia-se na realidade dos fatos. Deveras, para ele, *direito vigente* é o conjunto abstrato de ideias normativas que servem como um esquema de interpretação para os fenômenos jurídicos em ação, isto é, de normas efetivamente obedecidas, porque são vividas como socialmente obrigatórias pelo juiz e outras autoridades jurídicas, ao aplicar o direito.

A teoria realista de Alf Ross procede à eliminação da dimensão da validade como categoria independente da experiência, reduzindo-a à dimensão da realidade, a fatos ou fenômenos psicofísicos. A ciência realista do direito considera a tese do dualismo entre *dever-ser* e *ser*, validade e eficácia, devido ao seu caráter metafísico, como fonte fundamental de erros. Por isso a doutrina de Ross repousa na identificação de validade com eficácia, isto é, com o fato de que as normas são aplicadas pelos órgãos judicantes, porque se sentem obrigados por estas normas. Logo, dois são os fatores contidos no seu conceito de validade: o externo ou físico, relativo à eficácia do direito, isto é, à conduta do magistrado correspondente ao direito, e o interno ou psíquico, atinente ao motivo dessa conduta, ou seja, ao sentimento de estar obrigado pelo direito. Todavia, conserva a validade como ideia normativa ao declarar que um de seus elementos é a crença dos juízes na competência jurídica ou na autoridade dos que criam a norma, ou melhor, a crença de que eles devem comportar-se da maneira prescrita pelo legislador. Essa crença ou sentimento de estar obrigado pelo direito não é, para ele, um impulso interessado, isto é, o temor das sanções, mas uma atitude desinteressada da conduta. A validade pode ser explicada em virtude de certas atitudes de submissão, de reconhecimento da competência de certas autoridades, que por isso podem ditar normas válidas. Opõe-se à concepção que pretende afirmar que o direito consiste nas decisões judiciais, pois a qualidade de juiz não é um atributo natural, mas consequência da aplicação do direito vigente sobre a nomeação dos magistrados, que uma vez nomeados não ditam sentenças a seu bel-prazer, mas porque se sentem vinculados juridicamente. O conteúdo dessas decisões, de certo modo, está condicionado e determinado pelo que o juiz considera obrigatório como direito. Como o realismo norte-americano faz girar o estudo do direito em torno das previsões sobre o que decidiriam os tribunais, Ross entende que, para compreender o direito, não basta atender às decisões judiciais e às profecias dessas resoluções, mas levar em conta o que vincula e obriga o juiz, ou seja, a noção de validade, que se explica pelo reconhecimento da competência legislativa.

A ciência do direito deve estudar as normas consideradas como obrigatórias.

As normas jurídicas são comandos dirigidos aos juízes e funcionários encarregados da aplicação do direito. Medida legislativa que não contenha diretiva aos juízes e tribunais deve ser considerada como um pronunciamento ideológico, moral, sem nenhuma relevância jurídica; logo, o estudo do direito vigente deve levar em conta a sua validade em relação aos aplicadores da norma: juízes e funcionários. A conduta do aplicador só pode ser compreendida mediante uma interpretação ideológica, isto é, pela consideração das normas que são, por ele, tidas como vinculantes ou obrigatórias. O direito vigente é um conjunto de normas que operam no espírito do órgão judicante, que as aplica, porque este as vive como socialmente obrigatórias e por isso as obedece, com conduta desinteressada.

Os conceitos jurídicos fundamentais devem ser interpretados como concepções da realidade social, logo, sob o ponto de vista epistemológico, a ciência jurídica é uma ciência social empírica, que procura interpretar a validade do direito, em termos de efetividade social, isto é, de uma certa correspondência entre um conteúdo normativo ideal e os fenômenos sociais. O conhecimento científico-jurídico deve, portanto, concentrar-se no *factum* externo da efetividade. A ciência do direito dirige sua atenção ao conteúdo abstrato das diretivas para descobrir o conteúdo ideal, ou seja, a ideologia que funciona como esquema de interpretação para o direito em ação e para expor esta ideologia como um sistema. A ciência jurídica está intimamente ligada à sociologia jurídica, porque se não verificar a função social do direito é insatisfatória sob o ponto de vista do interesse em predizer as decisões jurídicas, visto que o juiz não está apenas motivado por normas, mas também por fins sociais e pela captação teorética das conexões sociais relevantes para a consecução daqueles fins. A sociologia jurídica, que visa estudar o direito em ação, a conduta jurídica e as ideias jurídicas que operam nesta conduta, por sua vez, também está ligada à ciência do direito, pois os fenômenos sociais, que constituem sua temática, só adquirem caráter específico quando relacionados com as normas jurídicas vigentes.

A ciência jurídica visa o conhecimento da efetiva conduta humana, logo o fenômeno jurídico deve ser descoberto dentro do campo da psicologia e da sociologia. As asserções lógicas da ciência jurídica sobre o direito vigente, isto é, as proposições doutrinárias, são uma predição de acontecimentos sociais futuros, que por serem indeterminados impossibilitam que se formulem a seu respeito predições isentas de ambiguidade. Como toda predição é, concomitantemente, um fator real que pode influir no curso dos acontecimentos e um ato político, consequentemente, torna-se impossível estabelecer uma nítida distinção entre teoria e política; por isso não se pode traçar uma linha divisória entre os enunciados cognoscitivos referentes ao direito vigente e a atividade político-jurídica. Deveras, a partir da mútua interação existente entre conhecimento e ação, entre ideologia e atitude, Ross desenvolve uma teoria que considera, de modo unitário, ciência e política jurídicas.

A expressão direito vigente é uma predição de que, sob certas condições, o direito será aceito como base, para a decisão de futuras controvérsias jurídicas. Tal predição será possível por meio de um processo determinado por atitudes e conceitos, por uma ideologia normativa comum, ativa e presente no espírito dos juízes quando atuam como tais. A ideologia só pode ser observada na conduta efetiva dos magistrados, e é o fundamento para as predições da ciência jurídica. A ideologia das fontes do direito, isto é, dos fatores que influenciam na formulação judicial das normas nas quais baseia sua decisão, como a legislação, o costume, o precedente e a razão ou tradição de cultura, é a que de fato anima os tribunais, e a doutrina das fontes do direito é a que se refere ao modo como os juízes efetivamente se comportam. Como a ideologia das fontes do direito varia de uma ordem jurídica a outra, sua descrição é tarefa da ciência do direito (a doutrina das fontes do direito), que só pode ser levada adiante pelo estudo detalhado da maneira como procedem, de fato, os tribunais de um país para encontrar as normas que fundamentam suas decisões.

Para Alf Ross, o objeto da política jurídica extravasa a tarefa legiferante, abarcando todos os problemas práticos oriundos do uso de técnica do direito para a consecução de objetivos sociais. Compete à política jurídica tratar dos problemas especificamente técnico-jurídicos de natureza sociológico-jurídica (política jurídica em sentido próprio); dos problemas jurídicos estreitamente conexos, na prática, com aqueles que por sua índole pertencem ao campo profissional de outros peritos — logo o jurista em relação a eles surge como árbitro dos peritos; da atividade de ponderar considerações, decidindo como árbitro dos peritos; e da formulação linguística da decisão, numa linguagem jurídica aceitável e em harmonia com o conjunto de normas existentes.

Sua grande contribuição à moderna ciência jurídica foi a consideração da política *de sententia ferenda*, um dos aspectos da constituição do direito vigente, visto que a política jurídica era apenas considerada *de lege ferenda*, isto é, entendida como política legislativa, porém tal atitude, no entender de Ross, não corresponde à realidade dos fatos, já que o direito não é apenas uma criação do legislador. A autoridade judicial, apesar de sentir-se obrigada pelas fontes do direito, tem papel constitutivo, pois a norma jurídica concreta, em que a decisão se traduz, é sempre criação no sentido de que não é mera derivação lógica das normas, arredando assim a teoria silogística da sentença, cuja expressão é o exegetismo. Logo, a política jurídica serve de guia não só para o legislativo, como também para os juízes e autoridades que aplicam o direito. Esta forma de política jurídica aparece na contribuição que a doutrina dá à interpretação jurídica. As considerações políticas confundem-se com as teoréticas. Conforme as premissas adotadas, a interpretação doutrinária pode ser uma asserção teorético-jurídica sobre o modo mais provável de como querem os tribunais atuar ou um enunciado político-jurídico que indica ao órgão judicante como ele deve agir. As Súmulas do nosso Supremo Tribunal Federal, ante sua normatividade, sob a perspectiva de Alf Ross, traduziriam, segundo Luiz Fernando Coelho, um dos meios técnicos da política *de sententia ferenda*, devido ao aspecto constitutivo da atividade jurisdicional. Ao lado de uma política *de lege ferenda*, evidencia-se, portanto, uma *de sententia ferenda*, que não pode ser olvidada pela ciência do direito.

A ciência do direito está, portanto, fundada em princípios empiristas, visto que sua tarefa é verificar a conduta futura dos juízes e de outras autoridades que aplicam o direito, em certas condições, de forma que a proposição "norma 'x' é direito vigente" equivale à predição de que o tribunal, em certas circunstâncias, baseará sua decisão na norma "x". Tal predição da conduta judicial só será possível se se tomar por base um complexo de fatos sociais, incluindo os fatos psicológicos, comportamentos ou atitudes[121].

O realismo jurídico, sem os exageros da corrente norte-americana que reduz a juridicidade à decisão judicial, favorece a base para a superação do problema hermenêutico, que, defluindo do movimento dos juristas escandinavos, considera a juridicidade como algo dimanado da norma no momento de sua aplicação, de forma que a validade e a legitimidade se identificariam com a efetividade[122].

c.2.13. *Teoria de Herbert L. A. Hart*

As ideias de Herbert L. A. Hart revolucionaram a ciência jurídica inglesa por terem apontado o caminho para uma superação da própria jurisprudência analítica, a que estava ligado, e do próprio realismo jurídico, pois sua teoria apresenta grandes afinidades com o movimento realista jurídico escandinavo, pelo abandono de critérios metaempíricos de validade do direito e pela aceitação da existência da ordem jurídica como fenômeno social, isto é, correspondente a uma quantidade de fatos sociais heterogêneos, identificados pela referência à prática efetiva, ou seja, à maneira como os tribunais identificam o que deve ser considerado direito e a aceitação geral ou aquiescência a respeito destas identificações. Tal superação deu-se pela união entre o pensamento analítico inglês e a preocupação filosófica influenciada pela teoria da verificabilidade empírica como critério de validade da ciência jurídica. Com isso Hart procurou colocar os ideais jurídicos, inclusive a moral, dentro do próprio fenômeno da juridicidade, não como fundamentos metaempíricos de validez do direito positivo, mas como algo empiricamente verificável dentro do próprio direito positivo, exprimindo, por conseguinte, uma realidade social.

Em sua obra *El concepto del derecho*, ao criticar o voluntarismo, teoria que considera a obediência habitual de um grupo social às ordens do soberano como condição necessária e suficiente da existência do direito, passa a enumerar os elementos jurídicos, salientando que a característica distintiva do direito consiste na fusão de normas primárias, que impõem deveres ou obrigações, e secundárias, que conferem poderes, regulamentando a produção jurídica. Clara é, nesta teoria, a relação entre norma e poder.

As normas primárias ou de obrigação impõem deveres, definindo certos tipos de comportamento que devem ser omitidos ou realizados por aqueles a quem se aplicam, prescrevendo sanções no caso de sua violação. Todavia, esclarece Hart, nessas normas, como modelo penal, não há nenhuma ameaça latente de dano para sua desobediência, ou seja, imposição de um mal ao seu infrator, pois, para ele, mandar é exercer autoridade sobre homens, e não o poder de causar dano, não é um apelo ao medo mas ao respeito à autoridade. Tais normas devem apresentar as características da *generalidade*, isto é, devem ser gerais,

---

121. Sobre o realismo jurídico escandinavo, consulte: L. Fernando Coelho, *Lógica jurídica*, cit., p. 138-44, 224 e s.; Alf Ross, *Sobre el derecho y la justicia*, Eudeba, 1963, caps. 1, 2, 3, 6, 14 e 15; *Hacia una ciencia realista del derecho*, cit., p. 11 e 12; *El concepto de validez y otros ensayos*, Buenos Aires, 1969, p. 32; Karl Olivecrona, *Lenguaje jurídica y realidad*, p. 43-59; Wilhelm Lundstedt, *Legal thinking revised*, Stockholm, 1956, p. 6, 137 e 191; José Maria Rodriguez Paniágua, *Historia*, cit., p. 315-23; W. Friedmann, *Théorie générale du droit*, cit., p. 265 e 319; Kelsen, *Contribuciones a la teoría pura del derecho*, Buenos Aires, Centro Editor da América Latina, 1969.

122. Luiz Fernando Coelho, *Lógica jurídica*, cit., p. 148; José Eduardo Faria, *Poder e legitimidade*, São Paulo, Ed. Perspectiva, 1978, p. 105.

aplicando-se a todas as pessoas que se encontrem dentro de seus limites; da *permanência*, pois devem ser permanentes, habitualmente obedecidas por certa classe de pessoas e da sua *decorrência de autoridade competente*, uma vez que devem ser ditadas por pessoa que tenha competência para emitir normas.

As normas secundárias que conferem poderes jurídicos para decidir litígios ou legislar (competência pública) ou para criar ou modificar relações jurídicas (competência particular), não podem ser interpretadas como ordens respaldadas por ameaças, mas sim como normas como modelo de competência. Tais normas estabelecem que os seres humanos podem introduzir novas normas do tipo primário, extinguir ou modificar as normas anteriores, determinar de diversas maneiras o efeito delas ou controlar sua atuação.

Para justificar sua ideia do direito como união de normas primárias e secundárias, considera, por hipótese, uma sociedade sem legislador, tribunais ou funcionários, cujo único meio de controle social é a atitude do grupo que traça pautas de comportamento. Uma estrutura social desse tipo baseia-se em normas primárias de obrigação. Em confronto com a natureza humana e com o mundo em que vivemos, tal estrutura social simples de normas primárias apresenta, segundo Hart, três defeitos: *a*) sua falta de certeza, pois se surgem dúvidas sobre quais são as normas observáveis em dada situação, ou sobre qual o alcance preciso de uma determinada norma, não haverá qualquer procedimento para solucionar tais dúvidas; *b*) seu caráter estático, já que naquela sociedade hipotética não haverá nenhuma maneira de adaptar deliberadamente as normas às novas circunstâncias, eliminando as antigas normas, introduzindo novas, porque para que isso seja possível se pressupõe a existência de um tipo de norma diferente da primária de obrigação, que é a única que rege a vida dessa sociedade; *c*) insuficiência de pressão social difusa, exercida para cumprir a norma, ante a inexistência de órgãos oficiais para determinar com autoridade o fato da sua violação. Deveras, as discussões sobre se uma norma foi ou não violada continuarão indefinidamente se não houver um órgão especial com poder para determinar, definitivamente e com autoridade, as infrações.

Logo, continua Hart, o remédio para cada um dos defeitos principais desta forma mais simples de estrutura social consiste em complementar as normas primárias de obrigação, que se ocupam das ações que os indivíduos devem ou não praticar, com as secundárias de reconhecimento, mudança e adjudicação, visto que se ocupam das normas primárias, especificando o modo como podem ser verificadas, introduzidas, eliminadas, modificadas, determinando definitivamente sua violação.

A norma de reconhecimento constitui o remédio para a falta de certeza, pois especifica as características que a norma primária a que se refere deve possuir, a fim de que o grupo social a reconheça como norma sua e possa exercer a pressão social correspondente. No direito primitivo de muitas sociedades, a norma de reconhecimento pode consistir simplesmente num documento que contenha um rol de normas, dotado de autoridade. Numa ordem jurídica desenvolvida as normas de reconhecimento são mais complexas; em vez de identificar as normas exclusivamente por referência a um texto ou lista, o fazem referindo-se a alguma característica geral das normas primárias. Esta pode ser o fato de terem sido sancionadas por um corpo específico, ou sua grande vigência consuetudinária, ou sua relação com as decisões judiciais. Quando mais de uma dessas características gerais forem tidas como critérios de identificação, podem estabelecer normas para seu possível conflito, estruturando-as numa ordem hierárquica ou de superioridade, como ocorre, p. ex., com a usual subordinação do costume ou do precedente à lei, que é considerada a fonte superior do direito. Na operação simples de identificar uma norma como possuidora de característica exigida de pertencer a um rol de normas a que se atribui autoridade, há o germe da ideia de validade jurídica.

A norma de mudança constitui o remédio para sanar o caráter estático da estrutura de normas primárias ou de obrigação, por permitir que um indivíduo ou um grupo de pessoas introduza novas normas primárias para a condução da vida grupal, deixando sem efeito as anteriores. Prescreve o procedimento para o exercício do poder legislativo e a competência legislativa. Há uma conexão muito estreita entre a norma de mudança e a de reconhecimento, porque onde existe a primeira a última necessariamente incorpora uma referência à legislação como característica identificadora de normas, mesmo que não mencionem todos os detalhes do procedimento legislativo.

A norma de adjudicação é o remédio para a insuficiência de pressão social difusa, visto que determina, sob a forma revestida de autoridade, se, em ocasião particular, houve a transgressão de uma norma primária. Além de identificar os indivíduos que podem julgar, conferindo poder jurisdicional, define o procedimento que devem seguir. A norma que confere jurisdição é também norma de reconhecimento porque identifica a norma primária, através das decisões dos tribunais, e estas decisões se convertem em fonte de direito.

A estrutura, resultante da combinação de normas primárias de obrigação com as secundárias de reconhecimento, mudança e adjudicação, constitui não só a medula da ordem jurídica, como também um poderoso instrumento para a análise do jurista e do teórico político. Igualmente, os conceitos especificamente jurídicos, que interessam ao jurista, como obrigação, direito subjetivo, validade, fontes do direito, legislação, jurisdição, sanção, devem ser redutíveis a essa combinação de elementos jurídicos.

Esclarece Hart que o *status* de direito não advém de um exercício tácito do Poder Legislativo, mas da aceitação de uma norma de reconhecimento pelo tribunal, como adequada para ser usada desta maneira. A existência da norma de reconhecimento é uma questão de fato, pois só existe como uma prática dos tribunais, funcionários e particulares, ao identificar o direito por referência a certos critérios. O Tribunal Supremo tem a última palavra quando estabelece o que é o direito[123].

c.2.14. *Teoria geral da interpretação de Emilio Betti*

Emilio Betti, eminente jurista italiano, apresenta-nos não uma teoria da interpretação do direito, mas uma teoria geral da interpretação, válida para todas as ciências do espírito, e, especialmente, para a ciência jurídica.

123. Herbert L. A. Hart, *El concepto del derecho*, 2. ed., Buenos Aires, Abeledo-Perrot, 1968; Clifford L. Pannam, Professor Hart and analytical jurisprudence, *Journal of Legal Education*, *16*(4): 379-85; Alf Ross, *El concepto de validez*, cit., p. 32; L. Fernando Coelho, *Lógica jurídica*, cit., p. 144-7; Bodenheimer, Modern analytical jurisprudence and the limits of its usefulness, 104, *UPALREU*, 1080, 1085 (1956).

Segundo esse autor, três são os tipos de interpretação: a histórica, a normativa ou dinâmica e a comunicativa ou transmissiva.

A interpretação histórica, ou em razão da história, consiste em entender uma produção jurídica, econômica ou artística, com o sentido exato que essa produção tinha no contexto histórico da época em que surgiu. Trata-se de uma interpretação recognitiva que procura reconstruir o sentido das normas ou das instituições conforme suas origens.

A interpretação normativa ou dinâmica procura entender uma produção do espírito como expressão normativa, ou seja, como um critério prático para a ação atual. Consequentemente, a missão do intérprete não é apenas reconstruir o sentido originário da norma, mas conjugá-lo com as necessidades do presente, infundindo vida atual ao sentido da lei.

A interpretação comunicativa ou transmissiva é a que ocorre na tradução de um texto, na representação dramática de uma ideia, na execução musical. Visa estabelecer uma comunicação entre o que interpreta e o que recebe a interpretação. Consiste em entender e transmitir aos outros o que se entendeu.

A interpretação jurídica é normativa, mas não prescinde da histórica. O cientista do direito não deve apenas evocar o sentido originário da norma ou da instituição, reconstruindo-o, pois a lei não se confina em sua formulação primitiva, ela não se fecha no texto em que se acha inserida, pois, devido ao seu valor atual que acompanha as circunstâncias imutáveis da sociedade, ela se transfunde em elemento da vida social presente, a cujo serviço se encontra. Logo, a tarefa do intérprete não é apenas reconhecer o sentido originário, imanente e latente, da letra da lei, que constitui a *ratio juris* da norma, indispensável para averiguar em que medida a norma sofreu mutações ante as alterações no ambiente social e as novas orientações no ordenamento jurídico, mas deve conjugar aquele sentido com a necessidade da realidade presente, fazendo com que a lei sirva melhor as exigências sociais e condiga com aquela necessidade, procedendo a adaptação e transposição do texto legal para a atualidade viva, estabelecendo o justo equilíbrio entre o interesse estático no sentido da estabilidade, conservação e certeza, com a exigência dinâmica de renovação no sentido de evolução social.

Ensina-nos Betti que a técnica jurídica tem três importantes tarefas: a de *elaboração de normas jurídicas*, que consiste em construir as categorias dogmáticas aptas a envolver os fenômenos sociais, a de *interpretação*, procurando fazer com que as normas editadas encontrem seu lugar no contexto da ordem jurídica real e viva, e a de *aplicação e realização concreta do direito*, referente à interpretação como diagnose dos fatos, ou seja, como reconhecimento das condições requeridas para que a norma jurídica seja aplicada aos fatos[124].

c.2.15. *Concepção raciovitalista do direito*

O raciovitalismo jurídico é a corrente que se liga à filosofia da razão vital de Ortega y Gasset, aplicada ao direito. A concepção orteguiana repercutiu enormemente na teoria jurídica do jusfilósofo Luis Recaséns Siches.

124. A respeito, consulte: Emilio Betti, *Interpretazione della legge e degli atti giuridici*, Milano, Giuffrè, 1949, p. 22 e s.; *Teoria geral da interpretação*, 1965; Cours de théorie générale du droit (apêndice), in *Cours de droit civil comparé des obligations*, Milano, Giuffrè, 1958, p. 204-6; Goffredo Telles Jr., anotações de aula do curso de mestrado da FDUSP, 1972; Luiz Fernando Coelho, *Lógica jurídica*, cit., p. 130 e 131.

Para Recaséns Siches, o homem não é natureza, mas tem natureza biológica, psicológica, e vive na natureza e com a natureza circundante e em razão disto encontra-se condicionado por leis físico-naturais, que, todavia, não dão conta de todo o humano, porque o homem possui algo de que o mundo da natureza carece. O comportamento humano é consciente e tem um sentido que não existe nos fenômenos físico-naturais, que só podem ser explicados, uma vez que só os fatos humanos podem ser compreendidos, segundo Dilthey. O fato físico é explicável, mas não é inteligível. Tal ocorre porque o homem não tem meios para saber qual o fim último em virtude do qual os fenômenos naturais são o que são. Só o que é do homem pode ser justificado pelo homem, em razão dos fins que ele elege.

Siches, influenciado por Ortega y Gasset, pondera que a vida humana nada tem de feito, de concluído ou acabado, pois deve fazer-se a si mesma. A vida humana caracteriza-se por um fazer-se contínuo dentro de um mundo que lhe é dado, onde há sempre um campo de ação, não predeterminado, que possibilita a opção, com certa margem de liberdade, por um caminho.

A partir dessa concepção orteguiana de vida humana, Recaséns Siches enquadra o direito entre os objetos culturais, porque criado pelo homem com o objetivo de realizar valores, considerando-o como pedaço de vida humana objetivada. A principal preocupação de Siches, baseado nas concepções de Scheller e Hartmann, foi conciliar a objetividade dos valores jurídicos com a historicidade dos ideais jurídicos, que decorre da mutabilidade da realidade social, da diversidade de obstáculos para materializar um valor em certa situação, da experiência quanto à adequação de meios para materializar um valor, das prioridades emergentes das necessidades sociais, em função de acontecimentos históricos, e da multiplicidade de valores. Por isso, sua axiologia considera que o ponto de partida é a vida humana, sendo o Estado e o direito meros instrumentos a serviço do indivíduo e a consciência humana o ponto central de todas as outras realidades. Ante esse contexto, no qual a racionalidade é a própria vida humana — a razão vital — a ciência do direito deve estudar a norma jurídica considerada em sua historicidade, como um momento da vida coletiva, ligado às circunstâncias e dentro da perspectiva por elas formada.

A circunstância de cada um é o mundo de cada um, compreendendo o próprio corpo singular de cada homem, a natureza física, psíquica e biológica circundante e a realidade social concreta em que cada um se encontra, e se compondo de fatores econômicos, éticos, políticos etc., que constituem a cultura ambiente.

Devido ao fato de o homem ser dotado de livre-arbítrio, limitado pelo seu mundo circunstancial, há uma relativa incerteza na solução de seus problemas. Tal incerteza decorre também de grande número de causas heterogêneas, como os critérios estimativos ou axiológicos de cada situação social e histórica, que intervêm no comportamento humano. Realmente, cada situação histórico-social tem seu critério estimativo segundo o qual as ações humanas são avaliadas, impregnando-se de sentido.

Logo, a circunstância social e histórica concreta, a realidade do meio ambiente dentro da qual se colocam os problemas sociais e humanos, em razão da qual operam legisladores, juízes e juristas, compõe-se de muitos ingredientes como a adesão a certas normas coletivas de comportamento, a costumes, à opinião pública, às tradições, aspirações e ideais do grupo.

Por isso a circunstância é variável por sua natureza e é fator decisivo na escolha dos fatos.

O sentido da obra cultural, seja de conhecimento, de arte, de política, de direito é sempre um sentido circunstancial, referido às circunstâncias concretas, em que se apresentou a necessidade estimulante, em que se concebeu a conveniência e a adequação do fim, em que se apreciou a propriedade e a eficácia dos meios adotados. Essa dimensão circunstancial do sentido de toda obra cultural não exclui a referência a valores. De sorte que a obra cultural deve ser considerada como um produto histórico intencionalmente referido a valores.

Segundo as lições de Recaséns Siches, o ponto de partida de uma teoria sobre o comportamento humano deve ser o seguinte fato: os homens discutem, argumentam e deliberam sobre os problemas políticos, sociais, econômicos etc., à luz de certos critérios estimativos, em busca de soluções mais justas, convenientes ou prudentes, embora possam ser opostas à verdade. Assim sendo, a solução, em regra, encontrada é apenas razoável, embora muitas vezes não seja rigorosamente lógica. Explica-nos Siches que a lógica empregada para a descoberta dessas soluções não é a lógica do racional, mas a do razoável.

A lógica racional, isto é, a lógica dedutiva, silogística, alheia a critérios axiológicos, é imprópria, no entender de Siches, para a solução dos problemas humanos, pois de sua aplicação, muitas vezes, resultam conclusões insensatas e até monstruosas.

A lógica do razoável, ou "*logos* do humano" ou da razão vital ou histórica, destina-se a compreender, buscando o sentido dos fatos ou objetos humanos, mediante operações estimativas. É uma lógica que se inspira na razão projetada sobre os assuntos humanos, permeada por pontos de vista axiológicos, por conexões entre valores e fins, por relações entre fins e meios, aproveitando as lições da experiência humana prática e da experiência histórica, que se inspiram na consideração dos problemas práticos que demandam tratamento justo e eficaz. A lógica do razoável ou a lógica da equidade está condicionada pela realidade concreta do mundo em que opera. Não é uma lógica abstrata, cuidando apenas da consequência das proposições, visto estar impregnada de critérios axiológicos. Não apresenta solução abstrata, idealizada, considerada como a melhor para todos os tempos e lugares, mas uma solução concreta para cada caso, que pode até mesmo ser antissilogística.

Se a norma jurídica é um pedaço de vida humana objetivada, não pode ser uma norma abstrata de moral, de ética, desligada dos fatos concretos, é um enunciado para a solução de um problema humano. A norma jurídica é um instrumento elaborado pelo homem, em determinado meio social, num certo momento histórico, para produzir efeitos, cumprindo os propósitos concebidos. Daí ser eminentemente ocasional, circunstancial, valendo como meio para a consecução dos efeitos concretamente desejados. A norma jurídica não é verdadeira nem falsa, logo não pode ser julgada em razão da verdade ou da falsidade, tomada como princípio de verdade absoluta, porque resulta da lógica do legislador, que é razoável e não racional. O legislador quando a elabora procura dar solução razoável a um caso concreto. A produção do direito é inspirada pela lógica do razoável. Para compreender cabalmente a norma, como objetivação da vida humana, deve-se analisá-la sob o ponto de vista da índole e da estrutura da vida humana. Consequentemente, a norma jurídica não pode ser julgada em si mesma como um fim, mas como um meio para a consecução dos valores concretos almejados pelo legislador, que são justiça, bem-estar social, dignidade da pessoa humana, liberdade, igualdade perante o direito, oportunidades iguais de adequação de circunstâncias de eficácia e de bem-estar social. Daí a afirmação básica da doutrina de Recaséns Siches: se a aplicação de uma norma a determinado fato concreto levar a efeitos contrários aos por ela visados, deve ser declarada inaplicável àquele fato.

Para Recaséns Siches o direito é um conjunto de meios adequados a serviço da convivência e da cooperação social; meio que deveria ser eficaz para aquilo que o elaborador da norma teve em vista ao elaborá-la, logo a aplicação do direito a determinado caso deve produzir efeito adequado à consecução daquele fim. O magistrado completa a obra do legislador, só que em lugar de avaliar situações em termos genéricos avalia situações individuais concretas, sem se apegar, incondicionadamente, ao texto legal, mas procurando fazer com que prevaleçam os valores que inspiraram a elaboração da lei.

A produção do direito não é obra exclusiva do legislador, mas também dos julgadores e dos funcionários competentes nos casos administrativos. O processo de criação jurídica vai desde o trabalho dos legisladores até a sentença judicial e a decisão administrativa, sem solução de continuidade.

A aplicação do direito não é algo que sobrevém à norma já feita. É o perfazimento da norma. A norma não está terminada quando sai das mãos do legislador, pois precisa perfazer-se por meio da atividade do julgador e do administrador. A aplicação do direito termina a norma jurídica, por meio do acréscimo que a individualiza e a faz agir, por isso, muitas vezes, só se sabe o que é o direito, quando a sentença mostra o que ele representa por meio dos efeitos concretos. A aplicação jurídica não é, portanto, um procedimento mecânico de reprodução da norma, por implicar um processo de individualização e concreção da norma geral.

A interpretação jurídica deve levar em conta os fins para os quais as normas foram feitas. A norma jurídica que não opera real e efetivamente não passa de um pedaço de papel, ela deve reviver sempre que for aplicada.

Aquele que cumpre a norma ou que executa a sentença revive praticamente o pensamento nela contido, realizando-o efetivamente. A norma jurídica, enquanto objetivação da vida humana, exige vida efetiva e atual nas consciências e nas condutas daqueles que a cumprem e a aplicam. O fato de ser revivida ou reatualizada explica o motivo de, apesar de ser inerte, cristalizada, adquirir vida nova, transformando-se e evoluindo. O reviver concreto da norma de direito fundamenta, na concepção de Siches, uma nova hermenêutica jurídica, pois a norma deve experimentar modificações para ajustar-se à nova realidade em que e para que é revivida. Só a lógica do razoável pode considerar essa permanente adequação do direito à vida, levando em conta a dialeticidade do fenômeno jurídico.

A lógica racional, no processo de produção jurídica, tem alcance muito limitado, por aplicar-se apenas na área dos conceitos jurídicos *a priori*, por ser neutra aos valores éticos, políticos e jurídicos. Daí ser insuficiente na interpretação jurídica, por ser incapaz de dar uma solução justa aos problemas jurídicos. Só a lógica do razoável é adequada na seara jurídica, não só por apresentar a possibilidade de preencher as lacunas, de solucionar as contradições que possam aparecer, mas também por interpretar a norma à luz dos fins almejados, levando em conta o texto legal e a razão pela qual a norma foi promulgada.

A verdadeira interpretação é aquela feita em razão dos critérios axiológicos contidos no texto normativo, pois se forem ignorados as soluções serão insensatas ou inaceitáveis. Ante uma norma aparentemente aplicável a um caso, o intérprete e aplicador deve antever os resultados da sua aplicação, interpretando o alcance das estimativas explícita ou implicitamente contidas nesta norma, complementando-as com os critérios ministrados pelas convicções coletivas predominantes. Porém, tais convicções não constituem a única fonte de valores complementares, porque, às vezes, o juiz tem que buscar valores desenvolvidos conforme os critérios de estimativa jurídica que ele mesmo considera válidos. Se os efeitos concordarem com os propósitos da norma, ela será aplicável ao caso, mas se contrários ou opostos aos fins pretendidos por ela, deverá ser declarada inaplicável, aplicando-se, então, ao caso outra norma que seja mais conveniente. Daí a sua teoria da sentença como decorrência de um juízo axiológico.

Com isso não se está arredando a norma, porque o intérprete e o aplicador devem ser fiéis não às suas palavras, mas aos seus fins e ao seu espírito. Busca-se a fidelidade aos objetivos e ao sentido da norma.

A lógica do razoável não autoriza o juiz, em sua atividade interpretativa e aplicadora de normas, a saltar por cima do ordenamento jurídico vigente, mas o obriga a manter-se fiel às normas, ensinando-o a conhecer autenticamente qual é a norma aplicável, a interpretar melhor a verdadeira vontade da lei relativamente a cada caso *sub judice*, dando-lhe a solução mais justa possível. A lógica do razoável é um instrumento para que o aplicador do direito, com bom senso e prudência, atinja, ao solucionar o caso *sub judice*, a justiça.

A lógica do razoável, portanto, para essa concepção, é a única que deve ser empregada pela ciência do direito e pelo aplicador para uma correta interpretação e aplicação.

Assim sendo, as normas jurídicas não podem ser entendidas com o emprego de um processo dedutivo. O jurista, o legislador e o juiz devem inspirar-se em valores diferentes dos da correção lógica, não devem buscar valores veritativos absolutos de verdade ou falsidade, mas sim realizar operações estimativas, influenciados pela realidade do meio concreto em que vive o homem para adequar as soluções aos casos reais atendendo aos fins almejados pelo direito. Na lógica do razoável deve haver um processo de investigação dos fatos em que se inspira a ordem jurídica vigente, para que haja maior satisfação na solução e na interpretação jurídica. Na obra do legislador e na do juiz, a lógica é a mesma, a do razoável, e a da interpretação do direito deve ser sempre feita em razão dos propósitos que inspiraram a criação das normas.

O raciovitalismo jurídico é fiel ao normativismo, pois a ciência jurídica deve estudar normas; porém, como estas são concebidas como objetivação vital, tal corrente propugna uma nova lógica jurídica que considera o direito em sua dialeticidade, sendo regida pelos princípios consistentes em regras de adequação não só entre a realidade e os valores, fins e propósitos, mas também entre propósitos e meios, meios e sua correção ética e eficácia[125].

---

125. A respeito do raciovitalismo jurídico, *v.* Recaséns Siches, *La nueva filosofía*, cit., p. 128-78 e 256-69; *Vida humana, sociedad y derecho: fundamentación de la filosofía del derecho*, México, Porrúa, 1953; La naturaleza del pensamiento jurídico, in *Anais do VIII Congresso Interamericano de Filosofia*, São Paulo, Instituto Brasileiro de Filosofia, 1974; *Tratado general de filosofía del derecho*, 3. ed., México, Porrúa, 1965; Goffredo Telles Jr., anotações de aula do curso de mestrado da FDUSP, 1972; José Ortega y Gasset, Apuntes sobre el pensamiento, su teurgia y su

D. HISTORICISMO CASUÍSTICO

A *escola histórica do direito* é representada, principalmente, pelos jusfilósofos alemães Gustav Hugo, Friedrich Carl von Savigny e Georg Friedrich Puchta.

Gustav Hugo[126], em seus estudos, rejeitou a moderna teoria jusnaturalista como sistema de princípios morais e racionais, estabelecendo as bases para uma revisão do racionalismo histórico do direito natural, ao desenvolver, de forma metódica, uma nova sistemática da ciência jurídica, acentuando a dimensão histórica da relação jurídica[127]. Para ele, o direito natural nada mais seria do que o direito positivo universal ou o *jus gentium* do direito romano, direito comum a todos os povos, constituído pela razão natural, do qual o *jus civile* ou direito natural é um desenvolvimento histórico e particularizado. Propugnou ele o estudo metódico e comparativo dos direitos nacionais, para chegar a uma história do direito universal, como base da ciência da legislação. Com isso a ciência jurídica aparece como ciência histórica, ou seja, como história do direito. Distinguiu a ciência do direito da dogmática jurídica. A história do direito seria a ciência propriamente dita e a dogmática jurídica, uma espécie de continuação da pesquisa histórica[128].

As ideias de Hugo sobre o método histórico na ciência jurídica foram aprofundadas por Friedrich Carl von Savigny, o verdadeiro promotor do historicismo jurídico, que chegou a conceber a ciência jurídica como historiografia genética do direito e disciplina cultural, sem quaisquer fins práticos imediatos[129].

A ideia fundamental da doutrina histórico-jurídica de Savigny era a oposição à codificação do direito, por considerá-lo como manifestação característica da livre consciência do povo ou do espírito popular, sob a forma do costume, e não como um produto racional do legislador, visto que surge na história como decorrência dos usos e costumes e da tradição. O legislador não cria o direito, apenas traduz em normas escritas o direito vivo, latente no espírito popular, que se forma através da história desse povo, como resultado de suas aspirações e necessidades. O direito, longe de ser criação arbitrária da vontade estatal, era produto da consciência popular (*Volksgeist*), em determinadas condições de tempo e lugar, da qual o costume é a manifestação autêntica, livre e direta.

Como a língua principia espontaneamente no modo de falar de um povo, o direito também começa como conduta consuetudinária popular, conforme a convicção espontânea do que é necessário e justo. Como as regras gramaticais só podem ser genuínas e obrigatórias,

---

demiurgia, in: *Obras completas*, Madrid, Revista de Occidente, 1946-1947, t. 1 a 6; Luiz Fernando Coelho, *Lógica jurídica*, cit., p. 147; *Teoria da ciência do direito*, São Paulo, Saraiva, 1974, p. 62 e 211-8; Machado Neto, *Sociedade e direito na perspectiva da razão vital*, Salvador, 1957; Marcos A. M. de Mattos Martins. Interpretação jurisdicional: convergências filosóficas entre o realismo jurídico de Alf Ross e o raciovitalismo de Ortega y Gasset, *Atualidades Jurídicas*, *6*:151 a 162. Dentre brasileiros que seguem o raciovitalismo orteguiano, *v.* Luís Washington Vita, *Introdução à filosofia*, São Paulo, 1964. Miguel Reale denomina-a "lógica do plausível".

126. *Lehrbuch eines civilistischen Cursus*, 1977, citado por Tercio Sampaio Ferraz Jr., *A ciência do direito*, cit., p. 27.

127. *V.* Tercio Sampaio Ferraz Jr., *A ciência do direito*, cit., p. 27.

128. Consulte: Leonardo van Acker, Curso de filosofia do direito, *Revista da PUCSP*, cit., *35*:403; Pedro Lessa, *Estudos de philosophia do direito*, 1912, capítulo alusivo à escola histórica; Alexandre Correia, *A concepção histórica do direito*, 1934; Tercio Sampaio Ferraz Jr., *Função social da dogmática jurídica*, São Paulo, Revista dos Tribunais, 1978, p. 51 e 52.

129. Van Acker, Curso de filosofia do direito, *Revista da PUCSP*, cit., *35*:404.

se baseadas na língua viva popular, as normas jurídicas apenas serão válidas e eficazes se fiéis ao espírito do direito consuetudinário, adaptando-se às novas circunstâncias político-sociais, sob pena de caírem em desuso. O direito resultava de longa evolução histórica da consciência coletiva e não se improvisava a golpes de legislação saída dos cérebros. Com isso não pretende excluir a intervenção legislativa da seara jurídica, apenas lhe dá duas funções secundárias: *a*) modificar o direito existente por exigência de fins políticos e sociais; e *b*) esclarecer os pontos obscuros ou demarcar os limites da validade do costume.

Como a gramática científica se funda na história da língua, a ciência jurídica deve basear-se na história do direito nacional. Como se vê, o historicismo jurídico estabeleceu uma íntima conexão entre direito e história e entre ciência do direito e sua pesquisa histórica. A investigação científico-jurídica devia reconhecer, uniformemente, baseada em princípios da ciência histórica, o valor e a autonomia de cada época. Como a língua nacional pode assimilar palavras e expressões estrangeiras, nada obsta que o direito de um povo receba o de outro, por isso o direito alemão assimilou o direito romano, modificando-o pelo direito canônico e pelo direito consuetudinário local. Como há construções comuns a várias línguas, permitindo a gramática geral, há também institutos e normas jurídicas comuns a vários povos, possibilitando o direito comum e internacional.

Se o direito é semelhante ao idioma, não tem nenhum sentido sua codificação, é imprescindível a evolução histórica para o verdadeiro conhecimento do direito. Apesar das vantagens de certeza e segurança jurídica, que a codificação apresenta, esta deve ser evitada porque, além de ser imperfeita, surge o inconveniente da ilusão de que o direito que se aplica é o do Código; com isso os juristas centralizariam seus estudos no direito codificado, afastando-se da verdadeira fonte do direito, que era a necessidade, o uso e o costume do povo. A codificação do direito colocaria em risco o processo natural do desenvolvimento jurídico, artificializando o direito, incompatibilizando-o com as aspirações da nação, por provocar a sua fossilização. Daí sua rejeição da proposta de Friedrich Justus Thibault de se elaborar um Código Civil comum para toda a Alemanha, aproveitando as inovações do Código de Napoleão. Com a substituição da lei pela convicção comum do povo (*Volksgeist*), como fonte primordial do direito, o sistema jurídico perde, em parte, o caráter absoluto da racionalidade lógico-dedutiva, ficando em posição secundária, passando para o primeiro plano a sensação (*Empfindung*) e a intuição (*Anschauung*) imediatas. Savigny estabelece o relacionamento primário da intuição do jurídico não à norma genérica e abstrata, mas aos institutos de direito, que expressam relações vitais típicas e concretas. Assim sendo, visualiza ele os institutos como um conjunto vivo de elementos em constante desenvolvimento. A partir desses institutos extrai-se a norma jurídica, por meio de processo abstrativo e artificial. Com isso o sistema ganha, ante a historicidade dinâmica dos institutos que se mostra na conexão espiritual da tradição, uma qualidade contingente, que é o pressuposto fundamental de sua estrutura, daí o caráter complexo e produtivo do pensamento conceitual jurídico-científico.

A sistematização histórica, proposta por Savigny, acabou dissolvendo-se numa estilização sistemática da tradição, como seleção abstrata das fontes históricas, sobretudo romanas. A relevância dada à intuição do jurídico nos institutos cedeu lugar a um sistema de construção conceitual das normas jurídicas. O direito constitui uma totalidade, que se manifesta no sistema de conceitos e proposições jurídicas, em íntima conexão. Logo, qualquer lacuna é uma aparência, pois as normas de amplitude genérica maior contêm logicamente as outras, na totalidade do sistema. O sistema jurídico é manifestação de uma unidade imanente, perfeita e acabada, que a análise sistemática explicita[130].

Esta concepção de sistema veio informar a Jurisprudência dos conceitos (*Begriffsjurisprudenz*), que se desenvolveu com Georg Friedrich Puchta, sistematizador da escola histórica, que, em sua pirâmide de conceitos, deu ênfase ao caráter lógico-dedutivo do sistema jurídico, enquanto desdobramento de conceitos e normas abstratas da generalidade para a singularidade, em termos de uma totalidade fechada e completa[131].

Para Puchta o direito humano (jurídico-positivo) confunde-se com o direito natural, isto é, com o direito nascido do espírito popular, como convicção ou vontade comum do justo (*Volksgeist*). O direito era o direito do povo, ou seja, o que surgia da convicção popular íntima e comum. Outra criação da consciência do povo é o Estado e a autoridade pública, imprescindíveis para a realização do direito. O Estado, portanto, não cria o direito, pois o pressupõe no *Volksgeist*, que, por sua vez, é o meio pelo qual Deus se revela ao homem. Há uma simbiose entre o direito posto e o direito formado pela consciência histórica, fazendo do legislador o seu representante máximo. O direito, oriundo do *Volksgeist*, assume forma visível graças às fontes jurídicas que são: *a*) o costume, fonte do direito consuetudinário, que não pode ser imoral, sob pena de não valer como autêntica manifestação da consciência popular; *b*) a lei, fonte do direito promulgado ou legal, que esclarece o que deve valer como convicção comum do povo, que por não poder conter imoralidade, não vale apenas pela forma, mas também pelo conteúdo; e *c*) a ciência jurídica, fonte do direito científico ou dos juristas, que dá forma consciente a princípios jurídicos, implícitos no direito consuetudinário e legal.

Assim, o direito positivo e histórico é, para Puchta, direito natural, no duplo sentido, isto é, por ser nascido do espírito popular e, por ser, como este, necessariamente reto pelo objeto ou conteúdo[132].

Com o historicismo casuístico houve, portanto, a valorização do costume, a manifestação espontânea do espírito nacional. A experiência jurídica para essa escola era histórica, e o conhecimento científico do direito só podia basear-se nessa experiência.

No tratamento científico-jurídico empregava-se, segundo tal concepção, um método que se caracterizava pelo *empirismo*, visto ser o direito um objeto real, cujo conhecimento resulta da experiência, rebatendo-se o jusnaturalismo; pela *causalidade* e *determinismo*, porque o direito, como fenômeno histórico, não se produz arbitrariamente, mas se cria em razão de uma necessidade segundo a qual o posterior liga-se ao anterior, sendo por este determinado; e pelo *irracionalismo* e *relativismo*, pois o direito como um corpo vivo, participante do *Volksgeist*, sujeita-se, constantemente, a mutações.

---

130. V. Savigny, *Von Beruf unserer Zeit fur Gesetzgebung und Rechtswissenschaft*, 1959; *System des heutigen Römischen Rechts*, Berlin, 1840-1851, 8 v.; *Grundgedanken der Historischen Rechtsschule*, Frankfurt, 1944; Van Acker, Curso de filosofia do direito, *Revista da PUCSP*, cit., *35*:405-6; Tercio Sampaio Ferraz Jr., *A ciência do direito*, cit., p. 28-30 e 33; Luiz Fernando Coelho, *Teoria da ciência do direito*, cit., p. 56; José Maria Rodriguez Paniágua, *Historia*, cit., p. 167-70; Machado Neto, *Teoria da ciência jurídica*, cit., p. 98-102.

131. Tercio Sampaio Ferraz Jr., *A ciência do direito*, cit., p. 33.

132. Sobre Puchta, consulte Alexandre Correia, *A concepção histórica do direito*, cit., p. 103-6; Van Acker, Curso de filosofia do direito, *Revista da PUCSP*, cit., *35*:407 e 408; e Tercio Sampaio Ferraz Jr., *Função social*, cit., p. 56.

Com a descoberta da realidade histórico-cultural do direito como única realidade jurídica, o historicismo deu um grande passo para a fundamentação da ciência do direito em bases positivas, dando-lhe cientificidade. A expressão *juris scientia* é criação dessa doutrina, que procurou dar caráter científico à ciência do direito, principalmente ao propugnar-lhe método próprio de natureza histórica que, ante a condicionalidade histórica do direito, procura verificar como seu ser é determinado pela categoria teórica da temporalidade histórica, isto é, como o direito tem a sua essência dada pela história. Mas apresentou tal escola alguns senões como a substancialização e personificação do coletivo na figura imaginária do *Volksgeist*; a contradição entre um programa historicista traçado para a jurisprudência e a realização racionalista, que resultou na dogmática e na jurisprudência dos conceitos.

Deveras, ensina-nos Machado Neto, a escola histórica que se iniciou historicista, veio a engrossar a corrente do racionalismo dogmático, que, anunciado nos glosadores e no jusnaturalismo racionalista, se inicia com o exegetismo e, passando pela jurisprudência dos conceitos e pelos pandectistas, vem a culminar na obra de Hans Kelsen, posição líder no mundo do pensamento jurídico-científico[133]. Observa a esse respeito Tercio Sampaio Ferraz Jr. que Savigny exigia uma investigação científica do direito conforme aos princípios da ciência histórica. Mas ao seu lado estava também a dogmática jurídica, vista como teoria do direito vigente que, para os prosélitos do historicismo, passou a ter maior importância que a pesquisa histórica, pois até mesmo Savigny reconhecia que o estudo científico (histórico) do direito romano visava ao estabelecimento daquilo que era ainda utilizável no presente. Com isso marca, o historicismo, o aparecimento do que Koschacker denomina "direito dos professores", pois a doutrina passou a ser mais importante do que a *praxis*, por isso o que importava era o direito vigente ensinado pelo jurista e não as decisões dos práticos ou dos juízes. Consequentemente a investigação histórica revelou-se distorcida na prática, caso em que as fontes romanas acabavam por ser colocadas em relevância, conforme sua importância e eficácia para um sistema (dogmático), construído segundo uma organicidade lógico-formal. Com isso, continua esse ilustre pensador paulista, a ciência jurídica da escola histórica acabou por reduzir-se a um conjunto de proposições, logicamente ordenado e concatenado, abrindo as portas para o pandectismo, que correspondeu, na França, à escola da exegese, e, na Inglaterra, à escola analítica[134].

E. POSITIVISMO SOCIOLÓGICO E POSITIVISMO JURÍDICO

O termo "positivismo" não é unívoco, pois designa tanto o positivismo sociológico ou sociologismo eclético, ou seja, a doutrina de Augusto Comte, e as que a ela se ligam ou se assemelham, como o estrito positivismo jurídico[135]. O positivismo, ao arredar o direito natural, procura reconhecer tão somente o *direito positivo*, no sentido de direito vigente e

133. Críticas e comentários à escola histórica: Carlos Cossio, *Teoría de la verdad jurídica*, cit.; A. L. Machado Neto, *Teoria da ciência jurídica*, cit., p. 100-2; Tercio Sampaio Ferraz Jr., *A ciência do direito*, cit., p. 29 e 30; J. J. Bachofen, *El derecho natural y el derecho histórico*, Madrid, 1955, p. 51; A. Hernández Gil, *Metodología de la ciencia del derecho*, Madrid, 1973, p. 71; Arthur Kaufmann, *Naturrecht und Geschichtlichkeit*, Tubingen, 1957, p. 25, citado por Ferraz Jr., *A ciência do direito*, cit., p. 29.

134. Tercio Sampaio Ferraz Jr., *A ciência do direito*, cit., p. 30 e *A função social*, cit., p. 54-8.

135. Lalande, Épistémologie et gnoséologie, in *Vocabulaire technique et critique de la philosophie*, cit., p. 792, referido por Tercio Sampaio Ferraz Jr., *A ciência do direito*, cit., p. 31.

eficaz em determinada sociedade, limitando assim o conhecimento científico-jurídico ao estudo das legislações positivas, consideradas como fenômenos espaciotemporais[136].

O *positivismo sociológico* adveio da teoria de Augusto Comte, que pretendeu realizar por meio da ciência uma reforma social, afirmando que a única ciência capaz de reformar a sociedade é a *sociologia* ou *física social*, que era a ciência positiva dos fatos sociais. A sociologia era a única ciência social, a ciência geral da sociedade, como vimos alhures, por isso a ciência jurídica seria um setor da sociologia. A ciência do direito dominada pelo sociologismo passou a concebê-lo como a única via de positivação para o saber jurídico. O positivismo comteano procurou eliminar da metodologia a busca apriorística de princípios estabelecidos por via dedutiva; negando a metafísica, supervaloriza o empirismo, dando preferência às ciências experimentais, ao confiar, exclusivamente, no conhecimento de fatos, afastando qualquer ato cognitivo que não tenha partido da observação. Para Augusto Comte seria impossível atingir as causas imanentes e criadoras dos fenômenos, aceitando os fatos e suas relações recíprocas como o único objeto possível do conhecimento científico. Afirma, esse autor, que numa ordem qualquer de fenômenos, a ação humana é sempre limitada, isto é, a intensidade dos fenômenos pode ser perturbada, mas nunca a sua natureza. O estreitamento na margem de mutabilidade da natureza humana condiciona a possibilidade de uma sociologia. O desenvolvimento humano é sempre o mesmo, apenas se modifica na desigualdade de sua velocidade. Retira Comte da biologia fixista o *princípio das condições de existência*, garantia da positividade da sociologia. Daí sua luta contra o emprego do método teleológico na investigação científica, pois todos os fenômenos vitais devem ser, na sua concepção, explicados por suas *causas sociológicas*[137].

Émile Durkheim[138], continuando a obra de Comte, pretendeu também substituir a filosofia moral ou direito natural, considerado apriorístico e anti-histórico, pela ciência positiva da origem e evolução dos costumes sociais, criando, dessa maneira, um conflito entre moral e sociologia. Apesar da moral censurada ser a do jusnaturalismo individualista de Kant e Rousseau, a crítica do sociologismo positivista baseou-se no postulado, não menos apriorístico, de que o fato consuetudinário histórico-social coincide com o que moralmente *deve ser*, e reciprocamente os *valores* morais coincidem com o que *de fato* sobre eles, em cada época, pensa e julga a consciência coletiva ou opinião social vigente. Com base neste postulado, Durkheim refutou o jusnaturalismo de Kant e Rousseau, procurando demonstrar que os direitos naturais, inatos ou pré-sociais do indivíduo nada mais são, na verdade, do que direitos que lhe foram dados pela consciência coletiva, cujo órgão principal é o governo estatal, no decorrer de sua evolução histórico-cultural. Logo, a "pressão social" seria a causa dos fenômenos humanos, de modo que as manifestações superiores do pensamento não são produtos do indivíduo, mas da consciência coletiva. Consequentemente, pelo postulado sociológico-positivista, o direito vigente coincide com os valores jurídicos, que não passam

136. Leonardo van Acker, Curso de filosofia do direito, *Revista da PUCSP*, cit., *35*:411; Luiz Fernando Coelho, *Teoria da ciência do direito*, cit., p. 57.

137. Augusto Comte, *Plan des travaux scientifiques nécessaires pour réorganiser la société*, 1822; *Cours de philosophie positive*, cit., p. 8, 99, 205, 207 e 293-303; Van Acker, Curso de filosofia do direito, *Revista da PUCSP*, cit., *35*:411; Luiz Fernando Coelho, *Teoria da ciência do direito*, cit., p. 56; Tercio Sampaio Ferraz Jr., *A ciência do direito*, cit., p. 31; M. Defourny, *La sociologie positiviste — Augusto Comte*, Louvain-Paris, 1902.

138. *Leçons de sociologie — physique des moeurs et du droit*, Paris, PUF, 1950.

do que de fato é como tal apreciado pela consciência coletiva. O direito como fato social não é simples produto da consciência individual, mas o resultado da consciência coletiva. O direito, portanto, por ser um fato social, deve ser estudado pelo método sociológico[139].

Ao sociologismo francês comteano e durkheimeano juntam-se, dentre outros, Georges Davy, Léon Duguit, Maurice Hauriou, Georges Gurvitch e François Geny.

Observa Miguel Reale[140] que a aplicação do método sociológico de Durkheim à seara jurídica foi obra de Georges Davy, o jurista da escola, e, especialmente de Léon Duguit.

Léon Duguit, partindo da concepção durkheimeana da solidariedade social, baseada na divisão do trabalho[141], fundamentou o direito no puro fato social do sentimento de solidariedade e de justiça, confinando a ciência jurídica na pura observação dos fatos sociais[142]. Com isso transformou a ciência dogmática numa disciplina sociológica[143].

Léon Duguit distingue três espécies de normas sociais, decorrentes de necessidades da vida humana em sociedade: as normas econômicas, as morais e as jurídicas. A passagem das normas econômicas e morais às normas jurídicas decorre da convicção social de que o seu não cumprimento afeta os sentimentos de solidariedade social e de justiça. O conteúdo e fundamento da norma jurídica não se baseia na vontade de um indivíduo impondo-se à de outro, mas na interdependência social que caracteriza toda a sociedade e se manifesta como solidariedade social. Daí ser sua teoria designada como *solidarismo jurídico*.

No sociologismo jurídico de Duguit, portanto, não há logicamente um direito natural, fundado em tendências inatas ou pré-sociais do indivíduo. O direito positivo é um conjunto de normas sancionadoras, exigidas pelos valores em apreço na consciência coletiva, que são os sentimentos coletivos de *solidariedade* social, fundada na divisão do trabalho, e de *justiça* ou autonomia recíproca das vontades individuais, das quais nenhuma é considerada superior às outras. Tais sentimentos não podem ser tidos como um ideal de ordem moral, *a priori* e racional, mas como expressão de exigências de fato ou condições básicas da existência social, suscetíveis de variáveis adaptações históricas. Ante a exigência coletiva de justiça e igualdade entre as vontades, Duguit rejeita a teoria durkheimeana do governo estatal, como órgão superior da consciência coletiva, considerando esta como imanente à massa das consciências individuais. Duguit, em razão da exigência coletiva de justiça, levando seu solidarismo ao extremo, nega o direito subjetivo, que fica reduzido a mera situação jurídica de fato ou função social, pois se um sujeito não pode impor sua vontade a outro, perante o direito objetivo, os indivíduos não teriam direitos pessoais, mas tão somente obrigações. Nada se pode fazer que contrarie a solidariedade social. Chega mesmo a declarar que o direito subjetivo público ou a soberania do Estado não passam de ficção do espírito. O governo do Estado, na verdade, é apenas um organismo, que tem por escopo a realização do

---

139. *V.* Van Acker, Curso de filosofia do direito, *Revista da PUCSP*, cit., *35*:413; Luiz Fernando Coelho, *Teoria da ciência do direito*, cit., p. 58; A. L. Machado Neto, *Teoria da ciência jurídica*, cit., p. 104.

140. *Fundamentos do direito — contribuição ao estudo da formação, da natureza e da validade da ordem jurídica positiva*, São Paulo, 1940, p. 58.

141. Émile Durkheim, *La división del trabajo social*, Madrid, 1928.

142. Léon Duguit, *Traité de droit constitutionnel*, 3. ed., Paris, 1927, v. 1, p. 70, 3, 117 e § 11; *L'État, le droit objectif et la loi positive*, Paris, 1901.

143. Carlos Cossio (*Teoría de la verdad jurídica*, cit., p. 35) e Felipe González Vicen (El positivismo en la filosofía del derecho contemporánea, *Revista de Estudios Políticos*, Madrid, *52*:16, 1950) tecem comentários a Duguit.

direito objetivo, emanado da consciência coletiva, e não do poder governamental de mandar. Quando um ato de governo se impõe à obediência dos governados, não é porque decorre de uma vontade considerada superior, investida do pretenso direito subjetivo de mandar, mas porque, pelo objeto e pelo fim, esse ato é suposto conforme ao direito objetivo, resultante da coletividade. Com tal interpretação sociológica do governo, Duguit opôs-se ao positivismo estadista, legalista e normativista, designado positivismo jurídico[144].

Goffredo Telles Jr.[145], com muita propriedade, pondera que a teoria da solidariedade social contraria os seus próprios propósitos iniciais, pois Duguit pretendeu que o direito se funda num fato, ou, em outras palavras, que o fato se faz norma, o que é predicar valores dos fatos, ou antes injetar valores nos fatos, tendo rejeitado qualquer consideração valorativa do fenômeno jurídico, por ser incompatível com o realismo de seu experimentalismo. Ao predicar valores do fato social da solidariedade, Duguit tornou-se permeável ao jusnaturalismo, tão combatido por ele[146].

Henri de Page chegou até a afirmar que "é a concepção clássica do direito natural que levou aquele falso positivista, que foi Duguit, a negar todo valor a um direito apenas fundado na vontade da maioria, pois, a solidariedade, fundamento de todo direito positivo, à qual estão submetidos governantes e governados, na realidade não passa do 'direito natural', sob uma feição moderna"[147].

Van Acker patenteia na obra de Léon Duguit a falência do positivismo sociológico-jurídico, ao reduzir o direito à exigência da consciência coletiva de normas sancionadas por um poder organizado, para garantir a solidariedade necessária à vida social do grupo e de justiça como necessidade da consciência social, explicativa de normas jurídicas[148].

Carlos Gits[149] salienta a evidência de que a garantia jurídica da solidariedade e da justiça como necessária à vida social do grupo não pode ser exigida pela consciência coletiva se a própria vida do grupo não é considerada um valor moral, e sim uma pura necessidade física, imposta à nossa revelia.

Maurice Hauriou, com sua teoria institucional, ressaltou a importância dos ideais, valores e crenças dos indivíduos que compõem a sociedade e as instituições. Ao considerar

---

144. Claude du Pasquier, *Introduction*, cit., n. 269, citado por Van Acker, Curso de filosofia do direito, *Revista da PUCSP*, cit., *35*:413 e 414; A. L. Machado Neto, *Teoria da ciência jurídica*, cit., p. 105. Léon Duguit (*Traité de droit constitutionnel*, cit., p. 124 e 125) escreve: "*J'ai dit: une règle morale et économique devient règle de droit au moment où c'est le sentiment unanime ou quasi unanime des individus composant le groupe social considéré, que la solidarité sociale serait gravement compromise si le respect de cette règle n'était pas garanti par l'emploi de la force sociale. J'ajoute maintenant que pour qu'il y ait règle de droit, il faut que la sanction d'une règle sociale par l'emploi de la force collective soit conforme au sentiment que l'on a de la justice commutative et de la justice distributive au moment considéré, que la non-sanction de cette règle soit contraire à ce double sentiment, parce que l'acte qui viole la dite règle est attentatoire à une des deux formes de la justice. La conscience chez la masse des individus d'un groupe donné que telle règle morale ou économique est essentielle pour le maintien de la solidarité sociale, la conscience qu'il est juste de la sanctionner, voilà les deux éléments essentiels de la formation et de la transformation de la règle de droit*". Consulte, ainda, L. Fernando Coelho, *Teoria da ciência do direito*, cit., p. 58; Miguel Reale, Sociologismo jurídico-I, in *Enciclopédia Saraiva do Direito*, v. 70, p. 373-82.

145. *A criação do direito*, cit., v. 2, p. 394.

146. A. L. Machado Neto, *Teoria da ciência jurídica*, cit., p. 106.

147. Henri de Page, *Droit naturel et positivisme juridique*, 1939, p. 10, nota 12.

148. Van Acker, Curso de filosofia do direito, *Revista da PUCSP*, cit., *35*:416.

149. Carlos Gits, *Recht, Persoon en Gemeenschap*, 1949, p. 277-83, citado por Van Acker, Curso de filosofia do direito, *Revista da PUCSP*, cit., *35*:416.

que o direito não deve polarizar-se exclusivamente em torno do contrato, assumiu uma atitude sociológica, buscando um equilíbrio entre o individual e o social, considerando ser necessária uma base metafísica para fundamentar a justiça. Ante o fato de ser o homem um ser social, que se vê compelido de modo consciente a se agrupar, formando entes coletivos, que são as instituições, sua teoria institucional constituiu uma reação contra as teorias voluntaristas e subjetivistas, que baseiam o direito no contrato.

Hauriou procedeu da filosofia do idealismo — que criou um novo método jurídico fundado sobre um realismo espiritualista, superando a oposição entre sociologismo e normativismo — ao conceber a instituição como uma ideia objetiva. A instituição supõe a agremiação de pessoas em torno de uma ideia diretriz que as une. Sua forma consiste num sistema de equilíbrios, de poderes e de consentimentos provenientes da ideia, que se objetivou e se encarnou numa estrutura peculiar ou numa organização social. A instituição representa no direito a categoria da duração, da continuidade e da realidade.

Com Hauriou tornou-se possível compreender a influência da teoria da imitação de Gabriel Tarde, para a qual a ciência social constitui uma "psicologia intermental", pois o fenômeno social fundamental é a imitação e o método social básico é a introspecção, de sorte que invenção e imitação explicariam a vida social.

Georges Rénard imprimiu à teoria institucional uma base tomista, ao afirmar que ela não seria mais do que a última valoração jurídica de noção tomista do bem comum. Delos, ao reelaborar a teoria institucional de Rénard, entendeu que tal concepção implicaria um realismo jurídico desde o instante que se descobrisse em toda realidade jurídica uma realidade sociológica como substrato. O jurídico é o social que recebe uma forma pela intervenção da autoridade, que é um corpo técnico devido à intervenção de corpos organizados. Por isso, para ele, a doutrina institucional é interpretação flexível da realidade.

Santi Romano e Cesarini Sforza, inspirados na teoria orgânica de Otto Gierke, constroem uma teoria institucional. Santi Romano sustenta que há uma identidade entre instituição e ordenamento jurídico, logo, direito não é só a norma que se impõe, mas a entidade que a impõe, ou seja, a instituição. A teoria institucional de Cesarini Sforza gira em torno do direito dos particulares, criado para regular certas relações de interesse coletivo na falta ou insuficiência da lei estatal. O direito dos particulares se identifica com o da coletividade ou corpos de organizações, que se formam entre os particulares sem intervenção estatal. Logo, o direito dos particulares é o direito das organizações[150].

Georges Gurvitch[151], ao desenvolver o tema central da teoria sociológica durkheimeana, de que o direito resulta espontaneamente da vida social, concluiu que a intervenção estatal se reduz a um procedimento técnico.

150. Maurice Hauriou, *Précis de droit constitutionnel*, 2. ed., 1929; *Teoria dell'istituzione e fondazione*, Milano, Giuffrè, 1963; Barnes e Becker, *Historia del pensamiento social*, México, Fondo de Cultura Económica, 1945, v. 2, p. 74; J. Ruiz-Gimenez, *La concepción institucional del derecho*, Madrid, 1944; Rénard, *La théorie de l'institution*, Paris, Sirey, 1930, v. 1; A. L. Machado Neto, *Teoria da ciência jurídica*, cit., p. 107; André Franco Montoro, *Introdução*, cit., v. 1, p. 99; Geny (*Science et technique*, cit., v. 2, p. 87-111) interpreta a teoria institucional de Hauriou, como sociologismo jurídico; Lino Rodríguez-Arias, La teoría de la institución, in *Filosofia-II, Anais do VIII Congresso Interamericano de Filosofia e V da Sociedade Interamericana de Filosofia*, cit.; Santi Romano, *L'ordinamento giuridico*, Firenze, 1951; Cesarini Sforza, *Il diritto dei privati*, Milano, 1963.

151. Sobre esse autor, *v.* Luiz Fernando Coelho, *Teoria da ciência do direito*, cit., p. 59.

A concepção de ciência jurídica de François Geny, por nós já desenvolvida em páginas anteriores, também se situa no sociologismo eclético.

Sob forte influência do positivismo sociológico francês, surgiu no Brasil uma corrente sociologista eclética[152], tendo como prosélitos, entre outros, Tobias Barreto de Menezes, Sílvio Romero, Alberto Salles, Luiz Pereira Barreto, Clóvis Beviláqua, Pontes de Miranda, Djacir Menezes, Leovigildo Filgueiras, Almachio Diniz, Pedro Lessa, João Monteiro, Virgílio de Lemos, Hermes Lima, Pinto Ferreira, Gláucio Veiga, Nestor Duarte.

Pontes de Miranda chegou a afirmar que "a ciência positiva do direito é a sistematização dos conhecimentos positivos das relações sociais, como função do desenvolvimento geral das investigações científicas em todos os ramos do saber... Nas portas das escolas de direito devia estar escrito: *aqui não entrará quem não for sociólogo*". Daí o seu ecletismo sociológico-enciclopédico, que se firma ao salientar o caráter indutivo que atribuiu ao método da ciência jurídica, ao escrever "não é com o sentimento, ou com o duro raciocínio, que deve trabalhar o legislador e o cientista do direito. O que se há mister é ater-se aos fatos, ao que é concreto, e raciocinar, objetivamente, a induzir, segundo rigoroso método científico"[153].

Djacir Menezes[154], ao comentar o pensamento de Pontes de Miranda, escreve que "a base das ciências jurídicas, como a base de todo o conhecimento, se constitui pela experiência e pela observação dos fatos... Ela é sistematização de fatos observados na realidade social, com o método puramente indutivo, a fim de tornar-se objetiva e científica". O mesmo conteúdo teórico se encontra na *Introdução à ciência do direito*, de Djacir Menezes.

Virgílio de Lemos[155] propôs para a ciência do direito a denominação *diceologia*, explicando que tal ciência "está para a sociologia, como a botânica e a zoologia estão para a biologia".

Almachio Diniz[156] pondera, em sentido sociologista, que: "Estabelecendo a ciência do direito como uma produção da psicologia social e não como uma criação da cultura intelectual dos homens, deverei caracterizar, o mais possível, as três feições do direito — princípio geral

152. A respeito do sociologismo brasileiro, caudatário do francês, consulte: A. L. Machado Neto, *Teoria da ciência jurídica*, cit., p. 108-13; Luis Washington Vita, *Alberto Salles — ideólogo da República*, São Paulo, 1965; Joseph L. Kunz, *La filosofía del derecho latinoamericano en el siglo XX*, Buenos Aires, Ed. Losada, 1951, p. 33 e 34; Cruz Costa, *Panorama da história da filosofia no Brasil*, São Paulo, Cultrix; Sílvio Romero, *Ensaios de philosophia do direito*, Rio de Janeiro, 1895, p. 14 e s.; Clóvis Beviláqua, *Esboços e fragmentos de juristas filósofos*, 1897; Benjamin de Oliveira Filho, *Filosofia social de Augusto Comte*, 1954; Evaristo de Moraes Filho, *Augusto Comte e o pensamento sociológico contemporâneo*, 1957; Luiz Pereira Barreto, *As três filosofias* (segue direção comtiana); Hélio Jaguaribe, *A filosofia no Brasil*, 1957; Alcântara Nogueira, *O pensamento filosófico de Clóvis Beviláqua*, 1959; Armando Correia Pacheco, *Ensaístas brasileiros: a escola do Recife*, 1952; Herbert Schneider, *History of American philosophy*, New York, 1947; João Ribeiro, A filosofia no Brasil, *Revista do Brasil*, São Paulo, *7*(22):255 e s., 1917; Hermes Lima, *Tobias Barreto*, São Paulo, 1939; Miguel Reale, Momentos decisivos e olvidados do pensamento brasileiro (conferência proferida no Instituto de Filosofia da Universidade do Rio Grande do Sul, maio 1957), in *Ensaios e conferências*, n. 4, Universidade do Rio Grande do Sul; Miguel Lemos e R. Teixeira Mendes, *A nossa iniciação no positivismo*, Rio de Janeiro, 1889; Antonio Gómez Robledo, *La filosofía en el Brasil*, México, 1946; Guilhermo Francovitch, *Filósofos brasileños*, Rio de Janeiro, 1939. Leovigildo Filgueiras (*Estudos de filosofia do direito*, Rio de Janeiro, 1904, p. 54 e 101) segue uma diretriz nitidamente sociologista.

153. Pontes de Miranda, *Introdução à política científica e os fundamentos da ciência positiva do direito*, Rio de Janeiro, 1924, p. 19, 20 e 220.

154. *A teoria científica do direito de Pontes de Miranda*, Fortaleza, 1934, p. 112; *Introdução*, cit., p. 12 e 124.

155. *Da classificação dos conhecimentos humanos e das ciências jurídicas*, Bahia, 1916, p. 60 e 64; seguindo sua esteira, Edgard Sanches, *Prolegômenos à ciência do direito*, Bahia, 1927, p. 101 e s.

156. *Curso de enciclopédia jurídica*, 1913, p. 7.

de movimento, relação e equilíbrio nas sociedades; a noção das outras duas formas, tirada pela maior ou menor cultura humana. No primeiro caso, como qualquer fenômeno cósmico, o direito é um fato natural, ou simplesmente um fenômeno da natureza; no segundo, como qualquer objeto de ciência, o direito é um produto da consciência social; no terceiro, como qualquer ciência, a do direito é a noção que o espírito humano consegue formular sobre o direito, princípio da mecânica e relação de equilíbrio dos fatos sociais. Logo se compreende que, para essas distinções, além das duas feições — subjetiva e objetiva — se estabelece a noção delas, que é o direito científico, verdadeira produção da máxima ou mínima cultura intelectual da humanidade".

Nestor Duarte revela seu sociologismo, em seu *Programa de introdução à ciência do direito*, ao afirmar que a consideração normativa do direito aparece como extracientífica, que o método científico no tratamento do direito é o método sociológico durkheimeano, e que por isso a ciência jurídica não será outra coisa senão sociologia ou parte dela[157].

O sociologismo jurídico é também representado pela escola positiva do direito penal italiano, de orientação antropossociológica, cujos principais sequazes são Cesar Lombroso, Enrique Ferri e Rafael Garofalo, que se opuseram à escola clássica de Beccaria, pela convicção da imprestabilidade do seu regime punitivo e pelo fato de todo o pensamento ser feito em bases de abstração[158]. Com o advento da tecnologia, da industrialização, das descobertas de Darwin e Spencer, o sistema de raciocínio abstrato do século XIX entrou em crise, consequentemente houve o crescente prestígio das ciências da natureza, pelo emprego do método positivo, método de exploração com o qual se estudava o homem, considerado em sua própria natureza e em suas relações sociais. O direito penal deixou a esfera de abstração em que se encontrava ao tempo do classicismo, passando para o terreno das verificações objetivas sobre o delito e seu autor[159]. O crime passou a ser objeto de investigação científica, naturalista e sociológica. Essas ideias fundamentaram uma corrente de pensamento jurídico-penal, a escola positiva de direito penal, dedicada à aplicação dos novos dados biopsicológicos e sociológicos à interpretação do crime e à orientação da reação social contra a criminalidade.

Cesar Lombroso[160], baseado no determinismo antropológico, procurou explicar o crime dentro de uma causalidade rigorosa, tirando a tônica ética ao direito penal, apreendendo, na pessoa do delinquentes, estigmas reveladores da criminalidade, concebendo a figura do criminoso nato que, pela presença de anomalias anatômicas e fisiopsicológicas, seria o indivíduo propenso a praticar delitos como o tipo selvagem, transportado por atavismo a tempos muito distantes daqueles em que deveria ter vivido. Assim o criminoso típico seria uma cópia, na sociedade moderna, do homem primitivo ou selvagem, que surge pelo fenômeno do atavismo, no seio social civilizado, com muitos dos seus caracteres somáticos,

157. Comentário de A. L. Machado Neto, *Teoria da ciência jurídica*, cit., p. 112.

158. Aníbal Bruno, *Direito penal*, Rio de Janeiro, Forense, 1967, t. 1, p. 97.

159. Basileu Garcia, *Instituições de direito penal*, São Paulo, Max Limonad, v. 1, t. 1, p. 25.

160. *L'anthropologie criminelle*, Paris, 1891, p. 72 e 73; *L'uomo delinquente in rapporto all'antropologia, giurisprudenza ed alle discipline carcerarie*; A. L. Machado Neto, *Teoria da ciência jurídica*, cit., p. 113; Basileu Garcia, *Instituições*, cit., p. 26, 90 e 91; Aníbal Bruno, *Direito penal*, cit., p. 99; Antônio Moniz Sodré de Aragão, *As três escolas penais*, Freitas Bastos, 1963, p. 134, 178, 179 e 181-95; Ferri, *Sociologia criminale*, Torino, 1900, p. 79 e 80.

com os mesmos instintos bárbaros, com a mesma ferocidade e falta de sensibilidade moral. A herança atávica explicaria a etiologia ou a causa dos delitos.

O criminoso nato teria: *a*) caracteres anatômicos como cabeça com pronunciada assimetria craniana, fronte baixa, malformação da orelha, maxilares proeminentes, cabelos abundantes, mas barba escassa, rosto pálido etc.; *b*) estigmas fisiológicos e patológicos como: insensibilidade física ou psíquica, uso preferente da mão esquerda ou ambidestria (uso indiferente das duas mãos), daltonismo, estrabismo, lesões cerebrais, hepáticas ou cardíacas etc.; *c*) traços fisionômicos: os homicidas teriam olhar duro e cruel, com os globos oculares injetados de sangue, lábios finos, mandíbula enorme, nariz aquilino ou adunco sempre volumoso e os ladrões teriam olhar vivo, errante, nariz comprido, retorcido ou achatado; *d*) estigmas psicológicos como atrofia do senso moral, covardia, preguiça, vaidade desmedida, da qual as tatuagens seriam uma manifestação objetiva, inclinação à vingança, mentira, falta de remorso, egoísmo, inveja, cinismo, insolência, instabilidade das emoções, fraqueza dos sentimentos de família, gosto pelo jogo, pelo vinho, pela orgia, inteligência obtusa, falta de sentimento estético, linguagem de baixo calão.

Enrique Ferri[161] fundamentou a sociologia criminal, ampliando a causalidade delitual com inúmeros elementos, dando ênfase ao ambiente social entre as concausas do crime. Desenvolveu o pensamento de Lombroso, estudando o fenômeno delituoso não pelo aspecto orgânico, mas pelo prisma social. Criou a sociologia criminal, ao consignar que sobre a contribuição relacionada às falhas biológicas do delinquente preponderam, na eclosão do delito, os fatos ambientais físicos (topografia, clima etc.) e sociais (densidade da população, estado da opinião pública, dos costumes, da religião; constituição da família; regime educacional; produção industrial; alcoolismo; organização econômica e política; mecanismo da administração pública, da justiça, da polícia judiciária e ordem legislativa), contra os quais se deve atuar para evitar os crimes. Ferri admitia que havia pessoas que nasciam voltadas para o crime, mas que poderiam nunca cometê-lo devido ao ambiente sociológico, que não lhes era propício às manifestações delituosas. Melhorando-se o meio reduz-se a capacidade criminógena e se consegue que mais rapidamente se atinja o respectivo grau de saturação criminal. Ferri fez, portanto, uma ampla pesquisa do ambiente social e formulou leis para melhorá-lo a fim de diminuir a capacidade criminógena do cidadão.

Rafael Garofalo[162] se esforçou para conduzir a escola ao ponto de maturidade jurídica, submetendo a uma revisão vários problemas penais, dando-lhes uma perspectiva estritamente jurídica, embora impregnada de sociologismo, como demonstra sua teoria do delito natural, estabelecida por meio de um método indutivo, baseado nos estudos dos sentimentos altruísticos fundamentais de piedade e probidade, denotando um certo psicologismo, o que tipifica o ecletismo sociologista. Crime, para ele, é, portanto, a violação dos sentimentos de piedade e probidade, na medida média em que se encontram na humanidade civilizada, por meio de ações nocivas à coletividade.

161. *Sociologia criminale*, cit., p. 70 e s., 229 e 230, 158 e 269; *Principii di diritto criminale*, Torino, 1928, p. 266; Basileu Garcia, *Instituições*, cit., p. 34; A. L. Machado Neto, *Teoria da ciência jurídica*, cit., p. 113; Aníbal Bruno, *Direito penal*, cit., p. 102.

162. *La criminologie*, Paris, 1903, p. 2-36; A. M. S. de Aragão, *As três escolas penais*, cit., p. 41, 126-8; A. L. Machado Neto, *Teoria da ciência jurídica*, cit., p. 114; Aníbal Bruno, *Direito penal*, cit., p. 268.

Garofalo começou a construção do sistema jurídico, mas foram técnicos como Florian e Grispigni que trouxeram a essa escola sua fase verdadeiramente jurídica[163].

A escola positiva de direito penal propugnava o emprego do método experimental e indutivo, sendo que a observação rigorosa e exata dos fatos era a única fonte e o fundamento racional de suas conclusões indutivas.

O crime passou a ser realidade fenomênica, fato humano e social, condicionado por fatores antropológicos, físicos e sociais. O delinquente era estudado como um fenômeno natural e social. O fim da pena era a defesa social pela prevenção dos crimes, consequentemente o ser humano era socialmente responsável por viver em sociedade, e esta se defende no interesse da própria conservação, reagindo contra o crime. No positivismo criminológico, o conceito de imputabilidade desaparece, absorvido pela ideia de responsabilidade social, logo mesmo os menores e doentes mentais eram responsáveis, embora se lhes aplicasse como sanção medidas educativas ou médico-psiquiátricas convenientes[164].

Aftalión, Olano e José Vilanova[165], de modo expressivo, declaram: "Como conclusión general acerca de la escuela positiva cabe señalar que registra un mérito eminente: haber encarado decididamente al derecho penal como ciencia de experiencia. Pero los positivistas no deben olvidar que la experiencia jurídica, por ser una experiencia estimativa o valiosa, escapa sutilmente por entre las mallas de los métodos estrictamente causal-explicativos".

Nos Estados Unidos o sociologismo jurídico é representado pela Jurisprudência sociológica de Holmes, Cardozo e Roscoe Pound, pela ofensiva sociologista de Eugen Ehrlich, pela lógica experimental de John Dewey e pelo realismo jurídico de Gray, Llewellyn e Frank, de que Jerome Hall, com sua teoria jurídica integralista, parece representar uma tentativa de superação de inclinação parajusnaturalista ou axiológica, salientando o caráter eclético e a pobreza epistemológica do sociologismo[166]. O mesmo se diga do realismo jurídico escandinavo de Hägerström, Lundstedt, Olivecrona e Ross. As características dessas doutrinas já foram por nós apontadas quando tratávamos das críticas ao exegetismo. Na Hungria, Barna Horvath e, na Rumânia, Mircea Djuvara são os representantes do sociologismo jurídico.

Também se enquadra no positivismo sociológico o sociologismo jurídico soviético de inspiração marxista[167], que por ser cientificismo determinista de inspiração positivista tende para o sociologismo, mas por ser um humanismo vai desaguar em normativismo jurídico

163. Aníbal Bruno, *Direito penal*, cit., p. 105 e 106; Grispigni, La pericolosità criminale e il valore sintomatico del reato, in *Scuola positiva*, p. 97, e *Diritto penale italiano*, v. 1, p. 172; Eugenio Florian, *Trattato di diritto penale*, Milano, 1934.

164. A. M. S. de Aragão, *As três escolas penais*, cit., p. 43; Aníbal Bruno, *Direito penal*, cit., t. 2, p. 47. Além de Lombroso, Ferri e Garofalo, batalharam em defesa da escola positiva Von Liszt, Merkel, Benedikt, na Alemanha; Rivarola, na Argentina; e Lacassagne, Tarde e Manouvrier, na França.

165. Aftalión, Olano e José Vilanova, *Introducción al derecho*, 5. ed., Buenos Aires, El Ateneo, 2 v., p. 118.

166. A. L. Machado Neto, *Teoria da ciência jurídica*, cit., p. 114; Jerome Hall, *El actual pensamiento jurídico norteamericano*, Buenos Aires, Losada, 1951, p. 82.

167. A respeito do sociologismo soviético, consulte Miguel Reale, Sociologismo jurídico-I, in *Enciclopédia Saraiva do Direito*, cit., p. 371; A. L. Machado Neto, *Teoria da ciência jurídica*, cit., p. 115-7, e sua tese, apresentada ao II Congresso Brasileiro de Filosofia, *O marxismo como determinismo e humanismo*, Bahia, 1953, também publicada in *Marx e Mannheim — dois aspectos da sociologia do conhecimento*, 2. ed., Bahia, 1956; Hans Kelsen, *Teoría comunista del derecho y del Estado*, Buenos Aires, Emecê Ed., 1957, p. 42 e s.; Hermann Heller apud Recaséns Siches, *Vida humana, sociedad y derecho*, cit., p. 435; José Maria Rodriguez Paniágua, *Historia*, cit., p. 264-75; Cerroni, *Il pensiero giuridico sovietico*, Roma, 1969.

com laivos inequívocos. O direito soviético é constituído por normas técnico-sociais, e o desenvolvimento das forças produtivas do país constitui o mais alto fim do Estado; daí a socialização radical dos meios de produção e a economia organizada racionalmente. O fenômeno econômico influi sobre o fato jurídico, daí a interpretação marxista da gênese do fenômeno jurídico, reduzido a superestrutura de processos de produção. Eis por que Pëtr Ivanovic Stuchka concebe que o direito deve ser visto como "um sistema de relações sociais que corresponde aos interesses da classe dominante e está defendido pela força organizada dessa classe"[168], confessando seu sociologismo ao escrever: "... em realidade, pareceria que, desde a época da aparição da tendência sociológica na ciência jurídica, uma coisa pelo menos foi estabelecida firmemente: que o direito é formado por relações especificamente sociais"[169]. Reisner procura firmar-se no normativismo jurídico, no que foi combatido pelo sociologismo economicista de Pashukanis, que considera o direito "o instrumento típico de controle social de uma sociedade de produtores de mercadorias isolados e privados, que trocam seus produtos mediante o contrato", negando o direito público, para ficar fiel ao estrito economicismo marxista. Para Eugenij Bronislavociv Pashukanis a base essencial do direito seria, portanto, o intercâmbio de mercadorias. O direito, para ele, está intimamente vinculado à economia[170]. Com a condenação do economicismo de Pashukanis, houve o retorno ao normativismo com Judin, que entendia que o direito deveria ser considerado "um sistema de normas estabelecidas pelo Estado para proteger a ordem existente da organização social, sendo que a vontade ativamente refletida da classe dominante perpetuaria os interesses econômicos e políticos dessa classe"; com Andrej Januarevic Vyshinskij, que, combatendo Stuchka e Pashukanis, os acusa de "destruir o caráter específico do direito como conjunto de normas de conduta", considerando-o um "conjunto de normas de comportamento que expressam a vontade da classe dominante, estabelecidas em ordem jurídica, assim como dos costumes e normas de vida da comunidade confirmadas pela autoridade estatal, cuja aplicação está garantida pela força coativa do Estado, a fim de proteger, assegurar e desenvolver as relações e disposições sociais vantajosas e convenientes à classe dominante"; com Golunskii e Michail Salomonovic Strogovich, pois para eles direito é também "o conjunto de normas da conduta estabelecidas ou aprovadas pela autoridade do Estado, que expressam a vontade da classe dominante...". Na Rússia, a teoria geral do direito, de inspiração positivista, teve como representante Korkounov[171].

Esse positivismo, na Alemanha, teve como corifeus Bergbohm, Bierling, Merkel e Somló[172]. Ernst Rudolf Bierling[173] entendia que o termo *direito* só caberia ao direito po-

---

168. Apud Kelsen, *Teoria comunista*, cit., p. 95; A. L. Machado Neto, *Teoria da ciência jurídica*, cit., p. 115. Krylenko (apud Antonio Truyol, Derecho natural, in *Nueva Enciclopedia Jurídica*, Barcelona, 1950, p. 803) apresenta definição semelhante. Stuchka, *La función revolucionaria del derecho y del Estado*, Barcelona, 1969, p. 34.

169. Apud Kelsen, *Teoria comunista*, cit., p. 95.

170. Apud Edgard Bodenheimer, *Teoría del derecho*, 2. ed., México, 1946, p. 96 e 208; Pashukanis, *Teoría general del derecho y marxismo*, 1927.

171. Apud Kelsen, *Teoria comunista*, cit., p. 161, 175, 182 e 199; A. L. Machado Neto, *Teoria da ciência jurídica*, cit., p. 116 e 117; Korkounov, *Cours de théorie générale du droit*, Paris, Giard & Brière, 1903; Vyshinskij, Problemas del derecho y del Estado en Marx, in *Teorie sovietiche del diritto* (editado por Cerrone), p. 282; Gray L. Dorsey, Marxist-leninist dialectic; alienation, without transcendence, in *Filosofia-II, Anais do VIII Congresso Interamericano de Filosofia e V da Sociedade Interamericana de Filosofia*, p. 291-6.

172. A. L. Machado Neto, *Teoria da ciência jurídica*, cit., p. 117; Haesaert, *El actual pensamiento*, cit., p. 36 e s.

173. Juristische Prinzipienlehre, Freiburg-Leipzig, 1894, p. 3-5, apud Tercio Sampaio Ferraz Jr., *A ciência do direito*, cit., p. 32.

sitivo, isto é, o direito válido e vigente em algum tempo e lugar, limitado a um círculo de sujeitos e individualmente determinado. Para Bergbohm, "o único método verdadeiramente científico da ciência do direito seria o da abstração e da generalização gradativa a partir de fatos concretos até as premissas imediatas da dedução e, de outro, a verificação de modo regressivo de proposições hipotéticas, mediante um movimento gradativo inverso, até os fatos concretos. Aspira, com isso, Bergbohm, a um método efetivamente científico, elevando a ciência jurídica ao nível das ciências da natureza... Em relação ao dogma da ausência de lacunas, Bergbohm entende o sistema jurídico como uma totalidade perfeita e acabada, não ficticiamente, mas *de fato*... Sua oposição ao direito natural é caracterizadamente muito formalista, extremamente voltada à purificação do conceito de direito. Sua teoria geral do direito não passa de uma soma de conceitos gerais e doutrinas jurídicas esparsas, uma tentativa ambígua de fixar os lugares comuns a situações jurídicas de diversos povos e tempos. A ciência positivista do direito seria, nestes termos, uma ordenação a partir de conceitos superiores, aos quais se subordinam os especiais, e que estão acima das oposições das disciplinas jurídicas particulares"[174].

Observa Tercio Sampaio Ferraz Jr. que reduzir a sistemática jurídica a um conjunto de proposições e conceitos formalmente encadeados, segundo os graus de generalidade e especificidade, é desconhecer a pluralidade da realidade empírica imediatamente dada em relação à simplificação quantitativa e qualitativa dos conceitos gerais[175].

O positivismo sociológico é também chamado de sociologismo eclético, pois as diversas tendências teóricas ora consideram a ciência jurídica como dogmática jurídica, como ciência positiva da norma, ora como sociologia, ora como psicologia da vida do direito[176]. Seu grande mérito, pondera Ortega y Gasset[177], foi a revolta contra o velho abstracionismo racionalista da jurisprudência tradicional, o seu esclerosamento, o seu formalismo, a sua separação radical da vida real e efetiva. Apesar disso é evidente a incapacidade do sociologismo eclético para fundamentar conscientemente a ciência jurídica. Observa, a esse respeito, Norberto Bobbio que, para a concepção positivista, a jurisprudência não é a ciência, porque as únicas ciências jurídicas possíveis seriam a sociologia e a psicologia jurídica[178]. Sobre isso afirma Carlos Cossio: "*A mi juicio, la razón última de esta crisis científica (a crise de 'sociologização') radica en la inautenticidad del contacto que se creía haber tomado con la experiencia jurídica, pues se estuvo hablando de esa experiencia pero sin poner al hombre plenario en el centro mismo de ella. Se estuvo haciendo una teoría jurídica de la que el hombre verdadero estaba ausente o era reemplazado por el bípedo implume. Hoy el jurista se ha lanzado a la búsqueda del hombre de carne y hueso que cada uno de nosotros es, aunque tengo para mí que todavia no ha sabido encontrarlo*"[179].

174. Comentários de Tercio Sampaio Ferraz Jr., *A ciência do direito*, cit., p. 34 e 35; Karl Bergbohm, *Jurisprudenz und Rechtsphilosophie*, Leipzig, 1892, v. 1, p. 367 e s., 384 e s.

175. *A ciência do direito*, cit., p. 35.

176. *V.* Tercio Sampaio Ferraz Jr., *A ciência do direito*, cit., p. 32.

177. Apud A. L. Machado Neto, *Teoria da ciência jurídica*, cit., p. 118.

178. A. L. Machado Neto, *Teoria da ciência jurídica*, cit., p. 118; Bobbio, *Teoria della scienza giuridica*, cit., p. 63-7.

179. *Teoría de la verdad jurídica*, cit., p. 38.

Leonardo van Acker ensina-nos que, contra o jusnaturalismo disfarçado no positivismo sociológico, o estrito *positivismo jurídico* pretendeu "purificar a ciência jurídica de qualquer fator, base ou fundamento moral ou de direito natural". Deveras, embora o positivismo sociológico pareça rejeitar qualquer moral teológica ou metafísica, pretende, mais ou menos explicitamente, substituí-las por certa moral científico-positiva. Pretensão, logicamente, insustentável e inexequível, se por moral se entende uma disciplina do *valor* ou *dever-ser* humano, pois a ciência positiva se limita aos fatos sem pretender apreciar valores; quando muito pode registrar o que de fato os homens sentem e opinam sobre os valores, mas não pode determinar o que seja essencialmente moral e bom para o homem. Assim, p. ex., podem a biologia e a sociologia estabelecer objetivamente algumas condições necessárias à vida e ao desenvolvimento do indivíduo e da sociedade, mas não podem resolver a questão de se saber se a vida e o desenvolvimento biológico e social têm para o homem um sentido ou valor moral. A eliminação do "direito natural" como fundamento moral do direito realizou-se pela:

a) Amoralização psicossocial do direito, feita por Rudolf von Ihering, que procurou eliminar a moral do direito, fundando este último no fator psicossocial do interesse geral garantido pelo poder coercitivo do Estado, e por Henri de Page, que o funda na força social. Ora, observa Van Acker, o fator moral não se exclui, ficou absorvido pelo fator interesse geral e força social.

b) Amoralização político-estatal de Georg Jellinek e Marcel Waline, que fundam o direito positivo no poder soberano do Estado que, por voluntária autolimitação e autorregulamento, outorga aos cidadãos direitos subjetivos de ordem pública, que constituem a base de todos os direitos subjetivos de ordem privada.

c) Amoralização lógico-técnica de Hans Kelsen, que com sua *Teoria pura do direito*, o positivismo jurídico parece ter alcançado a mais completa eliminação da moral ou do direito natural. Segundo Kelsen é incontestável que a norma deve ser moralmente justa, mas essa justiça não pode ser estudada pela ciência jurídica, que só descreve normas. Cognoscível é apenas o *valor legal*, ou validade, que consiste na conformidade, objetivamente verificável pela razão, de uma norma com outra que lhe é superior. Por tal razão a *ciência jurídica* deve tão somente procurar a base de uma ordem legal, ou seja, o fundamento objetivo e racional da sua validade legal, não num princípio metajurídico de moral ou direito natural, mas numa hipótese de trabalho lógico-técnico-jurídica, supondo aquela ordem legal validamente estabelecida. Logo, a validade da norma jurídica é explicada pela das normas jurídicas hierarquicamente superiores, sendo que a validez da norma constitucional é justificada pela norma hipotética fundamental, que não é positiva, mas lógica, e suposta válida, sob pena de tornar inválida toda a ordem jurídica dela dependente. Kelsen chegou a um positivismo jurídico radical, que concebe o direito positivo como sistema normativo; tornou a ciência jurídica completamente alheia a aferições valorativas, a influências políticas e às forças biopsicossociais.

O *positivismo jurídico* apareceu como tentativa de amoralização completa do direito e da ciência jurídica[180].

---

180. Van Acker, Curso de filosofia do direito, *Revista da PUCSP*, cit., *35*:415-21. *V.* também Claude du Pasquier, *Introduction*, cit., n. 247 e 272; W. Engelman, *Crítica ao positivismo jurídico*, Porto Alegre, Fabris, 2001.

F. RACIONALISMO DOGMÁTICO OU NORMATIVISMO JURÍDICO DE HANS KELSEN

O racionalismo dogmático, ou melhor, a teoria kelseniana, expressão máxima do estrito positivismo jurídico, é uma repercussão ideológica de sua época, é uma consequência da decadência do mundo capitalista-liberal, marcada pela Primeira Guerra Mundial[181]. Para a ciência jurídica, segundo essa doutrina, não importa o conteúdo do direito. Isto porque, como nos ensinam Machado Neto[182] e Legaz y Lacambra[183], essa teoria, fruto da época denominada "racionalização do poder", devia reconhecer a existência de ordens jurídicas de conteúdo político, diverso do conteúdo liberal ou social-democrático que exibia nos povos europeus ocidentais. Deveria constituir-se numa teoria do direito que tivesse condições conceituais para admitir a existência, ao lado do direito democrático-liberal, de um direito soviético, fascista, nazista. Daí sua vocação adiáfora da mais absoluta neutralidade em face do conteúdo político, ético, religioso, das normas jurídicas. A teoria pura nasce, portanto, como uma crítica das concepções dominantes na época sobre os problemas do direito público e da teoria do Estado.

Kelsen, com sua doutrina, reagiu à anarquia conceitual a que a "má consciência científica do jurista tinha reduzido a meditação científica do direito"[184], ao identificá-la à ciência natural. A teoria pura do direito, como observa Machado Neto, é a mais autêntica tentativa de fundamentação autônoma da ciência jurídica, pois, antes dela, tal ciência estava reduzida a *Ancilla Sociologiae* e a inerme protetorado teórico de quanta ciência causal existia[185]. O denominador comum dessa teoria é sua apaixonada postura gnoseológica; nela o jurista encontra delineado seu método de trabalho.

Não há dúvida de que o *positivismo jurídico* dessa doutrina é um fenômeno quantitativamente majoritário no início do século XX, mas qualitativamente considerado pode ser tido como um fenômeno universal, isto porque tem acompanhado o espírito dos juristas atuais que "nela encontram o seu próprio *habitat* teórico", contudo com isto "não se quer dizer que ela tenha a palavra final sobre a matéria tão rica de implicações teóricas"[186].

Como desde a segunda metade do século XIX a concepção positivista do saber identificava o conhecimento válido com a ciência natural, fundada na indução experimental, o jurista aderia ao sociologismo, que, com sua feição eclética, submetia o direito a diversas metodologias empíricas: a psicológica, a dedutiva silogística, a histórica, a sociológica etc.

---

181. A. L. Machado Neto, *Teoria da ciência jurídica*, cit., p. 134-5, escreve: "Se o jusnaturalismo teleológico exprime, no plano jurídico, a configuração hierárquica do mundo medieval e o jusnaturalismo racionalista foi a expressão do mundo burguês em ascensão; o historicismo jurídico, a cobertura ideológica da contrarrevolução no mundo, já o legalismo exegético, a repercussão ideológica da burguesia recém-instalada no poder social e político, e o sociologismo, a ideologia jurídica da burguesia já bem instalada no poder, a canonizar o fato como direito, o relativismo da teoria pura será o pensamento jurídico solidário com o período de transição e decadência da civilização liberal burguesa".

182. A. L. Machado Neto, *Teoria da ciência jurídica*, cit., p. 135.

183. Legoz y Lacambra, *Horizontes del pensamiento jurídico*, Bosch, 1947, p. 459 e 460.

184. A. L. Machado Neto, *Teoria da ciência jurídica*, cit., p. 136.

185. A. L. Machado Neto, *Teoria da ciência jurídica*, cit., p. 136.

186. A. L. Machado Neto, *Teoria da ciência jurídica*, cit., p. 137; José Carlos Fagoni Barros, Teoria geral do direito: Hans Kelsen e o positivismo jurídico, *RIASP*, *35*: 413-452. Sobre tal história, *v.* M. Helena Diniz, *A ciência jurídica*, cit., p. 12-4.

Com isso não havia domínio científico no qual o cientista do direito não se achasse autorizado a penetrar, levando a ciência jurídica à ruína ao tomar empréstimos metodológicos de outras ciências. Reagindo contra tal situação, observou Hans Kelsen que sendo o direito uma realidade específica não seria de bom alvitre transportar para a égide da ciência jurídica métodos válidos para outras ciências. Entendendo que o jurista deveria investigar o direito, mediante processos próprios ao seu estudo, verificou que isto só seria possível se houvesse *pureza metódica*[187].

A ciência do direito foi, por ele, submetida a uma dupla depuração. A primeira procura afastá-la de quaisquer influências sociológicas, liberando-a da análise de aspectos fáticos que, porventura, estejam ligados ao direito, remetendo o estudo desses elementos sociais às ciências causais (sociologia, psicologia jurídica etc.), uma vez que, na sua concepção, ao jurista *stricto sensu* não interessa a explicação causal das instituições jurídicas. A sociologia jurídica[188] estuda a origem do direito, investigando as causas ou fatores sociais que impulsionaram a autoridade jurídica a prescrever normas, os efeitos acarretados por esses mandamentos e as razões pelas quais os homens cumprem ou não tais preceitos. Todas essas investigações sociológicas nada têm que ver, segundo Kelsen, com a ciência jurídica, pois esta já recebe a norma feita. Os resultados obtidos pela sociologia jurídica apenas são importantes para o legislador, que tem por missão estabelecer normas reguladoras do comportamento humano no seio de uma sociedade. A segunda purificação retira do âmbito de apreciação da ciência jurídica a ideologia política, os aspectos valorativos, ou seja, toda e qualquer investigação moral e política, relegando-as à ética, à política, à religião e à filosofia da justiça. Segundo a doutrina em tela, a justiça é uma questão insuscetível de qualquer indagação teórico-científica[189], porque constitui um ideal a atingir, variável de acordo com as necessidades da época e de cada círculo social, dependendo sempre de uma avaliação fundada num sistema de valores. Dentro de um sistema de referência a justiça é uma e em outro é outra. Toda valoração supõe a própria aceitação de uma ideologia, assim sendo, cabe o seu estudo à filosofia, já que o conhecimento filosófico contém também uma natureza crítico-axiológica[190]. O conhecimento jurídico é ciência e não política[191]. A ciência do direito,

187. *Teoria pura do direito*, cit., v. 1, p. 1. Sobre a concepção positivista que vigorava na segunda metade do século XIX, *v.* Machado Neto, *Teoria da ciência jurídica*, cit., p. 119 e 170, cujas páginas aqui resumimos, e M. Helena Diniz, *A ciência jurídica*, cit., p. 17.

188. Mouquet e Becu, *Introducción*, cit., p. 89 e 90; Miguel Reale, *Lições preliminares*, cit., p. 36 e 372; Franco Montoro, *Introdução*, cit., v. 2, p. 343; Goffredo Telles Jr., *A criação do direito*, cit., p. 210; García Máynez, *Introducción al estudio del derecho*, México, Porrúa, 1949, p. 167; M. Helena Diniz, *A ciência jurídica*, cit., p. 18; Kelsen, *Teoria pura do direito*, cit., v. 1, p. 204.

189. Kelsen, *Teoria pura do direito*, cit., prefácio à 2. ed., p. XV. Interessantes são os estudos de Bonfante, La autonomia della scienza del diritto i conferii della filosofia, in *Scritti*, v. 1, p. 70, e Czerna, *A justiça como história*, 1952, p. 16.

190. A filosofia dos valores e Kelsen, por considerarem que a filosofia do direito é uma filosofia da justiça, influenciaram muitos filósofos, que passaram a reduzir a tarefa da filosofia do direito a simples investigação sobre a justiça. Dentre eles destacamos Francisco Campos, *Introdução crítica à filosofia do direito*, Imprensa Oficial do Estado de Minas Gerais; Di Carlo, *Filosofia del diritto*, Palermo, Ed. Palumbo, 1942; Bobbio, *Introduzione alla filosofia del diritto*, Torino, Giappichelli, 1948. O jusfilósofo não fica adstrito a esse tema de ordem axiológica, indaga também dos pressupostos lógicos da ciência jurídica, dos seus métodos de pesquisa (epistemologia jurídica); define o direito, verificando seu *ser* ou essência (ontologia jurídica) (Miguel Reale, *Lições preliminares*, cit., p. 32 e 375; Del Vecchio, *Filosofía del derecho*, p. 27).

191. Kelsen, *Teoria pura do direito*, cit., v. 1, p. 1. *V.*, a título de esclarecimento sobre a função política, Miguel Reale, *O direito como experiência*, cit., p. 60-3.

a fim de manter seu valor objetivo e absoluto[192], não deve fazer considerações teleológicas e axiológicas, que são da alçada da política jurídica. Além disso, para Hans Kelsen, a ciência tem por missão precípua conhecer seu objeto, daí a nítida tendência anti-ideológica da teoria pura do direito, uma vez que a ideologia emana da vontade e não do conhecimento[193].

Feitas as purificações antissociológicas e anti-ideológicas, Kelsen constitui, como objeto específico da ciência jurídica, a norma de direito. O jurista teórico deve tão somente conhecer e descrever tal norma, mediante proposição jurídica.

Cremos chegada a oportunidade de deixar bem claro que esse pensador não negou a utilidade sociológica do direito[194], nem mesmo sustentou que a justiça não existe, pois em inúmeras passagens de suas obras[195] chega até a admitir a possibilidade de considerações axiológicas, não permitindo apenas que essas lucubrações sejam feitas pela ciência jurídica. Kelsen, ao construir sua peculiar metodologia jurídica, fundada no princípio da "pureza metódica", estabeleceu ao lado da ciência do direito uma teoria de justiça e uma investigação sociológica do direito. Combateu, tão somente, o sincretismo metodológico[196] de uma ciência do direito imbuída de sociologismo e política[197].

A grande aspiração kelseniana foi a de salvaguardar a autonomia, neutralidade e objetividade da ciência do direito.

Para formular sua teoria, Kelsen introduziu em sua obra o dualismo neokantiano do *ser* e *dever-ser*, que constituem duas categorias originárias ou *a priori* do conhecimento, isto é, que não derivam de nenhuma outra. São duas formas mentais correspondentes a dois domínios: o dos *fatos* ou da natureza física, espiritual e social e o das *normas*[198]. Com base nessa distinção fundamental entre *ser* e *dever ser*, considerou o *dever-ser* como expressão da normatividade do direito, que deve ser investigado pela ciência jurídica, que é uma

192. Kelsen (*Teoria pura do direito*, cit., prefácio à 1. ed.) diz que não deve o jurista advogar postulados políticos que apenas podem ter caráter altamente subjetivo.

193. M. Helena Diniz, *A ciência jurídica*, cit., p. 19 e 20; Carlos M. Carcova, *La idea de ideología en la teoría pura del derecho*, Cooperadora de Derecho y Ciencias Sociales, Buenos Aires, 1973, p. 7 e 8; Kelsen, *Teoria pura do direito*, cit., v. 1, p. 210-12; Helena de T. C. Gonçalves, Kelsen e Luhmann: aproximação ao problema da legitimidade do direito, *Revista Bonijuris*, *464*:17-20; Paulo M. Costa Coelho, A ciência do direito: uma ciência sem valores?, *Revista do IASP*, *22*:221-228; Alvaro Luiz T. de A. Gonzaga, *Uma crítica à ilusão da justiça de Hans Kelsen*, tese de livre docência apresentada na PUCSP em 2018.

194. Kelsen, Jurisprudência normativa e sociologia, no artigo "A teoria pura do direito e a jurisprudência analítica", in *La idea del derecho natural y otros ensayos*, p. 215 e s.; *Sociedad y naturaleza — una investigación sociológica*, Buenos Aires, Depalma, 1945; Marcos Antônio S. Soares, A decisão judicial em Hans Kelsen e a tradição do cartesianismo, *Revista Brasileira de Estudos Políticos*, Belo Horizonte, n. 114, p. 345-387, 2017.

195. Kelsen, *Justice et droit naturel*, n. 29; *What is justice?*, Ed. University of California, 1957, p. 293.

196. De Castro (*Derecho civil de España*, 3. ed., Madrid, 1955, p. 508 e 509) explica: "*Por sincretismo se entiende la mezcla y yuxtaposición de conceptos no armónicos y su admisión no se concibe más que sobre una base escéptica: no es posible yuxtaposición, suma y armonía entre princípios contrarios; entre nominalismo y realismo, empirismo y espiritualismo, positivismo y iusnaturalismo, por hábilmente que haga la combinación o el compromiso habrá contradicciones internas, abandono oculto de alguno de los principios y un paso más hacia el indiferentismo*". No sincretismo há uma atitude com tendência nitidamente pluralista, que propugna o uso de vários critérios metodológicos (Hernández Gil, *Metodología de la ciencia del derecho*, Madrid, 1973, p. 239).

197. Kelsen, *Teoria pura do direito*, cit., v. 1, p. 2; Law, State and justice in the pure theory of law, *The Yale Law Journal*, 1948, p. 383. *V.* comentários que fazem a respeito: Goffredo Telles Jr., *A criação do direito*, cit., p. 210; Luiz Luisi, Sobre a ciência do direito, *RBF*, fasc. 83, p. 285 e 286, 1971; Ebenstein, *La teoría pura del derecho*, México, 1947, p. 68; M. Helena Diniz, *A ciência jurídica*, cit., p. 20-7.

198. Legaz y Lacambra, *Horizontes del pensamiento jurídico*, cit., p. 48; Recaséns Siches, *Direcciones contemporáneas*, cit., p. 44; Simmel, *Introdução a la ciencia moral*, 1892.

ciência normativa, pois seu objetivo consiste em estudar normas que enunciam o que se deve fazer, e não o que sucedeu, sucede ou sucederá. Em contraposição, o *ser* diz respeito à natureza, que é regida pela lei da causalidade, que enuncia que os objetos naturais se comportam de um determinado modo[199]. A substância da concepção de Kelsen está nessa distinção e contraposição lógico-transcendental entre *ser* e *dever-ser*, isto é, entre o mundo físico, submetido às leis da causalidade, e o mundo das normas, regido pela imputabilidade.

Para Kelsen, o problema precípuo dos professores e tratadistas do direito, isto é, juristas, é o "de saber como as normas se articulam entre si, qual a raiz de sua validade e qual o critério a adotar para se lhes definir unidade sistemática"[200]. A ciência do direito deve expor ordenada e coerentemente as normas, mediante o emprego do método normológico, que, pela imputabilidade, liga um fato condicionante a um fato condicionado. Logo, é a imputação que estabelece a conexão entre o ilícito e a sanção. O princípio gnoseológico é o da imputação, que é aplicado no domínio da liberdade. A norma jurídica brilha quando é violada, pois "sem a possibilidade de um ato contra o que determina a norma não há como falar da norma como um *dever ser*, em cuja estrutura está a possibilidade da imputação de uma sanção a um comportamento (delituoso) que a provoca"[201].

A relação da pena ao delito não tem nenhuma significação causal, mas imputativa; o ilícito não está ligado à pena como uma causa ao seu efeito, isto porque a proposição jurídica é produzida mediante uma norma estabelecida por um ato volitivo da autoridade enquanto a ligação de causa e efeito que se afirma na lei da natureza independe de intervenção dessa espécie[202].

A imputação é, portanto, a operação lógica que atribui uma consequência em virtude da prática de um ato. O pressuposto a que é imputada a consequência numa norma jurídica não é necessariamente consequência que tenha de ser atribuída a outro pressuposto, pois o número de elos de uma série imputativa, diz Kelsen, não é ilimitado, uma vez que há um ponto terminal da imputação[203].

A imputação está no centro do método normológico kelseniano, é através dela que o jurista vai estabelecendo relações entre as normas que integram um ordenamento jurídico-positivo, mediante um procedimento finito, que torna possível referir os comandos vigentes a um só centro unificador: a norma hipotética fundamental, pois o conhecimento jurídico-científico, segundo ele, não procede até o infinito, não pode perder-se no interminável.

Examinando o direito positivo sob o prisma estático, já que o seu aspecto dinâmico, como um sistema de atos criadores, só interessa à ciência jurídica na medida em que tais atos forem conteúdos de normas, e uma vez construídos mediante o princípio gnoseológico

199. *Ser* e *dever ser* são independentes entre si; são conceitos simples, não definíveis e não analisáveis, ou não verificáveis, que constituem a base da distinção entre o mundo da causalidade e o da imputabilidade, necessidade e liberdade, ciência da natureza e ciência normativa (Tercio Sampaio Ferraz Jr., O direito ao delito, in "Por quê?", *A Tribuna da Imprensa* (suplemento), 1973).

200. José Hermano Saraiva, Para uma visão coerente do ordenamento jurídico, *RBF*, fasc. 91, p. 245, 1973.

201. Tercio Sampaio Ferraz Jr., O direito ao delito, in "Por quê?", *A Tribuna da Imprensa*, cit.; Kelsen, *Teoria pura do direito*, cit., v. 1, p. 162.

202. Kelsen, *Teoria pura do direito*, cit., v. 1, p. 177.

203. Kelsen (*Teoria pura do direito*, cit., v. 1, p. 178) aprofundou as perspectivas, indicadas por Kant nos *Foundaments de la métaphysique des moeurs*, sobre a noção de imputação. *V.*, também de Hans Kelsen, *Teoria generale delle norme*, 1985, p. 50 e s.

imputativo, os sistemas normativos, de tipo estático e dinâmico, que estão reunidos numa norma básica, convém examinar qual seria o método kelseniano para o estudo de ambos. No sistema normativo estático aplica-se o método hipotético dedutivo[204]. Isto porque o fundamento de validade e o conteúdo de validez das normas desse sistema podem ser deduzidos da norma básica, cuja natureza, nesse sistema, é lógico-formal. P. ex., da norma segundo a qual devemos amar nosso próximo podemos deduzir as seguintes: não devemos fazer o mal ao próximo, causar-lhe a morte, prejudicá-lo física ou moralmente etc.[205]. Todavia, no sistema de normas de tipo dinâmico não se pode empregar a dedução, devido à sua grande mutabilidade, pois o conteúdo das normas desse sistema não pode ser deduzido, pela via de um raciocínio lógico, da norma hipotética fundamental, que apenas se limita a conferir a uma autoridade da comunidade jurídica o poder de estabelecer preceitos, daí sua natureza lógico-transcendental. A norma básica só lhes fornece o fundamento de validade. Logo, no sistema normativo dinâmico aplica-se o método lógico-transcendental[206].

No âmbito cognoscitivo, não há criação real, mas sim epistemológica. O jurista não cria o direito, apenas faz dele um objeto de conhecimento.

O método lógico-transcendental consiste em demonstrar como as condições do conhecimento são também as condições de seu objeto, porque este é criado por aquele. É, portanto, por ele que o jurista encontra as condições de possibilidade do direito e as de seu conhecimento científico, devendo, para tanto, admitir uma categoria *a priori*, que é um ponto de partida hipotético, ou seja, uma hipótese jurídica. É a norma hipotética fundamental, que produz o direito como objeto de conhecimento jurídico-científico, pois é só através dela que o jurista pode dizer se determinada lei, decreto ou regulamento são ou não partes integrantes da ordem jurídica, isto é, são ou não objeto de investigação jurídico-científica[207].

O objeto da ciência do direito, para Kelsen, consiste nas normas jurídicas determinantes da conduta humana ou a conduta humana enquanto conteúdo de normas, sendo que *norma* pode também referir-se a "fatos e situações que não constituem a conduta humana, mas desde que sejam condições ou efeitos de conduta humana. Uma norma de direito pode determinar que, em caso de um cataclismo da natureza, aqueles que por ele não forem imediatamente atingidos estão obrigados a prestar socorro às vítimas na medida do possível"[208]. Conforme o conhecimento jurídico-científico dirija-se às normas que devem ser aplicadas ou aos atos de produção e aplicação, temos uma teoria estática e uma teoria dinâmica do direito.

A teoria estática tem por objeto o direito como um sistema de normas, estuda-o em seu estado de repouso. Ao considerar o direito em seu momento estático, a pesquisa jurídico-científica deve partir das normas de direito positivo e confrontá-las entre si, numa unidade coerente e sistemática sob o enlace de preceitos normativos e da norma básica, mostrando

204. Kelsen, *Teoria pura do direito*, cit., v. 2, p. 9; M. Helena Diniz, *A ciência jurídica*, cit., p. 30-6.

205. Kelsen, *Teoria pura do direito*, cit., v. 2, p. 5 e 6.

206. Kelsen (*Teoria pura do direito*, cit., v. 2, p. 8-10, e *Teoria generale delle norme*, cit., p. 433 e s.) afirma ser a norma fundamental uma norma fictícia.

207. Sobre o assunto *v.*: Recaséns Siches, *Direcciones contemporáneas*, cit., p. 157; Renato Czerna, Criticismo transcendental e processo histórico, *RBF*, *97*:49; Miguel Reale, *Filosofia do direito*, v. 1, p. 69, 70 e 100; Legaz y Lacambra, *Kelsen — estudio crítico de la teoría pura del derecho y del Estado de la Escuela de Viena*, Barcelona, Bosch, 1933, p. 176-8, 232-43; Van Acker, Curso de filosofia do direito, *Revista da PUCSP*, cit., *35*:42; M. Helena Diniz, *A ciência jurídica*, cit., p. 36-9; Kelsen, *Teoria pura do direito*, cit., v. 2, p. 16 e s.

208. Kelsen, *Teoria pura do direito*, cit., v. 1, p. 22 e 135.

o uno (sistema) no múltiplo (pluralidade de normas). E a teoria dinâmica, que considera o direito em seu movimento, tem por objeto o processo jurídico em que é produzido e aplicado o direito[209]; sendo que "os atos de produção e aplicação do direito só interessam à ciência jurídica enquanto formam o conteúdo das normas jurídicas"[210].

A fim de melhor explicitar a atividade cognoscitiva do jurista é preciso lembrar que há, na doutrina kelseniana, uma certa relação entre *ser* e *dever-ser*, apesar de Kelsen ter pretendido admitir a existência de uma antinomia inevitável entre essas duas categorias apriorísticas. Pois, segundo ele, para que uma norma seja tida como válida ela terá não só que ser posta por um ato de vontade que é um ato do *ser*, como também possuir um determinado grau de eficácia.

As normas são criadas por atos volitivos, sendo, por isso, consideradas como o sentido subjetivo dos atos que as prescrevem. Tal sentido subjetivo só será interpretado como o sentido objetivo desse ato se for uma norma válida. Uma norma é válida se promulgada por um ato legítimo, isto é, apoiado por uma disposição legal. E esta norma, que empresta ao ato o seu significado jurídico, é produzida também por um ato jurídico que, por seu turno, recebe a sua significação jurídica de uma outra norma, e assim por diante até atingir a norma básica. A norma funciona como um esquema de interpretação. A validade da norma expressa o problema da relação entre normas inferiores e superiores[211].

Convém esclarecer que "a norma pode valer mesmo quando o ato de vontade de que ela constitui o sentido já não existe, a 'existência' ou vigência de uma norma é diferente da existência do ato de vontade de que ela é o sentido objetivo"; "a norma de dever-ser, como sentido do ato de ser que a põe, não se identifica com esse ato"[212]. Denota-se que, nesse caso, no plano jurídico, não há nenhuma interligação entre *ser* e *dever-ser*; essa correlação ocorre num momento anterior, isto é, na fase de gestação da norma.

Oportuno seria colocar em conexão a questão da validade ou vigência, que pertence à categoria do *dever ser*, com o problema da eficácia[213], que se situa na ordem do ser, isto porque, para Kelsen, "um mínimo de eficácia é a condição de sua vigência (validade)", "deve existir a possibilidade de uma conduta em desarmonia com a norma", "deve sempre haver a possibilidade de sua ineficácia, ou melhor, de não ser aplicada e observada em casos particulares", logo, a "norma jurídica não é somente válida quando é inteiramente eficaz, isto é, quando é aplicada e observada, mas também quando é eficaz até certo grau". Continua ele: "uma norma absolutamente eficaz, que não pode ser violada, não é tida como válida porque nem sequer é considerada norma"; "uma norma que prescrevesse que o homem não deve morrer não teria sentido, pois todos os homens têm que morrer por força de uma lei

209. Kelsen, *Teoria pura do direito*, cit., v. 1, p. 136. *V.* Miguel Reale, *Filosofia do direito*, cit., v. 2, p. 367.

210. Kelsen, *Teoria pura do direito*, cit., v. 1, p. 137.

211. Kelsen, *Teoria pura do direito*, cit., v. 1, p. 3-18; v. 2, p. 38. *V.* M. Helena Diniz, *A ciência jurídica*, cit., p. 51-3.

212. Kelsen, *Teoria pura do direito*, cit., v. 1, p. 18 e 19; v. 2, p. 46.

213. A validade ou vigência, para essa Teoria, é a "existência" específica da norma jurídica, significando que ela é obrigatória, isto é, que os homens devem conduzir-se de acordo com o prescrito pela norma. A eficácia é o fato real de que a norma jurídica é aplicada e seguida (Kelsen, *Teoria pura do direito*, cit., v. 1, p. 18 e 19). A norma é eficaz quando aplicada pelos órgãos jurídicos e respeitada pelos que estão a ela subordinados (Kelsen, *Teoria pura do direito*, cit., v. 1, p. 21). Esquematicamente: é eficaz tanto a norma obedecida e não aplicada como a desobedecida, mas aplicada. Este é o sentido do *mínimo de eficácia* de Kelsen.

natural, a representação de uma tal norma não pode de forma alguma ser um motivo eficaz de uma conduta conforme à norma, mas contrária à lei natural; precisamente por falta desta possibilidade de eficácia causal é que ela é destituída de sentido como norma"[214]. Com essas afirmações Kelsen pretendeu dizer que o "mínimo de eficácia" consiste na condição da norma poder ser desobedecida ou não aplicada ou obedecida e aplicada, imprescindível para que ela seja válida, vindo assim a unir, de certa forma, o *ser* com o *dever-ser*, já que estabelece uma comunicação entre normatividade (vigência) e faticidade (eficácia). É preciso esclarecer, contudo, que a eficácia da norma jurídica é condição de validade da mesma, mas não constitui essa validade, nem mesmo é o fundamento de sua validade que é a norma hipotética fundamental. A norma básica é que erige a edição e a eficácia em condições de validade.

Não é válida uma norma porque é eficaz; é válida se a ordem a que pertence for no seu todo eficaz, isto é, só no caso em que tenham também certo grau de eficácia[215].

Por isso, ao estudar as normas, o jurista deverá verificar sua vigência e sua eficácia, porque esta é condição de validade.

A ciência jurídica descreve normas mediante proposições. As normas jurídicas são estabelecidas por atos volitivos das autoridades, ao passo que as proposições são formuladas pela ciência do direito, decorrendo de atos de conhecimento.

As *normas jurídicas* estabelecidas pelas autoridades competentes são *imperativas*, pois têm por função prescrever determinadas condutas, sendo, portanto, fontes jurídicas, por impor obrigações e conferir direitos. As normas são válidas ou inválidas. A validade de uma norma consiste numa mera adequação ou inadequação à norma superior. A norma jurídica nunca poderá ser qualificada de verdadeira ou falsa porque não é um juízo. Por ser prescrição a norma carece de toda pretensão de verdade, que é nota essencial da proposição e condição imprescindível para estruturar uma ciência. Na *Teoria generale delle norme*, Kelsen faz uma análise da norma e da proposição sob o prisma linguístico, esclarecendo que a proposição normativa entendida como *formulação verbal* de uma norma exprime o sentido de um ato de vontade dirigido ao comportamento de alguém e que a proposição normativa, entendida como formulação verbal da asserção, ou sobre uma norma ou da descrição da norma, exprime o sentido de um ato de conhecimento[216].

A *proposição jurídica* tem por missão conhecer a norma, nada podendo prescrever, apenas descreve-a com base no seu conhecimento, não regulamentando, portanto, a conduta humana. É oriunda do intelecto dos estudiosos. Não é fonte jurídica por ser descrição de uma fonte: a norma jurídica. A proposição jurídica é um juízo[217] que contém um enunciado sobre a referida norma. Ela nada mais é senão a formulação lógica que da norma é feita pelo jurista enquanto tal. A ciência jurídica procura formular coerentemente um conjunto de proposições verdadeiras sobre o objeto de sua pesquisa[218]. São as proposições que des-

214. Kelsen, *Teoria pura do direito*, cit., v. 1, p. 20, 173 e 185; v. 2, p. 48-50.

215. Kelsen, *Teoria pura do direito*, cit., v. 2, p. 46 e 47; v. 1, p. 171. Consulte M. Helena Diniz, *A ciência jurídica*, cit., p. 54-8.

216. *Teoria pura do direito*, cit., v. 1, p. 34, 63 e 143, e *Teoria generale delle norme*, p. 231-6. *V.* M. Helena Diniz, *A ciência jurídica*, cit., p. 85-94, 126-32 e 134.

217. Juízo é o ato pelo qual o espírito afirma ou nega algo de algo. Proposição é a expressão verbal do juízo (R. Jolivet, *Curso de filosofia*, cit., p. 39; Van Acker, *Introdução à filosofia — lógica*, cit., p. 129 e 87).

218. Vernengo, *Curso de teoría general del derecho*, 2. ed., Buenos Aires, Cooperadora de Derecho y Ciencias Sociales, 1976, p. 26.

crevem sistematicamente as normas jurídicas. A proposição jurídica, formulada pela ciência do direito, por ser um juízo pode ser verdadeira ou falsa, sujeita, portanto, ao controle da lógica. Exemplifica Kelsen que a proposição jurídica contida num tratado de direito civil que afirme que (de acordo com o direito estatal que constitui objeto do tratado) quem não cumprir promessa de casamento deverá indenizar o prejuízo causado, caso contrário deverá proceder-se a execução forçada de seu patrimônio, é falsa se no direito estatal, que é o objeto do tratado, que descreve o direito, não houver prescrição desse dever por não prever essa execução forçada[219]. Reclama Kelsen que se empregue, na esfera jurídica, a imputação, que vem a ser a ligação de pressuposto e consequência expressa na proposição jurídica com o termo *dever ser*. O *dever ser* tem, portanto, função imputativa, significando apenas que a condição jurídica e a consequência jurídica se correspondem na proposição jurídica, que tem a estrutura lógica de um *juízo hipotético condicional*: "Se A é, deve ser B". Verifica-se nessa teoria que a sanção é consequência do ilícito, e o ilícito é pressuposto da sanção[220].

Dentro desse teor de ideias fácil é notar que Kelsen distingue entre a função do conhecimento jurídico e a da autoridade jurídica. A ciência do direito tem por tarefa conhecer normas descrevendo-as, tendo, portanto, uma função meramente cognoscitiva e descritiva. Os órgãos jurídicos devem produzir normas para que elas possam ser conhecidas pela ciência do direito. Apesar disso Kelsen não desconhece a necessidade do conhecimento para se prescrever a conduta, pois, segundo ele, é certo que também os órgãos aplicadores do direito têm de conhecer a norma a aplicar. Mas esse conhecimento não é essencial, é apenas um estádio preparatório da sua função que é a produção jurídica: o estabelecimento de uma norma jurídica geral pelo legislador ou a fixação de uma norma individual pelo juiz[221].

Kelsen, ao determinar que o direito deve ser visto como um sistema de normas, buscou limitar a ciência jurídica ao conhecimento e descrição daquelas, afirmando, decisivamente, que ela seria uma *ciência normativa* porque conhece normas e não porque as estatui.

É mister que se deixe bem claro que o termo *normativo* não se contrapõe, na concepção kelseniana, ao vocábulo *descritivo*, mas ao *explicativo*, da mesma forma que o *descritivo* não se contrapõe ao *normativo*, mas ao *prescritivo*. É por isso que Kelsen afirma que a ciência jurídica é concomitantemente normativa e descritiva. É descritiva no sentido de que não prescreve normas e normativa no sentido de que o que descreve através da imputação não são fatos, mas normas, de modo que é descritiva não daquilo que *é*, mas do que *deve ser*.

Entende Bobbio que, para Kelsen, a ciência jurídica é normativa no duplo sentido de ciência que tem por atividade conhecer normas, descrevendo-as, qualificando normativamente comportamentos com base no critério da licitude e da ilicitude, devendo, para tanto, fazer referência a um sistema de normas, ou seja, estabelecer imputativamente conexões entre elas, alcançando assim o seu objetivo, formulando um *dever-ser*.

---

219. *Teoria pura do direito*, cit., v. 1, p. 142-5, e *Teoria generale delle norme*, p. 256-60, 268-71; M. Helena Diniz, *A ciência jurídica*, cit., p. 133.

220. Kelsen, *Teoria pura do direito*, cit., v. 1, p. 161, 176, 158, 168, 180, 181, 48 e 49, 64, 67, 75, 213-23; M. Helena Diniz, *A ciência jurídica*, cit., p. 106-16.

221. Kelsen, *Teoria pura do direito*, cit., v. 1, p. 139 e 140; M. Helena Diniz, *A ciência jurídica*, cit., p. 95-8.

É normativa a ciência jurídica, no sentido kelseniano, não tanto pelo seu objeto, mas, principalmente, pela sua função[222].

Kelsen admite que um dos momentos da pesquisa jurídico-científica é o da sistematização das normas jurídicas. É a ciência do direito que ergue o sistema, descrevendo, através da imputação, as relações entre os comandos, com o objetivo de reduzi-los a uma unidade inteligível[223].

A estrutura lógica da ordem jurídica é piramidal, uma vez que as normas, que são os seus elementos constitutivos, são colocadas pela ciência do direito sob a forma de uma pirâmide, estabelecendo uma hierarquia, uma relação de subordinação, de tal modo que a norma do escalão inferior se harmonize com a que lhe seja imediatamente superior. Logo, o fundamento de validade de uma norma apenas pode ser a validade de uma outra, figurativamente, designada como norma superior, por confronto com uma norma que é, em relação a ela, a norma inferior[224].

Considerado sob esse prisma estático o direito é apresentado pela ciência jurídica como um sistema de normas.

Quanto à natureza do fundamento de validade podemos distinguir, como vimos, de acordo com a tese kelseniana, dois tipos de sistemas de normas: um estático e um dinâmico. Isto porque o fundamento de validade de um preceito de direito está em outro pertencente à hierarquia superior, sendo válido não só quando foi estabelecido pela autoridade jurídica conforme o procedimento prescrito pela norma superior (validade formal — sistema de normas de tipo dinâmico), mas também quando o seu conteúdo se enquadra no que dispõe o comando superior (validade material — sistema de normas de tipo estático)[225].

Para Kelsen, o sistema de normas que constitui o ordenamento jurídico possui, essencialmente, o caráter dinâmico, pois uma norma não vale porque possui este ou aquele conteúdo, todo e qualquer conteúdo pode ser jurídico. Nesse tipo de sistema a norma hipotética fundamental só fornece o fundamento de validade. O conteúdo das normas pode ser determinado por meio dos atos das autoridades que estatuem as normas positivas do sistema[226]. A norma hipotética fundamental pressuposta do sistema normativo dinâmico refere-se tão somente às formas procedimentais, pois institui o fato produtor de normas, conferindo poder a uma autoridade para emitir comandos jurídicos, determinando, assim, como devem ser criadas as normas gerais e individuais[227].

O direito deve ser visto pela ciência jurídica como um sistema escalonado e gradativo de normas jurídicas, em que cada qual tira sua validade da camada que lhe é imediatamente superior e assim sucessivamente até alcançar a norma hipotética fundamental, que lhes dá o

---

222. Kelsen, *Teoria pura do direito*, cit., v. 1, p. 146-50, 169, 170, 203-12; Helmut Coing, *Fundamentos de la filosofía del derecho*, cit., p. 291; Norberto Bobbio, Essere e dover essere nella scienza giuridica, *Congresso Mondial di Filosofia del Diritto e Filosofia Sociale*, Milano-Gardone-Riviera, set. 1967, p. 4-7, 13 e 14, e 21; *Studi per una teoria generale del diritto*, Torino, Giappichelli, 1970, p. 148; M. Helena Diniz, *A ciência jurídica*, cit., p. 138-41.

223. *Teoria pura do direito*, cit., v. 1, p. 140.

224. Kelsen, *Teoria pura do direito*, cit., v. 1, p. 7-18, e v. 2, p. 16; M. Helena Diniz, *A ciência jurídica*, cit., p. 143-5.

225. Kelsen, *Teoria pura do direito*, cit., v. 2, p. 5-10.

226. *Teoria pura do direito*, cit., v. 2, p. 5, 8, 9, 66, 72; M. Helena Diniz, *A ciência jurídica*, cit., p. 145 e 146.

227. Kelsen, *Teoria pura do direito*, cit., v. 2, p. 7-11.

fundamento de validade, sendo que sua validade é pressuposta pelo jurista *stricto sensu*[228]. Aquela norma fundamental constitui a unidade na pluralidade de normas, que se exprime no fato de a ordem jurídica poder ser descrita em proposições jurídicas que não se devem contradizer, partindo do pressuposto de que os conflitos de normas podem e devem ser resolvidos pela interpretação[229] ou eliminados pela derrogação.

Se se considerar o direito sob o prisma dinâmico, isto é, sob a maneira como é criado e aplicado, deve-se concentrar a atenção sobre a conduta referida pelas normas, pois essas normas são criadas e aplicadas por homens, e os atos de seus elaboradores e aplicadores são regidos ou determinados por elas mesmas. O direito regula sua própria criação. A ciência do direito só considera esse sistema de atos criadores enquanto conteúdo de normas jurídicas[230].

A concepção da ordem jurídica como um sistema de normas demonstra, claramente, o vínculo existente entre a aplicação das normas jurídico-positivas à vida social e a criação de normas jurídicas, já que só se pode aplicar uma norma criando outra mais restrita que a aplicada, se bem que dentro do marco de possibilidades estabelecido por aquela. O legislador ao elaborar a lei está aplicando a norma constitucional; o juiz ao sentenciar está aplicando a lei. Temos uma aplicação de uma norma superior e uma produção de uma norma inferior. Nesse sentido a ordem jurídica é um sistema de atos criadores de normas. Toda aplicação de norma implica uma criação e vice-versa, mas existem, para a tese kelseniana, atos que só aplicam normas como os atos materiais de execução, ou seja, aqueles atos pelos quais os atos de coação estabelecidos pelas normas são executados e há, ainda, no vértice da pirâmide jurídica, um ato de pura criação que não constitui aplicação da norma: fixação da primeira constituição histórica, que se realiza em aplicação da norma hipotética fundamental, que é pressuposta[231].

Essa distinção entre teoria estática e dinâmica tem apenas por objetivo tornar possível a contemplação do direito no seu estado de repouso, como um sistema de normas, ou em movimento, como um complexo de atos jurídicos de criação e aplicação de normas, sendo que o princípio dinâmico só deve ser considerado no plano do direito positivo, ao passo que o estático é aplicado no âmbito da ciência jurídica[232].

O sistema jurídico é posto pela ciência do direito, mas para tanto o jurista *stricto sensu* deve pressupor uma norma hipotética fundamental.

A norma hipotética fundamental é um pressuposto gnoseológico, isto é, um precedente lógico do conhecimento, uma condição lógico-transcendental posta pelo jurista para tornar possível a pesquisa jurídico-científica. Tem caráter transcendental, no sentido de que se põe logicamente antes da experiência, sendo por isso condição dela e não mero resultado.

A norma hipotética fundamental é uma hipótese lógica indispensável para que a ciência jurídica possa considerar o direito como um sistema de normas válidas, sendo que todas as proposições com que a referida ciência descreve seu objeto estão fundadas sobre o suposto de que a norma básica é válida.

228. Kelsen, *Teoria pura do direito*, cit., v. 2, p. 16; M. Helena Diniz, *A ciência jurídica*, cit., p. 147.
229. Kelsen, *Teoria pura do direito*, cit., v. 2, p. 4, 28 e 29.
230. Kelsen, *Teoria pura do direito*, cit., v. 2, p. 85-90.
231. Kelsen, *Teoria pura do direito*, cit., v. 2, p. 87, 88 e 90; M. Helena Diniz, *A ciência jurídica*, cit., p. 148 e 149.
232. M. Helena Diniz, *A ciência jurídica*, cit., p. 149.

A norma básica ou norma hipotética fundamental não é uma norma positiva, pois não é estatuída pelo órgão da comunidade jurídica, logo, não prescreve obrigações, nem confere direitos. É uma norma pensada pelo jurista como pressuposto logicamente indispensável para a cognoscibilidade do direito. Pode-se dizer que a norma hipotética fundamental é *metajurídica* no sentido de não ser uma norma positiva, criada por um ato de vontade de um órgão jurídico, e sim uma norma pressuposta no pensamento jurídico. Por não ser positiva, ela não pertence ao sistema, sendo até mesmo anterior a ele, que dela depende. Fora do sistema tem a norma básica uma função postulatória, por consistir no ponto de partida necessário à investigação jurídico-científica. Todavia, a norma hipotética fundamental é *jurídica* no sentido de ter funções jurídicas relevantes, tais como a de fundamentar a validade objetiva do significado subjetivo dos atos de vontade criadores da norma e a de fundamentar a unidade de uma pluralidade de normas. Dentro do sistema tem ela uma função duplamente constitutiva: a de dar unidade e a de dar validade a um sistema de normas.

É preciso lembrar que a escolha da norma básica não é arbitrária, é algo imanente a toda experiência jurídica, uma vez que o jurista a recebe como algo resultante da observação dos fatos. A decisão do estudioso do direito está condicionada por uma base de cunho sociológico. Se ele tiver, por exemplo, por finalidade a construção de um sistema de normas jurídicas que regem um Estado republicano, terá de procurar uma hipótese científica que seja capaz de concebê-lo como jurídico, não podendo evidentemente enunciar tal hipótese do seguinte modo: "Devemos obedecer ao monarca". Essa formulação careceria de sentido para fundar a validade de um sistema jurídico de uma República.

Ao determinar a norma básica o jurista diz que deve valer como norma aquilo que o primeiro órgão constituinte, historicamente originário, manifestou como expressão de sua própria vontade, enunciando-se assim: "os homens devem conduzir-se segundo o modo prescrito pelas autoridades estabelecidas conforme as normas contidas na primeira Constituição".

A primeira Constituição é aquela na qual as demais normas da ordem jurídica fundamentam direta ou indiretamente sua validade. É uma norma positiva ditada pelo primeiro constituinte e é a primeira porque todas as normas dela retiram sua validade, mas extrai sua validade da norma básica. É necessário esclarecer que o adjetivo *primeira* não está sendo empregado no sentido temporal, indicando uma precedência cronológica, mas no significado eminentemente lógico de *principal*.

Mudando-se a Constituição de um país, de modo revolucionário, altera-se a norma básica que fundamenta a validade dessa ordem; o jurista para poder conhecer a nova ordem jurídica terá que supor mentalmente a norma fundamental subjacente a ela, que deverá ordenar que se atente ao prescrito na atual Constituição histórica.

A fundamentação da validade do ordenamento jurídico-positivo deve ser formal, por isso Kelsen concebeu a norma básica, para não ter que fundamentar a ordem jurídica em fatos valorativos, sociais, políticos, econômicos, psicológicos etc., conservando a neutralidade científica com esse *a priori* lógico.

Contudo, Kelsen não conseguiu manter a disparidade entre *ser* e *dever ser*. O sistema jurídico construído com inteira pureza normativa apoia-se, na realidade, num fato, porque o conteúdo da norma básica e do sistema depende do fato que cria a nova ordem, à qual corresponde o comportamento efetivo dos homens aos quais essa ordem se destina.

Goffredo Telles Jr. observa que quando Kelsen diz que pressupõe uma nova norma básica porque o comportamento efetivo dos homens não corresponde à ordem antiga, mas à nova, significa que a antiga foi substituída por outra; motivo pelo qual se supõe, como decorrência direta desse fato, a existência de uma nova norma básica. Deveras, antes de um fato novo, não é possível supor, ter como válida uma nova norma fundamental: a norma básica de um regime republicano, p. ex., não pode ser *suposta* válida, durante a vigência de uma monarquia, mas só depois da substituição desta por aquele. Logo, é evidente que o primeiro princípio do qual decorre a nova ordem não é a norma fundamental, mas o fato que determinou o aparecimento dessa norma. A norma fundamental não deve ser considerada como um *a priori*, como algo independente da experiência, porque depende de certas condições empíricas; só pode ser estabelecida *a posteriori*, ou seja, após a verificação do fato, pois o jurista só pode elegê-la em função da experiência, sendo necessário verificar se os homens se comportam de acordo com ela, isto é, se a ordem que se pretende conhecer é cumprida e aplicada.

Apesar dessa crítica não se pode negar que Kelsen procurou resolver racionalmente a problemática do conhecimento jurídico-científico, fundando-o sobre a norma básica, devido ao fato de proporcionar a unidade do objeto exigida pela razão. Kelsen pretendeu, embora não o tenha, no nosso entender, conseguido, tão somente preservar a pureza do sistema normativo, foi só por isso que fundou sua validade numa ideia *a priori*, independente de qualquer fato empírico, daí sua afirmação de que a validade da norma fundamental é uma validade por suposição[233]. A teoria kelseniana tem sequazes na área do direito público, pois na seara do direito privado teve pouca influência, principalmente pelas raízes romanas do pensamento jusprivatista. Por tal razão, muitos juristas veem o direito como uma realidade concreta, dotada de um sentido[234].

G. CULTURALISMO JURÍDICO

g.1. Concepção culturalista do direito

Ante a necessidade de se ver o direito como um fenômeno inserido em situações vitais, dotado de sentido, a ciência jurídica surge como uma ciência cultural, "não como produto metódico de procedimentos formais, dedutivos e indutivos, mas como um conhecimento que constitui uma unidade imanente, de base concreta e real, que repousa sobre valorações"[235].

Por isso as mais recentes conquistas no campo da epistemologia jurídica situam-se no culturalismo jurídico, que concebe o direito como um objeto criado pelo homem, dotado de um sentido de conteúdo valorativo, sendo, portanto, pertencente ao campo da cultura[236].

---

233. Sobre a norma hipotética fundamental, *v.*: Kelsen, *Teoria pura do direito*, cit., v. 2, p. 26, 7, 56, 57 e 58, 25, 11-20, 23, 12, 1, 17 e 18, 15, 64-162, 53 e 40, 34, 35, 38, e v. 1, p. 16, 18, 89, 90, 96; Renato Treves, El fundamento filosófico de la teoría pura del derecho de Hans Kelsen, in *Cuadernos de Filosofía del Derecho*, n. 2, Caracas, 1968, p. 21; G. Telles Jr., *A criação do direito*, cit., v. 1, p. 227, 73-7, 236, 230; Legaz y Lacambra, *Kelsen — estudio crítico de la teoría pura del derecho y del Estado de la Escuela de Viena*, Barcelona, Bosch, 1933, p. 239-41; M. Helena Diniz, *A ciência jurídica*, cit., p. 150-66; Lourival Vilanova, Teoria da norma fundamental, separata do *Anuário do Mestrado em Direito*, n. 7, p. 131-70, Recife-PE, 1976; Itamar Gaino Filho, *Positivismo e retórica*, São Paulo, Ed. Juarez de Oliveira, 2004; Mario G. Losano, Si può accettare solo in parte la teoria di Kelsen? Dialogo con Luis Martínez Roldán, *Filosofia e teoria geral do direito* — homenagem a Tercio Sampaio Ferraz Junior, São Paulo, Quartier Latin, 2011, p. 867-84.

234. Tercio Sampaio Ferraz Jr., *A ciência do direito*, cit., p. 38.

235. Tercio Sampaio Ferraz Jr., *A ciência do direito*, cit., p. 38.

236. Luiz Fernando Coelho, *Teoria da ciência do direito*, cit., p. 60.

Cultura é tudo que o ser humano acrescenta às coisas (*homo additus naturae*, diziam os clássicos) com a intenção de aperfeiçoá-las. Abrange tudo que é construído pelo homem em razão de um sistema de valores. O espírito humano projeta-se sobre a natureza, dando-lhe uma nova dimensão que é o valor. Cultura é a natureza transformada ou ordenada pela pessoa humana com o escopo de atender aos seus interesses. As obras humanas, como nos ensina Goffredo Telles Jr., não são criações no sentido rigoroso deste vocábulo; não são tiradas do nada. Realmente, o homem não cria jamais: só Deus cria *ex nihilo*; ele, tão somente, fabrica algo que já lhe é dado. Em outras palavras, como nos diz o referido autor, as criações humanas resultam de uma disposição dada pelo homem às coisas do mundo, visando o aperfeiçoamento delas. É o complexo de adaptações e ajustamentos feitos pelo homem, para que as coisas sirvam aos fins humanos[237].

A ciência cultural ocupa-se com o espírito humano e com as transformações feitas pela atividade espiritual na natureza, isto é, com os objetos culturais. O objeto cultural compõe-se de um substrato ou suporte, que é sua matéria, e de um sentido ou significado que, no dizer de Cossio, "é a intenção objetivante que, como conhecimento do expressado pelo substrato, tem o sujeito cognoscente que conhece o objeto cultural. O sentido só pode constituir-se quando estiver referido a um valor e fundamentado no valor, de modo que o sentido se integra com esta valoração que o sustém". O processo cognoscitivo da ciência cultural é a compreensão dos temas humanos que se baseia no sentido, isto é, no caráter significativo dos produtos humanos, fazendo uso do instrumento lógico da causalidade vivencial ou significativa[238].

Para o culturalismo, a ciência jurídica é uma ciência cultural que estuda o direito, como objeto cultural, isto é, como uma realização do espírito humano, com um substrato e um sentido. Se o substrato do direito for um objeto físico, temos objeto cultural mundanal ou objetivo, que corresponde ao "espírito objetivo" de Hegel e à "vida humana objetivada" de Recaséns Siches, e a corrente culturalista que o estuda será a *teoria cultural objetiva*, de que são representantes, dentre outros, Ortega y Gasset, Recaséns Siches e Miguel Reale. Se seu substrato for a conduta humana, será um objeto cultural egológico (de *ego*) ou subjetivo, estudado pela *teoria egológica* do direito, representada por Carlos Cossio, Aftalión e outros[239].

O culturalismo jurídico enfatiza os valores do direito, sendo que alguns desses valores assumem maior importância sob o influxo de conteúdos ideológicos em diferentes épocas e conforme a problemática social de cada tempo e lugar. Essa visualização axiológica do direito foi a grande contribuição de Gustav Radbruch, que completou a obra de Ihering, ao atribuir ao fim a categoria de valor. Essa perspectiva axiológica de Radbruch foi aperfeiçoada pelo existencialismo e pela fenomenologia[240].

Quatro são as direções principais das teorias culturalistas do direito: a concepção raciovitalista, por nós já mencionada alhures, a de Emil Lask, a concepção tridimensional de Reale e a egológica de Carlos Cossio.

237. *O direito quântico*, cit., p. 313-8.
238. *Teoría egológica*, cit., p. 63; A. L. Machado Neto, *Teoria da ciência jurídica*, cit., p. 55.
239. A. Franco Montoro, *Introdução*, cit., v. 1, p. 103 e 104.
240. Luiz Fernando Coelho, *Teoria da ciência do direito*, cit., p. 60 e 61.

g.2. Teoria de Emil Lask

A obra de Emil Lask, neokantiano da Escola de Baden (Windelband e Rickert), situa-se entre o jusnaturalismo e o positivismo, entre o historicismo e a fenomenologia, entre o empirismo jurídico e o culturalismo nascente[241].

O direito, para Emil Lask, apoiado em Windelband e Rickert, não é um simples dado, aparece na sua situação individualizada e concretizada dentro da própria temporalidade, de um lado como um mundo de significações puras, que se extraem dos seus suportes reais, aos quais elas aderem, de outro, como uma relação meramente teorética entre a realidade imediata e as significações culturais. O direito é uma realidade cultural complexa, consistindo numa pluralidade de dimensões que apontam para uma estrutura aberta, e numa historicidade imanente; é, portanto, uma realidade inserida entre a realidade empírica e as próprias finalidades visadas pela ciência. A ordem jurídica é um fato cultural, uma realidade correspondente a um valor. Em suma, seria o direito "a realidade jurídica empírica, que se desenvolve historicamente". É "real", pois é algo que tem consigo o seu valor, situando-se na região do *ser*. O fator material, isto é, o substrato do direito, é o viver imediato em valores, isto é, o comportamento da pessoa em relação ao mundo circundante, estabelecendo finalidades ao seu próprio agir. O viver será válido se envolvido por uma norma que lhe dê estrutura significativa. A norma tem uma nuança significativa que aparece no *valor*, quando este é referido a um reconhecimento devido por um comportamento pessoal. A norma jurídica tem seu fundamento formal na ordenação positiva da vontade da comunidade, que lhe determina o âmbito de validade, daí o caráter empírico da realidade jurídica. A norma jurídica é a expressão de uma vontade que tem o reconhecimento por parte dos indivíduos que vivem em sociedade e que, através de um comportamento contínuo e habitual, respeitam a norma. A realidade jurídica, cuja estrutura é constituída pela norma jurídica (fator formal) e pelo viver finalístico (fator material), é histórica, por se dar espaciotemporalmente, de forma única e individual. O direito é um fenômeno único e individual, enraizado na vida e na cultura de uma época.

Salienta que o transporte de esquemas lógicos como a dedução e a indução da ciência da natureza para a jurídica prejudicaria muito a metodologia jurídica, que deve guiar-se por referências finalísticas. Daí a importância da teleologia em Lask.

A ciência do direito seria uma ciência cultural por estudar a realidade referida a valores. A teoria social do direito concentra seu estudo no direito como um fator cultural real, como um processo da vida social; tem, portanto, por objeto a delimitação dos fenômenos jurídicos na sua faticidade, selecionados a partir de uma perspectiva de valor, e a pesquisa da eficácia social da ordem normativa. E a ciência jurídica, propriamente dita, ou jurisprudência estuda o direito sob o prisma de sua significação, de seu sentido; portanto, seu objeto não é algo existente, mas algo meramente significante, não algo que é, mas que deve ser, uma exigência de seu cumprimento. Essa significação ou *dever ser* tem sua razão formal num mandamento positivo, mediante a vontade da comunidade. Os valores a que se refere a jurisprudência derivam do estabelecimento do direito positivo.

241. Tercio Sampaio Ferraz Jr., *Conceito*, cit., p. 2.

Portanto, a jurisprudência do complexo *norma-viver* tem o fator formal, considerando o direito como complexo de significações. Tais significações não são idênticas ao fator formal (norma), pois enquanto objeto da jurisprudência, representam o *valer-para* de uma forma teorética em direção a um *material* (a norma). Trata-se de uma relação entre a norma, enquanto *material*, e uma categoria, denominada por Lask *significação jurídica*.

Para a jurisprudência, o direito aparece como um sistema de significações normativas. A metodologia jurídica deve repousar no sentido cultural da ciência do direito. O seu procedimento deve ser o da referibilidade a valores[242].

g.3. Egologismo existencial de Carlos Cossio

Com base nas descobertas kelsenianas, nos meados deste século, surgiu, na Argentina, um movimento filosófico com o escopo de proporcionar ao jurista a utilização de instrumentos mentais, que tornem possível conhecer melhor o direito: o *egologismo existencial*. O fundador dessa escola, Carlos Cossio, concebeu uma problemática jurídico-filosófica inteiramente voltada para a investigação jurídico-científica e baseada no instrumental teórico da filosofia contemporânea: na fenomenologia, na filosofia dos valores e no existencialismo. A escola egológica procurou colocar, assim, a ciência jurídica à altura dos tempos atuais e das mais recentes descobertas da moderna epistemologia[243].

Para Carlos Cossio a ciência jurídica deve estudar a conduta humana, enfocada em sua dimensão social, e não a norma jurídica. Considera o direito um objeto cultural, composto de um substrato, que é a conduta em interferência intersubjetiva, e de um sentido, que é o dever de realizar um valor. O direito, como veremos, detalhadamente, mais adiante, é um objeto cultural egológico por ter por substrato uma conduta humana compartida, sobre a qual incidem valores[244].

Assim considerado, o direito deve ser estudado mediante o método empírico-dialético. O substrato e o sentido estão entrosados, compenetrando-se numa mesma unidade, por isso a via metódica para a captação cognoscitiva do direito é circular, de ida e volta do substrato ao sentido, passa da materialidade do substrato à vivência de seu sentido e vice-versa e assim indefinida ou sucessivamente, até que se alcance um exato conhecimento do direito. Esse método é empírico porque se dirige a coisas reais, ou seja, à realidade do substrato e à realidade da vivência. E é dialético porque consiste na cognição de um objeto cultural em seu desenvolvimento, isto é, em sua dinâmica, estabelecendo uma relação ou diálogo entre substrato e sentido. A cognição de um objeto cultural exige ir do substrato ao sentido tantas

242. Tercio Sampaio Ferraz Jr., *Conceito*, cit., p. 37, 123-9, 142, 145, 149, 168, 170; Paniágua, *Historia*, cit., p. 216 e 217; Recaséns Siches, *Direcciones contemporáneas*, cit., p. 165-71; Emil Lask, *Filosofia jurídica*, trad. Goldschmidt, Buenos Aires, Depalma, 1946.

243. Machado Neto, *Teoria da ciência jurídica*, cit., p. 146 e 176; Cossio, *El derecho en el derecho judicial*, Buenos Aires, Ed. Kraft, 1945, cap. 1, p. 10 e 63; M. Helena Diniz, *A ciência jurídica*, cit., p. 14, 178 e 179. Os fundamentos filosóficos da teoria egológica encontram-se na fenomenologia de Husserl, com a aplicação da teoria dos objetos; no existencialismo de Heidegger; no formalismo de Stammler, enquanto tende a inquirir o que há no direito de universal e necessário; no historicismo de Dilthey, em relação ao seu instrumento teorético: o substrato, o sentido, e no que se refere ao ato gnoseológico da compreensão; e, além disso, retoma a tese kantiana de que a filosofia é reflexão sobre o conhecimento, notando-se, ainda, a influência de Kant, no que concerne à lógica jurídica formal e transcendental.

244. *Teoría egológica*, cit., p. 63; M. Helena Diniz, *A ciência jurídica*, cit., p. 39 e 40.

vezes quantas for necessário. Nota-se que o resultado obtido não representa uma conclusão definitiva, mas provisória, porque nos objetos culturais surgem sempre novos aspectos, devido à evolutividade ou historicidade da conduta que é um "dever-ser existencial"[245].

O ato gnoseológico com o qual se constitui tal método é o da compreensão[246].

O direito como objeto cultural deve ser compreendido, uma vez que os objetos culturais, que implicam sempre um valor, não se explicam nem por suas causas, nem por seus efeitos, mas se compreendem. Compreender é revelar o sentido, e isso só se obtém através da aplicação do método empírico-dialético, dirigido a lograr uma investigação entendedora e não meramente explicativa[247].

Para a teoria egológica, a ciência jurídica deve ter por objetivo o conhecimento do direito, isto é, da conduta humana em interferência intersubjetiva e dos valores que a informam, valendo-se da compreensão. O jurista não tem a função de estimar positiva ou negativamente a conduta compartida, mas relacioná-la a valores positivos e não ideais. O conhecimento do jurista é de protagonista, pois, se tem por tarefa precípua compreender o direito, captando o sentido, é obvio que essa significação não é algo que está nos fatos, mas constitui algo que existe como vivência no sujeito cognoscente; dessa forma, para que possa compreendê-lo, o sujeito terá que vivê-lo. O jurista terá que pensar no fato externo da conduta compartida e viver seu sentido, recriando-o em sua própria consciência[248].

Para Carlos Cossio a ciência jurídica enquanto ciência da realidade considera o efetivo ser da conduta em seu dever ser positivo; a sociologia jurídica considera o dever positivo da conduta em seu ser efetivo; e a axiologia jurídica pura, o dever ser positivo da conduta enquanto um dever ser puro[249].

A teoria egológica entrevê na ciência jurídica três perspectivas: dogmática jurídica, lógica prática e estimativa jurídica[250]. A missão do jurista consiste em trabalhar com esses três elementos[251].

A dogmática se atém a um empirismo científico, logrando o conhecimento ao estabelecer a equivalência existente entre o dado normativo e um fato da experiência; para chegar a isto vai até a intenção do legislador, trabalha com o que há de contingente no fenômeno jurídico[252]. O dado jurídico de que aos 18 anos se adquire a maioridade encerra um conteúdo contingente, pois o legislador poderia ter estabelecido a idade de 21, 22 ou 25 anos etc.

A lógica prática determina a legalidade do pensamento do jurista. Sendo o direito conduta compartida, a egologia inclina-se pela lógica do *dever ser*. Os juízos da lógica do

245. Cossio, *Teoría egológica*, cit., p. 80 e 81; M. Helena Diniz, *A ciência jurídica*, cit., p. 40 e 41.

246. *V.* Goffredo Telles Jr., *Filosofia do direito*, São Paulo, Max Limonad, v. 2, p. 387 e 389.

247. Cossio, *Teoría egológica*, cit., p. 72; M. Helena Diniz, *A ciência jurídica*, cit., p. 42 e 43.

248. Cossio, *Teoría egológica*, cit., p. 533, 553, 554 e 89. Sobre a questão da investigação jurídico-científica em Cossio, *v.*: José M. Vilanova, *Filosofía del derecho*, cit., p. 107 e 108; Machado Neto, *Teoria da ciência jurídica*, cit., p. 175 e 178, e Sobre a intersubjetividade da compreensão, *RBF*, fasc. 100, p. 431; Luiz F. Coelho, *Teoria da ciência do direito*, cit., p. 72-6; Vicente Ráo, *O direito e a vida do direito*, cit., p. 47 e 48; M. Helena Diniz, *A ciência jurídica*, cit., p. 44 e 45.

249. Cossio, *Teoría egológica*, cit., p. 260.

250. Cossio, *La valoración jurídica y la ciencia del derecho*, Buenos Aires, Ed. Arayú, 1954, p. 9 e 26.

251. Cossio, *La valoración*, cit., p. 9 e 28.

252. Cossio, *La valoración*, cit., p. 41 e s.; M. Helena Diniz, *A ciência jurídica*, cit., p. 47.

dever ser são normas, que são meras estruturas imputativas dos fatos, isto é, meras representações neutras de uma conduta efetiva, ainda que, de per si, seja valiosa[253]. A lógica estuda as normas, pois o jurista se refere à conduta mediante as normas. É através da lógica que a ciência jurídica realiza sua tarefa de sistematizar[254].

Pela estimativa jurídica[255], o jurista compreende o sentido da conduta, cuja existência está na sua própria vivência, enquanto sujeito conhecedor. Tal sentido estimativo da conduta não é arbitrário ou ilimitado. Está limitado pela materialidade do substrato, que exclui várias possibilidades de sentido; p. ex., se se trata de homicídio não se pode ditar sentença, aplicando a lei de cheque. Além disso a ciência jurídica lida com a axiologia positiva, existente como fato social, em cada momento histórico. Os valores jurídicos são constituídos pelas valorações reais vigentes numa sociedade em dado momento, não são, portanto, valores ideais ou o ideal de valor de que trata a axiologia pura.

Fiel à cientificidade, a valoração do jurista é uma valoração positiva, que é, na linguagem do egologismo, o modo atual como o entendimento societário está vivenciando os peculiares valores jurídicos. A ciência jurídica só estuda o valor quando positivado numa fonte de direito ou instituição jurídica. Não há, portanto, quebra da neutralidade axiológica da ciência, porque o jurista não tem liberdade onímoda para apreciar o direito, uma vez que sua investigação está sujeita a restrições. A valoração jurídica restringe-se à valoração das normas, fundadas em valorações positivas da comunidade, e à materialidade do substrato.

Carlos Cossio, para delimitar o objeto da ciência jurídica, indagou sobre o *ser* do direito, optando pelas investigações filosóficas de Edmund Husserl, que trouxeram um novo enfoque à indagação ontológica do direito. Como o problema ontológico é o de descobrir as notas próprias do direito, Cossio retomou e sintetizou a husserliana teoria dos objetos, que reconheceu quatro regiões ônticas delimitadoras das características e propriedades do ser, no quadro seguinte:

REGIÕES ÔNTICAS

Objetos	Caracteres	Ato gnoseológico	Método
1) Ideais	*a*) irreais: não têm existência no tempo e no espaço *b*) não estão na experiência *c*) são neutros ao valor	Intelecção	Racional-dedutivo

253. Cossio, *La valoración*, cit., p. 55 e 73; M. Helena Diniz, *A ciência jurídica*, cit., p. 47.

254. Cossio, *La valoración*, cit., p. 66 e 72, e *Teoría egológica*, cit., p. 140 e 561; M. Helena Diniz, *A ciência jurídica*, cit., p. 48.

255. Cossio, *Teoría egológica*, cit., p. 81, 84, 89-91, 140-2 e 562, e *La valoración*, cit., p. 83 e 93; Machado Neto, *Teoria da ciência jurídica*, cit., p. 48, 49, 178, 180, 214; M. Helena Diniz, *A ciência jurídica*, cit., p. 48-50.

2) Naturais	*a*) reais: têm existência no espaço-temporal *b*) estão na experiência *c*) são neutros ao valor	Explicação	Empírico-indutivo
3) Culturais	*a*) reais: têm existência no espaço e no tempo *b*) estão na experiência *c*) são valiosos positiva ou negativamente	Compreensão	Empírico-dialético
4) Metafísicos	*a*) reais: têm existência *b*) não estão na experiência *c*) são valiosos positiva ou negativamente		

A egologia, fortemente influenciada pela fenomenologia, entende que essa problemática se resolve através da intuição eidética[256], pela qual o pensamento apreenderia, imediatamente, a essência do direito, não sendo necessário recorrer a nenhuma norma[257], isolando-o de tudo o que for acidental. A atividade intelectual para captar a essência é a abstração ideatória[258].

É mediante a intuição que o egologismo situa o direito no campo da cultura. O direito é um objeto cultural, por ser real, já que tem existência espaciotemporal, por estar na experiência sensível e por ser valioso positiva ou negativamente. O direito, sendo objeto cultural, compõe-se de um substrato perceptível e de um sentido espiritual, indissoluvelmente compenetrados numa unidade dialética[259].

A intuição eidética do direito é uma intuição existencial que abrange tanto a intuição sensível como a intelectual (ou espiritual emocional). Isto porque é sobre os dados do sentido que se realiza a intelecção. É óbvio que na primeira fase da intuição apreendemos o abstrato e, depois, intelectualmente captamos o seu sentido.

256. Husserl, *Meditaciones cartesianas*, p. 130. Etimologicamente *intuição* advém do vocábulo latino *intuitione*, acusativo de *intuitio*, prendendo-se à mesma raiz de *intueri*, verbo depoente da segunda conjugação, que significa *ver*; logo, *intuição* é visão direta de um objeto que se dá de um modo imediato ante a nossa consciência, sem intermediários, ou seja, sem que haja nada de permeio, do objeto dentro do sujeito conhecedor. *V.* J. Cretella Jr., *Curso de filosofia do direito*, cit., p. 58; Recaséns Siches, *Tratado general*, cit., p. 150. Abel Aristegui (*Oposiciones fundamentales a la teoría egológica del derecho*, Ed. Platense, 1967, p. 83) entende ser inaceitável a inclusão dos objetos metafísicos, porque não podem ser tidos como objeto nem ter dimensão valiosa.

257. Kelsen e Cossio, *Problemas escogidos de la teoría pura del derecho — teoría egológica y teoría pura*, Buenos Aires, Ed. Kraft, 1952, p. 114.

258. J. Maritain, *Quatre essas sur l'esprit dans sa condition charnelle*, Paris, Alsatia, 1956, p. 209 e 218; *Court traité de l'existence et de l'existant*, Paris, Ed. Hartmann, 1947, p. 25, 32 e 37; *Réfléxions sur l'inteligence et sur sa vie propre*, Paris, Ed. Desclée de Brower, p. 69.

259. Todo objeto cultural, como nos ensina Cossio, compõe-se de: *a*) um *substrato*, que é a sua matéria; conforme esse suporte seja um objeto físico, como mármore, papel etc. ou uma conduta humana, o objeto cultural é, respectivamente, mundanal ou egológico; *b*) um *sentido*, que é onde reside o caráter valioso ou desvalioso do objeto cultural, que está ligado a um valor ou a uma finalidade, porque o homem sempre age em função de valores. *V.* Kelsen e Cossio, *Problemas escogidos*, cit., p. 109; Franco Montoro, *Introdução*, cit., v. 1, p. 99; Machado Neto, *Compêndio de introdução à ciência do direito*, 5. ed., São Paulo, Saraiva, 1984, p. 69; M. Helena Diniz, *A ciência jurídica*, cit., p. 64-7.

É a intuição que apresenta a conduta jurídica com o caráter de intersubjetividade. O homem vive em companhia de outros homens e devido a esta convivência é levado a interagir. Do choque inevitável das múltiplas condutas surge a necessidade de limitá-las, para assegurar um mínimo de ordem e tornar viável a convivência. Cabe ao direito estabelecer o lícito e o ilícito, eis por que se refere, segundo Cossio, à conduta em sua intersubjetividade. A intersubjetividade é um fazer compartido, a conduta de um, quando impedida ou permitida por outros, de modo que o que cada membro da sociedade faz é o que os demais permitem que ele faça[260].

Percebe-se que, para essa doutrina, o substrato do direito é a vida humana vivente, que é a conduta humana em interferência intersubjetiva. Consequentemente, o objeto da ciência jurídica é a vida humana vivente em sua liberdade[261].

O cerne da doutrina egológica aparece ao se determinar que o direito não é produto da razão, nem de normas, mas se oferece dado na experiência como conduta compartida. Logo, o legislador não cria o direito[262].

Se o direito em seu substrato é apreendido pela intuição sensível, em seu sentido o será pela intuição intelectual. Ao conhecimento empírico do substrato se vai sobrepor o conhecimento axiológico de seu sentido[263]. Assim o objeto da ciência jurídica é a conduta humana em interferência intersubjetiva referida a valores, interpretada conceitualmente pela norma.

No pensamento de Cossio a norma não é o objeto da ciência do direito. A norma é apenas o instrumento de expressão do direito, portanto, ela não cria ou extingue o direito. A norma tem um papel constitutivo dos modos de ser do direito (faculdade, prestação, ilícito ou sanção). A criação legislativa do direito pode apenas confirmar ou modificar os modos de vida existentes e não elaborar a vida existente[264].

Para a egologia, a norma jurídica é, no plano gnoseológico da lógica transcendental, um conceito que pensa a conduta em sua liberdade; já no plano da lógica formal é um juízo que diz algo a respeito da conduta. A norma jurídica é, concomitantemente, um juízo imputativo e um conceito que pensa uma conduta.

A norma, em sua estrutura formal, sob o prisma lógico-formal, é um juízo hipotético disjuntivo, que tem a seguinte estrutura: *Dado um fato temporal, deve ser prestação pelo sujeito obrigado em face do sujeito pretensor, "ou", dada a não prestação, deve ser a sanção*

260. Sobre intersubjetividade, consulte: Luiz Fernando Coelho, *Teoria da ciência do direito*, cit., p. 71; J. Flóscolo da Nóbrega, A teoria egológica do direito, *RT*, *390*:407-10, 1968; Cossio, *Teoría egológica*, cit., p. 301 e 93; Kelsen e Cossio, *Problemas escogidos*, cit., p. 113 e 144; Machado Neto, *Teoria da ciência jurídica*, cit., p. 48; M. Helena Diniz, *A ciência jurídica*, cit., p. 68 e 69.

261. Cossio, Teoria egológica e teoria pura do direito, *RF*, maio 1950, p. 57; *El derecho*, cit., p. 244; e *Egologia*, p. 325; Paulo Dourado de Gusmão, A teoria egológica do direito, *RF*, fasc. 570, p. 350 e s., 1950; Legaz y Lacambra, *Filosofía del derecho*, cit., p. 181-4; Van Acker, Curso de filosofia do direito, *Revista da PUCSP*, cit., *34* (65-6):144-6, 1968; M. G. Morente, *Fundamentos de filosofia*, cit., p. 47 e 88; Thomas Ranson Giles, *História do existencialismo e da fenomenologia*, São Paulo, 1975, v. 1 e 2; Aristegui, *Oposiciones fundamentales*, cit., p. 225 e 226; M. Helena Diniz, *A ciência jurídica*, cit., p. 70 e 71.

262. Cossio, *La plenitud del ordenamiento jurídico y la interpretación judicial de la ley*, Buenos Aires, 1939, p. 118; Serrano, *Una introducción a la teoría egológica del derecho*, Maracaibo, Zulia, 1971, p. 70; Hernández Gil, *Metodología de la ciencia del derecho*, cit., p. 177-9.

263. Carlos Cossio, *Egologia*, cit., p. 308; M. Helena Diniz, *A ciência jurídica*, cit., p. 72 e 73.

264. Kelsen e Cossio, *Problemas escogidos*, cit., p. 115; Cossio, *Teoría egológica*, cit., p. 412, 418, 280-3; M. Helena Diniz, *A ciência jurídica*, cit., p. 74-6.

pelo funcionário obrigado em face da comunidade pretensora. O juízo disjuntivo está composto de dois enunciados: o da prestação ou do dever jurídico, que Cossio denominou *endonorma* e o do ilícito e sua consequência jurídica, a sanção, designado *perinorma.* A norma jurídica pode ser verdadeira ou falsa. A verdade jurídica se completa com o desenvolvimento de três classes de verdade: de essência, de existência e de valor. No primeiro plano a norma será verdadeira se se referir à conduta compartida e falsa se não o fizer. No segundo, será verídica se a conduta por ela pensada existir e inverídica se ela inexistir; por conseguinte, a norma verdadeira deve ser vigente e eficaz. No terceiro plano será verdadeira se a conduta compartida existente for justa, e falsa se for injusta. Entende Cossio que as soluções normativas do jurista contêm pronunciamentos sobre esses três planos de verdade. Mas a norma ou proposição também pode ser válida ou inválida, para a egologia, enquanto possui algo (seu ser) que faz com que seja ou não proposição jurídica. A proposição vale como pensamento se tem uma determinada estrutura e se compatível com os demais pensamentos do sistema mental a que pertence. Impossível esquecer que a validade é uma verdade lógica, a verdade do pensamento como um mero pensamento. P. ex., a Constituição argentina proíbe pena de açoites; se o legislador promulgar Código Penal instituindo essa pena para o roubo, essa norma seria inválida, e se o jurista enunciar a proposição "aquele que roubar será açoitado", este enunciado não seria falso perante o Código Penal, mas o é como conhecimento do direito argentino, porque a proposição não vale como enunciado por desatender à validade constitucional; não vale como enunciado pela mesma razão que aquela norma do Código Penal não vale como norma jurídica[265].

Assim sendo, a norma é estudada sob dois ângulos diferentes. Em primeiro lugar, em sua estrutura formal, tendo por escopo verificar a legalidade do pensamento jurídico como tal ou a sua concordância consigo mesmo, e isto é tarefa da lógica jurídica formal. Em segundo lugar, em sua relação com seu objeto, ou seja, como um conceito referido à conduta, visando, mediante método empírico-dialético, a compreensão da mesma — esta é a incumbência da lógica jurídica transcendental[266].

Essa relação gnoseológica entre conceito e objeto, entre norma e conduta, tem servido à egologia, para fundar o conhecimento jurídico como um conhecimento de realidades[267]. A ciência do direito é uma ciência da experiência, pois não se interpreta, segundo esta escola, a norma jurídica, mas a conduta compartida, mediante a norma, que desempenha o papel de mediação própria do conceito no conhecimento científico[268].

Com isso, Carlos Cossio afasta-se do positivismo da norma e penetra no campo da conduta conceitualizada pela norma.

---

265. Sobre juízo hipotético disjuntivo, *v.*: M. Helena Diniz, *A ciência jurídica*, cit., p. 117-20, 133-5; Cossio, *Teoría egológica*, cit., p. 451, 661, 427, 428, 430, e *La valoración*, cit., p. 110; Paulo Dourado de Gusmão, *O pensamento jurídico contemporâneo*, p. 39-59, 151-64; Machado Neto, *Problemas da ciência do direito*, 1958, p. 133 e s.

266. Machado Neto, Sobre a intersubjetividade da compreensão, *RBF*, fasc. 100, p. 438; L. F. Coelho, *Teoria da ciência do direito*, cit., p. 112; Cossio, *Teoría egológica*, cit., p. 370, e *La plenitud*, cit., p. 201; Olimpio Costa Jr., Duas concepções fenomenológicas do direito, *RBF*, fasc. 97, p. 97; M. Helena Diniz, *A ciência jurídica*, cit., p. 77-9.

267. Cossio, *La teoría de la imprevisión*, Buenos Aires, Ed. Perrot, p. 34.

268. Cossio, *Teoría egológica*, cit., p. 530, e La norma y el imperativo, in *Anuario de Filosofía del Derecho*, Instituto Nacional de Estudios Jurídicos, 1961, t. 7, p. 86; M. Helena Diniz, *A ciência jurídica*, cit., p. 80.

A ciência jurídica, para a egologia, não conhece, portanto, normas. Todavia, como o conhecimento jurídico-científico da conduta em interferência intersubjetiva, sem que se faça a abstração da liberdade, que lhe é essencial, só é possível com a norma, a ciência do direito, para Cossio, será normativa porque mediante a conceituação normativa pensa a conduta humana, qualificando-a juridicamente[269].

g.4. Tridimensionalismo jurídico de Miguel Reale

Miguel Reale demonstra-nos, situando o direito na região ôntica dos objetos culturais, que, pela análise fenomenológica da experiência jurídica, confirmada pelos dados históricos, a estrutura do direito é tridimensional, visto como o elemento *normativo*, que disciplina os comportamentos individuais e coletivos, pressupõe sempre uma dada *situação de fato*, referida a determinados *valores*. Se direito é a integração normativa de fatos e valores, ante a triplicidade dos aspectos do jurídico — fato, valor e norma, não há como separar o *fato* da conduta, nem o *valor* ou finalidade a que a conduta está relacionada, nem a *norma* que incide sobre ela.

Com isso assume, ele, um tridimensionalismo concreto, dinâmico e dialético, pois fato, valor e norma, como elementos integrantes do direito, estão em permanente atração polar, já que fato tende a realizar o valor, mediante a norma. Os três polos entram em conexão mediante uma peculiar dialética cultural, denominada, por Miguel Reale, dialética da implicação e da polaridade. Deveras essa dialeticidade conduz à polaridade, visto que dá igual importância ao fato, ao valor e à norma na implicação das três dimensões.

Tal tridimensionalidade ôntica constitui o objeto da ciência jurídica; com isso conciliou e superou o mestre paulista as intermináveis disputas de jusnaturalistas, historicistas, sociologistas e normativistas, surgidas devido à consideração monística e unilateral do direito.

Assim sendo, o jusfilósofo, o sociólogo e o jurista devem estudar o direito na totalidade de seus elementos constitutivos, visto ser logicamente inadmissível qualquer pesquisa sobre o direito, que não implique a consideração concomitante desses três fatores: norma, fato e valor. Todavia, é preciso esclarecer que cada qual cuidará mais deste do que daquele elemento da experiência jurídica, mas sempre determinando o significado de seu objeto de indagação em função dos outros dois. Na filosofia do direito, ter-se-á uma compreensão axiológica de fatos em função de normas; na sociologia jurídica, uma compreensão factual de normas em função de valores e na ciência do direito, uma compreensão normativa de fatos em função de valores. Visam, portanto, o filósofo, o sociólogo e o jurista, respectivamente, o valor, o fato e a norma, em razão dos dois outros fatores inerentes à juridicidade. A ciência jurídica propriamente dita estuda o momento normativo, sem insular a norma, isto é, não abstrai os fatos e valores presentes e condicionantes no seu surgimento, nem os fatos e valores supervenientes ao seu advento. A norma deve ser concebida como um *modelo jurídico*, de estrutura tridimensional compreensiva ou concreta, em que fatos e valores se integram

269. Machado Neto, *Teoria da ciência jurídica*, cit., p. 46, e Um curso egológico do direito, *RBF*, fasc. 83, p. 318, 1971; Cossio, *Teoría egológica*, cit., p. 213; *La valoración*, cit., p. 64 e s.; e La norma y el imperativo en Husserl, *RBF*, fasc. 37, p. 50-5; Georges Kalinowski, *Querelle de la science normative*, Paris, LGDJ, 1969, p. 2; M. Helena Diniz, *A ciência jurídica*, cit., p. 141. Dentre os brasileiros de filiação egológica, podemos citar Paulo Dourado de Gusmão, *Curso de filosofia do direito*, Rio de Janeiro, 1950.

segundo normas postas em virtude de um ato concomitante de escolha e de prescrição (ato decisório) emanado do legislador ou do juiz, ou resultante das opções costumeiras ou de estipulações fundadas na autonomia da vontade dos particulares.

A esta doutrina que requer a integração das três perspectivas numa unidade funcional e de processo, Miguel Reale designa *tridimensionalidade específica do direito*, reclamando a integração desses três elementos em correspondência com os problemas complementares da validade social, da validade ética e da validade técnico-jurídica. Com sua teoria integrativa rejeita todas as concepções setorizadas do direito. Para bem representar essas suas ideias, apresenta-nos o seguinte quadro:

Coloca na primeira coluna os elementos constitutivos da experiência jurídica — fato, valor e norma; na segunda, assinala a nota dominante que corresponde aos elementos discriminados com o nome de eficácia, fundamento e vigência. Como existem três elementos, surgiram as tentativas de "setorização" do fenômeno, que Miguel Reale aponta na terceira coluna, onde aparecem as concepções unilaterais: sociologismo jurídico, moralismo jurídico e normativismo abstrato. Esclarece-nos, ainda, que quando se procura combinar os três pontos de vista unilaterais, ou melhor, os resultados decorrentes de estudos levados a cabo separadamente, segundo aqueles pontos de vista, configura-se a *tridimensionalidade genérica do direito*. Salienta que, quando não se realiza uma simples harmonização de resultados de ciências distintas, mas se analisa, previamente, a correlação essencial dos elementos constitutivos do direito, mostrando que se implicam numa conexão necessária, se tem a *tridimensionalidade específica*, que pode ser estática ou dinâmica e de integração. Nesta última hipótese, continua o eminente jusfilósofo, a tridimensionalidade específica do direito resulta de uma apreciação inicial da correlação existente entre fato, valor e norma no interior de um processo de integração, de modo a abranger, em uma unidade viva, o fundamento, a vigência e a eficácia, que são relevantes em relação aos problemas das fontes jurídicas, dos modelos jurídicos e da hermenêutica jurídica.

Para Miguel Reale, a ciência do direito é uma ciência histórico-cultural e compreensivo-normativa, por ter por objeto a experiência social na medida, enquanto esta normativamente se desenvolve em função de fatos e valores, para a realização ordenada da convivência humana. Logo, os *modelos do direito* ou *dogmáticos*, elaborados no âmbito da ciência do direito, são estruturas teórico-compreensivas do significado dos modelos jurídicos e de suas condições de vigência e de eficácia na sistemática do ordenamento jurídico.

Daí a observação de Tercio Sampaio Ferraz Jr. de que Miguel Reale "propõe para a ciência jurídica, nos termos do culturalismo, uma metodologia própria, de caráter dialético, capaz de dar ao teórico do direito os instrumentos de análise integral do fenômeno jurídico, visto como unidade sintética de três dimensões básicas: a normativa, a fática e a valorativa".

Como se vê, na teoria tridimensional de Reale, as dimensões, ou seja, os elementos essenciais do direito — fato, valor e norma —, são ao mesmo tempo ingredientes históricos constituintes da experiência jurídica e categorias epistemológicas[270], visto serem aquelas três dimensões interdependentes, logo, se negligenciada qualquer uma delas, a compreensão do direito ficaria muito limitada. Para uma compreensão dinâmica e abrangente do direito como um todo, dever-se-á, ao aplicar ou estudar a norma, analisar os fatos sociais ocorridos e considerar os valores presentes na sociedade.

270. Miguel Reale, *Filosofia do direito*, cit., p. 507-11; *Teoria tridimensional do direito*, São Paulo, 1968; *O direito como experiência*, cit.; *Lições preliminares*, cit.; *Fundamentos do direito*, cit.; Posicion del tridimensionalismo jurídico concreto: presupuestos de la concretización tridimensional, *Revista Brasileira de Filosofia, 235* (2010), p. 363-88; e *Teoria do direito e do Estado*, São Paulo, 1940; João Maurício Adeodato, O conceito de conjetura e a ontologia de Miguel Reale, *Revista Brasileira de Filosofia, 235* (2010) p. 81 a 92; Paulo Ferreira da Cunha, Dimensões da teoria jurídica: diálogo com a teoria tridimensional do direito em Miguel Reale, *Revista Brasileira de Filosofia, 235* (2010), p. 249 a 270; Paul Dubouchet, Breves remarques sur la theorie tridimensionnelle du droit de Miguel Reale, *Revista Brasileira de Filosofia, 235* (2010), p. 287 a 310; Luiz Fernando Coelho, *Teoria da ciência do direito*, cit., p. 61; A. L. Machado Neto, *Teoria da ciência jurídica*, cit., p. 11, 13, 25-8, 37, 40, 206 e 207; Luiz Luisi, Sobre a ciência do direito, *RBF*, cit., *83*:288 e 289; Claudio de Cicco, Uma releitura de teoria tridimensional do direito de Miguel Reale: o relativismo do processo histórico-cultural em face das invariantes axiológicas da pessoa humana, *Direito em Debate* (coord. M. H. Diniz), São Paulo, Almedina, 2020, v. 2, p. 103-118; Leonardo van Acker, Experiência e epistemologia jurídica, *RBF*, cit., fasc. 74, p. 143-78; Renato Cirell Czerna, Funcionalidade histórico-cultural e antiformalismo jurídico e o problema da experiência, *RBF*, fasc. 74, p. 178-202; Irineu Strenger, Dialética da experiência jurídica, *RBF*, fasc. 74, p. 203-14; Theóphilo Cavalcanti Filho, A revolta contra o formalismo jurídico e o problema da experiência, *RBF*, fasc. 74, p. 215-19; Tercio Sampaio Ferraz Jr., *A ciência do direito*, cit., p. 38; Algumas observações em torno da cientificidade do direito, segundo Miguel Reale, *RBF*, cit., fasc. 74, p. 220-30; A filosofia do direito no Brasil e o papel de Miguel Reale, *História do direito brasileiro*, coord. Eduardo C. B. Bittar, São Paulo, Atlas, 2003, p. 60-74; Miguel Herrera Figueroa, Filosofía social y jurídica individualista, in *Filosofia-II, Anais do VIII Congresso Interamericano de Filosofia e V da Sociedade Interamericana de Filosofia*, p. 354 e 355.

QUADRO SINÓTICO

CONCEPÇÕES EPISTEMOLÓGICO-JURÍDICAS RELATIVAS À CIENTIFICIDADE DO CONHECIMENTO JURÍDICO

PROBLEMA DA CIENTIFICIDADE DO SABER JURÍDICO COMO QUESTÃO EPISTEMOLÓGICA	É a epistemologia jurídica que vai indagar acerca da natureza científica do saber jurídico. Este é o seu problema central, pois se houver uma teoria da ciência jurídica que possibilite uma jurisprudência como rigorosa ciência do direito, as questões sobre seu objeto, seu método etc. serão, satisfatoriamente, respondíveis.	
JUSNATURALISMO	Concepção do direito natural, objetivo e material	Tal concepção de espírito aristotélico-tomista, reinante na era medieval, estabelecia o valor moral da conduta pela consideração da natureza do respectivo objeto, conteúdo ou matéria, tomada como base de referência à *natureza do sujeito humano*, considerado na sua realidade empírica, mas enquanto reveladora do seu dever-ser real e essencial. O direito natural era o conjunto de normas ou de primeiros princípios morais imutáveis, de dever-ser, consagrados ou não na legislação da sociedade, visto que resultam da natureza das coisas, especialmente da natureza humana, sendo por isso apreendidos imediatamente pela inteligência humana como verdadeiros.
	Concepção do direito natural, subjetivo e formal	Nesta concepção o jusnaturalismo arreda suas raízes teológicas, buscando seus fundamentos na identidade da *razão humana*, concebendo a natureza do ser humano: *a*) como genuinamente social (Grotius, Pufendorf e Locke); ou *b*) como originariamente associal ou "individualista" (Hobbes, Spinoza, Rousseau).
	Concepção do direito racional de Kant	Na teoria kantiana processa-se a separação entre direito e moral, sob o prisma formal. A norma será de direito natural, se sua obrigatoriedade for cognoscível pela razão pura, independente de lei externa, ou de direito positivo, se depender para obrigar de legislação externa, mas, nesta hipótese, deve-se pressupor uma lei natural, de ordem ética, que justifique a autoridade do legislador. Tal lei natural deriva da liberdade humana. O direito natural depende da ideia de *liberdade*, que é a autonomia da vontade, orientada unicamente pela razão pura, que se preocupa apenas com os princípios gerais concebidos em si mesmos e independentes da localização temporal.

JUSNATURALISMO	Teoria do direito natural de conteúdo variável de Rudolf Stammler	Essa teoria rejeita o direito natural material, enaltecendo o método formal como o apropriado para sistematizar uma dada matéria social, em cada momento histórico, no sentido de direito justo. Há uma só ideia de justiça e inúmeros direitos justos, conforme as variações da matéria social e as diversas circunstâncias de cada época. O direito justo é um direito positivo, cujo conteúdo volitivo possui a propriedade de justeza. A ideia de direito justo é um mero princípio regulativo, um critério do qual todo direito positivo se aproxima sem esgotá-lo, transformando-se o direito em tentativa de direito justo.
	Teoria jusnaturalista de Del Vecchio	Giorgio del Vecchio procurou dar ao jusnaturalismo uma nova base idealista depurada, tornando compatíveis os vários materiais histórico-condicionados com a pureza formal do ideal do justo permanente e imutável. Para ele, na fixação do ideal de justiça, o primeiro problema é saber o que seja a natureza humana, enfocada no plano da causalidade ou no da finalidade. Salientando que é, no aspecto teleológico da natureza humana, vista como uma ordem valorativa, em que se deve fundar a moral e o direito. Para ele o direito natural racional considera não só as justas pretensões da pessoa, mas também as suas obrigações racionais para com outrem. O direito natural representa o reconhecimento das propriedades e exigências essenciais da pessoa humana.
	Concepção quântica do direito	Goffredo Telles Jr. dá ao direito natural, ao direito legítimo, a designação *direito quântico*. O direito natural, para esse renomado mestre, é um conjunto de normas jurídicas promulgadas, isto é, oficializadas pela inteligência governante de conformidade com o sistema ético de referência da coletividade em que vigora. O direito natural é o direito legítimo, que nasce, que tem raízes, que brota da própria vida, no seio do povo.

EMPIRISMO EXEGÉTICO	Concepções legalistas ou mecânicas da interpretação e da aplicação do direito	Escola da exegese	Seguida por Proudhon, Melville, Blondeau, Bugnet, Delvincourt, Huc, Aubry e Rau, Laurent, Marcadé, Demolombe, Troplong, Pothier, Baudry-Lacantinerie, Duranton etc., tal escola identifica a totalidade do direito positivo com a lei escrita, entendendo que a função específica do jurista era ater-se com rigor absoluto ao texto legal e revelar seu sentido. A função do intérprete e do julgador era uma função mecânica de lógica dedutiva.
		Pandectismo	Na Alemanha, com a incorporação do direito romano à ordenação jurídica alemã, os pandectistas do século XIX, dentre eles Windscheid, Brinz, Glück, passaram a ter uma atitude rigorosamente exegética, em relação aos textos do *Corpus Iuris*. Essa escola, a partir das fontes romanas, cultivou a história do direito romano e a interpretação dos textos da compilação justiniânea, com o escopo de aplicá-los como fonte direta do direito alemão. Os pandectistas desembocaram num sistema rígido de fetichismo pelos textos e de construção sistemática, apregoando o uso do método dedutivo, exigindo a aplicação das leis de acordo com um processo silogístico.
		Escola analítica	Os juristas dos países do *common law*, dentre eles Austin, Salmond, também vieram a admitir o fetichismo dos textos e a função mecânica da atividade judicial, recomendando a adoção de processos lógico-analíticos na interpretação e aplicação do direito costumeiro e do direito derivado das decisões da Corte da Chancelaria.

EMPIRISMO EXEGÉTICO

- Críticas contra o exegetismo
  - Considerações preliminares
    - A interpretação preconizada pela escola da exegese, pelo pandectismo e pela escola analítica entrou em choque com a realidade dos tempos modernos, devido ao processo evolutivo das nações, às descobertas da ciência moderna, às conquistas da técnica, ante a necessidade de enquadrar a ordem jurídica vigente no sistema de referência dos novos tempos, isto é, de adequar a lei às novas circunstâncias.
  - Utilitarismo de Jeremy Bentham
    - Voltando-se contra a escola analítica, Bentham entendia que se devia interpretar normas sob o ponto de vista dos efeitos reais por elas produzidos. O critério para qualificar tais efeitos era a *utilidade*, segundo a qual *bom* é o que produz prazer e *mau*, o que causa dor, e sob o prisma social bom ou justo é o que tende a aumentar a felicidade de um grande número de pessoas. O método para estimar objetivamente a utilidade e o prejuízo social era designado "cálculo", que consistia numa engenhosa classificação das espécies do agradável e do desagradável e das mútuas relações existentes entre elas. Bentham, para tanto, criou teorias sobre a causação social e métodos valorativos das vantagens e desvantagens sociais, firmando a ideia de que a função do jurista seria determinar, no conjunto dos interesses de uma sociedade, quais os valiosos, estabelecendo uma hierarquia entre eles e fórmulas para conciliar o maior número possível de interesses lícitos.
  - Teleologismo de Rudolf von Ihering
    - A orientação teleológica de Ihering voltava-se contra o pandectismo, rechaçando o abstracionismo

EMPIRISMO EXEGÉTICO	Críticas contra o exegetismo	Teleologismo de Rudolf von Ihering	dos conceitos jurídicos, salientando o caráter finalístico das normas jurídicas. Logo, para ele, a ciência jurídica deveria interpretar normas de acordo com os fins por elas visados. A ciência do direito passou a ser uma ciência de fins, regida pelo critério da finalidade.
		Experiência prática de Oliver Wendell Holmes	Para Holmes a lógica não é a única força operante no conhecimento e desenvolvimento do direito, mas a *experiência*, ou seja, as necessidades de cada época, as teorias morais e políticas predominantes, as intuições que inspiraram a ação política. No processo de aplicação do direito, há um tipo de razão designado *bom sentido*, que não pertence à lógica tradicional e à lógica matemática. A prática jurídica ao solucionar um caso concreto deve assentar-se em premissas corretas, sejam elas de princípio, sejam relativas aos fatos, sopesando as vantagens sociais dos desejos conflitantes. A experiência vital desempenha, para ele, um importante papel. O raciocínio do jurista e do aplicador é valorativo e deve levar em conta a razão vital. Com Holmes, na *common law,* houve a sociologização do direito e a consideração da conduta do órgão judicante como o fator decisivo, o mais importante elemento experiencial do direito.
		Livre investigação científica de François Geny	Para Geny a lei seria uma expressão da vontade do legislador, por isso a interpretação jurídica deve buscar a *mens legislatoris.* Como a lei escrita é incapaz de solucionar todos os problemas, porque

EMPIRISMO EXEGÉTICO	Críticas contra o exegetismo	Livre investigação científica de François Geny	tal solução depende não só da letra da lei, mas também da ponderação dos fatos sociais concretos, opõe-se Geny à escola da exegese. Na ausência de norma para resolver um caso, o intérprete deverá lançar mão de fontes supletivas: o costume, a autoridade e a tradição, quando consagradas pela doutrina e jurisprudência dos tribunais, e a livre investigação científica. Esclarece-nos Geny, ainda, que a atividade do jurisconsulto se realiza num duplo campo de ação: o do a*dado* e o do *construído,* que são os dois ingredientes da norma. O *dado* é um conjunto de realidades normativas da sociedade, ou seja, constitui as realidades morais, econômicas, que impõem direções aos fatos sociais, e pode ser natural ou real, histórico, racional e ideal. O dado precisa ser acionado para produzir efeito prático. O acionamento do dado é feito pela *técnica jurídica*, que constrói meios e artifícios para que se realizem os fins do direito. Esses meios e artifícios são o *construído.* Dentre as construções jurídicas temos: as plásticas, as intelectuais, a lei escrita e as necessárias. A interpretação e elaboração do direito exige a ciência dos dados e a técnica do construído. O construído é obra do jurista para satisfazer necessidades práticas. O intérprete e o aplicador devem fundar sua interpretação e decisão sobre elementos de natureza objetiva, que são os dados.
		Ofensiva sociologista de Eugen Ehrlich	A realidade jurídica, para Ehrlich, compõe-se de normas abstratas do direito ou leis, normas do direito da sociedade extraestatal e regras de

EMPIRISMO EXEGÉTICO	Críticas contra o exegetismo	Ofensiva sociologista de Eugen Ehrlich	decisão judicial. A categoria jurídica principal é a ordenação da sociedade extraestatal, que é o direito vivo. As ordenações estatais e as regras de decisão judicial são categorias subalternas. Para Ehrlich a sociologia jurídica é a verdadeira ciência do direito. Com isso essa teoria veio a impulsionar o estudo dos fatos no direito, afastando a lógica jurídica, por estar superada, já que se funda em três ficções: a da sujeição do aplicador às normas prefixadas, a da sujeição do direito ao Estado e a da unidade da ordenação jurídica.
		Escola do direito livre	Hermann Kantorowicz, contestando o primado da lei, colocou em plano primordial as normas jurídicas que brotam, espontaneamente, dos grupos sociais. O direito livre não é o direito estatal, mas o que está constituído pelas convicções predominantes que regulam o comportamento, em um certo lugar e tempo, sobre aquilo que é justo. A interpretação jurídica deve seguir quatro diretrizes: *a*) se o texto legal é unívoco e sua aplicação não fere os sentimentos da comunidade, deve-se aplicá-lo; *b*) se o texto legal levar a uma solução injusta, o juiz deve ditar a sentença que, segundo sua convicção, o legislador ditaria se tivesse pensado no caso; *c*) se o juiz não puder formar convicção sobre como o legislador resolveria o caso concreto, então deve inspirar-se no direito livre, isto é, no sentimento da coletividade; e *d*) se ainda não encontrar inspiração nesse sentimento, deverá, então, resolver discricionariamente.

EMPIRISMO EXEGÉTICO

Críticas contra o exegetismo

Jurisprudência de interesses

Heck, Rümelin, Oertmann, Soll, Muller-Erzbach e outros conceberam a ordem jurídica como um conjunto de leis que produzem efeitos na vida real, afetando a vida humana, que está sempre se modificando, de modo que os interesses cambiantes estão sempre em competição, apresentando demandas contraditórias. A função judicial é de ajustar os interesses, como o legislador o faria se tivesse que legislar sobre aquele caso.

Jurisprudência sociológica norte-americana

Roscoe Pound, Benjamin N. Cardozo e Louis Brandeis, ao constatarem que o *common law* era inadequado para solucionar com justiça os problemas surgidos nos novos temas, entenderam que eram necessárias novas normas, que deviam ser analisadas de conformidade com a realidade dos tempos atuais, numa correta ponderação valorativa das realidades sociais produzidas na época presente. Benjamin N. Cardozo propugnava quatro métodos que deviam ser empregados na elaboração da sentença: o lógico, o histórico, o do recurso ao costume e às convicções sociais vigentes e o do recurso à ideia de justiça e bem-estar social. Roscoe Pound preconizava a análise sociológica dos fatos sociais, sob o prisma da justiça, comparando o moderno pensamento jurídico à engenharia social, porque a obra do jurista e do juiz deve ser considerada em atenção à sua adequação aos fins para os quais foi realizada, pois a jurisprudência gira em torno de interesses privados, públicos e sociais, pretensões e demandas e não de direitos subjetivos e instituições. Para ele a aplicação individual das normas conduz a jurisprudência ao terreno da intuição, que se manifesta no arbítrio

EMPIRISMO EXEGÉTICO	Críticas contra o exegetismo	Jurisprudência sociológica norte-americana	dos tribunais quando recorrem à equidade, na interpretação de certos conceitos como os de conduta leal e diligência devida. O pensamento de Roscoe Pound radica na sua intuição de um direito em evolução, fundado na vida social, mas profundamente envolvido na construção da sociedade, segundo o ideal de justiça.
		Lógica experimental de John Dewey	John Dewey, em suas obras, demonstrou a insuficiência da lógica dedutiva, por ser a causa do abismo entre os princípios gerais do direito e as situações concretas presentes. Para ele, a lógica do jurista deve ser uma lógica em razão das consequências da aplicação da lei. Tal lógica é a lógica experimental, pois as normas devem ser interpretadas à luz das consequências que produziriam se aplicadas experimentalmente ao caso concreto. Os resultados prováveis constituem o melhor fundamento para a interpretação jurídica. A verdadeira interpretação é a que produz consequências, provavelmente justas, em casos concretos.
		Teoria interpretativa de J. Dualde	Joaquín Dualde lançou a tese de que se deve aplicar ao direito uma interpretação intuitiva, dirigida aos fatores determinantes da elaboração da norma e não à *mens legislatoris*, porque o legislador tem uma grande dose de inconsciência, devido ao condicionamento social das ideias. Como a lei é a expressão abstrata da vida psicológica de relação, ou seja, do mundo sentimental do legislador, a interpretação seria a descoberta

EMPIRISMO EXEGÉTICO

- Críticas contra o exegetismo
  - Teoria interpretativa de J. Dualde
    - desse sentimento por meio da intuição bergsoniana do intérprete. O intérprete deve identificar-se com a norma, vivê-la, trazê-la para a vida real e concreta, de onde se evadiu ao tornar-se um princípio legal e abstrato.
  - Realismo jurídico norte-americano e escandinavo
    - O realismo jurídico considera o direito efetivamente existente ou os fatos sociais e históricos que lhe deram origem. O *realismo jurídico norte-americano* está representado por Gray, Llewellyn, Frank, Underhill Moore, Herman Oliphant, Walter Cook, Charles Clark. *Gray* distinguiu o direito efetivo, constituído pelas normas aplicadas pelos tribunais, das fontes jurídicas, que são os fatores que inspiraram juízes e tribunais no estabelecimento das sentenças, que constituíam o direito real e efetivo. Llewellyn distinguiu as normas no papel, isto é, leis, regulamentos, declarados pelos juízes em suas sentenças como fundamento de suas decisões, das normas efetivas, ou seja, as declaradas ou não, em razão das quais os magistrados, realmente, decidem os litígios. Para *Llewellyn,* a investigação realista deverá: *a*) remover os disfarces para revelar a norma efetiva; e *b*) descobrir os verdadeiros fatores que influenciaram o juiz na eleição das normas efetivas em que se fundam suas sentenças. A sociologia jurídica, para Llewellyn, é o único fundamento científico para a ciência do direito. *Frank,* além de analisar a conduta efetiva do juiz e os problemas relacionados com a apreciação das provas, concebeu a ideia de que o único direito certo é o revelado na sentença judicial. Enquanto não houver sentença não há direito certo, mas

EMPIRISMO EXEGÉTICO	Críticas contra o exegetismo	Realismo jurídico norte-americano e escandinavo	apenas um direito provável. As normas jurídicas gerais existem como ingredientes que intervêm na elaboração do direito efetivo, em que o fator central é a personalidade do juiz. O *realismo jurídico escandinavo* teve como sequazes Hägerström, Lundstedt, Olivecrona e Ross, e preconiza uma interpretação antijusnaturalista dos ideais jurídicos, na descoberta dos princípios gerais do direito e dos ideais jurídicos empíricos, que resultam da experiência concreta da coletividade. Trata-se de uma concepção empírica do direito, com fundamento na natureza humana social, que pode ser descoberta mediante observações empíricas de cunho psicológico ou sociológico, buscando interpretar a vigência do direito em termos de efetividade social das normas jurídicas. Os realistas escandinavos concebem o direito como um meio de comunicação humana, como forma de controle social do comportamento, logo o sentido jurídico deve ser buscado pela análise linguística. Daí ser um realismo linguístico, o que o distingue do realismo psicológico dos norte-americanos. *Hägerström* elaborou uma teoria sobre a inexistência factual de direitos subjetivos e deveres jurídicos. *Lundstedt* estabeleceu um ceticismo epistemológico ao negar à ciência jurídica uma hierarquia científica, ao afirmar que direito subjetivo é uma posição favorável em relação a uma pessoa, em razão da pressão psicológica exercida nos demais membros da sociedade, ao substituir o critério da justiça pelo do bem-estar social. *Olivecrona* considerou a norma como imperativo derivado da vontade intermitente de

EMPIRISMO EXEGÉTICO	Críticas contra o exegetismo	Realismo jurídico norte-americano e escandinavo	certos indivíduos e não do Estado. O realismo de *Ross* é um misto de psicologismo e condutismo social. Para ele direito vigente é o conjunto abstrato de ideias normativas que servem como esquema de interpretação para os fenômenos jurídicos em ação, isto é, de normas efetivamente obedecidas, porque são vividas como socialmente obrigatórias pelo juiz e outras autoridades jurídicas, ao aplicarem o direito. Logo, a ciência jurídica é uma ciência social empírica, estando intimamente ligada à sociologia jurídica. Para esse autor não se pode traçar uma linha divisória entre ciência e política, que é considerada de *sententia ferenda*.
		Teoria de Herbert L. A. Hart	As ideias de Hart apontaram um caminho para a superação da jurisprudência analítica e do realismo jurídico, ao unir o pensamento analítico inglês à preocupação filosófica influenciada pela teoria da verificabilidade empírica como critério de validade da ciência jurídica. Deveras, Hart coloca os ideais jurídicos dentro do próprio fenômeno da juridicidade como algo empiricamente verificável dentro do direito positivo, exprimindo uma realidade social. Salienta que a característica distintiva do direito consiste na fusão de normas primárias, que impõem deveres e são gerais, permanentes e ditadas por alguém competente, e de normas secundárias, que conferem competência pública ou particular, apresentando-se como norma de reconhecimento, mudança e adjudicação. A estrutura, resultante da combinação de normas

EMPIRISMO EXEGÉTICO	Críticas contra o exegetismo	Teoria de Herbert L. A. Hart	primárias e secundárias, constitui o núcleo central da ordem jurídica e um poderoso instrumento para a análise do jurista, ao delimitar os conceitos jurídicos, e do teórico político. Esclarece Hart que o *status* de direito advém da aceitação de uma norma de reconhecimento pelo tribunal.
		Teoria geral da interpretação de Emilio Betti	Emilio Betti apresenta-nos uma teoria geral da interpretação, válida para todas as ciências do espírito, e, especialmente, para a ciência jurídica. Para ele, três são os tipos de interpretação: a histórica, a normativa ou dinâmica e a comunicativa ou transmissiva. A interpretação jurídica é a normativa, mas não prescinde da histórica. Ensina-nos que a técnica jurídica tem três tarefas: a de elaboração de normas jurídicas, a de interpretação e a de aplicação e realização concreta do direito.
		Concepção raciovitalista do direito	O raciovitalismo jurídico é a corrente que se liga à filosofia da razão vital de Ortega y Gasset, aplicada ao direito. A concepção orteguiana repercutiu na teoria de Recaséns Siches, que enquadra o direito entre os objetos culturais, considerando-o como um pedaço de vida humana objetivada. A ciência jurídica deve estudar a norma considerada em sua historicidade, empregando a lógica do razoável e não a dedutiva. A *lógica do razoável* destina-se a compreender, buscando a significação ou o sentido dos fatos ou objetos humanos, mediante operações estimativas. Logo, a interpretação jurídica deve levar em conta os fins para os quais as normas foram feitas. A norma

EMPIRISMO EXEGÉTICO	Críticas contra o exegetismo	Concepção raciovitalista do direito	jurídica deve reviver sempre que for aplicada. O reviver concreto da norma fundamenta, na concepção de Siches, uma nova hermenêutica jurídica, pois a norma deve experimentar modificações para ajustar-se à nova realidade em que e para que é revivida. Só a lógica do razoável pode considerar essa permanente adequação do direito à vida, levando em conta a dialeticidade do fenômeno jurídico. A lógica do razoável não autoriza o intérprete ou o aplicador a saltar por cima do ordenamento jurídico vigente, mas o obriga a manter-se fiel às normas, ensinando-o a conhecer qual é a norma aplicável, dando a solução mais justa possível.
HISTORICISMO CASUÍSTICO	Gustav Hugo		Estabeleceu esse autor as bases para uma revisão do racionalismo histórico do direito natural, ao desenvolver, de forma metódica, uma nova sistemática da ciência jurídica, acentuando a dimensão histórica da relação jurídica. A ciência jurídica aparece, em sua teoria, como ciência histórica, ou seja, como história do direito.
	Savigny		Concebeu, esse autor, a ciência jurídica como historiografia genética do direito e disciplina cultural, sem quaisquer fins práticos imediatos. A ideia basilar de sua doutrina era a oposição à codificação do direito, por considerá-lo uma expressão ou manifestação da livre consciência do povo ou do espírito popular, sob a forma do costume. Substituiu a lei pela convicção comum do povo, como fonte originária do direito, relegando a segundo plano a sistemática lógico-dedutiva, ao lhe sobrepor a sensação e a intuição imediatas. A sistematização histórica proposta por Savigny acabou dissolvendo-se numa estilização sistemática da tradição, como seleção abstrata das fontes históricas, sobretudo romanas.
	Puchta		Puchta desenvolveu a jurisprudência dos conceitos, dando ênfase ao caráter lógico-dedutivo do sistema jurídico. O direito positivo e histórico é direito natural, por ser nascido do espírito popular e por ser este necessariamente reto pelo objeto ou conteúdo.

HISTORICISMO CASUÍSTICO

- Crítica à escola histórica
  - Para essa escola, o conhecimento científico do direito só podia basear-se na experiência jurídica histórica, mediante o uso de um método que se caracterizava pelo empirismo, pela causalidade e determinismo e pelo irracionalismo e relativismo. Peca pela substancialização e personificação do coletivo na figura imaginária do *Volksgeist*, pela contradição entre um programa historicista traçado para a jurisprudência e pela realização racionalista que resultou na dogmática e na jurisprudência dos conceitos. A ciência jurídica da escola histórica, observa Tércio Sampaio Ferraz Jr., acabou por reduzir-se a um conjunto de proposições, logicamente ordenado e concatenado, abrindo as portas para o pandectismo, que correspondeu, na França, à escola da exegese, e, na Inglaterra, à escola analítica.

POSITIVISMO

- Conceito
  - O termo *positivismo* designa tanto o positivismo sociológico como o estrito positivismo jurídico. O positivismo procura reconhecer apenas o direito positivo, no sentido de direito vigente e eficaz em determinada sociedade, limitando a ciência jurídica ao estudo das legislações positivas, consideradas como fenômenos espaciotemporais.
- Positivismo sociológico ou sociologismo eclético
  - Comte
    - Afirmava esse autor que a sociologia era a única ciência social, a ciência geral da sociedade, por isso a ciência jurídica seria um setor da sociologia. Procurou eliminar da metodologia a busca apriorística de princípios estabelecidos por via dedutiva; negando a metafísica, supervalorizou o empirismo, afastando qualquer conhecimento que não tenha partido da observação.
  - Durkheim
    - Esse autor pretendeu substituir a filosofia moral ou direito natural pela ciência positiva da origem e evolução dos costumes sociais. Para ele os direitos naturais, inatos ou pré-sociais, do indivíduo nada mais são do que direitos dados pela consciência coletiva, cujo órgão principal é o governo estatal. O direito vigente, por ser um fato social, devia ser estudado pelo método sociológico.
  - Duguit
    - Fundamentou o direito no puro fato social do sentimento de solidariedade e de justiça, confinando a ciência jurídica na pura observação dos fatos sociais. Daí ser sua teoria designada *solidarismo jurídico*. O sentimento de solidariedade e de justiça constitui expressão de exigências de fato ou condições básicas da existência

POSITIVISMO	Positivismo sociológico ou sociologismo eclético	Duguit	social, suscetíveis de variáveis adaptações históricas. Negou o direito subjetivo, reduzindo-o a mera situação jurídica de fato, pois um sujeito não pode impor sua vontade a outro. O direito subjetivo público ou a soberania do Estado não passam de ficção do espírito.
		Teoria institucional	Hauriou ressaltou a importância dos ideais, valores e crenças dos indivíduos que compõem a sociedade e as instituições, concretizando sua teoria na ideia objetiva; Rénard o fez no bem comum; Delos, no realismo jurídico; Santi Romano, no ordenamento; e Cesarini Sforza, no direito dos particulares.
		Gurvitch	Ao desenvolver a teoria sociológica durkheimeana, de que o direito resulta espontaneamente da vida social, concluiu que a intervenção estatal se reduz a um procedimento técnico.
		Geny	Em sua concepção de ciência jurídica, situa-se no sociologismo eclético.
		Corrente sociologista eclética brasileira	Tem como sequazes, dentre outros, Tobias Barreto de Menezes, Sílvio Romero, Alberto Salles, Luiz Pereira Barreto, Clóvis Beviláqua, Pontes de Miranda, Djacir Menezes, Leovigildo Filgueiras, Almachio Diniz, Pedro Lessa, João Monteiro, Virgílio de Lemos, Hermes Lima, Pinto Ferreira, Gláucio Veiga, Nestor Duarte.
		Escola positiva do direito penal italiano	O sociologismo jurídico é, também, representado pela escola positiva do direito penal italiano, cujos prosélitos foram Lombroso, Ferri, Garofalo, Florian, Grispigni, que analisavam o crime e o delinquente sob o prisma naturalista e sociológico, mediante o emprego do método experimental e indutivo.
		Sociologismo jurídico nos EUA	Está representado pela jurisprudência sociológica de Holmes, Cardozo e Roscoe Pound, pela ofensiva sociologista de Ehrlich, pela lógica experimental de Dewey, e pelo realismo jurídico de Gray, Llewellyn e Frank.

POSITIVISMO

- Positivismo sociológico ou sociologismo eclético
  - Sociologismo jurídico escandinavo — Teve como sequazes Hägerström, Lundstedt, Olivecrona e Ross, adeptos do realismo jurídico.
  - Sociologismo jurídico húngaro — Representado por Barna Horvath.
  - Sociologismo jurídico romeno — Teve sua expressão em Mircea Djuvara.
  - Positivismo sociológico soviético
    - Stuchka — Para esse autor o direito deve ser visto como um sistema de relações sociais que corresponde aos interesses da classe dominante e está defendido pela força organizada dessa classe.
    - Pashukanis — Com seu sociologismo economicista sustenta ser a base do direito o intercâmbio de mercadorias.
  - Positivismo sociológico alemão — Seus corifeus foram Bergbohm, Bierling, Merkel e Somló.
- Positivismo jurídico estrito — Apareceu como tentativa de amoralização completa do direito e da ciência jurídica de qualquer fator, base ou fundamento moral ou de direito natural. Daí a amoralização psicossocial do direito, feita por Rudolf von Ihering, a amoralização político-estatal de Jellinek e Waline e a amoralização lógico-técnica de Hans Kelsen.

RACIONALISMO DOGMÁTICO OU NORMATIVISMO JURÍDICO DE HANS KELSEN

- A teoria kelseniana é uma consequência da decadência do mundo capitalista-liberal marcado pela 1ª guerra mundial, nascendo como uma crítica das concepções dominantes na época sobre os problemas do direito público e da teoria do Estado, reagindo à anarquia conceitual que a má consciência científica do jurista tinha reduzido a meditação científica do direito, ao identificá-la à ciência natural. Objetivando uma pureza metódica, Kelsen submeteu a ciência jurídica a uma dupla depuração, que retirou de seu âmbito qualquer

RACIONALISMO DOGMÁTICO OU NORMATIVISMO JURÍDICO DE HANS KELSEN

análise de aspectos fáticos ligados ao direito e de aspectos valorativos, constituindo como seu objeto específico a norma jurídica. A ciência do direito deve expor ordenadamente as normas, mediante o emprego do método normológico, que, pela imputação, liga um fato condicionante a um fato condicionado. Por meio da imputação o jurista vai estabelecendo as relações entre as normas, mediante um procedimento finito, que torna possível referir os comandos a um só centro unificador: a norma hipotética fundamental. Examinando o direito sob o prisma estático, a ciência jurídica constrói: *a*) o sistema normativo estático, mediante o método normológico hipotético dedutivo, porque as normas desse sistema retiram seu fundamento e conteúdo de validade da norma básica; e *b*) o sistema normativo dinâmico, mediante o método normológico lógico-transcendental, porque não poderia empregar a dedução, visto que o conteúdo dessas normas não pode ser deduzido da norma fundamental, que apenas lhes dá o fundamento de validade, limitando-se a conferir a uma autoridade o poder de estabelecer preceitos.

O objeto da ciência do direito, para Kelsen, consiste na norma jurídica, na conduta humana, enquanto conteúdo de norma, e no fato e situação que não constitui a conduta humana, mas desde que seja condição ou efeito dela. A teoria estática estuda o direito como um sistema de normas, e a dinâmica o considera tendo em vista os atos de produção e aplicação, isto é, o processo jurídico em que é criado e aplicado. A *norma jurídica* é criada por um ato de vontade, apoiado por uma disposição legal. A validade da norma expressa o problema da relação entre normas inferiores e superiores, sendo que o mínimo de eficácia é a condição daquela validade. A norma jurídica é imperativa, sendo fonte de direito. A ciência jurídica descreve normas mediante *proposição jurídica* que, sendo oriunda do intelecto, ou seja, de ato de conhecimento do jurista, não é fonte jurídica, mas descrição de uma fonte: a norma. A proposição jurídica é um juízo hipotético condicional e pode ser verdadeira ou falsa.

A ciência do direito é normativa porque tem a função de conhecer e descrever normas.

É a ciência jurídica que ergue o sistema normativo, descrevendo, através da imputação, as relações entre os comandos. A estrutura lógica da ordem jurídica é piramidal, pois a ciência jurídica estabelece uma hierarquia, uma relação de subordinação, de modo que a norma do escalão inferior se harmonize com a que lhe foi imediatamente superior, que lhe dá validade. A norma fundamental fornece o fundamento de validade, constituindo a unidade na pluralidade de normas. Se se estudar o direito sob o prisma dinâmico, a ciência do direito só considerará esse sistema de atos criadores e aplicadores de norma, enquanto conteúdo de normas jurídicas. A norma hipotética fundamental é

RACIONALISMO DOGMÁTICO OU NORMATIVISMO JURÍDICO DE HANS KELSEN	um pressuposto gnoseológico, um precedente lógico do conhecimento, uma condição lógico-transcendental posta pelo jurista para tornar possível a pesquisa jurídico-científica, que considere o direito como um sistema de normas válidas. A norma básica é metajurídica, no sentido de não ser uma norma positiva, por ter uma função postulatória, mas é jurídica, no sentido de ter as funções constitutivas, de dar unidade e de dar validade a um sistema normativo. É preciso lembrar que a norma básica não deve ser considerada como um *a priori*, porque depende de certas condições empíricas; só pode ser estabelecida *a posteriori*, ou seja, após a verificação do fato, pois o jurista só pode elegê-la em função da experiência e porque deve ser comprovada na experiência.	
CULTURALISMO JURÍDICO	Concepção culturalista do direito	O culturalismo jurídico concebe o direito como um objeto cultural, ou seja, criado pelo homem e dotado de um sentido de conteúdo valorativo. A ciência jurídica é uma ciência cultural, que estuda o direito através da compreensão, enfatizando os valores jurídicos. Quatro são as direções principais das teorias culturalistas do direito: a teoria de Emil Lask, a concepção raciovitalista do direito, a concepção tridimensional de Miguel Reale e o egologismo existencial de Carlos Cossio.
	Teoria de Emil Lask	Esse autor concebe o direito na sua situação individualizada e concretizada dentro da própria temporalidade, de um lado como um mundo de significações puras e, de outro, como uma relação teorética entre a realidade imediata e as significações culturais. O direito é uma realidade jurídica empírica que se desenvolve historicamente. A teoria social do direito concentra seu estudo no direito como um fator cultural real, como um processo da vida social, delimitando os fenômenos jurídicos na sua faticidade, selecionados a partir de uma perspectiva de valor e pesquisando a eficácia social da ordem normativa. A ciência jurídica ou jurisprudência estuda o direito sob o prisma de sua significação, que tem sua razão formal num mandamento positivo, mediante a vontade da comunidade.
	Egologismo existencial de Carlos Cossio	Para Carlos Cossio, a ciência jurídica deve estudar o direito, que é um objeto cultural egológico por ter por substrato a conduta humana compartida sobre a qual incidem valores, mediante o método empírico-dialético, que passa da materialidade do substrato à vivência do sentido e vice-versa, até alcançar um exato conhecimento do direito. O ato gnoseológico com o qual se constitui

CULTURALISMO JURÍDICO

Egologismo existencial de Carlos Cossio

tal método é o da compreensão. O jurista não tem a função de estimar positiva ou negativamente a conduta compartida, mas a de relacioná-la a valores positivos e não ideais. A teoria egológica entrevê na ciência jurídica três perspectivas: dogmática jurídica, lógica prática e estimativa jurídica. A dogmática se atém a um empirismo científico, logrando o conhecimento ao estabelecer a equivalência existente entre o dado normativo e um fato da experiência. Para chegar a isto vai até a intenção do legislador; trabalha, portanto, com o que há de contingente no fenômeno jurídico. A lógica prática determina a legalidade do pensamento do jurista, inclinando-se, a egologia, pela lógica do *dever-ser*, que constitui a forma com que a experiência jurídica se apresenta no conhecimento científico-jurídico. A estimativa jurídica procura compreender o sentido da conduta, fundada em valorações positivas da comunidade e limitada à materialidade do substrato.

Cossio, por meio da intuição eidética, considera o direito como um objeto cultural egológico, ao apreender o seu substrato, como conduta humana compartida, por meio da intuição sensível, primeira fase da intuição eidética, e o seu sentido, mediante a intuição intelectual, segunda fase da intuição eidética. Se o substrato do direito é a conduta humana em interferência intersubjetiva, a ciência jurídica deverá estudá-la, referindo-a a valores. A norma jurídica não é objeto da ciência jurídica, constituindo no plano gnoseológico da lógica-transcendental, conceito que pensa a conduta em sua liberdade e, no plano da lógica formal, um juízo hipotético disjuntivo, que diz algo a respeito da conduta, sendo por isso verdadeira ou falsa, válida ou inválida. A ciência jurídica é normativa porque conhece condutas compartidas, por meio de normas jurídicas.

Tridimensionalismo jurídico de Miguel Reale

Miguel Reale, ante a triplicidade dos aspectos do fenômeno jurídico (fato, valor e norma) afirma que a ciência jurídica deve estudar as normas sem abstrair os fatos e os valores presentes e condicionantes no seu surgimento e os supervenientes ao seu advento. Com sua teoria integrativa rejeita todas as concepções setorizadas do direito. A essa doutrina que requer a integração dos três elementos constitutivos do direito numa unidade funcional e de processo, Miguel Reale designa de tridimensionalidade específica do direito, reclamando aquela integração em correspondência com os problemas complementares da validade social, da validade ética e da validade técnico-jurídica, esclarecendo, ainda, que quando se procuram combinar os 3 pontos de vista unilaterais (sociologismo jurídico, moralismo jurídico e normativismo abstrato) configura-se a tridimensionalidade genérica do direito. A ciência do direito é uma ciência histórico-cultural e compreensivo-normativa, por ter por objeto a experiência social na medida, enquanto esta normativamente se desenvolve em função de fatos e valores para a realização ordenada da convivência humana.

5. CIÊNCIA DO DIREITO E LINGUAGEM

A. MODERNA TEORIA DA LINGUAGEM

Procuraremos delinear, em breves linhas, uma sistematização das modernas pesquisas sobre a linguagem[271], salientando principalmente as relações que ligam a teoria da linguagem com o direito e a ciência jurídica.

Segundo Charles Morris, filósofo norte-americano, a disciplina que se ocupa dos sinais ou signos denomina-se *semiótica*, e o uso de sinais, *semiose*. A semiótica seria uma teoria geral dos signos.

Os sinais constituem entes físicos, sendo, portanto, intersubjetivos: ondas sonoras, palavras escritas, marcas de tinta sobre folhas de papel, gestos, flâmulas, radiações luminosas provenientes de sinalizadores etc. O sinal ocupa posição intermediária entre objetos e pessoas. Nada obsta que qualquer objeto atue como sinal, desde que represente outro objeto. Os objetos, para a semiótica, dividem-se em fatos ou situações e coisas, sob o ponto de vista da permanência temporal, pois os fatos têm, em regra, pequena duração, ao contrário do que sucede com as coisas. P. ex.: um tribuno, ao pronunciar uma palavra, ou seja, ao emitir um complexo de ondas sonoras: a elocução constitui fato, enquanto o próprio tribuno se encontra no rol das coisas[272].

---

271. Sobre a teoria da linguagem, *v.*: Warren A. Shibles, The logic of ethical language, in *Filosofia-I, Anais do VIII Congresso Interamericano de Filosofia e V da Sociedade Interamericana de Filosofia*, p. 287-92; Saussure, *Curso de linguística general*, trad. Amado Alonso, Buenos Aires, Ed. Losada, 1969; Leroy, *Las grandes corrientes de la linguística*, trad. Utrilla, México, 1969; Lefèbvre, *Lenguaje y sociedad*, trad. Floreal Mazía, Buenos Aires, Ed. Proteo, 1967; C. L. Stevenson, *Ethics and language*, 1944; Newton Carneiro Affonso da Costa, Sobre a teoria lógica da linguagem, *RBF*, fasc. 29, p. 58-70; Reichenbach, *Elements of symbolic logic*, New York, MacMillan, 1948; Carnap, *Studies in semantics*, Cambridge, 1942, v. 1; 1943, v. 2, e *The logical syntax of language*, Routledge & Kegan Paul, 1949; Morris, Semiotic and scientific empirism, in *Actes du Congrès International de Philosophie Scientifique*, Hermann, 1938, v. 1; Tarski, The semantic conception of truth (reimp.), in *Semantics and the philosophy of language*, Illinois, Ed. Linsky, 1952; Gustav Siewerth, *Philosophie der Sprache*, Freiburg, 1962, p. 96; Gorski, *Pensamiento y lenguaje*, Montevideo, 1958 (obra coletiva); Écio O. R. Duarte, *Teoria do discurso*, São Paulo, Landy, 2003; Wilson José Gonçalves, *Curso de filosofia do direito*, Campo Grande, ed. UCDB, 2003, v. 1; Márcio Pugliesi, *Por uma teoria do direito: aspectos microssistêmicos*, São Paulo, RCS editora, 2005; Aurora T. de Carvalho, *Curso de teoria geral do direito*, São Paulo, Noesis, 2010, p. 12-50, 103, 157 a 191; Judith Martins-Costa, Direito e literatura, linguagem, *Filosofia e teoria geral do direito* — homenagem a Tercio Sampaio Ferraz Junior, São Paulo, Quartier Latin, 2011, p. 703 a 718; Paulo de Barros Carvalho, Teoria hermenêutica — o movimento do "giro-linguístico" e a superação dos métodos científicos tradicionais, *Filosofia e teoria geral do direito* — homenagem a Tercio Sampaio Ferraz Junior, São Paulo, Quartier Latin, 2011, p. 975 a 990.

272. Newton Carneiro Affonso da Costa, Sobre a teoria lógica da linguagem, *RBF*, cit., fasc. 29, p. 58-60. Reichenbach (*Elements*, cit., p. 14-5) escreve a respeito: "*We consider physical objects as constituting the zero level; they may be called objects in the absolute sense, and the corresponding object language then is the absolute object language. Sometimes other kinds of objects may be considered; for instance, numbers. We then say that they are*

As línguas ou *linguagens* são conjuntos de símbolos, cujo emprego é regido por regras adequadas.

Nas indagações semióticas, a linguagem estudada ou sobre a qual se fala chama-se *linguagem-objeto*, e a linguagem no âmbito da qual se investiga a linguagem-objeto intitula-se *metalinguagem*, que encerra sinais de sinais, constituindo uma linguagem de ordem superior à da linguagem-objeto[273]. A teoria da hierarquia das linguagens, portanto, coloca como postulado a necessidade de distinguir uma linguagem dada daquela da qual se fala, pois uma das mais antigas antinomias, a de Epimênides, provém de se confundir os níveis linguístico e metalinguístico.

Pondera Luis Alberto Warat que a necessidade de estabelecer esses dois níveis de linguagem aparece quando se toma como objeto de reflexão a própria linguagem. É imprescindível tal distinção, segundo os positivistas lógicos, pela incapacidade de as linguagens produzirem processos de autocontrole sobre a lei de sua organização lógica. Por isso requer-se a construção de um outro nível de linguagem, a partir do qual se possa fazer uma investigação problematizadora dos componentes e estruturas da linguagem que se está analisando. Assim, o que se diz numa linguagem pode ser mostrado ou problematizado em sua metalinguagem, que, por sua vez, pode ser objeto de uma nova problematização em uma nova metalinguagem. Fala-se, desta forma, de metalinguagem de 1º e 2º graus. Tais cadeias metalinguísticas podem prosseguir até o infinito: sempre uma linguagem de grau N é uma linguagem-objeto com relação a N1, sua metalinguagem[274].

Deveras, observa Juan-Ramon Capella, se L e M são duas linguagens, e na linguagem M se fala da linguagem L, funcionando L como objeto da linguagem M, designa-se a L *linguagem-objeto* de M e a M *metalinguagem* de L. Sobre a base da diferenciação entre linguagem-objeto e metalinguagem, a terminologia científica contemporânea tem utilizado expressões como *metaciência*, para indicar a ciência que tem por objeto o estudo de uma ciência dada, ou *metateoria*, para designar o sistema formalizado em que se fala das proposições de uma determinada teoria[275].

Na *semiose* sempre se encontram relacionados o sinal, o objeto denotado pelo sinal e determinadas pessoas. Realmente, os sinais envolvem três tipos de relações, visto que se relacionam com outros sinais, com objetos e com pessoas. A sua relação com outros sinais, ou símbolos linguísticos, designada relação sintática, apresenta uma dimensão formal do sentido, sendo representada por *Sf*; a sua relação com objetos, ou relação semântica, indica

objects in a relative sense, and that the corresponding object language is a relative object language. Physical objects divide into things, *such as individual human beings, tables, atoms, and* situations, *also called* states of affairs, *which constitute the denotata of sentences. Thus the sentence 'the battleship Bismarck was sunk' denotes a situation; the ship itself is a thing*". *V.*, ainda, Carnap (Introducción a la semántica, in *Cuadernos de Epistemología*, Facultad de Filosofía y Letras, Universidad de Buenos Aires, 1965), para quem o signo é composto por dois elementos: *indicador*, situado no plano da expressão, de natureza sempre material (som, grafia, gesto), e *indicado*, constituído pela situação significativa (fenômeno, fato, situação do mundo), que conseguimos comunicar mediante o indicador. O signo seria uma realidade bifásica, e seu estatuto lógico seria o de uma relação. L. van Haecht, *Procedings of the Tenth International Congress of Philosophy*, Amsterdam, 1949, v. 1, p. 942.

273. Newton Carneiro A. da Costa, Sobre a teoria lógica da linguagem, *RBF*, cit., fasc. 29, p. 60 e 61; Luis Alberto Warat, *O direito e sua linguagem*, Curso de pós-graduação, Santa Catarina, 1983, p. 37.

274. Bertrand Russell, *An inquiry into meaning and truth*, 1948, p. 62 e 63; Luis Alberto Warat, *O direito e sua linguagem*, cit., p. 37, 38 e 52.

275. Juan-Ramon Capella, *El derecho como lenguaje*, Barcelona, Ed. Ariel, 1968, p. 30.

a dimensão existencial do sentido, sendo designada por *Se*; e sua relação com pessoas será representada por *Sp*, por abranger a dimensão pragmática do sentido. Logo, o sentido do sinal é a soma de suas dimensões significativas: "*S = Sf + Se + Sp*"[276].

Daí as três dimensões da semiótica[277]:

a) Sintática, que estuda os sinais relacionados entre si mesmos, prescindindo dos usuários e das designações. A sintaxe, enquanto conexão dos signos entre si, é a teoria da construção de toda linguagem. Sintaticamente, a linguagem seria um sistema de signos relacionados conforme regras sintáticas de *formação*, que indicam o modo de combinar signos elementares, visando formar signos mais complexos e permitindo, dentro da linguagem, a construção de expressões bem formadas, sintaticamente significativas, e de *derivação*, que permitem gerar novas expressões a partir de outras já dadas. Sob o prisma sintático, um enunciado que não satisfaz tais regras não teria sentido.

b) Semântica[278], que encara os objetos designados pelos sinais, ou seja, a relação dos sinais com os objetos extralinguísticos. Trata dos sinais e dos objetos denotados. Para o positivismo lógico, o problema central da semântica é o da verdade, logo um enunciado não será semanticamente significativo se não for empiricamente verificável. A relação semântica é aquela que vincula as afirmações do discurso com o campo objetivo a que este se refere. Trata-se da verdade objetiva, e não da subjetiva, que se reveste na forma de uma opinião, crença, valoração ou estado mental. A partir da concepção semântica de verdade tornam-se sem sentido os enunciados que não possuírem referência empírica. Não se deve confundir a verdade como condição de sentido com os valores de verdade (verdadeiro-falso). Um enunciado será verdadeiro se contiver conceitos referenciais.

c) Pragmática, que estuda os símbolos, suas significações e as pessoas ligadas à semiose. É a parte da semiótica que se ocupa da relação dos signos com os usuários ou intérpretes. Aparece como conexão situacional na qual os signos são usados. Parte-se da ideia de que os fatores intencionais dos usuários podem provocar alterações na relação designativa-denotativa dos significados das palavras ou expressões. Quando se utiliza uma expressão

---

276. Morris, Semiotic, in *Actes du Congrès International de Philosophie Scientifique*, cit., p. 50 e 51.

277. Tercio Sampaio Ferraz Jr., *Teoria da norma jurídica*, Rio de Janeiro, Forense, 1978, p. 2 e 3; *Direito, retórica e comunicação*, cit., p. IX; Newton Carneiro Affonso da Costa, Sobre a teoria lógica da linguagem, *RBF*, cit., fasc. 29, p. 62; Luís Alberto Warat, *O direito e sua linguagem*, cit., p. 30-7; Léon Jordan, *La lógica y la linguística*, Buenos Aires, Ed. Paidos; Morris, *Foundations of the theory of signs*, Chicago, 1938; Carnap, *Studies in semantics*, cit.; Yvon Balaval, *Les philosophes et leur langage*, Paris, Ed. Gallimard, 1952; Watzlawick, Beavin e Jackson, *Pragmática da comunicação humana*, trad. A. Cabral, São Paulo, 1973, p. 32 e s.; Martin, *Towards a systematic pragmatics*, 1959; Tarski, La concepción semántica de la verdad y los fundamentos de la semántica, in *Antología semántica* (compilada por Mario Bunge), Buenos Aires, 1968.

278. Tarski (The semantic conception, in *Semantic and the philosophy of language*, cit., p. 17) observa: "Semantics *is a discipline which, speaking loosely,* deals with certain relations between expressions of a language and the objects *(or 'states of affairs')* 'referred to' by those expressions. *As typical examples of semantic concepts we may mention the concepts of designation,* satisfaction *and definition as these occur in the following examples: the expression 'the father of his country' designates (denotes) George Washington; snow satisfies the sentential function (the condition) 'x is white'; the equation '2 x = 1' defines (uniquely determines) the number 1/2"*; e na p. 27 escreve: "*We have concerned ourselves here with the theory of semantic notions related to an individual object-language (although no specific properties of this language have been involved in our arguments). However, we could also consider the problem of developing* general semantics. *A considerable part of our previous remarks can be extended to this general problem; however, certain new difficulties arise in this connection, which will not be discussed here. I shall merely observe that the axiomatic method may prove the most appropriate for the treatment of the problem*".

num contexto comunicacional, pode-se provocar uma alteração na estrutura conceitual. A ideologia pode ser tida como uma dimensão pragmática da linguagem, por encontrar-se presente no discurso natural e por constituir um sistema de evocações contextuais surgidas no uso pragmático do discurso científico[279]. Como tão bem nos ensina Tercio Sampaio Ferraz Jr., a pragmática não é uma espécie de procedimento analítico meramente adicional às análises semântica e sintática, nem uma teoria da ação locucionária (do ato de falar) que encara o falar como forma de ação social, mas uma *linguística* do *diálogo*, por tomar por base a intersubjetividade comunicativa, tendo por centro diretor da análise o princípio da interação, ocupando-se do ato de falar enquanto uma relação entre emissor e receptor, na medida em que for mediada por signos linguísticos[280].

Observa Juan-Ramon Capella que ante as ideias de denotação e hierarquia de linguagens o termo T é utilizado de forma diferente numa linguagem e em sua metalinguagem, ainda que, aparentemente, tenha o mesmo significado. O termo T da linguagem L denotará objetos, enquanto o termo T na metalinguagem M de L denotará o termo T da linguagem L e não os objetos. Na metalinguagem M só se fala de termos (os da linguagem L), sendo, portanto, uma metalinguagem sintática, mas como também é possível construir uma metalinguagem para uma linguagem dada na qual se fale tanto dos termos dessa linguagem como dos objetos de que se fala na linguagem dada, ter-se-á metalinguagem semântica[281].

Quando se sai da semiótica e se passa a discorrer sobre a semiótica mesma, ter-se-á a metassemiótica. A semiótica e a metassemiótica estão intimamente ligadas, por isso ao conjunto destas duas disciplinas designa-se *teoria lógica de linguagem*[282].

B. SEMIÓTICA E CIÊNCIA DO DIREITO

b.1. Relações entre ciência jurídica e linguagem

Poderia existir ciência do direito sem a linguagem? Poderão esvoaçar sozinhos os pensamentos dos juristas, sem as "asas" sensíveis das imagens das palavras? Não é a linguagem que torna possível a comunicação do pensamento[283]?

O pensamento precisa da articulação linguística, pois os signos linguísticos constituem o essencial da comunicação humana, sendo portanto o fundamento da linguagem. A ciência jurídica exprime-se numa linguagem jurídico-técnica.

---

279. Verón, *Conducta, estructura y comunicación*, Buenos Aires, 1972, cap. XII.

280. Tercio Sampaio Ferraz Jr., *Teoria da norma jurídica*, cit., p. 3 e 4; Leonel S. Rocha. Semiótica e pragmática em Tercio Sampaio Ferraz Junior, *Filosofia e teoria geral do direito* — homenagem a Tercio Sampaio Ferraz Junior, São Paulo, Quartier Latin, 2011, p. 755 a 772.

281. *El derecho como lenguaje*, cit., p. 32. *V.* Lourival Vilanova, *Lógica jurídica*, Bushatsky, 1976, p. 55 e 56.

282. Newton Carneiro Affonso da Costa, Sobre a teoria lógica da linguagem, *RBF*, cit., fasc. 29, p. 65; Silvio de Macedo, A filosofia da linguagem e a metodologia científica, in *Filosofia-I, Anais do VIII Congresso Interamericano de Filosofia e V da Sociedade Interamericana de Filosofia*, p. 409-17.

283. Silvio de Macedo, A filosofia da linguagem, in *Filosofia-I, Anais do VIII Congresso Interamericano de Filosofia e V da Sociedade Interamericana de Filosofia*, cit., p. 409; John Locke (*An essay concerning human understanding*, p. 107) pondera: "*For language being the great conduit whereby men convey their discoveries, reasonings, and knowledge from one to another, he that an ill use of it, thought he does not corrupt the fountains of knowledge which are in things themselves*". *V.* Luigi Bagolini (Consciência e direito como exigência existencial, in *Filosofia-II, Anais do VIII Congresso Interamericano de Filosofia e V da Sociedade Interamericana de Filosofia*, p. 237-43), sobre alteridade. Eduardo C. B. Bittar, Semiótica jurídica: a ciência crítica do sentido jurídico, *Revista da Faculdade de Direito da FAAP*, v. 1, p. 89-100.

A ciência jurídica encontra na linguagem sua possibilidade de existir[284] porque:

a) Não poderia produzir seu objeto numa dimensão exterior à linguagem.

b) Onde não há rigor linguístico não há ciência, pois esta requer rigorosa linguagem científica. O jurista deve submeter a rigoroso controle o sentido de todos os termos técnicos empregados, para facilitar a adoção de um uso uniforme das palavras; quando adotar uma palavra nova impõe-se que, para sua maior tecnicidade, o jurista determine, rigorosamente, o sentido em que a está empregando; deve construir uma linguagem científica ou rigorosa, ou seja, transformar o discurso legislativo em discurso rigoroso. As proposições normativas devem ser redutíveis a uma linguagem subordinada a regras que levem a uma rigorosa definição de conceitos.

c) Deve construir seu objeto sobre dados que são expressos pela própria linguagem, ou seja, a linguagem da ciência jurídica fala sobre algo que já é linguagem anteriormente a esta fala. A pesquisa jurídica tem por objeto as proposições normativas (prescritivas), que, sob o prisma linguístico, são enunciados expressos na linguagem do legislador, sobre determinados comportamentos.

d) O elemento linguístico entra em questão como instrumento de interpretação, pois, sendo a linguagem do legislador subjetiva e variável, o jurista deverá, na interpretação literal, atingir o sentido específico e objetivo da palavra, buscando verificar o sentido da lei. Na interpretação histórica deverá analisar as causas da elaboração das proposições normativas e, na sistemática, levar em conta os vários significados que as palavras assumem nos textos legislativos em que são inseridas, procurando formar uma linguagem coerente e unitária. Em suma, o intérprete deve partir das palavras para atingir a ideia.

e) Se a linguagem do legislador for incompleta, o jurista deverá indicar os meios para completá-la, mediante o estudo dos mecanismos de integração.

f) O elemento linguístico pode ser considerado como instrumento de construção científica, visto que se a linguagem do legislador não é ordenada, o jurista deve reduzi-la a um sistema. A atividade sistemática ou construção de um determinado sistema jurídico é uma das principais tarefas do jurista.

---

284. O poeta francês Mallarmé escreveu com muita propriedade: "*La science ayant dans le langage trouvé une confirmation d'elle-même, doit maintenant devenir une confirmation du langage*". Marchello, Sur la scienza del diritto come analisi del linguaggio, *Rivista Internazionale di Filosofia del Diritto*, p. 85-93, 1952; Scarpelli, Scienza del diritto e analisi del linguaggio, *Rivista del Diritto Commerciale*, *1*:216, 1948; Irineu Strenger, Contribuição a uma teoria geral dos modelos jurídicos, in *Filosofia-II, Anais do VIII Congresso Interamericano de Filosofia e V da Sociedade Interamericana de Filosofia*, p. 511 e 512; Luís Alberto Warat, *O direito e sua linguagem*, cit., p. 5 e 28; Antonio Hernández Gil, *Problemas epistemológicos*, cit., p. 113-20; Silvio de Macedo, Linguagem, in *Enciclopédia Saraiva do Direito*, v. 50, p. 119-21; Miguel Reale, *Lições preliminares*, cit., p. 8; Williams Glanville, Language and law, *The Law Quarterly Review*, v. 61, p. 71, 1952. Ernst Forsthoff (*Recht und Sprache*, 1940) refere-se à conexão profunda entre linguagem e ciência do direito; Helmut Coing (*Grundzuge der Rechts philosophie*, 1950, p. 42 e s.) acentua a necessidade prática de uma linguagem jurídica técnica. Luigi Mosco, *Scienza giuridica e metodologia giuridica*, Napoli, 1954, cap. IV, p. 45-53; Bobbio, *Teoria della scienza giuridica*, cit., p. 215-36; Scienza dell diritto e analisi del linguaggio, *Rivista Trimestrale di Diritto e Procedura Civile*, 1950, p. 356 e s.; Opocher, Positivismo logico e scienza giuridica, *Rivista Trimestrale di Diritto e Procedura Civile*, 1951, p. 141; Sytia, *o direito e suas instâncias linguísticas*, Porto Alegre, Fabris, 2002; Clarice Von Oertzen de Araújo, *Semiótica do direito*, São Paulo, Quartier Latin, 2005.

b.2. Direito, ciência do direito e linguagem

b.2.1. *Linguagem legal*

Por ser o direito pluridimensional, pode-se analisá-lo sob o ângulo normativo (sem afirmar que direito se reduz a norma), encarando a norma sob o prisma linguístico (sem asseverar que a norma jurídica tenha apenas uma dimensão linguística)[285]. Isto porque o direito tem uma linguagem, por ter um sentido comunicacional, uma vez que "tem por condição de existência a de ser formulável numa linguagem, imposta pelo postulado da alteridade"[286]. Por tal razão procuramos estudar o direito enquanto necessita, para a sua existência, da linguagem, e não o inverso[287]. O direito como realidade social, elaborado pelo legislador ou órgão competente, aplicado pelos juízes e cumprido pelos membros da comunidade jurídica, é um fator de controle social, pois prescreve condutas, disciplinando-as em suas relações de intersubjetividade, tornando-as permitidas, proibidas ou obrigadas, formulando a linguagem em que a norma se objetiva[288]. Assim, sob o prisma linguístico, ao se predicar "isto é uma norma", se está referindo a uma proposição deôntica ou normativa, que pode ser válida ou inválida. São proposições sintéticas, por estatuírem sobre o mundo dos fatos[289]. O direito positivo oferta a linguagem-objeto, pois não fala sobre si próprio. Trata-se da *linguagem legal,* que é a linguagem utilizada pelo direito, ou seja, pelos órgãos que têm poder normativo[290], ou melhor, é a linguagem das leis, entendendo estas no sentido amplo de normas jurídicas[291].

Esclarece-nos, ainda, Juan-Ramon Capella que a linguagem legal inclui a linguagem normativa e a não normativa, que consiste nas definições de expressões que compõem as proposições normativas (não abrangendo, é óbvio, as definições feitas pelos juristas, que constituem, como logo mais veremos, outro tipo de linguagem, a dos juristas). Se bem que os termos definidos pertençam a uma linguagem-objeto L, as proposições definitórias (as que incorporam os termos da linguagem-objeto L) pertencem à metalinguagem ou sobrelinguagem. Ter-se-á a linguagem normativa da linguagem legal e a metalinguagem dessa linguagem normativa contida na linguagem legal. A linguagem legal caracteriza-se por uma classe de linguagens: a normativa e sua metalinguagem. É preciso lembrar, ainda, que a linguagem utilizada pelo direito não é precisa por ter os caracteres da linguagem natural que, em oposição à linguagem formal, como a da lógica e a da matemática puras, possui expressões ambíguas, termos vagos e palavras que se apresentam com significado emotivo, o que leva o jurista a desentranhar o sentido dos termos empregados pelo legislador, mediante uma leitura significativa que, por sua vez, constituirá, como mais adiante explicaremos, uma metalinguagem. A textura aberta das palavras da lei, a ambiguidade e vagueza das

285. Tercio Sampaio Ferraz Jr., *Teoria da norma jurídica*, cit., p. 5 e 6.

286. Juan-Ramon Capella, *El derecho como lenguaje*, cit., p. 28.

287. Tercio Sampaio Ferraz Jr., *Teoria da norma jurídica*, cit., p. 7.

288. Lourival Vilanova, Lógica, ciência do direito e direito, in *Filosofia-II, Anais do VIII Congresso Interamericano de Filosofia e V da Sociedade Interamericana de Filosofia*, 1974, p. 535 e 536.

289. Tercio Sampaio Ferraz Jr., *Teoria da norma jurídica*, cit., p. 9; Lourival Vilanova, *As estruturas lógicas*, cit., p. 30, 31, 37-40, 54 e 55.

290. Scarpelli, *La définition in droit*, 1958, p. 128; Lourival Vilanova, *As estruturas lógicas*, cit., p. 112.

291. Capella, *El derecho como lenguaje*, cit., p. 33 e 34; Luís A. Warat, *O direito e sua linguagem*, Porto Alegre, Fabris, 1955; Paulo R. de G. Medina, Direito e linguagem, *Revista Brasileira de Direito Comparado, 48*:203, 2014.

expressões legais viabilizam a redefinição dos sentidos normativos pela ciência jurídica e a adoção de uma das alternativas de decisão pela autoridade ou juiz ao aplicar o direito. Logo, o discurso científico aparece articulado em unidades linguísticas, designadas *enunciados*, que são orações sobre determinada linguagem natural contida em norma[292].

b.2.2. *Dimensão pragmática da norma jurídica*

Procuramos expor, em linhas gerais, o pensamento de Tercio Sampaio Ferraz Jr.[293], sobre a visão da norma jurídica do ângulo da pragmática, sem que haja um menosprezo à sintaxe e semântica, pois o autor, ao assumir um modelo empírico[294] que encara a norma como um processo comunicativo, foi conduzido ao fenômeno linguístico, do ponto de vista pragmático.

O modelo empírico seria o sistema explicativo do comportamento enquanto regulado por normas, constituindo uma investigação dos instrumentos jurídicos de controle de conduta. O controle jurídico se vale de uma referência básica das relações comunicativas entre as partes a um terceiro comunicador: o juiz, o árbitro, o legislador, numa palavra, o sujeito normativo, ou, ainda, a *norma*. Tal modelo encara a norma como um processo decisório. O ato decisório é um componente de uma situação comunicativa entendida como um sistema interativo, pois decidir é ato de comportamento referido a outrem. Decisão é termo correlato de conflito, que é o conjunto de alternativas que surgem da diversidade de interesses, de avaliações etc., e que não preveem parâmetros qualificados de solução, exigindo, por tal motivo, uma decisão. Logo, decisão é o ato que objetiva transformar incompatibilidades indecidíveis em alternativas decidíveis, pondo fim aos conflitos, sem contudo eliminá-los.

A decisão jurídica (a lei, o costume, a sentença judicial etc.) impede a continuação de um conflito; ela não o termina mediante uma solução, mas o soluciona pondo-lhe um fim, isto é, eliminando aquela incompatibilidade, para trazê-la a uma situação onde não pode mais ser retomada ou levada adiante (coisa julgada). A norma jurídica é uma decisão; através dela se garante que certas decisões serão tomadas, porque ela estabelece controles, isto é, pré-decisões, cuja função é determinar outras decisões.

---

292. Capella, *El derecho como lenguaje*, cit., p. 34-7; Luís Alberto Warat, *El derecho y su lenguaje*, Buenos Aires, Cooperadora de Derecho y Ciencias Sociales de la Universidad de Buenos Aires, 1976, p. 33; Genaro Carrió, *Notas sobre derecho y lenguaje*, Buenos Aires, 1973, e *Sobre los limites del lenguaje normativo*, Buenos Aires, 1973; Roberto José Vernengo, *Curso de teoría general del derecho*, 2. ed., Buenos Aires, Cooperadora de Derecho y Ciencias Sociales, 1976, p. 19 e 20.

293. *Teoria da norma jurídica*, cit., p. 11, 12, 30-181, e Teoria da norma jurídica: um modelo pragmático, in *A norma jurídica*, obra conjunta coordenada por Sérgio Ferraz, Rio de janeiro, Freitas Bastos, 1980, p. 7-37, que aqui resumimos.

294. Segundo Ferraz Jr. (Teoria da norma jurídica: um modelo pragmático, in *A norma jurídica*, cit., p. 8 e 9) modelo é o padrão esquemático; esquema simbólico que seleciona traços comuns de fenômenos individuais, ostensivamente diferentes, agrupando-os em classes. O modelo-objeto, em tela, é a norma jurídica. Ter-se-á um modelo empírico quando, diante da complexidade do fenômeno, se vale de recursos funcionais, subordinando a estes os sistemáticos e os descritivos, procurando captar o objeto pela função que ele desempenha no contexto; preocupa-se com o papel desempenhado pelo objeto numa situação dada, dando-lhe as condições de uma atuação melhor ou pior. Consulte: Flávia M. P. de Carvalho dias, A linguagem jurídica como ato comunicativo: uma concepção sintática, semântica e pragmática, *Revista Direito e Liberdade*, da ESMARN, v. 2, p. 82-9, 2006.

Em toda norma há um *relato* (*dubium*), que é a informação transmitida, e o *cometimento* (*certum*), que diz como a informação transmitida deve ser entendida[295].

A norma "ninguém será preso senão em flagrante delito ou por ordem escrita de autoridade competente. A lei disporá sobre a prestação de fiança. A prisão ou detenção de qualquer pessoa será imediatamente comunicada ao juiz competente, que a relevará, se não for legal" levanta uma série de alternativas conflitivas que envolvem decisões a tomar: ser preso ou não ser preso, legalmente ou ilegalmente, por autoridades ou por qualquer pessoa, tendo cometido um delito ou não tendo praticado um delito, em flagrante ou não, pagando fiança ou não pagando, admitindo-se fiança ou não se admitindo etc. Tais alternativas são incompatíveis ou conflitivas. A norma é que vai determinar quais as decisões, ou seja, quais alternativas decisórias devem ser escolhidas. O objeto do discurso normativo é a decisão que, diante do conjunto das alternativas, deve ser tomada: só prender em flagrante delito ou por ordem escrita da autoridade, comunicar ao juiz a prisão ou detenção, relaxar a prisão ilegal. Assim, a questão conflitiva não é apenas "ser preso ou não ser preso", "legalmente ou ilegalmente", mas, também, só prender em flagrante ou por ordem escrita: decisão obrigatória, proibida, permitida ou indiferente etc.

Tanto o relato como o cometimento do discurso normativo formam o objeto do discurso. As normas constituem *quaestio certa* e *quaestio dubia*. O relato (só prender em caso de flagrante ou por ordem escrita) é um *dubium*, porque o endereçado é convidado a reagir ativamente (que é flagrante? como agir nos casos em que não haja flagrante nem ordem escrita?). O cometimento (é *proibido* prender, é *obrigatório* comunicar ao juiz, é *obrigatório* relaxar a prisão) é um *certum*, pois o endereçado assume a reação passiva de cumprir a norma de determinada maneira, excluindo outras possibilidades.

A norma jurídica é um discurso interativo em que alguém dá a entender a outrem alguma coisa, estabelecendo, ao mesmo tempo, o tipo de relação existente entre quem fala (orador) e quem ouve (ouvinte). A lógica deôntica define as proposições normativas como prescrições, isto é, proposições construídas mediante os operadores *obrigatório*, *proibido* e *permitido*, aplicados a ações.

Os operadores normativos têm uma dimensão pragmática, além da sintática, pela qual não só é dado um caráter prescritivo ao discurso ao qualificar-se uma ação qualquer, mas também lhe é dado um caráter metacomplementar ao qualificar a relação entre emissor e receptor.

A metacomplementaridade, relativa à qualificação da relação entre emissor e receptor, se determina ao nível do aspecto-cometimento do discurso e é prevista pelos operadores normativos.

Estabelecida uma norma, o editor, ao transmitir uma mensagem, define as posições de tal modo que o endereçado assuma uma relação complementar (metacomplementaridade). Para fazê-la, ele pode transmitir a mensagem ou comentá-la. P. ex.: "efetuada a prisão, a autoridade comunicará ao juiz..." ou "efetuada a prisão, a autoridade é obrigada a comunicar

295. O discurso normativo é uma ação linguística *sui generis*, por ser, concomitantemente, dialógica (quando o relato é relevante e os comunicadores surgem como parte argumentante e intérprete) e monológica (quando o relato é secundário e os comunicadores aparecem como autoridade e sujeito). Ferraz Jr., *Teoria da norma jurídica*, cit., p. 46.

ao juiz" etc. Como a relação, além de complementar, é imposição de metacomplementaridade, as expressões obrigar, permitir, proibir são fórmulas digitais, pelas quais a autoridade controla as possíveis reações do endereçado à definição das respectivas posições, em termos de confirmação ou rejeição. O editor ao estabelecer a metacomplementaridade, de antemão, abre duas opções de reação, dispondo qual delas deve ser escolhida: ou o ouvinte coopera ou sua reação será rejeitada.

Pode-se ter:

a) Normas de obrigação/proibição: com o uso dos operadores "é proibido" e "é obrigatório" uma ação ou omissão é qualificada juridicamente como obrigatória ou proibida. Com isso dá-se uma determinação jurídica da relação entre emissor e receptor como relação complementar imposta.

b) Normas permissivas, exceções a uma norma geral de obrigação/proibição: pelo operador "é permitido, porém, que" certa ação ou omissão é qualificada juridicamente como permitida, em atenção a uma proibição ou obrigação geral. P. ex.: normas que estabelecem isenções de impostos, tendo em vista obrigação geral a respeito.

c) Normas permissivas independentes: com o operador "é permitido" uma determinada ação ou omissão é qualificada como permitida, sem que haja, sobre o mesmo conteúdo, norma geral de obrigação/proibição[296]. É o caso da permissão com conteúdo próprio. P. ex.: as normas programáticas da Constituição Federal, que não são exceções a proibições ou obrigações gerais, mas normas com conteúdo próprio.

d) A ausência de norma: o silêncio do editor torna uma ação ou omissão nem obrigatória, nem proibida, nem permitida, mas juridicamente indecidível.

As normas são discursos decisórios em que o editor controla as reações dos endereçados ao garantir expectativas sobre as expectativas de reação, determinando as relações entre comunicadores na forma de uma metacomplementaridade.

As *sanções* não entram nas normas, sob o prisma discursivo, como ato locucionário, isto é, como uma constatação de um estado de coisas, p. ex., "para o crime de morte é prevista uma sanção de prisão", nem como ato ilocucionário, ou seja, como realização de uma ação através de uma asserção, p. ex., a ação de ameaçar ao dizer "está ameaçado de prisão, quem matar", mas como ato perlocucionário, ou melhor, como a consecução de uma ação ao falar, pois ao dizer "quem matar será preso" desperta no endereçado a expectativa de estar sendo ameaçado. A sanção é ameaça da sanção, por ser, sob o ângulo da linguagem, um fato linguístico, e não empírico. Só o fato não linguístico de pôr alguém atrás das grades seria uma sanção e não mais ameaça. As normas, sob esta ótica, ao estabelecerem uma sanção, são atos de ameaçar com penalidades, como perda de liberdade, execução forçada, multa, anulação.

296. Quando o editor se desqualifica como autoridade, não deixando ao endereçado outra opção senão a de ignorá-lo como tal, tem-se a relação simétrica imposta ou pseudossimetria, pois impõe ao endereçado a relação simétrica. A pseudossimetria redunda numa metacomplementaridade implícita. Ferraz Jr. (Teoria da norma jurídica: um modelo pragmático, in *A norma jurídica*, cit., p. 20 e 21) esclarece que, ao impor a simetria, o editor ao mesmo tempo que se desqualifica como autoridade, qualifica-se como tal. O endereçado ante a norma permissiva deve sujeitar-se na medida em que rompe a relação de sujeição.

O caráter jurídico da ameaça da sanção está no fato de ser ela regulada por norma, ao nível do relato. Assim, quando uma norma prescreve "é obrigatório cumprir o contrato", o conteúdo do relato é "cumprir o contrato", cuja negação interna é "não cumprir o contrato", que seria condição de aplicação de uma prescrição de sanção: "é obrigatório pagar a multa". Na prescrição da sanção "pagar multa" é o conteúdo do relato da norma sancionadora. Há normas que prescrevem comportamentos estabelecendo a metacomplementaridade autoridade-sujeito, sem fazer ameaça, pois esta pode estar em outra norma. Trata-se da questão de conexão de normas.

A *validade* pode ter uma dimensão sintática, semântica e pragmática. Se se analisar a teoria kelseniana sob o prisma da semiótica ter-se-á:

a) validade como qualidade sintática da norma, quando se refere à propriedade das relações entre normas, independentemente do usuário, pois o fundamento de validade da norma está em outra norma;

b) validade como qualidade semântica, ao se relacionar validez com efetividade, principalmente quando se fala da norma hipotética fundamental no sentido de que uma norma só é válida no sistema, mas o sistema, como um todo, só é válido se eficaz;

c) validade do ângulo pragmático, quando se faz menção às normas derivadas, especialmente às normas individuais, para resolver problemas como o da sentença ilegal, mas que, se não impugnada, produz efeitos, devendo ser considerada válida. Validade seria, então, uma qualidade da norma na sua relação com o seu editor, tornando-se uma relação de competências normativas.

Sob o prisma pragmático, a noção de *validade* está ligada à qualidade do discurso normativo enquanto decisão, isto é, à sua capacidade de pôr um fim aos conflitos, institucionalizando-os. A validade exprime uma relação de competências decisórias, incluindo também a provável reação do endereçado. A conexão pragmática entre os discursos normativos consiste na imunização, que é um processo racional que capacita o editor a controlar as reações do endereçado, eximindo-se de crítica. Logo, validade é uma propriedade do discurso normativo que exprime uma conexão de imunização entre o aspecto-relato da norma imunizante e o aspecto-cometimento da imunizada (possibilidade de exigência).

A imunização do discurso normativo parte de outro discurso normativo, de modo que a validade é uma relação pragmática entre normas, em que uma imuniza a outra contra as reações do endereçado, garantindo-lhe o aspecto-cometimento metacomplementar. P. ex.: um ladrão, ao exigir a entrega da bolsa, é superior ao endereçado, podendo ameaçá-lo com sanção, mas a esta norma falta a relação de imunização que não se funda na capacidade do ladrão de ameaçar com sanção, mas no caráter atribuído ao editor de autoridade. O ladrão é superior, porque pode usar de violência, mas não é autoridade, posição que exclui o uso da violência e não admite argumentação, porque depende da imunização.

Uma norma imuniza a outra:

a) Disciplinando-lhe a edição, fazendo uma programação condicional. P. ex.: uma decisão é programada condicionalmente na seguinte regra: em caso de perigo, as luzes devem ser apagadas. A decisão de apagar as luzes está presa à ocorrência de perigo. O decididor é responsável pelo correto emprego dos meios, mas não pelo efeito a atingir. O decididor, portanto, é responsável pela constatação do perigo, não pela relação entre perigo e apagar as luzes, e se, por causa disso, a casa é assaltada, isto não lhe será imputado. Trata-se da técnica de imunização condicional, que ocorre com a disciplina de edição das normas por outra norma. Como a validade é relação entre normas, uma é a norma imunizante e, a outra, a imunizada, p. ex.: a norma "x" (norma imunizante) estabelece que a criação, aumento ou isenção de tributos é de competência exclusiva do legislador; a norma "y" (norma imunizada) estabelece o tributo "a", a ser recolhido pelo sujeito "b". A posição metacomplementar do editor de "y" é garantida pelo aspecto-relato da norma "x". Na imunização condicional, a norma imunizante fixa o antecedente (no caso de tributos, ser legislador), a partir do qual o consequente é possível, conforme o esquema quem pode o "se...", pode o "então...". Como a responsabilidade do editor está condicionalmente imunizada pelas consequências (p. ex., pela inflação, pela má distribuição de rendas etc.), ele não é responsável — a metacomplementaridade do aspecto-cometimento da norma "y" não é atingida, seja qual for a consequência para o endereçado. A norma é válida. Esta técnica é adequada para os procedimentos de delegação de poderes e o controle da validade se resolve com a constituição de sistemas hierárquicos, logo a norma inferior tem seu fundamento de validade em norma superior. Essa imunização fixa condições para o aparecimento da decisão normativa.

b) Delimitando-lhe o relato, caso em que se tem uma programação finalista, na qual a escolha dos meios está vinculada ao fim colimado. P. ex.: uma decisão é programada finalisticamente na seguinte regra: o índice inflacionário não deve ultrapassar os 42%. A escolha dos meios para assegurar tal índice é livre, mas o decididor é responsável pelo fim. Caso não seja o fim proposto para eximir-se de crítica, o decididor pode usar de técnicas de transferências, descarregando o insucesso em razões alheias ao processo, que teriam modificado a situação (p. ex., crise internacional como fato novo a influenciar os fins estabelecidos de controle da inflação). Ter-se-á aqui uma imunização finalista que delimita o relato. A validade continua a ser a relação entre o aspecto-relato da norma imunizante e o aspecto-cometimento da imunizada, mas a norma imunizante não se importa com a edição da norma imunizada, mas fixa-lhe um determinado relato. P. ex.: a norma imunizante "a" estabelece que todo trabalhador tem direito a uma remuneração que garanta a ele e a sua família condições mínimas de subsistência; a norma imunizada "b" estabelece que o salário mínimo será "x". A metacomplementaridade da posição do editor da norma "b" é imunizada contra a crítica do endereçado pela garantia do relato, posto como um fim a ser atingido. Essa imunização fixa os efeitos a atingir, deixando em aberto as condições necessárias. A norma imunizada pode estar fundada em outras normas da mesma hierarquia e até mesmo de hierarquia inferior; logo, esta técnica não requer constituição de sistemas hierárquicos.

Essas duas técnicas são utilizadas concomitantemente, embora possa suceder, às vezes, que uma norma obedeça à técnica de validade condicional e não à de validade finalista, como o caso de uma norma editada por órgão competente, mas ferindo preceito superior. Para que uma norma seja válida, para que se tenha imunização, é imprescindível a concorrência das duas técnicas. Se não ocorrer isso, ter-se-á norma inválida.

Sob o ponto de vista linguístico, a *efetividade* do ângulo sintático indica eficácia, no sentido de aptidão da norma para produzir efeitos jurídicos, independentemente da sua efetiva produção. A efetividade (ou eficácia em sentido técnico) liga-se à capacidade do relato de uma norma dar-lhe condições de atuação ou depender de outras normas para tanto. O sentido sintático prescinde: *a*) do nível cometimento e vê a efetividade como relação entre o relato de uma norma e as condições que ela mesma estabelece (que podem estar em outra norma) para a produção dos efeitos; *b*) da relação para com os comportamentos de fato ocorridos e não vê nenhuma influência entre a obediência efetiva da norma e a possibilidade de produção dos efeitos.

Sob o prisma semântico a norma efetiva seria, nos moldes kelsenianos, a cumprida e aplicada concretamente em certo grau. Estabeleceu-se aqui como critério a relação entre o relato da norma com o que sucede na realidade. O sentido semântico liga, de modo direto, a efetividade e obediência de fato, não prevendo os casos de desobediência de normas eficazes (no sentido técnico). Nesse nível de análise a norma será tanto mais efetiva quanto mais as ações ou omissões exigidas ocorram. A adequação semântica obriga a verificar os motivos pelos quais a norma é ou não cumprida, pois o que importa é o fato da obediência regular.

Do ângulo pragmático, efetividade é a relação de adequação entre o aspecto-relato e o aspecto-cometimento da mesma norma, logo, será efetiva a norma cuja adequação do relato e do cometimento garanta a possibilidade de se produzir uma heterologia equilibrada entre editor e endereçado.

Uma norma pode ser: *a*) plenamente eficaz, se a possibilidade de produzir os efeitos previstos decorre dela imediatamente (p. ex., uma norma revoga outra: o efeito extintivo é imediato); o relato da norma é adequado ao cometimento; a metacomplementaridade não sofre restrições; *b*) contidamente eficaz, se a possibilidade é imediata, mas sujeita a restrições por ela mesma previstas (p. ex., normas que preveem regulamentação delimitadora); a adequação do relato ao cometimento é parcial, a relação de autoridade não sofre restrições senão as por ela mesma previstas, mas que ainda não ocorreram; *c*) limitadamente eficaz, se a possibilidade de produzir os efeitos é mediata, dependente de normação ulterior (p. ex., normas programáticas); a adequação do relato ao cometimento está no limiar da inadequação, exercendo-se a relação de autoridade apenas num sentido negativo: é possível reconhecer o que o sujeito não deve fazer, mas não o que ele deve fazer.

O sentido jurídico da efetividade atende mais ao plano pragmático, podendo haver uma norma eficaz (possibilidade de produzir efeitos) que não seja de fato obedecida e aplicada. A adequação pragmática evita o problema de se saber se a regularidade ou irregularidade da conduta tem por motivo a norma, pois o que importa é a qualificação dos efeitos jurídicos. Para a pragmática o importante é a relação metacomplementar e as condições de aplicabilidade, exigibilidade ou executoriedade da norma, mesmo que ela seja regularmente desobedecida.

A efetividade, do ângulo pragmático, abarca o nível sintático e o semântico (possibilidade de obediência). Tal conexão permite configurar o desuso e o costume negativo. Se uma norma é sintaticamente eficaz, mas é semanticamente inefetiva (é, de fato, regularmente desobedecida), fala-se em inefetividade pragmática no sentido de desuso, isto é, omissão que ocorre diante de fatos que constituem condições para a aplicação da norma. Se uma norma é sintaticamente ineficaz e desobedecida regularmente (semanticamente inefetiva), tem-se a inefetividade pragmática no sentido de costume negativo, ou melhor, omissão que se dá porque os fatos que seriam condição para a aplicação da norma não ocorrem. A norma em desuso não perde a eficácia, que não existe no caso de costume negativo.

A *imperatividade* da norma jurídica é uma qualidade pragmática, que exprime uma relação entre o aspecto-cometimento de uma norma e o aspecto-cometimento de outra. Pela imperatividade a norma se adapta a mudanças e desvios em razão de uma estabilidade conhecida. Deve haver uma regulagem da possibilidade de exigência (validade) e de obediência (efetividade) de um discurso normativo que expressa uma estabilidade, de tal forma que qualquer desvio (ilegitimidade, incompetência ou descumprimento de aplicação), dentro de um âmbito, é contrabalanceado (medidas disciplinares, sanções, anulação, declaração de nulidade). Num outro nível esta mudança se produz a longo prazo, devido, p. ex., à ampliação de certos desvios (desobediência regular de normas inefetivas — costume negativo, ou efetivas — desuso, modificação drástica nas condições de legitimidade, em razão de revolução), o que poderia redundar em novo estado da situação comunicativa normativa. A imperatividade é a qualidade (relação de calibração) que explica certa constância das variações dentro deste âmbito, designando uma propriedade da interação. Uma norma é vinculante ou tem imperatividade na medida em que se lhe garante a possibilidade de impor um comportamento independente do concurso ou da colaboração do endereçado, portanto, a possibilidade de produzir efeitos imediatos, inclusive sem que a verificação da sua validade o impeça. P. ex., pode ocorrer que um ato administrativo inválido, uma expropriação estabelecida por uma autoridade incompetente, seja impugnado pelo endereçado que, contudo, perderá seu direito de propriedade sobre o bem expropriado e não caberá à autoridade suportar os riscos se ocorrer perecimento daquele bem. A imperatividade, portanto, afeta a questão da legitimidade jurídica.

A noção de calibração pressupõe o padrão circular, que não exclui o escalonamento, mas o relativiza como um dos relacionamentos possíveis, ou seja, no sistema normativo jurídico, visto do ângulo pragmático, não é possível determinar-se o sentido do sistema apenas pela sua origem, p. ex., a partir de uma Constituição estabelecida, ocorrendo inter-relação entre as normas que se acumulam e modificam o sistema, que é independente até certo ponto das suas condições iniciais, sendo mais importante, para sua compreensão, a sua organização atual. O jurista, na captação do sistema, deve preocupar-se não só com o escalonamento das normas, em termos de hierarquia de competência, compatibilidade de conteúdos, mas também com relacionamentos cruzados, que podem até desconfirmar as hierarquias ditadas por regras doutrinárias, princípios de interpretação, jurisprudência etc.

Do ângulo pragmático, o sistema normativo guarda relações de validade e efetividade; conforme as regras de calibração pode-se apresentar uma tipologia normativa, tendo em vista a dinâmica do sistema.

Com base na validade e invalidade ter-se-á: *a) normas-origens*, que guardam entre si relações de invalidade, mas que, em si, não são nem válidas nem inválidas, mas efetivas conforme as regras de calibração do sistema. Eventualmente, podem ser inválidas em relação a outras normas-origens, sem que sua efetividade seja afetada; *b) normas derivadas*, que são, relativamente às suas normas-origens, normas válidas, podendo ser inválidas em relação a outras normas-origens; em si, são efetivas ou inefetivas.

Daí por que num sistema normativo pode haver normas válidas e inválidas.

Toda norma-origem é norma imunizante, mas nem toda norma imunizante é norma-origem. Há normas derivadas imunizantes. Estas normas são imunizadas em relação a outra norma imunizante, que pode ser imunizante em relação às normas delas derivadas.

O sistema, por não exigir hierarquia, pode ter outras normas-origens, paralelas à Constituição, que se tenham efetivado no seu desenvolvimento; p. ex., uma norma legislada declarada inconstitucional pelo tribunal, que não tem o poder de revogá-la, sendo mantida pelo editor, torna-se norma-origem produzindo efeitos próprios, iguais ou diferentes dos previstos pela Constituição. Ou, como no caso das Súmulas do Supremo Tribunal Federal que, não tendo validade apoiada em outras normas, mas permitidas na regulagem do sistema, tornam-se normas-origens (ao menos parcialmente), portanto, efetivas, imunizando uma série de outras decisões, eliminando outras que não têm condições de fazer frente à sua efetividade.

Dentro do sistema podem-se classificar as normas em: *a*) normas-origens, p. ex., Constituições escritas, costumes, atos institucionais; *b*) normas derivadas imunizantes, p. ex., leis, decretos, normas consuetudinárias; *c*) normas derivadas imunizadas, p. ex., as normas individuais que podem assumir, no sistema, o caráter de imunizantes.

A norma tem imperatividade, como já se apontou, na medida em que se lhe garante a possibilidade de impor um comportamento, independentemente do concurso do endereçado. Isto deve ser entendido, sob o ponto de vista pragmático, como uma valoração ideológica, estabilizadora da relação autoridade-sujeito, em termos de confirmação de metacomplementaridade, que desconfirma outras possibilidades.

A *ideologia* calibra o sistema normativo determinando o tipo de efetividade que ele deve possuir para que suas normas constituam cadeias válidas e o tipo de autoridade que deve ser assumida como legítima.

No sistema normativo pode-se discriminar focos de significação da avaliação ideológica, responsável pela imperatividade vista como regulagem do sistema, quando ela: *a*) indica propriedade fundamental, núcleo básico, característica essencial e se manifesta, p. ex., pelo princípio da divisão dos poderes, na inamovibilidade dos juízes etc.; *b*) estabelece guias ou orientações gerais capazes de expressar generalizações de redundâncias observadas na aplicação do direito, como, p. ex., o princípio da ausência de responsabilidade sem culpa, o da boa-fé, o da responsabilidade objetiva etc.; *c*) mostra as fontes geradoras, as causas, as origens, valorando diretamente certos juízos de valor reconhecidos, ligando-os, p. ex., à consciência jurídica popular, ao espírito do povo etc.; *d*) determina finalidades, metas do sistema, permitindo o controle da *mens legis* e sua interpretação; *e*) responde pela constituição de premissas, postulados, pontos de partida da argumentação jurídica, identificando certos requisitos que a ordem jurídica deverá obedecer, como o caráter geral das normas, a sua irretroatividade, a sua clareza, a não contraditoriedade, a exigência de promulgação etc., fornecendo uma determinação das chamadas regras práticas de conteúdo evidente, regras éticas inquestionáveis.

Este caráter de regulagem do sistema normativo permite que ele seja concebido como sistema ideológico de controle de expectativas. Tal controle é dado por uma decisão fortalecida ideologicamente e que assegura uma relação metacomplementar entre editor e endereçado. A valoração ideológica constitui não só uma explicação da razão por que certas expectativas de comportamento podem ser esperadas, mas também a razão pela qual tais expectativas são legitimadas ou fundamentadas. Quando alguém age de acordo com as normas, sabe ou acredita que outros estão esperando dele esta ação. O fundamento ou legitimidade da ação repousa na legitimidade da expectativa dos outros, dada pela valoração ideológica.

Do exposto pode-se verificar que a pragmática, projetada ao direito, possibilita a compreensão de que a ideologia é um fator indissociável da estrutura conceitual explicitada nas normas jurídicas gerais, sendo um bom instrumento para a formação de juristas críticos que, ao interpretarem e sistematizarem os discursos normativos, explicitem as funções desses discursos na realidade social[297].

b.2.3. *Linguagem do jurista*

A ciência do direito, que é a ciência em que os juristas procuram conhecer o direito positivo, também tem sua linguagem, que se dirige ao direito (linguagem-objeto), pela qual fixa e comunica o conhecimento. As proposições-objeto, como vimos, são prescritivas (normativas), mas as sobreproposições (da ciência jurídica) são descritivas (teoréticas). Tais proposições descritivas são analíticas, ou seja, formais ou lógicas, por não estatuírem sobre o mundo dos fatos, já que descrevem a proposição prescritiva. Trata-se da *linguagem do jurista* por ser aquela em que o jurista fala das normas, por meio de proposições relacionadas logicamente, sem apresentar contradições.

Os functores das proposições descritivas são operadores veritativos, daí poderem ser, como proposições, empiricamente, verdadeiras ou falsas. Os enunciados da ciência do direito teriam, portanto, um sentido semântico enquanto sujeitos às condições de verdade, na medida em que afirmam a validade de uma norma. A validez é, portanto, nesse sentido, uma preocupação metalinguística. Mas é preciso lembrar, como explicaremos mais adiante, que o problema nuclear da ciência jurídica é a decidibilidade.

A ciência do direito, sendo conhecimento sobre as proposições normativas, constitui uma proposição sobre proposição, uma metalinguagem semântica, ou sobrelinguagem, por ser um sistema de linguagem dirigido à linguagem-objeto. Realmente, se a tarefa da ciência jurídica é efetuar a descrição do direito positivo, cujos enunciados constituem um corpo linguístico, ou seja, a linguagem legal, as suas proposições descritivas constituem uma metalinguagem. O discurso normativo, o direito positivo, objeto da reflexão científico-jurídica, constitui-se pela linguagem-objeto. Os enunciados científicos, apesar de conterem informação sobre o campo temático a que se referem, evitando contradições, têm natureza criptonormativa, por conterem critérios para as decisões jurídicas, possibilitando a aplicação do direito.

A ciência jurídica não produz normas, mas pode influir na evolução do direito, pois nada obsta que através dos órgãos criadores e aplicadores do direito positivo, ou da elaboração de direito novo, as teses científicas passem do descritivo para o prescritivo[298].

A distinção técnica entre linguagem legal e linguagem dos juristas, linguagem-objeto e metalinguagem foi feita pela primeira vez, embora de maneira implícita, por Kelsen, em 1923, ao falar em *norma jurídica* e *regra de direito*, que seria a proposição mediante a qual a ciência jurídica descreve seu objeto. Essa distinção entre norma e regra de direito

---

297. Luís Alberto Warat, *O direito e sua linguagem*, cit., p. 36 e 39, 37 e 48, e *Mitos e teoria na interpretação da lei*, Porto Alegre, Síntese, 1979.

298. Lourival Vilanova, Lógica, in *Filosofia-II, Anais do VIII Congresso Interamericano de Filosofia e V da Sociedade Interamericana de Filosofia*, cit., p. 535, 539-41, 550-2, e *Lógica jurídica*, cit., p. 16, 55 e 116; Luís Alberto Warat, *O direito e sua linguagem*, cit., p. 33; Juan-Ramon Capella, *El derecho como lenguaje*, cit., p. 33.

corresponde às mesmas necessidades que levaram Wittgenstein a falar de *uso* e *menção*, e Russell e Tarski de *linguagem-objeto* e *metalinguagem*. Hedenius, filósofo sueco, em 1941, diferenciou entre norma e os enunciados sobre essa norma. Foi Wróblewski que, em 1948, empregou a terminologia *linguagem jurídica* e *linguagem do jurista*[299].

b.2.4. *Discurso da ciência jurídica sob o ângulo pragmático*

As lições de Tercio Sampaio Ferraz Jr.[300], a respeito do discurso científico sob o prisma pragmático, são magistrais e por tal razão, aqui, tentaremos reproduzi-las.

Todo discurso é *uma* discussão ou ação linguística dirigida a outrem. A ação linguística do jurista, na *discussão-com*, dominada pelo escopo de conquistar a adesão da outra parte, buscando convencê-la, tendo em vista a *verdade*, dirige-se, geralmente, a outros juristas, tomando, por isso, um caráter peculiar, desenvolvendo uma terminologia própria. Na discussão-com, a questão dubitativa, dada a reação do ouvinte, envolve uma alternativa própria: verdadeiro ou falso. O objeto da discussão é constituído por ações linguísticas do orador, formuladas como perguntas hipotéticas, como as que se encontram em quaisquer atividades de pesquisa. A alternativa geral verdadeiro/falso especializa-se, na seara jurídica, em relação ao problema da decidibilidade: possibilita a decisão — não possibilita a decisão. Tal argumentação visa o *convencimento* da outra parte; para tanto deverá existir entre orador e ouvinte uma *homologia*, ou seja, ambos devem possuir qualidades para discutir um com o outro e para verificar interpessoalmente o que é enunciado. Domina aqui uma mútua confiança e respeito que conduzem à cooperação e que se fundam na competência comunicativa das partes (comunidade linguística comum, capacidade de controle comum etc.), de modo a haver uma relação simétrica, no que atina aos atos de falar, fazendo com que o comportamento do ouvinte não vise diretamente a pessoa do orador, mas a sua fala. A produção do consenso, pela obtenção de proposições verdadeiras, é elemento importante no discurso-com ou homológico. Aqui há um *dubium* que não pode ser eliminado, embora possa ser solucionado. A solução por decisão, na discussão-contra[301], termina um conflito,

---

299. Kelsen, *Hauptprobleme der Staatsrechtslehre*, 1923; Wittgenstein (*Tratactus logicus philosophicus*) ao distinguir uso e menção procedeu dos Escolásticos, da chamada teoria das suposições, que distinguem suposição formal e material, de modo que uma proposição encontra-se em *suppositio formalis* quando se refere a entidades. A análise dos níveis de linguagem foi transladada ao infinito por Russell e Tarski, através da teoria das hierarquias da linguagem. Assim, o que se diz em uma linguagem pode ser mostrado ou problematizado em sua metalinguagem, que, por sua vez, pode ser objeto de nova problematização em uma nova metalinguagem. Fala-se, dessa forma, de metalinguagens de primeiro e segundo graus. Tais cadeias metalinguísticas podem prosseguir até o infinito: sempre uma linguagem de grau N é uma linguagem-objeto com relação a Nl, sua metalinguagem. A esse respeito, *v.* Luís Alberto Warat, *O direito e sua linguagem*, cit., p. 39 e nota 22. *V.* Von Wright, *Norm and action. A logical enquiry*, London, 1963, cap. VI, p. 9, que cita Hedenius. Wróblewski, *Jezyk Prawni i Prawniczy* (linguagem jurídica e do jurista), Krákow (Polônia), 1948. *V.*, ainda, Capella, *El derecho como lenguaje*, cit., p. 33; Hélcio L. Adorno Jr. e José Luiz P. da Silva, A linguagem jurídica como importante instrumento de efetivação da justiça, *Revista de Direito Constitucional e Internacional*, 72:83-96.

300. *Direito, retórica e comunicação*, cit., p. 37-42, 166-89; *Teoria da norma jurídica*, cit., p. 27; *A função social*, cit., p. 83.

301. Tercio Sampaio Ferraz Jr. (*Teoria da norma jurídica*, cit., p. 28) esclarece que na *discussão-contra* a relação é *heterológica*, pois quando um discute *contra* o outro, tem-se em vista a *persuasão*, isto é, o sentimento que se funda no *interesse*, ligando-se a procedimentos de controle de opinião. A ação e a reação do orador e do ouvinte são partidárias, ambos defendem suas opiniões. O objeto do discurso, a *quaestio*, apresenta-se como um *conflito*, que é questão em que a relação entre as partes é predominantemente não simétrica, constituída de alternativas incompatíveis, que pedem uma *decisão*, embora não sejam excludentes. A decisão soluciona uma questão sem eliminá-la, tornando-a decidível.

pondo-lhe um fim; a solução verdadeira, permitindo o consenso, constitui sempre uma hipótese que se mantém afirmada, enquanto não for retomada como problema.

Há, portanto, uma situação comunicativa em que orador e ouvinte assumem o papel de partes homólogas. Há necessidade de partes homólogas como condição do discurso científico enquanto discussão-com. A discussão-com tem por objeto a decidibilidade no sentido de que ela encara o conflito como hipótese de conflito, e a decisão, como hipótese de decisão. A qualificação da decidibilidade como questão depende da reação do ouvinte, que deve permitir a obtenção de soluções verdadeiras. Como não há compromisso direto com uma decisão, a discussão-com admite, em certos casos, a suspensão do juízo: uma asserção não verificável intersubjetivamente é deixada em aberto; p. ex., é o que sucede com questões aporéticas, como as alusivas à origem, fundamento, significação dos princípios gerais do direito, o que as estabelece como estímulo à continuidade da discussão.

A positivação, ao ressaltar a importância do direito posto, positivado por uma decisão, não esconde a presença do ser humano como responsável pela própria posição do direito, pois com seu comportamento entra em conflito, cria normas para solucioná-lo, decide, renega suas decisões, reforma as normas etc.; com isso força a tematização do ser humano como objeto central da preocupação do jurista. Logo, o objeto do discurso da ciência do direito, para Ferraz Jr., não é o conjunto das normas positivadas, mas o ser (o próprio homem), que, do interior da positividade que o cerca, se representa, discursivamente, o sentido das normas ou proposições prescritivas que ele estabelece, obtendo uma representação da própria positivação. Assim sendo, não é só o direito positivo o seu objeto, pois a positivação ao envolver o ser humano requer que toda e qualquer reflexão sobre o direito tome uma posição perante ele.

Na ciência jurídica, a partir da relação homóloga, podem-se obter ações linguísticas independentes da situação comunicativa particular, na medida em que elas aspiram uma validade *erga omnes*. Daí ser possível que orador e ouvinte, autor e leitor de livros doutrinários fiquem nos bastidores da discussão, já que suas ações linguísticas devem ser evidentes para qualquer um, que seja racional e perito, em determinado tempo e lugar, donde a passagem contínua da discussão-com para o monólogo, no âmbito da ciência.

A homologia, portanto, só se dá quando as partes são racionais e peritas, isto é, seu discurso é fundamentante e aberto à crítica e estão dotadas das mesmas condições para verificar intersubjetivamente as ações linguísticas propostas. O discurso do jurista preenche as exigências da fundamentação racional, pois ele procura provar o que diz, abrindo-se à crítica do ouvinte. O cientista do direito está dotado de condições que o qualificam como perito, isto é, de uma linguagem técnica.

O discurso da ciência do direito, ensina-nos esse grande jusfilósofo paulista, ocorreria numa simetria capaz de permitir a comutabilidade das ações linguísticas verificadas intersubjetivamente, ou seja, a possibilidade da passagem contínua para as formas do monólogo, a constituição da teoria como sistema proposicional verificável e que permite uma orientação controlada no mundo dos fenômenos jurídicos, atendendo às exigências da discussão-com: a *intenção de verdade*; a *referência à realidade*, por descrever uma situação dada, embora não exclua o aspecto resolutivo, quando opta por uma técnica de investigação; e o *conteúdo informativo*, pois transmite uma informação sobre a realidade.

O risco do fracasso da discussão-com da teoria científica aumenta com o crescimento do seu conteúdo informativo. Aliás um dos caracteres básicos do enunciado científico é a refutabilidade, por ter validade universal, mas não absoluta. É uma proposição descritiva denotativa, que se impõe parcialmente, mas que é aceita universalmente[302]. O risco do fracasso, condição da *refutabilidade* da discussão-com, requer dos partícipes certa impessoalidade, por se referir à ação linguística do proponente e não ao seu comportamento pessoal. Isto garante ao proponente uma certa imunidade à crítica pessoal e o direito de retomar uma hipótese fracassada, pois a reação do ouvinte instaura uma dúvida aberta ao reexame.

O fenômeno da positivação, que marcou o nascimento da ciência jurídica, ao exigir que o discurso científico exerça uma função legitimadora em nome da verdade procurada, vem a desvirtuá-lo como discussão-com científica, porque a legitimação é exigência de uma discussão-contra, onde orador e ouvinte se comportam partidariamente e onde as questões requerem uma decisão, ou seja, uma discussão-com, cujos partícipes se tornam partidários; deixa de procurar a verdade como condição de consenso para buscar o consenso como condição de verdade. Contudo é preciso ressaltar que em tal comportamento partidário dos partícipes do discurso da ciência jurídica, eles mantêm entre si uma simetria, fundada na impessoalidade, estendendo-a às ações linguísticas, não assumindo a ambiguidade do comportamento partidário que combina egocentrismo e cooperação[303].

O discurso científico é, em princípio, uma discussão-com, a impessoalidade manifestada requer reação cooperativa. Mas o partidarismo camuflado demonstra uma certa distorção com referência à estimativa da questão, onde o *dubium* verdadeiro-falso se especializa como decidível e não decidível. Apesar de haver uma relação entre ambos, a decidibilidade está sujeita a uma outra regra, um pouco diferente da refutabilidade, peculiar à verdade. A refutabilidade não exclui a possibilidade de que uma ação linguística seja verdadeira, mesmo que ninguém concorde com ela. Logo, a validade da ciência não depende da sua transformação em técnica utilizável. O discurso tecnológico tem os mesmos caracteres do discurso científico, só que seus problemas têm relevância prática, que exige a interrupção da reflexividade infinita do *dubium* científico, porque a tecnologia dogmatiza os resultados da pesquisa científica, problematizando-os em direção de sua aplicabilidade.

O discurso tecnológico é um tipo de discussão-com que tematiza a decidibilidade, sendo que a regra determinante da reflexividade do seu objeto é a refutabilidade prática.

Para Tercio Sampaio Ferraz Jr., baseado em Viehweg, a discussão-com jurídica tem caráter tecnológico, pois as teorias jurídicas têm função social, sendo teorias de natureza criptonormativa, das quais decorrem consequências programáticas de decisão, e que preveem que uma problemática social determinada seja solucionável.

O discurso tecnológico, sendo um modo discursivo intermediário entre a discussão-com científica e a discussão-contra, a reflexividade de seu objeto tem caracteres peculiares. É um *dubium* que se abre num leque de possibilidades de sua realizabilidade prática.

302. No mesmo teor de ideias, Vilem Flusser, Para uma teoria da tradução, *RBF*, fasc. 73, p. 19, 1969.

303. O parecer jurídico, observa Ferraz Jr. (*Direito, retórica e comunicação*, cit., p. 183, nota 202), difere da teoria jurídica, pois no parecer o objeto do discurso é um *dubium* conflitivo e as partes assumem o partidarismo da discussão-contra.

Como o discurso da ciência do direito não pode prescindir dessas pesquisas feitas pelo questionamento tecnológico, nem desligar-se do problema da decisão, assume uma forma tecnológica de discussão-com. Daí ser: *a*) a teoria jurídica um conjunto de regras para uma decisão possível; *b*) a decidibilidade examinada em termos das condições de possibilidade da decisão possível, estabelecendo-se uma relação da hipótese de decisão e de conflito com as suas condições enquanto questão; e *c*) a decidibilidade vista do ângulo de sua relevância significativa. Trata-se da relação da hipótese da decisão possível com o seu sentido, na qual o discurso científico-jurídico assume formas axiológicas de natureza aporética, como a questão da justiça, da equidade etc.

O discurso científico do direito nasce, segundo Tercio Sampaio Ferraz Jr., de uma situação comunicativa indecisa, onde se misturam caracteres da discussão-com científica com elementos da discussão-contra, conglomerando atores homólogos com intenções partidárias, questões de pesquisa jurídica desinteressada com questões conflitivas que pedem uma decisão.

b.2.5. *Metalinguagem e os textos da ciência do direito*

Na ciência jurídica ter-se-á de um lado a atividade do jurista e de outro o contexto científico. Deveras, após seus estudos, suas investigações, que consistem em sua atividade preliminar, o jurista expõe suas conclusões numa sequência de enunciados, isto é, de proposições descritivas, que forma o contexto científico[304]. No concreto exercício de redação de um texto científico-jurídico, a linguagem do jurista apresenta dois níveis: *a*) o da *particularidade* do texto, que vem do fato de ser de determinado autor, de vir escrito em tal língua, de estar ligado a certa intenção do autor, de ter sido redigido em determinada situação e de destinar-se a um certo público; *b*) o da *sistematicidade*, que toma forma através de um discurso condicionado, assentado sobre a articulação dos termos entre si, em sua estrutura sintática e semântica, tendo em vista a pretensão de verdade situada no âmbito das proposições descritivas.

Produzido o texto, pode ser objeto da atividade do compreender de uma leitura crítica. O leitor com interesse científico coincidente ao do autor, concentrando-se na sistematicidade do texto, procurará compreendê-lo para avançar um pouco mais no campo da ciência, sem se ater aos signos linguísticos, mas à verdade sobre o objeto em tela. O leitor é levado pelo interesse científico à recusa de submeter-se ao veredicto do texto, com o escopo de extrair dele aquilo que o faça avançar em sua ciência, e vê-se forçado a fazer uma distinção na linguagem do texto, atendo-se na particularidade.

O leitor-intérprete, numa espécie de diálogo racional com o texto, procurará fazer uma triagem entre os seus vários sentidos possíveis e aquilo que no discurso científico quis ser propriamente apresentado como o conjunto de significações. A atividade de compreender a dimensão da sistematicidade do texto se realizará pela reconstrução, buscando uma esfera lógico-linguística, onde o autor e o leitor movam-se num mesmo sistema de referências e antecipem as condições de um entendimento sobre o tema de que cuida o discurso. Trata-se

304. Newton Carneiro Affonso da Costa, Sobre a teoria lógica da linguagem, *RBF*, cit., fasc. 29, p. 68.

de uma metalinguagem. Deveras, abordar um texto científico com a metalinguagem é fazer da linguagem do texto uma linguagem-objeto.

A metalinguagem seria um instrumento para atingir a sistematicidade de um texto científico-jurídico, extraindo a parte de verdade que nele se presume, estudando-o não apenas com os instrumentos linguísticos e lógicos, mas também procurando abrir caminho para a sua compreensão.

A análise metódica da linguagem-objeto, com o fim de reconstruí-la numa metalinguagem, deverá fazer com que esta sirva de instrumento da atividade do compreender se ela, na busca da sistematicidade do texto, puder preservar sua particularidade.

Para que uma metalinguagem possa servir de instrumento para o método da compreensão do texto científico, tornando-se um auxiliar imprescindível para a leitura eficiente dos textos científico-jurídicos, deverá: *a*) apresentar uma definição clara de todos os termos utilizados; *b*) manter-se dentro dos limites da simplicidade e economia, no que se refere aos termos e à estrutura contextual; *c*) não mostrar contradições; *d*) ser consequente e metódica[305].

---

305. As ideias que aqui expusemos foram baseadas em Ernildo Stein, Metalinguagem, in *Filosofia-I, Anais do VIII Congresso Interamericano de Filosofia e V da Sociedade Interamericana de Filosofia*, p. 293-307; Ladrière, Langage scientifique et langage spéculative, *Revue Philosophique de Louvain*, n. 1 e 2, p. 131 e s., 1971.

QUADRO SINÓTICO

CIÊNCIA DO DIREITO E LINGUAGEM

MODERNA TEORIA DA LINGUAGEM	Semiótica	É a teoria geral dos signos, que são entes físicos intersubjetivos (ondas sonoras, palavras escritas, gestos etc.).	
	Semiose	É o uso de signos. Na semiose sempre se encontram relacionados o sinal, o objeto denotado pelo sinal e determinadas pessoas.	
	Teoria da hierarquia das linguagens	Coloca a necessidade de se distinguir uma linguagem dada (linguagem-objeto) daquela linguagem da qual se fala (metalinguagem). Com base nessa diferenciação ter-se-á metaciência, para indicar a ciência que tem por objeto o estudo de uma ciência dada, e metateoria, para designar o sistema formalizado em que se fala das proposições de uma determinada teoria.	
	Dimensões da semiótica	Sintática	Estuda os sinais relacionados entre si mesmos, prescindindo dos usuários e das designações.
		Semântica	Encara a relação dos sinais com os objetos extralinguísticos.
		Pragmática	Ocupa-se da relação dos signos com os usuários, mas não é apenas uma espécie de procedimento analítico meramente adicional às análises semântica e sintática, nem uma teoria da ação locucionária que encara o falar como forma de ação social, sendo, como prefere Tércio Sampaio Ferraz Jr., uma linguística do diálogo, por tomar por base a intersubjetividade comunicativa.
	Teoria lógica da inguagem	Constitui o conjunto de duas disciplinas: semiótica e metassemiótica.	

SEMIÓTICA E CIÊNCIA DO DIREITO

Relações entre ciência jurídica e linguagem

A ciência jurídica encontra na linguagem sua possibilidade de existir porque:

— não pode produzir seu objeto numa dimensão exterior à linguagem;
— onde não há rigor linguístico não há ciência;
— sua linguagem fala sobre algo que já é linguagem anteriormente a esta fala, por ter por objeto as proposições normativas (prescritivas), que do ângulo linguístico são enunciados expressos na linguagem do legislador;
— o elemento linguístico entra em questão como instrumento de interpretação;
— se a linguagem legal for incompleta, deverá o jurista indicar os meios para completá-la, mediante o estudo dos mecanismos de integração;
— o elemento linguístico pode ser considerado como um instrumento de construção científica, visto que se a linguagem legal não é ordenada, o jurista deve reduzi-la a um sistema.

Direito, ciência do direito e linguagem

Linguagem legal

O direito, por condição de existência, deve ser formulável numa linguagem, ante o postulado da alteridade. O direito elaborado pelo órgão competente é fator de controle social, prescreve condutas obrigadas, permitidas e proibidas, formulando a linguagem em que a norma se objetiva. A norma, sob o prisma linguístico, é uma proposição deôntica, ou normativa, ou prescritiva. O direito positivo oferta a linguagem-objeto, pois não fala sobre si. A linguagem legal é a utilizada pelos órgãos que têm poder normativo e inclui a linguagem normativa e a não normativa, que consiste nas definições de expressões contidas em proposições normativas. A linguagem não normativa é a metalinguagem da linguagem normativa, contida na linguagem legal.

Dimensão pragmática da norma jurídica

Segundo Tércio Sampaio Ferraz Jr.:

— a norma, do ângulo pragmático, é encarada como um discurso decisório, que impede a continuação de um conflito, solucionando-o, pondo-lhe um fim. Nesse discurso decisório o editor controla as reações do endereçado;
— a norma contém o *relato*, que é a informação transmitida, e o *cometimento*, que consiste numa informação sobre a informação;

SEMIÓTICA E CIÊNCIA DO DIREITO

Direito, ciência do direito e linguagem

Dimensão pragmática da norma jurídica

— os operadores normativos têm uma dimensão pragmática e sintática, pelas quais não só é dado um caráter prescritivo ao discurso ao qualificar-se uma ação qualquer, mas também lhe é dado um caráter metacomplementar ao qualificar a relação entre emissor e receptor. Tal metacomplementaridade se determina ao nível do cometimento e é prevista pelos operadores normativos: obrigatório, proibido e permitido;

— a sanção entra na norma, sob o prisma discursivo, como a consecução de uma ação ao falar, pois ao dizer "quem matar será preso" desperta no endereçado a expectativa de estar sendo ameaçado. A sanção, sob o ângulo linguístico, é ameaça da sanção, regulada pela norma ao nível do relato;

— a validade é uma propriedade do discurso normativo que exprime uma conexão de imunização entre o aspecto-relato da norma imunizante e o aspecto-cometimento da imunizada. Há duas técnicas de validação: a programação condicional e a finalista;

— a efetividade é a relação de adequação entre o aspecto-relato e o aspecto-cometimento da mesma norma;

— a imperatividade é uma qualidade pragmática, que exprime uma relação entre o aspecto-cometimento de uma norma e o aspecto-cometimento de outra. A norma tem imperatividade na medida em que se lhe garante a possibilidade de impor um comportamento, independentemente do concurso do endereçado. Isto deve ser entendido como uma valoração ideológica, estabilizadora da relação autoridade/sujeito;

— o sistema normativo guarda relações de validade e efetividade. Com base na validade e invalidade ter-se-á: *a*) normas-origens, que guardam entre si relações de invalidade, mas, em si, não são válidas, nem inválidas, mas efetivas, embora, eventualmente, possam ser inválidas em relação a outras normas-origens, sem que sua efetividade seja afetada; *b*) normas derivadas que são, relativamente às suas normas-origens, normas válidas, podendo ser inválidas em relação a outras normas-origens; em si são efetivas ou inefetivas;

SEMIÓTICA E CIÊNCIA DO DIREITO

- Direito, ciência do direito e linguagem
  - Dimensão pragmática da norma jurídica
    - — a ideologia calibra o sistema normativo determinando o tipo de efetividade que ele deve possuir para que suas normas constituam cadeias válidas e o tipo de autoridade que deve ser assumida como legítima;
    - — a valoração ideológica explica a razão por que certas expectativas de comportamento podem ser esperadas e por que tais expectativas são legitimadas.
  - Linguagem do jurista
    - A linguagem da ciência jurídica se dirige ao direito, que é linguagem-objeto, tratando-se de uma metalinguagem semântica, cujas sobreproposições são descritivas. Trata-se da linguagem do jurista por ser aquela em que ele fala das normas. Os functores das proposições descritivas são operadores veritativos, embora o problema central da ciência jurídica seja a decidibilidade.
  - Discurso da ciência jurídica sob o ângulo pragmático
    - Para Tércio Sampaio Ferraz Jr.:
    - — a ação linguística do jurista, na discussão-com, buscando a adesão da outra parte, procurando convencê-la, tendo em vista a verdade, dirige-se, geralmente, a outro jurista, porque entre orador e ouvinte deve existir uma homologia;
    - — o objeto do discurso da ciência do direito é o ser (o próprio homem), que do interior da positividade que o cerca se representa, discursivamente, o sentido das proposições prescritivas que ele estabelece;
    - — a refutabilidade é um dos caracteres básicos do enunciado científico, que é uma proposição descritiva;
    - — o risco do fracasso, condição da refutabilidade da discussão- -com, requer dos partícipes certa impessoalidade, por se referir apenas à ação linguística do proponente; isto garante ao proponente uma certa imunidade à crítica pessoal e o direito de retomar uma hipótese fracassada, pois a reação do ouvinte instaura uma dúvida aberta ao reexame;
    - — a positivação, ao exigir que o discurso científico exerça uma função legitimadora em nome da verdade procurada, desvirtua-o

SEMIÓTICA E CIÊNCIA DO DIREITO

Direito, ciência do direito e linguagem

Discurso da ciência jurídica sob o ângulo pragmático

como discussão-com, porque a legitimação é exigência da discussão-contra, onde orador e ouvinte se comportam partidarimente; contudo, esse comportamento partidário no discurso científico mantém uma simetria fundada na impessoalidade;

— a discussão-com jurídica tem caráter tecnológico, pois as teorias jurídicas têm função social. No discurso tecnológico os problemas têm relevância prática. A tecnologia dogmatiza os resultados da pesquisa científica, problematizando-os em direção de sua aplicabilidade. O discurso tecnológico é um tipo de discussão-com que tematiza a decidibilidade, sendo que a regra determinante da reflexividade do seu objeto é a refutabilidade prática;

— o discurso tecnológico é um modo discursivo intermediário entre a discussão-com científica e a discussão-contra;

— o discurso científico do direito nasce de uma situação comunicativa indecisa, onde se misturam caracteres da discussão-com científica com elementos da discussão-contra, conglomerando atores homólogos com intenções partidárias, questões de pesquisa jurídica desinteressada com questões conflitivas que pedem uma decisão.

Metalinguagem e os textos de ciência do direito

— o jurista expõe suas conclusões numa sequência de proposições descritivas que forma o contexto científico;

— na redação de um texto científico-jurídico a linguagem do jurista apresenta dois níveis: o da particularidade e o da sistematicidade;

— o leitor do texto, com interesse científico coincidente ao do autor, concentrando-se na sistematicidade textual, procurará compreendê-lo para avançar um pouco mais no campo da ciência jurídica, atendo-se à verdade sobre o objeto em questão;

— o leitor do texto, levado pelo interesse científico, ante a recusa de se submeter ao veredicto do texto, vê-se forçado a fazer uma distinção na linguagem textual, atendo-se na particularidade;

SEMIÓTICA E CIÊNCIA DO DIREITO

- Direito, ciência do direito e linguagem
  - Metalinguagem e os textos de ciência do direito
    - — a atividade de compreender o texto científico, reconstruindo-o, é uma metalinguagem;
    - — a metalinguagem como instrumento metódico da compreensão do texto científico deverá: *a*) apresentar uma definição clara dos termos utilizados; *b*) manter-se dentro dos limites da simplicidade e economia, no que se refere aos termos e à estrutura contextual; *c*) não mostrar contradições; e *d*) ser consequente e metódica.

6. FUNÇÕES DA CIÊNCIA JURÍDICA

A. CIÊNCIA DO DIREITO E DECIDIBILIDADE

A ciência do direito, como toda ciência, tem um objeto, que é o direito, apesar de, devido a sua pluridimensionalidade, por conter inúmeros elementos heterogêneos, que dificultam uma abordagem unitária, o estudar ora sob um aspecto ora sob outro, conforme a mundividência ou posição jusfilosófica do jurista, como pudemos apontar quando discorremos sobre as concepções epistemológico-jurídicas relativas à cientificidade do conhecimento jurídico.

A preocupação científica é atingir a verdade por via metódica, mediante enunciados descritivos, que propõem critérios e instrumentos, para transmitir uma informação precisa sobre a realidade a que se referem. Mas tais enunciados científicos são refutáveis por terem validade universal e não absoluta, dão uma informação precisa, sujeita a verificação[306].

Ante a concepção atual de positivação, o direito positivo não é produzido pelo órgão legiferante; este apenas escolhe uma possibilidade de regulamentação do comportamento em detrimento de outras. Com isto o problema central da ciência jurídica passou a ser a *decidibilidade*, ou melhor, a oportunidade de suas decisões, e não a verdade ou falsidade de seus enunciados. Daí o caráter tecnológico do conhecimento científico-jurídico, ou, como prefere Tercio Sampaio Ferraz Jr., da dogmática jurídica. O cientista, ao buscar as decisões fundamentáveis da norma jurídica vigente, enuncia respostas que não são nem verdadeiras, nem falsas, mas aptas, ou não, para demonstrar que uma dada decisão pode ser sustentada na norma *sub examine*. Dos enunciados científico-jurídicos, que compõem as teorias jurídicas, por terem natureza criptonormativa, decorrem consequências programáticas de decisões, pois devem prever que, com sua ajuda, os problemas sociais sejam solucionáveis sem perturbações. Os enunciados da ciência jurídica não são verificáveis ou refutáveis como os enunciados científicos, porque sua validade depende de sua relevância prática, isto é, deve possibilitar decisões legislativas, judiciais, administrativas, contratuais. Ao expor o ordenamento jurídico, sistematizando-o, ao interpretar normas, facilita a tarefa da aplicação do direito. Daí ser o pensamento científico-jurídico tecnológico. Os enunciados dogmáticos põem-se a serviço da problemática da realizabilidade de modelos de comportamento, como são as normas jurídicas, e das consequências da sua realização para a vida social, e que lhes dá um sentido crítico. As doutrinas jurídicas aparecem como verdadeiros sistemas tecnológicos que constituem base para uma certa racionalização da ação.

---

306. Tercio Sampaio Ferraz Jr., *A ciência do direito*, cit., p. 42 e 43; Karl Popper, *The logic of scientific discovery*, New York, 1968.

As questões devem ser orientadas para uma solução.

Como em toda investigação científica há problemas que requerem uma solução, a argumentação tópica é um modo típico do raciocínio jurídico, que procede, segundo Theodor Viehweg, por questionamentos sucessivos, apresentando uma relação "pergunta-resposta". Para Viehweg a tópica é uma técnica de pensar por problemas, procurando assinalar sugestões, indicar possibilidades, desvendando caminhos, tendo por fim uma decisão. Como no pensamento tópico existe uma relação entre *pergunta* e *resposta*, se se acentuar o aspecto *pergunta*, os *topoi* (pontos de vista que irão presidir as soluções dos problemas) serão postos em dúvida, permanecendo abertos, se se relevar o aspecto *resposta*, certos *topoi* serão colocados, temporariamente, fora de dúvida, sendo, então, considerados como absolutos. No primeiro caso, temos o âmbito *zetético*, que é o da pesquisa, e no segundo, o *dogmático*. *Dogmática* e *zetética* estão, porém, funcional e intimamente correlacionadas. As questões dogmáticas ressalvam opiniões, as zetéticas as dissolvem, pondo-as em dúvida. As questões dogmáticas são tecnológicas, visam possibilitar uma decisão e orientar a ação. Em regra, as questões jurídicas são dogmáticas, mas podem ser zetéticas à medida que as opiniões possam ser submetidas a um processo de questionamento, exigindo uma justificação e estabelecimento de novas conexões para facilitar a orientação da ação. Logo, o jurista ocupa-se de questões dogmáticas e zetéticas. Todavia, há quem exclua as questões zetéticas, como o fazem os kelsenianos, ou reduza as dogmáticas às zetéticas, como desejam os sequazes do sociologismo eclético.

Observa Tercio Sampaio Ferraz Jr. que ao encarar a questão da decidibilidade a ciência do direito se articula em diferentes *modelos teóricos*, que são idealizações de objetos-concretos, p. ex., normas jurídicas, fontes etc., consistindo em sistemas de enunciados logicamente concatenados. Tais *modelos teóricos* abrangem:

a) O *analítico*, que vê a decidibilidade como uma relação hipotética entre conflito hipotético e uma decisão hipotética, procurando determinar as possibilidades de decisões para um possível conflito. A ciência do direito passa a ter como escopo a sistematização de normas para obter decisões possíveis. Daí sua função organizatória, por criar condições para classificação, tipificação e sistematização dos fatos relevantes.

b) O *hermenêutico*, que encara a decidibilidade do ângulo de sua relevância significativa. Trata-se de uma relação entre a hipótese de conflito e a hipótese de decisão, tendo em vista o seu sentido. Caso em que a ciência jurídica assume uma atividade interpretativa, tendo uma função, primordialmente, avaliativa, por propiciar o encontro de indicadores para uma compreensão parcial ou total das relações.

c) O *empírico*, que vislumbra na decidibilidade uma busca de condições de possibilidade de uma decisão hipotética para um conflito hipotético. A ciência do direito procura investigar as normas de convivência, que, por serem encaradas como um procedimento decisório, fazem do pensamento jurídico um sistema explicativo do comportamento humano, enquanto controlado por normas. Eis por que sobreleva a função de previsão, que cria condições para que se possa passar do registro de certos fatos relevantes para outros fatos, eventualmente relevantes, para os quais não há registro.

Esses modelos, que estão inter-relacionados, demonstram os modos pelos quais a ciência jurídica se exerce enquanto pensamento tecnológico, pois ao objetivarem a solução de certo conflito, utilizam elementos de convencimento para persuadir o destinatário do discurso, tendo sempre uma função heurística, apesar de privilegiarem uma das funções teóricas, por possibilitarem a descoberta de algo relevante (novos fatos ou situações), criando condições para que certos conflitos sejam decididos com o mínimo de perturbação social. Ao dar preponderância a uma das funções teóricas, cada modelo engloba as demais. O modelo analítico além de ter uma função heurística e organizatória, também tem a avaliativa e a de previsão, observando esta ordem de importância, pois a função heurística é exercida à medida que o modelo é primeiro capaz de organizar os fenômenos jurídicos, depois medi-los e, por último, prevê-los. Esse modelo é próprio da teoria pura de Kelsen, da escola analítica, como a jurisprudência dos conceitos. O hermenêutico estabelece a seguinte ordem de funções: heurística, avaliativa, organizatória e de previsão. Eis a razão pela qual a escola da livre interpretação do direito, o neokantismo de Baden etc., ter dado importância ao problema do valor no exercício da atividade heurística. E o modelo empírico, por sua vez, prefere a seguinte série: heurística, de previsão, organizatória e avaliativa, por lhe ser fundamental a possibilidade de controle do fenômeno da decisão, tendo em vista as consequências futuras que dela possam advir. Donde as preocupações com o comportamento humano e seu controle da jurisprudência dos interesses, das escolas sociológicas e psicossociológicas do direito.

A práxis da ciência jurídica se revela numa combinação desses modelos, dando ora primazia a um deles, subordinando os demais, ora colocando-os em pé de igualdade. A ciência jurídica está ligada à técnica, que, segundo Anatol Rosenfeld, é o conhecimento e domínio de meios para atingir certo fim. Toda ciência implica uma série de processos para tornar efetivos os seus fins, como, p. ex., a técnica interpretativa, a técnica da comunicação, pois o cientista do direito deve utilizar-se de terminologia própria, de vocabulário específico ou de expressões técnicas, elaborando definições com o escopo de facilitar a comunicação de espírito rigorosamente científico; a técnica integrativa, p. ex., o emprego da analogia pelo aplicador, segue uma disciplina técnica, fundada em princípios racionais apontados pelo jurista. Há, portanto, uma técnica científica. A ciência jurídica constitui uma arquitetônica de modelos, não sendo, porém, uma mera técnica jurídica, que corresponde ao trabalho dos advogados, juízes, promotores, legisladores, pareceristas etc., que está ligada à criação do direito.

A decidibilidade é um problema dominado por aporias, como a da justiça, da utilidade, da certeza, da legitimidade, da legalidade etc., que se abre para diversas alternativas possíveis, por isso a ciência jurídica se depara com um espectro de teorias, às vezes, até incompatíveis. Essas teorias têm uma função social e natureza tecnológica, não explicando os fenômenos, mas apenas ensinam e dizem como deve ser feito, delimitando as possibilidades abertas pela questão da decidibilidade, proporcionando certo fechamento no critério de combinação dos modelos. A ciência do direito coloca problemas *para ensinar* e é isto, como veremos mais adiante, que a diferencia da sociologia, da história, da antropologia etc., que colocam problemas, constituindo modelos *para explicar*. O jurista, portanto, apresenta problemas, propondo uma solução possível e viável. Isto é assim porque a interpretação do estudioso do direito pode ser mais ou menos justa ou adequada à pacificação social, mais ou menos eficiente sob o ângulo econômico, mais ou menos repudiada pelos doutrinadores e aplicadores do direito, que se valem do conhecimento jurídico, apesar de suas contrariedades. Se tal interpretação for razoavelmente convincente, diz Fábio Ulhoa

Coelho, utilizando-se de recursos argumentativos, aceitos pela comunidade jurídica, o jurista construiu um conhecer tecnológico[307].

A ciência jurídica exerce funções relevantes não só para o estudo do direito, mas também para a aplicação jurídica, viabilizando-o como elemento de controle do comportamento humano, ao permitir a flexibilidade interpretativa das normas e ao propiciar, por suas criações teóricas, a adequação das normas no momento de sua aplicação. A ciência jurídica é um instrumento de viabilização do direito.

Observa a respeito Tercio Sampaio Ferraz Jr. que se se denominar "a preocupação do jurista com o comentário da lei, com a exegese do direito e com a sistematização de dispositivos num corpo coerente, de *dogmática*, ver-se-á que ela se mantém sob a forma de constituição de doutrinas entendidas como sistemas teóricos, voltados para a solução de conflitos com um mínimo de perturbação social". A dogmática está marcada por uma concepção do direito que conduz a autoridade à tomada de decisão. A dogmática jurídica tem uma função social, ante a relevância do fator social nos processos de conhecimento. O conhecimento é visto como uma atividade capaz de servir de mediação entre os dados da realidade e a resposta comportamental do indivíduo, por gerar expectativas cognitivas, já que as sínteses significativas da ciência garantem a segurança e a certeza de expectativas sociais, pois diminuem os riscos de falha na ação humana, já que, em razão delas, será possível, com um certo grau de certeza, dizer quem agiu correta ou incorretamente. As expectativas normativas devem estar dirigidas para terem sucesso. A ciência é vista como uma agência de socialização, por permitir a integração do homem e da sociedade num universo coerente[308].

A função social da dogmática jurídica está no dever de limitar as possibilidades de variação na aplicação do direito e de controlar a consistência das decisões, tendo por base outras decisões. Só a partir de um estudo científico-jurídico é que se pode dizer o que é juridicamente possível. O ideal dos juristas é descobrir o que está implícito no ordenamento jurídico, reformulando-o, apresentando-o como um todo coerente e adequando-o às valorações sociais vigentes.

B. FUNÇÃO SISTEMÁTICA DA CIÊNCIA JURÍDICA

A ciência jurídica, articulada no modelo teórico analítico, apresenta-se como teoria da norma, visto que a norma constitui seu núcleo teórico, procurando, então, solucionar

---

307. Esta é a lição de Tercio Sampaio Ferraz Jr., *Função social*, cit., p. 90 e 119-25; *A ciência do direito*, cit., p. 43-9 e 104-8; *Direito, retórica e comunicação*, cit., p. 95-9; Argumentação-II, in *Enciclopédia Saraiva do Direito*, v. 7, p. 450 e s.; Fábio Ulhoa Coelho, *Curso de direito civil*, São Paulo, Saraiva, 2003, v. 1, p. 6; Viehweg (*Tópica y jurisprudencia*, cit., p. 49) diz: "*El punto más importante en el examen de la tópica lo constituye la afirmación de que se trata de una técnica del pensamiento que se orienta hacia el problema*". *V.*, do mesmo autor, Some considerations concerning legal reasoning, in *Law, reason and justice — essays in legal philosophy*, New York, Ed. Hughes, 1969. Consulte ainda: Anatol H. Rosenfeld, Algumas reflexões sobre a técnica, *RBF*, fasc. 34, p. 195; Luiz Fernando Coelho, *Teoria*, cit., p. 79-90; Machado Neto, *Teoria da ciência jurídica*, cit., p. 50 e 51, 182-92; Francesco Carnelutti, *Metodologia del diritto*, Padova, CEDAM, 1939, p. 15-34; Enrico Opocher, *Lezioni di filosofia del diritto*, Padova, CEDAM, 1953, p. 16-9; Luiz Fernando de C. P. do Amaral, O papel do jurista e a questão da decidibilidade: um ensaio à luz da função social da ciência jurídica. *Atualidades Jurídicas, 6*:101-18; Márcio B. Zerneri, A função social da ciência jurídica. *Atualidades jurídicas, 7*:165-178; Eduardo C. B. Bittar, *Introdução ao estudo do direito*, São Paulo, Saraiva, 2018, p. 27 a 56.

308. *V.* Tercio Sampaio Ferraz Jr., *Função social*, cit., p. 7-10, 82 e 108.

problemas ligados às fontes do direito, ao sujeito do direito, ao direito subjetivo, à relação jurídica. A solução a esses problemas levou a ciência jurídica a ser uma espécie de analítica das figuras jurídicas, que teria por escopo último encadeá-las num sistema, constituindo um saber sistemático capaz de dar um quadro coerente do direito como conexão de normas e dos elementos típicos que o compõem. Procura sistematizar o direito para a obtenção de decisões possíveis.

A *analítica* é um procedimento que constitui uma análise que abrange de um lado a *decomposição* ou diferenciação, consistente no fato de se partir de um todo, separando-o e especificando-o nas suas partes, isto é, procede por distinções, classificações e sistematizações, e de outro a *resolução* ou ligação, consistente na aproximação de elementos distintos, estabelecendo entre eles uma solidariedade, avaliando-os positiva ou negativamente, ou seja, procura estabelecer uma cadeia de proposições, a partir de uma proposição que, por suposição, resolva o problema posto. Ligação e diferenciação são procedimentos que se completam. P. ex., ao se definir *parentesco* como a relação que vincula entre si pessoas que descendem umas das outras, ou que descendem de um mesmo tronco, está-se diferenciando o parentesco consanguíneo do por afinidade (vínculo entre uma pessoa e os parentes de seu cônjuge) e do civil ou socioafetivo (decorrente da adoção e de inseminação artificial heteróloga), que são ligados em nome de uma técnica que facilita a compreensão da matéria[309].

Sendo a ciência jurídica um pensamento tecnológico, por estar ligada ao fazer e à realização de uma proposta, não diz o que *é o direito* em tal circunstância, época ou lugar, mas que, assumindo-se que o direito em certas situações se proponha a resolver tais conflitos, então *deve ser* compreendido desta e não daquela maneira. Assim sendo, o *dever ser* das proposições da ciência jurídica dá-lhe o caráter *criptonormativo*, isto é, faz dela uma teoria com a função de solucionar uma perturbação social[310].

Preocupa-se o modelo teórico analítico ao estudar a norma jurídica, separando-a da norma moral, religiosa e social[311], com as questões:

a) Da procura da norma vigente, pois compete à ciência do direito encontrá-la.

b) Da validade constitucional, formal, fática e ideal. É mister distinguir entre validade constitucional e fática, de um lado, e vigência e eficácia, de outro. A *validade constitucional* de uma norma indica que ela é conforme às prescrições constitucionais sobre a própria validade, isto é, respeita um conteúdo superior, obedece a trâmites, faz parte de um sistema. Já a *vigência* ou validade formal de uma norma indica que ela foi elaborada por órgão competente em obediência aos procedimentos legais. A *validade fática* de uma norma significa que ela é efetiva, ou seja, quando ocorrem o comportamento que ela configura (hipótese de incidência) e a consequência jurídica (sanção) que ela prevê. As normas de validade

---

309. Tercio Sampaio Ferraz Jr., *A ciência do direito*, cit., p. 50-4; Lalande, Analyse, *Vocabulaire technique et critique de la philosophie*, Paris, PUF, 1968; Silvio Rodrigues, *Direito civil*, São Paulo, Max Limonad, 1967, v. 6, p. 270 e nota 160.

310. Tercio Sampaio Ferraz Jr., *A ciência do direito*, cit., p. 55.

311. Tercio Sampaio Ferraz Jr., *A ciência do direito*, cit., p. 57-67; *Teoria da norma jurídica*, cit., p. 96; e *Função social*, cit., p. 125-40; Miguel Reale, *Filosofia do direito*, p. 514 e s.; Juan-Ramon Capella, *El derecho como lenguaje*, cit., p. 183; Norberto Bobbio, *Dalla struttura alla funzione*, Milano, 1977, p. 123 e s.; Erik Wolf, *El carácter problemático*, cit., p. 52-5; Claus-Wilhelm Canaris, *Pensamento sistemático e conceito de sistema na ciência do direito*, Lisboa, Gulbenkian, 1989, p. 12-13; M. Helena Diniz, Dinâmica do sistema, *RJESMPSP*, v. 12, n. 2, 2017, p. 18 a 35.

fática são as que expressam a atividade do aparelho sancionador do Estado. A *eficácia* de uma norma, por sua vez, indica que ela tem possibilidade de ser aplicada, de exercer seus efeitos, porque se cumpriram as condições para isto exigidas. P. ex.: uma norma que determina o direito à greve, observados os requisitos que a lei estabelecer. A norma é vigente, se elaborada de modo correto, mas sua eficácia depende de lei que delimite os requisitos exigidos. A *validade ideal* da norma ocorre quando se impõe para a solução de um conflito de interesses, em virtude de uma proposta de um autor nos quadros argumentativos de uma doutrina. Enfim, aprecia-se a validade ideal quando se discute a questão da doutrina como fonte jurídica. A discussão sobre legitimidade do direito, por ter relevância doutrinária, refere-se à validade ideal. P. ex.: para afirmar a validade da Constituição, as teorias apelam para certos critérios: o jusnaturalismo, para a natureza das coisas; o normativismo kelseniano, para a norma hipotética fundamental etc. Como se vê, tal discussão é doutrinária, a opção por uma ou outra teoria representa a validade ideal. Aparece, ainda, a validade ideal nos casos de divergência interpretativa em que não houve qualquer decisão do órgão competente, hipótese em que se recorre à doutrina dominante. P. ex.: o Código Civil suíço remete o órgão judicante, nos casos de lacuna, à *doutrina* e à tradição. Preocupa-se também com a validade *ética* ou fundamento axiológico do direito, como veremos oportunamente.

c) Da estrutura hipotética da norma, que é um problema lógico. Teria ela a estrutura de um juízo hipotético condicional, disjuntivo, conjuntivo ou adversativo? A sanção seria parte essencial da estrutura lógico-normativa, envolvendo o problema de conexão de normas, já que há normas que não a preveem?

d) Da sistematização jurídica ou da unidade sistemática do direito. Antes de discorrer sobre o assunto, julgamos conveniente apresentar a noção[312] de sistema dada por Tercio Sampaio Ferraz Jr.

O vocábulo "sistema" é de origem grega, significando aquilo que é construído (*syn-istemi*), isto é, uma totalidade, cujas partes apontavam, na sua articulação, para uma ordem qualquer. Platão, Aristóteles e os estoicos empregaram-no, os primeiros no sentido de algo organizado, e os segundos para designar o conceito de "cosmos", de ação deliberadamente planejada e racional (*téchné*), visto como um sistema de regras que se obtém pela experiência ou *a posteriori*, visando o exercício de uma ação repetível, que almejava a perfeição e que não se submetia à natureza nem se abandonava ao acaso. Como se percebe não chegaram a usar a palavra no sentido que conhecemos hoje. Os romanos não utilizaram o termo, que era por eles desconhecido, tanto que falavam em *corpus juris civile* e não em *systema juris civile*. A palavra só veio a aparecer por volta dos séculos XVI e XVII com a teoria da música e com a teologia, onde fala-se em *Summa Theologica*, impondo-se no século XVIII, através do jusnaturalismo, e na ciência em geral, pois Christian Wolff falava em sistema como *nexus veritatum*, apoiando-se na correção formal e na perfeição da dedução. Lambert, nos *Fragmentos de sistemalogia*, estabelecia o sistema como um conceito geral e abstrato, como um modelo mecânico, em que o todo é a soma das partes e em si mesmo fechado,

312. Não se confunda noção com conceito. Noção é o conhecimento elementar, informação, exposição sucinta, ideia, sumário. Conceito é opinião, síntese. *V.* Caldas Aulete, *Dicionário contemporâneo da língua portuguesa*, Ed. Delta, 1964, v. 2 e 4, p. 852 e 2785; Aurélio Buarque de Holanda Ferreira, *Pequeno dicionário brasileiro da língua portuguesa*, Civilização Brasileira, 1961, p. 307 e 843.

onde as suas relações com as partes e as relações das partes entre si estavam determinadas por regras próprias. Sendo que, para Kant, esse todo não seria a soma das partes, mas as precede de algum modo, não permitindo composição e decomposição sem a perda da unidade central, distinguindo o sistema da mera agregação. Hegel e Eisler empregam o vocábulo "objetivamente" como interdependência totalizante e ordenada de partes, onde a determinação das partes pelo todo ou do todo pelas partes varia de concepção para concepção, e "logicamente", como ordenação de uma pluralidade de conhecimentos numa totalidade do saber, aproximando, assim, o termo "sistema" à ideia de "método", sendo que até hoje a palavra "sistemático" é tomada muitas vezes no sentido de "metódico". Heck liga o sistema à noção de ordem. A palavra "sistema", portanto, toma conta da terminologia científica no século XVIII e passa para o XXI[313].

Percebe-se que "sistema" significa *nexo*, uma reunião de coisas ou conjunto de elementos, e *método*, um instrumento de análise. De forma que o sistema não é uma realidade, é o aparelho teórico mediante o qual se pode estudá-la. É, por outras palavras, o modo de ver, de ordenar, logicamente, a realidade, que, por sua vez, não é sistemática. Todo o sistema é uma reunião de objetos e seus atributos (repertório) relacionados entre si, conforme certas regras (estrutura) que variam de concepção para concepção. O que dá coesão ao sistema é sua estrutura. Esse sistema será fechado quando a introdução de um novo elemento o obrigar a mudar as regras, ou seja, a estrutura, e a elaborar uma nova regra. P. ex.: o jogo de xadrez é um sistema fechado, porque se inventarmos uma peça nova ao lado do cavalo, um burro, exemplificativamente, teremos que criar uma regra nova que diga como é que o burro anda: de costas, ou se pode pular como o cavalo etc. ... O sistema fechado é completo porque contém uma norma que regula todos os casos e retrospectivo, uma vez que se refere a fatos que circunscreveu. Será aberto quando se pode encaixar um elemento estranho sem necessidade de modificar a sua estrutura, p. ex., poder-se-ia citar a língua portuguesa, na qual podemos utilizar uma palavra pertencente ao repertório de outro sistema sem alterar a estrutura gramatical, dentro de um certo limite, como na frase: "*Yes* é um termo inglês". Porém, se se empregassem quatro vocábulos ingleses e um português, haveria quebra da estrutura do sistema linguístico português. Isto porque há um certo limite para a abertura do sistema. O sistema aberto é incompleto e prospectivo, porque se abre para o que vem, não alterando suas regras[314].

Do exposto pode-se concluir que o direito não é um sistema jurídico, mas uma realidade que pode ser estudada de modo sistemático pela ciência do direito. É indubitável que a tarefa mais importante do jurista consiste em apresentar o direito sob uma forma ordenada ou "sistemática", através da qual se tende a facilitar o seu conhecimento, bem como seu manejo por parte dos indivíduos que estão submetidos a ele, especialmente pelos que o aplicam.

Parece evidente que a função do cientista do direito não é mera transcrição das normas, já que estas não se agrupam em uma ordem, em um todo ordenado, mas sim na descrição,

313. Tercio Sampaio Ferraz Jr., *Sistema jurídico e teoria geral dos sistemas*, apostila do Curso de Extensão Universitária em Direito promovido pela Associação dos Advogados de São Paulo, mar. a jun. 1973, p. 4; *Direito, retórica e comunicação*, cit., p. 133-7; *Conceito*, cit., p. 9-23. *V.*, ainda, Tomaso Perassi, *Introduzione alle scienze giuridiche*, Padova, CEDAM, 1953, p. 26 e 27.

314. Tercio Sampaio Ferraz Jr., *Sistema jurídico*, cit., p. 3, 10 e 11; *Teoria da norma jurídica*, cit., p. 140; *Direito, retórica e comunicação*, cit., p. 137.

na interpretação que consiste, fundamentalmente, na determinação das consequências que derivam de tais normas. Trata-se de uma operação lógica[315] que procura estabelecer um nexo entre as normas, de forma a dar-lhes uma certa unidade de sentido e de projeção normativa[316].

A ciência do direito não apenas enumera os elementos que formam o direito, pois o problema fundamental é saber como se articulam entre si esses elementos, qual a raiz de sua validade, qual o critério a adotar para se lhes definir unidade sistemática.

O sistema normativo, p. ex., é o resultado de uma atividade instauradora que congrega normas (repertório), especificadas por seus atributos — validade e eficácia, estabelecendo relações entre elas (estrutura), albergando uma referência à mundividência que animou o elaborador desse sistema, projetando-se numa dimensão significativa[317].

O agrupamento sistemático de normas é tarefa básica do jurista, pois para compreender juridicamente um problema deve buscar normas de diversos ramos do direito. Por isso a sistematização liga-se às fontes do direito.

O sistema jurídico é um sistema diferenciado e autônomo, pois controla o que deve ou não ser juridicizado, ou seja, o que é jurídico e o que não o é, isto é, regula o que deve entrar e o que deve sair.

C. FUNÇÃO HERMENÊUTICA DA CIÊNCIA DO DIREITO

A ciência do direito articulada no modelo teórico hermenêutico surge como uma teoria hermenêutica por ter a tarefa de[318]:

a) Interpretar normas, visto que toda norma é passível de interpretação. A ciência jurídica enquanto teoria da interpretação, ao buscar o sentido e o alcance da norma, tendo em vista uma finalidade prática, criando condições para uma decisão possível, ou melhor, condições de aplicabilidade de norma com um mínimo de perturbação social, encontra problemas: Qual o critério para a interpretação autêntica? Ao interpretar uma norma deve-se buscar a vontade da lei ou a do legislador? Qual a interpretação e qual o sentido que podem pôr um fim prático à cadeia das múltiplas possibilidades interpretativas? Quais as técnicas interpretativas que devem ser empregadas pelo jurista? Seria a gramatical? A lógica? A

315. *V.* Alchourrõn e Bulygin, *Introducción a la metodología de las ciencias jurídicas y sociales*, Buenos Aires, Ed. Astrea, 1974, p. 111-3; Lourival Vilanova, Teoria da norma fundamental, separata do *Anuário do Mestrado em Direito*, cit., n. 7, p. 135; Kalinowski, *Introduction à la logique juridique*, Paris, 1965; Von Wright, *Deontic logic*, Mind. 60, 1951, reproduzido in *Logical Studies*, London, 1965; e An essay in deontic logic and the general theory of action, in *Acta Philosophica Fennica XXI*, Amsterdam, 1968; José Villar Palasi, *La interpretación y los apotegmas jurídico-lógicos*, Madrid, Tecnos, 1975, p. 59.

316. Lara Campos Jr., *Princípios gerais do direito processual*, São Paulo, Bushatsky, 1963, p. 34-5.

317. Tercio Sampaio Ferraz Jr., *Teoria da norma jurídica*, cit., p. 141; José Hermano Saraiva, Para uma visão coerente, *RBF*, cit., fasc. 91, p. 245; Engisch, *Introdução ao pensamento jurídico*, cit., prefácio do tradutor, p. XXVII; M. Helena Diniz, *As lacunas*, cit., p. 21-4; Sistematização: problema central da ciência jurídica. *Revista de Direito Brasileiro*, v. *13*: 114-121. Os adeptos de Kelsen, p. ex., constroem um sistema com estrutura piramidal, por vislumbrarem uma hierarquia entre as normas, visto que estas se ligam por regras de infrassupra ordenação, pois as normas inferiores retiram sua validade das superiores, que dão competência a alguém para positivá-las. A descrição do sistema envolve uma opção doutrinal.

318. Tercio Sampaio Ferraz Jr., *Função social*, cit., p. 144 e 155; *A ciência do direito*, cit., p. 68-86; e *Direito, retórica e comunicação*, cit., p. 162-4; Emilio Betti, *Teoria generale della interpretazione*, Milano, 1955; Erik Wolf, *El carácter problemático*, cit., p. 52 e 57; Degni, *L'interpretazione della legge*, Napoli, Jovene, 1909, p. 1; Engisch, *Introdução*, cit., p. 164.

sistemática? A histórico-evolutiva? A teleológica? Tais técnicas se completam reciprocamente, ou se excluem, operando isoladamente? Há alguma preponderância ou supremacia de uma técnica sobre a outra? O ato interpretativo tem, pois, um sentido problemático, de modo que é pressuposto de hermenêutica jurídica a liberdade do intérprete na escolha das múltiplas vias interpretativas, pois deve haver uma interpretação e um sentido que preponderе, pondo um fim prático à cadeia das várias possibilidades interpretativas, criando, como já foi dito, condições para uma decisão possível.

b) Verificar a existência da lacuna jurídica, constatando-a e indicando os instrumentos integradores, que levem a uma decisão possível mais favorável. Hipótese em que surgem os problemas: A completude é um ideal racional do sistema normativo ou é uma ficção que atende a finalidades práticas? A lacuna é um problema do ordenamento ou da jurisdição? Quais as espécies de lacuna jurídica? Como se constata a lacuna? Quais os meios de preenchimento da lacuna que o órgão judicante pode utilizar? A função hermenêutica do jurista, esteja nos limites da interpretação ou de apreensão do sentido da norma (heurística jurídica *secundum legem*), ou esteja complementando seu significado, em caso de lacuna normativa (heurística jurídica *praeter legem*), ou esteja proporcionando critérios para uma decisão *contra legem*, nas hipóteses de lacunas axiológicas ou ontológicas, deve estar sempre argumentada no direito vigente, como veremos mais adiante.

c) Afastar contradições ou antinomias jurídicas, indicando os critérios idôneos para solucioná-las.

D. FUNÇÃO DECISÓRIA DA CIÊNCIA JURÍDICA

A ciência do direito aparece como teoria da decisão ao assumir o modelo teórico empírico, visto ser o pensamento jurídico um sistema explicativo do comportamento humano regulado normativamente, sendo uma investigação dos instrumentos jurídicos de controle da conduta. A ciência jurídica, nesse sentido, é uma teoria para a obtenção da decisão, indicando como se deve fazer para exercer aquele controle. Decidir é um ato que visa a tornar incompatibilidades indecidíveis em alternativas decidíveis, que, num momento seguinte, podem criar novas situações até mais complexas que as anteriores. Logo, se o conflito é condição de possibilidade da decisão, esta não o elimina, mas tão somente o transforma. É por isso que se diz, como vimos, que decisão jurídica (a lei, o costume, a sentença judicial etc.) não termina o conflito através de uma solução, mas o soluciona pondo-lhe um fim, impedindo que seja retomado ou levado adiante (coisa julgada).

A doutrina tradicional analisa a decisão jurídica atendendo à questão da construção do juízo deliberativo pelo juiz ou autoridade, nela vislumbrando uma operação dedutiva ou construção silogística, onde a norma geral seria a premissa maior; o caso conflitivo, a premissa menor; e a conclusão, a decisão. Trata-se do problema da *subsunção*, onde a grande dificuldade seria, segundo Engisch, encontrar a premissa maior, ante o fato de haver normas que se completam ou se excluem.

Sob esse aspecto, na decisão jurídica haverá dois problemas: o da qualificação jurídica e o das regras decisórias.

A norma ao se referir abstrata e genericamente a uma situação fática possível está tipificando-a, prescrevendo como se deve entender tal comportamento. A norma jurídica seria um esquema simbólico que seleciona traços comuns a fenômenos individuais, ostensivamente diferentes, agrupando-os em classes, pois fixa *tipos*. Essa abstração conduz ao afastamento da norma da realidade, porém o fato individual, por conter, em si, uma nota de tipicidade, possibilita seu enquadramento no comando abstrato da norma, caso em que se teria a *subsunção* feita pelo aplicador do direito, optando por uma alternativa possível. A descoberta do direito do caso concreto é precedida por um processo deliberativo. Tal deliberação que precede a escolha envolve um ato de vontade e um ato de conhecimento. Todavia, essa qualificação jurídica não é fácil, ante:

1) O emprego, pelo elaborador da norma, de uma linguagem natural ou comum, em parte tirada do falar cotidiano, originando uma *vaguidade*, uma ambiguidade, ou indeterminação semântica dos conceitos gerais contidos na norma, que só pode ser mitigada pelo emprego de conceitos técnicos, introduzidos por meio de definições explícitas elaboradas pelos juristas. Compete, portanto, à ciência jurídica delimitar o conteúdo de certos termos utilizados pela legislação, realizando, como diz Warat, leituras ideológicas do discurso normativo para desentranhar sua significação.

2) A falta de informação sobre os fatos do caso, remediada pelos juristas que lançam mão de recursos práticos que permitem ao órgão aplicador suprir essa dificuldade: *presunções legais*, que são conceitos jurídicos que permitem considerar verdadeiro o que é provável, podendo ser *juris tantum*, se admitem que a parte prejudicada as contradiga e apresente prova em contrário, destruindo o falso, fazendo prevalecer o real e *juris et de jure*, se não admitem prova em contrário e, ainda que no mundo dos fatos, se comprove a falsidade das situações juridicamente presumidas, estas prevalecem em qualquer circunstância e *onus probandi*, pois há regras decisórias, atinentes à prova apontadas pela teoria jurídica enquanto teoria da decisão, já que a decisão não surge de modo arbitrário e automático ante:

a) A imprescindibilidade da prova, pois a determinação dos fatos pelo aplicador depende da apreciação da prova. Levy-Bruhl esclarece-nos que a prova jurídica não significa somente uma constatação demonstrada de um fato ocorrido, mas também a produção de confiança no sentido de garantir, por critérios relevantes, a verdade factual ou o entendimento do caso num sentido favorável.

b) A existência de técnica probatória que varia de instância para instância decisória, mas que contém sempre uma questão conjectural da consistência do fato: Há o fato? Quem é o autor? Por que o autor praticou o ato? Houve dolo? Culpa? etc. Tal dúvida conjectural é regulada pelo *onus probandi*, ou seja, a prova compete a quem afirma; assim sendo, o decididor não pode eliminar a dúvida sobre o fato, embora deva pôr um fim ao conflito. Logo, tal dúvida pode subsistir mesmo após a decisão.

c) A proibição do *non liquet*, pois deve haver sempre uma decisão que fica na dependência das provas aduzidas. O controle da proibição do *non liquet* é feito pelos princípios, dentre outros: *in dubio contra auctorem*, que permite que, no caso de não se provar o fato, se favoreça o réu na decisão, e *in dubio contra reum*, no caso, p. ex., de o réu reconhecer uma dívida, mas afirmar que já a solveu, ficando, então, com o ônus da prova. Se não conseguir provar o fato, a decisão lhe será desfavorável. Este último princípio é aplicável no cível, pois no crime prevalece o *in dubio pro reo*.

d) O princípio da legalidade que vincula o decididor (juiz, funcionário administrativo) à lei e ao direito. Todavia, há casos em que o aplicador pode decidir mediante avaliações próprias. Para explicar isso a teoria jurídica, na lição de Tercio Sampaio Ferraz Jr., fala em conceitos indeterminados, normativos e em discricionariedade, delineando-os, já que lhe compete preencher o conteúdo estimativo de certos conceitos utilizados pela norma, atendo-se, como logo mais veremos, à valoração positiva vigente na sociedade, e o resultado dessa tarefa servirá de guia ao decididor, que terá, então, em mente o conceito estimativo que se positivou na consciência social do presente. Deveras, a função da atividade mental do jurista é explicitar e reduzir a linguagem do legislador, numa linguagem conceptual. Os conceitos indeterminados (p. ex.: ato administrativo, perigo iminente, ruído excessivo) são os utilizados pelo legislador para configurar certo suposto de fato ou consequência jurídica, cujo sentido requer do decididor uma explícita determinação, ou seja, supõe uma clarificação no instante da aplicação da norma. Os conceitos normativos pedem ao aplicador uma coparticipação na determinação de seu sentido, pois além de indeterminados encerram uma valoração de comportamento que exige especificação ou concretização na decisão, p. ex., o conceito de *honra*. A dificuldade nesta concretização quanto ao risco de divergência nas avaliações provoca o aparecimento de *standards* jurídicos, que são construções jurídicas apoiadas em generalizações da moral social, que permitem, com mais segurança, a identificação do sentido de "boa-fé, bons costumes etc.". A discricionariedade do juiz ou do funcionário administrativo diz respeito à razoabilidade do seu julgamento ao decidir. O funcionário deve decidir *no interesse da administração pública*, o que cria dificuldades ante a pouca objetividade dessa expressão que dificilmente será especificada por critérios gerais e a necessidade de certo controle da discricionariedade, na medida em que se admite o caráter regulado do conflito e da decisão jurídica. O mesmo ocorre com a discricionariedade judicial quando se lhe dá, havendo certa margem de aplicação da pena (6 a 20 anos), o poder de fixar o *quantum* preciso. Nestas hipóteses entra em jogo a concepção do aplicador em relação ao objeto da decisão, conjugada ao princípio da neutralidade da posição do decididor, que não deve, obviamente, levar em conta preconceitos. É preciso não olvidar que na decisão jurídica não há uma opção do decididor por uma das alternativas, elegendo uma solução ótima, pois, na verdade, existe apenas uma opção pela alternativa que satisfaz os requisitos mínimos de aceitabilidade.

Ensina-nos, magistralmente, Tercio Sampaio Ferraz Jr. que a ciência jurídica, como teoria da decisão, procura captar a decidibilidade dos conflitos sociais como uma intervenção contínua do direito na convivência humana, vista como um sistema de conflitos intermitentes. A ciência jurídica como teoria da decisão não só se preocupa com as condições de possibilidade da decisão, ficando presa a certos requisitos técnicos de uma decisão justa, procurando prever instrumentos para o decididor que lhe permitam solucionar os conflitos até mesmo no caso de preenchimento de lacunas, mas também com o controle do comportamento, isto porque em toda decisão de autoridade está ínsito um elemento de controle da parte do decididor sobre o endereçado da decisão. A teoria jurídica enquanto sistema de controle do comportamento leva a considerar o sistema jurídico não como um complexo de normas, mas como um fenômeno de partes em comunicação, pois todo comportamento humano é ação dirigida a alguém. O princípio que rege esse tipo de enfoque é o da interação, que consiste numa série de mensagens trocadas pelas partes, em que uma delas dá uma informação (relato) e diz ao receptor como este deve comportar-se perante o emissor (cometimento), controlando-lhe as possíveis reações. O controle jurídico vale-se de uma referência básica das relações comunicativas entre as partes a um terceiro comunicador: juiz, árbitro, legislador, o sujeito normativo ou ainda a norma. O exercício desse controle abarca o poder. Logo, a teoria jurídica do controle de comportamento trata da organização jurídica do exercício do poder e dos mecanismos políticos que dão efetividade àquele exercício, ou seja, capacidade de suscitar obediência. Os fenômenos jurídicos são examinados como sistema em termos de um conjunto de elementos (comportamentos vinculantes e vinculados) e de um conjunto de regras que ligam os elementos entre si, formando uma estrutura (princípios; normas legais, consuetudinárias, jurisprudenciais etc.). Nesta concepção o ponto de partida não é a norma, mas os conflitos sociais referidos a normas. O problema da teoria jurídica é, no dizer de Tercio Sampaio Ferraz Jr., não descrever os comportamentos procedimentais que levam à decisão, mas mostrar-lhes a relevância normativa em termos de seu eventual caráter mais ou menos vinculante, tendo em vista as possíveis reações dos endereçados da decisão. A ciência jurídica preocupa-se com a exegese das normas apenas como um instrumento capaz de obter enunciados tecnológicos para a solução de conflitos possíveis, pois sua finalidade é dar uma orientação para o modo como devem ocorrer os comportamentos procedimentais que visam uma decisão de questões conflitivas[319].

319. Tercio Sampaio Ferraz Jr., *A ciência do direito*, cit., p. 87-103; *Função social*, cit., p. 160-76; e *Direito, retórica e comunicação*, cit., 2ª parte; Lenio L. Streck, Ainda a questão da função social da dogmática jurídica: um tributo hermenêutico a Tercio Sampaio Ferraz Junior, *Filosofia e teoria geral do direito* — homenagem a Tercio Sampaio Ferraz Junior, São Paulo, Quartier Latin, 2011, p. 719 a 754; Engisch, *Introdução ao pensamento jurídico*, cit., cap. IV; Lévy-Bruhl, *La preuve judiciaire. Étude de sociologie juridique*, Paris, 1964, p. 22; Watzlawick, Beavin e Jackson, *Pragmática da comunicação humana*, cit., p. 47; Carlos Coelho Miranda Freire, *Influência da doutrina jurídica nas decisões judiciárias*, João Pessoa, Ed. União, 1977, p. 99 e s.; Antonio Hernández Gil, *Problemas epistemológicos*, cit., p. 94-6; Erik Wolf, *El carácter problemático*, cit., p. 59; Luiz Fernando Coelho, *Teoria*, cit., p. 83; A. L. Machado Neto, *Teoria da ciência jurídica*, cit., p. 49. Jean Dabin (*Technique de l'élaboration du droit positif*, Bruxelles, 1935, p. III) escreve: "*l'homme de droit, créateur ou interprète, n'a pas de repos tant qu'il a pas réussi à définir, ou tout au moins à rétrécir à l'extrême le cercle de l'indéterminité*"; J. Baptista Machado, no prefácio à *Introdução ao pensamento jurídico de Engisch*, p. XXXVII, XXXIX; Luís Alberto Warat, *A definição jurídica — suas técnicas, texto programado*, Porto Alegre, Atrium, 1977, p. 90 e s.; Muneo Nakamura, *A comparative study of judicial process*, Waseda University, 1959.

QUADRO SINÓTICO

FUNÇÕES DA CIÊNCIA JURÍDICA

CIÊNCIA DO DIREITO E DECIDIBILIDADE	— O problema central da ciência jurídica é a decidibilidade, pois de seus enunciados decorrem consequências programáticas de decisões legislativas, judiciárias, administrativas, contratuais, por criar critérios para a aplicação do direito. Em suas investigações, nos problemas que requerem uma solução, a ciência jurídica utiliza-se da argumentação tópica. — Ao encarar a questão da decidibilidade, a ciência jurídica se articula, na lição de Tércio Sampaio Ferraz Jr., em modelos teóricos: *a*) o analítico, que vê a decidibilidade como uma relação hipotética entre conflito hipotético e uma decisão hipotética, daí ter função heurística, principalmente organizatória, por criar condições para classificar, tipificar e sistematizar fatos relevantes, embora tenha, ainda, a avaliativa e a de previsão; *b*) o hermenêutico, que encara a decidibilidade do ângulo de sua relevância significativa, tendo uma função heurística, mas primordialmente a avaliativa, apesar de ter também a organizatória e a de previsão; *c*) o empírico, que vê na decidibilidade uma busca de condições de possibilidade de uma decisão hipotética para um conflito hipotético. Eis por que, além de ter função heurística, sobreleva a função de previsão, englobando ainda a organizatória e a avaliativa. — A ciência jurídica levanta problemas para ensinar, propondo uma solução possível e viável.
FUNÇÃO SISTEMÁTICA DA CIÊNCIA JURÍDICA	— A ciência jurídica articulada no *modelo teórico analítico* analisa as figuras jurídicas, encadeando-as num sistema para obtenção de decisões possíveis, preocupando-se com as questões da: *a*) procura da norma vigente; *b*) validade constitucional fática, ideal e ética; *c*) estrutura hipotética da norma; e *d*) sistematização jurídica.
FUNÇÃO HERMENÊUTICA DA CIÊNCIA DO DIREITO	A ciência do direito, articulada no *modelo teórico hermenêutico*, surge como uma teoria hermenêutica por ter a tarefa de: — interpretar normas; — verificar a existência da lacuna jurídica, constatando-a e indicando os instrumentos integradores que levem a uma decisão possível mais favorável; — afastar contradições apresentando critérios para solucionar antinomias jurídicas.

FUNÇÃO DECISÓRIA DA CIÊNCIA JURÍDICA

A ciência do direito aparece como a teoria da decisão ao assumir o *modelo teórico empírico*, enfrentando os problemas:

a) da qualificação jurídica, que não é fácil ante: 1) a vaguidade e ambiguidade dos conceitos gerais contidos na norma, que por tal razão requerem o emprego de conceitos técnicos, introduzidos por meio de definições explícitas; 2) a falta de informação sobre os fatos do caso, remediada pelas presunções legais e *onus probandi*;

b) das regras decisórias, pois a decisão não surge arbitrária e automaticamente ante: a imprescindibilidade da prova, a existência de técnica probatória, a proibição do *non liquet* e o princípio da legalidade que vincula o decididor à lei e ao direito, mas como há casos em que o aplicador pode decidir mediante avaliações próprias, a teoria jurídica procura delinear os conceitos indeterminados, normativos e discricionários, dando-lhes o conteúdo estimativo, atendo-se à valoração positiva vigente na sociedade.

7. CIÊNCIA DO DIREITO E IDEOLOGIA

A ciência jurídica busca, como apontamos em páginas anteriores, fixar os limites da aplicação jurídica, visto que lhe compete apresentar o direito como um todo coerente, contendo uma unidade sistemática, numa tentativa de conciliar as contradições, sem contudo eliminá-las, criando assim condições para a decisão dos conflitos com um mínimo de perturbação social.

A função social da argumentação dogmática requer de um lado um cerne fixo, a norma, que é colocada fora de discussão, e, de outro, uma flexibilidade de pensamento em torno da norma, no que atina aos valores que nela se contêm, implicando um momento de estimativa, uma opção de natureza axiológica.

Íntima é a relação entre ideologia e ciência jurídica, visto ser esta um pensamento tecnológico, cujo problema central é a decidibilidade. O discurso dogmático não é apenas informativo, mas principalmente persuasivo, por procurar motivar condutas, já que o emissor pretende despertar no receptor a crença em sua informação. Observa Tercio Sampaio Ferraz Jr. que, ao colocar-se a serviço da motivação, a dogmática corre o risco do encobrimento ideológico, daí o uso de figuras retóricas com o intuito de chamar a atenção do auditório, como perífrases do tipo "a organização declarada ilegal" (desvio de linguagem para evitar uma menção-tabu); suspensões (que visam retardar um enunciado antes de solucioná-lo, p. ex., "a questão é bastante complexa ou discutível"); ou preterições (quando se afirma algo dando a entender que não se quer dizê-lo, p. ex., "não pretendemos esgotar o assunto, mas...") etc. Com isso a ciência jurídica se preocupa mais com o verossímil, sem contudo excluir a verdade, mas ressalta como fundamento a versão da verdade e da falsidade, de modo que um enunciado verdadeiro pode ser tido como verossímil (p. ex.: o fato de certas drogas acarretarem dependência psíquica é razão suficiente para sua proibição a um consumo não medicinal), mas pode ser também considerado inverossímil (p. ex.: a maconha é menos perigosa que o álcool, porém sua liberação, como o caso do álcool, não pode ser aceita). Donde se infere a importância das avaliações no texto dogmático, pois sendo um discurso persuasivo funda-se em interesses, que consistem em vinculações intersubjetivas, ou seja, são disposições para interagir, podendo ser modificado, suprimido etc., por meio do discurso. Sob o prisma discursivo o valor é a principal forma de manifestação dos interesses. Os valores são fórmulas sintéticas que representam o consenso social. Como manifestam interesses, os valores têm funções interacionais, de modo que, como diz Emil Lask, *valem para* os comportamentos interativos ou sociais em termos de dois processos seletivos das informações:

a) O valor pode ser posto pelo emissor como critério para seleção de certos comportamentos. Seleciona-se comportamentos em razão do valor. É o que ocorre quando se diz "este procedimento é mais conveniente ou seguro". Tal função seletiva é modificadora, pois a informação se adapta ao valor, que controla as reações do receptor.

b) O valor se adapta às informações. Essa função seletiva é justificadora, visto que há um movimento do comportamento para o valor. P. ex., a valoração do casamento como função justificadora da monogamia, família, herança etc. Esses processos seletivos servem como instrumento de controle de comportamentos.

Para o jurista os valores são articulados justificadoramente, porque ele conhece seus efeitos, dispondo-os de modo que provoquem no receptor certas opções, mas é preciso não olvidar, como pondera Tercio Sampaio Ferraz Jr., que na função justificadora há também a modificadora, que persuade na medida em que reestrutura ao máximo o que já é conhecido. O texto dogmático parte de premissas já adquiridas para questioná-las, criticamente. Expressa algo, pressupondo que o receptor não sabe, nem quer aquilo que diz, visando sua aceitação.

O texto dogmático, por conter valores da comunidade, é um discurso persuasivo. Tais valores para persuadirem devem ser neutralizados, isto é, devem perder seus caracteres intersubjetivos. Essa neutralização se dá através da ideologia, que, sendo aqui tomada como conceito axiológico, tem por objeto os próprios valores, selecionando-os. A ideologia valora as próprias valorações, atuando como um elemento estabilizador, fixando-as, quer justificando sua função modificadora, quer modificando sua função justificadora.

Os valores constituem um critério de avaliação de ações, nas quais eles se realizam, e a valoração ideológica tem por objeto imediato os próprios valores. A valoração ideológica é uma atitude rígida e limitada, exercendo uma função seletiva do valor. A ideologia, ao valorar outros valores, atua, portanto, como um processo de neutralização das relevâncias valorativas possíveis. A valoração ideológica cria condições para que os valores variem conforme as necessidades e possibilidades da ação, neutralizando-os, tornando-os objetivos.

Ensina-nos Tercio Sampaio Ferraz Jr., com sua fascinante intelectualidade, que se tem ideologia sempre que ocorre uma neutralização de valores, por ser ela um sistema de valorações encobertas. Pode-se encobrir valorações, p. ex.: *a*) substituindo fórmulas valorativas por fórmulas neutras, como ocorre com a noção de norma hipotética fundamental de Kelsen, que dá ao sistema jurídico a imagem de um sistema formalmente objetivo; *b*) escondendo a presença inevitável do emissor de uma valoração, dando a impressão de se tratar de uma proposição sem sujeito, p. ex., quando se usa a expressão "fontes do direito". Neste sentido é comum o jurista valer-se, p. ex., do argumento de autoridade representado por certos autores de nomeada, que é usado deslocadamente no texto teórico, dando a impressão de que as conclusões são dos autores citados, quando, na verdade, resultam de valorações feitas por aquele que argumenta.

Ter-se-á ideologia, também, quando se neutraliza uma escolha no estabelecimento de objetivos, o que ocorre pelo uso de expressões abertas e vazias como *bem comum*, *ordem legal*, *ordem constitucional*, dando a impressão de que se trata de situações objetivas existentes no seio da sociedade ou quando se encobrem as relações fins-meios, afirmando, p. ex., que o processo, sem uma teoria geral das condições processuais, não existe[320].

A ideologia encobre problemas fazendo com que certos conflitos não sejam vistos como problemas, p. ex., nas hipóteses de preenchimento de lacunas, quando certos casos proibidos passam a ser permitidos.

Ciência jurídica e ideologia se complementam, pois o discurso científico é ideológico e a reflexão epistemológica se sustenta em supostos ideológicos.

A semiologia exerce um grande papel na elaboração do discurso científico, pois se ocupa da análise das cadeias conotativas, das significações, isto é, do âmbito ideológico das informações. Possibilita efetuar uma leitura ideológica, ou seja, uma leitura das significações relacionadas com a realidade, que opera como técnica de organização dos âmbitos de significação, relacionando-os com o âmbito ideológico. A semiologia ocupa-se da análise do papel desempenhado pelos fatores extranormativos na produção das significações jurídicas e dos efeitos de retorno à sociedade destas significações. O enfoque semiológico, segundo Luís Alberto Warat, do sentido comum teórico o apresenta como um conjunto de significações emanadas de práticas institucionais sobre a realidade social, orientadas até um conhecimento científico voltado ao controle social. A realidade social apresenta-se como uma significação dada pelo sentido comum teórico, no ato de conhecer. Esta significação contém um conhecimento axiológico, que reproduz os valores, mas não os explica. Não se proíbe o discurso crítico, mas este deve ser neutralizado por meio da ideologia. Daí a função ideológica da ciência jurídica que torna homogêneos valores sociais e jurídicos.

A semiologia nega qualquer compromisso do saber científico com a verdade absoluta, apresentando-o como discurso da situação, propondo uma concepção diferente do que é a ciência jurídica e uma recuperação ideológica do saber científico-jurídico.

Não perde a ciência do direito a neutralidade axiológica que se exige do pensamento científico. O jurista deve assumir uma rigorosa neutralidade, abstendo-se de todo e qualquer estudo de valor. Logo, o que fica fora da alçada do cientista do direito não é a referência valorativa, mas a especulação doutrinal sobre a natureza do valor. A ciência do direito coloca-se no plano da axiologia positiva, pois ao procurar compreender e descrever o direito procura apreender seu sentido, apresentando soluções, atendo-se, p. ex., aos valores jurídicos constituídos pelas valorações reais vigentes numa sociedade, em certo momento, e procura adequar o direito aos valores positivados numa fonte de direito. Deveras, já observou Larenz que "a lei vale na verdade para todas as épocas, mas em cada época da maneira como esta a compreende e desimplica, segundo a própria consciência jurídica". O jurista, portanto,

320. Tercio Sampaio Ferraz Jr., *A função social*, cit., p. 191.

neutraliza os valores da norma através da ideologia, colocando a informação normativa fora de discussão, garantindo uma conduta livre de perturbações.

Não há quebra da neutralidade axiológico-científica, pois a valoração ideológica torna rígida a flexibilidade do momento valorativo. Com isso não há penetração das preferências ou opiniões pessoais do jurista na seleção e valoração dos fenômenos, objeto de sua investigação científica[321].

321. Sobre o assunto, consulte Tercio Sampaio Ferraz Jr. (*Função social*, cit., p. 177-94), cujas lições aqui resumimos. *V.* ainda suas obras: *Teoria da norma jurídica*, cit., p. 149-59; *Direito, retórica e comunicação*, cit., p. 120-5; e Rigidez ideológica e flexibilidade valorativa, in *Filosofia-II, Anais do VIII Congresso Interamericano de Filosofia e V da Sociedade Interamericana de Filosofia*, p. 471-8; Antonio Hernández Gil, *Problemas epistemológicos*, cit., p. 61-95; José Eduardo Faria, *Poder e legitimidade*, cit., p. 92, 98, 114 e 121; Russo e Lerner, *Lógica de la persuasión*, Buenos Aires, 1975, p. 31 e s.; José Hermano Saraiva, Para uma visão coerente, *RBF*, cit., p. 242; Enrique Eduardo Mari, *Neopositivismo e ideologia*, Buenos Aires, 1974; Umberto Eco, *A estrutura ausente. Introdução à pesquisa semiológica*, São Paulo, 1971; Luís Alberto Warat, El sentido común teórico de los juristas, *Contradogmáticas*, n. 1, 1981, p. 43-71; *El derecho y su lenguaje*, cit., p. 110 e s.; A procura de uma semiologia do poder, *IV Encontro Anual da Associação Nacional de Pós-graduação e Pesquisa em Ciências Sociais*; Leonel Severo Rocha, Algumas anotações sobre a semiologia do poder, *Contradogmáticas*, p. 98-100; Eliseo Verón, *El proceso ideológico*, Buenos Aires, 1971; Agustin Perez Carrillo, *Introducción al estudio del derecho. La definición en la ciencia jurídica y en el derecho*, México, Porrúa, 1978; Mario Bunge e outros, *Ideología y ciencias sociales*, México, 1979; Larenz, *Metodología*, cit., p. 193; Kelsen (*Teoria pura do direito*, cit., v. 1, p. 209-11) esclarece que se ideologia for entendida como uma representação não objetiva, influenciada por juízos de valor subjetivos, a ciência jurídica é anti-ideológica, mas se se a conceber como oposição à realidade dos fatos de ordem do ser, a ciência do direito é ideológica.

QUADRO SINÓTICO

CIÊNCIA DO DIREITO E IDEOLOGIA

RELAÇÃO ENTRE IDEOLOGIA E CIÊNCIA JURÍDICA	Há uma íntima relação entre ideologia e ciência jurídica, porque esta é um pensamento tecnológico, cujo problema central é a decidibilidade. O discurso dogmático é persuasivo e se funda em interesses, daí a importância das avaliações no texto dogmático, pois sob o prisma discursivo o valor é a principal forma de manifestação dos interesses. Os valores contidos no texto dogmático, para persuadirem, devem ser neutralizados através da ideologia. Apesar de o jurista fazer referências a valores, não há quebra da neutralidade axiológico-científica, pois a valoração ideológica torna rígida a flexibilidade do momento valorativo.
NOÇÃO DE VALORES	Na lição de Tércio Sampaio Ferraz Jr., os valores são fórmulas sintéticas que representam o consenso social. Como manifestam interesses, os valores têm funções interacionais, de modo que *valem para* os comportamentos sociais em termos de dois processos seletivos das informações: *a*) o valor pode ser posto pelo emissor como critério para seleção de certos comportamentos; tal função seletiva é modificadora; *b*) o valor se adapta às informações exercendo função seletiva justificadora, pois há um movimento do comportamento para o valor.
IDEOLOGIA	A ideologia valora os valores, atuando como um elemento estabilizador, quer justificando sua função modificadora, quer modificando sua função justificadora. Atua como um processo de neutralização das relevâncias valorativas possíveis. Na ideologia ocorre uma neutralização de valores, por ser ela um sistema de valorações encobertas, ao substituir fórmulas valorativas por fórmulas neutras e ao esconder a presença do emissor de uma valoração, ao usar expressões abertas e vazias dando impressão de que se trata de situações objetivas existentes na sociedade, ao encobrir as relações fins-meios.
SEMIOLOGIA E CIÊNCIA DO DIREITO	A semiologia exerce grande papel na elaboração do discurso científico-jurídico, pois se ocupa da análise das cadeias conotativas das significações, isto é, do âmbito ideológico das informações. Segundo Luís Alberto Warat, o enfoque semiológico do sentido comum teórico o apresenta como um conjunto de significações emanadas de práticas institucionais sobre a realidade social, orientadas até um conhecimento científico voltado ao controle social. A semiologia nega qualquer compromisso do saber científico com a verdade absoluta, apresentando-o como discurso da situação, propondo uma concepção diferente do que é a ciência jurídica e uma recuperação ideológica do saber científico-jurídico.

8. CIÊNCIA JURÍDICA E CIÊNCIAS AFINS

A. CIÊNCIA JURÍDICA COMO CIÊNCIA SOCIAL

Ciências culturais, ciências do espírito, ciências humanas, ciências morais, ciências idiográficas ou *ciências sociais* são as que têm por objeto material o comportamento humano, apesar de cada uma delas ter *objeto formal* próprio, ou seja, a perspectiva mediante a qual contempla o homem e estuda os fatos de sua conduta[322].

Hans Kelsen[323] classifica as *ciências sociais* em:

a) *causais*, as que se ocupam do comportamento do homem segundo o princípio da causalidade, procurando *explicar* aquela conduta tal como *é* de fato, p. ex., a psicologia, a história, a sociologia; e

b) *normativas*, as que tratam da conduta recíproca dos homens, não como efetivamente se realiza, mas como ela, determinada por normas positivas, *deve* realizar-se, p. ex.: a ciência da moral e a ciência jurídica. Apesar de essas ciências serem normativas, isto não significa que elas estabelecem normas para o comportamento humano, mas que descrevem certas normas, postas por atos humanos, e as relações entre os homens através delas criadas. O teórico do direito ou da moral não é uma autoridade, por isso sua tarefa não é regulamentar a sociedade humana, mas *conhecer* as normas que a regem, procurando compreendê-las, *ensinando* como o homem deve comportar-se.

A ciência jurídica é uma ciência social normativa, distinguindo-se da história do direito, da psicologia forense, da sociologia jurídica, que, embora sejam ciências sociais, são causais.

B. CIÊNCIA DO DIREITO

A expressão *ciência do direito* vem sendo empregada em sentido amplo e em sentido estrito[324].

---

322. Francisco Uchoa de Albuquerque e Fernanda Maria Uchoa, *Introdução*, cit., p. 19 e 20; A. L. Machado Neto, *Compêndio*, cit., p. 13.

323. Kelsen e Cossio, *Problemas escogidos*, cit., p. 20; Kelsen, *Teoria pura do direito*, cit., v. 1, p. 169-76.

324. Sobre as acepções do termo *ciência do direito*, *v.*: Francisco Uchoa de Albuquerque e Fernanda Maria Uchoa, *Introdução*, cit., p. 28-30; Carlos Mouchet e Ricardo Zorraquín Becu, *Introducción*, cit., p. 77-81; Miguel Reale, *Lições preliminares*, cit., p. 16 e 17, 62, 317-22; Daniel Coelho de Souza, *Introdução*, cit., p. 88-104; André Franco Montoro, *Introdução*, cit., v. 2, p. 90; François Rigaux, *Introduction*, cit., p. 7-10; Tercio Sampaio Ferraz Jr., Ciência do direito, in *Enciclopédia Saraiva do Direito*, v. 14, p. 355-58; *A função social*, cit., p. 160-76; Dogmática do direito ou jurídica, in *Enciclopédia Saraiva do Direito*, v. 29, p. 254 e 255; *A ciência do direito*, cit., p. 87-103; Legaz y Lacambra, *Introducción*, cit., p. 81; Alf Ross, *Sobre el derecho y la justicia*, cit., p. 19 e 21; Eduardo García Máynez, *Introducción*, cit., p. 124 e 125; A. B. Alves da Silva, *Introdução*, cit., p. 7; Luiz Fernando Coelho, *Teoria*, cit., p. 18, 51 e 52; Norberto Bobbio, *Teoria della scienza giuridica*, cit., p. 93, 161-99; A. L. Machado Neto, *Teoria*

Em *sentido amplo* o termo *ciência do direito* indica qualquer estudo metódico, sistemático e fundamentado dirigido ao direito, abrangendo nesta acepção as disciplinas jurídicas, tidas como ciências do direito, como a sociologia jurídica, a história do direito etc.

Em *sentido estrito*, o vocábulo abrange a ciência do direito, propriamente dita, ou ciência dogmática do direito. É preciso não olvidar que não há um conceito unitário de ciência do direito, por depender sua conceituação de diferentes pressupostos filosóficos adotados pelo jurista. Tantas são as direções da rosa dos ventos quantas forem as perspectivas jusfilosóficas de que pode lançar mão o jurista. Ante a variação conceitual que leva a discussão sobre o objeto e método da ciência do direito, abstraindo-se das concepções jusfilosóficas, concentrando-se a atenção no desempenho do jurista em seus trabalhos, pode-se dizer que, genericamente, a ciência jurídica consiste no pensamento tecnológico que busca expor metódica, sistemática e fundamentadamente as normas vigentes de determinado ordenamento jurídico-positivo, e estudar os problemas relativos a sua interpretação e aplicação, procurando apresentar soluções viáveis para os possíveis conflitos, orientando como devem ocorrer os comportamentos procedimentais que objetivam decidir questões conflitivas. Se se conceber, como o faz Miguel Reale, que as dimensões ônticas do direito são fato, valor e norma, a ciência do direito deve levá-las em conta, sem que com isso fique comprometida a sua natureza especificamente jurídica, ante o sentido dialético de suas investigações, que dá prevalência à norma, embora a estude em função do fato e do valor.

A *ciência do direito* durante muito tempo teve o nome de *Jurisprudência*, que era a designação que lhe foi dada pelos romanos. Deveras, para os jurisconsultos romanos a disciplina com que estudavam o direito era a jurisprudência, definida como *divinarum et humanarum rerum notitia, justi, justi atque injusti scientia*[325].

A Jurisprudência, para os romanos, abrangia, como se infere dessa definição, um vasto campo do saber, por se ater não só aos problemas da justiça, mas também às coisas divinas e humanas.

Atualmente, como vimos, a ciência do direito contém um campo de abrangência bem menor, mas isso não impede que nos tempos atuais ainda seja denominada Jurisprudência, pois pensamos como Miguel Reale, que se deve manter essa designação, tão densa de significado, que põe em realce uma das virtudes primordiais que deve ter o jurista: a prudência, o cauteloso senso de medida das coisas humanas.

É nessa acepção estrita que a expressão ciência do direito é também empregada como sinônimo de *dogmática jurídica*, ou seja, no sentido de ciência positiva do direito positivo, como pretende Miguel Reale. Para esse autor, dogmática jurídica "corresponde ao momento culminante em que o jurista se eleva ao plano dos princípios e conceitos gerais indispensáveis à interpretação, construção e sistematização dos preceitos e institutos de que se compõe o

da ciência jurídica, cit., p. 48-51; *Compêndio*, cit., p. 13; Luigi Mosco, *Scienza giuridica e metodologia giuridica*, cit., p. 9-13; R. Limongi França, Jurisprudência, in *Enciclopédia Saraiva do Direito*, v. 47, p. 140-2; Paulo Carneiro Maia, Dogmática jurídica-I, in *Enciclopédia Saraiva do Direito*, v. 29, p. 255-68; Silvio de Macedo, Dogmática jurídica-II, in *Enciclopédia Saraiva do Direito*, v. 29, p. 269-70; Miguel Reale, Filosofia do direito e ciência do direito, *Revista ABRAFI de Filosofia Jurídica e Social*, 1:6-7; Ricardo A. Guibourg, Instrucciones para el uso de la ciencia del derecho, *Revista ABRAFI de Filosofia Jurídica e Social*, 1:20-5.

325. Em vernáculo, Jurisprudência é o conhecimento das coisas divinas e humanas, a ciência do justo e do injusto. E, quando se empregar o termo *Jurisprudência* como sinônimo de ciência do direito, a grafaremos com maiúscula.

ordenamento jurídico. O jurista, quando interpreta um texto e tira conclusões, coordenando-as e sistematizando-as, segundo princípios gerais, visa o problema da aplicação. É nesse trabalho que consiste principalmente a dogmática jurídica"[326].

Esclarece-nos, magistralmente, Tercio Sampaio Ferraz Jr.[327] que a dogmática jurídica não objetiva a fixação pura e simples do estabelecido pelo legislador, mas possibilita reflexões com as quais a matéria normativa é controlada e dirigida para a solução dos conflitos jurídicos. Cria, portanto, condições de decidibilidade de conflitos. É um estudo das condições do que é juridicamente possível, tendo em vista um direito dado. Não tem apenas o escopo de conhecer, mas sim conhecer tendo em vista as condições de aplicabilidade da norma, na solução de conflitos.

C. TEORIA GERAL DO DIREITO

A teoria geral do direito[328] estaria na zona fronteiriça entre a filosofia jurídica e a ciência do direito, pois há quem afirme que ela é o aspecto científico da filosofia do direito e o aspecto filosófico da ciência jurídica, pois pela sua positividade é científica, visto que considera o direito positivo, seus conceitos são alcançados a partir da experiência do direito posto, sem quaisquer preocupações de indagar as condições ou pressupostos últimos da experiência jurídica, mas pelos temas que considera e pela generalidade com que o faz, é filosófica[329]. Deveras, a ciência do direito, na sua acepção estrita, parte de noções fornecidas pela teoria geral do direito, que são verdadeiros pressupostos sobre os quais não especula, como as de fonte jurídica, relação jurídica, fato jurídico, sujeito de direito, norma jurídica etc. Tanto a ciência do direito como a teoria geral do direito são generalizadoras, mas a generalização conceitual da teoria geral é maior, visto que elabora noções comuns a todas as ordens jurídico-positivas, por estudar as condições necessárias ao fenômeno jurídico, independentemente de tempo e lugar. Ao fixar tais noções jurídicas mais gerais constitui-se verdadeiro denominador comum para o estudo dos diversos ramos do direito.

Pode-se dizer até que a teoria geral do direito enquanto teoria positiva de todas as formas de experiência jurídica, isto é, aplicável aos vários campos do saber jurídico, é uma ciência da realidade jurídica, que busca seus elementos na filosofia do direito e nas ciências jurídicas auxiliares como a sociologia do direito e a história jurídica, para, estudando-os,

---

326. Miguel Reale (*Lições preliminares*, cit., p. 318-21) esclarece que o emprego do termo *dogmática jurídica* advém do fato de as normas jurídicas serem tidas como dogmas, porquanto não podem ser contestadas na sua existência, se formalmente válidas. Filosofia jurídica, teoria geral do direito e dogmática jurídica, in *Enciclopédia Saraiva do Direito*, v. 37, p. 385; Tercio Sampaio Ferraz Jr. (Dogmática do direito ou jurídica, in *Enciclopédia Saraiva do Direito*, cit., p. 254) ensina que a dogmática parte de *dogmas*, cuja existência não discute, submetendo-os ao crivo analítico, com o fito de possibilitar decisões e orientar a ação.

327. Dogmática do direito ou jurídica, in *Enciclopédia Saraiva do Direito*, cit., p. 254 e 255; Ciência do direito, in *Enciclopédia Saraiva do Direito*, cit., p. 356.

328. A respeito da noção de teoria geral do direito, consulte: Miguel Reale, Filosofia jurídica, teoria geral do direito e dogmática jurídica, in *Enciclopédia Saraiva do Direito*, cit., p. 382-5; *Lições preliminares*, cit., p. 18 e 19, 328-30; A. Machado Pauperio, Teoria geral do direito, in *Enciclopédia Saraiva do Direito*, v. 72, p. 249 e 250; Daniel Coelho de Souza, *Introdução*, cit., p. 104-10; Eduardo García Máynez, *Introducción*, cit., p. 120 e 121; A. L. Machado Neto, *Teoria da ciência jurídica*, cit., p. 73-6; *Teoria geral do direito*, Rio de Janeiro, Tempo Brasileiro, 1966.

329. Contudo, para uns, p. ex. Siches, a teoria geral do direito é parte da filosofia jurídica; para outros, como Kelsen, a teoria geral do direito é a ciência jurídica.

tirar conclusões sistemáticas que servirão de guia ao jurista e até mesmo ao sociólogo ou ao historiador do direito, sem as quais não poderiam atuar cientificamente.

D. LÓGICA JURÍDICA E JUSCIBERNÉTICA

A *lógica jurídica*[330], por ser a ciência das leis e das operações formais do pensamento jurídico ou a reflexão crítica sobre a validade desse pensamento, indicando como deve o intelecto agir, visa guiar e controlar a atividade científico-jurídica ao analisar a norma em seu aspecto proposicional, operando com o functor *dever ser*. Deveras, a ciência do direito, como toda ciência, se constitui por meio de um conjunto ordenado de processos mentais. A lógica jurídica é o instrumento da dogmática jurídica. Ela tem por objeto conhecer e sistematizar princípios gerais, leis e regras atinentes às operações intelectuais utilizadas no estudo do direito, na interpretação, na integração, na elaboração e na aplicação jurídicas.

Tais operações envolvem desde a simples elaboração de conceitos relacionados ao fenômeno jurídico até os procedimentos mentais de raciocínio ou argumentação. Entre os conceitos e raciocínios estão os juízos e as proposições jurídicas. Donde se infere sua clássica divisão em lógica dos conceitos, das proposições e dos raciocínios jurídicos. Essa lógica tradicional moderna desenvolveu-se da silogística aristotélica construída sobre conceitos, proposições e demonstrações. Ocupa-se com a manifestação do pensamento jurídico-científico, enquanto exprime atos de conhecimento, que serão tidos como verdadeiros se enunciados com observância daqueles princípios lógicos, leis e regras do bem-pensar. Preocupa-se, ainda, com a questão da validade lógica dos enunciados contidos no discurso normativo.

A lógica jurídica tem sido objeto de grande transformação, com a superação da lógica aristotélica ou silogística e o emprego de novas técnicas de formalização de tipo matemático, como as realizadas pela lógica simbólica, que se utiliza de signos ou símbolos, substituindo os termos e conceitos, para estabelecer suas leis e teses, independentemente de qualquer conteúdo, ou seja, sem quaisquer referências a situações reais. Essa técnica permite a abstração total do conteúdo referente ao real.

Há quem a considere como uma lógica aplicada, que decorre do conceito de validade do pensamento, ou seja, este é válido se coerente consigo mesmo, isento de contradições e expresso em raciocínios que levem a um conhecimento verdadeiro.

---

330. Sobre lógica jurídica, *v.*: Luigi Mosco, *Scienza giuridica e metodologia giuridica*, cit., p. 17-21; Groppali, Sul problema della conoscenza del diritto, *Rivista di Diritto Privato*, p. 13, 1942; Miguel Reale, Lógica dialética e ciência jurídica, in *Enciclopédia Saraiva do Direito*, v. 50, p. 429-34, e *Lições preliminares*, cit., p. 330-32; Hegel, *Ciência da lógica*, 1816; Sesmat, *Logique*, Paris, 1950, v. 1, p. 14; Franco Montoro, *Dados preliminares de lógica jurídica*, Apostila do Curso de Pós-graduação da PUCSP, 1976; Luiz Fernando Coelho, Lógica jurídica, in *Enciclopédia Saraiva do Direito*, v. 50, p. 443-47; Eduardo García Máynez, *Lógica del raciocinio jurídico*, México, Fondo de Cultura Económica, 1964, p. 8; Lourival Vilanova, *Lógica jurídica*, cit.; Goffredo Telles Jr., *Tratado da consequência*, cit., p. 68-89; Luiz Fernando Coelho, *Lógica jurídica*, cit., p. 24-52; Willard van Orman Quine, *O sentido da nova lógica*, São Paulo, Livr. Martins Ed., 1944; Kalinowski, *Introduction à la logique juridique*, cit., *Théorie des propositions normatives*, 1953; Possibilité et structure de la logique deontique, in *Archives de Philosophie du Droit*, 1965; e *Le logique des normes*, Paris, 1972; George Henrik von Wright, *An essay in modal logic*, Amsterdam, 1951; Blanché, *Introduction à la logique contemporaine*, Paris, 1968; Van Acker, Elementos de lógica clássica formal e material, *Revista da PUCSP*, v. 40, p. 9-14, 1971; Ilmar Tammelo, On the construction of a legal logic in retrospect and in prospect, in *Filosofia-II, Anais do VIII Congresso Interamericano de Filosofia e V da Sociedade Latino-Americana de Filosofia*, p. 515, 1974; Renato Poltronieri e Jane B. Camargo, *Lições preliminares de lógica formal e jurídica*, São Paulo, Ed. Juarez de Oliveira, 2002; Hamilton Rangel Júnior, *Manual de lógica jurídica aplicada*, São Paulo, Atlas, 2009.

Prevalece a tese de que a lógica jurídica se desdobra em analítica jurídica e dialética jurídica.

Sob o ângulo analítico ou formal, abrange diversas ordens de pesquisa, dentre elas a deôntica jurídica, relativa às proposições normativas. A analítica jurídica procura indagar da validade lógica e aplicação formal das proposições normativas, como o faz, p. ex., a lógica deôntica. A lógica deôntica está aparentemente ligada à lógica modal, pois esta apenas foi o ponto de partida daquela. A lógica modal gira em torno de quatro noções modais: aléticas (necessário, possível, contingente e impossível), epistêmicas (verificado, falsificado, não decidido), deônticas (obrigatório, permitido, indiferente) e existenciais (universal, existente, vazio). As proposições normativas, independentemente de seu conteúdo, constituem o objeto da lógica deôntica, que procura estudar as suas leis formais. A lógica do discurso comum, cujos valores são a verdade e a falsidade, é a lógica alética, e a lógica do discurso normativo, cujos valores são a validade ou a invalidade, é a lógica deôntica. Os enunciados da lógica deôntica referem-se ao *dever ser*, distinguindo-se dos da lógica apofântica, por se referir a situações reais. A lógica deôntica procura sistematizar as condições de validade das proposições normativas, sendo uma lógica jurídica proposicional.

Ao lado dos estudos lógico-formais ou analíticos afirmam-se as investigações dialético-jurídicas, dando o sentido do desenvolvimento jurídico. É necessária uma compreensão dialética do direito, pois a realidade jurídica, segundo Miguel Reale, é temporal, mutável e tridimensional, e, mais ainda, uma composição necessária de estabilidade e movimento. A dialética da complementaridade desdobra-se em várias perspectivas, tais como as que correlacionam termos opostos, numa relação de implicação ou de funcionalidade entre contrários, entre meios e fins, entre forma e conteúdo ou entre as partes e o todo. As normas positivadas não são esquemas inertes, mas realidades que se inserem no ordenamento jurídico, modificando significações, recebendo novos impactos de novos fatos e valores; além disso nenhuma norma pode valer como tal, separada dos fatos e valores componentes da estrutura social de cada época e lugar. Tal compreensão dialética vem a legitimar os processos da lógica persuasiva. Deveras, ante a complexidade do direito, o jurista não deve apenas ater-se às normas, mas também fazer referência a fatos e valores jurídicos, assim sendo a lógica jurídica decisional ou dialética jurídica procura verificar quais são as condições de validade dos raciocínios do jurista, na tarefa hermenêutica, na busca da decidibilidade, indicando soluções viáveis a eventuais conflitos.

Hodiernamente, está-se constituindo a *cibernética jurídica*[331]. Segundo Norbert Wiener, a cibernética seria "a ciência da comunicação e do controle nos seres vivos e nas máquinas", procurando dirigir uma ação para torná-la eficaz. Para Antonio-Enrique Pérez Luño, a informática seria "a ciência que estuda o tratamento automático da informação, sendo uma ciência particular integrada em outra mais ampla: a cibernética". A informática, no dizer de Antônio de S. Limongi França, "cuida não só dos sistemas ligados à documentação de

331. A respeito da cibernética jurídica, *v.*: Miguel Reale, *Lições preliminares*, cit., p. 331 e 332; André Franco Montoro, *Dados preliminares de lógica jurídica*, cit., p. 49-54; Limongi França, Cibernética jurídica, in *Enciclopédia Saraiva do Direito*, v. 14, p. 303-22; Mário G. Losano, *Informática jurídica*, Saraiva, 1976; Norbert Wiener, *Cibernética*, Ed. Polígono, 1970; Dínio de Sanctis Garcia, *Introdução à informática jurídica*, Bushatsky, 1976; Antonio-Enrique Pérez Luño, *Cibernética, informática y derecho*, Bologna, 1976; Luiz Antonio de Andrade, Cibernética e direito, *Revista da Procuradoria Geral do Estado da Guanabara*, v. 25, p. 1, 1971.

textos, mas também de todos os sistemas tratados pelo computador, já que ele fornece informações como resultados do processamento dos dados recebidos, sendo assim um produtor de informação por meios automáticos. A informática é a parte da cibernética que estuda os sistemas dinâmicos determinísticos, com vistas à sua execução em um computador eletrônico, estudando também o modo pelo qual o computador irá processá-los".

A juscibernética, segundo Mário G. Losano, seria toda e qualquer aplicação da cibernética ao direito. Procura compreender a conduta humana em termos de comportamento das máquinas, colocando à disposição do jurista e do aplicador os recursos dos computadores eletrônicos. A informática jurídica, parte da juscibernética, procura fornecer ao jurista e aplicador um "banco de dados", o que lhes exigirá o aprendizado da linguagem cibernética, para a elaboração eletrônica dos dados jurídicos, pois só se usa a linguagem algorítmica (fórmulas lógico-matemáticas finitas). Com isso, surge a questão de se saber se o direito pode ou não ser transformado em um número finito de fórmulas lógico-matemáticas finitas. Pode ser o direito reduzido a um conjunto de regras formais que, memorizadas pelo computador, passarão a decidir sobre questões judiciais, livres das falhas humanas?

O computador não está em condições de tomar decisões judiciais, mesmo que se pudesse transformar o direito em regras algorítmicas, porque não se poderia programá-lo: *a*) para considerar as circunstâncias particulares de cada caso que fosse julgar; *b*) para solucionar problemas dos termos utilizados na linguagem jurídica, como os da generalidade, ambiguidade, vaguidade, transformação da palavra no tempo e transposição do vocábulo da linguagem natural para a jurídica, por constituírem um obstáculo à aplicabilidade do computador ao direito[332]; *c*) para preencher lacunas normativas, axiológicas e ontológicas; e *d*) para evitar e resolver antinomias jurídicas. Mesmo que o computador, com a legislação contida em sua memória, partindo de casos reais, pudesse tomar algumas decisões sobre processos judiciais, seria preciso evitar, não há dúvida, a substituição da apreciação do juiz pela memória decisória da máquina.

Apesar de inidôneo para julgar questões judiciais, o computador tem grande utilidade na classificação e comparação de provas, na seleção de normas aplicáveis ao caso, na atualização de dados bibliográficos e jurisprudenciais etc., "em razão de sua velocidade, de sua capacidade de armazenamento de informações, de sua exatidão ou da sistematização dos serviços que lhe são confiados"[333]. Daí a grande valia da informática jurídica no Brasil, por isso o Ministério da Fazenda liga-se ao Serpro (Serviço Federal de Processamento de Dados), que controla, p. ex., o Imposto de Renda, o Imposto sobre Produtos Industrializados, os impostos únicos sobre energia elétrica, combustíveis e lubrificantes e minerais; em São Paulo criou-se a Prodesp (Companhia de Processamento de Dados do Estado de São Paulo), para controlar o Imposto sobre Circulação de Mercadorias, cadastrar todos os prontuários criminais movimentados a partir de janeiro de 1976; o TACrimSP criou o Centro de Cibernética Jurídica para: *a*) elaborar sentenças de rotina, em casos não complicados de acidentes típicos e de algumas moléstias profissionais (artrose, bronquite, cardiopatia, hipertensão, sinusite, tuberculose, varizes, conjuntivite etc.), desde que a apreciação da prova comporte padronização e não se dispense o estudo do processo pelo juiz; *b*) organizar um sistema de

332. *V.* Limongi França, Cibernética jurídica, in *Enciclopédia Saraiva do Direito*, cit., p. 313, 314 e 315.
333. Limongi França, Cibernética jurídica, in *Enciclopédia Saraiva do Direito*, cit., p. 318.

protestos que centraliza informações de 10 cartórios de São Paulo e de controle de processos; em Brasília criou-se o Prodasen (Centro de Processamento de Dados do Senado Federal) para: *a*) elaborar um sistema de informações legislativas, no que atina ao armazenamento e recuperação de informações pertinentes às normas jurídicas existentes no país; à referência bibliográfica, com informações sobre o acervo bibliográfico do Senado Federal; e ao controle de projetos de lei e comissões técnicas permanentes de ambas as Casas do Congresso Nacional; *b*) armazenar informações sobre jurisprudência e sobre doutrina[334].

O computador é, tão somente, um poderoso e eficaz instrumento a serviço do jurista, do juiz, do advogado, do notário, do delegado, do procurador, do Ministério Público, do legislador etc., economizando o tempo gasto no trabalho de pesquisa da jurisprudência, da doutrina e da legislação, sem contudo substituí-los nas suas tarefas de reflexão e de decisão.

E. CIÊNCIA COMPARADA DO DIREITO

A ciência comparada do direito, ou ciência do direito comparado[335], tem por escopo estudar, simultânea e comparativamente, não só o direito positivo, contemporâneo ou não, de diferentes países, mas também os motivos pelos quais o direito se desenvolveu de modo diverso, nos vários países, com o intuito de uniformizá-lo e orientar, em certos casos, a reforma legislativa no direito nacional. Daí a lição de René David: "O direito comparado é útil para um melhor conhecimento do nosso direito nacional e para seu aperfeiçoamento. O legislador sempre utilizou, ele próprio, o direito comparado para realizar e aperfeiçoar sua obra". É a comparação dos direitos no espaço, é a geografia jurídica.

O mesmo instituto pode apresentar formas diferentes nos diversos países, p. ex., a tutela ora aparece como um instituto de proteção ao menor, ora como garantia da família, com fundamento na ideia de que o menor poderia fazer mau uso dos bens em detrimento de sua família, ora em ambos os aspectos; a propriedade, nos ordenamentos jurídicos, deve sofrer limitações legais, mas o conteúdo dessas limitações é mais restrito em uns e mais amplo em outros. As divergências entre as ordens jurídicas derivam de *fatores de diversificação*, decorrentes das diferentes origens dos ordenamentos, de *fatores de nivelamento*, atinentes ao fenômeno das migrações jurídicas, como a expansão do direito romano, do direito canônico, do direito nazista imposto à Áustria no dia seguinte ao da anexação etc., e a imitação, decorrente do conhecimento das ordens jurídicas estrangeiras e a sua comparação com as normas nacionais, assim o prestígio da civilização ocidental no Oriente, após a Primeira Guerra Mundial, explica a europeização dos códigos civis do Japão e da China e de *revolução*, que é, concomitantemente, fator de diversificação e de nivelamento, p. ex., a Revolução Francesa de 1789.

---

334. Limongi França, Cibernética jurídica, in *Enciclopédia Saraiva do Direito*, cit., p. 320-22.

335. *V.* Alf Ross, *Sobre el derecho y la justicia*, cit., p. 22; Daniel Coelho de Souza, *Introdução*, cit., p. 81 e 82; Carlos Mouchet e Ricardo Zorraquín Becu, *Introducción*, cit., p. 90 e 91; Haroldo Valladão, Direito comparado, in *Enciclopédia Saraiva do Direito*, v. 25, p. 489-93; Luiz Fernando Coelho, *Teoria*, cit., p. 42 e s.; Rodolfo Sacco, *Introdução ao direito comparado*, São Paulo, Revista dos Tribunais, 2001; Pablo Jiménez Serrano, *Como utilizar o direito comparado para elaboração de tese científica*, Rio de Janeiro, Forense, 2005; Luís Fernando Sgarbossa e Geziela Jensen, *Elementos de direito comparado*, Porto Alegre, Sérgio A. Fabris Editor, 2008; René David, *Os grandes sistemas do direito contemporâneo*, São Paulo, Martins Fontes, 2002, p. 6-7.

A ciência comparada do direito procura as relações, as diferenças e sobretudo as semelhanças existentes nas várias ordens jurídicas de todos os povos em todos os tempos, aquilatando o grau das respectivas civilizações, cotejando, ao lado da norma do direito, as circunstâncias peculiares de cada coletividade, tentando alcançar por meio de sínteses indutivas normas aplicáveis às distintas instituições jurídicas que se apresentam no espaço e no tempo, desvendando ou extraindo seus caracteres constantes, fundamentais e comuns, para aperfeiçoar o conhecimento científico-jurídico. Com isso vem auxiliar o jurista, facilitando sua tarefa, permitindo-lhe a verificação das relações, das semelhanças e diferenças existentes nos vários ordenamentos jurídicos, constituindo, ainda, um poderoso auxiliar do direito internacional privado, pois o conhecimento atento e comparado de leis divergentes dos vários Estados permite coordená-las, harmonizando-as, por meio da norma solucionada dos conflitos, ou uniformizá-las, identificando-as por uma norma única, supressora das colisões.

Não é uma disciplina autônoma, pois utiliza-se de dados fornecidos pela ciência do direito e pela sociologia jurídica.

F. PSICOLOGIA FORENSE

A psicologia forense[336] coloca à disposição do jurista e do aplicador valiosos estudos sobre a natureza do comportamento humano, abordando problemas da psicologia normal e patológica que interessam à medicina legal e ao direito processual penal e civil, tais como os referentes:

a) aos limites e aos modificadores da responsabilidade e da capacidade;

b) às doenças mentais e suas aplicações forenses;

c) à periculosidade;

d) às paixões, de grande interesse nos crimes passionais;

e) à sugestão e ao hipnotismo, que podem ter importância para a ciência do direito, devido ao seu papel na confissão, no testemunho, no reconhecimento de pessoas e coisas, na prática de fraudes (conto do violino, conto da santa casa), de crimes ou mesmo de abusos de ordem sexual;

f) à interpretação psicanalítica do crime;

g) à delinquência neurótica, isto é, movida pelo sentimento de culpa;

h) à delinquência essencial, provocada pelo sentimento de rejeição afetiva, também designado por sentimento de inferioridade, que pode originar a personalidade psicopática;

i) à embriaguez alcoólica e ao seu diagnóstico no vivo e no cadáver, tendo em vista a questão da habilidade para conduzir veículos a motor, a perturbação psíquica que pode levar à prática do crime;

---

336. Miguel Reale, *Lições preliminares*, cit., p. 332; Ernst Seelig, *Manual de criminologia*, Coimbra, 1957; Almeida Jr. e Costa Jr., *Lições de medicina legal*, São Paulo, 1968, p. 403-606; Hélio Gomes, *Medicina legal*, 14. ed., Freitas Bastos; A. B. Alves da Silva, *Introdução*, cit., p. 10; Evani Z. Marques da Silva, Psicologia jurídica: um caminho em evolução, *Revista APM*, 2:107-12; Rosana C. Ragazzoni e José O. Fiorelli, *Psicologia jurídica*, São Paulo, Atlas, 2009; Marcel de A. Freitas, Psicologia forense e psicologia jurídica: aproximações e distinções, *Revista Jurídica De Jure*, n. 20, p. 82 a 103; Wilson José Gonçalves (org.), *Integrale humanum – antropologia cultural & psicologia*, Campo Grande, ALJ-MS, 2013.

j) à confissão de um crime;

k) aos reveladores da mentira, usados para constranger testemunhas e acusados a dizer a verdade como: os soros da verdade (bebida alcoólica; narcóticos, na narcoanálise); tortura inquisitiva; a prova das associações verbais; o reflexo psicogalvânico (redução da secreção de saliva e aumento de secreção de suor); a prova do ritmo respiratório, e a prova da tensão arterial;

l) ao testemunho infantil, indicando como se pode aproveitá-lo;

m) ao reconhecimento judiciário;

n) à psicologia testamentária;

o) à disputa de guarda e visita de filhos;

p) à regulamentação de visitas;

q) à interdição;

r) à violência doméstica ou interfamiliar;

s) à destituição e à suspensão do poder familiar;

t) à toxicomania;

u) à apuração de abusos sexuais, inclusive contra crianças;

v) à preservação da saúde emocional da prole que vivencia a separação dos pais e suas discussões.

A psicologia forense, ao estudar os fenômenos mentais ligados ao direito e os princípios de onde procedem, proporcionando um conhecimento do homem, de suas faculdades e inclinações, vem a facilitar o trabalho do jurista, do legislador, que dita normas sobre o comportamento humano, e do magistrado, que as aplica ao pronunciar-se sobre a conduta humana.

G. SOCIOLOGIA JURÍDICA

A sociologia jurídica é a ciência que, por meio de métodos e técnicas de pesquisa empírica, visa estudar as relações recíprocas existentes entre a realidade social e o direito, abrangendo as relações jurídicas fundamentais, as camadas sedimentares ou níveis da realidade jurídica, a tipologia jurídica dos grupos particulares e das sociedades globais, a ação da sociedade sobre o direito e a atuação do direito sobre a sociedade. Em suma, estuda como se forma e transforma o direito, verificando qual é sua função no seio da coletividade e como influi na vida social, sem ter a preocupação de elaborar normas e de interpretar as que vigoram numa dada sociedade[337].

337. Claudio Couto, *Introdução ao direito como ciência social*, 1971, p. 17; Jerome Hall, *Comparative law and social theory*, Louisiana, 1963, p. 57; Treves, *Introduzione alla sociologia del diritto*, 1977, p. 5; Jean Carbonnier, *Sociologie juridique*, Paris, 1972; Edmond Jorion, *De la sociologie juridique*, Bruxelles, 1967; Henrique G. Carnio e Alvaro de A. Gonzaga, *Curso de sociologia jurídica*, São Paulo, Revista dos Tribunais, 2011; Adelino Brandão, *Iniciação à sociologia do direito*, São Paulo, Juarez de Oliveira, 2003; José G. Sousa Jr., *Sociologia jurídica: condições sociais e possibilidades teóricas*, 2002; Ilmar Tammelo, *Sociologia del diritto*, Milano, Giuffrè, 1974; Euzébio de Queiroz Lima, *Princípios de sociologia jurídica*, Rio de Janeiro, 1958; Alessandro Groppali, *Sociologia e diritto*, Milano, 1945; Recaséns Siches, *Tratado de sociologia*, Globo, 1968, v. 2, p. 693; Souto e Souto, *Sociologia do direito — uma visão substantiva*, Porto Alegre, Fabris, 1997; Georges Gurvitch, *Sociologia jurídica*, cit.; A. Franco

No estudo desses problemas e relações temos, portanto[338]:

1) Sociologia jurídica analítica ou microssociologia do direito, que vai estudar os dados elementares ou microscópicos da realidade jurídica, ocupando-se das relações jurídicas fundamentais e das camadas sedimentares.

O sociólogo do direito ao estudar a realidade jurídica, partindo das realidades mais complexas ou globais (p. ex., direito americano, direito brasileiro, direito das sociedades primitivas), ao decompô-las em suas partes, chega aos elementos mais simples, isto é, aos ordenamentos jurídicos de grupos particulares, que constituem síntese, no plano horizontal, de relações jurídicas (as contratuais, as de parentesco etc.) e, no plano vertical, de sedimentos jurídicos, que abrangem o direito organizado (leis, decretos, sentenças etc.) e o direito espontâneo (costume, prática processual e administrativa, doutrina, *standards* jurídicos etc.). Sob o prisma sociológico-jurídico o que importa é a realidade desses elementos e seu dinamismo na vida do direito. Esclarece Miguel Reale que a sociologia jurídica procura compreender como as normas jurídicas se apresentam efetivamente.

2) Sociologia jurídica diferencial, ou macrossociologia jurídica diferencial, que, ao estudar o ordenamento jurídico dos grupos particulares (família, empresa, sindicato, paróquia, clubes etc.) e das sociedades globais (nação, comunidades internacionais), fixa-lhes a tipologia jurídica, ao analisar as relações entre os tipos de sociedade e as espécies de direito correspondente. Isto é assim porque a cada grupo social particular corresponde um ordenamento jurídico com caracteres peculiares (ordenamento jurídico estatal, empresarial, religioso, sindical, escolar etc.) e a cada sociedade global corresponde um ordenamento jurídico com características próprias (direito brasileiro, germânico, inglês etc.). Nesse exame conclui o sociólogo do direito que:

a) Todo grupo social institucionalizado (empresa, igreja, família, escola etc.) possui um direito social interno, elaborado e aplicado por ele, já que possui um poder normativo, elaborando normas reguladoras de sua atividade interna, e um poder disciplinar, pois assegura aplicação dessas normas, impondo sanções aos seus transgressores. Esse direito desenvolve-se, autonomamente, e é reconhecido pelo Estado, que, às vezes, é chamado a decidir casos eventuais, por recurso dos interessados, aplicando o direito do grupo. Pode haver uma intervenção estatal na regulamentação das atividades do grupo. Tal regulamentação do Estado utiliza-se do direito elaborado pelo grupo, anexando-o ao direito estatal. Havendo conflito entre normas do grupo e as do Estado, prevalecem teoricamente as estatais, embora, na prática, possam preponderar as do grupo.

Montoro, *Introdução*, cit., v. 2, p. 346-9; Carlos Mouchet e Ricardo Zorraquín Becu, *Introducción*, cit., p. 89 e 90; Celso A. Pinheiro de Castro, *Sociologia do direito*, São Paulo, Atlas, 2001; *Sociologia aplicada ao direito*, São Paulo, Atlas, 2001; Ana Lucia Sabadell, *Manual de sociologia jurídica — introdução a uma leitura externa do direito*, São Paulo, Revista dos Tribunais, 2002; José E. Faria e Campilongo, *Sociologia jurídica no Brasil*, Porto Alegre, Fabris, 1991; Ana Lucia Sabadell, *Manual de sociologia jurídica*, São Paulo, Revista dos Tribunais, 2013; José Manuel de S. Rocha, *Sociologia jurídica*, São Paulo, Campus — Elsevier, 2009.

338. A. Franco Montoro, *Introdução*, cit., p. 357-431; Recaséns Siches, *Tratado de sociologia*, cit., p. 705 e s.; José D'Aguano, *Genesis y evolución del derecho*, Buenos Aires, 1943; Felipe Augusto de Miranda Rosa, *Sociologia do direito*, Rio de Janeiro, Zahar, 1970; Nelson Nogueira Saldanha, *Sociologia do direito*, São Paulo, Revista dos Tribunais, 1970; Miguel Reale, *Lições preliminares*, cit., p. 20, 325 e 326; Francisco Uchoa de Albuquerque e Fernanda Maria Uchoa, *Introdução*, cit., p. 33 e 34; A. L. Machado Neto, *Teoria da ciência jurídica*, cit., p. 55-9; Evaristo de Moraes Filho, *O problema de uma sociologia do direito*, Rio de Janeiro, 1950.

b) O ordenamento jurídico varia conforme o tipo de sociedade global. P. ex., nas sociedades de base técnico-burocrática, o ordenamento jurídico caracteriza-se pela prevalência de normas decretadas pelo chefe de Estado, de acordo com sua inspiração, e pelo intenso assessoramento técnico-propagandístico e burocrático que o cerca; nas sociedades de capitalismo organizado, o ordenamento jurídico é caracterizado por uma maior extensão dos direitos do Estado em relação aos grupos particulares, predominando o direito organizado; nas sociedades planificadas segundo um coletivismo centralizador (p. ex., a China), a regulamentação jurídica perde terreno para a regulamentação da produção e ao lado e acima do ordenamento jurídico-estatal existe a ordem jurídica do partido, que é um superestado. O estudo desses diferentes ordenamentos jurídicos, vinculando-os a suas origens e a fatores de ordem econômica e social, é importante para o conhecimento do direito em sua realidade sociocultural.

3) Sociologia jurídica genética, ou macrossociologia genética do direito, estuda as transformações do direito no meio social, verificando as influências dos diversos fatores sociais na gênese do direito e a atuação do direito sobre a sociedade, ou a verificação dos efeitos produzidos pelo direito no meio social, concluindo que:

a) O direito emana da sociedade: como resultante do poder social que o apoia e o impõe aplicando sanções aos transgressores; como reflexo dos objetivos, valores e necessidades sociais, pois procura assegurar o respeito aos valores que os membros da sociedade consideram necessários à convivência social, p. ex., segurança, interesse público, justiça etc.; como manifestação ou efeito de fatores sociais, sejam eles geográficos (solo, águas, flora, fauna etc., que condicionam normas, p. ex., o código de mineração de águas, florestal etc.), climáticos (que impõem preceitos especiais, p. ex., normas sobre horário de verão, calefação, edificação, remoção de neve etc.), raciais, religiosos, técnico-científicos (pois inovações técnicas e científicas influem na seara jurídica, daí a existência de um direito espacial, aéreo, marítimo, de normas sobre comunicações, transplantes de órgãos humanos etc.), ou econômicos etc.

b) O direito influencia a sociedade como um instrumento de controle social, reconhecido pela comunidade: por conter normas imperativo-autorizantes, isto é, que impõem deveres aos seus destinatários, autorizando aplicação da sanção em caso de sua violação; por garantir a manutenção da ordem social existente; por ser o principal agente da mudança social, pois o legislador, ao elaborar a lei, o administrador e o juiz ao aplicá-la, o advogado e o assessor jurídico ao orientarem empreendimentos, contratos etc. estão contribuindo para a modificação da realidade social.

A sociologia jurídica apenas leva em conta os fatos sociais relacionados à norma jurídica, procurando mostrar como os homens se comportam, efetivamente, em relação às normas jurídicas.

H. HISTÓRIA DO DIREITO

A história do direito[339] estuda, cronologicamente, o direito como fato empírico e social resultante da interação humana, salientando os seus caracteres peculiares, as causas ou

339. A. L. Machado Neto, *Teoria da ciência jurídica*, cit., p. 59 e 60; Francisco Uchoa de Albuquerque e Fernanda Maria Uchoa, *Introdução*, cit., p. 35 e 36; Miguel Reale, *Lições preliminares*, cit., p. 323 e 324, e Filosofia e ciência positiva, in *Enciclopédia Saraiva do Direito*, v. 37, p. 364; Nelson Nogueira Saldanha, História do direito, in

motivos de suas mutações ou transformações, envolvendo a experiência jurídica do passado, procurando individualizar os fatos e integrá-los num sentido geral, ao se ater à evolução das fontes do direito, ao desenvolvimento jurídico de certo povo, à evolução de ramo específico do direito (história do direito civil, penal etc.) ou de uma instituição jurídica (história da propriedade, do casamento etc.), mostrando a sua projeção temporal em conexão com as teorias em que se baseiam.

O historiador procura reviver ou reconstruir o fenômeno jurídico em sua singularidade específica a fim de compreender seu significado no tempo. Faz uma análise atual do direito pretérito para, verificando os fins que perseguiram e seus efeitos sobre a sociedade, assinalar as vantagens ou inconvenientes das normas ou instituições que imperaram no passado, comparando as soluções que se deram antes ou surgiram depois, para chegar ao conhecimento de todo processo histórico do direito.

O objetivo da história do direito é a interpretação dialética do fenômeno jurídico e seu dimensionamento em função do tempo.

I. POLÍTICA JURÍDICA

A política jurídica[340] seria a ciência da organização do Estado, procurando estudar as relações entre autoridade e cidadãos, e das formas e meios jurídicos adequados à consecução dos fins da comunidade por meio da ação estatal, p. ex., as técnicas legislativas, que envolvem, hodiernamente, a questão do planejamento ante o intervencionismo estatal. Trata não só dos critérios de necessidade, conveniência ou oportunidade da atividade legislativa, mas também de sua correlação com as exigências da opinião pública. Compete-lhe indagar dos campos de interesses que interferem no processo legislativo, como, p. ex., os grupos de pressão, que procuram determinar as opções normativas do órgão legiferante. Ocupa-se das valorações e estruturas sociais que condicionam a elaboração da norma de direito, procurando superar os possíveis antagonismos fáticos e valorativos.

Seu objeto próprio é o fenômeno estatal, ou seja, a origem, a função e a atividade do Estado desenvolvida para atingir os fins da coletividade.

Enciclopédia Saraiva do Direito, v. 41, p. 293-5; Carlos Mouchet e Ricardo Zorraquín Becu, *Introducción*, cit., p. 91-7; Alamiro de A. Martel, *Curso de historia del derecho*, Santiago de Chile, v. 1, 1955; Luiz Fernando Coelho, *Teoria*, cit., p. 25 e 26; Antônio Carlos Wolkmer, *Fundamentos da história e do direito*, Belo Horizonte, Del Rey, 2006; Luiz Carlos de Azevedo, *Introdução à história do direito*, São Paulo, Revista dos Tribunais, 2006; Oliveira, Mesquita Barbosa e Bagnoli, *História do direito*, São Paulo, Campus — Elsevier, 2009.

340. Miguel Reale, *Lições preliminares*, cit., p. 326-8. *V.* Luiz Fernando Coelho, *Teoria*, cit., p. 26-9. A. B. Alves da Silva, *Introdução*, cit., p. 9 e 10; Oswaldo F. de Melo, *Fundamentos da política jurídica*, Porto Alegre, Fabris, 1994, e *Temas atuais da política do direito*, Porto Alegre, Fabris, 1998.

QUADRO SINÓTICO

CIÊNCIA JURÍDICA E CIÊNCIAS AFINS

CIÊNCIA JURÍDICA COMO CIÊNCIA SOCIAL	A ciência jurídica é uma ciência social normativa, por tratar da conduta recíproca dos homens, não como efetivamente se realiza, mas como ela, determinada por normas positivas, deve realizar-se.	
CIÊNCIA DO DIREITO	Sentido amplo	Ciência do direito é qualquer estudo metódico, sistemático e fundamentado dirigido ao direito. P. ex.: sociologia jurídica, história do direito etc.
	Sentido estrito	Ciência do direito propriamente dita, Jurisprudência, ou ciência dogmática do direito, consiste, genericamente, no pensamento tecnológico que busca expor, metódica, sistemática e fundamentadamente as normas vigentes de determinado ordenamento jurídico positivado no espaço e no tempo, e estudar os problemas relativos a sua interpretação e aplicação, procurando apresentar soluções viáveis para os possíveis conflitos, orientando como devem ocorrer os comportamentos procedimentais que objetivam decidir questões conflitivas.
TEORIA GERAL DO DIREITO	Situa-se na zona fronteiriça entre a filosofia do direito, pelos temas que considera e pela generalidade que o faz, e a ciência jurídica, pela sua positividade, pois seus conceitos são alcançados a partir da experiência do direito positivo. É uma ciência da realidade jurídica, que busca seus elementos na filosofia do direito e nas ciências jurídicas auxiliares, para, estudando-os, tirar conclusões sistemáticas que servirão de diretriz ao jurista e até mesmo ao sociólogo ou ao historiador do direito, sem as quais não poderiam atuar cientificamente.	
LÓGICA JURÍDICA	É a ciência das leis e das operações formais do pensamento jurídico ou a reflexão crítica sobre a validade do pensamento jurídico, indicando como deve o intelecto agir no estudo do direito, na interpretação, na integração, na elaboração e aplicação jurídicas. Desdobra-se em analítica jurídica (abrangendo a lógica deôntica relativa às proposições normativas) e dialética jurídica (dando o sentido do desenvolvimento jurídico).	

CIBERNÉTICA JURÍDICA	Procura compreender a conduta humana em termos de comportamento das máquinas, colocando à disposição do jurista e do aplicador os recursos dos computadores na classificação e comparação de provas, na seleção de normas aplicáveis ao caso, na atualização de dados bibliográficos e jurisprudenciais etc.
CIÊNCIA COMPARADA DO DIREITO	Estuda, comparativamente, não só o direito positivo, contemporâneo ou não, de diferentes países, mas também os motivos pelos quais o direito se desenvolveu de modo diverso nos vários países, com o intuito de uniformizá-lo e orientar, em certos casos, a reforma legislativa no direito nacional.
PSICOLOGIA FORENSE	Estuda a natureza do comportamento humano, os fenômenos mentais e os princípios de onde procedem, facilitando o trabalho do jurista, do legislador, que dita normas sobre a conduta humana, e do magistrado, que as aplica ao pronunciar-se sobre a conduta humana.
SOCIOLOGIA JURÍDICA	É a ciência que, por meio de técnicas de pesquisa empírica, visa estudar relações recíprocas existentes entre a realidade social e o direito, abrangendo as relações jurídicas fundamentais, os níveis da realidade jurídica (sociologia jurídica analítica), a tipologia jurídica dos grupos particulares e das sociedades globais (sociologia jurídica diferencial), a ação da sociedade sobre o direito e a atuação do direito sobre a sociedade (sociologia jurídica genética).
HISTÓRIA DO DIREITO	Estuda, cronologicamente, o direito como fato empírico e social, salientando seus caracteres peculiares, as causas de suas mutações, procurando individualizar os fatos e integrá-los num sentido geral, ao se ater à evolução das fontes jurídicas, ao desenvolvimento jurídico de certo povo, à evolução de ramo específico do direito ou de uma instituição jurídica, mostrando sua projeção temporal em conexão com as teorias em que se baseiam.
POLÍTICA JURÍDICA	É a ciência da organização do Estado que procura estudar as relações entre autoridade e cidadãos e as formas e meios jurídicos adequados à consecução dos fins da comunidade por meio da ação estatal.

9. CONCEPÇÃO ONTOLÓGICA DA CIÊNCIA DO DIREITO

A determinação da região ôntica em que se situa a ciência jurídica envolve uma série de discussões doutrinárias, o que torna indefinido o resultado da busca do *ser* da ciência do direito, que a despeito dos esforços de vários jusfilósofos tem continuado impenetrável[341].

A ciência do direito não carece de *ser*; imprescindível se torna a determinação do seu *eidos*, ou essência, mas isso é tarefa prévia e necessária de todo jusfilósofo. As extraordinárias investigações filosóficas de Husserl, dentre elas a sua famosa teoria dos objetos, proporcionam novas bases de enfoque a essa indagação de cunho ontológico, possibilitando ao filósofo do direito enquadrar a ciência jurídica numa das quatro regiões ônticas[342].

Retomando a teoria husserliana, propomos a interrogação: Em qual das regiões se situa a ciência jurídica?

Para Carlos Cossio, como vimos, o objeto da ciência jurídica é o direito; como delimitou o *ser* do direito, encaixando-o naquela região ôntica dos objetos culturais egológicos, estabelecendo que o objeto da pesquisa jurídico-científica seria a conduta compartida, concluiu que a ciência do direito é uma ciência cultural[343].

Todavia, entendemos que a ciência não se confunde com o objeto de seu estudo. Uma coisa é o direito e outra é a ciência que o estuda.

---

341. Situamo-nos aqui no plano da ontologia jurídica. Ontologia vem do grego *ontos* = ser e *logos* = teoria, significando *teoria do ser*, mas essa significação não é exata. A palavra *ser* é multívoca, tem uma variedade de sentidos. O *ser*, em geral, será aquilo que todos os entes têm em comum; o ser é o que o ente tem e que o faz ser ente. A rigor, *ontologia* deveria significar *teoria do ente*, pois consiste na tentativa de classificar o ente, de definir a estrutura de cada tipo de ente. *V.* Manuel G. Morente, *Fundamentos de filosofia*, cit., p. 275. A metafísica é a parte da ontologia que se encaminha a decidir o problema da existência; verifica ela quem existe, quem é o *ser* em si, o *ser* que não o é em outro (Morente, *Fundamentos de filosofia*, cit., p. 62). José M. Vilanova (*Filosofía del derecho*, cit., p. 81) entende que metafísica e ontologia são a mesma disciplina. A metafísica estuda o *ser* dos entes e a ontologia, os entes em seu *ser*. Os entes são os que têm *ser*. O *ser* é o *ser* dos entes; indissolúvel é a correlação entre *ser* e ente. Essa divisão é analítica. Em todos os casos é sempre a mesma coisa o que se tem diante e pode observar-se sob o enfoque do *ser* para falar de metafísica ou sob o prisma do ente, para falar de ontologia. Modernamente, é comum designar a ontologia como *teoria dos objetos*, pois é ela que terá que descobrir e definir as estruturas ônticas de cada grupo de objetos (Morente, *Fundamentos de filosofia*, cit., p. 280-2). O termo ôntico é empregado para designar aquelas propriedades características, estruturas e formas dos objetos enquanto seres; usa-se o termo ontológico para indicar aquelas formas ou estruturas que convêm aos objetos enquanto incorporados a uma teoria filosófica ou científica. O objeto enquanto *ser*, quando tem estrutura própria, a chamamos *ôntica*. Mas quando é elaborado pela filosofia ou ciência, sofre modificações pelo fato de ingressar na relação específica do conhecimento; a essas mutações chamaremos *ontológicas*, porém sobre elas perduram as ônticas, que não podem ser modificadas.

342. *V.* quadro das regiões ônticas (Cap. II, n. 4, g. 3), deste compêndio.

343. *Teoria egológica*, cit., p. 247.

A ciência jurídica tem um *ser* como os têm os números, as árvores, as coisas, a norma jurídica e até mesmo o direito. A ciência é um objeto (sentido ontológico) que existe, e como cada objeto tem seu modo especial de ser, tem em si sua peculiaridade[344]. A ciência do direito pertence a uma categoria de *ser* que não é a mesma de seu objeto de investigação.

A fim de esclarecer esta assertiva, convém lembrar que ciência é conhecimento, ou seja, apreensão intelectual do objeto[345]. O objeto conhecido é uma imagem, que não é cópia do objeto.

Sendo a ciência, de um modo geral, um conhecimento do dado, enquadramo-la dentro da teoria dos objetos de Husserl, na zona dos objetos ideais[346].

Se a ciência jurídica envolve uma atividade intelectual dirigida à aquisição do conhecimento do direito[347]; se ela se constitui através de um conjunto de processos mentais[348]; se pertence ao domínio da razão[349], é claro que é um *ser* ideal, perfeitamente distinto dos objetos que investiga, que são reais, não podendo, por isso, reduzir-se a eles.

A conduta existe[350], é objeto real, mas a ciência que a estuda não é real, constitui um objeto ideal.

A ciência jurídica é ontologicamente um objeto ideal[351], por ser irreal, isto é, por não ter existência espaciotemporal[352], mas como todo objeto do pensamento é capaz de existir e é, realmente, existente num mundo mental[353]. Além disso, a busca do *ser* da ciência jurídica independe da experiência, a ela chegamos através da intuição intelectual[354], sem qualquer referência a valores.

---

344. Schreier, *Conceptos y formas fundamentales del derecho*, Instituto Argentino de Filosofía Jurídica e Social, 1942.

345. Goffredo Telles Jr., *Tratado*, cit., p. 7 e 8; *O direito quântico*, cit., cap. II, p. 189 e s., 204-14, 271-74, 277-82, 284-93. O termo *objeto*, aqui, é empregado no sentido de algo que se põe diante de nós, algo sobre o qual nossa ação se projeta, sobre o qual nosso pensamento incide (Miguel Reale, *Filosofia do direito*, cit., p. 48). *V.* Cap. II, n. 1, deste livro.

346. "A descoberta fundamental da fenomenologia é o mundo dos objetos ideais, que nos são dados, apesar de não serem objetos físicos, nem psíquicos, de não se apresentarem no espaço, nem estarem sujeitos a processo temporal e que, sem embargo, possuem uma consistência objetiva e uma forma peculiar de realidade. A estes objetos pertencem entre outros: os conceitos, os juízos, em suma tudo o que é próprio da Lógica" (Legaz y Lacambra, *Filosofía del derecho*, cit., p. 166).

347. Larenz, *Metodología*, cit., p. 19.

348. A. Franco Montoro (*Dados preliminares de lógica jurídica*, cit., p. 1) afirma: "A ciência é um conjunto ordenado de demonstrações, que, por sua vez, consiste num conjunto de proposições e cada uma destas é um conjunto de conceitos".

349. Kant, *Crítica da razão pura*, trad. Valério Rohden, Abril Cultural, 1974 (col. *Os pensadores*, v. 25).

350. A conduta humana é algo real, que existe na experiência, pois é uma experiência de liberdade.

351. O vocábulo *ideal* não é aqui empregado na sua acepção comum, ou seja, no sentido moral, tampouco significa que os objetos que têm essa qualidade sejam hierarquicamente superiores aos demais, mas apenas que são objetos mentais com caracteres específicos. A. Franco Montoro, *O problema ontológico do direito* (apostila), p. 1.

352. Marvin Farber ensina-nos que a existência requer "um *locus* no espaço e no tempo. Existir é ocorrer na natureza, é ser pelo menos um acontecimento no mundo físico. Tudo o que existe é real" (Existência, valor e filosofia da existência, *RBF*, *10*(39):363, 1960). Esclarece-nos Werner Goldschmidt (*Filosofía, historia y derecho*, Buenos Aires, Libr. Jurídica, 1953, p. 102) que os objetos reais têm a sua própria existência independentemente da vivência que deles possa ter o homem, e que os ideais não têm existência por si e deles somente se pode predicar uma *existência* na medida em que o homem os vivencia intelectualmente, isto é, os reduz a produtos da razão ou do intelecto.

353. Jolivet, *Tratado*, v. 3, n. 149.

354. O objeto ideal é somente acessível à razão. Kant já dizia que a ciência jurídica é uma verdadeira ciência, suscetível de ser construída sintética e aprioristicamente. *V.* Francisco Puy, *Tratado de filosofía del derecho*, Madrid, Ed. Escelicer, 1972, t. 1, liv. 1, p. 413; Gioele Solari, Scienza e metafisica del diritto in Kant, in *Studi storici di filosofia del diritto*, Torino, Giappichelli, 1949, p. 207-29.

A ciência do direito, como toda ciência, não reproduz o objeto de sua investigação. O objeto para o qual a ciência se dirige é concreto e a ciência é abstrata. Reproduzir equivaleria a duplicar o domínio de objetividade, o que traria a consequência de que a ciência ficaria no mesmo plano ontológico de seu objeto. O objeto de sua pesquisa possui uma ampla riqueza constitucional. A natureza ideal da ciência, a nosso ver, permanece sempre a mesma, qualquer que seja a índole do seu objeto[355]: natural, cultural ou até mesmo ideal. A idealidade da ciência persevera[356].

Entendemos que, sob a perspectiva ontológica, a ciência jurídica é um objeto ideal e o dado que estuda (direito), conforme o ponto de vista tomado, é um objeto cultural, natural ou ideal.

Por todas essas razões não vacilamos em afirmar que o simples fato de ser o direito considerado um objeto cultural não erige a ciência jurídica, no sentido ontológico, em uma ciência cultural; ela é, em si, sempre ciência ideal.

Na realidade, parece-nos que, sob o prisma da ontologia, não há ciência natural ou cultural, mas apenas e tão somente *ciência ideal*, pelo simples fato de ser conhecimento, ou melhor, produto do pensamento[357]. Todavia é preciso não olvidar que sob o prisma da epistemologia jurídica se pode falar, conforme o objeto, função ou critério da ciência, em ciência natural ou cultural[358].

QUADRO SINÓTICO

CIÊNCIA JURÍDICA E ONTOLOGIA

CONCEPÇÃO ONTOLÓGICA DA CIÊNCIA DO DIREITO	A ciência jurídica, sob o enfoque ontológico, baseado na teoria dos objetos de Husserl, enquadra-se na zona dos objetos ideais, pois, por envolver uma atividade intelectual dirigida à aquisição do conhecimento do direito, por se constituir através de um conjunto de processos mentais e por pertencer ao domínio da razão, é irreal, não tendo existência espaciotemporal. Além disso, a busca do *ser* da ciência jurídica independe desta ou daquela experiência, a ela chegamos através da intuição intelectual, sem qualquer referência a valores.

355. O termo objeto está sendo empregado no sentido de algo que o pensamento jurídico-científico delimita.

356. Lourival Vilanova, *Sobre o conceito do direito*, cit., p. 11.

357. Lourival Vilanova (Lógica, in *Filosofia-II, Anais do VIII Congresso Interamericano de Filosofia e V da Sociedade Interamericana de Filosofia*, p. 535) fez um interessante estudo sobre a ciência jurídica. *V.*, ainda, M. Helena Diniz, *A ciência jurídica*, cit., cap. VI, p. 167-74.

358. Consulte A. Franco Montoro, *Introdução*, cit., v. 1, p. 63-125, onde se encontram três grandes classificações das ciências, sob o ponto de vista epistemológico: a de Comte, a de Dilthey e a de Aristóteles. *V.*, ainda, o Cap. II, n. 2, C, deste livro, onde arrolamos as classificações de ciência, e o n. 8, A, do mesmo capítulo, em que enfocamos a ciência jurídica como ciência social.

CAPÍTULO III

Conceitos jurídicos fundamentais

1. DIREITO POSITIVO

A. NOÇÃO DE DIREITO

Todo conhecimento jurídico necessita do conceito do direito[1]. O conceito é um esquema prévio, munido do qual o pensamento se dirige à realidade, desprezando seus vários setores e somente fixando aquele que corresponde às linhas ideais delineadas pelo conceito[2].

A definição essencial do direito é problema supracientífico, constituindo campo próprio das indagações da ontologia jurídica[3], que deverá encontrar um conceito que purifique o direito de notas contingentes[4].

Como nos ensina Lourival Vilanova[5], o conceito universal deve afastar-se de todo conteúdo, por ser variável, heterogêneo, acidental, contendo apenas a essência que se encontra em toda multiplicidade.

No entanto, não se tem conseguido um conceito único de direito, não só pela variedade de elementos que apresenta[6], mas também porque o termo "direito" é análogo[7], pois, como vimos, ora designa a "norma", ora a "autorização ou permissão" dada pela norma de ter ou fazer o que ela não proíbe, ora a "qualidade do justo" etc., exigindo tantas definições quantas forem as realidades a que se aplica. De maneira que a tarefa de definir, ontologicamente,

---

1. Ernst von Beling, La science du droit, sa fonction et ses limites, in *Recueil d'études sur les sources du droit, en honneur de Geny*, t. 2, p. 150; Goffredo Telles Jr., *Palavras do amigo aos estudantes de direito*, São Paulo, Ed. Juarez de Oliveira, 2003, p. 1-40.

2. Lourival Vilanova, *Sobre o conceito do direito*, Recife, Imprensa Oficial, 1947, p. 28 e 29. A definição que se deve buscar é a *real-essencial*, que consiste em desvendar as essências das próprias coisas que a palavra designa. *V.* Régis Jolivet, *Curso de filosofia*, 7. ed., Rio de Janeiro, Agir, 1965, p. 36.

3. Del Vecchio, *Lezioni di filosofia del diritto*, 9. ed., Milano, Giuffrè, 1953, p. 2.

4. Definir essencialmente um objeto é explicitar as notas essenciais desse objeto de conhecimento (Fausto E. Vallado Berrõn, *Teoría general del derecho*, Universidad Nacional Autónoma de México, 1972, p. 7). A essência é a soma dos predicados, que, por sua vez, dividem-se em dois grupos: predicados que convêm à substância, de tal sorte que se lhe faltasse um deles não seria o que é, e predicados que convêm à substância mas que ainda que algum deles faltasse, continuaria a ser a substância o que é. Aqueles primeiros são a essência propriamente dita, porque se algum deles faltar à substância, ela não seria aquilo que é; e os segundos são o acidente porque o fato de tê-los, ou não, não impede de modo algum que seja aquilo que é (Manuel G. Morente, *Fundamentos de filosofia — lições preliminares*, trad. Guillermo de La Cruz Coronado, 4. ed., São Paulo, Mestre Jou, 1970, p. 76 e 96).

5. *Sobre o conceito do direito*, cit., p. 64-7.

6. Assim, para o direito, há uma experiência histórica, antropológica, sociológica, psicológica e axiológica que, embora diferentes entre si, são complementares e se deslocam num mesmo plano. Demais, todas têm em comum um ponto de partida: a experiência do direito positivo. A incidência maior num ângulo desta ou daquela experiência leva a cortes meramente metodológicos, a objetos formais diferentes: ao direito como fato histórico, como fato sociológico etc. É o que nos ensina L. Vilanova (Lógica, ciência do direito e direito, in *Filosofia-II, Anais do VIII Congresso Interamericano de Filosofia e V da Sociedade Interamericana de Filosofia*, Recife, 1985, p. 535).

7. *V.* Goffredo Telles Jr., *Tratado da consequência*, 2. ed., Bushatsky, 1962, p. 329-31.

o direito resulta sempre frustrada, ante a complexidade do fenômeno jurídico[8], devido à impossibilidade de se conseguir um conceito universalmente aceito, que abranja de modo satisfatório toda a gama de elementos heterogêneos que compõem o direito.

Portanto, não é da alçada do jurista elaborar o conceito geral ou essencial do direito[9], porém, ante o princípio metódico da divisão do trabalho, é imprescindível a decomposição analítica do direito, que é objeto de várias ciências: sociologia jurídica, história do direito etc. para delimitar o aspecto em que será abordado[10].

A escolha do prisma em que se vai conhecê-lo depende do sistema de referência do jurista, pressupondo uma reflexão sobre os fins do ordenamento jurídico.

Ora, percebe-se que o direito só pode existir em função do homem.

O ser humano é gregário por natureza, não só pelo instinto sociável, mas também por força de sua inteligência, que lhe demonstra que é melhor viver em sociedade para atingir seus objetivos. O homem é "essencialmente coexistência"[11], pois não existe apenas, mas coexiste, isto é, vive necessariamente em companhia de outros indivíduos. Com isso, espontânea e até inconscientemente, é levado a formar grupos sociais: família, escola, associações esportiva, recreativa, cultural, religiosa, profissional, sociedades agrícola, mercantil, industrial, grêmio, partido político etc.

Em virtude disso estabelecem os indivíduos entre si "relações de coordenação, subordinação, integração e delimitação[12]; relações essas que não se dão sem o concomitante aparecimento de normas de organização de conduta social"[13].

---

8. Tercio Sampaio Ferraz Jr., *Direito, retórica e comunicação*, São Paulo, Saraiva, 1973, p. 62. Max Ernest Mayer (*Filosofía del derecho*, Labor, 1933, p. 120) escreve: "Ainda não tem havido um jurista ou jusfilósofo que tenha conseguido formular um conceito de direito, unanimemente aceito". Roberto Vernengo (*La interpretación literal de la ley y sus problemas*, Buenos Aires, 1971, p. 22 e s.) diz, com clareza, que a possibilidade de uma "mostração" de fenômenos que sejam casos de uma propriedade que se pretende investigar — o direito (definição ostensiva do objeto) — ou são impossíveis ou conduzem a resultados paradoxais. Cf. M. Helena Diniz, *A ciência jurídica*, 2. ed., São Paulo, Resenha Universitária, 1982, p. 3-6.

9. Clóvis Beviláqua, *Teoria geral do direito civil*, 4. ed., Ministério da Justiça, 1972, p. 7.

10. L. Vilanova, *Sobre o conceito do direito*, cit., p. 40, 50 e 57.

11. Leonardo van Acker, Sobre um ensaio de jusnaturalismo fenomenológico-existencial, *RBF*, *20*(78):193.

12. Ensina-nos André Franco Montoro (*Introdução à ciência do direito*, 3. ed., São Paulo, Livr. Martins Ed., 1972, v. 2, p. 363 e 364) que: "As relações sociais podem apresentar-se sob diferentes modalidades: 1ª) *relações de integração* ou sociabilidade por fusão parcial — nas quais podemos encontrar três graus ou tipos de relacionamento: a 'massa', que é a modalidade mais fraca de integração, em que se opera apenas uma fusão superficial das consciências individuais, como no caso da 'massa' dos consumidores, dos desempregados, dos pedestres, unidos apenas pela consciência de afinidade de sua situação; a 'comunidade', correspondente ao grau médio de integração ou fusão de consciência, é a forma mais equilibrada, difundida e estável da sociabilidade por integração, tal como ocorre nas organizações sindicais, associações, clubes, famílias, partidos etc.; a 'comunhão', que representa o grau mais intenso de integração das consciências individuais, em um 'nós' coletivo, é o tipo que se realiza em raros momentos de entusiasmo ou vibração coletivos, como nos períodos de crise ou reivindicações mais sentidas de uma coletividade; 2ª) de *delimitação* ou sociabilidade por oposição parcial. As de integração caracterizam-se pelo aparecimento de um 'nós' enquanto as de delimitação implicam a existência de um 'eu', 'tu', 'ele' etc. São sempre relações com outros — quer individuais, quer intergrupais — e apresentam-se sob três modalidades: de 'aproximação', como as decorrentes da amizade, da atração sexual, da curiosidade, das doações etc.; de 'separação', como as lutas de classes, os conflitos entre consumidores e produtores, entre nações e cidades; de 'estrutura mista', que envolvem elementos de aproximação e de separação, como as trocas, contratos etc.". Para Goffredo Telles Jr. (*Introdução à ciência do direito* — postila — p. 237), "as de *coordenação* são as que existem entre partes que se tratam de igual para igual, ex.: compra e venda; e as de *subordinação* são as em que uma das partes é a sociedade política, exercendo sua função de mando. Ex.: convocação das eleições — a relação entre União, Estados e Municípios e contribuintes de imposto".

13. Miguel Reale, *Lições preliminares de direito*, São Paulo, Bushatsky, 1973, p. 41.

Como o ser humano encontra-se em estado convivencial, é levado a interagir; assim sendo, acha-se sob a influência de alguns homens e está sempre influenciando outros. E como toda interação perturba os indivíduos em comunicação recíproca, para que a sociedade possa conservar-se é preciso delimitar a atividade das pessoas que a compõem, mediante normas jurídicas.

"Se observarmos, atentamente, a sociedade, verificaremos que os grupos sociais são fontes inexauríveis de normas", por conseguinte, o Estado não é o criador único de normas jurídicas[14], porém é ele que condiciona a criação dessas normas, que não podem existir fora da sociedade política. O Estado é uma instituição maior, que dispõe de amplos poderes e que dá efetividade à disciplina normativa das instituições menores. De modo que uma norma só será jurídica se estiver conforme a ordenação da sociedade política; logo, o Estado é o fator de unidade normativa da nação.

De um lado, a realidade nos mostra um pluralismo de ordenações jurídicas, e, de outro, a unidade da ordem normativa[15]. Assim, as normas fundam-se na natureza social humana e na necessidade de organização no seio da sociedade.

A norma jurídica pertence à vida social, pois tudo o que há na sociedade é suscetível de revestir a forma da normatividade jurídica.

Somente as normas de direito podem assegurar as condições de equilíbrio imanentes à própria coexistência dos seres humanos, proporcionando a todos e a cada um o pleno desenvolvimento das suas virtualidades e a consecução e gozo de suas necessidades sociais, ao regular a possibilidade objetiva das ações humanas.

Sem professarmos uma doutrina sociologista, afirmamos o caráter "social" da norma jurídica, no sentido de que uma sociedade não pode fundar-se senão em normas jurídicas, que regulamentam relações interindividuais.

Nítida é a relação entre norma e poder. O poder é elemento essencial no processo de criação da norma jurídica. Isto porque toda norma de direito envolve uma opção, uma decisão por um caminho dentre os muitos possíveis. É evidente que a norma jurídica surge de um ato decisório do poder político.

Verifica-se que a norma jurídica, às vezes, está sujeita não à decisão arbitrária do poder mas à prudência objetiva exigida pelo conjunto das circunstâncias fático-axiológicas em que se acham situados os respectivos destinatários.

Se assim não fosse, a norma jurídica seria, na bela e exata expressão de Rudolf von Ihering, um "fantasma de direito", uma reunião de palavras vazias; sem conteúdo substancial, esse "direito fantasma", como todas as assombrações, viveria uma vida de mentira, não se realizaria, e a norma jurídica foi feita para se realizar[16]. A norma não corresponderia a sua finalidade; seria, no seio da sociedade, elemento de desordem, anarquia e desequilíbrio

14. Goffredo Telles Jr., *Introdução à ciência do direito*, cit., fasc. 2, p. 112; Gerhard Husserl, em seu trabalho *Validade e eficiência do direito* (1925) escreve: "Reduzir todas as fontes do direito ao Estado é um erro. Nenhum Estado poderá jamais absorver todas as fontes do direito. Um monopólio do Estado para engendrar e constatar o direito numa comunidade jurídica é, absolutamente, irrealizável. A criação autônoma do direito se afirma sempre".

15. M. Helena Diniz, *Conceito de norma jurídica como problema de essência*, São Paulo, Revista dos Tribunais, 1977, p. 18-25.

16. R. von Ihering, *L'esprit du droit romain*, t. 3, § 43, p. 16.

ou, ainda, uma violência inútil", instrumento de arbítrio e de opressão. A norma jurídica[17] viveria numa "torre de marfim, isolada, à margem das realidades, autossuficiente, procurando em si mesma o seu próprio princípio e o seu próprio fim". Abstraindo-se do homem e da sociedade, alhear-se-ia de sua própria finalidade e de suas funções, passaria a ser uma pura ideia, criação cerebrina e arbitrária[18].

À vista do exposto, poder-se-á dizer que o direito positivo é o conjunto de normas estabelecidas pelo poder político que se impõem e regulam a vida social de um dado povo em determinada época[19].

Portanto é mediante normas que o direito pretende obter o equilíbrio social, impedindo a desordem e os delitos, procurando proteger a saúde e a moral pública, resguardando os direitos e a liberdade das pessoas[20].

Com isso não estamos afirmando que o direito seja só norma[21]; apenas por uma questão de método é que assim o consideramos, uma vez que a tarefa do jurista é interpretar as normas jurídicas, embora deva estudá-las em atenção à realidade social subjacente (fato econômico, geográfico, demográfico, técnico etc.) e ao valor, que confere sentido a esse fato, regulando a ação humana para a consecução de uma finalidade[22]. Realmente, parece útil lembrar, como o faz Van Acker, que, uma vez gerada, não fica a norma estagnada, mas continua a sua vida própria, tendendo à autoconservação pela integração obrigatória que mantém os fatos da sua alçada e os valores com que os pretende reger[23]. As normas não esgotam o direito positivo, que também está vinculado a fenômenos socioaxiológicos.

Logo, os elementos do direito — fato, valor e norma — coexistem numa unidade concreta.

Para melhor elucidar tal questão, passamos a transcrever o seguinte exemplo de Miguel Reale[24]: Ao se interpretar a norma que prevê o pagamento de letra de câmbio na data de seu vencimento, sob pena do protesto do título e de sua cobrança, goza o credor, desde logo, do privilégio de promover a execução do crédito. De modo que, se existe um débito cambiário, há de ser pago, e se não for quitada a dívida, deverá haver uma sanção. Como se vê, a norma de direito cambial representa uma disposição legal que se baseia num fato de ordem econômica (o fato de, na época moderna, as necessidades do comércio terem exigido formas

17. Bigne de Villeneuve, *La crise du "sens comun" dans les sciences sociales*, p. 96.

18. M. Helena Diniz, *Conceito de norma jurídica*, cit., p. 28-35.

19. Capitant, *Introduction à l'étude du droit civil*, p. 8; Caio Mário da Silva Pereira, *Instituições de direito civil*, Forense, 1976, v. 1, p. 18 e 19; Ruggiero e Maroi, *Istituzione di diritto privato*, Milano, 1955, v. 1, § 2º.

20. Nelson Godoy Bassil Dower, *Curso moderno de direito civil*, Ed. Nelpa, 1976, v. 1, p. 6.

21. Santi Romano (*L'ordinamento giuridico*, Firenze, 1951, p. 25) escreve que: "*Derecho no es solo la norma dada, sino también la entidad de la cual ha emanado la norma. El proceso de objetivación, que da lugar al fenómeno jurídico, no se inicia en la emanación de una regla, sino en un momento anterior: las normas no son sino una manifestación, una de las distintas manifestaciones; un medio por medio del cual se hace valer el poder del 'yo' social*". Raul Ahumada transcreve esse trecho em Sobre el concepto del derecho, *RBF*, fasc. 55, p. 361. Giorgio Campanini entende também que o conceito de direito não pode identificar-se com o de norma (*Ragione e volontà nella legge*, Milano, Giuffrè, p. 3).

22. Orlando Gomes, *Introdução ao direito civil*, 3. ed., Rio de Janeiro, Forense, 1971, p. 16; Miguel Reale, *Lições preliminares*, cit., p. 65.

23. Van Acker, Sobre um ensaio de jusnaturalismo fenomenológico-existencial, *RBF*, cit., p. 170.

24. *Lições preliminares*, cit., p. 66.

adequadas de relação) e que visa a assegurar um valor — o valor do crédito — a vantagem de um pronto pagamento com base no que é formalmente declarado na letra de câmbio.

Tem-se um *fato* econômico que se liga a um *valor* de garantia para se expressar por meio de uma *norma* legal que atende às relações que devem existir entre aqueles dois elementos.

Portanto o jurista deve ter uma atitude compreensivo-teorética ao estudar as normas postas pelo poder político, cujo valor deve procurar captar e atualizar, em razão do fato que lhe é subjacente[25].

Com isso poder-se-á definir o *direito* como uma ordenação heterônoma das relações sociais baseada numa integração normativa de fatos e valores[26].

B. DIREITO OBJETIVO E DIREITO SUBJETIVO

Costuma-se distinguir o direito objetivo do subjetivo. O direito objetivo é o complexo de normas jurídicas que regem o comportamento humano, prescrevendo uma sanção no caso de sua violação (*jus est norma agendi*).

O direito subjetivo, para Goffredo Telles Jr., é a permissão, dada por meio de norma jurídica válida, para fazer ou não fazer alguma coisa, para ter ou não ter algo, ou, ainda, a autorização para exigir, por meio dos órgãos competentes do poder público ou através dos processos legais, em caso de prejuízo causado por violação de norma, o cumprimento da norma infringida ou a reparação do mal sofrido. P. ex., são direitos subjetivos as permissões de: casar e constituir família; adotar pessoa como filho; ter domicílio inviolável; vender os seus pertences; usar, gozar e dispor da propriedade; alugar uma casa sua; exigir pagamento do que lhe é devido[27]; mover ação para reparar as consequências de ato considerado ilícito. Tais permissões dadas por meio de normas jurídicas podem ser: *a*) *explícitas*, se as normas de direito as mencionam expressamente, p. ex., o consentimento dado a maior de idade para praticar atos da vida civil (CC, art. 5º); a permissão, aos nubentes, para estipularem, antes da celebração do matrimônio, quanto a seus bens, o que lhes aprouver (CC, art. 1.639, *caput*); e *b*) *implícitas*, quando as normas não se referem a elas de modo expresso, mas regulam o seu uso, por não proibi-lo, ou melhor, serão implícitas as permissões de fazer, de não fazer, de ter e de não ter, o que a norma jurídica não proíbe que se faça ou que não se faça, que se tenha ou que não se tenha. Exemplificativamente: a permissão de casar (implícita nos arts. 1.517

25. Miguel Reale, *O direito como experiência — introdução à epistemologia jurídica*, São Paulo, Saraiva, p. 163 e s.

26. Adaptação do conceito dado por Miguel Reale, *Lições preliminares*, cit., p. 67. *V.*, sobre noção de direito, M. Helena Diniz, *Curso de direito civil brasileiro*, 3. ed., São Paulo, Saraiva, v. 1, p. 1-8.

27. Esta é a definição de Goffredo Telles Jr. (*O direito quântico*, 5. ed., São Paulo, Max Limonad, 1971, cap. VIII, e Direito subjetivo-I, in *Enciclopédia Saraiva do Direito*, v. 28, p. 298; *Iniciação na ciência do direito*, São Paulo, Saraiva, 2001, p. 255-94), por nós adotada. Autores há, como Kelsen, que procuram demonstrar que o direito subjetivo não existe como algo independente. O mestre de Viena, ao estabelecer que o direito deve ser visto como um sistema de normas, afirma que o direito subjetivo nada mais é do que o reflexo de um dever jurídico, que existe por parte dos outros em relação ao indivíduo de que se diz ter um direito subjetivo. Como o dever jurídico é a própria norma, o direito subjetivo é o fenômeno normativo colocado à disposição do sujeito (Kelsen, *Teoria pura do direito*, 2. ed., Coimbra, Arménio Amado Ed., 1962, v. 1, n. 29; Tercio Sampaio Ferraz Jr., Direito subjetivo-II, in *Enciclopédia Saraiva do Direito*, v. 28, p. 331). Assim, em Kelsen, há uma redução do direito subjetivo ao direito objetivo, e, com isso, sua teoria aparece como negadora do direito subjetivo. Na sua *Teoría general del derecho y del Estado* (México, Imprensa Universitária, p. 85), chega Kelsen a afirmar que o direito subjetivo é como o dever jurídico, a norma de direito.

a 1.564 do CC, que, embora não a mencionem, dispõem sobre formalidades, capacidade, impedimentos, celebração, provas, nulidades e efeitos jurídicos do matrimônio). Todas essas permissões, explícitas ou implícitas, fundam-se no princípio da legalidade (CF/88, art. 5º, II).

Infere-se daí que duas são as espécies de direito subjetivo: *a*) *o comum da existência*, que é a permissão de fazer ou não fazer, de ter ou não ter alguma coisa, sem violação de preceito normativo, p. ex., o direito de ter um nome, de domicílio, de ir e vir, de casar, de trabalhar, de alienar bens etc.; e *b*) *o de defender direitos* ou de proteger o direito comum da existência, ou seja, a autorização de assegurar o uso do direito subjetivo, de modo que o lesado pela violação da norma está autorizado, por ela, a resistir contra a ilegalidade, a fazer cessar o ato ilícito, a reclamar reparação pelo dano e a processar criminosos, impondo-lhes pena. Essas autorizações são permissões concedidas pela coletividade, por meio de normas de garantia, que são as normas jurídicas[28].

O direito subjetivo é subjetivo porque as permissões, com base na norma jurídica e em face dos demais membros da sociedade, são próprias das pessoas que as possuem, podendo ser ou não usadas por elas[29].

É comum dizer-se que o direito subjetivo é *facultas agendi*. Porém, as faculdades humanas não são direitos, e sim qualidades próprias do ser humano que independem de norma jurídica para sua existência.

Compete à norma jurídica ordenar tais faculdades humanas; logo, o uso dessas faculdades é lícito ou ilícito, conforme for permitido ou proibido. Portanto o direito subjetivo é a permissão para o uso das faculdades humanas. Exemplificando: todos nós podemos ser proprietários, porém essa faculdade não é o direito de propriedade, já que este direito não é mera faculdade de ser proprietário, mas a permissão, dada a quem detém a posse, de usar, gozar e dispor de seus bens (CC, art. 1.228). Nenhum dos cônjuges, segundo o art. 1.647, I e II, do Código Civil, pode, sem o consentimento do outro, salvo se o regime de bens for o de separação absoluta, alienar ou gravar de ônus real os bens imóveis, ou pleitear, como autor ou réu, acerca desses bens ou direitos (CPC/2015, arts. 73 e 74, parágrafo único). O cônjuge não tem o direito de alienar sem outorga uxória ou marital. Como se vê, a chamada *facultas agendi* é anterior ao direito subjetivo. Primeiro, a faculdade de agir, e, depois, a permissão de usar essa aptidão[30].

---

28. Telles Jr., Direito subjetivo-I, in *Enciclopédia Saraiva do Direito*, cit., p. 313 e 314, e *O direito quântico*, cit., p. 407-9.

29. Goffredo Telles Jr., Direito subjetivo-I, in *Enciclopédia Saraiva do Direito*, cit., p. 299, e *O direito quântico*, cit., p. 391. Tercio Sampaio Ferraz Jr. (Direito subjetivo-II, in *Enciclopédia Saraiva do Direito*, cit., p. 331 e 332) escreve: "Karl Olivecrona, p. ex., diz que quando usamos esta expressão, fazemo-lo como se ela denotasse uma posição real de uma pessoa com respeito a uma coisa. Mas definir esta posição real é impossível, pois o direito de alguém à propriedade de um terreno não é idêntico à sua posse real, nem à garantia do Estado a uma posse tranquila ou aos preceitos dirigidos a todos, proibindo sua interferência naquela posse, nem à possibilidade de iniciar uma ação contra os que violam a posse. O direito subjetivo à propriedade, como expressão, não tem um referencial real. Trata-se de uma expressão ou 'palavra oca' que tem apenas a função de influir na conduta, na medida em que serve de nexo para um conjunto de regras, as regras de aquisição da propriedade, de indenização de danos etc., e que se referem à situação em que uma pessoa é proprietária de um objeto e outra pessoa faz algo em relação a este objeto. Trata-se de uma função facilitadora das relações jurídicas, pois se suprimíssemos a expressão as relações continuariam a existir, ainda que fosse mais difícil manejá-las de modo unitário".

30. Telles Jr., Direito subjetivo-I, in *Enciclopédia Saraiva do Direito*, cit., p. 300-3, e *O direito quântico*, cit., p. 391-8. As permissões dadas por meio de norma podem ser explícitas, quando mencionadas expressamente (CC, arts. 5º, 1.639 e 2.013), ou implícitas, se não o forem, embora seu uso seja regulado pelas normas, ou assegurado por

Ante essa concepção, não podem ser aceitas as três teorias sobre a natureza do direito subjetivo consagradas pela doutrina tradicional, que são:

1ª) A da *vontade*, de Savigny e Windscheid[31], que entende que o direito subjetivo é o poder da vontade reconhecido pela ordem jurídica.

A esta teoria surgiram as seguintes objeções: *a*) sua definição é menos extensa que o definido, pois há direitos em que não existe uma vontade real do seu titular, p. ex., os incapazes (loucos, menores, ausentes etc.) têm direito subjetivo, podem ser proprietários, herdar etc., mas não possuem vontade em sentido jurídico e próprio; o nascituro tem direito à vida, ao nome, à sucessão, embora não possua vontade própria; as pessoas jurídicas têm direitos, mas não se pode falar, com propriedade, na "vontade" desses entes; o empregado tem direito às férias anuais remuneradas; mesmo que queira a ele renunciar, seu ato não terá efeito jurídico: *b*) casos existem em que há uma vontade real, porém o ordenamento jurídico não protege, propriamente, a "vontade" do titular, mas, sim, o seu direito; *c*) o direito subjetivo não depende da vontade do titular; pode existir sem fundamento nela. Deveras, os direitos de alienar, comprar, emprestar podem existir sem que haja nenhuma intenção de alienar, comprar, emprestar. O direito de cobrar um débito pode ser desprezado pelo credor; o de propriedade pode surgir sem que o proprietário o deseje. Pode até mesmo ocorrer um direito subjetivo sem que o titular dele tenha conhecimento; p. ex., pelo Código Civil opera-se a transferência dos bens para os herdeiros no instante em que se verifica o falecimento da pessoa, cuja sucessão se abre, mesmo que ignorem a ocorrência do óbito; e *d*) confusão da teoria entre o direito e o exercício do direito, pois só para este é que a vontade do sujeito é indispensável. Sem embargo dessas críticas, Clóvis Beviláqua foi um dos adeptos dessa corrente, ao definir direito subjetivo como "um poder de ação conferido pela ordem jurídica".

O próprio Windscheid, reconhecendo a procedência dessas objeções, procurou esclarecer que *vontade* não era um termo empregado no sentido psicológico, mas em sentido lógico, como vontade normativa, ou seja, como *poder jurídico de querer*[32].

2ª) A do *interesse*, de Ihering, para a qual o direito subjetivo é o interesse juridicamente protegido por meio de uma ação judicial[33]. O direito subjetivo abrangeria um elemento material, que é o interesse, e um elemento formal, a proteção desse interesse pelo direito. Não se diga, também, que o direito subjetivo é interesse juridicamente protegido porque: *a*) há interesses, protegidos pela lei, que não constituem direitos subjetivos; p. ex., no caso das leis de proteção aduaneira à indústria nacional, as empresas têm interesse na cobrança de altos tributos pela importação dos produtos estrangeiros, mas não têm nenhum direito subjetivo a tais tributos; *b*) há hipóteses de direitos subjetivos em que não existe interesse da parte do titular, como: os direitos do tutor ou do pai em relação ao pupilo e aos filhos são instituídos em benefício dos menores e não do titular; *c*) na verdade, quando se afirma que direito subjetivo é um "interesse", o que se está dizendo é que o direito subjetivo é um

---

elas, pela proibição do que impede esse uso ou, simplesmente, quando não for proibido por elas (CC, arts. 70 a 78, 1.517 a 1.564).

31. Windscheid, *Pandectas*, v. 1, § 37, p. 80 e s.; Savigny, *Tratado de direito romano*, § 14.

32. Essas críticas foram feitas por Ihering. *V.* Franco Montoro, *Introdução*, cit., v. 2, p. 222-7; Miguel Reale, *Lições preliminares*, cit., p. 249-51.

33. *L'esprit du droit romain*, cit., t. 4, § 70 e s.

bem material ou imaterial que interessa; p. ex.: direito à vida, à liberdade, ao nome, à honra etc. Ora, interesse é utilidade, vantagem ou proveito assegurado pelo direito; logo, não tem sentido dizer que direito subjetivo é objeto que interessa. Os interesses ou bens não constituem direito subjetivo, são objetos em razão dos quais o direito subjetivo existe. Quando algo interessa a uma pessoa, ela procura consegui-lo. A pessoa age, buscando o bem que lhe interessa. Se ela age é porque tem essa faculdade. A permissão para empregá-la é que é direito subjetivo. O direito objetivo permite que a pessoa faça ou tenha o que lhe interessa ou não. Essa permissão é que é juridicamente protegida porque foi dada pelo direito objetivo e porque seu emprego é assegurado pelos remédios de direito.

Hans Kelsen também critica a concepção do direito subjetivo como interesse juridicamente protegido, pois, do ponto de vista de uma teoria que encare o direito como sistema de normas, o direito subjetivo não pode ser um interesse protegido pelo direito, mas apenas a proteção, existente no direito objetivo, desse interesse. E esta proteção consiste no fato de a ordem jurídica ligar à ofensa deste interesse uma sanção, quer dizer, no fato de ela estatuir o dever de não lesar esse interesse[34].

3ª) A *mista*, de Jellinek, que define o direito subjetivo como o poder da vontade reconhecido e protegido pela ordem jurídica, tendo por objeto um bem ou interesse; de Saleilles, concebendo-o como um poder colocado a serviço de interesses de caráter social e exercido por uma vontade autônoma; e de Michoud, que o conceitua como o interesse de um homem ou de um grupo de homens juridicamente protegido, por meio do poder reconhecido a uma vontade para representá-lo ou defendê-lo[35]. Tais concepções ecléticas, que incluem no direito subjetivo o poder da vontade e o interesse, não podem ser aceitas, por nós, pelas mesmas razões anteriores.

Também não se pode acatar o entendimento de certos autores, principalmente os empiristas, como Bentham, Léon Duguit e Lundstedt[36], de que a noção de direito subjetivo, por carecer de sentido, deve ser substituída pela de situação jurídica. A situação jurídica, para Léon Duguit, é um fato sancionado pela norma jurídica, hipótese em que se tem a situação jurídica objetiva, ou a situação dentro da qual se encontra uma pessoa beneficiada por certa prerrogativa ou obrigada por determinado dever, caso em que se tem situação jurídica subjetiva. Com isso, Duguit converte o direito subjetivo a uma situação fatual juridicamente garantida[37].

---

34. V. Dabin, *Le droit subjectif*, Paris, Dalloz, 1952, p. 72 e s.; Franco Montoro, *Introdução*, cit.; Anotações de aula de Goffredo Telles Jr., ministrada no Curso de Mestrado da FDUSP em 1971; e *O direito quântico*, cit., p. 398-400. Consulte, também, Kelsen, *Teoria pura do direito*, cit., p. 257.

35. Saleilles, *De la personnalité juridique*, Paris, 1922, p. 547-8; Michoud, *La théorie de la personnalité morale*, Paris, 1932, v. 1, p. 107 e s.; Jellinek, *Teoría general del Estado*, Buenos Aires, 1954.

36. Bentham, *The limits of jurisprudence defined*, 1945, p. 57, e *Works*, Ed. Bowring, 1843, v. 1, p. 248, 358 e 361; v. 2, p. 497 e s.; Léon Duguit, *Traité de droit constitutionnel*, 1927, v. 1, t. 1, p. 32; *Las transformaciones generales del derecho privado desde el Código de Napoléon*, Madrid, p. 14 e 28; *Le droit social, le droit individuel et la transformation de l'État*, 1911, p. 6 e s.; Lundstedt, *Die Unwissenschaftlichkeit der Rechtswissenschaft*, 1932, v. 1, p. 35 e s. e 119, citado por Alf Ross (*Sobre el derecho y la justicia*, Buenos Aires, Eudeba, 1963, p. 180). Também negam a existência de direitos subjetivos: René Demogue, *Notions fondamentales*, 1911, p. 325 e s.; Alexander Nékam, *The personality concept of the legal entity*, 1938, p. 21 e s.; e Bekker, *Zur lehre von Rechtssubjekt*, 1873.

37. Miguel Reale, *Lições preliminares*, cit., p. 256. Consulte a excelente obra de José Castán Tobeñas, *Situaciones jurídicas subjetivas*, Madrid, Ed. Reus, 1963.

Nítida é a correlação existente entre o direito objetivo e o subjetivo. Apesar de intimamente ligados, são inconfundíveis.

O direito objetivo é sempre um conjunto de normas impostas ao comportamento humano, autorizando o indivíduo a fazer ou a não fazer algo. Estando, portanto, fora do homem, indica-lhe o caminho a seguir, prescrevendo medidas repressivas em caso de violação de normas.

Direito subjetivo é sempre a permissão que tem o ser humano de agir conforme o direito objetivo. Um não pode existir sem o outro. O direito objetivo existe em razão do subjetivo, para revelar a permissão de praticar atos. O direito subjetivo, por sua vez, constitui-se de permissões dadas por meio do direito objetivo[38].

Burckhardt chegou até mesmo a declarar que o direito subjetivo está para o objetivo como a área interna de um cone está para a sua face externa protetora. Deveras é inconcebível o direito subjetivo desligado do objetivo[39].

C. DIREITO PÚBLICO E DIREITO PRIVADO

c.1. Fundamentos dessa divisão

A clássica divisão do direito em público e privado é oriunda do direito romano, como se vê na seguinte sentença de Ulpiano: "Hujus studii duae sunt positiones, publicum et privatum. Publicum jus est quod ad statum rei Romanae spectat, privatum quod ad singulorum utilitatem: sunt enim quaedam publice utilia, quaedam privatum"[40].

O direito público era aquele concernente ao estado dos negócios romanos; o direito privado, o que disciplinava os interesses particulares. Esse critério da utilidade ou interesse visado pela norma é falho, porque não se pode afirmar, com segurança, se o interesse protegido é do Estado ou dos indivíduos, pois nenhuma norma atinge apenas o interesse do Estado ou o do particular. Há uma correlação, de modo que a norma jurídica que tiver por finalidade a utilidade do indivíduo visa também a do Estado e vice-versa. Deveras, casos há em que é nítida a interpenetração dos interesses individual e social, como, p. ex., no direito de família, pois não há tema de índole mais individual do que o casamento; entretanto, não há, também, assunto de maior relevância para a sociedade do que a estabilidade familiar. Nas hipóteses da proibição de construção em desacordo com posturas municipais, da interdição da queima de matas ou da obrigatoriedade de se inutilizarem plantações atingidas por pragas, a interpenetração dos interesses públicos e particulares é tão grande que parece haver o sacrifício do individual ao social, porém, na prática, ocorre, de modo indireto,

38. Telles Jr., Direito subjetivo-I, in *Enciclopédia Saraiva do Direito*, cit., p. 312 e 313. *Estudos*, cit., p. 119-68. *V.* M. Helena Diniz, *Curso*, cit., v. 1, p. 9-11.

39. Miguel Reale, *Lições preliminares*, cit., p. 248. Sobre direito subjetivo, *v.*: Fausto E. Vallado Berrõn, *Teoría general del derecho*, cit., p. 113-23; Rafael Rojina Villegas, *Introducción al estudio del derecho*, p. 299; Giorgio del Vecchio, *Lezioni di filosofia*, cit., p. 257-9; Eduardo García Máynez, *La definición del derecho*, México, 1950; Daniel Coelho de Souza, *Introdução à ciência do direito*, 4. ed., São Paulo, Saraiva, 1983, p. 159-69; Carlos Mouchet e Ricardo Zorraquín Becu, *Introducción al derecho*, 7. ed., Buenos Aires, Abeledo-Perrot, 1970, p. 123-48.

40. *Digesto*, I, 1, 1, 2.

vantagem para o cidadão. Delineia-se uma zona de interferência recíproca, o que dificulta a exata caracterização da natureza pública ou privada dessas normas[41].

Em razão disso, houve autores que concluíram que o fundamento dessa divisão encontrava-se no interesse preponderante. Assim, as normas de direito público seriam as que assegurariam diretamente o interesse da sociedade e indiretamente o do particular; e as de direito privado visariam atender imediatamente o que convém aos indivíduos e mediatamente ao poder público. Entretanto, esse critério é insatisfatório; tão interligados estão os interesses que é impossível verificar, com exatidão, qual o que prepondera[42].

É, portanto, inidôneo separar o interesse público do privado e admitir que o útil aos cidadãos seja antagônico à utilidade pública. Modernamente, recusa-se a utilidade ou interesse como fator exclusivo da diferenciação em tela[43].

Já para Savigny essa tradicional divisão baseia-se no fim do direito. É o que se infere desse seu texto: "Enquanto no direito público o todo se apresenta como fim e o indivíduo permanece em segundo plano, no direito privado cada indivíduo, considerado em si, constitui o fim deste ramo do direito e a relação jurídica apenas serve como meio para a sua existência e para as suas condições particulares"[44]. Esta concepção não teve grande aceitação, pois o Estado também pode ser fim de relação jurídica regulada pelo direito privado, como no caso em que for parte num contrato de compra e venda[45].

Ihering propôs, para demonstrar a existência da dicotomia, três espécies de propriedade: a individual, cujo "sujeito-fim" é o indivíduo; a do Estado, em que o "sujeito-fim" é o Estado; e a coletiva, na qual o "sujeito-fim" é a sociedade propriamente dita. A propriedade estatal tem por titular o governo da nação (p. ex.: o automóvel do governador), e a coletiva, o povo (p. ex., uma praça pública). Insustentável é essa tese porque o direito não se reduz ao direito de propriedade[46].

Kahn apresenta-nos como critério para efetivar tal distinção o da "patrimonialidade", segundo o qual o direito privado teria conteúdo patrimonial enquanto o direito público não

---

41. Anacleto de Oliveira Faria, Direito público e privado, in *Enciclopédia Saraiva do Direito*, v. 28, p. 40. Nas p. 41 e 42, faz esse autor uma observação de ordem histórica; no momento em que o poder público passou por alterações profundas, ao fim da Antiguidade e no início da Idade Média, quando o Estado sofreu grave colapso, em decorrência da invasão dos bárbaros e com o estabelecimento do feudalismo, o direito público entrou em crise, tornando-se inexistente. Depois da queda do Império Romano, os textos sobre a administração imperial tornaram-se destituídos de qualquer valor ou utilidade. Os jurisconsultos passaram a recorrer às fontes do direito romano, compiladas por Justiniano, apenas para procurar as normas de direito privado. O feudalismo confundiu soberania e propriedade, atribuindo ao titular do domínio poderes típicos do Estado, quais sejam os de distribuir a justiça, manter exércitos ou cunhar moedas. Disto resultava a possibilidade de serem as funções públicas reguladas com base em normas de âmbito privado. Desse modo desapareceu, durante a Era Medieval, a clássica distinção entre direito público e direito privado. Somente após a Revolução Francesa, com a fixação do novo conceito de soberania, é que retorna a divisão entre direito público e privado. *V.* Caio Mário da Silva Pereira, *Instituições*, cit., p. 26.

42. Anacleto de Oliveira Faria, Direito público e privado, in *Enciclopédia Saraiva do Direito*, cit., p. 45. Para Kelsen (*Teoría general del Estado*, Barcelona, Labor, 1934, p. 106), essa distinção é metajurídica e, como tal, deve ser rejeitada, daí suas palavras: "facilmente se compreende que está dominado por um ponto de vista metajurídico, e que, portanto, não pode realizar uma divisão que resulte aproveitável para a Teoria do Direito. Querer qualificar juridicamente as normas de direito com relação ao fim a que aspiram realizar, equivaleria a pretender classificar os quadros de um museu por seu preço".

43. Caio Mário da Silva Pereira, *Instituições*, cit., p. 26.

44. *Sistema de direito romano*, v. 1, § 9º.

45. Telles Jr., *Introdução à ciência do direito*, cit., fasc. 4, p. 231.

46. Telles Jr., *Introdução à ciência do direito*, cit., p. 232.

conteria questões dessa ordem. Entretanto, há partes do direito privado que não têm natureza patrimonial, como o direito de família, e normas de direito público com caráter patrimonial, tais as concernentes às desapropriações, orçamentos etc.[47].

Outro critério foi proposto por Jellinek, ao sustentar que o cerne da questão está em que o direito privado regulamenta relações dos indivíduos considerados como tais e o direito público, a organização, relações e funções daqueles que têm poder de império, ou seja, relações entre sujeitos dotados de *imperium* e relações entre esses sujeitos e os que se submetem ao seu *imperium*. Para ele só têm poder de império o Estado e os entes similares. Esta tese é imperfeita porque mesmo os sujeitos dotados de *imperium* podem ser sujeitos de direito privado, como na hipótese em que o Estado é parte num contrato de compra e venda ou num contrato de locação, pois se um particular vende ou aluga um imóvel ao Estado, este, enquanto contratante, está no mesmo nível daquele.

August Thon, por sua vez, fundamenta a divisão referindo as normas às ações que lhes correspondem. Será pública a norma se tutelada por ação pública, caso em que a infração é reparada por iniciativa estatal; será privada se protegida por ação privada, cuja iniciativa compete ao titular do direito. Tal concepção não abrange a totalidade dos direitos e inverte a ordem de consideração da matéria, pois não se deve dizer que uma norma é pública ou privada porque amparada por ação pública ou privada; o correto é afirmar que a norma é resguardada por uma ação pública por ser de direito público, ou por uma ação privada por pertencer à seara do direito privado. Esta doutrina é errônea no que atina, p. ex., ao direito administrativo, pois, apesar de pertencer ao direito público, os particulares podem exigir o cumprimento da norma violada, e ao direito penal, já que em certos casos — estupro, atentado violento ao pudor — a vítima pode pleitear, na justiça penal, a aplicação da pena ao delinquente[48].

Goffredo Telles Jr.[49] apresenta-nos um critério misto, pelo qual distingue-se o direito público do direito privado, com base em dois elementos: o interesse preponderante protegido pela norma e a forma da relação jurídica regulada por prescrição normativa. Isto é assim porque se o direito é autorizante, é sempre um vínculo entre pessoas, e este vínculo pode ser de coordenação ou de subordinação. A relação jurídica de coordenação é a que existe entre partes que se tratam de igual para igual. Um particular, ou mesmo o governo, quando compra um objeto, paga um determinado preço e recebe o bem comprado. Há um laço entre o estabelecimento comercial e o comprador, que sempre terá tratamento igual, seja indivíduo ou governo. Se o governo quiser pagar preço menor do que o estipulado, o comerciante não vende sua mercadoria. A relação jurídica de subordinação é aquela em que uma das partes é o governo da sociedade política, que exerce sua função de mando, como, p. ex., a existente entre o Estado e os cidadãos por ocasião da convocação das eleições ou entre o Estado e os contribuintes de imposto, de modo que se o indivíduo não atender aos reclamos estatais deverá ser punido, conforme a norma jurídica. É, pois, uma relação entre partes que se tratam de superior para inferior. Assim o direito público seria o que protege

47. Anacleto de Oliveira Faria, Direito público e privado, in *Enciclopédia Saraiva do Direito*, cit., p. 45; A. Franco Montoro, *Introdução*, cit., v. 2, p. 168 e 169.

48. Telles Jr., *Introdução à ciência do direito*, cit., p. 233; Daniel Coelho de Souza, *Introdução*, cit., p. 295 e 296.

49. *Introdução à ciência do direito*, cit., p. 236-8; *Iniciação na ciência do direito*, cit., p. 231-54.

interesses preponderantemente públicos, regulando relações jurídicas de subordinação, e o direito privado, o que concerne a interesses preponderantemente particulares e que regula relações jurídicas de coordenação.

Gurvitch e Radbruch[50] também entendem que o direito público seria um direito de subordinação, havendo desigualdade nas relações jurídicas, com o primado da justiça distributiva, e o direito privado seria um direito de coordenação, em que as partes encontrar-se-iam em absoluta igualdade, subordinadas à justiça comutativa. Anacleto de Oliveira Faria observa que a "subordinação" implicaria as disposições de ordem pública, absolutamente compulsórias; a coordenação, as normas de caráter supletivo. Não resiste, então, esse critério, às críticas, pois o direito internacional público ficaria à margem da distinção, já que em seu âmbito predomina a mera coordenação, sendo muito tênues as normas imperativas da organização mundial de nações[51].

Eis a razão pela qual, hodiernamente, se tem buscado o elemento diferenciador no sujeito ou titular da relação jurídica, associando-se o fator objetivo ao subjetivo. O *direito público* seria aquele que regula as relações em que o Estado[52] é parte, ou seja, rege a organização e atividade do Estado considerado em si mesmo (direito constitucional), em relação com outro Estado (direito internacional), e em suas relações com os particulares, quando procede em razão de seu poder soberano e atua na tutela do bem coletivo (direitos administrativo e tributário). O *direito privado* é o que disciplina as relações entre particulares[53], nas quais predomina, de modo imediato, o interesse de ordem privada, como compra e venda, doação, usufruto, casamento, testamento, empréstimo etc.[54].

A maioria dos juristas[55] entende ser impossível uma solução absoluta ou perfeita do problema da distinção entre direito público e privado. Embora o direito objetivo constitua

50. Radbruch, *Introduzione alla scienza del diritto*, Torino, Giappichelli, 1958.

51. Direito público e privado, in *Enciclopédia Saraiva do Direito*, cit., p. 46.

52. Por *Estado*, em sua acepção mais ampla, entende-se o poder público (União, Estados, Municípios, Ministérios, Secretarias, Departamentos); as autarquias (órgãos que têm personalidade jurídica distinta da do Estado, mas que a ele se ligam, por serem criadas por lei e exercerem função pública — INSS, OAB); as organizações internacionais (como a ONU, FAO, UNESCO, que são órgãos supranacionais, reconhecidos pelo Estado e que mantêm com ele relações jurídicas normais). É o que nos ensina A. Franco Montoro (*Introdução*, cit., v. 1, cap. IV). *V.* A. B. Alves da Silva, *Introdução à ciência do direito*, São Paulo, Salesianas, 1940, p. 161.

53. Por *particular* devemos entender as pessoas físicas ou naturais; as instituições particulares (associações, fundações, sociedades civis ou comerciais), enfim as pessoas jurídicas de direito privado e o próprio Estado, quando participa, numa transação jurídica, não na qualidade de poder público, mas na de simples particular. P. ex., como locatário de um prédio, o Estado figura na condição de inquilino, sujeito à Lei do Inquilinato (A. Franco Montoro, *Introdução*, cit., v. 1, cap. IV).

54. Enneccerus, *Tratado de derecho civil*; parte general, Barcelona, Bosch, 1948, v. 1, § 31, p. 132; Ruggiero, *Instituições de direito civil*, v. 1, § 8º, p. 59; Caio Mário da Silva Pereira, *Instituições*, cit., p. 27-9; M. Helena Diniz, *Curso*, cit., v. 1, p. 11-5.

55. Com exceção de: *a*) Duguit, que julga tal distinção ultrapassada e sem rigor lógico, pois entre os dois direitos há o mesmo espírito de justiça, sem diversidade de natureza. Mas, ao mesmo tempo, defende a subsistência da tradicional linha de separação, buscando o critério diferencial no tipo de sanção de um e outro direito; e *b*) Kelsen, que nega a diferença fundamental entre direito público e privado, pois com a "pureza metódica" surgiu o postulado de unidade do conhecimento jurídico-científico, desaparecendo o dualismo direito e Estado (se este último, segundo o kelsenismo, tem alguma relação com o direito, sendo, portanto, objeto da Jurisprudência, não pode ser mais do que uma ordem jurídica); eliminou-se o dualismo direito estatal e internacional. Kelsen (*Teoría general del Estado*, cit., p. 105) chega até mesmo a afirmar que "esta irrupção da política na Teoria do direito, acha-se favorecida por uma funestíssima distinção que já constitui hoje um dos princípios mais fundamentais da moderna ciência jurídica. Trata-se da distinção entre direito público e privado". A esse respeito, *v.* Serpa Lopes, *Curso de direito civil*, 2. ed., Freitas Bastos, 1962, v. 1, p. 26; Kelsen, *Teoria pura do direito*, cit., v. 2, p. 165-72; Legaz y Lacambra, *Filosofía del derecho*, 3. ed., Barcelona, Bosch, 1972, p. 122 e 123; M. Helena Diniz, *A ciência jurídica*, cit., p. 26 e 27.

uma unidade, sua divisão em público e privado é aceita por ser útil e necessária, não só sob o prisma da ciência do direito, mas também do ponto de vista didático[56]. Todavia, não se deve pensar que sejam dois compartimentos estanques, estabelecendo uma absoluta separação entre as normas de direito público e as de direito privado, pois intercomunicam-se com certa frequência[57].

c.2. Divisão geral do direito positivo

O *direito público* apresenta normas que regem as relações em que o sujeito é o Estado, tutelando os interesses gerais e visando o fim social, quer perante os seus membros, quer perante os outros Estados. Eis por que Montesquieu (*De l'esprit des lois*, Liv. I, Cap. III, p. 7), ao se referir a ele, define-o como *lois, dans le rapport qu'ont ceux qui gouvernent avec ceux qui sont gouvernés.*

Pertencem ao *direito público interno*: o *direito constitucional*, que visa regulamentar a estrutura básica do Estado, disciplinando a sua organização ao tratar da divisão dos poderes, das funções e limites de seus órgãos e das relações entre governantes e governados; o *direito administrativo*, que é o conjunto de normas que regem a atividade estatal, exceto no que se refere aos atos jurisdicionais e legislativos, objetivando a consecução de fins sociais e políticos ao regulamentar a atuação governamental, a administração dos bens públicos etc.; o *direito tributário*, voltado aos tributos (impostos, taxas e contribuições), o *direito financeiro*, tendo por escopo regular a despesa e a receita do Estado; o *direito processual*, que disciplina a atividade do Poder Judiciário e a dos que a ele requerem ou perante ele litigam, correspondendo, portanto, à função estatal de distribuir a justiça; o *direito penal*, como o complexo de normas que definem crimes e contravenções, estabelecendo penas, com as quais o Estado mantém a integridade da ordem jurídica, mediante sua função preventiva e repressiva; e o *direito previdenciário*, conjunto de normas que amparam o trabalhador, garantindo-lhe benefícios da previdência e assistência social.

No *direito público externo*, temos o *direito internacional*, que pode ser *público*, se se constitui de normas disciplinadoras das relações entre Estados, ou *privado*, se rege as relações do Estado com cidadãos pertencentes a Estados diversos[58]; mas, sem embargo desta opinião majoritária, entendemos ser o *direito internacional privado* um ramo do direito público interno, apenas no sentido de conter normas internas de cada país, que autorizam o juiz nacional a aplicar ao fato interjurisdicional a norma a ele adequada. É de direito interno, pois cada Estado tem liberdade para definir, conforme sua ordem jurídica, as normas disciplinadoras das relações entre nacionais e estrangeiros, sem qualquer vinculação a uma ordem internacional. É de direito público porque, apesar de suas normas regularem relações

56. Anacleto de Oliveira Faria, Direito público e direito privado, in *Enciclopédia Saraiva do Direito*, cit., p. 47.

57. Caio Mário da Silva Pereira, *Instituições*, cit., p. 26.

58. Washington de Barros Monteiro, *Curso de direito civil*; parte geral, São Paulo, Saraiva, v. 1, p. 9 e 10; A. Franco Montoro, *Introdução*, cit., v. 1, cap. IV; v. 2, p. 170 e s.; Luiz Fernando Coelho, *Teoria da ciência do direito*, São Paulo, Saraiva, 1974, p. 162; M. Helena Diniz, *Lei de Introdução ao Código Civil brasileiro interpretada*, São Paulo, Saraiva, 2010.

de direito privado, elas são inderrogáveis pelas partes. O juiz deverá aplicar as normas de direito internacional privado de ofício, sem necessidade de provocação dos interessados, por serem tais normas cogentes e obrigatórias, e, além disso, as partes não poderão socorrer-se de outra norma que não a Lei de Introdução existente no direito brasileiro, que, na sua elaboração legislativa, não sofre quaisquer outras influências que não sejam as determinações da Constituição Federal. O *direito internacional privado* é um ramo do *direito público interno*, tendo natureza similar ao direito processual, por não conferir direitos nem impor deveres, nem resolver conflitos, servindo tão somente de instrumento para que se aplique a norma substantiva. As normas de direito internacional privado têm, portanto, a função instrumental de indicar a lei, que irá solucionar dada relação jurídica, mediante o elemento da conexão, por ela apontado, que estabelecerá o nexo entre o fato e a norma que o regerá, ou, então, indicará se a referida relação deverá ser disciplinada pela lei estrangeira.

O *privado* trata das relações jurídicas entre particulares, constituindo, nas palavras de Montesquieu, *lois, dans le rapport qui tous les citoyens ont entre eux*.

O *direito privado* abrange o *direito civil*, que regulamenta os direitos e deveres de todos os indivíduos, enquanto tais, contendo normas sobre o estado e capacidade das pessoas e sobre as relações atinentes à família, às coisas, às obrigações e sucessões; o *direito comercial* ou empresarial, que disciplina a atividade do empresário, e de qualquer pessoa, física ou jurídica, destinada a fins de natureza econômica, desde que habitual e dirigida à produção de resultados patrimoniais; o *direito do trabalho*, regendo as relações entre empregador e empregado, compreendendo normas sobre a organização do trabalho e da produção; e o *direito do consumidor*, conjunto de normas disciplinadoras das relações de consumo existentes entre fornecedor e consumidor[59]. Entretanto, há, nos dias atuais, uma tendência à publicização do direito privado, em virtude da interferência do direito público nas relações jurídicas privadas, como ocorre com a Lei do Inquilinato e com as normas do direito de família[60]. Existe, ainda, a questão da unificação do direito privado, suprimindo a dicotomia entre direito civil e comercial, que até hoje é controvertida. Há os que defendem a unificação total, preconizando a eliminação do direito comercial, e os que pretendem a unificação parcial, no que concerne ao direito obrigacional. A unificação das obrigações realizar-se-ia na seara do direito civil; não obstante isso, continuariam a existir, lado a lado, o direito civil e o comercial. Apesar desse movimento para tornar uno o direito privado, parece-nos que a tese da dualidade prevalecerá, pelo menos no que diz respeito ao campo da circulação da riqueza. O direito comercial não deve desaparecer, mesmo ante o fato de as suas normas basilares passarem a integrar o Código Civil[61], pela adoção da teoria da empresa e pela concepção de um direito obrigacional unificado, que abrange todas as obrigações sem cogitar de seu caráter comercial ou civil.

---

59. A. Franco Montoro, *Introdução*, cit., v. 1, cap. IV; v. 2, p. 191-202; W. Barros Monteiro, *Curso de direito civil*, cit., p. 10.
60. W. Barros Monteiro, *Curso de direito civil*, cit., p. 11; Caio Mário da Silva Pereira, *Instituições*, cit., p. 30.
61. Orlando Gomes, *Introdução ao direito civil*, cit., p. 26-8; Miguel Reale, *Lições preliminares*, cit., p. 362 e 363.

c.3. Ramos do direito público

c.3.1. *Direito público interno*

c.3.1.1. Direito constitucional

O direito constitucional engloba normas jurídicas atinentes à organização político-estatal nos seus elementos essenciais, definindo o regime político e a forma de Estado, estabelecendo os órgãos estatais substanciais, suas funções e relações com os cidadãos ao limitar suas ações, mediante o reconhecimento e garantia de direitos fundamentais dos indivíduos, de per si considerados, ou agrupados, formando comunidades[62].

Portanto o direito constitucional contém normas alusivas à organização básica do Estado, que além de estipular a forma da federação brasileira, discriminando o que compete de maneira privativa ou concorrente à União, aos Estados e Municípios, e de distribuir as esferas de competência do exercício do poder político, estabelecendo as condições do regime presidencial, determinando os campos de atuação do Poder Executivo, Legislativo e Judiciário, assegura os direitos fundamentais dos indivíduos para com o Estado, ou como membros da comunidade política, não só na seara política, mas também no plano jurídico, social e econômico-financeiro[63]. Os direitos e garantias fundamentais consistem em limitações à ação legislativa, de tal sorte que os órgãos com competência normativa não poderão criar normas que os violem.

O conjunto dessas normas denomina-se *constituição*, que é, no dizer de Goffredo Telles Jr., o complexo de normas fixando a estrutura fundamental do governo, determinando as funções e competências de seus órgãos principais, estabelecendo os processos de designação dos governantes, e declarando os direitos essenciais das pessoas e suas respectivas garantias.

Na *Constituição* apresentam-se dois tipos de normas: as que determinam como outras serão feitas, indicando os limites e os processos de sua elaboração, e as que repercutem imediatamente sobre o comportamento; estas últimas são constitucionais, não por sua matéria (que é dizer como devem ser feitas as normas gerais), mas pela sua forma, porque estão submetidas a certas formalidades de elaboração e de alteração (*quorum* especial)[64].

A *Constituição* pode ser[65]: *a*) *escrita*, por designar um conjunto de normas reunidas num só corpo. A constituição escrita é *rígida*; só pode ser modificada por meio de processo especial que ela mesma prevê, p. ex., a Constituição brasileira; *b*) *não escrita*, por ser composta de normas esparsas, em regra consuetudinárias, que não se encontram reunidas

---

62. Oswaldo A. Bandeira de Mello, *Princípios gerais de direito administrativo*, 1. ed., Rio de Janeiro, Forense, v. 1, p. 13 e 14; A. L. Machado Neto, *Compêndio de introdução à ciência do direito*, 5. ed., São Paulo, Saraiva, 1984, p. 246.

63. Miguel Reale, *Lições preliminares*, cit., p. 338 e 339. *V.*, ainda, Paolo Biscaretti di Ruffia, *Direito constitucional, instituições de direito público*, trad. M. Helena Diniz, São Paulo, Revista dos Tribunais, 1984, p. 81 e s.

64. Goffredo Telles Jr., *Introdução à ciência do direito*, fasc. 4, p. 234 e 244; *A Constituição, a Assembleia Constituinte e o Congresso Nacional*, São Paulo, Saraiva, 1986. Tercio Sampaio Ferraz Jr. (*Constituinte — assembleia, processo, poder*, São Paulo, Revista dos Tribunais, 1985, p. 11) escreve: "Entende-se usualmente por *Constituição* a lei fundamental de um país, que contém normas respeitantes à organização básica do Estado, ao reconhecimento e à garantia dos direitos fundamentais do ser humano e do cidadão, a formas, limites e competências do exercício do Poder Público (legislar, julgar, governar)", referindo-se aos tipos de normas constitucionais (p. 11-5). *V.* Kelsen, *Teoria pura do direito*, cit., v. 2, n. 35, *a*, p. 64-6.

65. Goffredo Telles Jr., *Introdução à ciência do direito*, cit., p. 244-6.

num só texto formando um conjunto único. É uma constituição escrita cujas normas estão contidas em leis esparsas, em decisões dos juízes e tribunais. A constituição não escrita, como é a inglesa, é *flexível*, por poder ser alterada pelos meios ordinários, pelos processos comuns de modificação de qualquer lei.

O direito constitucional é a esfera da ordenação estatal que está intimamente relacionada com todas as demais, por coordená-las, traçando-lhes o contorno periférico. É ele que mantém a unidade da substância do direito público e privado, pois todos os ramos do direito nele centralizam seu ponto de apoio. O direito constitucional é o marco inicial de todo o direito do Estado; cada um dos ramos jurídicos o pressupõe, sendo gerado, amparado e inspecionado por ele, já que suas normas têm sempre um fundamento constitucional embrionário, embora, depois, se desenvolvam com vida própria. O direito administrativo mantém relações concretas com o constitucional, pois este contém normas sobre as funções do presidente e dos ministros, o regime jurídico dos funcionários públicos e das empresas concessionárias de serviço público. Traça diretrizes, também, o direito constitucional ao tributário, ao dispor sobre impostos e orçamentos, discriminação de rendas, normas gerais de direito financeiro e competência tributária de cada ente público. Eis por que o direito administrativo e o tributário reclamam do constitucional uma orientação básica de sua função. O direito penal sofre, por sua vez, influência do direito constitucional, que regula pena de morte, banimento, confisco, extradição de estrangeiros ou brasileiros por crimes políticos ou de opinião. O processual também se relaciona com o constitucional, não só pelo fundamento do poder, do qual são manifestações, mas também enquanto servem para garantir a própria Constituição. Com o direito processual civil nítida é sua relação por regular: mandado de segurança, ação popular, prisão civil, direito de petição etc., e com o direito processual penal, enquanto trata do *habeas corpus*, da plenitude da defesa, da prisão em flagrante etc. O direito internacional público tem momentos de grande importância constitucional, pois contribui para assegurar a soberania e a independência do Estado diante de outros Estados. O direito constitucional relaciona-se, portanto, com o direito internacional público, ao regular os problemas da paz ou da guerra ou das relações com os Estados estrangeiros. Seu relacionamento com o direito internacional privado é profundo, ao determinar normas atinentes à vocação para suceder em bens de estrangeiros existentes no Brasil. Os ramos do direito privado, por sua vez, retiram do direito constitucional seus vários caracteres e, principalmente, aqueles seus institutos referentes às liberdades públicas, assim como suas garantias. O direito constitucional exerce influência marcante no civil, com suas normas sobre família, propriedade etc. Com o direito comercial, ou empresarial, é marcante sua relação no que concerne à livre concorrência, às marcas de indústria, ao nome empresarial, à navegação de cabotagem, ao regime bancário, às empresas de seguro etc. Tem também relacionamento concreto com o direito do trabalho, no tocante à legislação do trabalho e previdência social. Daí afirmar Pellegrino Rossi que todos os ramos do direito têm no direito constitucional "*ses têtes de chapitres*", por ser ele um tronco do qual se separam os restantes ramos do direito. Deveras, o direito constitucional, sem penetrar no campo específico de cada seara jurídica, representa uma espécie de introdução que as leva até o início de sua peculiaridade, deixando-as livres, sem contudo perdê-las de vista[66].

66. Santi Romano, *Princípios de direito constitucional geral*, trad. M. Helena Diniz, São Paulo, Revista dos Tribunais, 1977, p. 10 e 11; Pinto Ferreira, Direito constitucional, in *Enciclopédia Saraiva do Direito*, v. 25, p. 499 e 500.

Assim sendo, as demais normas de direito público, ou de direito privado, não podem contrariar o comando constitucional, sob pena de ser decretada sua inconstitucionalidade pelo Poder Judiciário. As normas constitucionais são supremas, a elas todas devem adequar-se[67].

c.3.1.2. Direito administrativo

Inclui normas reguladoras do exercício de atos administrativos, praticados por quaisquer dos poderes estatais, com o escopo de atingir finalidades sociais e políticas ao regulamentar a atuação governamental, estruturando as atividades dos órgãos da administração pública; a execução dos serviços públicos; a ação do Estado no campo econômico; a administração dos bens públicos e o poder de polícia.

A função administrativa do Estado colima realizar obras e serviços que propiciem benefícios à coletividade ou que a preservem de danos, segundo os critérios da necessidade, oportunidade e conveniência. Objetiva, portanto, como observa Alfredo Rocco, o interesse do próprio Estado, enquanto representante da coletividade. A administração é um conjunto de atos de gestão dos interesses estatais. Donde se infere que o direito administrativo é um conjunto de normas concernentes à ação governamental, à organização e realização de serviços públicos destinados a satisfazer um interesse estatal, à instituição dos órgãos que os executam, à capacidade das pessoas administrativas, à competência no exercício das funções públicas, às relações da administração com os administrados e à proteção recursal às garantias outorgadas aos cidadãos para a defesa de seus direitos[68]. É, nas palavras de Oswaldo Aranha Bandeira de Mello, o ordenamento jurídico dos modos, meios e forma da ação do Estado, como poder público, ou de quem faça as suas vezes, na criação da utilidade pública, de maneira direta e imediata[69].

c.3.1.3. Direito tributário e financeiro

É o direito tributário um conjunto de normas que aludem, direta ou indiretamente, à instituição, arrecadação e fiscalização de tributos[70] (impostos, taxas e contribuições), devidos pelos cidadãos ao governo. Refere-se o direito financeiro às relações entre o Fisco e os contribuintes, tendo por escopo regular as receitas de caráter compulsório. Abrange, portanto, normas disciplinadoras das atividades financeiras do Estado, regulando sua receita e despesa. Disciplina, segundo Jarach, a soberania estatal no setor da atividade financeira, indicando as normas a serem seguidas quando o poder público arrecada e gasta dinheiro. O direito tributário é, portanto, a ordenação jurídica da atividade desenvolvida pelo governo,

67. Miguel Reale, *Lições preliminares*, cit., p. 339.

68. Tito Prates da Fonseca, *Direito administrativo*, 1939, p. 40; A. Franco Montoro, *Introdução*, cit., v. 2, p. 174-7; Themístocles Cavalcanti, *Tratado de direito administrativo*, 1955, v. 1, p. 14; Miguel Reale, *Lições preliminares*, cit., p. 339-41; Goffredo Telles Jr., *Introdução à ciência do direito*, cit., p. 248 e 249; Venâncio Filho, *A intervenção do Estado no domínio econômico*, Rio de Janeiro, 1968; Oswaldo Aranha Bandeira de Mello, *Princípios gerais*, cit., p. 42-176; Manoel de Oliveira Franco Sobrinho, Direito administrativo, in *Enciclopédia Saraiva do Direito*, v. 25, p. 123-5.

69. *Princípios gerais*, cit., p. 45.

70. Paulo de Barros Carvalho, *Curso de direito tributário*, São Paulo, Saraiva, 1985, p. 11.

para obter e aplicar os meios econômicos indispensáveis à consecução de seus fins. Já o direito financeiro tem por escopo regular a despesa e a receita públicas[71].

c.3.1.4. Direito processual

O direito processual tem por finalidade regular a organização judiciária e o processo judicial, referente à ação de julgar os litígios, reintegrando a ordem estatal, ao disciplinar a forma para fazer atuar as normas jurídicas e as consequentes relações definidas em outros ramos jurídicos de direito substantivo. É um instrumento do direito substantivo ou material: todos os seus institutos básicos (jurisdição, ação, execução, processo) justificam-se no quadro das instituições estatais ante a necessidade de se garantir a autoridade do ordenamento jurídico-positivo, tornando-o efetivo. É, portanto, um direito adjetivo ou formal que regula a aplicação do direito substantivo ou material aos casos concretos, ou seja, disciplina a criação de normas jurídicas individuais (sentenças), pela aplicação de uma norma geral, e estabelece as normas procedimentais, indicativas dos atos sucessivos e das normas que deve cumprir o juiz para aplicar o direito.

Disciplina a atividade dos juízes, dos tribunais ou órgãos encarregados da distribuição da justiça, determinando como devem agir para fazer cumprir a lei que foi violada.

O direito processual rege não só a atividade jurisdicional do Estado para a aplicação das normas jurídicas gerais ao caso *sub judice*, mas também a organização do Poder Judiciário, a determinação da competência dos funcionários que o integram, a atuação do órgão judicante e das partes na substanciação do processo ou do juízo. Logo, como diz João Mendes Jr., regula a atividade do Poder Judiciário e a dos que a ele requerem ou perante ele litigam na administração da justiça.

Indica *quem* deve proceder à determinação da sanção, em caso de violação da norma, e *como* se fará essa aplicação.

É o ramo do direito público interno que rege a organização e as funções do Poder Judiciário e o processo, isto é, a operação por meio da qual se obtém a composição da lide. O *direito processual* pode ser: *a) civil*, quando destinado a solucionar lides, litígios ou conflitos de interesses surgidos nas atividades mercantis, civis, administrativas etc.; e *b) penal*, se rege o modo pelo qual o Estado soluciona as lides oriundas de infrações da lei penal. Tal divisão é feita conforme a matéria da lide a compor[72].

71. Francisco Uchoa de Albuquerque e Fernanda Maria Uchoa, *Introdução ao estudo do direito*, São Paulo, Saraiva, 1982, p. 207; Goffredo Telles Jr., *Introdução à ciência do direito*, cit., p. 249 e 250; Miguel Reale, *Lições preliminares*, cit., p. 351-2; Geraldo Ataliba, *Noção de direito tributário*, São Paulo, Revista dos Tribunais, 1964, e *Sistema constitucional tributário brasileiro*, São Paulo, Revista dos Tribunais, 1966; Dávio A. P. Zarzana, Direito tributário, in *Enciclopédia Saraiva do Direito*, v. 28, p. 351-6; Fábio Ulhoa Coelho, *Curso de direito civil*, São Paulo, Saraiva, 2003, v. 1, p. 11.

72. Oswaldo A. Bandeira de Mello, *Princípios gerais*, cit., p. 50-3; A. L. Machado Neto, *Compêndio*, cit., p. 248 e 249; A. B. Alves da Silva, *Introdução*, cit., p. 167-8; Daniel Coelho de Souza, *Introdução*, cit., p. 332-42; A. Franco Montoro, *Introdução*, cit., p. 179-82; João Mendes Jr., *Direito judiciário brasileiro*, Rio de Janeiro, Freitas Bastos, 1940, p. 17; Miguel Reale, *Lições preliminares*, cit., p. 341 e 342; Goffredo Telles Jr., *Introdução à ciência do direito*, cit., p. 252-64; Francisco Uchoa de Albuquerque e Fernanda Maria Uchoa, *Introdução*, cit., p. 208-11; Antônio Carlos de Araújo Cintra, Ada Pellegrini Grinover e Cândido R. Dinamarco, Direito processual, in *Enciclopédia Saraiva do Direito*, v. 28, p. 1-8; Moacyr Amaral Santos, Direito processual civil, in *Enciclopédia Saraiva do Direito*, v. 28, p. 9-23; E. Magalhães Noronha, Direito processual penal, in *Enciclopédia Saraiva do Direito*, v. 28, p. 25-32; Marcelo A. Rodrigues, *Elementos de direito processual civil*, São Paulo, Revista dos Tribunais, v. 1 e 2, 2006.

c.3.1.5. Direito penal

É o conjunto de normas atinentes aos crimes e às penas correspondentes. Regula a atividade repressiva do Estado, para preservar a sociedade do delito.

O direito penal ocupa-se dos atos puníveis, isto é, do crime e da contravenção no plano normativo, vendo-os como entidades abstratas, ou seja, como condutas que não devem ser praticadas, por serem punidas por lei. Ao definir as condutas delituosas relaciona-as a uma sanção, pena (de natureza repressiva) ou medida de segurança (de finalidade preventiva), por ele previamente prevista e que deve ser aplicada pelo juiz aos delinquentes. Aos criminosos aplicam-se: *a*) *penas privativas de liberdade* — reclusão, detenção e prisão simples; *b*) *penas restritivas de direitos* — prestação pecuniária, perda de bens e valores, prestação de serviços à comunidade ou a entidades públicas, interdição temporária de direitos e limitação de fim de semana; *c*) *pena de multa*; *d*) *medidas de segurança* aplicadas aos inimputáveis e, em alguns casos, aos semi-imputáveis e pode ser: *detentiva*, como internação em hospital de custódia e tratamento psiquiátrico, ou *restritiva*, como tratamento ambulatorial (CP, art. 96 e segs).

Suas normas regulam os atos que atentam, direta ou indiretamente, contra a ordem social, pondo-a em perigo, lesando os direitos dos indivíduos, determinando as penas e as medidas de segurança aplicáveis.

Em suma, é o ramo do direito público interno que define, tipifica e sanciona as contravenções (prática de jogo de azar, exercício ilegal de profissão etc.) e os crimes (homicídio, lesão corporal, furto, roubo, bigamia, estelionato, estupro, assédio sexual etc.).

É preciso lembrar que o Estado só pode punir os crimes previstos em lei e aplicar penas nela cominadas, ante o princípio da reserva legal, da legalidade estrita ou da tipicidade: *Nullum crimen sine lege. Nulla poena sine lege*, consagrado pelo Código Penal[73].

c.3.1.6. Direito previdenciário

O direito previdenciário é um conjunto de normas relativas às contribuições para o seguro social e aos benefícios dele oriundos, como, p. ex., pensões, auxílios e aposentadorias etc.

c.3.2. *Direito público externo*

c.3.2.1. Direito internacional público

O direito internacional público é o conjunto de normas consuetudinárias e convencionais que regem as relações, diretas ou indiretas, entre Estados e organismos internacionais (ONU, UNESCO, OIT, OMS, FAO), que as consideram obrigatórias. Regula, portanto, relações de coordenação e não de subordinação, porque os Estados são igualmente soberanos. As normas internacionais decorrem de uma força nascida dos Estados soberanos

73. Daniel Coelho de Souza, *Introdução*, cit., p. 316-32; Ferdinando Puglia, *Manuale di diritto penale*, v. 1, p. 23; A. B. Alves da Silva, *Introdução*, cit., p. 168-70; A. L. Machado Neto, *Compêndio*, cit., p. 247-8; A. Franco Montoro, *Introdução*, cit., p. 182-6; Basileu Garcia, *Curso de direito penal*, p. 7; Miguel Reale, *Lições preliminares*, cit., p. 343-4; Goffredo Telles Jr., *Introdução à ciência do direito*, cit., fasc. 5, p. 265-81; Francisco Uchoa de Albuquerque e Fernanda Maria Uchoa, *Introdução*, cit., p. 211 e 212; Gérson Pereira dos Santos, Direito penal, in *Enciclopédia Saraiva do Direito*, v. 27, p. 430 e 431; Osvaldo Palotti Jr., *Espécies de penas*, manuscrito a nós cedido, gentilmente, pelo autor.

de se sujeitarem a elas por as considerarem obrigatórias, necessárias à paz universal. O autorizamento dessas normas funda-se na convicção das nações civilizadas de que elas devem ser observadas. Se não o forem, o Estado lesado estará autorizado a coagir o Estado transgressor a cumpri-las. Tal coação se manifesta: pela reprovação coletiva dos Estados, que exercem uma pressão moral incontestável sobre o lesante, mediante, p. ex., o rompimento das relações diplomáticas; pelo pedido de explicações; pelos inquéritos abertos por organizações internacionais, como a ONU; pela aplicação de sanções econômicas como boicotes; pela guerra legítima etc.

O direito internacional público tem por objeto a organização jurídica da solidariedade entre nações, atendendo ao interesse público, visando a manutenção da ordem social que deve haver na comunidade internacional. Tais normas dizem respeito aos órgãos destinados às relações internacionais (ministérios do exterior, embaixadas, consulados, ONU, UNESCO, FAO etc.); à diplomacia e aos agentes diplomáticos; à solução pacífica das pendências; ao direito de guerra, regulando-lhe a humanização, o regime dos prisioneiros e a intervenção pacificadora dos neutros; à marinha e aviação internacionais etc.

As fontes do direito internacional público são: 1) as *convenções*, que geram os *tratados internacionais* resultantes de acordos entre os Estados e que podem ser: *a*) *gerais*, se fixam normas de interesse coletivo dos Estados em geral, p. ex., a Carta do Atlântico, que consigna princípios visando a paz universal; *b*) *especiais*, quando estabelecem normas de interesse particular dos Estados signatários, p. ex., o Tratado "ABC", firmado entre Argentina, Brasil e Chile, relativo ao comércio recíproco; 2) os *usos e costumes jurídicos internacionais*, que consistem na observância constante de uma norma reguladora de relações internacionais, tais como ato diplomático, sentença de tribunal internacional, prescrição governamental adotada por várias nações, lei e sentença nacionais atinentes a uma relação internacional.

Não há, como se vê, um superestado que legisle para todos os países e garanta a aplicação da sanção, em caso de violação de norma internacional; disso se encarrega a própria comunidade internacional de onde brotam os tratados e os costumes, pois cada um de seus membros tem interesse em respeitar as normas de convivência que são postas entre as nações civilizadas, já que há comprovação histórica de que todos os Estados que optaram pela política isolacionista tiveram grandes prejuízos. Daí a forte tendência para buscar proteção internacional, formando uma comunidade de Estados, se autolimitando, visto que os deveres internacionais do Estado são verdadeiras auto-obrigações, fundadas num assentimento espontâneo[74].

---

74. Vicente Marotta Rangel, Direito internacional público (conceito), in *Enciclopédia Saraiva do Direito*, v. 27, p. 187-92; Sá Vianna, *Elementos de direito internacional*, Rio de Janeiro, 1908; Goffredo Telles Jr., *Introdução à ciência do direito*, cit., p. 293-308; Francisco Uchoa de Albuquerque e Fernanda Maria Uchoa, *Introdução*, cit., p. 212 e 213; A. Franco Montoro, *Introdução*, cit., v. 2, p. 187-90; A. B. Alves da Silva, *Introdução*, cit., p. 175; Politis, *Les nouvelles tendances du droit international*, Paris, 1927; Daniel Coelho de Souza, *Introdução*, cit., p. 353-60; Hans Kelsen, Théorie du droit international public, *Recueil des Cours de l' Academie de Droit International de la Haye*, v. 3, t. 84, 1953, p. 1 e s.; Michael Akehurst, *A modern introduction to international law*, London, 1970, p. 16 e s.; Mariano Aguilar Navarro, *Derecho internacional público*, Madrid, 1952, t. 1, p. 238; Valerio de O. Mazzuoli, *Direito internacional público*, São Paulo, Revista dos Tribunais, 2006.

c.3.2.2. Direito internacional privado

O direito internacional privado regulamenta as relações do Estado com cidadãos pertencentes a outros Estados, dando soluções aos conflitos de leis no espaço ou aos de jurisdição. O direito internacional privado coordena relações de direito civil e criminal no território de um Estado estrangeiro. É ele que fixa, em cada ordenamento jurídico nacional, os limites entre esse direito e o estrangeiro, a aplicação extranacional do primeiro e a do direito estrangeiro no território nacional.

Como as normas jurídicas têm vigência e eficácia apenas no território do respectivo Estado, só produzem efeitos em território de outro Estado se este anuir. As nações consentem na aplicação de leis estrangeiras nas questões que afetam súditos estrangeiros em matéria de direito civil, comercial, criminal, administrativo etc. Logo, se houver um conflito entre normas pertencentes a dois ou mais ordenamentos jurídicos, como disciplinar as relações jurídicas privadas, constituídas no trato internacional, já que as pessoas, pelo seu estado convivencial, podem, por intercâmbio cultural, mercantil ou por via matrimonial, estabelecer relações supranacionais? O direito internacional privado procurará dirimir tal conflito entre normas, por conter disposições destinadas a indicar quais as normas jurídicas que devem ser aplicadas àquelas relações. O direito internacional privado determina que se aplique a lei competente, seja sobre família, sucessões, bens, contratos, letras de câmbio, crimes, impostos, processos, tráfego aéreo.

É preciso esclarecer que o direito internacional privado não disciplina as relações supranacionais, pois tão somente determina quais normas, deste ou daquele outro ordenamento jurídico, são aplicáveis no caso de haver conflito de leis no espaço. Daí ser considerado um direito sobre direito. P. ex., no casamento, no Brasil, entre uma brasileira com 18 anos e um argentino também com 18 anos de idade, aqui domiciliado, qual será a norma aplicável: a brasileira ou a argentina? O argentino precisaria do consentimento de seus pais, já que na legislação argentina a maioridade só se atinge aos 22 anos, ou seria dispensado dessa vigência, segundo a lei brasileira?

Há um conflito de leis no espaço; tanto a lei brasileira como a argentina coexistem. A norma brasileira e a argentina sobre celebração de casamento emanam de poderes diversos, regulando concomitantemente, de maneiras diferentes, aquela relação jurídica. Como o casamento não pode ser disciplinado por normas diversas, uma há de prevalecer sobre a outra; assim, será o direito internacional privado que determinará qual delas deverá ser aplicada àqueles nubentes, impondo-se a lei brasileira, já que o ato matrimonial se realizará em território nacional e o argentino aqui se encontra domiciliado.

O direito internacional privado assegura direitos do estrangeiro no Brasil, desde que: *a*) não ofendam tais direitos a soberania nacional, a ordem pública e os bons costumes; *b*) haja permissão dada pelos governos para a aplicação de norma estrangeira em seus territórios, pois se inexistisse tal anuência não haveria que se falar em conflito de normas no espaço, visto que somente vigoraria a lei nacional; *c*) exista intercâmbio cultural, mercantil etc. entre os povos submetidos aos referidos governos; e *d*) haja diversidade de leis regendo concomitantemente, de modo diverso, a mesma relação jurídica[75].

75. Miguel Reale, *Lições preliminares*, cit., p. 348-51; Daniel Coelho de Souza, *Introdução*, cit., p. 375 e 376; A. Franco Montoro, *Introdução*, cit., v. 2, p. 200-2; A. B. Alves, *Introdução*, cit., p. 176; Goffredo Telles Jr., *Introdu-*

c.4. Ramos do direito privado

c.4.1. *Direito civil*

Seu conceito passou por uma evolução histórica[76]. No direito romano era o direito da cidade que regia a vida dos cidadãos independentes[77], abrangendo todo o direito vigente, contendo normas de direito penal, administrativo, processual etc.

Na era medieval, o direito civil identificou-se com o romano, contido no *Corpus juris civilis*, sofrendo concorrência do direito canônico, devido à autoridade legislativa da Igreja, que, por sua vez, constantemente invocava os princípios gerais do direito romano. Na Idade Moderna, no direito anglo-americano, a expressão *civil law* correspondia ao direito moderno, e as matérias relativas ao nosso direito civil eram designadas *private law*[78].

Passou a ser um dos ramos do direito privado, por regulamentar as relações entre particulares. A partir do século XIX toma um sentido mais estrito para designar as instituições disciplinadas no Código Civil[79].

Contém o Código Civil duas partes: a *geral*, que apresenta normas concernentes às pessoas, aos bens, aos fatos jurídicos, aos atos e negócios jurídicos, desenvolvendo a teoria das nulidades e os princípios reguladores da prescrição[80]; e a *especial*, com normas atinentes ao direito das obrigações, ao direito da empresa, ao direito das coisas, ao direito de família e ao direito das sucessões[81]. Apresenta, ainda, um livro complementar que encerra as disposições finais e transitórias (arts. 2.028 a 2.046).

O direito civil é, pois, o ramo do direito privado destinado a reger relações familiares, patrimoniais e obrigacionais que se formam entre indivíduos encarados como tais, ou seja, enquanto membros da sociedade[82].

É o direito comum a todas as pessoas, por disciplinar o seu modo de ser e de agir, sem quaisquer referências às condições sociais ou culturais. Os indivíduos exercem as mais diferentes profissões. Podem ser empresários, funcionários e, segundo a natureza especial de suas funções, submetem-se a um regime legal peculiar, mas, embora empresários, agricultores, operários, médicos, funcionários e advogados, são homens iguais uns aos outros, tendo interesses comuns. Essas situações idênticas a todos, como casamento, nascimento, morte etc., regem-se pelas normas de direito civil, que são relativas às pessoas, na sua constituição geral e comum, como diz Clóvis Beviláqua. Disciplina as relações jurídicas

---

ção à ciência do direito, cit., p. 284-92; Francisco Uchoa de Albuquerque e Fernanda Maria Uchoa, *Introdução*, cit., p. 216-7; Haroldo Valladão, Direito internacional privado, in *Enciclopédia Saraiva do Direito*, v. 27, p. 181-7; Pontes de Miranda, *La conception du droit international privé d'après la doctrine et la pratique au Brésil*, Paris, 1933; Djacir Menezes, *Introdução à ciência do direito*, Porto Alegre, Globo, 1938, p. 131-3. *V.* as observações, por nós feitas, na p. 254 deste *Compêndio* e as do nosso livro *Lei de Introdução do Código Civil interpretada*, São Paulo, Saraiva, 2001, p. 18 a 36, salientando que, no nosso entender, trata-se, na verdade, de ramo de *direito público interno*. *Vide*, ainda, as lições de Nicolau Nazo, *Direito internacional privado* (apostila), PUCSP, 1970, p. 11.

76. Hernández Gil, *El concepto del derecho civil*, Madrid, Revista de Derecho Privado.
77. Gaius, *Instituciones*, commentarius primus, 1.
78. Caio Mário da Silva Pereira, *Instituições*, cit., v. 1, p. 31.
79. Caio Mário da Silva Pereira, *Instituições*, cit., p. 31; Orlando Gomes, *Introdução ao direito civil*, cit., p. 37.
80. Caio Mário da Silva Pereira, *Instituições*, cit., p. 88.
81. Miguel Reale, *Lições preliminares*, cit., p. 356; Caio Mário da Silva Pereira, *Instituições*, cit., p. 88 e 89.
82. Serpa Lopes, *Curso de direito civil*, cit., v. 1, p. 32; Vicente Ráo, *O direito e a vida do direito*, São Paulo, Max Limonad, n. 168, p. 269.

das pessoas, enquanto pessoas, e não na condição especial de empresário, operário etc. Rege as relações mais simples da vida cotidiana, atendo-se aos indivíduos garantidamente situados, com direitos e deveres, na sua qualidade de marido e mulher, pai ou filho, credor ou devedor, alienante ou adquirente, proprietário ou possuidor, condômino ou vizinho, testador ou herdeiro[83]. O direito civil regula as ocorrências do dia a dia, pois, como exemplifica Ferrara, a simples aquisição de uma carteira de notas é *contrato de compra e venda*; a esmola que se dá a um pedinte é *doação*; o uso de um ônibus é *contrato de transporte*; o valer-se de restaurante automático no qual se introduz uma moeda para obter alimento é *aceitação de oferta ao público*[84].

Os princípios basilares que norteiam todo o conteúdo do direito civil são os da: *personalidade, autonomia da vontade, liberdade de estipulação negocial, propriedade individual, intangibilidade familiar, legitimidade da herança e do direito de testar*, e *solidariedade social*[85].

Os demais ramos do direito privado destacaram-se do direito civil por força da especialização de interesses, sujeitando-se à regulamentação de atividades decorrentes do exercício de profissões[86], pois o direito civil, propriamente dito, disciplina direitos e deveres de todas as pessoas enquanto tais e não na condição especial de empresário ou empregado etc.

Convém, em breves linhas, fazer menção à origem do Código Civil.

Depois de árduas e infrutíferas tentativas de codificar o direito, ao ocupar a Presidência da República, Campos Sales nomeou, em 1899, Clóvis Beviláqua para a difícil tarefa de elaborar o Código Civil. No final desse ano apresentou ele um projeto, que após dezesseis anos de debates transformou-se no Código Civil, promulgado em 1º de janeiro de 1916, e vigente a partir de 1º de janeiro de 1917, com novas alterações introduzidas pela Lei n. 3.725/19[87].

Como observa R. Limongi França[88], o Código Civil apresentou-se como um diploma de seu tempo, atualizado para a época, porém como *seu tempo* foi o da transição do direito individualista para o social, teve de ser revisto e atualizado.

Em verdade, depois de 1916 os acontecimentos alteraram profundamente os fatos sociais, requerendo maior ingerência do juiz nos negócios jurídicos, derrogando o princípio *pacta sunt servanda*. A locação de serviço deu ensejo ao aparecimento dos contratos de trabalho; a propriedade passou a ter uma função social efetiva; o direito de família reclamava a alteração das condições da mulher casada, a inclusão dos preceitos concernentes à separação judicial e divórcio, a modificação dos princípios relativos ao menor sob pátrio poder e tutela, a revisão do regime de bens; o condomínio em edifícios de apartamentos e o pacto de reserva de domínio em contratos de compra e venda requeriam uma seção no Código Civil; o pacto de melhor comprador, a enfiteuse e a hipoteca judicial estavam em

83. Miguel Reale, *Lições preliminares*, cit., p. 353 e 354; Daniel Coelho de Souza, *Introdução*, cit., p. 362; Franco Montoro, *Introdução*, cit., p. 191. A atividade do empresário e a das sociedades regem-se pelo direito da empresa, apesar de algumas de suas normas estarem inseridas no Código Civil, e a do operário pelo direito do trabalho.

84. Orlando Gomes, *Introdução ao direito civil*, cit., p. 40.

85. Miguel Reale, *Lições preliminares*, cit., p. 355 e 356.

86. Orlando Gomes, *Introdução ao direito civil*, cit., p. 37.

87. Caio Mário da Silva Pereira, *Instituições*, cit., p. 84-8; W. Barros Monteiro, *Curso de direito civil*, cit., p. 48-53.

88. Código Civil (histórico), in *Enciclopédia Saraiva do Direito*, v. 15, p. 393.

franca decadência, sendo de bom alvitre que se suprimissem tais institutos do Código; o direito obrigacional exigia que se alargasse a noção de responsabilidade civil, que se consignassem normas sobre a teoria da imprevisão, que se disciplinasse o instituto da lesão mista, que se fixasse a questão do abuso de direito, que se cogitasse da cessão de débito paralela à do crédito; o direito das sucessões sofreu pressão do direito previdenciário, que acolheu a herança do companheiro, sendo necessário que se adaptassem as normas de sucessão legítima consequentes às modificações do direito de família, e simplificasse a elaboração do testamento, principalmente nas formas em que participe o oficial público[89].

Com o escopo de atualizar o Código Civil, várias leis, que importam derrogação do diploma de 1916, foram publicadas, dentre elas: a do estatuto da mulher casada, a dos registros públicos, a sobre compromisso de compra e venda, a do inquilinato, a sobre o reconhecimento de filhos ilegítimos, a do condomínio, a dos direitos autorais, a da arbitragem etc.[90].

O Governo brasileiro, reconhecendo a necessidade da revisão do Código Civil, resolveu pôr em execução o plano de reforma, encarregando Orozimbo Nonato, Philadelpho Azevedo e Hahnemann Guimarães de redigirem um Anteprojeto de Código das Obrigações, que sofreu, contudo, severas críticas de juristas, por atentar contra o critério orgânico do nosso direito codificado, que se romperia com a aprovação isolada do Código Obrigacional[91]. Em 1961, com o escopo de elaborar um Anteprojeto de Código Civil, o Governo nomeia para tanto Orlando Gomes, Caio Mário da Silva Pereira e Sylvio Marcondes. Entretanto, esse anteprojeto, ao ser enviado ao Congresso Nacional, em 1965, foi retirado pelo Governo em decorrência de fortes reações.

O Ministro da Justiça, Luiz Antônio da Gama e Silva, em 1967, nomeia nova comissão para rever o Código Civil, convidando para a integrarem: Miguel Reale, José Carlos Moreira Alves, Agostinho Alvim, Sylvio Marcondes, Ebert V. Chamoun, Clóvis do Couto e Silva e Torquato Castro. Em 1972, essa comissão apresenta um anteprojeto que procurou manter a estrutura básica do Código Civil, reformulando os modelos normativos à luz dos valores éticos e sociais da experiência legislativa e jurisprudencial, substituindo, na Parte Geral, a disciplina dos atos jurídicos pela dos negócios jurídicos e alterando a Parte Especial em sua ordem, a saber: obrigações, coisas, família e sucessões. Recebeu críticas desfavoráveis por tentar unificar, parcialmente, o direito privado, buscando a unidade do direito obrigacional. Em 1984 foi publicada no *Diário do Congresso Nacional* a redação final do Projeto de Lei n. 634-B, de 1975, que, constituindo o PLC n. 118/84, recebeu inúmeras emendas em razão da promulgação da nova Carta Magna, introduzindo muitas novidades oriundas da evolução social, chegando após 26 anos de tramitação no Senado e na Câmara dos Deputados a sua redação definitiva, contando com subsídios de entidades jurídicas e de juristas e dando maior ênfase ao social. Aprovado por ela e pelo Senado em 2001, e publicado em 2002, revogou o Código Civil de 1916, a primeira parte do Código Comercial de 1850, bem como toda a legislação civil e comercial que lhe for incompatível (CC, art. 2.045)[92].

---

89. R. Limongi França, Código Civil (histórico), in *Enciclopédia Saraiva do Direito*, cit., p. 393 e 394; Caio Mário da Silva Pereira, *Instituições*, cit., p. 90 e 91; Silvio Rodrigues, *Direito civil*, São Paulo, Max Limonad, 1967, v. 1, p. 35; W. Barros Monteiro, *Curso de direito civil*, cit., p. 53.

90. R. Limongi França, Código Civil (histórico), in *Enciclopédia Saraiva do Direito*, cit., p. 394.

91. Caio Mário da Silva Pereira, *Instituições*, cit., p. 89 e 90.

92. Nelson Godoy Bassil Dower, *Curso moderno*, cit., p. 46 e 47; Caio Mário da Silva Pereira, *Instituições*, cit., p. 91 e 92; Miguel Reale, Visão geral do Projeto de Código Civil, *RT*, *752*:22.

O Código passa a ter um aspecto mais paritário e socialista, atendendo aos reclamos da nova realidade social, abolindo instituições moldadas em matrizes obsoletas, albergando institutos dotados de certa estabilidade, apresentando desapego a formas jurídicas superadas, tendo um senso operacional à luz do *princípio da realizabilidade*, traçando, tão somente, normas gerais definidoras de instituições e de suas finalidades, reservando os pormenores às leis especiais, e eliminando, ainda, normas processuais ao admitir apenas as intimamente ligadas ao direito material. Procura exprimir, genericamente, os impulsos vitais formados na era contemporânea, tendo por parâmetro a justiça social e o respeito à dignidade da pessoa humana (CF, art. 1º, III). Tem por diretriz o *princípio da socialidade*, refletindo a prevalência do interesse coletivo sobre o individual e dando ênfase à função social da propriedade e do contrato e à posse-trabalho. Além disso, ao mesmo tempo, contém, em seu bojo, não só o *princípio da eticidade*, fundado no respeito à dignidade humana, ao dar prioridade à boa-fé subjetiva e objetiva, à probidade e à equidade, como também o *princípio da operabilidade*, conferindo ao órgão aplicador maior elastério, para que, em busca de solução mais justa (LINDB, art. 5º), a norma possa, ao analisar caso por caso, ser efetivamente aplicada.

O sistema germânico ou método científico-racional, preconizado por Savigny[93], divide o Código Civil, como vimos, em Parte Geral e Parte Especial[94]. Na *Parte Geral* contemplam-se: a pessoa natural e a jurídica (arts. 1º a 78), os bens jurídicos (arts. 79 a 103) e os fatos jurídicos (arts. 104 a 232)[95]. Na *Parte Especial* cuida-se do *direito das obrigações* (arts. 233 a 965), que compreende normas concernentes às relações jurídicas de caráter transitório, estabelecidas entre devedor e credor, cujo objeto consiste numa prestação pessoal, positiva ou negativa, de valor econômico, devida pelo primeiro ao segundo, sendo que o devedor garante o adimplemento com seu patrimônio, ou melhor, que abrange normas disciplinadoras dos contratos, das obrigações oriundas de declarações unilaterais e de atos ilícitos; do *direito de empresa* (arts. 966 a 1.195), que rege o empresário, a sociedade, o estabelecimento e os institutos complementares; do *direito das coisas* (arts. 1.196 a 1.510), que abrange normas atinentes às relações jurídicas relativas às coisas suscetíveis de apropriação pelo homem, ou seja, alusivas à posse, à propriedade, aos direitos reais sobre coisas alheias de gozo, de garantia e de aquisição; do *direito de família* (arts. 1.511 a 1.783-A), que contém normas relativas ao casamento, à união estável, às relações entre cônjuges e companheiros, às de parentesco e à proteção de menores e incapazes; e do *direito das sucessões* (arts. 1.784 a 2.027), que rege a transferência de bens por força da herança, por morte de alguém, ao herdeiro ou legatário, em razão de lei, de testamento ou de legado, dispondo sobre inventário e partilha. Não há mais a inversão, que ocorria no Código de 1916, da ordem do Código Civil alemão, que lhe serviu de modelo, pois inclui, como vimos, em primeiro lugar, o direito das obrigações, ao qual se seguem o direito das coisas, o direito de família e o das sucessões, abandonando a ordem anterior em que se cuidava do direito de família (CC de 1916, arts. 180 a 484), do direito das coisas (CC de 1916, arts. 485 a 862), do direito das obrigações (CC de 1916, arts. 863 a 1.571), do direito das sucessões (CC de 1916, arts. 1.572 a 1.805).

---

93. *Sistema do direito romano*, cit.

94. W. Barros Monteiro, *Curso de direito civil*, cit., p. 53.

95. W. Barros Monteiro, *Curso de direito civil*, cit., v. 1, p. 56; v. 3, p. 1; v. 4, p. 8; A. Franco Montoro, *Introdução*, cit., v. 2, p. 192 e 193; Clóvis Beviláqua, *Código Civil dos Estados Unidos do Brasil comentado*, Rio de Janeiro, Francisco Alves, 1956, v. 2, art. 180.

Apesar de haver objeções[96] sobre a inclusão da Parte Geral no Código Civil, grande é sua utilidade, por conter normas aplicáveis a qualquer relação jurídica. Deveras, o direito civil é bem mais do que um dos ramos do direito privado; engloba princípios de aplicação generalizada e não restritiva às questões cíveis. É na Parte Geral que estão contidos os preceitos normativos relativos à prova dos negócios jurídicos, à noção dos defeitos dos atos jurídicos, à prescrição, institutos comuns a todos os ramos do direito[97].

Além do mais, a Parte Geral fixa, para serem aplicados, conceitos, categorias e princípios que produzem reflexos em todo o ordenamento jurídico, e cuja fixação é condição de aplicação da Parte Especial e da ordem jurídica; isto é assim porque toda relação jurídica pressupõe sujeito, objeto e fato propulsor, que a constitui, modifica ou extingue. A Parte Especial contém normas relativas ao vínculo entre o sujeito e o objeto, e a Parte Geral, as normas pertinentes ao sujeito, ao objeto e à forma de criar, modificar e extinguir direitos, tornando possível a aplicação da Parte Especial. Logo, a Parte Geral do Código Civil tem as funções de dar certeza e estabilidade aos seus preceitos, por regular não só os elementos da relação jurídica mas também os pressupostos de sua validade, existência, modificação e extinção e possibilitar a aplicação da Parte Especial. Clara é sua função operacional no sentido de que fornece à ordem jurídica conceitos necessários à sua aplicabilidade[98].

Antes de encerrarmos este item, seria de bom alvitre dizer algumas palavras sobre o conteúdo e a função da Lei de Introdução às Normas do Direito Brasileiro[99].

Para Wilson de Souza Campos Batalha, a Lei de Introdução às Normas do Direito Brasileiro é um conjunto de normas sobre normas[100], por disciplinar as próprias normas jurídicas, assinalando-lhes a maneira de aplicação e entendimento, predeterminando as fontes de direito positivo, indicando-lhes as dimensões espaciotemporais. Isso significa que essa lei ultrapassa o âmbito do direito civil, vinculando o direito privado como um todo, alcançando o direito público e atingindo apenas indiretamente as relações jurídicas.

A Lei de Introdução às Normas do Direito Brasileiro (Dec.-Lei n. 4.657/42 — com a redação da Lei n. 12.376/2010) é aplicável a toda ordenação jurídica, já que tem as funções de: regular a vigência e a eficácia das normas jurídicas, apresentando soluções ao conflito de normas no tempo e no espaço; fornecer critérios de hermenêutica; estabelecer mecanismos de integração de normas, quando houver lacunas (art. 4º); garantir não só a eficácia global da ordem jurídica, não admitindo o erro de direito (art. 3º) que a comprometeria, mas também

---

96. W. Barros Monteiro (*Curso de direito civil*, cit., v. 1, p. 55) apresenta algumas críticas à compreensão de uma Parte Geral e de uma Parte Especial. "Diz-se, por exemplo, que a existência de ambas constitui excesso de técnica ... Afirma-se ainda que o Capítulo concernente aos *fatos jurídicos* interessa mais ao direito das obrigações, sendo raros seus reflexos nos demais ramos do direito civil. Não se justificaria assim sua permanência na Parte Geral. Assevera-se, por fim, que esta encerra princípios meramente acadêmicos, elementos heterogêneos ou abstrações inúteis, que poderiam ser perfeitamente dispensados, sem nenhum prejuízo para o Código. Tem-se por isso sustentado que as futuras codificações do direito privado não mais precisarão de Parte Geral." Entre nós, Hahnemann Guimarães e Orlando Gomes são adeptos da corrente que pretende suprimi-la.

97. Planiol, Ripert e Boulanger, *Traité élémentaire de droit civil*, 11. ed., Paris, v. 1, n. 32, p. 13; Caio Mário da Silva Pereira, *Instituições*, cit., p. 32 e 33.

98. A esse respeito, *v.* Ephraim de Campos Jr., *A função desempenhada pela Parte Geral no direito civil e fora do direito civil* — Análise da Lei de Introdução ao Código Civil e sua função no ordenamento jurídico. Trabalho apresentado em 1980 no Curso de Pós-graduação em Direito da PUCSP, p. 1-9.

99. Silvio Rodrigues, *Direito civil*, cit., p. 37. *Vide* Decreto-Lei n. 4.657/42.

100. *Lei de Introdução ao Código Civil*, São Paulo, Max Limonad, 1959, v. 1, p. 5 e 6.

a certeza, segurança e estabilidade do ordenamento, preservando as situações consolidadas em que o interesse individual prevalece (art. 6º)[101].

c.4.2. *Direito comercial ou empresarial*

Na baixa Idade Média, depois do contato intercultural que as Cruzadas suscitaram entre o Oriente e o Ocidente, surge o direito comercial, principalmente nas cidades italianas (Veneza, Florença, Gênova e Amalfi), como um autêntico direito da classe dos comerciantes e mercadores que o comércio mediterrâneo havia incrementado e fortalecido a ponto de poderem, os usos comerciais estabelecidos pelas ligas ou corporações industriais, artísticas e mercantis, logo após sua codificação, derrogar o direito romano comum (*jus civile*) no que atinava à vida comercial e ao tráfico[102].

O direito comercial é, portanto, em sua origem, um direito estatutário particular e consuetudinário, visto que não decorreu de obra dos jurisconsultos nem dos legisladores, mas do trabalho dos comerciantes, que o criaram com seus usos, estabelecendo seus estatutos ou regulamentos, pelos quais disciplinavam a concorrência, asseguravam mercados aos comerciantes para os seus produtos, evitavam fraudes e garantiam a boa qualidade das mercadorias. Tais normas consuetudinárias foram consolidadas em repositórios como os *Rôles d'Oleron*, na França, as *Constitudines*, em Gênova, e o *Consulado do Mar*, em Barcelona[103].

O direito comercial constitui-se de normas que regem a atividade empresarial; porém, não é propriamente um direito dos empresários, mas sim um direito para a disciplina da atividade econômica organizada para a produção e circulação de bens ou de serviços[104].

Percebe-se, então, que para o ato ser regulado pelo direito comercial, não é preciso seja praticado apenas por empresários, basta que se enquadre na configuração de atividade empresarial[105]. O direito comercial, empresarial ou mercantil disciplina não somente a atividade do comerciante ou empresário, mas também a de sociedades empresárias[106].

101. Ephraim de Campos Jr., *A função*, cit., p. 10 e 11. V. J. M. Arruda Alvim Netto, *Manual de direito processual civil*, São Paulo, Revista dos Tribunais, 1978, v. 1; Enneccerus, Kipp e Wolff, *Tratado de derecho civil*, Barcelona, Bosch, 1934, v. 1; Espínola, *A Lei de Introdução ao Código Civil brasileiro comentada*, São Paulo, Freitas Bastos, 1943 e 1944, v. 1 (arts. 1º a 7º); v. 2 (arts. 8º e 9º); v. 3 (arts. 10 a 18); Oscar Tenório, *Lei de Introdução ao Código Civil brasileiro*, 2. ed., Rio de Janeiro, Borsoi, 1955; M. Helena Diniz, *Curso*, cit., v. 1, p. 37-45.

102. A. L. Machado Neto, *Compêndio*, cit., p. 249 e 250.

103. José Xavier Carvalho de Mendonça, *Tratado de direito comercial brasileiro*, Freitas Bastos, 1955, v. 1; Hermes Lima, *Introdução à ciência do direito*, Rio de Janeiro, Freitas Bastos, 1970, p. 243; Arnoldo Wald, Direito comercial-I, in *Enciclopédia Saraiva do Direito*, v. 25, p. 443 e 444.

104. A. B. Alves da Silva, *Introdução*, cit., p. 180.

105. J. X. Carvalho de Mendonça, *Tratado de direito comercial*, cit., v. 1, p. 16. Com Carvalho de Mendonça podia-se conceituar o direito comercial como "a disciplina jurídica reguladora dos atos de comércio e, ao mesmo tempo, dos direitos e obrigações das pessoas que os exercem profissionalmente e dos seus auxiliares". Os atos de comércio podiam ser: *a*) por natureza — aqueles em que havia mediação com fito de lucro, como a compra ou troca de coisas móveis, para a revenda, por grosso ou a retalho, na mesma espécie ou manufaturados (na fórmula do art. 19 do Regulamento 737, de 1850), as operações bancárias etc.; *b*) por conexão — os atos de natureza civil que se transformavam em comerciais, se praticados em função da atividade mercantil, p. ex.: aquisição de instalações, balcões ou vitrines para um estabelecimento comercial, compra de máquinas para o desempenho da mercancia, mandato para a gestão de negócios mercantis etc.; *c*) por força de lei — que eram aqueles considerados comerciais por determinação legal, independentemente de sua natureza, e era indiferente que fossem praticados por comerciante ou não, uma só vez ou reiteradamente, p. ex.: os atos praticados por uma sociedade anônima, os atinentes a títulos de crédito e a títulos de dívida pública, as operações relativas a seguros marítimos, riscos e fretamentos etc.

106. Francisco Uchoa de Albuquerque e Fernanda Maria Uchoa, *Introdução*, cit., p. 214; Arnoldo Wald, Direito comercial-I, in *Enciclopédia Saraiva do Direito*, cit., p. 442.

Todavia, ensina-nos Miguel Reale[107] que tal se deu, porque, hodiernamente, tem prevalecido a tese de que não é o ato de comércio como tal que constitui o objeto do direito comercial, mas sim a atividade econômica habitualmente destinada à circulação das riquezas, mediante bens ou serviços, o ato de comércio inclusive, implicando uma estrutura de natureza empresarial. Assim sendo, o direito comercial disciplina não só relações entre empresários, mas de qualquer pessoa, física ou jurídica, que pratique atos objetivando a produção de bens e serviços que integrem a circulação dos resultados da produção, dando lugar a relações caracterizadas sob a denominação de atividade negocial. Repousa esse ramo do direito privado sobre três elementos básicos: *a*) autonomia da vontade, expressa numa atividade empresarial, com propósito de lucro, seja ela comercial, industrial, bancária, securitária ou de prestação de serviço; *b*) estrutura empresarial; e *c*) garantia e certeza da circulação e do crédito. Pelo atual Código Civil, o critério da empresarialidade traça os contornos do direito comercial.

c.4.3. *Direito do trabalho*

O direito do trabalho disciplina relações entre empregador e empregado, caracterizadas pela sua natureza hierárquica e permanente, abrangendo normas, instituições e princípios relativos à organização do trabalho e da produção e à condição social do trabalhador assalariado.

Tutela relações de autonomia entre pessoas privadas, mas também relações de subordinação nas quais o Estado e os sindicatos impõem deveres aos entes privados. Tem por finalidade a proteção do operariado, evitando sua exploração pelo economicamente mais forte e promovendo condições para melhorar seu nível de vida, equilibrando forças economicamente desiguais. A legislação trabalhista, ao assegurar ao operário certas vantagens legais, tem por escopo compensar-lhe as deficiências econômicas. É preciso não olvidar que não visa proteger todo e qualquer trabalhador, pois suas normas não alcançam os funcionários públicos, que são submetidos ao regime do Estatuto dos Funcionários Públicos, os profissionais liberais etc. Seu objeto é o regime do trabalho assalariado, tendo nítido sentido protecionista.

Apresenta o direito do trabalho traços característicos: proteção aos interesses da classe trabalhadora assalariada; valorização do trabalho ao considerar, como ensina A. Mascaro Nascimento, a liberdade de trabalho (condenando escravidão, colonato, servidão), o dever de trabalhar como ônus de todo indivíduo para com a comunidade, o direito ao trabalho, as garantias trabalhistas (sindicalização, escolha de profissão, greve etc.), a igualdade no trabalho (indistinção de sexo, raça, nacionalidade etc.), a justiça salarial e a segurança no trabalho (proteção à inatividade, integridade física, saúde, higiene etc.) e a padronização do contrato de trabalho, de modo que suas cláusulas sejam legais e inoperantes os ajustes que se desviem do modelo legal.

107. *Lições preliminares*, cit., p. 358 e 359. *Vide*, também, Fábio Ulhoa Coelho, *Curso de direito comercial*, São Paulo, Saraiva, 2002, v. 1, p. 27 e 28, e Mª Helena Diniz, *Curso de direito civil brasileiro*, São Paulo, Saraiva, v. 8, 2009.

Consideramo-lo como um ramo do direito privado, ante o fato de se tratar de um complexo de normas jurídicas que têm por objetivo disciplinar o contrato de trabalho entre particulares, patrão e empregado, embora sofra uma acentuada intervenção estatal, que vem impondo limites à iniciativa individual. Deveras, no contrato de trabalho, o operário e o patrão não podem dispor livremente de suas cláusulas, fixando, p. ex., salários ao seu bel-prazer, pois devem observar um mínimo estabelecido de antemão pelo poder público. Logo, por estas razões, ninguém pode perceber menos do que o salário mínimo nem renunciar às garantias relativas ao repouso semanal remunerado e ao trabalho normal de oito horas, nem tampouco deixar de ser contribuinte da Previdência Social, que tem por escopo o amparo ou garantia na aposentadoria, havendo doença, idade avançada, desemprego etc. Além disso também são obrigatórias as convenções coletivas de trabalho estabelecidas pelos sindicatos de categorias econômicas (empregadores) e profissionais (empregados), por estarem munidos de poder conferido e reconhecido pelo Estado.

O direito do trabalho rege, portanto, as relações individuais e coletivas de trabalho e a condição social do assalariado[108].

c.4.4. *Direito do consumidor*

Direito do consumidor é um conjunto de normas (Lei n. 8.078/90) disciplinadoras das relações de consumo existentes entre fornecedor e consumidor, ou seja, da aquisição de bens ou de serviços pelo destinatário final.

108. Amauri Mascaro Nascimento, Direito do trabalho, in *Enciclopédia Saraiva do Direito*, v. 26, p. 478-85; Princípios gerais do novo Código Civil e seus impactos no direito do trabalho, *Revista do Advogado, 70*:7-10; Luiz Carlos Amorim Robortella, Direito da empresa e direito do trabalho, *Revista do Advogado, 70*:54-64; Ludovico Barassi, *Il diritto del lavoro*, Milano, Giuffrè, 1949; Camerlynck e Lyon-Caen, *Droit du travail*, Paris, Dalloz, 1967; Octávio Bueno Magano, Direito do trabalho (tendências atuais), in *Enciclopédia Saraiva do Direito*, v. 26, p. 488-92; Cesarino Jr., *Direito social brasileiro*, São Paulo, Saraiva, 1970, p. 29; Arnaldo Sussekind, Délio Maranhão e Segadas Vianna, *Instituições de direito do trabalho*, São Paulo, Freitas Bastos, 1971, v. 1, p. 74 e 148; Orlando Gomes e Elson Gottschalk, *Curso de direito do trabalho*, Rio de Janeiro, Forense, p. 25; Nipperdey e Hueck, *Compendio de derecho del trabajo*, Madrid, 1963, p. 223; Francisco Uchoa de Albuquerque e Fernanda Maria Uchoa, *Introdução*, cit., p. 215 e 216; Djacir Menezes, *Introdução*, cit., p. 130 e 131; Miguel Reale, *Lições preliminares*, cit., p. 345-8; Goffredo Telles Jr., *Introdução à ciência do direito*, cit., fasc. 5, p. 282-4; Daniel Coelho de Souza, *Introdução*, cit., p. 342-53; A. Franco Montoro, *Introdução*, cit., v. 2, p. 197-200; A. L. Machado Neto, *Compêndio*, cit., p. 250 e 251.

QUADRO SINÓTICO

DIREITO POSITIVO

1. NOÇÃO DE DIREITO POSITIVO
Segundo Miguel Reale, é a ordenação heterônoma das relações sociais baseada numa integração normativa de fatos e valores.

2. DIREITO OBJETIVO
É o complexo de normas jurídicas que regem o comportamento humano, prescrevendo uma sanção no caso de sua violação.

3. DIREITO SUBJETIVO

- *a*) Conceito
  - Para Goffredo Telles Jr., é a permissão, dada por meio de norma jurídica válida, para fazer ou não fazer alguma coisa, para ter ou não ter algo, ou, ainda, a autorização para exigir, por meio dos órgãos competentes do poder público ou por meio de processos legais, em caso de prejuízo causado por violação de norma, o cumprimento da norma infringida ou a reparação do mal sofrido.
- *b*) Espécies
  1. *Direito subjetivo comum da existência* — é a permissão de fazer ou não fazer, de ter ou não ter algo, sem violação de preceito normativo.
  2. *Direito subjetivo de defender direitos* — é a autorização de assegurar o uso do direito subjetivo, de modo que o lesado pela violação da norma está autorizado, por ela, a resistir contra a ilegalidade, a fazer cessar o ato ilícito, a reclamar reparação pelo dano e a processar criminosos, impondo-lhes pena.

4. DIREITO PÚBLICO E DIREITO PRIVADO

- *a*) Fundamentos da divisão
  1. Direito romano
     - O direito público era aquele concernente ao estado dos negócios romanos, e o privado, o que disciplinava interesses particulares. Contudo, esse critério da utilidade ou interesse visado pela norma é falho, porque não se pode afirmar, com segurança, se o interesse protegido é do Estado ou dos indivíduos. Em razão disso houve autores que concluíram que o fundamento da divisão encontrava-se no "interesse dominante", ideia insatisfatória, pois tão interligados estão os interesses que é impossível verificar qual o dominante.
  2. Savigny
     - No direito público o todo se apresenta como fim e o indivíduo permanece em segundo plano; no privado, cada indivíduo, considerado em si, constitui

4. DIREITO PÚBLICO E DIREITO PRIVADO

a) Fundamentos da divisão

- **2. Savigny** — o fim deste ramo do direito e a relação jurídica apenas serve como meio para sua existência e para as suas condições particulares. Percebe-se, todavia, que o Estado também pode ser fim da relação jurídica regulada pelo direito privado, como no caso em que for parte numa compra e venda.
- **3. Ihering** — Reduz o direito ao direito de propriedade, ao dizer que a propriedade estatal tem por titular o governo da nação, e a coletiva, o povo.
- **4. Kahn** — O direito privado teria conteúdo patrimonial, e o público, não. Não se pode aceitar essa teoria porque há partes do direito privado que não têm natureza patrimonial e normas de direito público com caráter patrimonial.
- **5. Jellinek** — O direito privado regula relações individuais, e o público, as relações entre sujeitos dotados de *imperium*. Observa-se, entretanto, que mesmo os sujeitos que têm império podem ser sujeitos de direito privado, como na hipótese em que o Estado é parte numa compra e venda.
- **6. Goffredo Telles Jr.** — Este jurista distingue o direito público do privado com base em dois elementos: o interesse preponderante protegido pela norma e a forma de relação jurídica regulada por prescrição normativa. A relação jurídica de coordenação é a que existe entre partes que se tratam de igual para igual. E a de subordinação, de direito público, é a em que uma das partes é o governo, que exerce poder de mando. Gurvitch e Radbruch também aceitam que o direito público seria um direito de subordinação, com primado da justiça distributiva, e o privado, um direito de coordenação, subordinado à justiça comutativa. Nestas concepções o direito internacional público ficaria à margem da distinção.
- **7. Doutrina dominante** — O direito público é aquele que regula relações em que o Estado é parte, regendo a organização e atividade do Estado considerado em si mesmo, em relação com outro Estado e em suas relações com particulares, quando procede em razão de seu poder soberano e atua na tutela do bem coletivo. O direito privado é o que disciplina relações entre particulares, nas quais predomina, de modo imediato, o interesse de ordem privada.

4. DIREITO PÚBLICO E DIREITO PRIVADO	*b*) Ramos do direito público e privado	1. Direito público	Interno	Direito constitucional	Visa regulamentar a estrutura básica do Estado, disciplinando a sua organização ao tratar da divisão de poderes, das funções e limites de seus órgãos e das relações entre governantes e governados, ao limitar suas ações.
				Direito administrativo	Disciplina o exercício de atos administrativos praticados por quaisquer dos poderes estatais, com o escopo de atingir fins sociais e políticos ao regulamentar a atuação governamental, a execução dos serviços públicos, a ação do Estado no campo econômico, a administração dos bens públicos e o poder de polícia.
				Direito tributário	Consiste no conjunto de normas que correspondam, direta ou indiretamente, à instituição, arrecadação e fiscalização de tributos.
				Direito financeiro	Rege a despesa e a receita públicas.
				Direito processual	Rege a atividade do Poder Judiciário e dos que a ele requerem ou perante ele litigam, correspondendo, portanto, à função estatal de distribuir a justiça.
				Direito penal	Constitui um complexo de normas que definem crimes e contravenções, estabelecendo penas, com as quais o Estado mantém a integridade da ordem jurídica, mediante sua função preventiva e repressiva.
				Direito previdenciário	Conjunto de normas relativas às contribuições para o seguro social e aos benefícios dele decorrentes.

4. DIREITO PÚBLICO E DIREITO PRIVADO

- *b*) Ramos do direito público e privado
  - 1. Direito público
    - Externo
      - Direito internacional público: Consiste no conjunto de normas consuetudinárias e convencionais que regem as relações, diretas ou indiretas, entre Estados e organismos internacionais.
      - Direito internacional privado: Regulamenta as relações do Estado com cidadãos pertencentes a outros Estados, dando soluções para os conflitos de leis no espaço. No nosso entender trata-se, na verdade, de ramo do *direito público interno*.
  - 2. Direito privado
    - Direito civil
      - Conceito: Rege as relações familiares, patrimoniais e obrigacionais que se formam entre indivíduos encarados como tais, ou seja, enquanto membros da sociedade.
      - Conteúdo
        - Parte Geral
          - — Apresenta normas sobre pessoas (CC, arts. 1º a 78), bens (CC, arts. 79 a 103) e fatos jurídicos em sentido amplo (CC, arts. 104 a 232).
          - — Tem as funções de: *a*) fixar, para serem aplicados, conceitos, categorias e princípios que produzem reflexos em todo o ordenamento jurídico; *b*) contém normas relativas ao sujeito, ao objeto e à forma de criar, modificar e extinguir direitos, tornando possível a aplicação da Parte Especial do Código Civil; e *c*) dá certeza e estabilidade aos seus preceitos por regular não só os elementos da relação jurídica, mas também os pressupostos de sua validade, existência, modificação e extinção.
        - Parte Especial: Regula o direito das obrigações (arts. 233 a 965); o direito de empresa (arts. 966 a 1.195); o direito das coisas (arts. 1.196 a 1.510); o direito de família (arts. 1.511 a 1.783) e o direito das sucessões (arts. 1.784 a 2.027).

4. DIREITO PÚBLICO E DIREITO PRIVADO

- *b*) Ramos do direito público e privado
  - 2. Direito privado
    - Direito civil
      - Princípios
        - — da personalidade
        - — da autonomia da vontade
        - — da liberdade de estipulação negocial
        - — da propriedade individual
        - — da intangibilidade familiar
        - — da legitimidade da herança e do direito de testar
        - — da solidariedade social
      - Origem do Código Civil
        - Após árduas e infrutíferas tentativas de codificação, Campos Sales, ao ocupar a Presidência da República, por indicação de Epitácio Pessoa, nomeia, em 1899, para essa tarefa Clóvis Beviláqua, que ao fim desse mesmo ano apresenta um projeto, o qual, após 16 anos de debates, transformou-se no Código Civil, promulgado em 1º-1-1916, entrando em vigor em 1º-1-1917, ora revogado pelo atual Código, que após 26 anos de tramitação foi aprovado.
      - LINDB
        - Contém normas sobre normas, assinalando-lhes a maneira de aplicação e entendimento, predeterminando as fontes de direito positivo, indicando-lhes as dimensões espaciotemporais.
        - Tem as funções de:
        - — Regular a vigência e a eficácia das normas; apresentar soluções ao conflito de normas no tempo e no espaço.
        - — Fornecer critérios de hermenêutica.
        - — Estabelecer mecanismos de integração de normas.
        - — Garantir a eficácia global, a certeza, a segurança e a estabilidade da ordem jurídica.

4. DIREITO PÚBLICO E DIREITO PRIVADO	*b*) Ramos do direito público e privado	2. Direito privado	Direito comercial	Disciplina a atividade negocial do empresário e de qualquer pessoa, física ou jurídica, destinada a fins de natureza econômica, desde que habitual e dirigida à produção de resultados patrimoniais.
			Direito do trabalho	Regulamenta as relações entre empregador e empregado, abrangendo normas, princípios e instituições relativas à organização do trabalho e da produção e à condição social do trabalhador assalariado.
			Direito do consumidor	Disciplina as relações existentes entre fornecedor e consumidor.

2. FONTES JURÍDICAS

A. NOÇÃO E CLASSIFICAÇÃO DAS FONTES DO DIREITO

O termo "fonte do direito" é empregado metaforicamente, pois em sentido próprio *fonte* é a nascente de onde brota uma corrente de água[109]. Justamente por ser uma expressão figurativa tem mais de um sentido.

"Fonte jurídica" seria a origem primária do direito, confundindo-se com o problema da gênese do direito. Trata-se da fonte real ou material do direito, ou seja, dos fatores reais que condicionaram o aparecimento de norma jurídica[110]. Kelsen admite esse sentido do vocábulo, apesar de não o considerar científico-jurídico, quando com esse termo se designam todas as representações que, de fato, influenciam a função criadora e aplicadora do direito, como: princípios morais e políticos, teorias jurídicas, pareceres de especialistas. Fontes essas que, no seu entender, se distinguem das do direito positivo, porque estas são juridicamente vinculantes e aquelas não o serão enquanto uma norma jurídica positiva não as tornar vinculantes, caso em que elas assumem o caráter de uma norma jurídica superior que determina a produção de uma norma jurídica inferior[111].

Emprega-se também o termo "fonte do direito" como equivalente ao fundamento de validade da ordem jurídica. A teoria kelseniana, por postular a pureza metódica da ciência jurídica, libera-a da análise de aspectos fáticos, teleológicos, morais ou políticos que, porventura, estejam ligados ao direito. Portanto, só as normas são suscetíveis, segundo Kelsen, de indagação teórico-científica. Com isso essa doutrina designa como "fonte" o fundamento de validade jurídico-positiva da norma jurídica, confundindo a problemática das fontes jurídicas com a noção de validez das normas de direito. O fundamento de validade de uma norma, como assevera Kelsen, apenas pode ser a validez de uma outra, figurativamente denominada norma superior, por confronto com uma norma que é, em relação a ela, inferior. Logo, é fonte jurídica a norma superior que regula a produção da norma inferior. Assim, a Constituição é a fonte das normas gerais, elaboradas pelo Poder Legislativo, pelo Poder Executivo e por via consuetudinária; e uma norma geral é fonte, p. ex., da sentença judicial que a aplica e que é representada por uma norma individual. Num sentido jurídico-positivo,

---

109. Ensina-nos Nelson Saldanha (Fontes do direito-I, in *Enciclopédia Saraiva do Direito*, v. 38, p. 47) que: "A sugestiva expressão latina *fons et origo* aponta para a origem de algo: origem no sentido concreto de causação e ponto de partida. *Fonte*, na linguagem corrente, pode aludir a um local ou a um fator, ou à relação entre um fenômeno e outro, do qual o primeiro serve de causa".

110. Nelson de Souza Sampaio, Fontes do direito-II, in *Enciclopédia Saraiva do Direito*, v. 38, p. 51 e 53; Aurora T. Carvalho, *Curso*, cit., p. 645 a 688.

111. Kelsen, *Teoria pura do direito*, cit., v. 2, p. 85.

fonte jurídica só pode ser o direito, pelo fato de que ele regula a sua própria criação, já que a norma inferior só será válida quando for criada por órgão competente e segundo certo procedimento previsto em norma superior. A aplicação do direito é, concomitantemente, sua criação. Para essa concepção, entende-se também por fonte jurídica a norma hipotética fundamental que confere o fundamento último de validade da ordem jurídica, por ser impossível encontrar na ordenação jurídica o fundamento positivo para a Constituição. Assim, a ciência jurídica, ao contemplar o direito como um sistema normativo, está obrigada a pressupor uma norma hipotética fundamental que garanta a possibilidade de conhecer o direito, pois é ela o princípio ideal que reduz as normas jurídicas a uma unidade absoluta, conferindo-lhes validade. Essa norma básica foi, por Kelsen, designada constituição no sentido lógico-jurídico, diferenciando-a assim da Constituição em sentido lógico-positivo. Essa norma fundamental diz apenas que se deve obedecer ao poder que estabelece a ordem jurídica, mantendo a ideia de que uma norma somente pode originar-se de outra, da qual retira sua validez[112]. Nesta acepção enquadra-se, em certa medida, a fonte formal da teoria tradicional, que é a idônea para produzir norma jurídica, ou seja, a que é constituída pelos elementos que, na ordenação jurídica, servem de fundamento para dizer qual é o direito vigente[113].

Estamos com a teoria egológica de Carlos Cossio, que demonstrou que o jurista deve ater-se tanto às fontes materiais como às formais, preconizando a supressão da distinção, preferindo falar em *fonte formal-material*, já que toda fonte formal contém, de modo implícito, uma valoração, que só pode ser compreendida como fonte do direito no sentido de fonte material. Além disso, a *fonte material* ou real aponta a origem do direito, configurando a sua gênese, daí ser *fonte de produção*, aludindo a fatores éticos, sociológicos, históricos, políticos etc., que produzem o direito, condicionam o seu desenvolvimento e determinam o conteúdo das normas. A *fonte formal* lhe dá forma, fazendo referência aos modos de manifestação das normas jurídicas, demonstrando quais os meios empregados pelo jurista para conhecer o direito, ao indicar os documentos que revelam o direito vigente, possibilitando sua aplicação a casos concretos, apresentando-se, portanto, como *fonte de cognição*. As fontes formais são os modos de manifestação do direito mediante os quais o jurista conhece e descreve o fenômeno jurídico. Logo, quem quiser conhecer o direito deverá buscar a informação desejada nas suas fontes formais, ou seja, na lei, nos arquivos de jurisprudência, nos tratados doutrinários. O órgão aplicador, por sua vez, também recorre a elas, invocando-as como justificação da sua norma individual[114].

---

112. *Teoria pura do direito*, cit., p. 84; Nelson de Souza Sampaio, Fontes do direito-II, in *Enciclopédia Saraiva do Direito*, cit., p. 52 e 53; M. Helena Diniz, *A ciência jurídica*, cit., p. 18 e s., 145 e s., 155 e 156.

113. Luiz Fernando Coelho, Fonte formal, in *Enciclopédia Saraiva do Direito*, v. 38, p. 40.

114. Luiz Fernando Coelho, Fonte de produção e fonte de cognição, in *Enciclopédia Saraiva do Direito*, v. 38, p. 39 e 40; *Aulas de introdução*, cit., p. 249-72; Alf Ross (*Diritto e giustizia*, 3. ed., Torino, 1965, p. 74) reúne os dois tipos de fontes na seguinte definição: "Por *fontes do direito* entende-se o conjunto dos fatores que influem sobre a formulação da norma que serve de fundamento à decisão do juiz, com o acréscimo de que essa influência pode variar desde aquelas fontes que fornecem ao juiz uma norma já elaborada e que ele simplesmente tem que aceitar até aquelas fontes que só lhe oferecem ideias e inspiração, das quais ele formulará a norma que necessita". R. Limongi França (*Formas e aplicação do direito positivo*, São Paulo, Revista dos Tribunais, 1969, p. 32) prefere designar as fontes

As *fontes formais* podem ser estatais e não estatais. As *estatais* subdividem-se em legislativas (leis, decretos, regulamentos etc.) e jurisprudenciais (sentenças, precedentes judiciais, súmulas etc.). Tal divisão foi feita tendo-se em vista o predomínio das atividades legiferante e jurisdicional. A isso podemos acrescer as convenções internacionais, pelas quais dois ou mais Estados estabelecem um tratado, daí serem fontes formais estatais convencionais.

As *não estatais*, por sua vez, abrangem o direito consuetudinário (costume jurídico), o direito científico (doutrina) e as convenções em geral ou negócios jurídicos[115].

Essas normas jurídicas (leis, decretos, costumes, sentenças, contratos) não são, como se vê, produtoras do direito, mas consistem no próprio direito objetivo, que brota de circunstâncias políticas, históricas, geográficas, econômicas, axiológicas e sociais (fontes materiais) que se completam com um ato volitivo do Poder Legislativo, Executivo, Judiciário etc. (fontes formais). Daí dizer García Máynez que as fontes formais são os canais por onde se manifestam as fontes materiais. Adolf Merkl chegou até mesmo a afirmar que as fontes formais do direito constituem cápsulas que contêm as normas jurídicas. As fontes formais não são normas; são, como nos ensina R. Limongi França, formas de expressão do direito positivo. São apenas meios que traduzem as normas (leis, costumes, súmulas etc.) em palavras para facilitar seu conhecimento pelo jurista e sua aplicação pelo órgão competente, que as invoca como fundamento de validade da norma que estatui e como justificação suficiente da norma que está introduzindo na ordem jurídica: o legislador alude como fundamento da lei à Constituição Federal; o juiz invoca a lei como fundamento de sua sentença. As fontes formais seriam então os processos ou meios pelos quais as normas jurídicas se positivam com legítima força obrigatória, ou seja, com vigência e eficácia. O direito resulta de certos fatores sociais e de valores, mas se manifesta, como ordenação vigente e eficaz, mediante certas fontes formais, que são o processo legislativo, a atividade jurisdicional, a prática consuetudinária e o poder negocial; logo, a lei, a sentença, o costume e o contrato constituem formas de expressão jurídica resultantes daquelas atividades[116].

B. FONTES MATERIAIS

Fontes materiais ou *reais* são não só *fatores sociais*, que abrangem os históricos, os religiosos[117], os naturais (clima, solo, raça, natureza geográfica do território, constituição

formais usando a frase *formas de expressão do direito positivo*. Abelardo Torré, *Introducción al derecho*, Buenos Aires, Abeledo-Perrot, 1972, p. 274-9; Francisco Uchoa de Albuquerque e Fernanda Maria Uchoa, *Introdução*, cit., p. 173; Nelson de Souza Sampaio, Fontes formais do direito, in *Enciclopédia Saraiva do Direito*, v. 38, p. 94 e 95; Carlos Mouchet e Ricardo Zorraquín Becu, *Introducción*, cit., p. 171-7; Roberto José Vernengo, *Curso de teoría general del derecho*, 2. ed., Buenos Aires, Cooperadora de Derecho y Ciencias Sociales, 1976, p. 329-32; Eduardo García Máynez, *Introducción al estudio del derecho*, México, Porrúa, 1972, p. 51; Miguel Reale, *Lições preliminares*, cit., p. 154; Eduardo C. B. Bittar, *Introdução ao estudo do direito*, São Paulo, Saraiva, 2018, p. 249 a 296.

115. M. Helena Diniz, *Curso*, cit., v. 1, p. 16-9.

116. Francisco Uchoa de Albuquerque e Fernanda Maria Uchoa, *Introdução*, cit., p. 173; Carlos Mouchet e Ricardo Zorraquín Becu, *Introducción*, cit., p. 174; Vernengo, *Curso de teoría general del derecho*, cit., p. 329; Miguel Reale, *Lições preliminares*, cit., p. 140.

117. O fator religioso pode influenciar a legislação; p. ex., o Brasil, onde impera o catolicismo, sofreu influência da Igreja Católica, ante a proibição do divórcio inserida, até há pouco, na Constituição Federal.

anatômica e psicológica do homem)[118], os demográficos, os higiênicos[119], os políticos[120], os econômicos[121] e os morais (honestidade, decoro, decência, fidelidade, respeito ao próximo), mas também os *valores* de cada época (ordem, segurança, paz social, justiça), dos quais fluem as normas jurídico-positivas. São elementos que emergem da própria realidade social e dos valores que inspiram o ordenamento jurídico.

O conjunto desses fatores sociais e axiológicos determina a elaboração do direito através de atos dos legisladores, magistrados etc.

Há um pluralismo das fontes reais do direito, pois se o direito coexiste com a sociedade, tudo que pode influir sobre esta pode influenciar aquele. Se as normas jurídicas têm os mais variados conteúdos, não podem derivar de um fator único. Montesquieu[122] já dizia "as leis devem ser relativas à condição física do país, ao clima gelado, tórrido ou temperado, à qualidade do terreno, à sua situação, à sua dimensão, ao gênero de vida dos povos (agricultores, caçadores ou pastores), ao grau de liberdade, à religião dos habitantes, às suas inclinações, às suas riquezas, ao seu número, ao seu comércio, aos seus costumes, às suas maneiras. Enfim, elas têm relações entre si. Elas o têm com sua origem, com o objetivo do legislador, com a ordem das coisas sobre as quais elas são estabelecidas. É sob todos esses aspectos que é preciso considerá-las. Examinarei todas essas relações: elas formam em conjunto o que se chama o espírito das leis".

Tais fatores decorrem das convicções, das ideologias e das necessidades de cada povo em certa época, atuando como *fontes de produção do direito positivo*, pois condicionam o aparecimento e as transformações das normas jurídicas. As fontes materiais não são, portanto, o direito positivo, mas tão somente o conjunto de valores e de circunstâncias sociais que, constituindo o antecedente natural do direito, contribuem para a formação do conteúdo das normas jurídicas, que, por isso, têm sempre a configuração determinada por esses fatores, que também encerram potencialmente as soluções que devem ser adotadas na aplicação das normas jurídicas.

Em suma, as fontes materiais consistem no conjunto de fatos sociais determinantes do conteúdo do direito e nos valores que o direito procura realizar fundamentalmente sintetizados no conceito amplo de justiça[123].

---

118. Os fatores naturais determinam o conteúdo do direito. P. ex., os persas tornaram-se comerciantes, tendo um direito predominantemente comercial, ante as dificuldades de cultivo do solo e a facilidade de navegação marítima. A descoberta de petróleo no Golfo do México levou Truman, em 1945, a proclamar o conceito de *plataforma submarina*, considerando sujeitos à jurisdição e controle dos EUA os recursos naturais do leito e do subsolo do mar existentes nessa plataforma. A necessidade da busca de recursos naturais energéticos e alimentares tem levado alguns países a alterar a fixação da largura do mar, elevando-a para 200 milhas.

119. Os perigos de deterioração do meio ambiente pelos resíduos industriais estão dando origem a uma legislação sobre antipoluição.

120. O fator político também influi na legislação, pois são diversos os direitos de governos republicanos e monárquicos, de regimes ditatoriais e democráticos.

121. As relações econômicas modificam constantemente as normas; p. ex., no marxismo há uma forte relação entre economia e direito, principalmente no que atina aos meios de produção.

122. Montesquieu, *De l'esprit des lois*, Liv. I, Cap. III.

123. Daniel Coelho de Souza, *Introdução*, cit., p. 140 e 141; A. Franco Montoro, *Introdução*, cit., v. 2, p. 51; Miguel Reale, *Lições preliminares*, cit., p. 140; Paulo de Barros Carvalho (*Curso de direito tributário*, cit., p. 33) escreve a respeito: "À locução *fontes formais* se opõe a expressão *fontes materiais ou reais*, querendo significar os acontecimentos que se dão no mundo dos fatos e que, por força de qualificações jurídicas, desencadeiam efeitos de direito. No fundo, as fontes materiais ou reais só existem como ensejadoras de eficácias jurídicas porque o legislador

C. FONTES FORMAIS ESTATAIS

c.1. Legislação como fonte do direito

c.1.1. *Importância da legislação como fonte jurídica formal*

A legislação, nos países de direito escrito e de Constituição rígida, é a mais importante das fontes formais estatais. Nos Estados modernos, em sua maioria, a formulação do direito é obra exclusiva do legislador. Apenas nos países anglo-saxões, como, p. ex., Inglaterra, há forte predominância do costume; realmente, a experiência jurídica desses países encontra-se vinculada aos usos e costumes e à atividade jurisdicional. Todavia, é preciso lembrar que mesmo nesses Estados vem crescendo, paulatinamente, a influência do processo legislativo. Se nos países de *common law*, devido ao primado do precedente judicial, as normas legais não têm o mesmo papel que se lhes dá nos Estados, onde se impõe o primado da lei, principalmente no direito privado, pois o direito constitucional norte-americano funda-se numa Constituição rígida, ao contrário do inglês, que é costumeiro, é necessário dizer que neles nenhum costume é obrigatório, enquanto não for consagrado pelos tribunais.

Há no Estado moderno uma supremacia da lei ante a crescente tendência de codificar o direito para atender a uma exigência de maior certeza e segurança para as relações jurídicas, devido à possibilidade de maior rapidez na elaboração e modificação do direito legislado, permitindo sua adaptação às necessidades da vida moderna e pelo fato de ser de mais fácil conhecimento e de contornos mais precisos, visto que se apresenta em textos escritos. De modo que o costume só será tido como fonte jurídica se a lei o reconhecer[124].

Grande é a importância da lei no Estado de Direito. Hodiernamente, ela vem adquirindo um predomínio crescente, obtendo amplitude e desenvolvimento que nunca teve em épocas passadas.

A *legislação* é o processo pelo qual um ou vários órgãos estatais formulam e promulgam normas jurídicas de observância geral[125].

A legislação, ou melhor, a atividade legiferante, é tida, portanto, como a fonte primacial do direito, a fonte jurídica por excelência.

c.1.2. *Lei como resultado da atividade legislativa*

A grande maioria dos autores, ao se referirem ao problema das fontes jurídicas formais, mencionam dentre elas a lei, *lato sensu*, mas ao fazê-lo não estão olvidando que não é fonte

---

as escolheu na multiplicidade dos fatos naturais e sociais...". Francisco Uchoa de Albuquerque e Fernanda Maria Uchoa, *Introdução*, cit., p. 170-3; Nelson de Souza Sampaio, Fontes materiais do direito, in *Enciclopédia Saraiva do Direito*, v. 38, p. 114-24; Carlos Mouchet e Ricardo Zorraquín Becu, *Introducción*, cit., p. 42-5, 172 e 173; Roberto José Vernengo, *Curso de teoría general del derecho*, cit., p. 330-2; Luis Manuel Sánchez Fernández, El problema de la producción del derecho, *Crítica Jurídica, 19*:85-96.

124. Eduardo García Máynez, *Introducción*, cit., p. 53; Abelardo Torré, *Introducción al derecho*, cit., p. 288; Miguel Reale, *Lições preliminares*, cit., p. 153 e 154; Francisco Uchoa de Albuquerque e Fernanda Maria Uchoa, *Introdução*, cit., p. 177; Maria Helena Diniz, Direito como arte, *Revista Argumentum*, v. 22, n. 1, 2021, p. 17-29. É preciso esclarecer que o termo *formal* não está aqui sendo empregado na acepção filosófica de causa essencial, mas sim na forma externa, aparência.

125. Eduardo García Máynez, *Introducción*, cit., p. 52. *V.* Fausto E. Vallado Berrõn, *Teoría general del derecho*, cit., p. 131, n. 2; Galvão, *Elementos de técnica legislativa — teoria e prática*, Porto Alegre, Fabris, 1996.

do direito, mas sim o *produto* da legislação[126]. A esse respeito Du Pasquier[127], com muita propriedade, utiliza-se de uma metáfora que vem esclarecer a questão, afirmando que, assim como a fonte de um rio não é a água que brota do manancial, mas é o próprio manancial, a lei não representa a origem, porém o resultado da atividade legislativa.

Antes de enumerarmos as modalidades de leis resultantes da atividade legislativa, julgamos conveniente verificar as *acepções* do vocábulo *lei*, que podem ser:

1ª) *Amplíssima*, em que o termo *lei* é empregado como sinônimo de norma jurídica, incluindo quaisquer normas escritas ou costumeiras. Hipótese em que, segundo Vicente Ráo[128], a palavra *lei* possui o sentido compreensivo de toda norma geral de conduta que define e disciplina as relações de fato incidentes no direito e cuja observância é imposta pelo poder do Estado, como são as normas legislativas, as consuetudinárias e as demais, ditadas por outras fontes do direito, quando admitidas pelo legislador.

2ª) *Ampla*, sendo o vocábulo *lei* entendido como oriundo do verbo *legere* (ler) e, portanto, concebe-se que lei é, etimologicamente, aquilo que se lê. Tal etimologia se explica porque, na época da República romana, enquanto o costume não era escrito (*jus non scriptum*), conservando-se na memória dos homens, a lei estava escrita (*jus scriptum*), gravada em tábuas de mármore, de bronze etc., que se fixavam em locais públicos, p. ex., o *tabularium* do Capitólio, em Roma, para que o povo a lesse e, conhecendo-a, a cumprisse[129]. Em sentido amplo, designa todas as normas jurídicas escritas, sejam as leis propriamente ditas, decorrentes do Poder Legislativo, sejam os decretos, os regulamentos ou outras normas baixadas pelo Poder Executivo[130]. Assim sendo, a legislação, nas palavras de François Geny[131], compreende todos os atos de autoridade cuja missão consiste em editar normas gerais, sob forma de injunções obrigatórias, como são as leis propriamente ditas, os decretos, os regulamentos etc.

3ª) *Estrita ou técnica*, em que a palavra lei indica tão somente a norma jurídica elaborada pelo Poder Legislativo, por meio de processo adequado.

Entendendo-se a *lei* em *sentido amplo*[132], abrange todos os atos normativos contidos no processo legislativo (CF, art. 59, I a VII), que são:

---

126. García Máynez, *Introducción*, cit., p. 53.

127. *Introduction*, cit., p. 34.

128. *O direito*, cit., n. 202. *V.*: Legaz y Lacambra, *Filosofía del derecho*, cit.

129. Abelardo Torré, *Introducción al derecho*, cit., p. 283; Arturo Orgaz, *Diccionario elemental de derecho y ciencias sociales*, Córdoba, 1941, p. 325; Francisco Uchoa de Albuquerque e Fernanda Maria Uchoa, *Introdução*, cit., p. 176.

130. A. Franco Montoro, *Introdução*, cit., v. 2, p. 58; A. L. Machado Neto, *Compêndio*, cit., p. 199.

131. *Méthode d'interpretation et sources en droit privé positif*, n. 54.

132. Paulo de Barros Carvalho, *Curso de direito tributário*, cit., p. 35-40; Manoel Gonçalves Ferreira Filho, *Curso de direito constitucional*, São Paulo, Saraiva, 1973, p. 181, 199-217; A. Franco Montoro, *Introdução*, cit., v. 2, p. 67-72; Daniel Coelho de Souza, *Introdução*, cit., p. 149 e 150; Miguel Reale, *Lições preliminares*, cit., p. 164-6; Carlos Mouchet e Ricardo Zorraquín Becu, *Introducción*, cit., p. 203-10; Kelsen, *Teoria pura do direito*, cit., v. 2, p. 64-83; A. Machado Pauperio, *Introdução ao estudo do direito*, Rio de Janeiro, Forense, 1981, p. 148a; A. L. Machado Neto, *Compêndio*, cit., p. 205 e 206; Geraldo Ataliba, *Lei complementar na Constituição*, São Paulo, Revista dos Tribunais, 1971; Marcelo Figueiredo, *A medida provisória na Constituição*, São Paulo, Atlas, 1991; Celso Ribeiro Bastos, *Lei complementar — teoria e comentários*, São Paulo, Ed. Celso Bastos, 1999; Sérgio Reginaldo Bacha, *Constituição Federal: leis complementares e leis ordinárias. Hierarquia?*, Belo Horizonte, Forum, 2004; Rodrigo Santos Neves, O estado atual das medidas provisórias, *Revista Síntese de Direito Civil e Direito Processual Civil*, *93*:64 a 79.

— A *lei constitucional*, sobrepondo-se a todas as demais normas integrantes do ordenamento jurídico. Contém normas que prescrevem como se deve produzir outras normas; daí ser uma autêntica *sobrenorma*, visto que não trata, diretamente, da conduta normada, mas do conteúdo ou da forma que as normas devem conter. Além disso, apresenta em seu bojo princípios que servem de guias supremos ao exercício das competências impositivas e normas que garantem os direitos individuais dos cidadãos, limitando a ação legislativa. O mesmo se pode dizer das *emendas à Constituição*, que inovam o direito vigente, quer modificando, quer editando novos preceitos obrigatórios.

— A *lei complementar* (CF, arts. 69, 146-A e 155, XII, *a* a *i*, alusiva à estrutura estatal ou aos serviços do Estado, constituindo as leis de organização básica, cuja matéria está prevista na Constituição e, para sua existência, exige-se o *quorum* qualificado do art. 69 da Constituição Federal, ou seja, a maioria absoluta nas duas Casas do Congresso Nacional, para que não seja fruto de uma minoria. A lei complementar é muito utilizada no setor tributário, por ser o veículo próprio das *normas gerais de direito tributário* previstas no art. 146, III, da Constituição Federal, que visa dispor sobre conflitos de competência entre as entidades políticas e regular as limitações constitucionais ao poder de tributar. É mediante lei complementar que a União poderá decretar empréstimos compulsórios (CF/88, art. 148, I e II); para conceder, em certas hipóteses, isenção de impostos (CF/88, art. 155, XII, *g*) etc. A lei ordinária, o decreto-lei e a lei delegada sujeitam-se à lei complementar, sob pena de invalidação, se a contradisserem.

— A *lei ordinária*, editada pelo Poder Legislativo da União, Estados e Municípios, no campo de suas competências constitucionais, com a sanção do chefe do Executivo. Como o Brasil é uma República Federativa e ante o princípio da autonomia dos Estados e Municípios, não há qualquer supremacia da lei ordinária federal relativamente à estadual e municipal. Trata-se de ato legislativo típico. São leis ordinárias: a do inquilinato, a de falências, a do salário-família etc.

— A *lei delegada*, que, estando no mesmo plano da lei ordinária, como pondera Michel Temer[133], deriva de exceção ao princípio do art. 2º da Constituição Federal. A lei delegada é elaborada e editada pelo Presidente da República (delegação *externa corporis* — CF/88, art. 68, § 2º), por Comissão do Congresso Nacional ou de qualquer de suas Casas (delegação *interna corporis* — CF/88, art. 68), em razão de permissão do Poder Legislativo e nos limites postos por este. Na *interna corporis*, o poder de editar normas não sai do âmbito legislativo, pois a decisão apenas se desloca do todo para uma parte. Vedada está a delegação do poder de legislar ao Presidente ou a comissões parlamentares, em relação às matérias dos arts. 68, § 1º, e 150, I, da Constituição Federal. A delegação do poder de legislar ao Presidente ou à comissão especial do Congresso se dá por meio de resolução do Congresso Nacional, já a delegação à comissão de uma das Casas do Congresso decorre de decisão expressa dessa Câmara, sendo matéria de sua disciplina interna. O legislador constituinte aceitou a delegação do Poder Legislativo não só para possibilitar o aceleramento da criação de novas normas jurídicas e a particularização e especificação de dispositivos legais que devem ser enunciados de modo genérico, mas também para evitar que o período dos debates

133. Michel Temer, *Elementos de direito constitucional*, São Paulo, Revista dos Tribunais, 1982, p. 166 e 167.

parlamentares conduza a manobras tendentes a anular os efeitos da lei projetada. Todavia, a lei delegada está sujeita à apreciação do Congresso Nacional, que verifica se corresponde à permissão dada.

— As *medidas provisórias*, que estão no mesmo escalão hierárquico da lei ordinária, embora não sejam leis. São normas expedidas pelo Presidente da República, no exercício de competência constitucional (CF, art. 84, XXVI), e substituíram o antigo decreto-lei (art. 25, I, II e §§ 1º e 2º, do Ato das Disposições Transitórias da Constituição Federal).

O poder presidencial, ao baixar decreto-lei, restringia-se a certas matérias: segurança nacional, finanças públicas, criação de cargos e fixação de vencimentos, e estava sujeito ao controle do Congresso. Legislar, por decreto-lei, era uma medida excepcional, um instrumento do Poder Executivo, especificamente do Presidente da República, inserido no processo legislativo com o objetivo de atender a casos de urgência e a situações graves, que exigiam do Governo prontas decisões[134]. Sua natureza era mista, visto que, como diz Machado Neto, era material ou substancialmente ato de legislação e formalmente ato administrativo, porque emanava do Executivo. Além disso não era correta a afirmação de que o decreto-lei fosse uma *lei do Executivo*, porque o Congresso Nacional tinha o poder de aprová-lo ou rejeitá-lo dentro de sessenta dias, a partir de sua vigência (EC n. 1/69, art. 55). Logo, apenas com a ratificação do Legislativo o decreto-lei tornava-se lei.

Hodiernamente, pelo art. 62, §§ 1º e 2º, da Constituição Federal vigente, o Presidente da República poderá adotar *medidas provisórias*, com força de lei, em caso de relevância do interesse público e urgência, devendo submetê-las, de imediato, ao Congresso Nacional. Tais medidas provisórias perderão sua eficácia, desde a edição, se não forem convertidas em lei dentro do prazo de 60 dias, prorrogável por uma única vez por igual prazo, a partir de sua publicação, suspendendo-se durante os períodos de recesso parlamentar, devendo o Congresso Nacional disciplinar, por decreto legislativo, as relações jurídicas delas decorrentes. Se tal decreto legislativo não for editado até 60 dias após a rejeição ou perda de eficácia da medida provisória, as relações jurídicas constituídas e decorrentes de atos praticados durante sua vigência conservar-se-ão por ela regidas. Vedada está a edição de medidas provisórias sobre: *a*) questões de cidadania, nacionalidade, direitos políticos, partidos políticos, direito eleitoral, direito penal, processual penal e processual civil, organização do Poder Judiciário e do Ministério Público, a carreira e garantia de seus membros, planos plurianuais, diretrizes orçamentárias, orçamento e créditos adicionais e suplementares; *b*) detenção ou sequestro de bens, de poupança popular ou de qualquer outro ativo financeiro; *c*) matéria reservada à lei complementar; e *d*) assunto já disciplinado em projeto de lei aprovado pelo Congresso Nacional e pendente de sanção ou veto do Presidente da República. Com isso freia-se o

134. Tercio Sampaio Ferraz Jr., Decreto-lei: um instrumento discricionário, *Jornal do Advogado*, abr. 1985, p. 11; Marco Aurélio Greco, *Medidas provisórias*, São Paulo, Revista dos Tribunais, 1991; Leon Fredja Szklarowski, *Medidas provisórias*, São Paulo, Revista dos Tribunais, 1991; Humberto B. Ávila, *Medida provisória na Constituição de 1988*, Porto Alegre, Fabris, 1997; Janine M. Massuda, *Medidas provisórias: os fenômenos na reedição*, Porto Alegre, Fabris, 2001; Michel Temer, Medida provisória e urgência urgentíssima, *Revista Consulex*, *207*:40-1; Clélio Chiesa, *Medidas provisórias*, Curitiba, Juruá, 2005. *Vide* Resolução n. 1, de 2002, do Congresso Nacional, sobre apreciação do Congresso Nacional das medidas provisórias.

poder normativo do Presidente da República, tornando o Congresso Nacional responsável pela decisão do Executivo[135].

— O *decreto legislativo* é norma aprovada por maioria simples pelo Congresso, sobre matéria de sua exclusiva competência (CF, art. 49), como ratificação de tratados e convenções internacionais e de convênios interestaduais, julgamentos de contas do Presidente da República etc. Todavia, tal ato, embora se situe no nível da lei ordinária, não é remetido ao Presidente da República para ser sancionado, sendo, portanto, promulgado pelo presidente do Senado Federal, que o manda publicar.

— As *resoluções do Senado*, que têm força de lei ordinária, por serem deliberações de uma das Câmaras, do Poder Legislativo ou do próprio Congresso Nacional sobre assuntos do seu peculiar interesse, como questões concernentes à licença ou perda de cargo por deputado ou senador, à fixação de subsídios, à determinação de limites máximos das alíquotas do Imposto sobre Operações Relativas à Circulação de Mercadorias aplicáveis às operações e prestações, interestaduais e de exportação (CF, art. 155, II, e § 2º, IV, com a redação da EC n. 132/2023), por proposta de iniciativa do Presidente da República ou de um terço dos senadores. São aprovadas por maioria absoluta de seus membros, e não têm sanção, sendo promulgadas pela mesa do Senado, que ordena sua publicação.

Estas são as principais categorias de estatutos legislativos, também chamadas *primárias*, por revelarem, imediatamente, o direito positivo e por se bastarem por si mesmas; mas, ao seu lado, temos as *secundárias*, que consistem em normas subordinadas à lei, em atos de hierarquia inferior à lei, que, às vezes, lhes dá eficácia, pois se reportam, implícita ou explicitamente, a ela, e que compreendem[136]:

---

135. José Levi M. do Amaral Jr., *Medida provisória e sua conversão em lei*, São Paulo: Revista dos Tribunais, 2004; Marcelo A. M. dos Anjos, Medidas provisórias no constitucionalismo brasileiro, *Revista de Direito Constitucional Internacional*, *68*: 180-203. Noticiou o *Jornal do Advogado* (OABSP) n. 370 que:

O Plenário do Supremo Tribunal Federal (STF), por 7 votos a 2, decidiu que as medidas provisórias só poderão ser votadas pelo Congresso depois de terem sido apreciadas por uma comissão mista de deputados e senadores. O entendimento foi definido em 7 de março de 2012, durante o julgamento da ação contra a lei que criou o Instituto Chico Mendes de Conservação da Biodiversidade, o ICMBio.

Na ação direta de inconstitucionalidade agora julgada, a Associação Nacional dos Servidores do Ibama argumentava que a conversão da Medida Provisória (MP) n. 366/2007 na Lei n. 11.516/2007, que criou o ICMBio, não respeitou o devido rito constitucional e nem os pressupostos de urgência e relevância que justificam a edição de medidas provisórias. Para a Associação, a conversão da MP em lei contrariou o artigo 62, parágrafo 9º, da Constituição Federal, por conta da ausência de parecer formulado pela comissão mista de deputados e senadores, que deveria anteceder formalmente a deliberação sobre a aprovação de medidas provisórias em cada uma das casas legislativas.

O Supremo declarou a Lei n. 11.516/2007 inconstitucional, mas deu um prazo de dois anos para que o Congresso Nacional edite nova lei a fim de garantir a continuidade da autarquia. Até lá, o ICMBio segue funcionando. Para o relator da ação, ministro Luiz Fux, a conversão da MP n. 366/2007 em lei não atendeu ao disposto no artigo 62, parágrafo 9º, da Constituição Federal. A comissão mista foi constituída, explicou, mas não houve quórum para deliberação, o que motivou a aplicação do previsto na Resolução n. 1/2002 do Congresso, que diz que após 14 dias, se a comissão não se manifestar, o parecer pode ser apresentado individualmente pelo relator perante o plenário.

Fux sustentou que o parecer da comissão mista é uma garantia de que o Legislativo seja efetivamente o fiscal do exercício atípico da função legiferante pelo Executivo.

Assim, com base no desrespeito ao artigo 62, parágrafo 9º, da Constituição Federal, na falta de urgência para justificar a edição de medida provisória e propondo a modulação de efeitos da decisão, ele considerou a ação parcialmente procedente (ADI 4029 — STF).

136. Paulo de Barros Carvalho, *Curso de direito tributário*, cit., p. 40-2; Oswaldo A. Bandeira de Mello, *Princípios gerais*, cit., p. 211.

— Os *decretos regulamentares*, que são normas jurídicas gerais, abstratas e impessoais estabelecidas pelo Poder Executivo da União, dos Estados ou Municípios, para desenvolver uma lei, minudenciando suas disposições, facilitando sua execução ou aplicação[137]. Logo, não poderão ampliar ou reduzir o conteúdo dos comandos legais que regulamentam, pois lhes é vedado inovar a ordem jurídica, ou seja, a criação de novos direitos e obrigações.

— As *instruções ministeriais*, previstas na Constituição Federal, art. 87, parágrafo único, II, expedidas pelos Ministros de Estado para promover a execução de leis, decretos e regulamentos atinentes às atividades de sua pasta. Entretanto, como bem observa Paulo de Barros Carvalho[138], tal prerrogativa não tem sido empregada por nossos ministros, que têm preferido editar portarias.

— As *circulares* consistem em normas jurídicas que visam ordenar de maneira uniforme o serviço administrativo.

— As *portarias* são normas gerais que o órgão superior (desde o Ministério até uma simples repartição pública) edita para serem observadas por seus subalternos. Veiculam comandos administrativos gerais e especiais, servindo ainda para designar funcionários para o exercício de funções menores, para abrir sindicâncias e inaugurar procedimentos administrativos.

— As *ordens de serviço*, que constituem estipulações concretas para um certo tipo de serviço a ser executado por um ou mais agentes credenciados para isso.

c.1.3. *Processo legislativo como fonte legal*

A rigor, a fonte jurídica formal é o processo legislativo, que compreende a elaboração de leis, ou melhor, de todas as categorias normativas referidas no art. 59 da nova Carta. Como o direito regula sua própria criação ou elaboração, o processo legislativo está previsto na Constituição Federal.

O *processo legislativo* vem a ser um conjunto de fases constitucionalmente estabelecidas, pelas quais há de passar o projeto de lei, até sua transformação em lei vigente[139].

---

137. Roque Antonio Carrazza (*O regulamento no direito tributário brasileiro*, São Paulo, Revista dos Tribunais, 1981, p. 14) escreve: "Regulamento é um ato normativo, unilateral, inerente à função administrativa, que, especificando os mandamentos de uma lei não autoaplicável, cria normas jurídicas gerais".

138. *Curso de direito tributário*, cit., p. 41.

139. A. L. Machado Neto, *Compêndio*, cit., p. 202; G. Telles Jr., *Iniciação na ciência do direito*, cit., p. 175-92; Carlos Eduardo Thompson Flores Lenz, A retratação do veto, *Revista da Escola da Magistratura do TRF da 4ª Região*, 10:41-46, 2018. *Vide* Lei Complementar n. 95/98, com as alterações da Lei Complementar n. 107/2001, e Decreto n. 4.176/2002, ora revogado pelo Decreto n. 9.191/2017. Consulte Decreto n. 12.002/2024 que "Estabelece normas para elaboração, redação, alteração e consolidação de atos normativos".

A Resolução do Senado Federal n. 23, de 2007, altera o Regimento Interno do Senado Federal, para dispor sobre o processo de apresentação, de tramitação e de aprovação dos projetos de lei de consolidação.

O Senado Federal resolve:

Art. 1º Esta Resolução trata do processo de apresentação, de tramitação e de aprovação dos projetos de lei de consolidação no Senado Federal, nos termos do que dispõe o inciso I do art. 14 da Lei Complementar n. 95, de 26 de fevereiro de 1998.

Art. 2º A Seção II do Capítulo I do Título VIII do Regimento Interno do Senado Federal passa a viger acrescida da seguinte Subseção II, passando o art. 213 a integrar a Subseção I, denominada "Dos Projetos em Geral".

Subseção II

Dos Projetos de Lei de Consolidação

A obra legislativa compreende, portanto, várias operações previstas constitucionalmente e levadas a efeito pelo órgão competente.

Em regra, os trâmites constitucionalmente previstos são: iniciativa, discussão, deliberação, sanção, promulgação e publicação.

A *iniciativa* não é propriamente a fase inicial do processo legislativo, mas apenas o ato que o desencadeia, surgindo com a apresentação de um projeto de lei propondo a adoção de direito novo. Competirá ao Legislativo ou ao Executivo, ou a ambos, dependendo da matéria (CF, arts. 61, § 1º, e 84, III e XXIII). Há hipóteses em que ela compete aos tribunais federais para propor ao Legislativo a criação ou a extinção de cargos, a remuneração dos seus serviços auxiliares e dos juízes que lhes forem vinculados e a fixação dos subsídios de seus membros e dos juízes de tribunais inferiores (CF, art. 96, II, *a*, *b*, *c* e *d*). Casos há, ainda, em que a iniciativa é popular, cabendo à totalidade ou fração do eleitorado (CF, arts. 61, § 2º, 27, § 4º, e 29, XIII).

Logo a seguir vem a *discussão*, pelos corpos legislativos, do projeto, que está sujeito, na forma regimental, ao pronunciamento de Comissões especializadas na matéria sobre a qual versa, podendo receber emendas da sua substância ou de redação, desde que não resultem em aumento da despesa prevista no projeto (CF, art. 63). Após essas emendas, modificativas ou substitutivas, o projeto será objeto de discussão e aprovação.

A *deliberação* ou votação ocorre conforme o processo de aprovação ou rejeição por parte de cada assembleia. O plenário manifesta-se contra ou a favor do projeto. A aprovação

---

Art. 213-A. É facultado a qualquer Senador ou comissão oferecer projeto de lei de consolidação, atendidos os princípios de que tratam os arts. 13, 14 e 15 da Lei Complementar n. 95, de 26 de fevereiro de 1998, vedada a alteração no mérito das normas que serviram de base para a consolidação.

Art. 213-B. O projeto recebido será lido, numerado, publicado e distribuído à comissão que guardar maior pertinência quanto à matéria, que se pronunciará sobre o atendimento ao princípio de preservação do conteúdo original das normas consolidadas.

§ 1º Qualquer Senador ou comissão poderá, no prazo de trinta dias após a publicação do projeto de lei de consolidação, oferecer à comissão encarregada de seu exame:

I — sugestões de redação, vedadas alterações que envolvam o mérito da matéria original;

II — sugestões de incorporação de normas que não foram objeto de consolidação;

III — sugestões de retirada de normas que foram objeto de consolidação.

§ 2º As sugestões que envolverem alteração no mérito da proposição que serviu de base à formulação do projeto de lei de consolidação serão dadas como rejeitadas.

§ 3º As disposições referentes à tramitação dos projetos de lei aplicam-se à tramitação e à aprovação do projeto de lei de consolidação, nos termos do que preceitua o Regimento Interno do Senado Federal, ressalvados os procedimentos exclusivos aplicáveis à subespécie, constantes deste Regimento.

Art. 213-C. Aprovado o projeto de lei de consolidação na comissão, será ele encaminhado ao Plenário.

§ 1º Poderão ser oferecidas, em plenário, emendas destinadas à correção de redação que afronte o mérito da matéria, que serão submetidas à deliberação da Comissão de Constituição, Justiça e Cidadania.

§ 2º As emendas de correção de erro de redação julgadas improcedentes pela Comissão de Constituição, Justiça e Cidadania serão dadas como rejeitadas.

Art. 213-D. Após a entrada em vigor da lei de consolidação, deverão fazer-lhe expressa remissão todos os projetos vinculados à matéria.

Art. 213-E. Aplicam-se os mesmos procedimentos previstos nos arts. 213-B, 213-C e 213-D aos projetos de lei de consolidação originários da Câmara dos Deputados em revisão no Senado Federal e às emendas da Câmara dos Deputados a projeto de lei de consolidação originário do Senado.

Art. 3º esta Resolução entra em vigor na data de sua publicação.

Senado Federal, em 26 de outubro de 2007

Senador TIÃO VIANA

Presidente do Senado Federal Interino

deverá ser por maioria simples, se se tratar de lei ordinária, ou absoluta, em se tratando de lei complementar.

Aprovado pelo Legislativo, o projeto é remetido à *sanção* ou *veto* do Executivo, que exerce uma tarefa legislativa. O veto é a oposição ou recusa ao projeto (CF, art. 66, § 1º), por inconstitucionalidade ou inconveniência, podendo ser total se atingir todos os dispositivos, ou parcial, se abranger apenas certas disposições. Se se vetar o projeto, este volta ao Legislativo, que poderá aceitar ou rejeitar o veto. Se o acatar, finda-se o processo legislativo; se o recusar por maioria qualificada, o projeto volta ao titular da função executiva para promulgá-lo. O veto, portanto, apenas alonga o processo legislativo; impondo a reapreciação do projeto pelos parlamentares. A sanção ou aquiescência do Executivo pode ser expressa, quando se manifesta por despacho, ou tácita, quando este se omite, deixando que se esgote o prazo constitucional de quinze dias, sem decisão (CF, art. 66, § 3º). Com a sanção, o projeto transforma-se em lei, que é promulgada pelo Executivo, imprimindo-lhe obrigatoriedade.

A *promulgação* é o ato pelo qual o Executivo autentica a lei, atestando sua existência, ordenando sua aplicação e cumprimento. A promulgação sucede à sanção ou à recusa do veto. Por força do art. 66, §§ 5º e 7º, da nova Carta, o Executivo deve promulgar o ato dentro de quarenta e oito horas decorridas da sanção, expressa ou tácita, ou da comunicação de rejeição do veto.

Após a promulgação, vem a sua *publicação* no *Diário Oficial*, visando tornar pública a nova lei, possibilitando seu conhecimento pela comunidade (LINDB, art. 1º)[140].

c.2. Produção jurisprudencial

c.2.1. *Conceito de jurisprudência*

O termo *jurisprudência* está aqui sendo empregado como o conjunto de decisões uniformes e constantes dos tribunais, resultantes da aplicação de normas a casos semelhantes, constituindo uma norma geral aplicável a todas as hipóteses similares ou idênticas. É o conjunto de normas emanadas dos juízes em sua atividade jurisdicional[141].

---

140. Manoel G. Ferreira Filho, *Curso de direito constitucional*, cit., p. 182-99; A. L. Machado Neto, *Compêndio*, cit., p. 202 e 203; Oswaldo A. Bandeira de Mello, *Princípios gerais*, cit., p. 232-43; Carlos Mouchet e Ricardo Zorraquín Becu, *Introducción*, cit., p. 195 e 196; Daniel Coelho de Souza, *Introdução*, cit., p. 144-8; Abelardo Torré, *Introducción al derecho*, cit., p. 289-97; García Máynez, *Introducción*, cit., p. 53-61; A. Franco Montoro, *Introdução*, cit., p. 70.

141. Esse vocábulo, que também pode designar a ciência do direito, neste capítulo está sendo empregado como o conjunto de sentenças dos tribunais, uniformes de um ou vários tribunais, sobre o mesmo caso em dada matéria; o mesmo que *usus fori*. Pedro Nunes, *Dicionário de tecnologia jurídica*, 3. ed., 1956, v. 2, citado por Limongi França, *Da jurisprudência como direito positivo*, separata da *Revista da Faculdade de Direito da USP*, ano LXVI, 1971, p. 202; A. Franco Montoro, *Introdução*, cit., p. 90; F. Clemente de Diego, *La jurisprudencia como fuente del derecho*, Madrid, 1925, p. 46 e 57; Fátima Falcão, A jurisprudência como forma de interpretação na aplicação do direito, *Informativo FADO-CESBAM*, Olinda, n. 4, p. 6, 1996; Abelardo Torré, *Introducción al derecho*, cit., p. 324 e 325; A. L. Machado Neto, *Compêndio*, cit., p. 212; R. Limongi França, Jurisprudência, in *Enciclopédia Saraiva do Direito*, v. 47, p. 142; José Frederico Marques, *Instituições de direito processual civil*, Rio de Janeiro, 1969, v. 5, p. 244; Antônio Carlos de C. Pedroso, *Conceito e tipologia das normas individualizadas*, tese apresentada na Faculdade de Direito da USP, em 1990, para concurso de livre-docência em Teoria Geral do Direito, p. 164 e s.; Spota, *O juiz, o advogado e a formação do direito através da jurisprudência*, Porto Alegre, Fabris, 1985; José Rogério Cruz e Tucci, *Precedente judicial como fonte do direito*, São Paulo, Revista dos Tribunais, 2006; Wanderley José Federighi, *Jurisprudência e direito*, São Paulo, Ed. Juarez de Oliveira, 1999; Wilson José Gonçalves, *Jurisprudência e argumentação jurídica*, Campo Grande-MS – UFMS, 2014; Eduardo Chulam, A função e relevância dos precedentes judiciais no

São os recursos ordinários e extraordinários do Supremo Tribunal Federal que vão estabelecendo a possível uniformização das decisões judiciais. Tais recursos são atos processuais pelos quais a decisão de um juiz ou tribunal é submetida a outro tribunal de categoria superior, com competência para reformá-la ou anulá-la; em regra, a uniformização recursal compete ao Supremo Tribunal Federal, que coordena e organiza sua jurisprudência mediante enunciados normativos que resumem as teses consagradas em reiteradas decisões. As *súmulas* do Supremo Tribunal Federal, que periodicamente vêm sendo atualizadas, não são simples repertórios de ementas de acórdãos, mas normas jurisprudenciais a que a Corte subordina os seus arestos. O mesmo se diga das súmulas do extinto Tribunal Federal de Recursos, do Tribunal Superior do Trabalho (Lei n. 7.033/82 e Resolução Administrativa n. 102/82; Resolução n. 129/2005), do Superior Tribunal Militar, do Tribunal de Contas da União e dos extintos tribunais de alçada.

A jurisprudência é, portanto, nas expressivas palavras de Miguel Reale, a forma de revelação do direito que se processa através do exercício da jurisdição, em virtude de uma sucessão harmônica de decisões dos tribunais[142].

Logo, fácil é perceber que a fonte formal é o processo ou a atividade jurisdicional do Estado no exercício da função de aplicar o direito, que se expressa na jurisprudência. A obra dos tribunais, havendo uma série de julgados que guardem entre si certa continuidade e coerência, converte-se em fonte formal do direito, de alcance geral, pois suas decisões se incorporam na vida jurídica, sendo consideradas pelas pessoas e passando a integrar o direito vigente sob a denominação de jurisprudência.

Consideramos a atividade jurisprudencial como uma fonte do direito consuetudinário, pois a uniformização dá azo à positivação do costume judiciário (*RT*, *199*:608). A jurisprudência constitui um costume judiciário que se forma pela prática dos tribunais[143].

Rui Barbosa[144] já dizia: "Ninguém ignora, hoje em dia, que a jurisprudência modifica incessantemente as leis do direito privado. Toda codificação, apenas decretada, entra sob o

direito brasileiro, *RIASP*, *32*:115 a 150; Tiago B. Franco, Ativismo judicial: a desarrazoada busca do razoável, *RIASP*, *32*:59 a 86; Lenio Streck, A recepção equivocada do ativismo judicial em *Terrae Brasilis*, *Estado de Direito*, *41*:4; Hugo N. Mazzilli, Os precedentes dos tribunais, *Revista Síntese – Direito Civil e Processual Civil*, *108*:94 a 95.

142. *Lições preliminares*, cit., p. 167 e 175. É direito sumular no Executivo: *a*) os pareceres da Consultoria Geral da República (Dec. n. 58.693/66), coordenando e supervisionando os trabalhos afetos aos órgãos do serviço jurídico da União, uniformizando a jurisprudência administrativa; e *b*) os prejulgados ou decisões reiteradas de ministros do Estado, obrigatórias a todos os órgãos integrantes do regime de previdência social (Dec. n. 3.048/99). Sobre os processos que levam à unificação da jurisprudência, *v.*: Daniel Coelho de Souza (*Introdução*, cit., p. 153-6) faz menção ao *prejulgado* como expediente *sui generis* para a unificação da jurisprudência, que se processa do seguinte modo: suscitada certa questão, em recurso, verifica-se se ela enseja ou ensejou diversos modos de apreciação, dando origem a uma diversidade jurisprudencial, real ou possível, no mesmo tribunal. Para preveni-la ou saná-la, o colegiado a prejulga, eliminando, assim, previamente a dúvida. O prejulgado é formulado antes do julgamento do recurso em relação a um caso concreto e aos futuros idênticos, e impede a jurisprudência discordante no mesmo tribunal. Para tanto, exige-se: a existência de uma decisão anterior de câmara ou turma e de um feito em julgamento, e divergência entre a decisão anterior e a que pode ser tomada pela câmara ou turma julgadora. Consulte, ainda, a esse respeito: Carlos Mouchet e Ricardo Zorraquín Becu, *Introducción*, cit., p. 238-42; Miguel Reale, *Lições preliminares*, cit., p. 173. O Código de Processo Civil de 1973 (art. 476), ao suprimir o recurso de revista, previa duas hipóteses de julgamento prévio ou prejulgado: *a*) ou o próprio juiz, componente de uma turma ou de uma câmara, verificando a divergência, solicitaria o pronunciamento prévio do tribunal, para que este firmasse seu entendimento sobre a tese controvertida; *b*) ou as próprias partes requereriam que houvesse esse julgamento preliminar, solicitando-o no ato em que recorressem para o tribunal, ou em petição avulsa. *Vide* Código de Processo Civil de 2015, art. 926, §§ 1º e 2º.

143. Oscar Tenório (*Lei de Introdução*, cit., p. 128) e Geny (*Método de interpretación*, cit.) não concordam com a ideia de que a jurisprudência pode originar o costume.

144. Rui Barbosa, *Plataforma*, p. 22, citado por Alípio Silveira, *Hermenêutica no direito brasileiro*, Revista dos Tribunais, 1968, v. 2, p. 50-5.

domínio dos arestos, no movimento evolutivo que, com o andar dos tempos, acaba por sobrepor à letra escrita o direito dos textos judiciais". Por meio de processo lento os magistrados foram suprindo as deficiências da lei. Deveras, os tribunais ingleses estão obrigados a adotar opiniões de outros tribunais ingleses em relação às sentenças (*precedent case law*). Em país de *common law* a jurisprudência é a principal expressão do direito[145]. A sua principal fonte é o precedente jurisprudencial, pois o direito se realiza na experiência vivida nas decisões judiciais. O *common law* inglês procede da ação dos tribunais e não do povo, e, hodiernamente, está sendo contrabalançada pelo desenvolvimento de leis escritas na Inglaterra[146].

Observa Clóvis Beviláqua que a prática judiciária tem por ponto de partida uma sentença, que teve a ventura de provocar imitações[147].

Geny[148] apresenta cinco críticas à concepção de que a jurisprudência possa ser um costume: 1ª) os adeptos dessa doutrina não explicam em que medidas e condições essa fonte deve impor-se; 2ª) as afirmações desses juristas contrariam os princípios constitucionais franceses; 3ª) as decisões judiciais não podem constituir verdadeiro costume jurídico, porque não encerram o uso por parte dos interessados, que é o substrato do direito consuetudinário; 4ª) considerando-se a jurisprudência como um costume *sui generis*, espécie independente e distinta, as exigências acima indicadas continuariam não satisfeitas; 5ª) a partir do momento em que se erigisse a jurisprudência em "fonte formal", positiva, ela continuaria sujeita a variações e contradições, não oferecendo garantias necessárias à criação jurídica.

Ao que responde Limongi França[149] que a jurisprudência, para ser considerada como um autêntico costume jurídico, deverá preencher certos requisitos: não ferir texto legal vigente; ser conforme a reta razão, ou seja, uma conclusão válida, cujo preceito venha a atender aos reclamos de uma lacuna; fazer com que, à força de sua própria necessidade sociojurídica, encontre na mente dos órgãos judicantes uma aceitação comum, reiterada e pacífica. Além disso, é certo que, tanto na França como no Brasil, o juiz não tem o poder de legislar; ora, o costume é oriundo do povo, e este, salvo exceção, como nos casos de plebiscito, não possui também o *munus* legislativo. No entanto, não é possível negar a força dos costumes oriundos do povo, e muito menos da jurisprudência. Quanto à terceira objeção de Geny, fácil é verificar como o fato de o órgão jurisdicional decidir no interesse de terceiros não tira a oportunidade nem, por vezes, a necessidade da norma estabelecida para preencher as lacunas do sistema ou para aclarar pontos obscuros. O costume judiciário não é um costume de agir, mas um *habitus praticus decidendi*, concernente à classe dos magistrados, e que,

145. *V.* Limongi França, *Da jurisprudência*, separata da *Revista da Faculdade de Direito da USP*, cit., p. 210-11 e 213; Benjamin Cardozo, *Justice*, p. 80-1; Pound, *The nature of the judicial process*, p. 43, citados por Alípio Silveira, O costume jurídico no direito brasileiro, *RF, 163*:84, nota 1, 1956; Guido F. S. Soares, *Common law*, São Paulo, Revista dos Tribunais, 2006.

146. Guido Fernando Silva Soares. *Common law — Introdução ao direito dos EUA*, São Paulo, Revista dos Tribunais, 2000; Summer Maine, *Ancien droit*, p. 2; Lambert, *La fonction du droit civil comparé*, Paris, 1903, p. 208 e s.; Lívio Goellner Goron, A jurisprudência como fonte de direito: a experiência anglo-americana, *Revista de Direito Constitucional e Internacional*, *47*:284-95.

147. *Teoria geral do direito civil*, cit., p. 26-7.

148. *Método de interpretación*, cit., mencionado por Limongi França, Da jurisprudência, separata da *Revista da Faculdade de Direito da USP*, cit., p. 213-4.

149. Da jurisprudência, separata da *Revista da Faculdade de Direito da USP*, cit., p. 214-7. *V.*: M. Helena Diniz, *As lacunas no direito*, São Paulo, Revista dos Tribunais, 1980, p. 165-8; Savigny, *Sistema del diritto romano*, Torino, 1886, v. 1, p. 9; Puchta, *Corso delle istituzioni*, Napoli, 1854, p. 10.

em virtude de sua procedência natural, em razão das injunções sociojurídicas que pedem uma norma de agir estável, preenchidos os requisitos já enumerados, se impõe ao intelecto dos julgadores. Em relação à quarta objeção, a expressão *sui generis* nada diz, devendo ser por isso eliminada da terminologia jurídica, pois faz com que os juristas acobertem certos institutos com expressões vagas, ao invés de procurarem defini-los com precisão científica. É patente que a jurisprudência enquanto costume possui caracteres próprios, distintos do costume popular, porém trata-se de espécie diversa do mesmo gênero: o costume jurídico que implica relações jurídicas e não morais ou sociais. É de se ponderar, quanto à última objeção, que uma jurisprudência que apresente variações e contradições não se considera tal, para os efeitos de constituir uma forma de expressão do direito positivo. Não é uma jurisprudência propriamente dita, mas uma série de julgados, de decisões, de arestos cujo valor é destituído de eficácia obrigatória. Logo, nada impede considerar a existência de um verdadeiro costume jurisprudencial.

Distingue-se o costume judiciário, ou a jurisprudência, do costume popular, visto que este é criação da consciência comum do povo, nascendo espontânea e naturalmente, como decorrência do exercício de direitos e obrigações, e aquele, obra exclusiva da reflexão de juízes e tribunais, decorrente de decisões sobre casos litigiosos[150].

c.2.2. *Influência da jurisprudência como fonte do direito*

A jurisprudência resulta no direito estabelecido pelas decisões uniformes dos juízes e tribunais. Está, portanto, como já dissemos, constituída por normas gerais e obrigatórias criadas pela prática consuetudinária do Poder Judiciário, consubstanciando normas individuais, pois forma-se no meio de casos concretos. É norma geral como a lei, mas dela se distingue pela sua maior flexibilidade e maleabilidade e é obrigatória e válida não pelo seu caráter geral, mas por sua normatividade. Logo, a jurisprudência atua como norma aplicável a todos os casos que caírem sob sua égide, enquanto não houver nova lei ou modificação na orientação jurisprudencial, já que é suscetível de revisão, por não se excluir a possibilidade de se alterar o entendimento da maioria, embora isso ocorra, excepcionalmente, por motivos graves. É fonte não só porque influi na produção de normas jurídicas individuais (sentença, p. ex.), mas também porque participa no fenômeno de produção do direito normativo, desempenhando relevante papel, apesar de sua maleabilidade.

A jurisprudência, de um modo ou de outro, acaba impondo ao legislador uma nova visão dos institutos jurídicos, alterando-os, às vezes integralmente, forçando a expedição de leis que consagrem sua orientação. É indubitável que constitui, além de uma importantíssima *fonte* de normas jurídicas gerais, uma fonte subsidiária de informação, no sentido de que atualiza o entendimento da lei, dando-lhe uma interpretação atual que atenda aos reclamos das necessidades do momento do julgamento e de preenchimento de lacunas[151].

150. A. Franco Montoro, *Introdução*, cit., p. 91; A. L. Machado Neto, *Compêndio*, cit., p. 212.

151. Sílvio de S. Venosa, *Direito civil. Teoria geral*, São Paulo, Atlas, 1984, v. 1, p. 35-6; Sálvio de F. Teixeira, A jurisprudência como fonte do direito, *Revista do Curso de Direito da Universidade Federal de Uberlândia*, v. 11, p. 123 e s., 1982; Vicente Ráo, *O direito*, cit., p. 306; Mouchet e Zorraquín Becu, *Introducción*, cit., p. 233 e 234; A. L. Machado Neto, *Compêndio*, cit., p. 212; A. Franco Montoro, *Introdução*, cit., p. 91; Álvaro Melo Filho, Direito sumular brasileiro, *Revista da Faculdade de Direito da Universidade Federal do Ceará*, v. 25, p. 25 e s.; José Rogério Cruz e Tucci, *Precedente judicial como fonte do direito*, São Paulo, Revista dos Tribunais, 2004; Marcelo Figuei-

W. Barros Monteiro[152] apresenta vários casos concretos que realçam a importância da jurisprudência na formação do direito; dentre eles, podemos transcrever o seguinte: "Para o casal italiano, vindo pobre para o Brasil, o regime matrimonial era o da completa separação, por força de seu estatuto pessoal. Nessas condições, bens adquiridos em nome do marido só a ele pertenciam. Muitas situações iníquas surgiram em detrimento da mulher, com a aplicação do art. 14 da velha Lei de Introdução ao Código Civil. Passou, então, a jurisprudência a admitir, em casos semelhantes, a comunhão dos bens adquiridos na constância do matrimônio, porque a presunção era a de que a esposa havia contribuído com seu esforço, trabalho e economia para a aquisição. Tal entendimento tornou-se normal, sendo certo que à brasileira, casada com estrangeiro, sob regime que exclua a comunhão universal, socorre a mesma disposição específica (Dec.-lei n. 3.200/41, art. 17)". Impossível esquecer o papel que está reservado à jurisprudência na criação do direito.

Em algumas matérias, a jurisprudência chega até mesmo a antecipar a tarefa legislativa, como aconteceu, p. ex., no que atina à retomada do imóvel pelo compromissário comprador, que começou a ser uniformemente admitida por juízes e tribunais e, afinal, foi consagrada pela Lei n. 1.300/50; no que concerne ao *habeas corpus*, pois o Supremo Tribunal Federal impediu, por meio dele, durante o estado de sítio, o degredo para lugares desertos ou insalubres; decisão esta que recebeu acolhida no art. 175, § 1º, da Constituição de 1934[153].

A grande importância normativa da jurisprudência pode ser demonstrada pela criação da "Súmula da Jurisprudência Predominante" do Supremo Tribunal Federal, para proporcionar maior estabilidade à jurisprudência e facilitar o trabalho do advogado e dos tribunais, simplificando o julgamento das questões mais frequentes. A súmula, enunciado que resume uma tendência sobre determinada matéria, decidida contínua e reiteradamente pelo tribunal, constitui uma forma de expressão jurídica, por dar certeza a certa maneira de decidir. Além disso, o Supremo Tribunal Federal admite que "a invariável sequência dos julgamentos torna-se como que o suplemento da própria legislação" (*RT, 199:608).*

No Brasil, desde o advento da ação declaratória de constitucionalidade (EC n. 3/93), o Supremo Tribunal Federal e os Tribunais Superiores podiam editar *súmulas com efeito vinculante.* Hodiernamente, somente o STF (EC n. 45/2004, que acrescentou à CF o art. 103-A) poderá emitir súmula vinculante. O art. 103-A da CF assim prescreve: "O Supremo Tribunal Federal poderá, de ofício ou por provocação, mediante decisão de dois terços dos seus membros, após reiteradas decisões sobre matéria constitucional, aprovar súmula que, a partir de sua publicação na imprensa oficial, terá efeito vinculante em relação aos demais

---

redo, notas a respeito da utilização de jurisprudência estrangeira pelo Supremo Tribunal Federal no Brasil, *Direito constitucional — estudos interdisciplinares sobre federalismo, democracia e administração pública*, Belo Horizonte: Fórum, 2012, p. 141 a 151; Simone Figueiredo, Poderes do juiz e princípio da imparcialidade, Revista Síntese – Direito Civil e Processual Civil, 117:58 a 60; Gisele Leite, Esclarecimento sobre a imparcialidade do juiz no Direito Processual Civil brasileiro, Revista Síntese – Direito Civil e Processual Civil, 117:15 a 51; Maria Helena Diniz e Mariana Ribeiro Santiago, As duas faces da judicialização, *Revista Jurídica – Unicuritiba*, v. 1, n. 63, 2021, p. 517-541.

152. *Curso de direito civil*, cit., v. 1, p. 23. Para Marcelo Figueiredo (Ativismo judicial – há remédio? https://profmarcelofigueiredo.blogspot.com./2021/05-ativismojudicial-háremédio.html?m=1).

O ativismo é um fato que decorre da ineficiência e falta de credibilidade do legislativo, omisso em suas responsabilidades, de textos constitucionais que permitem interpretações elásticas de suas finalidades; da ideia de que direito constitucional é político.

153. A. Franco Montoro, *Introdução*, cit., p. 92.

órgãos do Poder Judiciário e à administração pública direta e indireta, nas esferas federal, estadual e municipal, bem como proceder à sua revisão ou cancelamento, na forma estabelecida em lei". Com isso o STF passa a ter a titularidade da competência para cassação de decisão judicial contrária à súmula sem que tenha a parte, que arguiu sua violação, o dever de utilizar recursos processuais. Deveras, pelo art. 7º, §§ 1º e 2º, da Lei n. 11.417/2006, da decisão ou do ato administrativo que contrariar enunciado de súmula vinculante, negando-lhe vigência ou aplicando-a indevidamente, caberá reclamação ao STF, sem prejuízo dos recursos ou outros meios admissíveis de impugnação. Ao julgar procedente tal reclamação, o STF anulará o ato administrativo ou cassará a decisão judicial impugnada, determinando que outra seja proferida com ou sem aplicação da súmula, conforme o caso. Pela Lei n. 9.784/99, arts. 56, § 3º, 64-A e 64-B (acrescidos pela Lei n. 11.417/2006), se o recorrente alegar que a decisão administrativa contraria enunciado da súmula vinculante, caberá à autoridade prolatora da decisão impugnada, se não a reconsiderar, explicitar, antes de encaminhar o recurso à autoridade superior, as razões da aplicabilidade ou inaplicabilidade da súmula. E se o recorrente alegar violação de enunciado da súmula vinculante, o órgão competente para decidir o recurso explicitará as razões da aplicabilidade ou inaplicabilidade da súmula. Acolhida pelo Supremo Tribunal Federal a reclamação fundada em violação de enunciado da súmula vinculante, dar-se-á ciência à autoridade prolatora e ao órgão competente para o julgamento do recurso, que deverão adequar as futuras decisões administrativas em casos semelhantes, sob pena de responsabilização pessoal nas esferas cível, administrativa e penal.

E o CPC/2015, arts. 1.035 e 1.036, prescreve que o STF só conhecerá do recurso extraordinário se a questão constitucional oferecer repercussão geral, por não ser relevante econômica, política, social ou juridicamente, impugnando decisão contrária à súmula ou jurisprudência dominante do Tribunal.

Aqueles que as admitem, na reforma do Judiciário (CF, arts. 102, § 2º, 103-A e §§ 1º a 3º; com a redação da EC n. 45/2004 e regulamentados pela Lei n. 11.417/2006 que também acrescentou os arts. 56, § 3º, 64-A e 64-B à Lei n. 9.784/99; CPC/2015, arts. 1.035 e 1.036), enfatizam sua utilidade para a agilização processual e para dinamizar o Poder Judiciário, desafogando-o das ações similares e dos processos repetitivos visto que o liberaria da análise de questões semelhantes. De forma clara e objetiva, Manuella Santos arrola os argumentos favoráveis (Miguel Reale, Calmon de Passos, Edgard Silveira Bueno Filho, Carreira Alvim e André Ramos Tavares) à súmula vinculante que: "a) tornaria a justiça mais ágil, pois se mostra injustificável a repetição de demandas sobre teses jurídicas idênticas, já pacificadas pelas Cortes Superiores; b) preservaria o princípio da igualdade de todos perante a interpretação da lei, eliminando o perigo das decisões contraditórias e contribuindo para a segurança jurídica; c) não há risco de estagnação da jurisprudência, pois as súmulas estarão sujeitas a mecanismo de revisão ou de cancelamento; d) não fere o princípio da separação dos Poderes, na medida em que cada um deles exerce, além das funções principais ou primárias, também as funções secundárias, ou seja, alheias a sua atuação precípua; e) não há transformação de juízes em legisladores, pois, enquanto ao legislador é conferido amplo leque de opções políticas que pode adotar, de maneira relativamente discricionária, o magistrado está circunscrito a um quadro limitado de opções válidas e jungido, em sua função, à necessidade de fundamentá-las e justificá-las pormenorizadamente".

A súmula vinculante deverá ser aprovada por 2/3 dos membros do STF, que se pronunciará *ex officio* ou por provocação (requisito formal) e sua edição deverá subordinar-se aos seguintes requisitos materiais: a) existência de controvérsia atual sobre validade, interpretação e eficácia de normas, entre os órgãos judiciários ou entre esses e a administração pública, que acarrete grave insegurança jurídica e relevante multiplicação de processos sobre questão idêntica; b) natureza constitucional da controvérsia (Lei n. 11.417/2006, art. 2º, § 1º) e c) ocorrência de reiteradas decisões sobre a matéria. E a partir de sua publicação na imprensa oficial (Lei n. 11.417/2006, art. 2º e § 4º) terá efeito vinculante relativamente aos demais órgãos do Poder Judiciário e à administração pública direta e indireta, nas esferas federal, estadual e municipal. A súmula vinculante terá, portanto, eficácia imediata, mas o STF, por decisão de 2/3 dos seus membros, poderá restringir seus efeitos vinculantes ou decidir que só tenha eficácia a partir de outro momento, tendo em vista razões de segurança jurídica ou de excepcional interesse público (Lei n. 11.417/2006, art. 4º). O STF também poderá, de ofício ou por provocação, por 2/3 de seus membros, decidir pela revisão e cancelamento da súmula com efeito vinculante (Lei n. 11.417/2006, arts. 2º, § 3º, e 5º). Pelo art. 3º da Lei n. 11.417/2006, n. I a XI e §§ 1º e 2º, são legitimados a propor a edição, a revisão ou o cancelamento de enunciado de súmula vinculante: o Presidente da República; a Mesa do Senado Federal; a Mesa da Câmara dos Deputados; o Procurador-Geral da República, que também poderá manifestar-se, nas propostas que não formulou, previamente, sobre a edição, revisão ou cancelamento de enunciado de súmula vinculante (Lei n. 11.417/2006, art. 2º, § 2º); o Conselho Federal da Ordem dos Advogados do Brasil; o Defensor Público-Geral da União; partido político com representação no Congresso Nacional; confederação sindical ou entidade de classe de âmbito nacional; a Mesa de Assembleia Legislativa ou da Câmara Legislativa do Distrito Federal; o Governador de Estado ou do Distrito Federal; os Tribunais Superiores, os Tribunais de Justiça de Estados ou do Distrito Federal e Territórios, os Tribunais Regionais Federais, os Tribunais Regionais do Trabalho, os Tribunais Regionais Eleitorais e os Tribunais Militares. O Município poderá propor, incidentalmente ao curso de processo em que seja parte, a edição, a revisão ou o cancelamento de enunciado de súmula vinculante, o que não autoriza a suspensão do processo. No procedimento de edição, revisão ou cancelamento de enunciado da súmula vinculante, o relator poderá admitir, por decisão irrecorrível, a manifestação de terceiros na questão, nos termos do Regimento Interno do Supremo Tribunal Federal.

Útil seria a súmula vinculante para atingir o ideal de igualdade na prestação jurisdicional e para a aplicabilidade do princípio da celeridade e economia processual (CF, art. 5º, LXXVIII). A decisão sumular é eficaz não só no seu conteúdo interpretativo como também nos fundamentos invocados. Poderá, contudo, inviabilizar o acesso ao Poder Judiciário de demandas fadadas ao insucesso, por estarem, como diz Luciano Ferreira Leite, baseadas em fundamentos opostos àqueles dela constantes e cujo ajuizamento acaba por acarretar insegurança jurídica e inútil hipertrofia dos serviços judiciários. Ora, dar obrigatoriedade, com efeito *erga omnes*, às súmulas seria colocá-las no mesmo patamar das leis. Com isso, o Supremo Tribunal Federal usurparia as funções do Poder Legislativo e retiraria dos juízes o seu livre convencimento e a liberdade de apreciação. Os magistrados perderiam a independência de decisão tão necessária para garantir os direitos dos jurisdicionados, como dizia Rui Barbosa, pois passariam a cumprir normas ditadas pelo tribunal superior, reproduzindo-as.

Como bem observa Rubens Approbato Machado, a súmula vinculante criaria o julgamento pétreo. Deveras, os juízes, sob o manto da celeridade, não decidiriam conforme as leis e a sua consciência, pois prolatariam sentenças de acordo com o resolvido pelo Tribunal Superior, apesar de haver possibilidade de revisão e cancelamento da jurisprudência sumulada com efeito vinculante. Se o juiz decidir contra a súmula, cabível será reclamação (a ação judicial que tem por objetivo preservar a competência e garantir a autoridade das decisões do STF) ao STF, que anulará o ato judicial. Assim, parece-nos que comprometidos estariam os princípios do duplo grau de jurisdição, do devido processo legal, da inafastabilidade do controle judicial, do livre convencimento do julgador, da ampla defesa etc., apesar de a súmula poder ser: revogada e substituída por outra ou por legislação superveniente; revista ou cancelada pelo próprio STF como pelas pessoas legitimadas para propor ação direta de inconstitucionalidade (CF, art. 103-A, § 2º). A súmula vinculante atenta contra a garantia de acesso à jurisdição, impossibilitando o contraditório e a ampla defesa, pois uma vez sumulado um entendimento com eficácia vinculante, de nada adiantaria demandar para análise de um direito. O efeito vinculante: a) fere o devido processo legal (CF, art. 5º, LIV e LV) e seus princípios, já que o cidadão ficaria adstrito ao pensamento de um tribunal que não ouviu suas razões, nem mesmo apreciou suas provas; e b) engessa os entendimentos. Viola-se a separação de Poderes; o Judiciário seria um "superlegislador"; afronta-se o princípio da reserva legal e compromete-se a independência do juiz, visto que o obriga, em certos casos, a prolatar sentença de conformidade com a súmula do STF. E, com isso, sufoca o Estado Democrático de Direito. Manuella Santos, acatando nosso posicionamento, sinteticamente aponta os argumentos contrários (Evandro Lins e Silva, Cármen Lúcia A. Rocha, Hugo Nigro Mazzilli, Sérgio Sérvulo da Cunha) à adoção da súmula vinculante: "a) compromete os princípios do duplo grau de jurisdição, do devido processo legal, da inafastabilidade do controle judicial, do livre convencimento do julgador e da ampla defesa; b) uma forma de escapar da morosidade do judiciário seria o constante e habitual emprego do processo de arbitragem; c) provoca o engessamento da jurisprudência; d) representa atribuição de função de natureza legislativa ao Judiciário, contrariando o princípio da separação de poderes"[154].

154. Consulte: CPC/2015, arts. 955, parágrafo único, 496, § 4º, 949, parágrafo único, 1.035, 1.036, 1.042, § 3º, 947, § 1º, 932, III e V, *a*; CDC, art. 95; CF, art. 174; CF, art. 103-A: a Súmula de decisões reiteradas do STF, em matéria constitucional, terá efeito vinculante em relação aos demais órgãos do Poder Judiciário e perante a administração pública direta e indireta, nas esferas federal, estadual e municipal; Sílvio de S. Venosa, *Direito civil*, cit., p. 36; A. Franco Montoro, *Introdução*, cit., p. 95 e 96; José Carlos Barbosa Moreira, Súmula, jurisprudência, precedente: uma escalada e seus riscos, *Revista Síntese de Direito Civil e Processual Civil*, 35:5-16; Gustavo M. de Carvalho, *Precedentes administrativos no direito brasileiro*. São Paulo: Contracorrente, 2015, p. 33 a 114; Alan Martins, A Súmula vinculante perante o princípio constitucional da Tripartição dos Poderes, *Revista Síntese de Direito Civil e Processual Civil*, 35:38-47; Luciano Ferreira Leite, Interpretação e discricionariedade, São Paulo, RCS, 2006, p. 44-9; Hélio Rubens Batista Ribeiro Costa, A súmula vinculante e o processo civil brasileiro, in Linhas mestras do processo civil, coord. Ribeiro Costa, Rezende Ribeiro e Silva Dinamarco, São Paulo, Atlas, 2004, p. 289-318; García Máynez (*Introducción*, cit., p. 68-76) refere-se à obrigatoriedade da norma jurisprudencial; Tercio Sampaio Ferraz Jr. (*Teoria da norma jurídica*, Rio de Janeiro, Forense, 1978, p. 148), com a perspicácia que lhe é peculiar, escreve, com muita propriedade e acerto: "As *Súmulas* do Supremo que, não tendo validade apoiada em outras normas, mas permitidas na regulagem do sistema, tornando-se normas-origens (ao menos parcialmente) — portanto, efetivas — imunizando uma série de outras decisões e eliminando outras que não têm condições de fazer frente à sua efetividade". Sobre súmula vinculante: Sálvio de Figueiredo Teixeira e Uadi Lammêgo Bulos, A súmula vinculante na reforma do Judiciário, *Tribuna do Direito*, n. 57, p. 10; Mauro Cappelletti, *Juízes legisladores*, Porto Alegre, Fabris, 1993; Rodolfo de C. Mancuso, *Divergência jurisprudencial e súmula vinculante*, São Paulo, Revista dos Tribunais, 2001; Rubens Approbato Machado, A súmula vinculante, *Notícias Forenses*, maio 1997, p. 61; Marco Antônio B. Muscari, *Súmula vinculante*, São Paulo, Juarez de Oliveira, 1999; Kelly Gracie Pinto Garcia, Reflexões sobre a súmula vinculante,

Jornal Síntese, 98:5-7; Renato Marcão (Súmula vinculante, *Jornal Síntese, 101*:10-2) pondera: a EC n. 45 deveria ter implantado a *súmula obstativa de recursos*, por meio da qual só se admitiria a possibilidade de recurso contra decisão de juiz hierarquicamente inferior quando proferida em desconformidade com súmula (sem efeito vinculante) do STF; Luiz Flávio Gomes, Eficácia e extensão das súmulas vinculantes, *Jornal Síntese, 102*:5-6; José Carlos de Amorim Vilhena Nunes, A lei, o bom-senso, o direito alternativo e a súmula vinculante, *Tribuna do Direito*, jun. 1997, p. 18; Augusto Betti, O valor genérico e real da súmula vinculante, *Tribuna do Direito*, nov. 2003, p. 30; Monica Sifuentes, *Súmula vinculante — um estudo sobre o poder normativo dos tribunais*, São Paulo, Saraiva, 2005; Carlos Aureliano Motta de Souza, *O papel constitucional do STF — uma nova aproximação sobre o efeito vinculante*, Brasília, Brasília Jurídica, 1999; Juvêncio V. Viana, Súmulas vinculantes. Direito e liberdade, Revista da ESMARN, 4:225-36; Luiz Flávio Borges D'Urso, Súmula vinculante, *Trinolex.com, 2*:86; José H. M. Araújo, Reflexões envolvendo a implantação da súmula vinculante decorrente da Emenda Constitucional n. 45, *RDDP, 26*:69; Djanira M. Radamés de Sá, Súmula vinculante — análise crítica de sua adoção, Belo Horizonte, Del Rey, 1996; Athos Gusmão Carneiro, O papel da jurisprudência no Brasil — a súmula e os precedentes jurisprudenciais — relatório ao Congresso de Roma. *Doutrina — Superior Tribunal de Justiça* — edição comemorativa — 15 anos, Brasília, DF, 2005, p. 325-46; João Luís Fischer Dias, O efeito vinculante dos precedentes jurisprudenciais e das súmulas dos tribunais, São Paulo, IOB Thomson, 2004; Roger S. Leal, *O efeito vinculante no jurisdição constitucional*, São Paulo, Saraiva, 2006; Manuella Santos, Súmula vinculante: implicações de sua adoção no ordenamento jurídico brasileiro, Revista de Direito Constitucional e Internacional, 61:196 a 217; Márcia Regina Lusa Cadore, *Súmula vinculante e uniformização de jurisprudência*, São Paulo, Atlas, 2007; Tatiane Turlália M. F. Saliba, A mescla de *common law* no direito legislado brasileiro: riscos e adequações, *MPMG Jurídico, 6*:21-2; Jefferson S. Vaz, Súmula vinculante: um bem "erga omnes" ou um câncer na Constituição?, A Comarca, p. 9; Karine da S. Cordeiro, A doutrina do precedente vinculante no sistema norte-americano, Revista da Escola da Magistratura do TRF da 4ª Região, 3:337-60, 2015; Taís Schilling Ferraz, "Ratio decidendi" x tese jurídica: a busca pelo elemento vinculante do precedente brasileiro, *Revista da Escola da Magistratura do TRF da 4ª Região*, 10:81-102, 2018; André Ramos Tavares (Súmula vinculante, *Carta Forense*, 16:12) observa: "Na realidade, tem-se, na abertura admitida por um modelo de súmula vinculante, a realização de uma *atividade normativa* qualificada pela *supralegalidade*. Esta conclusão foi pouco explorada pela doutrina, mas precisa emergir para a consciência jurídica geral. Por resultar, tecnicamente falando, da atividade interpretativa de um Tribunal *Constitucional*, com relação ao *significado da Constituição*, a súmula editada impede a atuação contrária do próprio Parlamento (por meio de lei), pelo que não se pode falar de 'força de lei' para a súmula, que nitidamente ultrapassa referida força. Em outras palavras, a lei não poderá contrariar o enunciado sumulado, que terá fixado o sentido ou conteúdo de parte da Constituição, sob pena de incorrer em inconstitucionalidade. A inconstitucionalidade, é claro, não ocorrerá porque a lei terá violado a súmula, mas sim porque terá violado o entendimento sobre o que significa a Constituição (que por sua vez está plasmado na súmula). A consequente e progressiva retração do âmbito de atividade do Parlamento bem demonstra ser inapropriado falar-se de mera 'força de lei'. Partindo-se desse pressuposto, qual seja, de uma força supralegal, poder-se-ia objetá-la sustentando-se que alarga demasiadamente os 'poderes' do Tribunal Constitucional. (...) Ademais, a 'amarração' que uma súmula editada pelo Tribunal Constitucional pode provocar, inclusive no legislador, é, como qualquer outra, limitada ela própria, na medida em que será passível de interpretar-se a súmula que, assim, não irá escapar de uma leitura 'subjetiva' ou diversificada, como lembra Frederic Reynold (*The Judge as Lawmaker*). Ademais, em qualquer modelo destes será imprescindível a previsão de mecanismos de 'revisão' das súmulas já editadas, revisão a ser instada por entidades legitimadas (normalmente representativas do interesse público e da defesa da ordem jurídica justa), para não engessar-se o Direito Constitucional. (...)

(...) Por fim, vale registrar que com a introdução do denominado 'efeito vinculante' pela Emenda Constitucional 32/93 e, posteriormente, pela Lei n. 9.868/99 e Lei n. 9.882/99, a discussão sobre os possíveis efeitos nefastos de uma súmula vinculante perderam muito de sua pertinência, posto que o *efeito* vinculante acaba por ser um mecanismo tão complexo e poderoso quanto aquele que se introduziria pela *súmula* vinculante. Isso porque, em ambos os casos, surgem enunciados textuais redigidos pelo STF a forçarem a adoção de seu específico entendimento, especialmente pelas demais instâncias judiciais. No caso de desobediência dessas decisões permite-se a apresentação da *reclamação constitucional* diretamente ao STF. Note-se, pois, na proposta de súmula vinculante, a falta de conhecimento e compreensão sobre os próprios limites do direito brasileiro e extensão atual dos 'poderes' do STF".

Vide Decreto n. 2.346/97, que consolida normas procedimentais a serem observadas pela administração Pública Federal em razão de decisões judiciais. A PEC n. 29/2000 (Senadores Bernardo Cabral e José Jorge) estabelece a súmula vinculante, nos seguintes termos: "Art. 103-A. O Supremo Tribunal Federal poderá, de ofício ou por provocação, mediante decisão de dois terços dos seus membros, após reiteradas decisões sobre a matéria, aprovar súmula que, a partir de sua publicação na imprensa oficial, terá efeito vinculante em relação aos demais órgãos do Poder Judiciário e à administração pública direta e indireta, nas esferas federal, estadual e municipal, bem como proceder à sua revisão ou cancelamento, na forma estabelecida em lei. § 1º A Súmula terá por objetivo a validade, a interpretação e a eficácia de normas determinadas, acerca das quais haja controvérsia atual entre órgãos judiciários ou entre esses e a administração pública que acarrete grave insegurança jurídica e relevante multiplicação de processos sobre questão idêntica. § 2º Sem prejuízo do que vier a ser estabelecido em lei, a aprovação, revisão ou cancelamento de súmula poderá ser provocada por aqueles que podem propor a ação direta de inconstitucionalidade. § 3º Do ato administrativo ou decisão judicial que contrariar a súmula aplicável ou que indevidamente a aplicar, caberá reclamação ao Supremo Tribunal Federal, que, julgando-a procedente, anulará o ato administrativo ou cassará a decisão judicial reclamada, e determinará que outra seja proferida com ou sem a aplicação da súmula, conforme o caso".

A esse respeito, Pedro Lenza (Súmula vinculante — necessidade e constitucionalidade, Carta Forense, abr. 2004, p. 10) observa que: "Essa regra, inicialmente estendida aos Tribunais Superiores, nos termos dos arts. 105-A e 112-A, foi, recentemente (31-3-2004), retirada pela CCJ do Senado, permanecendo a regra da súmula vinculante exclusivamente para o STF. Do modo como redigida, a proposta mostra-se totalmente constitucional. Não há que se falar em engessamento do Judiciário, na medida em que permitida a revisão das Súmulas editadas. No mais, há que se notar que o STF só editaria súmula quando tivesse a certeza do julgamento, podendo, ainda, escolher matérias e assuntos específicos (conveniência política)".

O STF já aprovou a:

Súmula Vinculante n. 1 (6-6-2007): Ofende a garantia constitucional do ato jurídico perfeito a decisão que, sem ponderar as circunstâncias do caso concreto, desconsidera a validez e a eficácia de acordo constante de termo de adesão instituído pela Lei Complementar n. 110/2001.

Súmula Vinculante n. 2 (6-6-2007): É inconstitucional a lei ou ato normativo estadual ou distrital que disponha sobre sistemas de consórcios e sorteios, inclusive bingos e loterias.

Súmula Vinculante n. 3 (6-6-2007): Nos processos perante o Tribunal de Contas da União asseguram-se o contraditório e a ampla defesa quando da decisão puder resultar anulação ou revogação de ato administrativo que beneficie o interessado, excetuada a apreciação da legalidade do ato de concessão inicial de aposentadoria, reforma e pensão.

Súmula Vinculante n. 4 (9-5-2008): Salvo nos casos previstos na Constituição, o salário mínimo não pode ser usado como indexador de base de cálculo de vantagem de servidor público ou de empregado, nem ser substituído por decisão judicial.

Súmula Vinculante n. 5 (16-5-2008): A falta de defesa técnica por advogado no processo administrativo disciplinar não ofende a Constituição.

Súmula Vinculante n. 6 (16-5-2008): Não viola a Constituição o estabelecimento de remuneração inferior ao salário-mínimo para as praças prestadores de serviço militar inicial.

Súmula Vinculante n. 7 (20-6-2008): A norma do § 3º do artigo 192 da Constituição, revogada pela Emenda Constitucional n. 40/2003, que limitava a taxa de juros reais a 12% ao ano, tinha sua aplicação condicionada à edição de Lei Complementar.

Súmula Vinculante n. 8 (20-6-2008): São inconstitucionais o parágrafo único do art. 5º do Decreto-Lei n. 1.569/1977 e os artigos 45 e 46 da Lei n. 8.212/1991, que tratam de prescrição e decadência de crédito tributário.

Súmula Vinculante n. 9 (20-6-2008): O disposto no artigo 127 da Lei n. 7.210/1984 (Lei de Execução Penal) foi recebido pela ordem constitucional vigente, e não se lhe aplica o limite temporal previsto no caput do artigo 58.

Súmula Vinculante n. 10 (27-6-2008): Viola a cláusula de reserva de plenário (CF, art. 97) a decisão de órgão fracionário de Tribunal que, embora não declare expressamente a inconstitucionalidade de lei ou ato normativo do poder público, afasta sua incidência, no todo ou em parte.

Súmula Vinculante n. 11 (22-8-2008): Só é lícito o uso de algemas em casos de resistência e de fundado receio de fuga ou de perigo à integridade física própria ou alheia, por parte do preso ou de terceiros, justificada a excepcionalidade por escrito, sob pena de responsabilidade disciplinar civil e penal do agente ou da autoridade e de nulidade da prisão ou do ato processual a que se refere e, sem prejuízo da responsabilidade civil do Estado.

Súmula Vinculante n. 12 (22-8-2008): A cobrança de taxa de matrícula nas universidades públicas viola o disposto no art. 206, IV, da Constituição Federal.

Súmula Vinculante n. 13 (21-8-2008): A nomeação de cônjuge, companheiro ou parente em linha reta, colateral ou por afinidade, até o terceiro grau, inclusive, da autoridade nomeante ou de servidor da mesma pessoa jurídica investido em cargo de direção, chefia ou assessoramento, para o exercício de cargo em comissão ou de confiança ou, ainda, de função gratificada na administração pública direta e indireta em qualquer dos poderes da União, dos Estados, do Distrito Federal e dos Municípios, compreendido o ajuste mediante designações recíprocas, viola a Constituição Federal.

Súmula Vinculante n. 14 (2-2-2009): É direito do defensor, no interesse do representado, ter acesso amplo aos elementos de prova que, já documentados em procedimento investigatório realizado por órgão com competência de polícia judiciária, digam respeito ao exercício do direito de defesa.

Súmula Vinculante n. 15 (25-6-2009): O cálculo de gratificações e outras vantagens do servidor público não incide sobre o abono utilizado para se atingir o salário mínimo.

Súmula Vinculante n. 16 (25-6-2009): Os artigos 7º, IV, e 39, § 3º (redação da EC n. 19/98), da Constituição, referem-se ao total da remuneração percebida pelo servidor público.

Súmula Vinculante n. 17 (29-10-2009): Durante o período previsto no parágrafo 1º do art. 100 da Constituição, não incidem juros de mora sobre os precatórios que nele sejam pagos.

Súmula Vinculante n. 18 (29-10-2009): A dissolução da sociedade ou do vínculo conjugal, no curso do mandato, não afasta a inelegibilidade prevista no § 7º do art. 14 da Constituição Federal.

Súmula Vinculante n. 19 (29-10-2009): A taxa cobrada exclusivamente em razão dos serviços públicos de coleta, remoção e tratamento ou destinação de lixo ou resíduos provenientes de imóveis, não viola o art. 145, II, da Constituição Federal.

Súmula Vinculante n. 20 (29-10-2009): A Gratificação de Desempenho de Atividade Técnico-Administrativa — GDATA, instituída pela Lei n. 10.404/2002, deve ser deferida aos inativos nos valores correspondentes a 37,5 (trinta e sete vírgula cinco) pontos no período de fevereiro a maio de 2002 e, nos termos do art. 5º, parágrafo único, da Lei n. 10.404/2002, no período de junho de 2002 até a conclusão dos efeitos do último ciclo de avaliação a que se refere o art. 1º da Medida Provisória n. 198/2004, a partir da qual passa a ser de 60 (sessenta) pontos.

Súmula Vinculante n. 21 (29-10-2009): É inconstitucional a exigência de depósito ou arrolamento prévios de dinheiro ou bens para admissibilidade de recurso administrativo.

Súmula Vinculante n. 22 (2-12-2009): A Justiça do Trabalho é competente para processar e julgar as ações de indenização por danos morais e patrimoniais decorrentes de acidente de trabalho propostas por empregado contra empregador, inclusive aquelas que ainda não possuíam sentença de mérito em primeiro grau quando da promulgação da EC n. 45/2004.

Súmula Vinculante n. 23 (2-12-2009): A Justiça do Trabalho é competente para processar e julgar ação possessória ajuizada em decorrência do exercício do direito de greve pelos trabalhadores da iniciativa privada.

Súmula Vinculante n. 24 (2-12-2009): Não se tipifica crime material contra a ordem tributária, previsto no art. 1º, incisos I a IV, da Lei n. 8.137/90, antes do lançamento definitivo do tributo.

Súmula Vinculante n. 25 (16-12-2009): É ilícita a prisão civil de depositário infiel, qualquer que seja a modalidade do depósito.

Súmula Vinculante n. 26 (16-12-2009): Para efeito de progressão de regime no cumprimento de pena por crime hediondo, ou equiparado, o juízo da execução observará a inconstitucionalidade do art. 2º da Lei n. 8.072, de 25 de julho de 1990, sem prejuízo de avaliar se o condenado preenche, ou não, os requisitos objetivos e subjetivos do benefício, podendo determinar, para tal fim, de modo fundamentado, a realização de exame criminológico.

Súmula Vinculante n. 27 (18-12-2009): Compete à Justiça estadual julgar causas entre consumidor e concessionária de serviço público de telefonia, quando a ANATEL não seja litisconsorte passiva necessária, assistente, nem opoente.

Súmula Vinculante n. 28 (3-2-2010): É inconstitucional a exigência de depósito prévio como requisito de admissibilidade de ação judicial na qual se pretenda discutir a exigibilidade de crédito tributário.

Súmula Vinculante n. 29 (3-2-2010): É constitucional a adoção no cálculo do valor da taxa, de um ou mais elementos da base de cálculo própria de determinado imposto, desde que não haja integral identidade entre uma base e outra.

(Obs.: a Súmula Vinculante n. 30 encontra-se suspensa.)

Súmula Vinculante n. 31 (4-2-2010): É inconstitucional a incidência do Imposto sobre Serviços de Qualquer Natureza — ISS sobre operações de locação de bens móveis.

Súmula Vinculante n. 32 (16-2-2011): O ICMS não incide sobre alienação de salvados de sinistro pelas seguradoras.

Súmula Vinculante n. 33 (9-4-2014): Aplicam-se ao servidor público, no que couber, as regras do regime geral da previdência social sobre aposentadoria especial de que trata o artigo 40, § 4º, inciso III da Constituição Federal, até a edição de lei complementar específica.

Súmula Vinculante n. 34 (16-10-2014): A Gratificação de Desempenho de Atividade de Seguridade Social e do Trabalho — GDASST, instituída pela Lei n. 10.483/2002, deve ser estendida aos inativos no valor correspondente a 60 (sessenta) pontos, desde o advento da Medida Provisória n. 198/2004, convertida na Lei n. 10.971/2004, quando tais inativos façam jus à paridade constitucional (EC n. 20/1998, n. 41/2003 e n. 47/2005).

Súmula Vinculante n. 35 (16-10-2014): A homologação da transação penal prevista no artigo 76 da Lei n. 9.099/95 não faz coisa julgada material e, descumpridas suas cláusulas, retoma-se a situação anterior, possibilitando-se ao Ministério Público a continuidade da persecução penal mediante oferecimento de denúncia ou requisição de inquérito policial.

Súmula Vinculante n. 36 (16-10-2014): Compete à Justiça Federal comum processar e julgar civil denunciado pelos crimes de falsificação e de uso de documento falso quando se tratar de falsificação da Caderneta de Inscrição e Registro (CIR) ou de Carteira de Habilitação de Amador (CHA), ainda que expedidas pela Marinha do Brasil.

Súmula Vinculante n. 37 (16-10-2014): Não cabe ao Poder Judiciário, que não tem função legislativa, aumentar vencimentos de servidores públicos sob o fundamento de isonomia.

Súmula Vinculante n. 38 (11-3-2015): É competente o Município para fixar o horário de funcionamento de estabelecimento comercial.

Súmula Vinculante n. 39 (11-3-2015): Compete privativamente à União legislar sobre vencimentos dos membros das polícias civil e militar e do corpo de bombeiros militar do Distrito Federal.

Súmula Vinculante n. 40 (11-3-2015): A contribuição confederativa de que trata o art. 8º, IV, da Constituição Federal, só é exigível dos filiados ao sindicato respectivo.

Súmula Vinculante n. 41 (11-3-2015): O serviço de iluminação pública não pode ser remunerado mediante taxa.

Súmula Vinculante n. 42 (11-3-2015): É inconstitucional a vinculação do reajuste de vencimentos de servidores estaduais ou municipais a índices federais de correção monetária.

Súmula Vinculante n. 43 (8-4-2015): É inconstitucional toda modalidade de provimento que propicie ao servidor investir-se, sem prévia aprovação em concurso público destinado ao seu provimento, em cargo que não integra a carreira na qual anteriormente investido.

Súmula Vinculante n. 44 (8-4-2015): Só por lei se pode sujeitar a exame psicotécnico a habilitação de candidato a cargo público.

Súmula Vinculante n. 45 (8-4-2015): A competência constitucional do Tribunal do Júri prevalece sobre o foro por prerrogativa de função estabelecido exclusivamente pela Constituição Estadual.

Súmula Vinculante n. 46 (9-4-2015): A definição dos crimes de responsabilidade e o estabelecimento das respectivas normas de processo e julgamento são da competência legislativa privativa da União.

Súmula Vinculante n. 47 (27-5-2015): Os honorários advocatícios incluídos na condenação ou destacados do montante principal devido ao credor consubstanciam verba de natureza alimentar cuja satisfação ocorrerá com a expedição de precatório ou requisição de pequeno valor, observada ordem especial restrita aos créditos dessa natureza.

Súmula Vinculante n. 48 (e 27-5-2015): Na entrada de mercadoria importada do exterior, é legítima a cobrança do ICMS por ocasião do desembaraço aduaneiro.

Súmula Vinculante n. 49 (17-6-2015): Ofende o princípio da livre concorrência lei municipal que impede a instalação de estabelecimentos comerciais do mesmo ramo em determinada área.

Súmula Vinculante n. 50 (17-6-2015): Norma legal que altera o prazo de recolhimento de obrigação tributária não se sujeita ao princípio da anterioridade.

Súmula Vinculante n. 51 (18-6-2015): O reajuste de 28,86%, concedido aos servidores militares pelas Leis n. 8.622/93 e n. 8.627/93, estende-se aos servidores civis do poder executivo, observadas as eventuais compensações decorrentes dos reajustes diferenciados concedidos pelos mesmos diplomas legais.

Súmula Vinculante n. 52 (18-6-2015): Ainda quando alugado a terceiros, permanece imune ao IPTU o imóvel pertencente a qualquer das entidades referidas pelo art. 150, VI, "c", da Constituição Federal, desde que o valor dos aluguéis seja aplicado nas atividades para as quais tais entidades foram constituídas.

Súmula Vinculante n. 53 (18-6-2015): A competência da Justiça do Trabalho prevista no art. 114, VIII, da Constituição Federal alcança a execução de ofício das contribuições previdenciárias relativas ao objeto da condenação constante das sentenças que proferir e acordos por ela homologados.

Súmula Vinculante n. 54 (17-3-2016): A medida provisória não apreciada pelo congresso nacional podia, até a Emenda Constitucional 32/2001, ser reeditada dentro do seu prazo de eficácia de trinta dias, mantidos os efeitos de lei desde a primeira edição.

Súmula Vinculante n. 55 (17-3-2016): O direito ao auxílio-alimentação não se estende aos servidores inativos.

Súmula Vinculante n. 56 (29-6-2016): A falta de estabelecimento penal adequado não autoriza a manutenção do condenado em regime prisional mais gravoso, devendo-se observar, nessa hipótese, os parâmetros fixados no RE 641.320/RS.

Súmula Vinculante n. 57 (15-4-2020): A imunidade tributária constante do art. 150, VI, *d,* da CF/88 aplica-se à importação e comercialização, no mercado interno, do livro eletrônico (*e-book*) e dos suportes exclusivamente utilizados para fixá-los, como leitores de livros eletrônicos (*e-readers*), ainda que possuam funcionalidades acessórias.

Súmula Vinculante n. 58 (27-4-2020): Inexiste direito a crédito presumido do IPI relativamente à entrada de insumos isentos, sujeitos à alíquota zero ou não tributáveis, o que não contraria o princípio da não cumulatividade (aprovada em 27-4-2021).

Súmula Vinculante n. 59 (19-10-2023) – É impositiva a fixação do regime aberto e a substituição da pena privativa de liberdade por restritiva de direitos quando reconhecida a figura do tráfico privilegiado (art. 33, § 4º, da Lei n. 11.343/06) e AUSENTES vetores negativos na primeira fase da dosimetria (art. 59 do CP), observados os requisitos do art. 33, § 2º, alínea 'c' e do art. 44, ambos do Código Penal.

Súmula Vinculante n. 60 (16-9-2024) – O pedido e a análise administrativos de fármacos na rede pública de saúde, a judicialização do caso, bem ainda seus desdobramentos (administrativos e jurisdicionais), devem observar os termos dos 3 (três) acordos interfederativos (e seus fluxos) homologados pelo Supremo Tribunal Federal, em governança judicial colaborativa, no tema 1.234 da sistemática da repercussão geral (RE 1.366.243).

Súmula Vinculante n. 61 (20-9-2024) – A concessão judicial de medicamento registrado na ANVISA, mas não incorporado às listas de dispensação do Sistema Único de Saúde, deve observar as teses firmadas no julgamento do Tema 6 da Repercussão Geral (RE 566.471).

Súmula Vinculante n. 62 (16-12-2024) – É legítima a revogação da isenção estabelecida no art. 6º, II, da Lei Complementar 70/1991 pelo art. 56 da Lei n. 9.430/1996, dado que a LC 70/1991 é apenas formalmente complementar, mas materialmente ordinária com relação aos dispositivos concernentes à contribuição social por ela instituída.

A ordem jurídica brasileira vem, como se vê, recebendo inclusões de instituições próprias de país de *common law*, como a súmula vinculante (EC n. 45/2004) e a súmula impeditiva de recursos, com o escopo de obter maior celeridade na prestação jurisdicional. Mas, em países de Constituição rígida, como o nosso, exige-se a subordinação da decisão à lei e aos princípios ético-sociais nela subjacentes; logo, não há, em que pese a permissão constitucional, que se falar em vinculação judicial às súmulas do tribunal superior (STF), pois em razão da independência da magistratura, o órgão judicante poderá alterar, conforme sua consciência e as circunstâncias do caso, tendo por base a lei e as provas apresentadas nos autos, uma opinião jurisprudencial, anteriormente formulada ao decidir hipótese similar. O ideal seria súmula bem delimitada e suscetível de revisão, com "eficácia vinculante relativa", sem engessar o pensamento do magistrado. O órgão judicante deverá ter discricionariedade e afastar, no caso concreto, a aplicação da súmula vinculante, se perceber a singularidade do fato em julgamento, que apresenta pontos divergentes do paradigma sumular. Para que a súmula vinculante seja aplicada, será necessário que o aplicador, com prudência objetiva, tenha certeza de que o precedente judicial será a solução justa para o caso *sub judice* (LINDB, art. 5º). Tal se dá porque a súmula não apresenta a fundamentação jurídica nem o suporte do fato que a originou, e os casos *sub judice* não são idênticos, embora possam ser análogos apesar de poderem apresentar divergências, que, por sua vez, requerem interpretação do aplicador.

Deveras ilustrativa e esclarecedora é a lição de Tatiane Turlália Mota Franco Saliba: "A título de exemplo, no intuito de evidenciar a extrema relevância do tema em debate, cita-se o enunciado da Súmula 297 do STJ, que preceitua: 'O Código de Defesa do Consumidor é aplicável às instituições financeiras'. As cooperativas de crédito, regidas pela Lei n. 5.764/71, são instituições financeiras, por força dos arts. 17 e 18, § 1º, da Lei n. 4.595/64. Todavia, a natureza jurídica da sociedade cooperativa impede que se extraia relação de consumo entre a cooperativa e o seu cooperado. Isso porque o cooperado é o próprio dono da cooperativa, com quota de capital e direito a voto. Os cooperados criam a cooperativa para prestar serviço a si mesmos, pelo que a prestação desse serviço não se enquadra como relação de consumo. Não há qualquer contraprestação pelo serviço. A despeito dessas considerações essenciais, atinentes à natureza jurídica da sociedade cooperativa, o Judiciário vem aplicando *incontinenti* a mencionada súmula em lides envolvendo sociedades cooperativas de crédito e seus associados, sem considerar que os precedentes que deram origem à súmula envolviam bancos e seus clientes. Ou seja, o dispositivo sumular está sendo aplicado como regra abstrata e autônoma, o que, além de violar o princípio da isonomia, na medida em que trata de forma igual os desiguais, fere de morte o princípio constitucional da tripartição dos poderes. A cultura jurídica do precedente deve, então, ser inserida no nosso ordenamento,

---

Pelos Enunciados da ENFAM: a) n. 7: "O acórdão, cujos fundamentos não tenham sido explicitamente adotados como razões de decidir, não constitui precedente vinculante"; b) n. 8: "Os enunciados das súmulas devem reproduzir os fundamentos determinantes do precedente"; c) n. 9: "É ônus da parte, para os fins do disposto no art. 489, § 1º, V e VI, do CPC/2015, identificar os fundamentos determinantes ou demonstrar a existência de distinção no caso em julgamento ou a superação do entendimento, sempre que invocar jurisprudência, precedente ou enunciado de súmula"; d) n. 11: "Os precedentes a que se referem os incisos V e VI do § 1º do art. 489 do CPC/2015 são apenas os mencionados no art. 927 e no inciso IV do art. 332"; e) n. 43: "O art. 332 do CPC/2015 se aplica ao sistema de juizados especiais e o inciso IV também abrange os enunciados e súmulas dos seus órgãos colegiados competentes".

acompanhando as inovações legislativas e, por conseguinte, viabilizando a correta aplicação destas. O método de ensino de casos, por exemplo, é um aspecto necessário para a aplicação apropriada do precedente vinculante e que, por isso, deve ser adotado. O trabalho será analisar os fatos e determinar quais são relevantes para a decisão. Num segundo momento, incumbe verificar a similitude dos fatos relevantes e da questão de Direito do caso que é posto com os dos casos que originaram a súmula, para, somente a partir desta aferição, aplicar o dispositivo sumulado".

c.2.3. *Poder normativo do juiz*

Como estudaremos, mais adiante, a norma é o momento culminante de um processo no qual estão em contínua tensão fato e valor[155].

O legislador, ao criar uma norma jurídica geral, generaliza, estabelecendo um tipo legal que, em decorrência disso, está separado da realidade imediata da vida que lhe deu origem, abarcando, tão somente, o seu aspecto geral, concentrando-se em seus traços fundamentais. Ao passo que o magistrado, ao sentenciar, não generaliza, cria uma *norma jurídica individual*, incidente sobre um dado caso concreto[156].

Como pondera Kelsen, as normas individuais são as determinantes da conduta de um indivíduo em uma situação e, portanto, são válidas apenas para um caso particular e podem ser obedecidas e aplicadas somente uma vez. Tais normas são jurídicas porque fazem parte do ordenamento jurídico total, exatamente no mesmo sentido em que aquelas normas gerais, que têm servido de base para a criação das individuais[157].

O órgão judicante, segundo Kelsen, para individualizar uma norma geral por ele aplicada terá que verificar se, no caso litigioso que deve dirimir, estão presentes *in concreto* os pressupostos da consequência do ilícito determinados *in abstracto* pela norma geral. Após essa verificação, determinará *in concreto* a sanção estatuída *in abstracto* na norma jurídica geral, criando dessa forma uma situação jurídica que antes de sua decisão não existia[158].

O ato mediante o qual é posta a norma individual da decisão judicial é quase sempre predeterminado por normas gerais. A função jurisdicional se desenvolve em três níveis complementares e interdependentes: a informação sobre as normas gerais a serem utilizadas na avaliação do caso concreto, o conhecimento do dado social conflitivo, confrontando-o com os parâmetros legais, e a avaliação prudente, que redimensiona a norma geral e a situação fática, para produzir a norma jurídica individual.

A tarefa dos juízes e tribunais ao aplicar o fato à norma geral possui índole político-jurídica. Isso porque a norma geral a ser aplicada é mera moldura dentro da qual surge a norma jurídica individual, em virtude da eleição de uma das possibilidades contidas na norma geral.

---

155. Miguel Reale Jr., *Antijuridicidade concreta*, Bushatsky, 1974, p. 25.

156. V. Lourival Vilanova, *As estruturas lógicas e o sistema do direito positivo*, São Paulo, Revista dos Tribunais, 1977, p. 182.

157. Kelsen, *Teoria pura do direito*, cit., v. 1, p. 226, e *Teoría general del derecho y del Estado*, cit., p. 205; M. Helena Diniz, *A ciência jurídica*, cit., p. 91-2, e As lacunas, cit., p. 253.

158. Kelsen, *Teoria pura do direito*, cit., v. 2, p. 85-142; M. Helena Diniz, *A ciência jurídica*, cit., p. 93, e As lacunas, cit., p. 254.

A determinação do marco de possibilidades hermenêuticas é um ato de conhecimento, mas como a solução do caso exige uma opção entre todas, é também um ato volitivo que cria uma norma de escalão inferior.

Na sentença há sempre um ato cognoscitivo que se refere à *quaestio facti* e à *quaestio juris*. A função jurisdicional consiste em responder às perguntas que se formulam ao juiz. Para que possa dar resposta adequada a uma indagação sobre a classificação de um caso individual, o magistrado deve verificar se ele tem ou não as propriedades definitórias do tipo genérico contido na norma. Esta é uma atividade predominantemente cognoscitiva, já que o órgão judicial deve conhecer fatos e averiguar, pela interpretação, o sentido das expressões e os termos mediante os quais se define o caso genérico.

Conhecidos os fatos provados e as normas aplicáveis, surge o ato de vontade que escolhe o direito a aplicar, dentre as suas possíveis aplicações; assim, o ato de conhecimento é condição do volitivo. Se a norma geral tem várias significações, logicamente possíveis, só uma decisão de vontade poderia, deveras, levar a optar por uma delas. Assim sendo, a norma individual é tão somente "uma das normas individuais que podem ser produzidas dentro da moldura da norma geral", como já apontamos oportunamente[159].

O que se disse até agora vale tanto para os casos de "subsunção" como para os de "integração".

Esse ato de vontade, que traz a lume a norma individual, é uma operação axiológica, contendo, é óbvio, sempre em alguma medida, uma valoração do juiz. P. ex., a mera apreciação de provas já é também um juízo estimativo.

O juiz repensa a norma geral, confronta-a com a realidade social, procurando a solução justa, de forma que a produção de uma sentença implica um complexo de atos de verdadeira elaboração da norma para o caso concreto[160].

A decisão do juiz não é incondicionada, pois as suas valorações não são projeções do critério avaliativo pessoal do magistrado, uma vez que ele emprega as pautas axiológicas consagradas na ordem jurídica, interpretando-as em relação às situações fáticas que deve solucionar. Toda *sentença* pressupõe uma certeza objetiva do sistema jurídico entendido em seus subconjuntos de normas, de fatos e de valores, em que se apoiou, acrescentando o juiz à ordem jurídica a norma individual que edita ao julgar o caso, inspirando-se nesse mesmo ordenamento. Além disso, como já vimos, um tribunal pode receber competência para criar não só uma norma individual, apenas vinculante para o caso *sub judice*, mas também normas

---

159. Kelsen, Teoria pura do direito, cit., v. 2, p. 283-94; Ross, Sobre el derecho y la justicia, Buenos Aires, Eudeba, 1963, p. 116, 119 e 131; Hart, Positivism and the separation of law and morals, Harvard Law Review, v. 71, 1958, p. 593 e 629; Perelman, "Avoir un sens et donner un sens, Logique et Analyse, n. 20, p. 225, 1962; Alchourrõn e Bulygin, Introducción a la metodología de las ciencias jurídicas y sociales, Buenos Aires, Ed. Astrea, 1974, p. 204. Para Kelsen inexiste qualquer critério que permita decidir qual das interpretações deve prevalecer; a eleição é teoricamente livre. A interpretação de uma norma não leva, necessariamente, a uma única solução correta, se bem que apenas uma dentre elas se torne direito positivo no ato do órgão aplicador do direito. Hart (El concepto del derecho, Buenos Aires, Abeledo-Perrot, 1968, p. 160) também admite que no momento de sua aplicação a norma exige uma eleição entre várias alternativas. V. M. Helena Diniz, As lacunas, cit., p. 255; Alejandro B. Alvarez, Reflexões para um estudo da norma no direito civil, in A norma jurídica, coord. Sérgio Ferraz, Rio de Janeiro, Freitas Bastos, 1980, p. 127.

160. Goffredo Telles Jr., *O direito quântico*, 5. ed., São Paulo, Max Limonad, 1971, p. 159-60; Siches, *La nueva filosofía de la interpretación del derecho*, México, 1950, p. 225, 226 e 243.

gerais, ao estabelecer o precedente judicial ou as súmulas que, firmando jurisprudência, são aplicáveis na decisão de casos semelhantes ou idênticos. Casos há em que a Constituição vigente (art. 114, § 2º) permite, recusando-se qualquer das partes à negociação coletiva ou à arbitragem, às mesmas, de comum acordo, pleitear decisões normativas da Justiça do Trabalho, nos dissídios coletivos de natureza econômica, podendo a Justiça do Trabalho, então, ajuizado tal dissídio, decidir o conflito, respeitadas as disposições mínimas legais de proteção ao trabalho, bem como as convencionadas anteriormente. Eis por que admitimos a tese de que a atividade jurisdicional é sempre e necessariamente criadora de normas. Para Belaid a criação de normas pelo Poder Judiciário não constitui de modo algum o exercício de um direito conferido aos tribunais, por tratar-se de uma consequência inerente ao funcionamento do aparelho jurisdicional e à significação social que tem[161].

Resta-nos concluir que a função jurisdicional, quer seja ela de "subsunção" do fato à norma, quer seja de "integração" de lacuna ou de "correção" de antinomia, é ativa, contendo uma dimensão nitidamente criadora, uma vez que os juízes despendem, se for necessário, os tesouros de engenhosidade para elaborar uma justificação aceitável de uma situação existente, não aplicando os textos legais ao pé da letra, atendo-se, intuitivamente, sempre às suas finalidades, com sensibilidade e prudência, condicionando e inspirando suas decisões às balizas contidas no ordenamento jurídico[162], sem ultrapassar os limites de sua jurisdição.

A função criadora do Poder Judiciário desenvolve-se pela interpretação, integração e correção, que são instrumentos dinâmicos na criação jurisprudencial, tendo por escopo reavaliar a axiologia que informa a ordem jurídico-positiva. A atividade jurisdicional é um fator de continuidade do ordenamento jurídico, por colocá-lo em funcionamento, assegurando a realização dos princípios, dos fatos e dos valores que o fundamentam; um fator de evolução, por fazer com que a ordem jurídica se reajuste, adaptando-se aos fatos no tempo; e um fator de progresso, por redescobrir a fonte de cognição que lhe fornece a seiva vivificante e contribui para desenvolver o seu aperfeiçoamento conjunto[163].

Deve-se evitar o ativismo judicial arbitrário, que conduz o Poder Judiciário a invadir área do legislativo e do poder constituinte derivado ao regulamentar ao arrepio da lei e da CF

161. Kelsen, *Teoria pura do direito*, cit., v. 2, p. 113-23; Franco Montoro, *Introdução*, cit., v. 2, p. 96; Alejandro B. Alvarez, Reflexões, in *A norma jurídica*, cit., p. 128 e 130; J. Puig Brutau, A jurisprudência como fonte do direito, *Ajuris*, p. 8 e 22, Porto Alegre, 1977; S. Belaid, *Essai sur le pouvoir créateur et normatif du juge*, Paris, LGDJ, 1974, p. 261 e 273; Tatiana Firmino Dantas, O hibridismo entre *civil law* e *commom law* no Brasil. *Revista Síntese – Direito Civil e Processual Civil*, v. 148, p. 39 a 69, 2024; Maria Helena Diniz e Wilson J. Gonçalves, Importância da equidade na decisão judicial em busca da verdade e do justum. *Revista Argumentum*, v. 26, n. 1, p. 17-47, São Paulo, 2025.

162. *V.* Miguel Reale, *Lições preliminares*, cit., p. 298; Limongi França, Da jurisprudência, separata da *Revista da Faculdade de Direito da USP*, cit., p. 221; M. Helena Diniz, *As lacunas*, cit., p. 256.

163. É o que nos ensina, magistralmente, Alejandro B. Alvarez (Reflexões, in A norma jurídica, cit., p. 131 e 135). V. Juvêncio Gomes Garcia, Função criadora do juiz, Brasília Jurídica, 1996; Sérgio C. dos Reis, Do ativismo judicial como comportamento antidemocrático e enfraquecedor da deliberação política, *Revista de Direito Constitucional e Internacional*, *123*:141 a 164, 2021; Tartuce, Direito civil: lei de introdução e parte geral, Rio de Janeiro, Forense, 2019, p. 23; Eros Grau, Por que tenho medo dos juízes: a interpretação, à aplicação do direito e os princípios, São Paulo, Malheiros, 2014, p. 131 e 133; Rebeca Santa Cruz e Sérgio Murilo Santa Cruz Silva Sobrinho, O dever de argumentação qualificada no sistema brasileiro de precedentes, Revista Síntese – Direito Civil e Processual Civil, n. 150, p. 100 a 117, 2024; Rafael Laffitte Fernandes, A insegurança jurídica na uniformização de Jurisprudência, Revista Síntese – Direito Civil e Processual Civil, n. 150, p. 118 a 136, 2024; Luiz Ricardo de Castilhos, O risco da supressão de debates decorrente do uso de machine learning em decisões judiciais, Revista Síntese – Direito Civil e Processual Civil, n. 150, p. 160 a 170, 2024; Streck e Abbord, O que é isto. O precedente judicial e as súmulas vinculantes, Porto Alegre, Livraria do Advogado, 2014, p. 49-50.

certos assuntos, criando direito novo ao fazer uso, na interpretação, integração e correção, de argumentos que levam a crer que a inovação estava contida no ordenamento jurídico.

Todavia, por força do CPC, arts. 926 e 927, que abriu espaço para a uniformização da jurisprudência e para a ideia de que juízes e tribunais devem seguir orientações da jurisprudência superior, surgiu no Brasil uma institucionalização de precedentes obrigatórios, ou seja, um modelo misto, albergando a *civil law* (ordenamento positivo) e a *common law* (precedentes judiciais), fazendo com que muitos magistrados desemborquem para o ativismo, muitas vezes arbitrário, trazendo insegurança jurídica, consequência de transplante jurídico inadequado, tendo como modelo o direito inglês fundado nos precedentes judiciais, que constituem verdadeira fonte formal do Direito por exercer o papel de direito legislado. Na verdade, ante a Carta Magna, o Judiciário poderá pender para o ativismo discricionário, que lhe dá o poder de assegurar ao cidadão, pelo princípio da ponderação, a garantia de seus direitos, afastando-se de interpretação contrária a eles, sopesando fatos e valores contidos no ordenamento, ao aplicar os preceitos normativos, atendendo ao disposto no art. 8º do CPC e no art. 5º da LINDB, ajustando a aplicação da norma ao caso concreto *sub examine* aos fins sociais e ao bem comum, sem olvidar dos princípios da: legalidade, ponderação, razoabilidade, proporcionalidade e dignidade da pessoa humana. Pela CF, o modelo brasileiro é o da *civil law*, sendo incompatível com o da *common law*, que tem o mesmo papel de lei, o CPC continua a privilegiar o comando normativo, a uniformização jurisprudencial, somente diz respeito ao direito sumular, desde que não eivado de inconstitucionalidade, que se configura como norma geral, para que haja segurança jurídica, em casos repetitivos, por exemplo (art. 103-A da CF/88, regulamentado pela Lei n. 11.417/2006), e não às decisões judiciais ainda não sumuladas aplicáveis apenas interpartes, por serem normas individuais obrigatórias somente para o caso julgado.

Não pode haver uso aleatório da jurisprudência, os arts. 927 e 489, § 1º, do CPC requerem observância de precedentes vinculantes e fundamentação qualificada, identificando a *ratio decidendi* do precedente aplicado e demonstrando que o caso *sub judice* é semelhante a ele.

A positivação do sistema de precedentes sumulares pelo Código de Processo Civil visa tão somente garantir isonomia a quem estiver na mesma situação fática contida nas súmulas, tornando mais célere a ação processual ao facilitar o julgamento pelo órgão judicante. O art. 926 do CPC apenas pretende a *lógica de decidibilidade*, para que a decisão de casos pretéritos seja aplicada nos casos futuros similares, para salvaguardar a segurança jurídica no sentido de previsibilidade, desde que haja coerência com os dispositivos normativos própria do sistema *civil law*, em consonância com a totalidade do ordenamento jurídico e com a valorização e o fato social que o embasam, sem que se engesse o pensamento do magistrado e sem abrir espaço para a arbitrariedade, havendo observância, na hermenêutica aplicativa, do comando constitucional. A discricionariedade judicial não poderá ser aleatória, deverá estar limitada às circunstâncias do caso, às provas constantes nos autos, às normas aplicáveis, ao comando constitucional, aos arts. 4º e 5º da LINDB, tendo como parâmetros os direitos fundamentais e o respeito à dignidade humana. O aplicador deve almejar uma coisa só: a grandeza de ser justo, fazendo da pena e do verbo a espada da Thêmis.

D. FONTES FORMAIS NÃO ESTATAIS

d.1. Prática consuetudinária

d.1.1. *Costume como fonte jurídica subsidiária*

Dentre as mais antigas formas de expressão do direito temos o costume, decorrente da prática reiterada de certo ato com a convicção de sua necessidade jurídica, forma que predominou até a lei escrita. Com o decorrer dos tempos, a legislação passou a ser a fonte imediata do direito. Mas o costume ainda continua a ser elemento importante e, algumas vezes, até insubstituível pela lei, como lembra Georges Rénard[164].

Deveras, a lei, por mais extensa que seja em suas generalizações, por mais que se desdobre em artigos, parágrafos e incisos, nunca poderá conter toda a infinidade de relações emergentes da vida social que necessitam de uma garantia jurídica, devido à grande exuberância da realidade, tão variável de lugar para lugar, de povo para povo. Por isso, ante a insuficiência legal, é mister manter a seu lado, quando for omissa e quando impossível sua extensão analógica, as fontes subsidiárias do direito que revelem o jurídico[165].

A prática consuetudinária, da qual resulta o costume, é, em regra, uma fonte de cognição subsidiária ou supletiva[166] e da mais alta relevância.

O costume não se opõe ao direito escrito, mas ao legislado, pois, hodiernamente, o costume é formulado por escrito em repertórios, p. ex., nos "Assentamentos de Usos e Costumes da Praça do Estado de São Paulo", feitos pela Junta Comercial, com o objetivo de fixá-los e de prová-los[167].

Segundo o art. 4º da Lei de Introdução às Normas do Direito Brasileiro (Lei n. 12.376/2010), o recurso ao costume só tem cabimento quando se esgotarem todas as potencialidades legais. Daí o seu caráter de fonte subsidiária, procurando completar a lei e preencher a lacuna, que será objeto de nosso estudo mais adiante[168]. A legislação estatal não negou, portanto, a força do direito consuetudinário, apenas reivindicou para si o primado hierárquico.

d.1.2. *Natureza jurídica do costume*

A natureza jurídica do costume, ou seja, a questão da sua obrigatoriedade, tem provocado grandes polêmicas entre os juristas[169].

---

164. Le droit, l'ordre et la raison, Paris, Sirey, 1927, p. 11.

165. Clóvis Beviláqua, Teoria geral do direito civil, cit., p. 22; Alípio Silveira, O costume jurídico no direito brasileiro, RF, 163(631-2):74, cit.; Clemente de Diego, Fuentes del derecho civil español, Madrid, 1922, p. 285-7.

166. Haroldo Valladão, História do direito brasileiro, parte 1, p. 21; Caio Mário da Silva Pereira, Instituições, cit., v. 1, p. 73; Belime, Philosophie du droit et cours d'introduction à la science du droit, 3. ed., Paris, 1869, Ed. Durand-Pedone Lauriel, p. 492-5; Clóvis Beviláqua, Teoria geral do direito civil, cit., p. 22; Borges Carneiro, Direito civil de Portugal, v. 1, § 14; Gustavo M. Sudbrack e Luiz Gustavo M. Moser, A força normativa dos usos e costumes na hermenêutica contratual, Revista Síntese – Direito empresarial, 34:224 a 231.

167. Franco Montoro, Introdução, cit., v. 2, p. 83; Carlos Maximiliano, Hermenêutica e aplicação do direito, 8. ed., Rio de Janeiro, Freitas Bastos, 1965, p. 200 e 201.

168. Carlos Maximiliano, Hermenêutica, cit., p. 201; Ferreira Coelho, Código Civil comparado, comentado e analisado, 1920, v. 2, p. 104, n. 845.

169. Barros Monteiro, Curso de direito civil, cit., v. 1, p. 19-20; Alípio Silveira, O costume jurídico, RF, 163:75 e s.; Ribas, Direito civil, 2. ed., v. 1, p. 130-62; Cogliolo, Saggio sopra l'evoluzione del diritto privato, cap. IV.

Sobre o assunto manifestaram-se várias doutrinas, como a *teoria da vontade popular*, entendendo que a obrigatoriedade do costume descansa no consenso popular tácito (*tacitus consensus populi*) ou na presunção de vontade dos cidadãos (*tacita civium conventio*), sendo, portanto, originária dos romanos, que diziam: "*Inveterata consuetudo pro lege non immerito custoditur, et hoc est jus quod dicitur moribus constitutum. Nam cum ipsae leges nulla alia ex causa nos teneant, quam quod judicio populi receptae sunt; merito et ea quae sine ullo scripto populus probavit tenebunt omnes*"[170]. Com o que concordam Binding e Rumelin. Contudo, essa teoria não pode ser aceita porque, mesmo no direito romano, os *edicta magistratum*, as *responsa prudentium* e a *auctoritas rerum perpetuo similiter judicatarum* eram tidos como direito consuetudinário, mas neles não intervinha a vontade do povo; além disso há costumes vigentes que são completamente ignorados pelo povo[171].

Para Savigny, Puchta, Gerber, Dahn, Stobbe e Thön, há no costume dois elementos: um objetivo — o uso, e um subjetivo — a convicção jurídica. Porém só a convicção ou sentimento de necessidade é essencial; o uso é mero acidente, tendo apenas o valor de prova. Esta convicção seria fundamental para a obrigatoriedade do costume, que se revelaria na conformidade de seu reconhecimento como idôneo para regular comportamentos, justificando sua aplicação compulsória aos que não se submetem, de modo voluntário, a ela. Assim sendo, por mais que se repitam, os usos não se convertem em jurídicos.

Há ainda os que afirmam, como Dernburg, Jellinek, Bluntschli, Zitelmann, Demófilo de Buen, Ferrini, Ferrara, que a constante repetição é que dá origem à juridicidade do costume, colocando assim a convicção em plano secundário, por entenderem que certos comportamentos e atitudes se observam em determinada comunidade durante longo tempo, sem ser a sua observância julgada como um dever pelos seus membros, que praticam as condutas como todos fazem, sem julgá-las.

Contudo, parece-nos que, sem a formação de uma convicção jurídica, o costume não pode ser tido como jurídico; seria simples uso social[172].

Planiol, Esmein, Lambert e Max Ernst Mayer entendem que a obrigatoriedade do costume advém das decisões judiciárias, considerando, assim, o labor dos tribunais como verdadeiramente constitutivo e não declaratório do costume. Enquanto o Poder Judiciário não se manifestar várias vezes, permanece incerto se a norma consuetudinária, invocada pela parte, é jurídica ou não[173]. Esta opinião não pode ser aceita, porque os juízes aplicam normas já existentes. Reconhece Geny a tarefa do juiz de investigar a *opinio necessitatis*,

---

170. Juliano, Digesto, 1, 3, fr. 32, § 1º; Ulpiano, D. 1, 3, fr. 35, § 4º: "Moris sunt tacitus consensus populi, longa consuetudine inveteratus". Ubero (Institutionum, L. 1, Tít. 2, n. 12): "Consuetudo est jus non scriptum, quod usu longo, veluti tacito populi consensu, vim obligandi accepit". Correa e Sciascia, Direito romano, v. 1, p. 6, § 5º.

171. Barros Monteiro, Curso de direito civil, cit., v. 1, p. 20; Clóvis Beviláqua, Teoria geral do direito civil, cit., p. 23. V. Clemente de Diego, La jurisprudencia, cit., p. 247 e 251; Altamira, La costumbre jurídica en la colonización española, Revista de la Escuela Nacional de Jurisprudencia, México, 1948, t. 10, p. 177-9; Colin e Capitant, Cours élémentaire de droit civil français, 11. ed., Paris, Dalloz, 1947, n. 25; Orlando Gomes, Introdução, cit., n. 20; Caio Mário da Silva Pereira, Instituições, cit., v. 1, p. 74; Puchta, Corso, cit., p. 9; Wolff, Trattato, v. 1, t. 1, § 35; Savigny, Traité de droit romain, 1/69.

172. Ferrara, Trattato di diritto civile italiano, Roma, 1921, v. 1, p. 128-33; Ferrini, Consuetudine, in Enciclopedia Giuridica Italiana, v. 3, parte III, n. 9 e 10; A. Silveira, RF, v. 108; De Diego, La jurisprudencia, cit., p. 247-8.

173. Lambert, La fonction, cit., p. 210; Planiol, Ripert e Boulanger, Traité élémentaire, 2. ed., v. 1, n. 11; Esmein, Cours élémentaire d'histoire du droit français, 1925; Max Ernst Mayer, Filosofía del derecho, cit., p. 136-7.

que representa um grande poder de apreciação, atribuído ao magistrado na formação do costume jurídico. Esta sua opinião não se encaixa com a ideia, que mais adiante adota em seu livro, de que as decisões judiciais não são indispensáveis para o estabelecimento do costume. Porém Geny ao examinar a *opinio* reconheceu, de modo implícito, que se o juiz não estabelece o costume, pelo menos declara sua validade[174].

A grande maioria dos juristas, entre os quais citamos Storm, Windscheid, Wachter, Gierke, Unger, Stahl, Goldschmidt, Besfeier, Regelsberger, Clóvis Beviláqua, Washington de Barros Monteiro, Vicente Ráo, sustenta que o costume jurídico é formado por dois elementos necessários: o uso e a convicção jurídica, que integram o processo total da formação do direito consuetudinário[175].

Esse costume se forma pela prática dos interessados, pela prática judiciária (*auctoritas rerum similiter judicatarum*), como já vimos, e pela doutrina (*responsa prudentium, communis opinio doctorum*), que logo mais estudaremos[176].

A prática dos interessados é elemento formador do costume, mas não o único elemento, como quer Geny. Clóvis Beviláqua[177] entende que essa opinião peca por exclusivismo, mas é incontestável que dá origem a muitos costumes jurídicos.

Casos há em que o costume de uma localidade mais ou menos extensa é observado pelos interessados de cuja prática se originou. P. ex.: o costume sobre as águas na Chapada do Araripe, no Ceará, citado por Alceu de Lellis, que escreve: "Ali, onde a borda aprumada se transformou em colina úmida, o homem destruiu a floresta, estabeleceu-se e amoldou-se à terra. Adquiriu costumes originais, criou individualidade, inventou uma irrigação parca para o solo inclinado, estabeleceu uma operosa vida agrícola, até fez leis, impondo o seu direito costumeiro, que regula o uso agrícola da água. Precisamos dizer que ele é mais respeitado que as nossas leis custosamente elaboradas? Não se pode negar que existe verdadeira tendência para o espírito de cooperação no homem do Nordeste. Ele se manifesta francamente nas fraldas da Chapada do Araripe, onde brotam, de falhas da rocha, fontes poderosas. Nesse singular altiplano um uso tradicional, que regula a distribuição de água para irrigação, é rigorosamente mantido sem prestígio de autoridade alguma. De cada fonte saem regos e canais que, subdivididos, se espelham pelas múltiplas e pequenas propriedades das encostas. A cada lote de terra cabe, no mês, determinado número de dias, dois ou três, para o uso da água. As terras se transmitem com esse direito, que também é objeto de comércio, quando o proprietário, não fazendo a cultura, pode dispensar a água em proveito do vizinho. E todo esse complicado mecanismo de distribuição de água para as culturas move-se espontânea e metodicamente ao único impulso do interesse coletivo, sem lei escrita, tradicionalmente"[178].

174. Método de interpretación, cit., v. 1, p. 319, 360-4, 375 e 387. Alípio Silveira, Hermenêutica no direito brasileiro, Revista dos Tribunais, 1968, v. 1, p. 312.

175. Alípio Silveira, A analogia, os costumes e os princípios gerais de direito na integração das lacunas da lei, RF, 58:262, 1946.

176. Clóvis Beviláqua, Teoria geral do direito civil, cit., p. 26 e s.; Sternberg, Introducción a la ciencia del derecho, trad. José Rovira y Ermengol, 2. ed., Barcelona, Labor, 1930, p. 25; Cogliolo, Filosofia do direito privado, trad. Henrique de Carvalho, 1915.

177. Teoria geral do direito civil, cit., p. 28.

178. Alceu de Lellis, O nordeste brasileiro, in Geografia do Brasil, Ed. Sociedade de Geografia do Rio de Janeiro, 1922, v. 1, p. 6, 7 e 17, citado por Alípio Silveira, Hermenêutica, cit., v. 1, p. 354.

Do exposto, percebe-se que são condições para a vigência de um costume: sua continuidade, sua uniformidade, sua diuturnidade, sua moralidade e sua obrigatoriedade[179].

Poder-se-á dizer que o costume, sendo fonte subsidiária do direito, não requer alegação em juízo, pois o juiz conhece o direito: *jura novit curia*[180]. Porém, em virtude do caráter difuso da elaboração consuetudinária, muito se tem discutido sobre a necessidade de sua *prova* por aquele que o alega em juízo, a favor de uma pretensão[181]. Deveras, como observa Geny, enquanto a lei "se revela, de um só golpe, em um ato anunciado a todos por sua própria promulgação, o costume supõe um uso que se formou lentamente, sujeito, em seu diagnóstico, a muitos equívocos. Em consequência, é impossível exigir-se do juiz um conhecimento do direito consuetudinário tão perfeito quanto o que ele deve ter da lei"[182].

De maneira que Vicente Ráo[183] verifica que os modernos juristas admitem: *a*) que o magistrado, de ofício, pode aplicar o costume, se for notório ou de seu conhecimento, invocando-o quando admitido, como qualquer norma jurídica; *b*) que, se o desconhece, lícito lhe é exigir, de quem o alega, que o prove; e *c*) que, de qualquer modo, à parte interessada é permitido, sem aguardar a exigência do juiz ou a contestação do adversário, produzir essa prova, por todos os meios permitidos pelo direito.

Isto vale para o âmbito do direito civil, sendo que a prova dos usos e costumes comerciais será feita mediante certidão da Junta Comercial[184].

d.1.3. *Conceito e elementos do costume*

O costume é, portanto, uma norma que deriva da longa prática uniforme ou da geral e constante repetição de dado comportamento sob a convicção de que corresponde a uma necessidade jurídica[185]. A fonte jurídica formal é, então, a prática consuetudinária, sendo o costume ou a norma costumeira uma forma de expressão jurídica; deveras o costume não gera o direito, é apenas um modo pelo qual ele se expressa, daí a sua exigibilidade. A *consuetudo* (uso) e a *opinio juris et necessitatis* (convicção de que a norma é necessária) são elementos integrantes do processo de formação do costume. Há interação entre elas. A prática reiterada pode exercer influência como um valor de segurança social para a formação da *opinio*, que, por sua vez, pode promover o uso ou abreviar a duração necessária à formação do direito consuetudinário[186]. Passemos à análise desses elementos constitutivos do costume.

O uso deve ser uniforme, constante, público e geral. Uniforme e constante, pois, em idênticas situações, deve-se agir sempre da mesma maneira, sem qualquer interrupção. A uniformidade e a constância do uso não se poderiam verificar sem um exercício, por período

179. Washington de Barros Monteiro, Curso de direito civil, cit., v. 1, p. 20.
180. Ruggiero, Diritto Civile Italiano, v. 1, p. 82, § 13.
181. Machado Neto, Compêndio, cit., p. 210-11.
182. Geny, Método de interpretación, cit., p. 353 e 354, v. 1, n. 118, citação de Vicente Ráo, cit., p. 297.
183. O direito, cit., p. 297-8.
184. V. Washington de Barros Monteiro, Curso de direito civil, cit., v. 1, p. 21.
185. Barros Monteiro, Curso de direito civil, cit., v. 1, p. 20; Vicente Ráo, O direito, cit., p. 287; Machado Neto, Compêndio, cit., p. 206; Limongi França, Formas e aplicação, cit., p. 22.
186. Clemente de Diego, Fuentes, cit., p. 35-6; Alípio Silveira, Hermenêutica, cit., v. 1, p. 315; Campos Batalha, Introdução ao direito, São Paulo, Revista dos Tribunais, v. 1, p. 260; Caio Mário da Silva Pereira, Instituições, cit., v. 1, p. 73. Heinrich, Recherches sur la problématique du droit coutumier, in Recueil d'études sur les sources du droit en l'honneur de Geny, v. 2, p. 281.

razoavelmente longo, capaz de autorizar a *opinio (diuturnitas temporis)*. Público, porque deverá obrigar a todos, e geral, por alcançar a totalidade dos atos e das pessoas que realizam os pressupostos da sua incidência. A existência de um uso requer que não haja, ao mesmo tempo, outro uso contrário, porque então perderia a generalidade que deve caracterizá-lo. O uso deve, ainda, ser conforme à moral, aos bons costumes e à ordem pública[187].

Modernamente, a doutrina tem se manifestado contrária à fixação de prazos para que a duração do uso se converta em costume. No Brasil, a velha Lei da Boa Razão, de 1769, e o Regulamento 738, de 1850, fixavam, respectivamente, prazos mínimos de cem anos para os costumes em geral e de cinquenta anos para os costumes mercantis. Prazos esses de verificação quase que impossível. Como saber quando se deverá começar a contar o prazo, se a primeira prática ainda não é costume e muito menos uso, pois a prática consuetudinária só começa a ter existência quando o ato for reproduzido inúmeras vezes[188]?

Vicente Ráo afirma, categoricamente, que, em falta de norma que delimite o tempo de duração do uso como requisito para a sua validade, compete ao intérprete verificar, segundo os casos, se a norma, sujeita ao seu exame, reúne ou não, além deste, os seus demais elementos constitutivos, pois é cientificamente impossível predeterminar-se um período certo e rigoroso para a transformação de qualquer uso em costume, quando é certo que ao lado de costumes de prática imemorial há os relativamente recentes[189]. Só se pode exigir, a nosso ver, uma prática uniforme e prolongada, sendo, portanto, dispensável a fixação de prazos.

Terá de ser uma repetição constante, mas só isso não basta, é necessária a *opinio*[190]. Não há mera justaposição entre esses dois requisitos, que se influenciam reciprocamente, com o predomínio inicial ora de um, ora de outro. O ato pode ser praticado logo de início, com a convicção de sua necessidade jurídica, como pode ser praticado sem essa convicção, que só surge como um resultado da repetição[191].

Só assim se pode separar o uso social (*mores*, *folkways*) do costume jurídico, pois neste é a convicção que delimita a sua exigibilidade[192].

É indispensável que a prática seja acompanhada de certa convicção relativa à sua natureza jurídica e que ao violá-la se tenha de incorrer em alguma sanção exigível.

Para Clóvis Beviláqua, a força obrigatória do costume está na conformidade reconhecida entre ele e as necessidades sociais que regula[193].

---

187. Vicente Ráo, O direito, cit., p. 288; Geny, Método de interpretación, cit., v. 1, p. 343; Alípio Silveira, O costume jurídico, RF, cit., p. 77. Sobre a fixação de prazos para que o uso se converta em costume, v.: Cossio, La plenitud del ordenamiento jurídico y la interpretación judicial de la ley, Buenos Aires, 1939, p. 143; Siches, Vida humana, sociedad y derecho: fundamentación de la filosofía del derecho, 2. ed., México, Porrúa, p. 283, citado por Alípio Silveira, O costume jurídico, RF, cit., p. 77-8; Coviello, Manuale de diritto civile italiano; parte geral, 1924, § 16, citação de Alípio Silveira, O costume jurídico, RF, cit., p. 78.

188. Alípio Silveira, Hermenêutica, cit., v. 1, p. 329-31; Clóvis Beviláqua, Teoria geral do direito civil, cit., p. 35, e Código Civil, cit., p. 104; Carvalho de Mendonça, Tratado de direito comercial, v. 1, n. 99.

189. Vicente Ráo, O direito, cit., p. 289.

190. Alípio Silveira, Hermenêutica, cit., v. 1, p. 329.

191. Alípio Silveira, O costume jurídico, RF, cit., p. 79; Anzilotti, Cours de droit international, 1929, p. 73-4.

192. Machado Neto, Compêndio, cit., p. 207. A respeito, consulte a lição de Julio Cueto Rua, Fuentes del derecho, Buenos Aires, Abeledo-Perrot, 1961, p. 95.

193. Teoria geral do direito civil, cit., p. 25.

A *opinio juris et necessitatis*, que traduz exigências de certeza, de segurança, de justiça e de utilidade comum, existe, em regra, em grau mínimo, desde o início do uso. Com a repetição ela intensifica-se. "Se assim não fosse, isto é, se o uso gerador do costume jurídico não tivesse, desde o início, certa juridicidade, teríamos de chegar à conclusão de que qualquer uso social se transformaria em costume juridicamente obrigatório, somente pela força da repetição. Esta conclusão é absurda, pois existem numerosos usos sociais (moda, etiqueta, cortesia ...) que nunca se transformam em costume jurídico"[194].

É necessário que o costume seja conforme à ideia de justiça. Daí a exigência da razoabilidade. A Lei da Boa Razão exigia que as normas consuetudinárias fossem conformes à boa razão, que constitui o espírito das leis[195].

Emilio Betti[196] considera a *ratio juris* como um *quid* necessário, mas distinto da *opinio*. Uma vez determinado o conteúdo do costume, ou seja, verificada a *opinio juris et necessitatis* no caso concreto, o magistrado terá que verificar se a norma costumeira se conforma à *ratio juris*, que não é outra coisa senão o critério da valoração e da convicção comum, sobre que se funda o valor normativo do costume jurídico, e que se reproduz e reflete na *opinio necessitatis* dos interessados como membros de uma comunidade. Para Ferrini, essa *ratio* indica as exigências fundamentais do sistema ético e jurídico. Assim sendo, o juiz ao aplicar o costume terá que levar em conta os fins sociais e as exigências do bem comum (LINDB, art. 5º). Terá sempre que aferir a justiça, a razoabilidade, a moralidade e a sociabilidade do costume jurídico[197], considerando-o sempre na unidade de seus dois elementos essenciais.

d.1.4. *Espécies de costume*

Em relação às leis, três são as espécies de costume: *secundum legem*, *praeter legem* e *contra legem*.

O costume *secundum legem* está previsto na lei, que reconhece sua eficácia obrigatória. No nosso direito tal é o caso do art. 1.297, § 1º, do Código Civil, que assim reza: "Os intervalos, muros, cercas e os tapumes divisórios, tais como sebes vivas, cercas de arame ou de madeira, valas ou banquetas, presumem-se, até prova em contrário, pertencer a ambos os proprietários confinantes, sendo estes obrigados, de conformidade com os costumes da localidade, a concorrer, em partes iguais, para as despesas de sua construção e conservação". Manda nosso Código que, em matéria de dispêndios de construção e conservação de tapumes, se observem os costumes locais. O art. 596, concernente às prestações de serviço, diz: "Não se tendo estipulado, nem chegado a acordo as partes, fixar-se-á por arbitramento a retribuição, segundo o costume do lugar, o tempo de serviço e sua qualidade". O art. 597, por sua vez, dita: "A retribuição pagar-se-á depois de prestado o serviço, se, por convenção, ou costume, não houver de ser adiantada, ou paga em prestações". O art. 615 afirma:

---

194. Alípio Silveira, O costume jurídico, RF, cit., p. 81. Geny, Método, cit., v. 1, p. 362 e 372; Fernando de los Rios, no prólogo à Introducción a la ciencia del derecho de Radbruch, p. XIV e XV.

195. Paulo de Lacerda, Manual do Código Civil brasileiro; introdução, v. 1, citação de A. Silveira, O costume jurídico, RF, cit., p. 83.

196. Interpretazione della legge e degli atti giuridici, Milano, Giuffrè, 1949, cap. XIV, p. 231.

197. Ferrini, Consuetudine, in Enciclopedia Giuridica Italiana, cit., v. 3, parte III, n. 10; Alípio Silveira, Hermenêutica, cit., v. 1, p. 343.

"Concluída a obra de acordo com o ajuste, ou o costume do lugar, o dono é obrigado a recebê-la. Poderá, porém, rejeitá-la, se o empreiteiro se afastou das instruções recebidas e dos planos dados, ou das regras técnicas em trabalhos de tal natureza". E o art. 965, I, consagra a regra: "Goza de privilégio geral, na ordem seguinte, sobre os bens do devedor: I — o crédito por despesas de seu funeral, feito segundo a condição do morto e o costume do lugar". É óbvio que nesses casos o preceito costumeiro não se encontra contido na lei civil, mas é por ela admitido[198].

O costume é *praeter legem* quando se reveste de caráter supletivo, suprindo a lei nos casos omissos, preenchendo lacunas. É o tipo que está contido no art. 4º da Lei de Introdução às Normas do Direito Brasileiro. Esse costume é invocado, quando não se puder empregar a argumentação analógica, nas hipóteses de silêncio da lei sobre determinado assunto, procurando preencher esse hiato legal pela observância de práticas consuetudinárias. P. ex.: a função natural do cheque é ser um meio de pagamento à vista. Se emitido sem fundos em poder do Banco sacado, ficará o que o emitiu sujeito à sanção penal. Entretanto, muitas pessoas vêm, reiterada e ininterruptamente, emitindo-o não como uma mera ordem de pagamento mas como garantia de dívida, para desconto futuro, na convicção de que esse procedimento não constitui crime. Tal costume de emitir cheque pós-datado, baseado em hábito da época, realizado constante e uniformemente e na convicção de que se trata de uma norma jurídica, como se fosse um sucedâneo de letra de câmbio ou de promessa de pagamento, faz com que o magistrado se utilize dessa norma consuetudinária como fonte supletiva da lei, declarando a inexistência do crime[199].

O costume *contra legem* é aquele que se forma em sentido contrário ao da lei. Seria o caso da *consuetudo abrogatoria*, implicitamente revogatória das disposições legais, ou da *desuetudo*, que produz a não aplicação da lei, em virtude de desuso, uma vez que a norma legal passa a ser letra morta[200]. Quanto a esse tipo de costume digladiam-se os autores, uns o admitem, outros não.

Os partidários do historicismo jurídico reconhecem o costume ab-rogatório, representando a "revolta dos fatos contra os códigos", como afirma Gaston Morin. Contudo, Savigny[201] não pode ser incluído entre aqueles que admitem a absoluta força derrogatória do costume.

198. V.: Carlos Maximiliano, Hermenêutica, cit., p. 203; W. Barros Monteiro, Curso de direito civil, cit., v. 1, p. 20 e 21; Franco Montoro, Introdução, cit., v. 2, p. 87-8; Vicente Ráo, O direito, cit., p. 292; Alípio Silveira, O costume jurídico, RF, cit., p. 84-5; Rafael Altamira denomina essa forma de costume "costume casuístico", porque a lei se refere a ele em dispositivos casuísticos (La costumbre en el derecho español, Revista de la Escuela Nacional de Jurisprudencia, México, 1952, p. 294).

199. Barros Monteiro, Curso de direito civil, cit., v. 1, p. 20; Caio Mário da Silva Pereira, Instituições, cit., v. 1, p. 75; Vicente Ráo, O direito, cit., p. 292; Carlos Maximiliano, Hermenêutica, cit., p. 203; Theodoro Sampaio, O Rio São Francisco, cit., p. 120, citado por Alípio Silveira, Hermenêutica, cit., v. 1, p. 353. V. STJ Súmula 370.

200. Carlos Maximiliano, Hermenêutica, cit., p. 203-4; Vicente Ráo, O direito, cit., p. 292; Franco Montoro, Introdução, cit., v. 2, p. 88. Quanto à ab-rogação da lei pelo costume, v.: Beudant, Cours de droit civil français, t. 1, p. 110 e s.; Morin, La décadence de l'autorité de la loi, Revue de Métaphysique et de Morale, p. 259 e s., 1925; Meyer, Institutiones juris naturalis, Parte I, p. 272 e s.; Bonnecase, Introduction à l'étude du droit, 2. ed., Paris, Sirey, 1931, p. 69 e s.

201. Savigny, Sistema, cit., v. 1, §§ 18 e 28. Franco Montoro, Introdução, cit., v. 2, p. 89; Vicente Ráo, O direito, cit., p. 293.

François Geny[202] manifesta-se contrário ao costume *contra legem*, por entender que se deve repelir todo costume formalmente oposto à lei escrita, que, por sua supremacia, deve prevalecer.

Por sua vez, Georges Rénard admite o costume *contra legem*, por ser praticamente impossível que os tribunais desprezem costumes que se formaram contra a lei e não lhes reconheçam a virtude de revogá-la ou emendá-la[203].

Clóvis Beviláqua chega a permitir, excepcionalmente, essa espécie de costume, como se pode ver neste texto: "É bem certo que, nas relações de direito prevalecem a justiça, a razão e a conveniência sobre quaisquer outras considerações. Tendo, por si, estes predicados, o costume erigiu-se, muitas vezes, em direito, apesar da lei escrita, que deixava, então, de ser a expressão verdadeira da harmonia entre as necessidades do indivíduo e as da sociedade, de que era órgão morto, sem função na vida social... Todavia, se o legislador for imprevidente em desenvolver a legislação nacional de harmonia com as transformações econômicas, intelectuais e morais operadas no país, casos excepcionais haverá em que, apesar da declaração peremptória da ineficácia ab-rogatória do costume, este prevaleça 'contra legem', porque a desídia ou incapacidade do Poder Legislativo determinou um regresso parcial da sociedade à época em que o costume exercia, em sua plenitude, a função de revelar o direito, e porque as forças vivas da nação se divorciam, nesse caso, das normas estabelecidas na lei escrita".

Na mesma linha de pensamento, Serpa Lopes pondera: "Uma lei pode impor tudo menos a sua irrevogabilidade, e, embora ela prescreva, como medida de segurança, que a sua revogação só se pode dar em razão de outra lei escrita, a realidade, entretanto, é mais forte do que os preceitos, e a realidade, através de um costume reiterado, enraizado nos dados sociológicos, em harmonia com as necessidades econômicas e morais de um determinado povo, é demasiado poderosa e capaz, portanto, de romper os diques de uma norma, justa em regra, mas que, excepcionalmente, pode-se converter num mero artifício, respeitada, à semelhança de um filho que seguisse o paganismo paterno, somente para manter uma tradição, e não escutando um apelo de sua própria consciência"[204].

Em princípio, o costume não pode contrariar a lei, pois uma lei só se modifica ou se revoga por outra da mesma hierarquia ou de hierarquia superior, como prescreve o art. 2º da nossa Lei de Introdução às Normas do Direito Brasileiro. Porém, tal não ocorre. Ernst Swoboda nos ensina que na Dinamarca o costume pode derrogar a lei de maneira ampla, e que enquanto o Código Civil austríaco, no art. 10, estabelece que não se deve ter em conta o costume senão nos casos expressamente previstos pela lei, na prática os tribunais austríacos utilizam-se do costume *contra legem*. Rafael Altamira e Demófilo de Buen mostram a presença frequente dessa espécie de *consuetudo* na Espanha. Claude du Pasquier, alto magistrado suíço, em suas obras salienta a maneira como os juízes, disfarçadamente, muitas vezes, se abstêm de aplicar a lei, dando preferência a um costume[205].

---

202. Método de interpretación, cit., em citação de Vicente Ráo, O direito, cit., p. 294.

203. Le droit, cit., p. 11, nota 1. Alípio Silveira a ele se refere, na obra Hermenêutica, cit., v. 1, p. 345.

204. Serpa Lopes, Comentários à Lei de Introdução ao Código Civil, v. 1, p. 80. V. ainda: Alípio Silveira, Hermenêutica, cit., v. 1, p. 359; Clóvis Beviláqua, Teoria geral do direito civil, cit., p. 33-4.

205. Du Pasquier, Introduction, cit., p. 50; Swoboda, Les diverses sources du droit: leur équilibre et leur hierarchie dans les divers systèmes juridiques, Archives de Philosophie du Droit et de Sociologie Juridique, n. 12, p. 200,

Dentro do direito brasileiro há casos em que os juízes aplicaram o costume *contra legem* atendendo aos reclamos da justiça e dos fatos sociais (LINDB, art. 5º). No antigo direito pátrio houve um alvará, o de 30 de novembro de 1793, que mandou seguir, em matéria de prova, o costume de preferência à lei, e isso ocorreu numa época em que vigorava a Lei da Boa Razão, editada em 1769, que proibia o costume contrário às disposições legais. Outro exemplo foi o caso do chamado aluguel progressivo, que, apesar de proibido pelo art. 3º da Lei n. 1.300/50, foi muito praticado, de tal forma que a Lei n. 3.494/58, no art. 2º, o consagrou[206]. Tanto a Lei n. 1.300/50 como a Lei n. 3.494/58 foram revogadas pela Lei n. 4.494, de 25-11-1964.

A grande maioria dos autores rejeita o costume *contra legem* por entendê-lo incompatível com a tarefa legislativa do Estado e com o princípio de que as leis só se revogam por outras[207]. Realmente, poder-se-á afirmar que a problemática do costume *contra legem* é de natureza política e não jurídica, pois se trata de uma questão de colisão de poderes[208].

Em que pese a opinião de certos autores sobre a inadmissibilidade da aplicação do costume *contra legem*, a admitimos em casos excepcionais, como o de desajuste entre a realidade dos fatos e o comando normativo, desde que fundada na justiça.

d.2. Atividade científico-jurídica

d.2.1. *Origem da doutrina*

A doutrina é formada pela atividade dos juristas, ou seja, pelos ensinamentos dos professores, pelos pareceres dos jurisconsultos, pelas opiniões dos tratadistas.

Originária de Roma, quando Augusto concedeu a uma classe de jurisconsultos eminentes (*iurisprudentes*) o poder de responder a consultas versando sobre problemas jurídicos, comentando o direito de sua época, procurando seus fundamentos e se esforçando para responder às questões não resolvidas pelos magistrados. Os jurisconsultos que tinham o *ius publice respondendi* gozavam de grande autoridade perante o magistrado e o *judex privatus* (juiz nomeado no processo), que os respeitavam em suas sentenças. Adriano resolveu, diante disso, que os ditames desses juristas privilegiados tivessem força de lei quando uniformes e aceitos por todos os *iurisprudentes*. Logo, somente a *communis opinio doctorum*, isto é, os ditames que fossem concordantes, é que tinha força obrigatória. As opiniões contidas em

---

1934; Altamira, La costumbre, Revista de la Escuela Nacional de Jurisprudencia, cit., p. 296; Demófilo de Buen, Las normas jurídicas y la función judicial, Revista General de Legislación y Jurisprudencia, 1917, p. 74; Jean Cruet, A vida do direito e a inutilidade das leis, Salvador, Ed. Progresso, 1956. V. Alípio Silveira, O costume jurídico, RF, cit., p. 185.

206. Alípio Silveira, O costume jurídico, RF, cit., p. 86; R. Limongi França, Costume, in Enciclopédia Saraiva do Direito, v. 21, p. 87.

207. Vicente Ráo, O direito, cit., p. 294. Dentre os que assim entendem estão: Esmein, Cours élémentaire d'histoire du droit français, 15. ed., 1925, p. 677-755; Clemente de Diego, Fuentes, cit., p. 245; Alípio Silveira, O costume jurídico, RF, cit., p. 86.

208. Radbruch, Introducción a la ciencia del derecho, Madrid, Revista de Derecho Privado, 1930, p. 38 e s.; M. Helena Diniz, As lacunas, cit., p. 159-80; Olavo Acyr de Lima Rocha, Costume no direito privado, in Enciclopédia Saraiva do Direito, v. 21, p. 98-115.

suas obras adquiriram o mesmo valor de seus ditames, ou seja, das respostas dadas às consultas (*responsa*). Tanto as obras dos juristas como as *responsa prudentium* chegaram a ser uma das fontes jurídico-formais de maior importância no Império Romano. Posteriormente, no ano de 426 d.C., a chamada *ley de las citas* (lei de citações) deu força obrigatória aos escritos de Papiniano, Paulo, Ulpiano, Modestino, Gaio e aos dos autores por estes citados, devendo os juízes seguir, em caso de critérios diferentes, a opinião da maioria; mas se nem todos se haviam pronunciado sobre o assunto, ou em caso de empate, prevalecia o parecer de Papiniano e, na falta da opinião deste, podiam aplicar a doutrina que lhes parecesse mais justa. Justiniano derrogou essas disposições, ao dar força legal às opiniões desses juristas, recompiladas por Triboniano no *Digesto* ou *Pandectas*, no ano de 533 d.C. Como se vê, o *Digesto* é compilação extraída dos escritos dos principais juristas romanos.

Algo bastante parecido se deu na Espanha, na época dos reis católicos, que, no ano de 1499, ante a falta de solução legal a muitos problemas, declararam, nas Ordenações Afonsinas, obrigatórias as opiniões de certos pós-glosadores de prestígio como Acúrsio, Bartolo de Sassoferrato, Baldo de Ubaldis, Juan Andrés e Nicolás de Tudeschi. Tratava-se da *Pragmática de Madrid*. Essa medida teve pequena duração, sendo revogada por uma lei de 1505.

Mas a questão teórica da doutrina como fonte jurídica só surgiu no século XIX, com o advento do fenômeno da positivação do direito, que dá lugar à preponderância da lei como fonte de direito, à concepção da ordem jurídica como sistema e ao controle da legalidade das decisões judiciais. Com isso, ao lado da centralização organizada da legislação surge: *a*) uma série de conceitos dogmáticos elaborados pela ciência jurídica, como, p. ex., a distinção entre fonte material, ou de produção, e formal, ou de cognição, a questão de hierarquia das fontes etc.; e *b*) a construção do sistema jurídico pelo jurista[209]. Daí a grande importância da doutrina como fonte de cognição.

d.2.2. *Conceito de doutrina jurídica*

O termo *doutrina* advém do latim *doctrina*, do verbo *doceo* — ensinar, instruir. Etimologicamente, é o resultado do pensamento sistematizado sobre determinado problema, com a finalidade precípua de ensinar, impondo uma ortodoxia, ou seja, um pensamento tido como correto por determinado ponto de vista ou grupo[210].

A *doutrina* decorre da atividade científico-jurídica, isto é, dos estudos científicos realizados pelos juristas, na análise e sistematização das normas jurídicas, na elaboração das definições dos conceitos jurídicos, na interpretação das leis, facilitando e orientando a tarefa de aplicar o direito, e na apreciação da justiça ou conveniência dos dispositivos legais,

209. Claude du Pasquier, Introduction, cit., p. 67; Mouchet e Zorraquín Becu, Introducción, cit., p. 243; A. L. Machado Neto, Compêndio, cit., p. 215; R. Sohm, Instituciones de derecho privado romano, 17. ed., p. 83; A. Machado Pauperio, Introdução, cit., p. 160; Colin e Capitant, Cours élémentaire, cit., p. 34-7; Tercio Sampaio Ferraz Jr., Função social, cit., p. 68 e 69. Sobre a questão da positivação, v. o que dizemos neste Compêndio, Cap. III, n. 4, A, ao analisarmos historicamente a problemática da lacuna e da antinomia.

210. Silvio de Macedo, Doutrina, in Enciclopédia Saraiva do Direito, v. 29, p. 380.

adequando-os aos fins que o direito deve perseguir, emitindo juízos de valor sobre o conteúdo da ordem jurídica[211], apontando as necessidades e oportunidades das reformas jurídicas[212].

Ou, mais sinteticamente, como prefere García Máynez[213], a doutrina é o estudo de caráter científico que os juristas realizam a respeito do direito, seja com o objetivo meramente especulativo de conhecimento e sistematização, seja com o escopo prático de interpretar as normas jurídicas para sua exata aplicação.

A doutrina deriva de obra científica dos juristas comentando as leis, os costumes, a jurisprudência, construindo um sistema jurídico coerente[214]. Como se vê, é o resultado de uma atividade científica dos juristas, portanto, uma forma de expressão jurídica, como logo mais explicaremos.

d.2.3. *Doutrina como fonte de direito*

Questão bastante controvertida é a de saber se a doutrina constitui ou não uma fonte jurídica.

Há os que negam à doutrina esse caráter, dentre eles Paulo de Barros Carvalho[215], por entender que o discurso descritivo não altera a natureza prescritiva do direito, visto que apenas ajuda a compreendê-lo sem, entretanto, modificá-lo, colocando-se como uma sobrelinguagem que fala da linguagem deôntica da ordenação jurídica vigente.

Miguel Reale, por sua vez, nega também à doutrina a qualidade de fonte do direito, ao afirmar: "As fontes de direito produzem modelos jurídicos, isto é, estruturas normativas que, com caráter obrigatório, disciplinam as distintas modalidades de relações sociais. Como pensamos ter demonstrado em nosso livro *O direito como experiência*, enquanto as fontes revelam modelos jurídicos que vinculam os comportamentos, a doutrina produz modelos dogmáticos, isto é, esquemas teóricos, cuja finalidade é determinar: *a*) como as fontes podem produzir modelos jurídicos válidos; *b*) que é que estes modelos significam; e *c*) como eles se correlacionam entre si para compor figuras, institutos e sistemas, ou seja, modelos de mais amplo repertório"[216].

Outros, como Abelardo Torré, nela vislumbram uma fonte material, quer para o juiz, quando procura aplicar corretamente o direito, quer para o legislador, quando se inspira no trabalho dos juristas ao elaborar as leis[217].

---

211. Trata-se das três funções da ciência: a científica, a prática e a crítica. V. Mouchet e Zorraquín Becu, Introducción, cit., p. 242; Otavio L. Rodrigues Junior, Dogmática e crítica da jurisprudência ou da vocação da doutrina em nosso tempo, RT, 891:65-106.

212. Francisco Uchoa de Albuquerque e Fernanda Maria Uchoa, Introdução, cit., p. 185. V. também Claude du Pasquier, Introduction, cit., p. 68.

213. Introducción, cit., p. 76.

214. A. L. Machado Neto, Compêndio, cit., p. 214.

215. Curso de direito tributário, cit., p. 34.

216. Lições preliminares, cit., p. 176.

217. Abelardo Torré, Introducción al derecho, cit., p. 342; Francisco Uchoa de Albuquerque e Fernanda Maria Uchoa, Introdução, cit., p. 185; Mouchet e Zorraquín Becu, Introducción, cit., p. 244; Oliveiros Litrento, A doutrina na ordem jurídica, Rio de Janeiro, Forense Universitária, 1995; Nelson de Souza Sampaio (Fontes formais do direito, in Enciclopédia Saraiva do Direito, cit., p. 121) considera-a como fonte formal e material.

Há os que a consideram fonte indireta, alegando que a obra doutrinária não pode ser obrigatoriamente adotada pelos órgãos de aplicação da lei e pelo legislador, por ser produzida por quem não possui poder normativo conferido pelo Estado. Assim sendo, a doutrina não seria uma autêntica fonte jurídica, podendo ser apenas uma *opinião* acatada pelo juiz ao sentenciar e pelo legislador, ao compor lei ou emendá-la[218].

Isto é assim porque o tratamento usualmente dado à questão da doutrina como fonte enfoca o assunto sob o ângulo pragmático, pois está dirigido ao exame da possibilidade da utilização dos conhecimentos doutrinário-jurídicos nas decisões judiciárias, não se referindo à possibilidade de esses estudos científicos sobre o direito serem transformados em direito[219].

Todavia, será preciso não olvidar que a doutrina é decorrente de atividade científica, e esta é tida por muitos, inclusive por nós, como fonte de direito costumeiro. Poderíamos até considerar a doutrina como forma de expressão do direito consuetudinário, resultante da prática reiterada de juristas sobre certo assunto. É nos tratados que se procuram as normas, neles os juristas apresentam sua interpretação de normas e soluções prováveis para casos não contemplados; se seus pensamentos forem aceitos pelos seus contemporâneos, fixam-se em doutrina, que, por sua vez, irá inspirar os tribunais[220].

Deveras, a doutrina jurídica, nesse sentido, é um importante recurso à produção de normas jurídicas individuais para preencher determinadas lacunas[221], sendo valiosa fonte de cognição.

O Código de Napoleão, no art. 4º, ao prescrever que "*Le juge qui refusera de juger sous pretexte du silence, de l'obscurité ou de l'insuffisance de la loi, pourra être poursuivi comme coupable de déni de justice*", obriga o órgão judicante a decidir mesmo em caso de lacuna, e como o espírito do direito francês não se coaduna com a aplicação generalizada da equidade, a prática judiciária socorreu-se da doutrina jurídica, que sempre proclamou o uso dos princípios gerais[222].

O art. 1º do Código Civil suíço de 1907 consagra a doutrina expressamente como recurso para o preenchimento de lacunas, ao estabelecer que na falta de lei ou de costume aplicável o juiz deve inspirar-se nas soluções consagradas pela doutrina e jurisprudência.

No nosso direito não há quaisquer dificuldades para a eventual busca da ajuda da doutrina, porque o art. 4º da Lei de Introdução às Normas do Direito Brasileiro prevê o recurso aos princípios gerais de direito, sendo que muitos deles são de formação doutrinária, como ocorre desde a era romana, visto que os princípios *nemo ad alium plus juris transferre potest quam ipse potest* (ninguém pode transferir a outrem mais direito do que possui) e

218. Carlos Coelho M. Freire, Influência da doutrina jurídica nas decisões judiciárias, João Pessoa, Ed. União, 1977, p. 24.

219. Carlos Coelho M. Freire, Influência da doutrina jurídica, cit., p. 25 e 26; A. L. Machado Neto, Teoria geral do direito, Rio de Janeiro, Tempo Brasileiro, 1966, p. 277, em nota de rodapé.

220. Clóvis Beviláqua, Teoria geral do direito civil, cit., p. 27; Barros Monteiro, Curso de direito civil, cit., v. 1, p. 21 e 22; Arnaldo Vasconcelos, A doutrina como fonte de direito, Revista da Faculdade de Direito da Universidade Federal do Ceará, v. 25, p. 171 a 184.

221. A. L. Machado Neto, Compêndio, cit., p. 215; Carlos Coelho M. Freire, Influência na doutrina jurídica, cit., p. 25.

222. Wolf, Les lacunes du droit et leur solution en droit suisse, in Logique et analyse, publicação trimestral do Centro Nacional Belga de Pesquisas de Lógica, Louvain, 10(37):78-97, 1967; e in Le problème des lacunes en droit, cit.

bis de eadem re ne sit actio (a mesma ação não pode ser proposta duas vezes para a mesma coisa) resultaram de obra de juristas[223].

É preciso lembrar, ainda, que o projeto da lei geral de aplicação das normas jurídicas, de Haroldo Valladão, no art. 6º, segunda alínea, chega a considerar como fonte positiva do direito "a doutrina aceita, comum e constante dos jurisconsultos".

Logo, a atividade científica sem o beneplácito dos tribunais e sem a sedimentação do costume não cria o direito. A doutrina dominante, apesar de poder ser encarada pelo prisma quantitativo, só se reveste desse caráter quando satisfaz o ponto de vista qualitativo, isto é, quando soluciona, tendo em vista o justo, satisfatoriamente, um problema jurídico. Assim, o critério básico para o predomínio de uma doutrina, em um dado momento histórico, consiste em seu caráter de maior razoabilidade ou de maior justiça para resolver uma questão jurídica[224].

d.2.4. *Influência da doutrina na legislação e na decisão judicial*

É a doutrina que constrói noções gerais, conceitos, classificações, teorias, sistemas. Com isso, exerce função relevante na elaboração, reforma e aplicação do direito, devido à sua grande influência na legislação e na jurisprudência, que se inspiram no estudo dos juristas, que, com sua grande formação científico-jurídica, dedicam-se a aprofundar os problemas jurídicos, oferecendo em suas obras o resultado de suas reflexões e estudos. Por carecerem de quaisquer interesses políticos ou econômicos ao defender seus pontos de vista, apoiam-se apenas em sua probidade científica, daí o seu prestígio. Deveras, é na obra dos juristas que se encontram a origem de várias disposições legais e a inspiração de julgados que visam aperfeiçoar o direito. Foi o que se deu com as teorias da imprevisão, do abuso do direito, do direito social, do direito da concubina e dos filhos adotivos e adulterinos, da responsabilidade civil em geral e, em especial, por dano moral etc.[225]. Além disso, observa Orlando Gomes[226], exerce, a doutrina, influência pelo ensino ministrado nas faculdades de direito, pois são os juristas que formam os magistrados e advogados, preparando-os para o exercício dessas profissões pelo conhecimento dos conceitos e teorias indispensáveis à compreensão do ordenamento jurídico.

Nítida é a influência da doutrina na *legislação*, porque o legislador, muitas vezes, vai buscar, no ensinamento dos doutores, os elementos para legiferar. Realmente, a concepção do direito como um fenômeno lacunoso justifica a ação legislativa e estabelece limites para a função jurisdicional, permitindo, além disso, ampliar o papel da doutrina, que pode ser considerada colaboradora na função legislativa de colmatação das lacunas, p. ex., com a

---

223. A. Machado Pauperio, Introdução, cit., p. 161; Claude du Pasquier, Introduction, cit., p. 69.

224. A. Machado Pauperio, Introdução, cit., p. 160; Julio Cueto Rua, Fuentes del derecho, cit., cap. V, C; Recaséns Siches, Pensamiento jurídico en el siglo XX, México, Porrúa, 1963, p. 536; Carlos Coelho M. Freire, Influência na doutrina jurídica, cit., p. 68. Gaston Morin (Le rôle de la doctrine dans l'élaboration du droit positif, Annuaire de l'Institute de Philosophie du Droit et de Sociologie Juridique, p. 64 e s., Paris, Sirey, 1934) demonstra-nos a grande contribuição da doutrina para a elaboração do direito positivo, confirmando seu papel como fonte do direito.

225. Sobre o assunto, v. Orlando Gomes, Introdução ao direito civil, cit., p. 54; Nelson Godoy Bassil Dower, Curso moderno, cit., v. 1, p. 29; Barros Monteiro, Curso de direito civil, cit., p. 21 e 22; Mouchet e Zorraquín Becu, Introducción, cit., p. 244; Franco Montoro, Introdução, cit., p. 99; Claude du Pasquier, Introduction, cit., p. 68 e 69; Sílvio de S. Venosa, Direito civil, cit., p. 34.

226. Introdução ao direito civil, cit., p. 64.

sua teoria do risco ou com a cláusula *rebus sic stantibus*. Se o ordenamento é um fenômeno em movimento, portanto mutável, não sendo rigorosamente orgânico, mas lacunoso, o jurista tem o dever de comentá-lo, visando auxiliar o legislador nas renovações e inovações normativas[227].

Exemplificativamente: no contrato busca-se sempre a vontade das partes (CC, arts. 421 e 422), e tudo aquilo que foi estipulado pelos contratantes deverá ser cumprido (*pacta sunt servanda*), sob pena de execução patrimonial contra o inadimplente (CC, art. 389). Somente força maior ou caso fortuito exonera os contratantes (CC, art. 393, parágrafo único)[228]. Contudo, hodiernamente, a lei (CC, arts. 317 e 478 a 480), a doutrina e a jurisprudência[229] estão temperando o princípio absoluto da imutabilidade dos contratos, aditando à regra *pacta sunt servanda* a cláusula *rebus sic stantibus*, que corresponde à fórmula: "contractus qui habent tractum successivum et dependentium de futuro rebus sic stantibus intelliguntur"[230].

O art. 619 do Código Civil pátrio consagra, explicitamente, o princípio da imutabilidade do preço nos contratos de empreitada, ao prescrever: "Salvo estipulação em contrário, o empreiteiro que se incumbir de executar uma obra, segundo plano aceito por quem a encomendou, não terá direito a exigir acréscimo no preço, ainda que sejam introduzidas modificações no projeto, a não ser que estas resultem de instruções escritas do dono da obra". Sendo a empreitada um tipo de contrato a preço certo, em que o empreiteiro assume o risco do custeio da mão de obra e dos materiais, se se obrigou a fornecê-los (CC, arts. 611 e 612), as oscilações do custo real, superiores ou inferiores ao previsto, não afetam a obrigação pecuniária do outro contratante, apenas a do empreiteiro[231].

Sem embargo, ante a realidade social a doutrina jurídica moderna e os tribunais estão admitindo a possibilidade de revisão dos contratos, em casos graves, quando da superveniência de acontecimentos extraordinários e imprevisíveis por ocasião da formação dos pactos, tornando sumamente onerosa a relação contratual, gerando a impossibilidade subjetiva de se executarem esses contratos. É imprescindível uma radical modificação da situação econômica, como dizem Nicola e Francesco Stolfi, para que se tenha a cláusula revisionista, que se inspira na equidade e no princípio do justo equilíbrio entre os contraentes.

A teoria da imprevisão, ora recepcionada legalmente, é uma ressalva ao princípio da imutabilidade dos contratos, como pondera Caio Tácito, de aplicação excepcional e restrita, sobretudo quando contraria norma expressa — o art. 619 do Código Civil — que não prevê um estado de crise que, inesperada e inevitavelmente, coloca o empreiteiro em face de um prejuízo intolerável[232]. Caio Mário da Silva Pereira entende que o art. 619 refere-se ao

227. Picard, O direito puro, Lisboa, Ed. Ibero-Americana, 1942, p. 31, 87 e 88. Miguel Reale Jr., Antijuridicidade concreta, cit., p. 128.

228. Oswaldo Aranha Bandeira de Mello, Contrato de direito público ou administrativo, RDA, 88:25, Rio de Janeiro, 1967; Washington de Barros Monteiro, Curso de direito civil; direito das obrigações, cit., v. 5, p. 10.

229. Empregamos o termo "jurisprudência" no sentido de conjunto de decisões uniformes dos tribunais.

230. Isto é: "Nos contratos de trato sucessivo ou a termo, o vínculo obrigatório entende-se subordinado à continuação daquele estado de fato vigente ao tempo de estipulação". V. Arnoldo Medeiros da Fonseca, Caso fortuito e teoria da imprevisão, 2. ed., 1943, citado por Washington de Barros Monteiro, Curso de direito civil, cit., v. 5, p. 11 e nota 13.

231. Caio Tácito, Direito administrativo, p. 296.

232. Caio Tácito, Direito administrativo, cit., p. 298-301; Nicola e Francesco Stolfi, Il nuovo Codice Civile, Liv. IV, Tít. 1, p. 293, citado por Barros Monteiro, Curso de direito civil, cit., v. 5, p. 11, nota 15. Marcel Dijol, La justice dans

aumento da mão de obra e do preço de materiais, não se reportando a outros fatores; logo nada impede a *rebus sic stantibus*.

No direito civil brasileiro tratava-se de uma questão prenhe de controvérsia, pois o nosso Código de 1916 não a previa expressamente, apesar de se encontrar em seu corpo algum vestígio dela, como nos arts. 401 e 1.058. Ensejavam também aplicação analógica dessa teoria os arts. 954, III, 1.092, 1.190, 1.131, 1.383, § 1º, 1.399 e 1.750[233].

Hahnemann Guimarães asseverava: "O nosso direito não permite que os contraentes se possam furtar ao cumprimento das obrigações, apesar do desequilíbrio sofrido em consequência de fatos imprevistos nas relações contratuais. Só a impossibilidade absoluta do cumprimento da prestação pode tornar ineficaz o contrato. A execução exageradamente onerosa do contrato não se equipara à impossibilidade... No direito brasileiro domina irrestritamente o princípio da convenção-lei *pacta sunt servanda*"[234].

Não obstante a opinião de que o nosso direito não admitia que as partes contratantes não cumprissem as obrigações em razão de desequilíbrio oriundo de fatos imprevisíveis, que podem até acarretar a exploração de um pelo outro sob o véu do contrato, a doutrina e o órgão judicante vinham adotando dia a dia a teoria da imprevisão, justificando o restabelecimento do *status quo ante*, pela cláusula *rebus sic stantibus*, antecipando a reforma preconizada no novo Código Civil (arts. 317, 478 a 480) e no Código de Defesa do Consumidor (arts. 6º, V, e 51), apesar de, na relação de consumo, bastar a onerosidade excessiva oriunda de fato superveniente, não sendo necessário que tal fato seja extraordinário ou imprevisível.

Foi através de trabalhos doutrinários e judiciais[235] que a cláusula em questão foi consignada no Decreto n. 19.573, de 7 de janeiro de 1931 (revogado pelo Decreto n. 99.999/91, que perdeu sua vigência com o Decreto s/n de 5-9-1991), que permitiu a rescisão ou modificação dos contratos de locação de prédios celebrados por funcionários públicos, civis ou militares; no Decreto n. 23.501, de 27 de novembro de 1933, que aboliu a cláusula ouro, e que foi revogado pelo Decreto-Lei n. 238, de 28 de dezembro de 1967; no Decreto n. 20.632, de 9 de novembro de 1931 (revogado pelo Decreto s/n., de 18-2-1991), que permitiu a rescisão de contratos de locação celebrados pelo Departamento de Correios e Telégrafos; no Decreto n. 24.150, de 20 de abril de 1934, já revogado, foi adaptado ao Código de Processo Civil (Lei n. 5.869, de 11-1-1973) pela Lei n. 6.014, de 27 de dezembro de 1973, sobre renovação de locações comerciais e industriais, e na legislação sobre a prorrogação dos contratos de locação, consolidada na Lei n. 1.300, de 28 de dezembro de 1950[236]. A locação predial urbana, atualmente, é regida pela Lei n. 8.245/91.

---

les contrats, Paris, 1918, p. 30 e 31; RE 17.046, DJU, 8 ago. 1955, p. 2674. V. ainda Arnoldo Medeiros da Fonseca, Caso fortuito, cit., n. 223; Oscar Saraiva, RDA, 1:32 e s.; Gaston Jèze, citado por Caio Tácito (Direito administrativo, cit., p. 301), diz: "La teoría de la imprevisión es una teoría excepcional; por lo que es preciso aplicarla en forma restrictiva y no extensiva". Duez e Debeyre (Traité de droit administratif, 1952, p. 573) definem o âmbito do remédio de exceção.

233. Washington de Barros Monteiro, Curso de direito civil, cit., v. 5, p. 12.

234. RF, 97:290, citado por Caio Tácito, Direito administrativo, cit., p. 299.

235. Caio Mário da Silva Pereira (RF, 92:797); Washington de Barros Monteiro, Curso de direito civil, cit., v. 5, p. 12; Arnoldo M. da Fonseca, Caso fortuito, cit.; Jair Lins (RF, 40:512); Noé Azevedo (RF, 115:393); San Tiago Dantas (RF, 139:6); Pedro Baptista Martins, O abuso do direito e o ato ilícito, p. 67; Carlos Medeiros da Silva (RF, 122:65); Alfredo de Almeida Paiva (RF, 141:29).

236. V. Caio Tácito, Direito administrativo, cit., p. 298; e o nosso Código Comercial o adotava implicitamente, art. 131, n. 5; M. Helena Diniz, As lacunas, cit., p. 96-100.

É preciso salientar ainda que os projetos de código são, às vezes, elaborados: *a*) com a doutrina dos jurisconsultos, o que se passou com o *Digesto*, relativamente aos *iurisprudentes* romanos, e com o *Código de Napoleão*, no que atina aos escritos do ilustre Pothier, ou *b*) por obra de alguns juristas, tal o nosso Projeto que deu origem ao novo Código Civil, ou mesmo de um só grande mestre de direito, como aconteceu com Huber, autor do Anteprojeto do Código Civil suíço, e com Clóvis Beviláqua, autor do Projeto do Código Civil brasileiro de 1916[237].

Notabilíssima é a influência da doutrina na *decisão judicial*[238], por proporcionar os fundamentos do julgado e por, ante os comentários, as críticas e definições jurídicas apresentadas pelos jurisconsultos, modificar a orientação dos juízes e tribunais. Por tais razões o advogado militante procura sempre apoiar-se, nas suas petições iniciais e arrazoados, em opiniões doutrinárias.

Ante o moderno entendimento sobre a formação da decisão judiciária[239], deve o órgão judicante lançar mão de uma técnica argumentativa ou tópica[240] que atenda, realmente, às necessidades de adequação das normas a certas situações; para tanto deverá utilizar-se dos *topoi* (pontos de vista) ou lugares[241], ou seja, de esquemas argumentativos que resumem os argumentos persuasivos mais gerais, que podem ser por ele empregados para solucionar os problemas que se lhe apresentem. Dentre eles estão os *argumentos de autoridade*. Deveras, os magistrados socorrem-se do prestígio do nome de certos juristas, fundamentando suas decisões em citações doutrinárias. Tal se dá por vários motivos, como a indeterminação semântica dos vocábulos contidos nas normas, isto é, a presença de conceitos jurídicos indeterminados cuja delimitação é dada pelo cientista do direito.

Assim sendo, diante desses conceitos indeterminados, o juiz necessita, para decidir, de uma interpretação doutrinária. Logo, o magistrado é obrigado a julgar fixando em cada caso *sub judice* os conceitos existentes na norma, mediante a tópica e a doutrina, sendo que

---

237. A. Machado Pauperio, Introdução, cit., p. 160 e 161; A. B. Alves da Silva, Introdução, cit., p. 196; Claude du Pasquier, Introduction, cit., p. 68.

238. Sobre a influência da doutrina na decisão judicial, v. Orlando Gomes, Introdução ao direito civil, cit., p. 64; Carlos Coelho M. Freire, Influência da doutrina jurídica, cit., p. 55-113; Sílvio de S. Venosa, Direito civil, cit., p. 34; A. B. Alves da Silva, Introdução, cit., p. 196 e 197.

239. Paul Foriers, L'État des recherches de logique juridique en Belgique (Communication présentée à Toulouse au 2ème Colloque du Centre de Philosophie du Droit Comparé, Septembre 1966), in Logique et analyse, n. 37, p. 23 e s., do Centre National Belge de Recherches de Logique; Theodor Viehweg, Tópica y jurisprudencia, Madrid, Taurus, 1964; Perelman e Olbrechts-Tyteca, Traité de l'argumentation, Bruxelles, 1970, p. 112-28.

240. Estudaremos pormenorizadamente a tópica ao analisarmos a questão da subsunção e da integração de normas.

241. Os pontos de vista podem ser agrupados nos: lugares de quantidade, fundados em razões quantitativas, que atribuem a umas coisas maior valor que a outras, baseando-se na opinião do maior número de pessoas; lugares de qualidade, que buscam a essência das coisas; lugares de ordem, que afirmam a superioridade do anterior sobre o posterior, sob o prisma da causa, dos princípios, do fim ou do objetivo, como, p. ex., a superioridade das leis sobre os fatos; lugares de existência, que valoram mais o que é real, atual, relativamente ao possível, ao eventual ou impossível; lugares de essência, que valorizam mais os indivíduos quando representam bem uma essência, fazendo comparação entre os indivíduos concretos; e os lugares de pessoa, que avaliam o esforço de cada um, apresentando o indivíduo como digno e com mérito. A ideia de lugar aqui empregada se justifica porque, para se lembrar das coisas, basta que se reconheça o lugar onde estão. O lugar seria, portanto, um elemento de associação de ideias. Seria uma região onde se encontram os argumentos, os elementos de onde se pode retirar a matéria de um discurso. V. sobre isso Perelman e Olbrechts-Tyteca, Traité de l'argumentation, cit., p. 112-8, e Carlos Coelho M. Freire, Influência da doutrina jurídica, cit., p. 57 e 58.

esta última fornece a base que lhe servirá de apoio na aplicação do direito. A decisão judicial possui, indubitavelmente, uma alta conotação doutrinária. Aqui, escreve Carlos Coelho de Miranda Freire[242], a influência da doutrina jurídica é total, pois se fundamenta não só na razoabilidade da doutrina entendida como justa pelo magistrado, que nos fundamentos de sua decisão defende o bom senso e o brilho da opinião emitida por um (*topos* de qualidade — TJSP, Ac. 112.968/62) ou vários juristas (*topos* de quantidade — *RF*, *250*:269-72, *213*:181-4, *250*:224-6) e que se enquadra como uma luva à questão, mas também na confiança fundada na autoridade que o autor, ou autores, de uma doutrina inspira.

O argumento de autoridade é um argumento de prestígio, pois para que um jurista goze de autoridade será preciso que haja uma interação de sua pessoa com outras da comunidade, mediante uma ação especializada que busque obter a confiança dos indivíduos, utilizando-se de publicação de livros, de conferências etc. Se essa ação especializada for bem-sucedida, divulgando amplamente o seu nome, o jurista, que terá suas opiniões acatadas, passará a ser invocado como autoridade na matéria[243].

As decisões judiciárias, em nosso direito, sofreram, p. ex., influência decisiva da doutrina[244]: *a*) do *habeas corpus*, implantada por Rui Barbosa e cimentada por Pedro Lessa que, ante a amplitude do art. 72, § 22, da Constituição Federal de 1891, que prescrevia: "Dar-se-á *habeas corpus* sempre que o indivíduo sofrer ou se achar em iminente perigo de sofrer violência ou coação por ilegalidade ou abuso de poder", defenderam a tese de que esse instituto servia apenas sempre que a liberdade de locomoção fosse o pressuposto para alcançar um objeto lícito desejado. Tal conceituação doutrinária imperou até a reforma constitucional de 1926 e foi aceita pelos nossos tribunais (*RF*, *13*:148-53, *15*:199-208); *b*) da dívida de valor, que distingue a moeda entendida como medida de valor e como meio de pagamento. A dívida de valor não tem diretamente por objeto o dinheiro, por visar o pagamento de soma de dinheiro que não é, por seu valor nominal, o objeto da prestação, mas sim o meio de medi-lo ou de valorá-lo. Seu objeto não é o dinheiro, mas uma prestação de outra natureza, sendo aquele apenas um meio necessário de liquidação da prestação em certo momento. A dívida de valor somente objetiva certa estimação, sendo cumprida com a quantia idônea para representar o valor esperado. Nela, quem suporta os riscos da desvalorização é o devedor, por ter de desembolsar maior quantidade de dinheiro se houver diminuição do poder aquisitivo da moeda, pois a prestação deve ser calculada no momento atual. É o que sucede nas obrigações de pagar alimentos ou de indenizar danos acarretados por ato ilícito ou por inadimplemento contratual[245]. Tal conceituação doutrinária foi amplamente utilizada pelos nossos tribunais ante o art. 1.061 do Código Civil de 1916 que, ao dispor que "as perdas e danos, nas obrigações de pagamento em dinheiro, consistem nos juros da mora e custas, sem

242. Influência da doutrina jurídica, cit., p. 69. Sobre o tema consulte: Rogélio Peres Perdomo, L'argument d'autorité dans le raisonnement juridique, Archives de Philosophie du Droit, 16(16):227-244, Paris, 1971.

243. Perelman e Olbrechts-Tyteca, Traité, cit., p. 410; Carlos Coelho M. Freire, Influência da doutrina jurídica, cit., p. 70.

244. Carlos Coelho M. Freire, Influência da doutrina jurídica, cit., p. 72-107; Arnoldo Wald, Do mandado de segurança na prática judiciária, Rio de Janeiro, Forense, 1968, cap. II, n. 5 a 13.

245. M. Helena Diniz, Curso, cit., v. 2, p. 85 e 86; Orlando Gomes, Obrigações, Rio de Janeiro, Forense, 1976, p. 61-5; Antunes Varela, Direito das obrigações, Rio de Janeiro, Forense, 1977, p. 365 e 366; Barros Monteiro, Curso de direito civil, cit., v. 4, p. 74; Álvaro Villaça de Azevedo, Direito civil; teoria geral das obrigações, Bushatsky, 1973, p. 183 e 184.

prejuízo da pena convencional", não permitia se fizesse qualquer compensação pelos danos causados pela inflação, reinterpretando-o à luz da doutrina da dívida de valor (*RT*, *338*:150-1, *188*:237, *301*:319, *303*:203, *304*:210; TJSP, Ac. 109.939/62, 140.778/67 e 143.186/65). Igual disposição encontra-se prevista no art. 404 do novo Código Civil.

Como se vê, os magistrados usam da doutrina jurídica ao prolatar suas decisões, para justificá-las ao dar solução razoável aos problemas que lhes são apresentados, sempre baseados no critério da justiça. A escolha da norma aplicada pelos órgãos judicantes é indicada, na maioria das vezes, por ensinamentos doutrinário-jurídicos, transmitidos por juristas de prestígio, em seus comentários ao direito positivo, onde apresentam suas interpretações e a sistematização jurídica. Por tal razão a doutrina é, sem dúvida, um ponto de apoio ao Judiciário em sua função de distribuir a justiça, visto que todo juiz procura dar sentenças bem fundamentadas e justas, para que não venham a sofrer ulterior modificação ou reforma na segunda instância.

Poder-se-á até mesmo dizer que tal influência da doutrina jurídica nas decisões judiciais está, implicitamente, autorizada pelo direito positivo, ante a proibição do *non liquet*, ou da denegação de justiça, pois é dever do magistrado decidir todo e qualquer caso a ele submetido[246].

d.3. Poder negocial

Chironi e Abello[247] discutem sobre se o contrato deva ser incluído como uma das fontes do direito, advertindo que uma das consequências da confusão entre fontes do direito objetivo e fontes do direito subjetivo é colocar-se o contrato como uma das fontes jurídicas. O contrato, dizem eles, pode ser fonte do direito objetivo, mas é ilógico elevá-lo ao mesmo plano da lei e dar-lhe igual força e significação, dada a diversidade de sua posição jurídica, restrita a um dado caso concreto, enquanto as relações jurídicas atuam sempre *in abstracto*. Eis por que a teoria clássica exclui os negócios jurídicos da categoria de fontes do direito. Observam Laborde-Lacoste[248] que, no fim do século XIX, os autores juspublicistas, como Duguit, Bonnard, Jèze, criticaram essa concepção clássica, partindo da ideia de que o contrato, sendo uma manifestação de vontade exteriorizada com o fim de produzir efeito jurídico, constitui fonte de direito.

Miguel Reale[249], cujo pensamento aceitamos, salienta a importância do poder negocial como força geradora de normas jurídicas particulares e individualizadas que só vinculam os participantes da relação jurídica. Trata-se das normas contratuais que resultam do fato de a própria ordem jurídica reconhecer à pessoa, enquanto sujeito de direitos e deveres, o poder de estipular negócios para a realização de fins lícitos, mediante um acordo de vontades. As pessoas físicas ou jurídicas criam normas contratuais, exercendo um poder limitado legalmente, que as vincula à prática dos direitos e deveres avençados.

246. V. o que diz a respeito Carlos Coelho M. Freire, Influência da doutrina jurídica, cit., p. 106 e 112.
247. Trattato di diritto civile italiano, v. 1, p. 23, nota 1.
248. Introduction générale à l'étude du droit, Paris, p. 171 e 172, n. 206.
249. Lições preliminares, cit., p. 178-81. V. também Luiz Fernando Coelho, Teoria, cit., p. 41; Fausto E. Vallado Berrõn, Teoría general del derecho, cit., p. 133.

Esclarece-nos, ainda, Miguel Reale[250] que esse poder caracteriza-se como fonte negocial, pela convergência dos seguintes elementos: *a*) manifestação de vontade de pessoas legitimadas a fazê-lo; *b*) forma de querer que não contrarie a exigida em lei e objeto lícito e possível; e *c*) paridade entre os partícipes ou pelo menos uma devida proporção entre eles.

O *negócio jurídico* resultante desse poder é, nas palavras de Santoro Passarelli[251], o ato de autonomia privada com o qual o particular regula por si os próprios interesses. Consiste numa autorregulamentação dos interesses particulares reconhecida pelo ordenamento jurídico que, assim, dá força criativa ao negócio.

O *contrato* é o negócio jurídico típico. A doutrina das obrigações contratuais tem por escopo caracterizá-lo, abrangendo nesse conceito todos os negócios jurídicos resultantes de acordo de vontades, de modo a uniformizar sua feição e excluir, assim, quaisquer controvérsias, seja qual for o tipo de contrato, desde que se tenha acordo bilateral ou plurilateral de vontades. Isto é assim porque, na teoria dos negócios jurídicos, estes costumam ser distinguidos, quanto à manifestação da vontade, em *unilaterais*, se o ato volitivo provier de um ou mais sujeitos, desde que estejam na mesma direção, colimando um único objetivo (promessa de recompensa, títulos ao portador, testamento etc.), subdividindo-se em receptícios (concentração nas obrigações alternativas), se os seus efeitos só se produzirem após o conhecimento da declaração pelo destinatário, e não receptícios, se sua efetivação independer do endereço a certo destinatário (renúncia de herança); e *bilaterais* ou *plurilaterais*, quando a declaração volitiva emanar de duas ou mais pessoas, porém dirigidas em sentido contrário, podendo ser simples, quando concederem benefício a uma das partes e encargo à outra (doação, depósito gratuito etc.), e sinalagmáticos, quando conferirem vantagens e ônus a ambos os sujeitos (compra e venda, locação etc.). Os negócios jurídicos bilaterais ou plurilaterais é que constituem as obrigações contratuais. Tais negócios decorrem de lei, porque é ela que os disciplina, sancionando-os e garantindo-os.

O negócio jurídico é norma jurídica individual, pois as partes contratantes acordam que se devem conduzir de determinada maneira, uma em face da outra[252]. A norma jurídica negocialmente criada, que não estatui sanção, mas uma conduta cujo comportamento oposto é pressuposto da sanção prevista pela norma jurídica geral, não é, na terminologia kelseniana[253], norma jurídica autônoma, mas sim não autônoma, pois só será jurídica em combinação com norma geral estatuidora de sanções. É norma jurídica individual porque mediante o contrato estabelecem-se, em regra, deveres e direitos apenas para os contraentes, embora se possa admitir contrato em favor de terceiro, impondo deveres e conferindo

250. Lições preliminares, cit., p. 180.

251. Atto giuridico, in Enciclopedia del diritto, v. 4, p. 203-13. V. M. Helena Diniz, Curso, cit., v. 1, p. 208-10; Fábio Maria de Mattia, Ato jurídico em sentido estrito e negócio jurídico, in Enciclopédia Saraiva do Direito, v. 9, p. 39-47; Alfonso Tesauro, Atti e negozi giuridici, Padova, CEDAM, 1933; Antônio Junqueira de Azevedo, Negócio jurídico e declaração negocial, tese apresentada em 1986, na Faculdade de Direito da USP, para obtenção do cargo de titular em Direito Civil; Antônio Carlos de C. Pedroso, Conceito e tipologia, cit., p. 45 e s. e 148 e s.

252. M. Helena Diniz, Curso, cit., v. 3, p. 19-22; v. 1, p. 212 e 213; Serpa Lopes, Curso de direito civil, cit., v. 3, p. 12; Silvio Rodrigues, Direito civil, cit., v. 3, p. 13; Barros Monteiro, Curso de direito civil, cit., v. 5, p. 3; Bassil Dower, Curso moderno, cit., v. 1, p. 180.

253. Kelsen, Teoria pura do direito, cit., v. 2, p. 123 e s.

direitos a pessoa que não participou na produção do negócio jurídico, porém seu conteúdo deve ser sempre querido pelos contratantes[254].

É mister esclarecer, ainda, que só excepcionalmente a contratação pode dar lugar à criação de normas jurídicas gerais, como no caso dos chamados contratos-lei do direito trabalhista mexicano[255].

Semelhantemente ao contrato, que rege relações entre particulares, tem-se o *tratado*, que disciplina as relações entre os Estados, criando normas gerais, hipótese em que a contratação recebe a denominação de convenção internacional, que, em certos casos, pode criar normas jurídicas individuais, p. ex., quando dois Estados tiverem por conveniência resolver, com exclusividade, uma questão atinente a um cidadão de qualquer deles[256]. Todavia, consideramos a convenção internacional, ao gerar um tratado, como *fonte formal estatal convencional*.

d.4. Poder normativo dos grupos sociais

Realmente, é fora de dúvida que a tese de que a norma jurídica deve vir do Estado e que este revigora as normas de direito anteriormente publicadas tem consectário longínquo, mas inevitável: o de que tudo o que o Estado estabelece é norma jurídica. Mas, como já salientamos, o Estado não é o único elaborador de normas jurídicas; falta-lhe o monopólio do comando jurídico; este também emerge dos vários agrupamentos sociais contidos no Estado, embora limitado ao âmbito de cada um. Existe, como todos sabem, uma legislação canônica da Igreja Católica; há uma legislação corporativa de entidades públicas ou privadas, com objetivos culturais, econômicos, políticos ou desportivos, obrigatórios para todos os seus componentes, sujeitando-os a sanções, inclusive de caráter penal.

Há várias ordenações jurídicas, e cada grupo social tem suas normas. É indubitável, ensina-nos Goffredo Telles Jr., que os grupos sociais são fontes de normas, pois têm o poder de criar suas próprias ordenações jurídicas que garantem a consecução dos fins que pretendem atingir. Eis a razão pela qual uma sociedade mercantil tem seu contrato social; um grêmio e uma universidade, seus estatutos; uma academia de letras, seu regimento. As normas elaboradas pelos grupos sociais visam reger a sua vida interna. Os etnólogos demonstram-nos que qualquer grupo social, por mais rudimentar que seja seu estágio de desenvolvimento, possui, para regulamentar sua vida grupal, um conjunto de normas que rege o comportamento de seus membros, estabelecendo as bases de coexistência de muitos homens. Nota-se que a *potestas normandi* reside no Estado e em determinados grupos sociais, porque o homem não pode, devido a sua própria natureza, viver senão em sociedade e, nestas condições, ele deve submeter-se às normas que disciplinam os grupos, ante a evidência de que não pode haver sociedade sem normas, pois o estado de convivência só pode perdurar sob condições de segurança, paz, justiça etc. Nessa interferência de condutas encontra-se a raiz de toda norma jurídica.

---

254. Caio Mário da Silva Pereira, Instituições, cit., v. 3, p. 10; Darcy Bessone de Oliveira Andrade, Aspectos da evolução da teoria dos contratos, São Paulo, 1949, p. 21 e s.; Diogo Leite de Campos, Contrato a favor de terceiro, Coimbra, 1980.
255. Fausto E. Vallado Berrõn, Teoría general del derecho, cit., p. 133.
256. Fausto E. Vallado Berrõn, Teoría general del derecho, cit., p. 133.

Não é apenas o poder estatal que é fonte de normas de direito; também o são as associações de pessoas que se encontram dentro das fronteiras do Estado, mas é a sociedade política que confere efetividade à disciplina normativa das instituições menores. É ele que condiciona a criação das outras normas jurídicas, que não existem fora da sociedade política. A organização rudimentar de homens em sociedade para alcançar o seu bem comum corresponde a um Estado *in fieri* — a sociedade política. Logo, vários são os grupos, mas todos pertencem a uma sociedade global, que é a sociedade política; múltiplas são as ordenações jurídicas (direito estatutário, direito esportivo e direito religioso), mas todas são vistas como partes de uma mesma ordem jurídica. Assim sendo, é necessário que as normas dos agrupamentos sociais ocupem um lugar apropriado no ordenamento jurídico da sociedade política.

Uma norma só terá juridicidade se estiver apoiada na ordenação da sociedade política, portanto o Estado desempenha o papel de fator de unidade normativa da nação. De um lado se tem um pluralismo de ordenações jurídicas e, de outro, a unidade da ordem normativa[257].

257. Goffredo Telles Jr., Filosofia do direito, São Paulo, Max Limonad, 1966, v. 2, p. 466-9; Claude du Pasquier, Introduction, cit., p. 70; A. Franco Montoro, Introdução, cit., v. 2, p. 101-5; M. Helena Diniz, Conceito de norma jurídica, cit., p. 18-25.

QUADRO SINÓTICO

FONTES JURÍDICAS

1. NOÇÃO E CLASSIFICAÇÃO

a) Fonte material ou real, ou seja, os fatores que condicionam a gênese da norma jurídica

b) Fonte formal como fundamento da validade da ordem jurídica

c) Fonte formal-material: Toda fonte formal contém, implicitamente, a material (fonte de produção), dando-lhe a forma, demonstrando quais são os meios empregados para conhecer o direito; daí ser fonte de cognição, abrangendo fontes estatais (legislativas, jurisprudenciais e convencionais) e não estatais (direito consuetudinário, científico e convencional).

2. FONTES MATERIAIS

Fontes materiais ou reais, por serem fontes de produção do direito positivo, consistem no conjunto de fatos sociais determinantes do conteúdo do direito e nos valores, que o direito procura realizar, fundamentalmente sintetizados no conceito amplo de justiça.

3. FONTES FORMAIS ESTATAIS

Legislação

— Legislação ou atividade legiferante é o processo pelo qual um ou vários órgãos estatais formulam e promulgam normas jurídicas de observância geral, que podem ser primárias, tais como a lei constitucional, a lei complementar, a lei ordinária, a lei delegada, a medida provisória, o decreto legislativo, as resoluções do Senado; ou secundárias, como os decretos regulamentares, as instruções ministeriais, as circulares, as portarias, as ordens de serviço.

— A rigor a fonte jurídica formal é o processo legislativo constituído por um conjunto de fases constitucionalmente estabelecidas, pelas quais há de passar o projeto de lei, até sua transformação em lei vigente. Em regra, os trâmites constitucionalmente previstos são: iniciativa, discussão, deliberação, sanção, promulgação e publicação.

Produção jurisprudencial

— A fonte formal é a atividade jurisdicional que se expressa na jurisprudência.

— Jurisprudência é o conjunto de decisões uniformes e constantes dos tribunais, resultantes da aplicação de normas a casos semelhantes, sendo uma norma geral aplicável a todas as hipóteses similares ou idênticas, enquanto não houver nova lei ou modificação na orientação jurisprudencial.

— Os recursos ordinários e extraordinários do Supremo Tribunal Federal é que vão estabelecendo a possível uniformização das decisões judiciais, mediante enunciados normativos (Súmulas), que resumem as teses consagradas em reiteradas decisões.

3. FONTES FORMAIS ESTATAIS

Produção jurisprudencial
- — A jurisprudência constitui, portanto, um costume judiciário que se forma pela prática dos tribunais.
- — É fonte não só porque influencia a produção de normas jurídicas individuais, mas também porque participa do fenômeno de produção do direito normativo, chegando até mesmo a antecipar a tarefa legislativa.

Convenção internacional
- — Cria norma geral (*tratado*) disciplinadora das relações entre Estados.
- — Cria norma individual se os Estados, por conveniência, resolvem uma questão relativa a cidadão de qualquer deles.

4. FONTES FORMAIS NÃO ESTATAIS

Prática consuetudinária
- — O costume é a forma de expressão do direito decorrente da prática reiterada e constante de certo ato, com a convicção de sua necessidade jurídica.
- — O costume é tido como fonte de cognição subsidiária ou supletiva para completar a lei e preencher lacunas.
- — Forma-se o costume pela prática dos interessados, pela prática judiciária e pela doutrina.
- — Requer, o costume, como condição de sua vigência, continuidade, uniformidade, diuturnidade, moralidade e obrigatoriedade.
- — O costume comercial prova-se pela certidão da Junta Comercial. No âmbito do direito civil, o juiz pode aplicar o costume notório ou de seu conhecimento; se não o conhecer, deve exigir de quem o alega sua prova.
- — Três são as espécies de costume: o *secundum legem*, o *praeter legem* e o *contra legem.*

Atividade científico-jurídica
- — A doutrina teve sua origem nas *responsa prudentium* do Império Romano, mas o problema teórico da doutrina como fonte só apareceu no século XIX, com a positivação do direito, que gerou: a preponderância da lei como fonte, o controle da legalidade pelo Judiciário e a concepção do direito como sistema.
- — Decorre a doutrina da atividade científico-jurídica, ou seja, dos estudos realizados pelos juristas, na análise e sistematização das normas jurídicas, na elaboração das definições dos concertos jurídicos, na interpretação das leis, facilitando e orientando a tarefa de aplicar o direito, e na apreciação da justiça das normas, adequando-as aos fins que o direito deve perseguir, emitindo juízos de valor sobre o conteúdo da ordem jurídica, apontando as necessidades e oportunidades das reformas jurídicas.
- — A doutrina é uma forma de expressão do direito consuetudinário, resultante da prática reiterada de juristas sobre certo assunto, cujos pensamentos são aceitos pelos seus contemporâneos.

4. FONTES FORMAIS NÃO ESTATAIS

Atividade científico-jurídica

— A doutrina é um importante recurso à produção de normas jurídicas individuais para preencher determinadas lacunas, sendo valiosa fonte de cognição.

— Exerce, a doutrina, grande influência na legislação, porque o legislador, muitas vezes, vai buscar nos ensinamentos dos doutores os elementos para legiferar. Foi o que sucedeu com a teoria da imprevisão, do direito da concubina etc. E além disso os projetos de Código são, às vezes, elaborados com a doutrina dos jurisconsultos (*Digesto*), ou por obra de alguns juristas (Projeto que deu origem ao novo CC), ou mesmo por um só grande mestre (CC de 1916, cujo projeto foi feito por Clóvis Beviláqua).

— Influi a doutrina na decisão judicial, por proporcionar os fundamentos do julgado, pois o juiz se vale do argumento de autoridade; por modificar a orientação dos juízes e tribunais, ante as críticas e definições jurídicas apresentadas pelos juristas.

Poder negocial

— É a atividade negocial força geradora de normas jurídicas particulares e individualizadas (contratos) que vinculam apenas os participantes da relação jurídica.

— A norma jurídica individual, negocialmente criada, que não estatui sanção, mas uma conduta; o comportamento oposto é pressuposto da sanção prevista pela norma jurídica geral, é uma norma não autônoma, pois só será jurídica em combinação com norma geral estatuidora de sanções.

Poder normativo dos grupos sociais

O Estado não é criador único de normas, os grupos sociais, como a Igreja, o clube, o sindicato etc., também têm o poder de estabelecer suas próprias ordenações jurídicas, desde que conformes com a ordenação da sociedade política.

3. NORMA JURÍDICA[258]

A. GÊNESE DA NORMA JURÍDICA

O homem é, ao mesmo tempo, indivíduo e ente social. Embora seja um ser independente, não deixa de fazer parte, por outro lado, de um todo, que é a comunidade humana.

Para que as criaturas racionais atinjam seus objetivos, a condição fundamental é a de se associarem. Sozinho o homem é incapaz de vencer os obstáculos que o separam de seus objetivos ou fins.

A ideia de homem é uma ideia de comunidade: *unus homo, nullus homo*[259]. A sua existência só é possível dentro do contexto convivencial, onde vive e age em contato com outros indivíduos. O homem vive na sociedade e em sociedades.

Com efeito, desde o nascimento o ser humano pertence a alguns grupos, como família, comunidade local, classe, nação, Igreja, escola, clube, empresa, sindicatos etc. E em todos os grupos há normas disciplinadoras do comportamento de seus membros. Hauriou já nos ensinava que cada instituição se constitui com uma finalidade própria que visa atingir. Em torno desse fim e no âmbito respectivo, cada uma regula sua vida, fixando normas de coexistência do todo, limitando as ações das pessoas que a compõem, definindo-lhes os direitos e deveres[260].

---

258. Ante a importância desse tema, transcreveremos alguns trechos de nosso livro *Conceito de norma jurídica*, cit., nossa tese de mestrado, devido aos pormenores e minúcias nele contidos, que muito auxiliam o estudante de direito e o jurista, na configuração de vários conceitos jurídicos fundamentais.

259. Isto não significa que o homem não possa viver isolado; os demais animais sociáveis precisam viver em sociedade para subsistir, p. ex.: a abelha fora da colmeia morre. O homem atinge melhor seus objetivos em sociedade, mas pode viver sem ela. A esse respeito, *v.*: Goffredo Telles Jr., *A criação do direito*, São Paulo, 1953, cap. III, ns. 2 e 3; cap. V, ns. 3 e 4; *Filosofia*, cit., ns. 98 a 103; *O direito quântico*, cit., caps. VI e I, p. 54-7 e 118-25; e Anotações de aula proferida no Curso de Pós-graduação da USP em 1971; Leonardo van Acker, Sobre um ensaio de jusnaturalismo fenomenológico-existencial, *RBF*, cit., v. 20, fasc. 78, p. 193. Segundo Heidegger, "ser no mundo" não é apenas existir em função do meio físico, mas coexistir, ou seja, existir em função dos semelhantes, lidando com eles na inelidível preocupação com o que dizem e fazem. Van Acker, Curso de filosofia do direito, *Revista da PUCSP*, v. 34, fascs. 65-66, p. 162, 1968.

260. Van Acker, Curso de filosofia do direito, *Revista da PUCSP*, cit., p. 193. Franco Montoro, *Introdução*, cit., v. 2, p. 390. Goffredo Telles Jr., *Introdução à ciência do direito*, cit., fasc. 2, p. III. Cabe ressaltar, ainda, que apesar das diferenças fundamentais entre os grupos humanos existem três notas comuns a todos eles: 1ª) *a ideia a realizar* — há sempre uma ideia para cuja realização o grupo se constitui; se as pessoas se agrupam é para atingir determinado fim; 2ª) *comunhão humana* — em razão da ideia de um bem a realizar. É com a associação que uns suprem o que aos outros falta, realizam aquela ambiência necessária para a realização de seus objetivos; 3ª) *governo do grupo* — é o órgão (homem ou instituição) do poder a serviço da ideia a realizar. O governo legítimo estabelece normas jurídicas que estão de acordo com as ideias dominantes no grupo social. O ilegítimo se divorcia dos objetivos em razão dos quais o grupo se constitui; assim sendo, será encarnação da força e não do poder, pois é uma violência para a comunidade. Telles Jr., *Filosofia*, cit., v. 2, p. 417; Hauriou, Nas fontes do direito, in *Cadernos da Nova Jornada*, Paris, n. 23; *Teoria dell'istituzioni e fondazione*, Milano, Giuffrè, 1963; *Précis de droit constitutionnel*, 2. ed., 1929, 1ª parte,

O fundamento das normas está na *exigência da natureza humana de viver em sociedade*, dispondo sobre o comportamento dos seus membros. As normas são fenômenos necessários para a estruturação ôntica do homem. E como a vida do grupo social está intimamente ligada à disciplina das vidas individuais, elas fundam-se também na *necessidade* de organização na sociedade, exatamente porque não há sociedade sem normas de direito, que têm por objeto uma ação humana, obrigando-a, permitindo-a ou proibindo-a.

A sociedade sempre foi regida e se há de reger por um certo número de normas, sem o que não poderia subsistir.

A vida em sociedade exige o estabelecimento de normas jurídicas que regulem os atos de seus componentes; são os mandamentos dirigidos à liberdade humana no sentido de restringi-la em prol da coletividade, pois esta liberdade não pode ser onímoda, o que levaria ao caos. As normas de direito visam delimitar a atividade humana, preestabelecendo o campo dentro do qual pode agir. Sua finalidade é traçar as diretrizes do comportamento humano na vida social, para que cada um tenha o que lhe é devido, e dirigir a liberdade no sentido da justiça, estabelecendo, para vantagem de todos, os marcos das exigibilidades recíprocas[261], garantindo a paz e a ordem da sociedade.

As criaturas racionais, de certo modo, são "empurradas" na "legalidade" dessa vida social, o que ressalta a importância da norma jurídica[262].

Assim, segundo o que observou Ihering, a norma jurídica é o instrumento elaborado pelos homens para lograr aquele fim consistente na produção da conduta desejada. A teleologia social tem, portanto, um papel dinâmico e de impulsão normativa[263].

A norma jurídica é a "coluna vertebral" do corpo social[264].

Pode parecer à primeira vista que a norma jurídica se opõe ao poder, mas tal não ocorre, pois sem poder ela não existe; só é jurídica, na realidade, a norma que for declarada

---

cap. II; Rénard, *La théorie de l'institution*, Paris, Sirey, 1930; Eduardo C. B. Bittar, *Introdução ao estudo do direito*, São Paulo, Saraiva, 2018, p. 369 a 384.

261. Recaséns Siches, *Experiencia jurídica, naturaleza de la cosa y lógica razonable*, p. 162-91; para Telles Jr. (*O direito quântico*, cit., cap. VI, p. 257) a sociedade existe para servir o homem por imposição do princípio de que os meios se sujeitam aos fins. Cada homem para poder servir-se da sociedade pode exigir do outro ações e abstenções em seu próprio benefício. A tarefa da norma jurídica será, pois, conciliar a liberdade externa de cada um com a liberdade de todos. *V.*, neste sentido, Edgard Bodenheimer, *Ciência do direito — filosofia e metodologia jurídicas*, Rio de Janeiro, Forense, 1962, p. 226-30, e Harlan F. Stone, The common law in the United States, *Harvard Law Review*, n. 50, p. 4 a 22, 1936.

262. Van Acker, Curso de filosofia do direito, *Revista da PUCSP*, cit., p. 193. *V.* as lições de Gioele Solari, *Studi storici di filosofia del diritto*, Torino, Giappichelli, 1949, p. 401. Victor de Broglie, em discurso pronunciado em 14 de março de 1823 perante a Câmara dos Pares de França, chegou a dizer: "sei que esse direito delicado e terrível que vela ao pé de todas as instituições humanas como sua última e triste garantia, não deve ser invocado levianamente... Esse direito de contar consigo próprio e de avaliar a obediência à justiça, à lei e à razão; esse direito de viver e de ser digno de vida é patrimônio de todos nós, é apanágio do homem que nasceu livre e inteligente das mãos do Criador. É porque existiu, imprescritível, inexpugnável dentro de nós, que existe coletivamente nas sociedades; dele depende a honra de nossa espécie...".

263. R. Siches, *Tratado general de filosofía del derecho*, 3. ed., México, Porrúa, 1965, p. 221-3; Roscoe Pound, *Social control through law*, 1942, p. 111-2; Patterson, La teoría de los intereses sociales de Pound, in *El actual pensamiento jurídico norteamericano*, Buenos Aires, Losada, 1951, p. 213.

264. Del Vecchio, *Philosophie du droit*, Paris, Dalloz, 1953, p. 279. O termo *jus* é aqui empregado no sentido de um conjunto de normas jurídicas. Lévy-Bruhl (*Introduction à l'étude du droit*, Paris, A. Rousseau, 1951, t. 1, p. 253-4) e Antonelli (Le droit, institution sociale, in *Mélanges Roubier*, v. 1, p. 121) demonstram a importância das normas jurídicas para a sociedade. M. Helena Diniz, *Conceito de norma jurídica*, cit., p. 18-25.

pelo poder. Tem, o poder político, a função de organizar as atividades inter-relacionadas das criaturas racionais que compõem determinada comunidade. E, além disso, o fato de toda norma jurídica envolver a decisão do poder por uma conduta revela o que há de essencial na relação entre norma e poder. É óbvio que a norma jurídica decorre de um ato decisório do poder (constituinte, legislativo, judiciário, executivo, comunitário ou coletivo e individual)[265]. A norma só será jurídica, como vimos, no momento em que for declarada como tal pelo órgão incumbido de levar o grupo a seus fins, e se estiver entrosada com o ordenamento jurídico da sociedade política[266].

Não é possível que uma norma se torne norma de direito positivo sem poder legítimo e efetivo, ou seja, sem que seus detentores estejam munidos de título que justifique sua dominação, e o exerça de conformidade com leis já estabelecidas, daí sua legalidade. Visto que, como ensina Kelsen, o direito regula sua própria produção e aplicação, a função normativa de autorizar ou de permitir confere a alguém o poder de estatuir e aplicar norma, pois o Poder Legislativo, p. ex., tem permissão constitucional de criar normas gerais, mas não é obrigado a fazê-lo; a lei autoriza ao Poder Judiciário aplicar normas jurídicas gerais aos casos concretos, estatuindo normas individuais com a obrigação de sempre exercer esse poder. Logo, em Kelsen, os atos autorizados podem ser comandados ou não comandados, enquanto o indivíduo munido do poder pode ou não ser obrigado a exercitá-lo. O poder *efetivo* é aquele que consegue obter os resultados propostos, satisfazendo as expectativas. Logo, a legitimidade do título, a legalidade do exercício e a efetividade são qualidades ou atributos que deve ter o poder.

---

265. Na sociedade, há sempre um poder dominante mais ou menos constituído ou organizado. Benjamim de Oliveira Filho, *Introdução à ciência do direito*, Rio de Janeiro, Tip. Jornal do Comércio, 1954; Miguel Reale, *Pluralismo e liberdade*, São Paulo, Saraiva, 1963, p. 210, e *O direito como experiência*, cit.; Celso Lafer, no prefácio à obra de José Eduardo Faria, *Poder e legitimidade*, São Paulo, Ed. Perspectiva, 1978, p. 10, escreve: "No Estado contemporâneo, a gênese das normas se prende a um complexo processo decisório, por meio do qual as instituições políticas, no exercício de uma função hierárquica de gestão da sociedade, convertem preferências e aspirações de grupos ou indivíduos em decisões públicas". *V.* Hannah Arendt, *Crises da República*, São Paulo, Ed. Perspectiva, 1973, p. 93-156. Interessantes são as reflexões sobre o poder de Tercio Sampaio Ferraz Jr., *Estudos de filosofia do direito*, São Paulo, Atlas, 2002, p. 15-70. Esse poder político não é exercido só pelo Estado, mas por associações menores, que nele se encontram: igrejas, sindicatos, clubes, organizações profissionais, culturais etc. ... Nas sociedades rudimentares ou primitivas a direção governamental era exercida pelos hábitos, crenças, superstições, e não por um governo propriamente dito. Ensina-nos Goffredo Telles Jr. (*Introdução à ciência do direito*, cit., fasc. 2, p. 95) que o poder nessas sociedades se corporifica em símbolos, tabus; o espírito da comunidade ou totem dirige o grupo humano; trata-se de governo anônimo, impessoal, o poder encontra-se difuso na massa dos indivíduos. As normas consuetudinárias, nascidas sem a intervenção do Poder Legislativo, são oriundas das convicções gerais dos grupos sociais, de sua prática uniforme e continuada. Nota-se, portanto, que nem todo poder político é estatal.

266. Telles Jr., *A criação do direito*, cit., v. 2, p. 576 e 602; *Filosofia*, cit., v. 2, p. 419; *Introdução à ciência do direito*, cit., p. 117, 124 e 223; e *A democracia e o Brasil*, São Paulo, Revista dos Tribunais, 1965, p. 108. É certo que nem todo poder político é poder estatal, mas é igualmente certo que todo poder político é, em potência, poder estatal. Isto porque o único meio pelo qual os agrupamentos menores que possuem poder político podem impor, juridicamente, sua vontade é estar esse poder político fundado no estatal, que está acima do poder exercido pelos grupos pluralísticos menores pelo simples fato de controlar as normas de direito. O Estado é a organização mais poderosa, mais desenvolvida e eficiente; assim sendo, as normas oriundas de qualquer outro poder político, para serem jurídicas, precisam ser conformes à ordenação da sociedade política, que é a sociedade global. Explicita Telles Jr. (*Introdução à ciência do direito*, cit., p. 87) que a "sociedade política é aquela cujo fim principal consiste em assegurar a condição social, ou melhor, a ordem jurídica, de que as entidades, que ela encerra, necessitam para melhor se aproximarem de seus respectivos fins particulares. São sociedades políticas: tribos, cantões, clãs, nações, Estados, condados etc. ... Só o direito posto pela sociedade política confere eficácia às demais ordenações". *V.* Heller, Poder político, *RF*, v. 107, fasc. 517, 1946.

Clara é a implicação do poder na gênese de uma norma jurídica, pois é a coparticipação opcional da inteligência governante que converte em norma uma dentre as muitas vias normativas possíveis. A vida plena do direito depende, portanto, de um poder que "tenha competência para decidir sobre o que deve ser jurídico, como norma e como situação normada"[267].

Este ato decisório não é somente uma condição técnica necessária à validade (vigência, eficácia e fundamento) da norma jurídica, mas também uma exigência irrecusável e inevitável dos valores humanos de certeza e ordem social.

É bom pôr em evidência que esse poder não constitui uma força arbitrária, pressupõe sempre uma série de valores para a elaboração da norma jurídica.

A escolha decisiva do poder pode ser, como verifica Van Acker, filosoficamente interpretada de três modos essencialmente diferentes:

1º) Determinada por um valor absoluto, exclusivo, unívoco e homogêneo, que se vai realizando na pura imanência do decorrer histórico. P. ex.: a sociedade sem classes de Marx, o domínio da raça nórdica de Hitler.

2º) Norteada por valores relativos, equívocos e heterogêneos, exclusivamente adaptados a situações histórico-culturais particulares e diversas, sem nenhuma analogia ou nexo comum entre si. Assumem sentidos totalmente diversos conforme a mundividência seja individualista, coletivista ou transpersonalista, a dominar em épocas diferentes ou, em última instância, na livre escolha individual. A norma jurídica, neste caso, dependerá da valoração subjetiva do legislador ou do juiz; ou então se reduz a uma mera fórmula técnica de conduta, objetivamente ajustada a situações sociais em que os valores não passam de simples estimações subjetivas.

3º) Inspirada em valorações relativas às situações históricas presentes mas análogas às valorações feitas para outros momentos históricos, tanto retrospectivos como prospectivos, por observarem todas elas certas condições axiológicas, necessárias à possibilidade e à evolução histórica do direito positivo. Exemplificando: o respeito à pessoa humana; a justiça como exigência permanente ou invariável de harmonização prudente e variada entre valores sociais, dialeticamente opostos e necessariamente complementares, tais como liberdade e segurança, estabilidade e progresso, bem privado e bem comum, interesse nacional e entendimento internacional etc.[268].

Como há sempre um ato decisório marcando o aparecimento de normas no quadro das múltiplas vias de acesso ao mundo dos valores, pondera José Eduardo Faria[269] que "a elimi-

---

267. Miguel Reale, *Teoria do direito e do Estado*, 1940, cap. X. Só é norma aquela que for estabelecida por autoridades legais competentes, isto é, por indivíduos (ou órgãos) investidos da qualidade de agentes da comunidade. *V.* Kelsen, *Teoria generale delle norme*, Torino, Ed. Eimaudi, 1985, p. 53, 54, 167 e 168; José Eduardo Faria, *Poder e legitimidade*, cit., p. 22, 88 e 96. Norberto Bobbio, *Sur le principe de légitimité*, Paris, 1957, p. 58, e *Studi per una teoria generale del diritto*, Torino, Giappichelli, 1970, p. 82, onde especifica que os atributos do poder seriam a legitimidade do título e a legalidade do exercício. Consulte, ainda: Goffredo Telles Jr., *O povo e o poder*, São Paulo, Malheiros Ed., 2003, p. 13-68; Antonio A. Martino, Poder: técnica (jurídica) y substancia del derecho, *Revista Brasileira de Filosofia*, *235* (2010), p. 191-206; Zelia Mª C. Montal e Renata F. Cavalca, A ordem jurídica e o poder como seu instrumento, *Atualidades Jurídicas*, *6*:255-74.

268. Van Acker, Experiência e epistemologia jurídica, *RBF*, *19* (74):168-9, 1969.

269. *Poder e legitimidade*, cit., p. 32 e 44. Consulte: Goffredo Telles Jr., *Filosofia*, cit., p. 439 e s.; Miguel Reale, *O direito como experiência*, cit., ensaio n. VII; Celso Lafer, *O sistema político brasileiro*, São Paulo, Ed. Perspectiva, 1975, p. 36 e s.

nação do perigo do arbítrio se dá na medida em que tais normas se desligam das vontades que as prescreveram, através de decisões, convertendo-se em *intencionalidades objetivadas*".

Implica o direito positivo, portanto, uma interferência decisória do poder, fixando sentidos de valor na ordenação das formas de coexistência social[270].

O direito soluciona conflitos segundo os valores do poder legiferante; assim sendo, ele instrumentaliza a ideologia do legislador[271].

É necessário ainda dizer que contra as leis não conformes à ordenação da sociedade política ou aos valores sociais nela vigentes não faltam meios constitucionais para neutralizá-las, pois contra o Poder Legislativo e o Executivo existe o recurso ao Judiciário, detendo o controle da inconstitucionalidade das leis, que o *habeas corpus* e o mandado de segurança facilitam, em curto prazo (CF, art. 5º, LXVIII, LXIX e LXX). Além disso, para obviar a opressão há o *impeachment*, instituto adequado para afastar a autoridade máxima do Poder Executivo (CF, art. 85), dos ministros de Estado (CF, art. 52, I), dos ministros do Supremo Tribunal Federal e do procurador-geral da República (CF, art. 52, II) e das autoridades equivalentes no plano estadual e municipal, quando incursas em crime de responsabilidade (Lei n. 1.079/50).

Quando houver abuso do poder para exercer opressão irremediável surge o *direito de resistência*, que, no sentido amplo, reconhece aos cidadãos, em certas condições, a recusa à obediência, a oposição às leis injustas, a resistência à opressão e à revolução. Tal direito concretiza-se pela repulsa à norma discordante da noção popular de justiça; à violação do governante da ideia de direito de que procede o poder, cujas prerrogativas exerce; e pela vontade de estabelecer uma nova ordem jurídica, ante a falta de eco da ordem vigente na consciência jurídica dos membros da coletividade.

A resistência é legítima desde que a ordem que o Poder pretende impor seja falsa, divorciada do conceito de direito imperante na comunidade. A resistência seria uma autêntica legítima defesa do cidadão de se insurgir contra a pretensão do governante de erigir em direito positivo preceitos divorciados das ideias morais e sociais do grupo. A desobediência civil é uma forma particular de desobediência, na medida em que é executada com o fim imediato de mostrar publicamente a injustiça, a ilegitimidade e a invalidade da lei e com o fim mediato de induzir o legislador a mudá-la. Daí ser um ato inovador e não destruidor.

O direito de resistência não é ataque à autoridade, mas sim proteção à ordem jurídica, que se fundamenta na ideia de um bem a realizar. O governo, portanto, só será legítimo se estiver a serviço daquilo para cuja realização se constituiu a comunidade. Assim sendo, só quando a atitude do Poder desprezar a ideia de direito é legítima a resistência, porém será preciso que a opressão seja manifesta, intolerável e irremediável. A resistência, por sua vez,

270. José Eduardo Faria, *Poder e legitimidade*, cit., p. 20 e 26; na p. 24 escreve: "... a política do direito corresponde a uma das etapas culminantes da ação política (que consiste, basicamente, em escolher alternativas e, a seguir, em fazer com que a escolha se torne efetiva). *V.* ainda Pascual Marin Pérez, *La política del derecho*, Barcelona, Bosch, 1963, p. 11-5, 34-62; Miguel Reale, *Filosofia do direito*, cit., p. 485.

271. Roberto A. R. de Aguiar, *Direito, poder e opressão*, São Paulo, Alfa-Omega, 1980, p. XVII e 79. Consulte, ainda, Bertrand de Jouvenel, *Le pouvoir*, Paris, 1974; Joaquín Blanco Ande, *Teoría del poder*, Madrid, 1977; Michel Foucault, *Un diálogo sobre el poder y otras conversaciones*, Madrid, 1981; Gérard Lebrun, *O que é poder?*, São Paulo, 1981; F. A. de Miranda Rosa, *Poder, direito e sociedade*, Rio de Janeiro, Zahar, 1982; Miguel Reale, Law and power: their correlation, in *Essays in honor of Roscoe Pound*, v. 5, p. 238-70.

deve ser necessária, visto que não se poderia admitir o emprego de meios excepcionais para banir a opressão, se se pudesse atingir a mesma finalidade por meios legais; útil, pois não se justificaria se não fosse capaz de restabelecer a ordem violada e proporcional à opressão, porque não seria admissível que trouxesse maiores males que os causados pelo governo.

Há uma garantia implícita, em nosso direito, de resistência à ilegalidade na nova Carta, art. 5º,-II, em face do princípio de que "ninguém será obrigado a fazer ou deixar de fazer alguma coisa senão em virtude de lei", pois, como diz Goffredo Telles Jr., se alguém for coagido a cumprir uma norma que não esteja harmonizada com a ordenação da sociedade política, essa coação é uma violência contrária à norma jurídica. O Código Civil tornou, por sua vez, o direito de resistência autoexecutável, ao retirar (no art. 188, I e II) a ilicitude dos atos praticados em legítima defesa, no exercício regular de um direito reconhecido e em estado de necessidade e ao admitir (no art. 1.210, § 1º) que o possuidor turbado ou esbulhado possa manter-se ou restituir-se, por sua própria força, contanto que o faça logo. O Código Penal também o reconhece implicitamente, ao excluir da criminalidade a legítima defesa, o estado de necessidade e os atos lesivos praticados em estrito cumprimento de um dever legal ou no exercício regular de direito. Além disso a Constituição vigente, no art. 5º, § 2º, ao prescrever que a especificação dos direitos e garantias nela expressos não exclui outros direitos e garantias decorrentes do regime e dos princípios adotados, confessa não esgotar a catalogação dos direitos e garantias, logo, está aceitando outros implícitos e necessários para a defesa do homem contra a opressão. Acrescenta ainda a Lei Constitucional, no art. 142, que as Forças Armadas destinam-se à defesa da Pátria e à garantia dos poderes constituídos, da lei e da ordem, e se, pelo art. 17, a organização dos partidos políticos deve observar o regime representativo e democrático, baseado na pluralidade de partidos e na garantia dos direitos fundamentais do homem, reconhecido está o direito de resistência, já que, como pontifica Josaphat Marinho, "primeiro súdito da legalidade constitucional, o poder se deslegitima se a conspurca repetidamente, ou se denega cumprimento aos seus postulados essenciais". Todavia, a norma constitucional não reconhece expressamente o direito de resistência.

Na lição de Goffredo Telles Jr., como o *direito de resistência* (em sentido estrito) à opressão, para proteger a ordem jurídica, não está previsto expressamente em lei, como outrora o fez a Declaração de Independência dos EUA, de 1776, e a Declaração dos Direitos do Homem da França, de 1789, art. 2º, ele não constitui um direito subjetivo. Portanto, o direito de resistência não é um *direito*, pois não se funda em norma. Os homens têm a faculdade de reagir contra a opressão, mas esta faculdade não está autorizada normativamente, logo a resistência é um *fato* cuja legitimidade (não legalidade) é uma questão metajurídica, por depender da consonância desse fato com os autênticos interesses da vida humana. A resistência à opressão ou à tirania, retirando governante déspota do poder, colocando em seu lugar outro que respeite a lei, não é direito subjetivo, pois a norma não a autoriza, não só pela impossibilidade prática de regulamentá-la, mas também por significar violação da ordem jurídica, quando ilegítima, constituindo um delito punido pela lei. Se ocorrer uma revolução, sendo esta legítima e vitoriosa, seus autores estarão isentos de responsabilidade penal, porque as normas emanadas do governo revolucionário constituirão fontes originárias do direito, revogando as normas do regime jurídico anterior.

É preciso esclarecer que quando a resistência provoca, deliberadamente, confusão na sociedade, ou espalha o descrédito total com relação à função pública, não será legítima, pois deve haver proporção entre os desmandos governamentais e os efeitos da resistência, competindo ao Judiciário o julgamento dos delitos dessa natureza[272].

É preciso não olvidar, como vimos, que a norma jurídica, às vezes, está sujeita à prudência política, que é a virtude da qual o poder se vale para emitir normas requeridas pelas situações fático-axiológicas.

A norma jurídica, por corresponder a necessidades de ordem, de equilíbrio, de justiça, cujas raízes se fundam numa determinada realidade social, não pode ser criação arbitrária do poder de que emana. É ela relativa às interações que a inteligência governante julga necessárias entre os homens de uma sociedade, isto é, como nos diz Goffredo Telles Jr., "as reações que devem ser permitidas e as que devem ser proibidas".

Com efeito, observa-se que, do ponto de vista da norma em elaboração, há uma "pressão" axiológica relacionada com uma situação fática concreta.

Sobre as relações entre tal fato e norma faz Van Acker três reparos essenciais:

"1º — A situação de fato não prefigura, nem predetermina retrato sintético de eventos naturais, como a lei físico-científica, mas, sim, uma tentativa opcional e sempre provisória de disciplinar lógica e axiologicamente uma conduta fática humana, em função de valorações sociais prevalecentes, mas sempre, historicamente, volúveis.

2º — Na situação de fato que ocasiona a gênese da norma jurídica, não se devem apenas incluir fatos no sentido estrito do comportamento, mas também normas jurídicas já estabelecidas e que devem ser revogadas, modificadas ou mesmo ressalvadas.

3º — Cada norma jurídica importa na qualificação típica, lógica e axiológica de uma situação de fato, ou seja, na definição de um fato jurídico tipológico, com as respectivas consequências axiológicas. Por esta qualificação abstrata, mas tridimensional, a norma jurídica torna-se autêntico modelo jurídico concreto e prospectivo, aplicável a futuras situações concretas, no sentido de reais"[273].

É indubitável que a norma nasce das realidades contingentes do grupo social que tem de reger e disciplinar. Contudo, o que se verifica em toda parte, principalmente no

272. A. Machado Pauperio, *O direito político de resistência*, Rio de Janeiro, Forense, 1962, p. 9 e 10, 13-5, 18, 20-4, 37 e 38, 263-5, 267, 281 e 282; Torré, *Introducción al derecho*, cit., p. 413-7; Pinto Antunes, Revisão constitucional. Direito à revolução, *Revista da Faculdade de Direito da Universidade de Minas Gerais*, p. 41, 1956; Pedro Palmeira, *As leis injustas e a sua sanção*; o direito de resistência, Recife, 1933; Felippe N. Collaço, *Pode a sociedade em algum caso resistir ao poder público?*, Recife, 1861, p. 20; Murillo de Barros Guimarães, Um critério para solução do problema da resistência às leis injustas, in *RT*, *117*:15; Josaphat Marinho, *Direito de revolução*, Bahia, 1953, p. 81; Juvenal Machado Doncel, *La resistencia a la opresión ante la libertad, el orden y el poder*, Buenos Aires, La Ley, 1939, t. 4, p. 4; Grigore Geamanu, *La résistance à l'oppression et le droit à l'insurrection*, Paris, 1933; Baptista de Mello, Direito de resistência, *AJ*, v. 37, 1936. V. E. Orlando, *Della resistenza politica individuale e collettiva*, Firenze, 1885; Goffredo Telles Jr., Resistência violenta aos governos injustos, *RF*, p. 24 e s., jul./ago. 1955; Raymond Aron, *L'homme contre les tyrans*, Gallimard, 1946, p. 115; Thoreau, *Resistance to civil government*, 1849; Celso Lafer, *A reconstrução dos direitos humanos*, São Paulo, 1988, p. 187-236. Estudamos, aqui, o direito de resistência em seu sentido amplo.

273. Van Acker, Curso de filosofia do direito, *Revista da PUCSP*, cit., p. 170.

Brasil, é um desajustamento entre a realidade material dos fatos e a realidade formal das normas jurídicas[274].

Diz Franco Montoro que é inegável que a marcha de nossa legislação tem acompanhado, em suas linhas gerais, a evolução do direito alienígena, pois são inúmeros os transplantes de institutos jurídicos inadequados à realidade brasileira[275]. P. ex., no campo do direito civil, o regime dotal de bens no casamento era um transplante jurídico inadequado à realidade nacional. A minúcia com que o Código Civil de 1916 tratava desse instituto levava o observador a crer que este regime era extremamente praticado entre nós. Mas a realidade era outra[276]. Com efeito, observava Washington de Barros Monteiro que "o regime dotal constitui em nosso direito positivo verdadeira superfetação, porque não entrou absolutamente em nossos hábitos e costumes... Sem nenhum inconveniente poderia tal capítulo ser cancelado do Código, que se despojaria de excrescência inteiramente inútil"[277]. Por tais razões o novo Código Civil não faz menção ao regime dotal, no que andou muito bem.

Isto traz como consequência a ineficácia da norma transplantada, que permanece apenas como letra morta, tendo *vigência* legal, porém sem *eficácia* real, porque esta depende do comportamento dos membros da sociedade. Além disso, o transplante introduziria em nosso meio um elemento cujo sentido não corresponderia à nossa realidade e aos interesses nacionais[278].

É bom ressaltar que não se devem desprezar as contribuições alienígenas, mas recebê-las com espírito crítico, adaptando-as à realidade social e às condições existenciais da vida brasileira. O nosso Código Comercial de 1850 é um exemplo de elaboração legislativa que, servindo-se de contribuição estrangeira, soube adaptá-la à realidade nacional, "é uma legislação — escreveu Cândido Mendes — firmada com o cunho brasileiro, relevando entre

274. Rudolf von Ihering, *L'esprit du droit romain*, cit., t. 3, § 43, p. 16. Bigne de Villeneuve, *La crise du "sens comun"*, cit., p. 96. *V.* Paulino Neto e outros, A deformação da noção de direito e o delírio legislativo, *O Gládio*, órgão do Centro Acadêmico Evaristo da Veiga da Faculdade de Direito de Niterói da Universidade Fluminense, 1950, p. 2-8.

275. Filosofia do direito e colonialismo cultural, trabalho apresentado ao *Congresso Interamericano de Filosofia*, Brasília, 1972. Este fato é denunciado também por: Sílvio Romero, *A filosofia no Brasil*, 1878; *Ensaios de philosophia do direito*, 1895; *Ensaios de sociologia e literatura*, 1901; P. Barreto, *A cultura jurídica no Brasil*; Pontes de Miranda, *Preliminares para a revisão constitucional*; José Honório Rodrigues, *Aspirações nacionais*, 2. ed., Ed. Fulgor, 1965; Gilberto Amado, *As instituições políticas e o meio social no Brasil*; Odilon da Costa Manso, *Formação nacional e cultura jurídica*, 1949; Paulino Neto, A deformação da noção de direito e o delírio legislativo, *O Gládio*, cit., p. 3. "Foram tais os desmandos e aberrações que praticamos na execução das Constituições, que fomos levados a modificar a de 24 em 91, a de 91 em 26 sem êxito bastante; e a recompô-la em 34; e a substituí-la em 37; e já preparamos uma outra em 46, cuja elaboração foi também feita segundo os mesmos métodos das anteriores: sempre imitando a voga, ou do outro lado do Atlântico ou do outro lado do Continente" (Oliveira Viana, *Instituições políticas brasileiras*, José Olympio, 1955, 2 v.).

276. Franco Montoro, *Introdução*, cit., p. 6.

277. *Curso de direito civil*, v. 2, p. 183.

278. Convém mencionarmos as funções da norma jurídica (Miranda Rosa, *Sociologia do direito*, Rio de Janeiro, Zahar, 1970, p. 60): *educativa*, pois o simples fato de a norma existir resulta na convicção por parte de quem a conhece de que a conduta por ela prescrita é a mais conveniente para a vida social; *conservadora*, devido ao caráter estático que apresenta ao garantir a manutenção da ordem social; e, *transformadora*, pois é o principal agente da mudança social; o legislador, o administrador, o juiz, os atos jurídicos estão contribuindo para as modificações da realidade social. A norma jurídica dirige e ordena o processo de desenvolvimento. Franco Montoro acrescenta a estas funções a *ordenadora*, isto porque toda norma é uma ordenação no duplo sentido de: *a*) imperativo, de impor um dever, uma diretriz ao comportamento; e *b*) instrumento de realização de uma ordem ou equilíbrio na vida social (*Introdução*, cit., v. 2, p. 438-62), fazendo um estudo sobre esses dois temas da sociologia genética do direito. *V.*, também deste autor, Filosofia do direito e colonialismo cultural, *Congresso Interamericano de Filosofia*, cit., p. 13.

outros dotes, no espírito e na redação, o labor e o colorido pátrio". Daí a longa duração desse Código[279], que só recentemente teve sua Primeira Parte revogada pelo Código Civil de 2002 (art. 2.045).

A norma jurídica se encontra no meio social, ora sofrendo injunções dos fatores sociais, ora sobre eles reagindo e orientando. Os fins a serem atendidos são impostos à norma jurídica pela realidade social concreta. Sociologicamente, poder-se-ia dizer que são os fins sociais que criam a norma jurídica[280].

Com sua elaboração, a norma jurídica continua sua vida própria, numa integração entre fatos e valores[281].

A esse respeito convém trazer a lume as palavras de Tercio Sampaio Ferraz Jr., para quem "esta oposição entre norma e realidade, que vai marcar a dogmática jurídica, significa, além disso, a consciência de uma necessidade constante de rever o pensamento dogmático, pois o direito, não repousando apenas nas suas normas, mas tendo outras dimensões, vai exigir da dogmática jurídica uma reformulação constante dos seus próprios conceitos"[282].

B. REALIDADE ÔNTICA DA NORMA JURÍDICA

Se nos situarmos sob o ângulo do objeto[283], veremos a norma como uma realidade ôntica.

Para o estabelecimento do "ser" da norma jurídica, optamos pela teoria dos objetos, de Husserl, situando-a numa das regiões ônticas para descobrir, enquanto for possível, as características próprias da norma jurídica[284].

Está a norma jurídica na zona do universo chamada "cultura"[285], que é o mundo do construído pelo homem em razão de um sistema de valores[286]. É, certamente, uma cons-

---

279. *Princípios de direito mercantil*, v. 1, p. DCXLVIII (introd. do Visconde de Cayru); Franco Montoro, Filosofia do direito e colonialismo cultural, *Congresso Interamericano de Filosofia*, cit., p. 12 e 14.

280. *V.* J. Vilanova, *Filosofía del derecho y fenomenología existencial*, Buenos Aires, Cooperadora de Derecho y Ciencias Sociales, 1973, p. 81.

281. Leonardo van Acker, Sobre um ensaio de jusnaturalismo fenomenológico-existencial, *RBF*, cit., p. 170. *V.*, sobre a relação entre norma e fato, M. Helena Diniz, *Conceito de norma jurídica*, cit., p. 28-35.

282. *Função social*, cit., p. 79.

283. Objeto é tudo aquilo de que se pode dizer alguma coisa. *V.* Romero e Pucciarelli, *Lógica*, Buenos Aires, 1948, p. 16, § 2º. Modernamente, os jusfilósofos, como Husserl e a corrente fenomenologista, preferem o termo "objeto", em lugar de "ser" e falam na teoria dos objetos. "Ser" é tudo aquilo que de qualquer modo existe ou pode existir. Daí os problemas sobre a "essência", a "existência", a "causalidade" dos seres etc. É o problema "ontológico". Franco Montoro, *Os grandes problemas da filosofia* (apostila); *v.* também Luis de Raeymaeker, *Introdução à filosofia*, São Paulo, Ed. Herder, 1969, p. 49 e s.

284. Carlos Cossio, *Teoría egológica del derecho y el concepto jurídico de libertad*, Buenos Aires, Abeledo-Perrot, 1964, p. 56. A fenomenologia concebe a ontologia como o estudo do objeto. *V.* os comentários que Manuel G. Morente faz a esse respeito nos *Fundamentos de filosofia*, cit., p. 282. Consulte também o quadro das regiões ônticas no Cap. II, n. 4, g. 3, deste nosso Compêndio.

285. A vida individual é uma realidade distinta das demais realidades; ela precisa ser realizada a cada momento, contrariamente ao que ocorre com as demais, que têm um ser já feito. Ela é distinta da pedra, da planta, de um astro, que não precisam se decidir a cada momento sobre seu futuro. A vida individual consiste num fazer algo, pois a vida não nos é dada feita; temos que a fazer a cada instante, como diz Ortega. Recaséns Siches, *Estudios de la filosofía del derecho*, Barcelona, Bosch, 1936, p. 71. A vida individual possui um substrato (suporte), sobre o qual se realizam os atos com sua intencionalidade, ou sentido. Paulo Dourado de Gusmão (*Introdução à ciência do direito*, Rio de Janeiro, Forense, 1959) estuda o pensamento de Recaséns Siches.

286. *V.* Goffredo Telles Jr., *O direito quântico*, cit., p. 216-9, que esclarece o conceito de cultura; A. Torré (*Introducción al derecho*, cit., § 21) também se refere ao culturalismo.

trução humana. O homem, atuando segundo valorações, verifica quais são as interações necessárias, que tomam, então, uma forma objetiva, que é a norma jurídica.

A norma jurídica é um objeto estabelecido pelo homem em razão de um fim e dirigido à liberdade humana, com existência real no tempo e no espaço. A temporalidade é elemento constitutivo seu, pois tem vida, que se faz e se desfaz, uma vez que é alterável, revogável e substituível; está ainda vinculada a um espaço, já que é necessária a determinado círculo de homens, como tivemos oportunidade de observar; encontra-se na experiência sensível, além de ser positiva ou negativamente valiosa, pois tem finalidades e valores implícitos[287]. Daí ser indubitável que a norma jurídica é um *objeto cultural*, que se compõe de um substrato e de um sentido[288].

O "substrato" da norma jurídica é a conduta humana em interferência intersubjetiva, sendo, então, um objeto cultural egológico, pois a matéria da norma jurídica não é qualquer conduta humana, mas a social, em que o fazer de um interfere com o proibir por parte de outrem. A norma jurídica apresenta-se na vida social como norma de conduta que regulamenta comportamentos humanos. Sem dúvida, há palavras, há um ingrediente material atrás do qual se encontra uma realidade que pretende vincular as condutas sociais a determinados tipos de comportamento[289]. Poder-se-ia afirmar que a norma jurídica não é a vida humana objetivada, pois não tem um substrato material, não é vida concretizada em coisas, mas vida humana vivente, dinamizada em fluente liberdade.

287. Llambias de Azevedo (*Eidética y aporética del derecho*; prolegómenos a la filosofía del derecho, Buenos Aires, Espasa-Calpe, 1940, p. 103-5) traça algumas linhas a respeito da norma como fenômeno espaciotemporal; Hans Kelsen (*Teoria pura do direito*, cit., v. 1, p. 23) diz: "A vigência das normas é uma vigência espaciotemporal, isto é, ela vale para qualquer período de tempo, se refere a uma conduta, que só se pode verificar em um certo lugar ou em um certo momento"; os estudos de Edmund Husserl são valiosos para a compreensão da realidade cultural (*Idées directrices pour une phénoménologie*, 4. ed., Ed. Gallimard, 1950, cap. II, seção III: "A constituição do mundo espiritual" e o apêndice XII, §II). Que os objetos culturais têm caracteres idênticos aos naturais ao serem objetos de experiência (pois impressionam a nossa sensibilidade) e ao serem temporais e espaciais, não há maior dificuldade em percebê-lo. O fato de que eles sejam positiva ou negativamente valiosos é uma decorrência de serem frutos do homem — daí constituírem objetos culturais. Realmente, os objetos culturais são frutos de uma valoração por oposição aos naturais, neutros ao valor, que por não serem obra humana, isentam-se do sentido finalista: que é apanágio de tudo que é humano (*v.* Machado Neto, *RBF*, fasc. 39, p. 389).

288. Kelsen e Cossio, *Problemas escogidos de la teoría pura del derecho — Teoría egológica y teoría pura*, Buenos Aires, Ed. Kraft, p. 109; Franco Montoro, *Introdução*, cit., v. 1, p. 99; Machado Neto, *Compêndio*, cit., p. 69.

289. *V.* neste sentido: Llambias de Azevedo, *Eidética y aporética del derecho*, cit., p. 41. A conduta é intersubjetiva no sentido de que a conduta de um está condicionada pela conduta de outro que permite ou impede sua realização. Lourival Vilanova (*Sobre o conceito do direito*, cit., p. 79 e 124) observa que a norma tem como substrato a conduta humana, que é capaz de ser regulada normativamente, pois só a conduta é passível de liberdade e a liberdade é a condição de possibilidade de todo dever ser. Entendemos que a afirmação de que as palavras devem ser consideradas como o substrato da norma jurídica é inconveniente; apesar de, hodiernamente, os costumes jurídicos estarem escritos em repertórios para sua fixação e prova (p. ex., os *Assentamentos de Usos e Costumes da Praça do Estado de São Paulo*, feitos pela Junta Comercial), as normas consuetudinárias tiveram sua origem na conduta do povo, na consciência popular, sem assumirem as formas conceituais da palavra, e muitas normas de direito costumeiro nem sequer foram formuladas por escrito, de modo que se considerarmos a "palavra" como substrato do objeto cultural "norma jurídica", as normas costumeiras ficariam à margem do mundo jurídico. Outras vezes, a realidade social se desenvolve sem levar em conta uma norma obsoleta; casos há em que as normas são inaplicáveis por não corresponderem às mutações sociais. A conduta segue o seu caminho sem se importar com a letra da lei, que poderá ser revogada hoje, amanhã, daqui a vinte ou trinta anos, não importa quando, pois já o está pelo desuso, pela sua não aplicação, pela sua inadequação aos fatos concretos. *V.* também José Vilanova, *Filosofía del derecho*, cit., p. 127.

O "sentido" da norma jurídica é sempre expressão de um valor. Ensina Lourival Vilanova que toda norma jurídica implica uma tomada de posição prévia ante um valor[290]. A escolha do poder há de ser precedida de uma estimativa. A norma surge do confronto do fato com uma tábua de bens[291].

Com efeito, a norma jurídica nasce de uma decisão do homem entre múltiplas possibilidades, porque normar implica eleger baseando-se num juízo de valor. É a linguagem normativa que instrumentaliza a ideologia do legislador[292].

Dá-se um sentido à norma jurídica sem lhe conferir um valor; ela não é valor, mas um veículo de realização de determinado valor; deve ser uma tentativa no sentido de realizar a justiça, que é o valor que compendia, unitariamente, todos os valores jurídicos[293]. Pode ser "injusta" e contudo não deixa de ser jurídica, na medida em que seu "sentido" seja, precisamente, esse: o de dever realizar o justo, de forma a garantir e promover a existência pessoal e comunitária[294].

O conhecimento da norma jurídica se resolve numa "compreensão de sentido"; ela não poder ser "explicada"[295].

Segundo Husserl, é a motivação que governa os objetos culturais[296]. Realmente, "não vivemos no mundo de maneira indiferente, sem motivos, sem rumos ou sem fins. Ao contrário, a vida humana é sempre uma procura de valores. Viver é, indiscutivelmente, optar

290. *Sobre o conceito do direito*, cit., p. 85-6.

291. Goffredo Telles Jr., *O direito quântico*, cit., p. 213.

292. Roberto A. R. de Aguiar, *Direito, poder e opressão*, cit., p. 79; Manuel G. Morente (*Lecciones preliminares de filosofía*, Tucumán, 1938, p. 414) assevera: "*No hay cosa alguna ante la cual no adoptemos una posición positiva o negativa, una posición de preferencia*". É a pessoa que captando o valor decide de sua existência escolhendo entre os vários valores. *V.* Miguel Reale, *Filosofia do direito*, São Paulo, Saraiva, 1969, p. 186 e 187. A coisa só tem valor depois de comparada com outra. O valor há de depender sempre de um julgamento; é a inteligência que faz juízo de valor, que julga bons ou maus os fatos que concorram para levar o agente aos fins que ele deseja atingir. Goffredo Telles Jr., *O direito quântico*, cit., cap. III; cap. I, p. 68-73; caps. IV e VI, p. 276-80. O legislador dita sua norma, precisamente, porque estima que os efeitos que ela produzirá ao ser projetada sobre a realidade social serão bons. Pasini, Norma giuridica e realtà sociale, *RIFD*, v. 1 e 2, p. 218, 1960; Kelsen, *Teoria pura do direito*, cit., v. 1, p. 63; Cossio, *Teoría de la conducta*, n. 12; Messer, *Filosofía y educación*, Revista de Pedagogía, p. 107, Madrid, 1929.

293. A filosofia da cultura parte da rigorosa distinção que é preciso fazer entre realidade e valor. Entre "ser" e "dever ser". A norma é um "ser", uma realidade. A justiça, o bem, a utilidade, a conveniência etc. são valores que pertencem à categoria do "dever ser". A norma jurídica é um ser, o que justifica uma ontologia da norma jurídica. O valor não é ser, é qualidade do objeto, é o sentido que o ser humano atribui ao objeto. *V.* o que dizem: Radbruch, *Filosofia do direito*, 2. ed., Saraiva, 1937; e M. Reale, que apresenta o seguinte esquema em sua obra *Filosofia do direito*, cit., v. 1, p. 171:

Ser — objetos naturais e ideais	Os objetos culturais são enquanto devem ser.
Dever ser — valores	Seu ser é o dever-ser.

V. também o v. 2 da obra citada (caps. 36, 37 e 38). A cultura não é puro valor, mas uma realidade que tende à realização de certo valor. Franco Montoro, *Introdução*, cit., p. 363; Radbruch, *Filosofia do direito*, cit., p. 9; Gurvitch, *L'idée du droit social*, Paris, 1933, p. 96.

294. Franco Montoro, *Introdução*, cit., v. 2, p. 32 e 33. Há casos históricos em que a norma jurídica é, exatamente, o contrário do que afirmamos, por ser um esforço da consciência lógico-valorativa de homens que só querem promover seu próprio bem.

295. W. Dilthey (*Psicologia e teoria do conhecimento*) afirma: "A natureza nós a explicamos, a vida anímica nós a compreendemos". Miguel Reale, *O direito como experiência*, cit., p. 61; Goffredo Telles Jr., *Filosofia*, cit., v. 2, p. 387-9. *V.* o que diz Cossio, *Teoría egológica*, cit., p. 34, a esse respeito.

296. Husserl pondera: "Todos os modos de comportamento espiritual se ligam casualmente através de relações motivacionais" (*Idées directrices*, §§ 56 e 57, III, cap. I, § 1º); no apêndice (XII-II, § II, p. 754) distingue entre a atitude do cientista da natureza cego para os valores e a do cultor das ciências culturais, que não pode deixar de experienciar as objetividades axiológicas.

diária e permanentemente entre dois ou mais valores"[297]. Não há objeto cultural que não tenha sido em sua origem, em sua utilização e até em sua destruição fruto de considerações finalísticas e valorativas do homem[298].

Logo, se a norma jurídica é produto da atividade consciente do homem, há de servir a fins, que hão de ter um conteúdo valioso, devendo ser compreendida na integridade deles, segundo conexões determinadas valorativamente. Compreender a norma jurídica é revelar seu sentido[299].

Realmente, a norma jurídica é um fenômeno histórico-cultural, pois, como nos diz Lourival Vilanova, tem "origem e uma trajetória de evolução própria, não é estável, e sua variação obedece a circunstâncias de tempo, de lugar e de cultura"[300].

É uma *realidade cultural*: uma síntese entre mundo natural e valor. A norma jurídica emerge, portanto, como tão bem assevera Goffredo Telles Jr.[301], "na harmonia do Universo como requintada elaboração do mais evoluído dos seres".

C. CONCEITO ESSENCIAL DA NORMA DE DIREITO

c.1. Problema da determinação do conceito da norma jurídica

Tem razão Alexandre Caballero ao dizer que é um fenômeno normal o da evolução dos conceitos; quanto mais manuseada uma ideia, mais ela fica revestida de minuciosos acréscimos. A interferência das mais diversas teorias sobre um conceito em lugar de esclarecer complica, frequentemente, as ideias, pois o que era antes um conceito unívoco converte-se em análogo e até em equívoco. Tal a variedade e disparidade de significação que lhe acabam sendo atribuídas[302].

Assim, quem quiser orientar-se acerca do problema do conceito da norma jurídica encontrar-se-á, portanto, diante de pontos de vista diferentes que lhe não serão de fácil domínio.

---

297. Miguel Reale, *Lições preliminares*, cit., p. 44.

298. "Seria um exagero afirmar que toda atividade humana está determinada por fins. Há um setor dela que se produz inconscientemente, e este, sem dúvida, não está determinado por fins postos pelo homem. Mas, toda atividade consciente está orientada para finalidades. Nesta esfera o homem realiza uma atividade finalista" (Llambias de Azevedo, *Eidética y aporética del derecho*, cit., p. 50).

299. *V.* Karl Engisch, *Introdução ao pensamento jurídico*, 2. ed., Lisboa, Calouste Gulbenkian, 1964, p. 103 e s.; Miguel Reale, *O direito como experiência*, cit., p. 115.

300. *Sobre o conceito do direito*, cit., p. 58. Toda cultura é histórica, porque implica um sistema axiológico de referência, que varia com o tempo. Os tempos mudam e com eles o comportamento humano, porque o homem é sedento de perfeição; nunca se sentindo satisfeito, substitui bens por bens. Velhos bens, que marcaram uma época, não produzem muitas vezes a felicidade esperada e são substituídos por outros. E uma nova época tem início. Todo ciclo histórico tem sua cultura. Toda sociedade obedece a uma tábua de valores de modo que a fisionomia de uma época depende da forma como seus valores se ordenam. Goffredo Telles Jr., *O direito quântico*, cit., cap. IV; Miguel Reale também se refere à historicidade do objeto cultural (*Filosofia do direito*, cit., p. 173). Sobre sentidos mais concretos da positividade, *v.* H. Batiffol, Sur la positivité du droit, in *Mélanges en l'honneur de Jean Dabin*, Paris, Sirey, 1963, t. 1, p. 3 e s.

301. *O direito quântico*, cit., nota preliminar. Citamos sobre objeto cultural: Miguel Reale, Carlos Cossio, Recaséns Siches, Goffredo Telles Jr. e outros, mas é preciso deixar bem claro que nem de longe tivemos a veleidade de dizer que todos têm o mesmo ponto de vista sobre o objeto cultural; procuramos dar apenas com justeza a nossa "impressão" geral, isto é, o que nos ficou do conjunto das leituras. Apontamos o que nos pareceu mais significativo para dar uma ideia tanto quanto possível verdadeira da norma jurídica como objeto cultural. Isto porque, no nosso entender, as diversas doutrinas se completam e não se excluem (M. Helena Diniz, *Conceito de norma jurídica*, cit., p. 36-50).

302. O ser em si e o ser para si, *RBF*, *48*(71): 277, 1968.

Isto nos leva a pensar na necessidade de buscar, com absoluta objetividade, o conceito da norma jurídica, pois os juristas, pela dificuldade de discernir o mínimo necessário de elementos sobre os quais se deve basear a definição de seus caracteres, chegam a conclusões opostas[303].

Para se determinar a essência da norma jurídica dever-se-á ter presente que "um dos caminhos para a descoberta das essências das coisas é o que leva à intimidade das palavras que as simbolizam", revelando sua íntima estrutura, desvendando os elementos de que se compõem, enumerando seus aspectos inteligíveis ou notas[304].

Os conceitos refletem, no nosso entender, a essência da coisa, e as palavras são veículos dos conceitos. Isto supõe a relação entre os significados das expressões linguísticas e a realidade.

A operação de se revelar o que um objeto é, por meio da enunciação de seus aspectos inteligíveis, chama-se operação de definir, cujo produto é a definição[305].

Pela lógica tradicional que procede, essencialmente, de Aristóteles, determina-se a essência das coisas por meio de uma definição, ou seja, por indicação do *genus proximum* e da *differentia specifica*[306].

É mister definir exatamente a norma jurídica, purificando-a de seus elementos acidentais ou contingentes que encobrem sua verdadeira natureza, assinalando as essências que fazem dela uma realidade diferente de todas as realidades sociais.

Dever-se-á, então, formular não uma mera definição nominal da norma jurídica[307], mas uma definição real essencial[308], porque é a que desvenda a sua essência pelo gênero próximo, que é a ideia imediatamente superior à de norma, quanto à extensão; e pela diferença específica, que é a qualidade que, acrescentada a um gênero, constitui uma espécie, distinta como tal de todas as demais do mesmo gênero[309].

Portanto, o conceito da norma jurídica, para ser universal, deve abstrair todo conteúdo, que é contingente, variável, heterogêneo, considerando as essências, que são permanentes e homogêneas[310].

O problema do conceito da norma jurídica é filosófico, por implicar investigações sobre relações entre normas éticas e jurídicas e exigir a dilucidação de muitos conceitos com os

---

303. Telles Jr., *Introdução à ciência do direito*, cit., fasc. 4, p. 219; *Filosofia*, cit., v. 2, p. 523. *V.* ainda L. Vilanova, *Sobre o conceito do direito*, cit., p. 68 e 69.

304. Telles Jr., *Introdução à ciência do direito*, cit., fasc. 4, p. 219; M. Helena Diniz, *Conceito de norma jurídica como problema de essência*, São Paulo, Saraiva, 2003.

305. Telles Jr., *Tratado*, cit., p. 324 -6; *v.* Jacques Maritain, *Éléments de philosophie*; petite logique, 2. ed., n. 29, p. 95.

306. *V.* Fritz Schreier, *Conceptos y formas fundamentales del derecho*; esbozo de una teoría formal del derecho y del Estado sobre base fenomenológica, Buenos Aires, Ed. Losada, 1942, p. 26. Edmund Husserl também demonstra a importância do gênero próximo e da diferença específica (*Idées directrices*, cit., p. 46); Cretella Jr., *Curso de filosofia do direito*, São Paulo, Bushatsky, 1967, p. 123 e 20.

307. Que consiste em dizer o que uma palavra significa. Dizer que a palavra "definir" significa "delimitar" é dar uma definição nominal.

308. Que consiste em dizer o que uma coisa ou realidade é.

309. Não convém empregar a definição real descritiva nem a definição acidental. *V.* Régis Jolivet, *Curso de filosofia*, cit., p. 36.

310. *V.* Lourival Vilanova, *Sobre o conceito do direito*, cit., p. 64-7.

quais a norma jurídica se compenetra, como, p. ex., os de: coação, coerção, coatividade, coercibilidade etc. Ora, tudo isso constitui campo próprio da filosofia do direito, e, além disso, a questão do *ser* da norma jurídica é um problema da ontologia jurídica, que é a parte central da filosofia do direito[311].

A reflexão filosófico-jurídica nos levará ao *eidos* da norma jurídica.

Um dos problemas que mais nos preocupa é o metodológico, pois qualquer estudo científico pressupõe método.

O conceito de norma jurídica, para que possa valer com universalidade, terá que excluir, em caráter metódico, todos os elementos contingentes. Portanto, poder-se-ia indagar: "Qual o método apropriado para levar o pensamento ao conceito da norma jurídica?".

À primeira vista, poder-se-ia pensar que, sendo a norma jurídica um objeto real, ou seja, cultural, só se poderia alcançar o seu conceito partindo da experiência indutiva, aproximando-a das demais normas, comparativamente, a fim de obter os caracteres comuns, que constituiriam a base de seu conceito. Atingir-se-ia, assim, a essência da norma jurídica por meio da indução, alcançando a sua definição numa marcha ascendente, que vai do particular ao geral[312].

Não obstante a simplicidade dessa solução metódica para se atingir o conceito da norma jurídica, nela encontramos inúmeras dificuldades.

A experiência contém imensidão de dados, e por maior que seja esse número de informações observadas, não se poderia descobrir qual o denominador comum que empresta uniformidade aos fenômenos apreendidos. Com efeito, ante a multiplicidade do real, o pensamento deverá munir-se, previamente, de um critério seletor adequado que consiga enquadrar os caracteres essenciais daquelas normas investigadas. Como separar os elementos que constituem as normas jurídicas em categorias? Como deslindar quais os históricos, quais os físicos, quais os psíquicos, quais os sociais, e, dentre estes, quais os jurídicos etc.? Enfim, como aproximar, comparativamente, as normas jurídicas, subordinando-as a um mesmo critério conceitual[313]?

Devido a este caráter múltiplo da experiência, o conceito da norma jurídica não pode ser obtido indutivamente[314]. Será, então, a dedução a via metódica para se chegar ao conceito da norma jurídica?

---

311. Miguel Reale, *Pluralismo e liberdade*, cit., p. 49; Ugo Redano, Etica, società e norma giuridica, *RIFD*, v. 1 e 2, p. 265, 1960. Para Hegel, o problema do conceito da norma jurídica é um problema filosófico (ontológico) e não lógico ou gnoseológico (*v. Filosofía del derecho*, p. 37, 45-62; *La phénoménologie de l'esprit; Filosofía de la historia universal*, p. 86-100). Cretella Jr., *Curso de filosofia do direito*, cit., p. 24; Nicolas M. Lopes Calera, *La estructura lógico-real de la norma jurídica*, Madrid, Ed. Nacional, 1969, p. 13; H. Coing, *Fundamentos de filosofía del derecho*, Barcelona, Ed. Ariel, 1961, p. 49; M. Helena Diniz, *Conceito de norma jurídica*, cit., p. 1-7.

312. Indução é o argumento que conclui pelo particular, ou seja, por intermédio de enumeração de casos particulares. Além dessa indução generalizadora, temos a indução analógica, que é "o argumento que vai de um ou mais casos particulares a outro caso particular" (Franco Montoro, *Dados preliminares de lógica jurídica*, Apostila do Curso de Pós-graduação da PUCSP, 1976), inaplicável, portanto, na determinação do conceito de norma jurídica, pois este é geral e universal, uma vez que se aplica a todas as normas jurídicas.

313. Lourival Vilanova, *Sobre o conceito do direito*, cit., p. 107-15.

314. Edmund Husserl, com sólidos e convincentes argumentos, demonstra-nos quão precárias são as generalizações empíricas (*Investigaciones lógicas*, Madrid, 1929, t. 2, p. 115-219).

A dedução é a argumentação que conclui por intermédio de um elemento total, pressupondo um princípio superior do qual se obtém a verdade. Dessa forma, atingir-se-ia a definição de norma por inferência indireta de um conceito supraordenado que, por sua vez, compreenderia o conceito de norma jurídica, como se o genérico contivesse o específico. Todavia, nesta hipótese, a diferença específica é um acréscimo sintético, não está contida no conceito genérico e, portanto, a determinação específica não poderia ser obtida por via dedutiva[315].

Qual será o método de análise capaz de captar o conceito da norma jurídica?

Se a norma jurídica é um objeto real, que tem um *ser* ou uma essência, portanto um puro *eidos*[316]. O "ser" jurídico da norma não está na coisa material, pois o que na norma existe de "jurídico" é uma significação ideal que mantém com o objeto real uma relação peculiar. Deveras, se a norma jurídica é um objeto tem, necessariamente, seus caracteres essenciais, cujo conjunto constitui o seu conceito.

O conceito fixa a essência, que é apreendida num ato de *intuição*[317]. Logo, o conceito da norma jurídica é, logicamente, independente da experiência[318].

Pode-se atingir a *essência* da norma jurídica, isto é, o seu conceito, graças a uma *intuição intelectual*[319] pura, ou seja, purificada de elementos empíricos. Uma vez apreendida, com evidência intuitiva, a essência ideal da norma jurídica, é possível formular o seu conceito

315. Lourival Vilanova, *Sobre o conceito do direito*, cit., p. 117.

316. Os dados oferecidos pela experiência sensória constituem não mais do que a matéria para a produção do conhecimento (Goffredo Telles Jr., *Filosofia*, cit., v. 1, p. 85; Schreier, *Conceptos y formas fundamentales del derecho*, cit.).

317. Intuição, portanto, é a visão direta de um objeto que se dá de modo imediato ante nossa consciência, sem intermediários. *V.* J. Cretella Jr., *Curso de filosofia do direito*, cit., p. 58; Luis Recaséns Siches, *Tratado general*, cit., p. 150. O termo "essência" e seus sinônimos: quididade (*quidditas, quid sit res?*) e natureza (*ad quid nata est res?*) tem dois sentidos: *a*) lato — designa tudo o que um ser é: tudo o que é da sua natureza, quer seja ou não importante; *b*) estrito — essência é o que é fundamental num ser, o que lhe constitui a natureza profunda. É nesta acepção que procuramos a essência da norma jurídica (Leonardo van Acker, Curso de filosofia do direito, *Revista da PUCSP*, cit., *34*(65-6):143). Essência é a totalidade apriorística frente ao contingente e singular do dado empírico-sensorial. É aquilo pelo que uma coisa é o que é. O universal ou geral em seres do mesmo tipo (Goffredo Telles Jr., *O direito quântico*, cit., p. 171). "A essência é sempre uma essência capaz de existir realmente. Todos os objetos do pensamento se medem por serem capazes de existir, ou realmente existentes, num mundo extramental. Toda essência é essência de alguma coisa existente ou que pode existir" (Jolivet, *Tratado*, v. 3, n. 149). Não é possível explicar a existência dos objetos mentais sem o recurso a coisas extramentais das quais são expressão e essência. Ou melhor, a essência dessa coisa, considerada como definição dela, considerada como "quididade", só existe como ideia. Embora só existindo como ideia, essa essência é a essência da própria coisa. Logo, o que existe na ideia é o que a própria coisa é, despida de tudo quanto não seja sua essência (Telles Jr., *Filosofia*, cit., v. 1, p. 79-91).

318. L. Vilanova, *Sobre o conceito do direito*, cit., p. 123.

319. Há dois tipos fundamentais de intuição: *a*) a *sensível*, pela qual apreendemos, através dos sentidos, imediatamente, os dados da experiência externa ou interna; *b*) a *espiritual*, que se baseia na mente, consistindo na imediata projeção do espírito sobre o objeto, e que pode ser *formal*, quando se trata de uma mera apreensão de relações, ou *material*, se se trata do conhecimento de uma realidade material, de um objeto ou de um fato suprassensível. A esta intuição é que chamamos intuição no sentido próprio e rigoroso, que pode ser de índole diversa. A sua diversidade está fundada no mais profundo da estrutura psíquica do homem, um ser que pensa, sente e age, razão pela qual Hessen, em sua clara monografia *Teoria do conhecimento*, afirma que: o ser espiritual apresenta três forças fundamentais: a inteligência, o sentimento e a vontade. Dessa forma, pôde distinguir uma intuição racional, outra emocional e outra volitiva, todas suscetíveis de apreensão imediata do objeto. O órgão cognoscente é, na primeira, a razão, na segunda, o sentimento e na terceira, a vontade. E, como o objeto, apresenta três aspectos: essência, existência e valor. Por conseguinte, pôde o referido autor falar de uma intuição de essência, de existência e de valor. A primeira coincide com a racional, a segunda, com a volitiva e a terceira, com a emocional (Hessen, *Teoria do conhecimento*, 5. ed., Coimbra, Arménio Amado Ed., 1970, cap. IV, p. 125 e s.).

universal. Como só a inteligência tem a aptidão de perceber em cada essência as notas concretas de que essa essência se pode compor[320], emprega-se a intuição racional, que consiste em olhar para uma representação qualquer, prescindindo de suas particularidades, de seu caráter psicológico, sociológico etc., para atingir aquilo que tem de essencial ou de geral.

Colocado ante a realidade, o sujeito cognoscente vai depurando-a objetivamente, através de fases sucessivas de eliminação, até captá-la em toda sua pureza, registrando o fenômeno de modo neutro e objetivo. Não obstante a alteração que sofre o objeto, existe uma evidência de que ele permanece o mesmo, o que constitui sua essência. E a atividade intelectual para captá-la é a abstração ideatória[321] ou, simplesmente, ideação. Não se pense, como bem assevera Miguel Reale, que, com o esforço de abstração, inerente ao conhecimento filosófico, iremos perdendo contato com o real, suspensos no mundo da pura fantasia, pois o que distingue e singulariza a "abstração filosófica" é que, quanto mais superamos o contingente e o acessório, mais captamos a realidade em sua essência[322].

O princípio metódico, mediante o qual se chega ao conceito da norma jurídica, que deve abranger aquele conjunto de notas que se implicam necessariamente, só pode ser, no nosso entender, o intuitivo, situado no plano da intuição racional ou ideatória (visão direta das essências), deixando, assim, de lado o emprego do método dedutivo e indutivo.

c.2. Conceito como objeto ideal

A norma jurídica é um objeto real suscetível de vivência empírica e valioso positiva ou negativamente; não obstante esse caráter de realidade histórico-cultural que possui, não deixa de ter sua essência, que é universal e deverá ser apreendida intuitivamente[323].

---

320. "As essências se apresentam como objetos ideais, porque são *a priori*, isto é, necessárias, independentes dos fatos em que se realizam, e são captáveis por intuição intelectiva" (Luis Recaséns Siches, *Tratado general*, cit., p. 458-9). *V.* Husserl, *Idées directrices*, cit., p. 22; Goffredo Telles Jr., *Filosofia*, cit., p. 173. Husserl desenvolveu uma teorização profundíssima do conhecimento, aludindo à captação da essência do objeto mediante um golpe da inteligência. Essa intuição é por ele denominada intuição das essências ou eidética (*Meditações cartesianas*, p. 130). Max Planck no livro *Aonde vai a ciência?* põe em relevo a importância da intuição intelectual.

321. Parece-nos contudo que a intuição racional não é um ato perfeitamente simples e autônomo, mas antes uma pluralidade de atos do pensamento. Após a percepção (que resulta da impressão de objetos do mundo material sobre o órgão sensório) do dado, a imagem é o que fica na mente, é o sinal pelo qual e no qual a consciência atinge um objeto sensível ausente. E essa imagem do ser real é oferecida à inteligência, que trabalha com ela, despojando-a de tudo que a individualiza, descobrindo nela o universal (o geral) que é, evidentemente, a essência do objeto. A inteligência se ergue dos indivíduos às espécies e considera o que há de uno em espécies diversas, delas destacando os gêneros. As espécies e os gêneros são chamados universais porque são conceitos unos que se estendem a coisas diversas. O sentido etimológico do adjetivo substantivado "universal" (*unum versus alia*) é este: unidade feita com o diverso. Essa operação intelectual é chamada "abstração extensiva" (*abstrahere* = tirar, separar mentalmente), que é o ato de descobrir o que é sempre o mesmo em coisas diversas, deixando de lado os caracteres singulares. A abstração é extensiva porque é maior ou menor conforme a maior ou menor extensão dos conceitos atingidos por ela. Extensão de um conceito é o conjunto dos seres a que o conceito convém; a extensão do gênero é maior do que a de suas espécies. A abstração leva a inteligência ao mundo dos universais que é o das essências. A visão de uma essência é o que se chama ideia, ou seja, a ideia é produto ou resultado da abstração. É abstrata, geral, universal pois não contém elementos sensíveis (G. Telles Jr., *Filosofia*, cit., v. 1, p. 37, 51-3 e 67; Van Acker, *Introdução à filosofia — lógica*, São Paulo, Saraiva, 1932, cap. I, art. 1º; Jolivet, *Tratado*, cit., v. 3, n. 169).

322. *Pluralismo e liberdade*, cit., p. 61; *v.* sobre abstração o que diz Nicolas Lopes Calera (*La estructura*, cit., p. 38); M. Helena Diniz, *Conceito de norma jurídica*, cit., p. 9-17.

323. A norma jurídica não é apenas algo do homem, mas algo para o homem, a quem trata de dirigir e controlar. Por isso é um produto cultural que encerra em si uma "teleologicidade", pois sem a atenção às teleologias concretas da sociedade existe o perigo de reduzir a norma a uma simples estrutura lógica. A norma não é, assim, um "objeto ideal", mas uma realidade cultural, inseparável das circunstâncias de fato e do complexo de estimativas que condi-

As normas jurídicas, cuja pluralidade constitui a ordem jurídica vigente para cada cultura, apresentam conteúdo que varia de acordo com as épocas, lugares, políticas dominantes etc. O conteúdo é variável, mas não a norma jurídica; esta é como que um invólucro capaz de reter dentro de si os mais variados conteúdos. Por este motivo podemos falar que é norma jurídica a argentina, a americana, a inglesa, a francesa, a russa, a brasileira etc. Isto significa que, além dos fatores particulares e imediatos que determinam as normas singulares, existem outros gerais e comuns. Todas têm em comum alguma coisa, que faz delas normas jurídicas[324]: sua essência, que, todavia, não se confunde com a norma jurídica. A essência da norma jurídica é um objeto ideal, perfeitamente distinto da norma, que é objeto real[325].

Com efeito, a essência é um objeto ideal, pois é atemporal, não está no espaço, é irreal, é *a priori*, porque não depende desta ou daquela experiência, a ela não chegamos através dos sentidos, mas da intuição intelectual, e é neutra ao valor[326]. É o conceito que fixa a essência, o elemento eidético, imutável e necessário[327].

O conceito não reproduz o objeto[328], por isso não fica no mesmo plano ontológico dele. A natureza do conceito permanece intacta, qualquer que seja a índole de seu correlato objeto, ou seja, real, ideal etc. Em qualquer caso, a idealidade do conceito persevera a mesma[329].

O objeto é o dado envolvido pela forma conceitual, é aquilo que o pensamento delimita. Sob o prisma ontológico o *conceito* é um *objeto ideal* e o dado pode ser um objeto natural, cultural ou até mesmo ideal. O dado tem propriedades, caracteres, e o conceito é constituído de notas, que correspondem aos caracteres do objeto. O conceito retém, apenas, o elemento comum, a essência que em toda multiplicidade se encontra; logo, não poderia ser uma duplicação, uma reprodução do real, do objeto, uma vez que funciona como um princípio de simplificação, tendo função seletiva[330].

---

cionam o seu surgir, seu desenvolvimento, sua vigência e sua eficácia (Miguel Reale, *O direito como experiência*, cit., p. 61). A essência é a soma de predicados, que dividem-se em dois grupos: predicados que convêm à substância de tal sorte que se lhe faltasse um deles não seria o que é; e predicados que convêm à substância, mas que ainda que algum deles faltasse continuaria a ser a substância aquilo que é. Aqueles primeiros são a essência propriamente dita, porque se algum deles faltasse à substância, esta não seria aquilo que é; e os segundos são o acidente, porque o fato de tê-los, ou não, não impede de modo algum que seja aquilo que é. G. Morente, *Fundamentos de filosofia*, cit., p. 96.

324. Lourival Vilanova, *Sobre o conceito do direito*, cit., p. 58; Del Vecchio, *Lições de filosofia do direito*, 2. ed., Arménio Amado Ed., Coimbra, 1951, p. 16 e 17.

325. Juan Llambias de Azevedo, *Eidética y aporética del derecho*, cit., p. 18. "A descoberta fundamental da fenomenologia é o mundo dos objetos ideais, que nos são dados, apesar de não serem objetos físicos, nem psíquicos, de não se apresentarem no espaço e nem estarem sujeitos a processo temporal e que, sem embargo, possuem uma consistência objetiva e uma forma peculiar de realidade. A estes objetos pertencem entre outros: os conceitos, os juízos, em suma, tudo o que é próprio da lógica" (Legaz y Lacambra, *Filosofía del derecho*, cit., p. 166). Os objetos reais têm sua própria existência, independentemente da vivência que deles possa ter o homem; os ideais não têm existência por si e deles somente se pode predicar uma existência na medida em que o homem os vivencia intelectivamente, isto é, os reduz a conceitos, produtos da razão. Existem apenas como produto da mente. *V.* Goldschmidt, *Filosofía, historia y derecho*, Buenos Aires, Libr. Jurídica, 1953, p. 102.

326. G. Morente, *Fundamentos de filosofia*, cit., p. 289; Cossio, *Teoría egológica*, cit., p. 56.

327. Cathrein, *La filosofía del derecho*; el derecho natural y el derecho positivo, 3. ed., Madrid, Ed. Reus, 1940, p. 17.

328. A. Pfander, *Lógica*, p. 149; Goffredo Telles Jr. (*O direito quântico*, cit., p. 230) afirma que: "A ideia não é cópia do objeto, basta lembrar que o objeto é sempre concreto e individual, e a ideia, sempre abstrata e universal".

329. Lourival Vilanova, *Sobre o conceito do direito*, cit., p. 11-4.

330. Lourival Vilanova, *Sobre o conceito do direito*, cit., p. 15 e 16.

O conceito da norma jurídica é um objeto ideal que contém notas universais e necessárias, isto é, encontradas, forçosamente, em qualquer norma de direito[331].

De maneira que, partindo da intuição da essência, desprezando o puramente fático e particular, deve-se eliminar tudo o que resulte ao espírito como sendo acessório, em uma seleção gradual que tenha em vista tão somente destacar as notas essenciais da norma jurídica, relacionadas entre si por fundamentação necessária, pois só assim se chega a um conceito que abranja todas as normas jurídicas que existiram, existem e hão de existir; que sirva para a norma civil, penal, administrativa, tributária, processual etc.; que seja aplicável ao ordenamento de um povo primitivo e ao de um Estado civilizado; que compreenda, igualmente, as normas justas como as injustas, pois o sentido da norma jurídica deve ser apenas a intenção de realizar a justiça e não seu logrado cumprimento[332].

c.3. Elementos essenciais da norma jurídica

c.3.1. *Imperatividade como essência genérica da norma de direito*

A norma jurídica é uma norma de conduta, no sentido de que seu escopo direto ou indireto é dirigir o comportamento dos particulares, das comunidades, dos governantes e funcionários no seio do Estado e do mesmo Estado na ordem internacional. Ela *prescreve* como se deve conduzir a conduta de cada um[333].

Realmente, como explicita Geraldo Ataliba, este comando não se dirige às coisas, nem mesmo ao homem (considerado como um todo), mas ao *comportamento* humano[334]. A norma jurídica é *imperativa* como toda norma destinada a regular o agir do homem e a orientá-lo para suas finalidades. E imperativa porque impõe um dever, um determinado comportamento[335].

---

331. Lourival Vilanova, *Sobre o conceito do direito*, cit., p. 69-75; Lyotard, *La phénoménologie*, Paris, PUF, 1959, p. 17-9. Definir é revelar o que o definido é, apontando os elementos necessários. Emprega-se aqui o adjetivo "necessário" no seu sentido rigoroso. Numa definição só se podem mencionar elementos necessários do definido, elementos indefectíveis, que não podem faltar. Elementos contingentes, que ora existem, ora não existem, não têm condições para definir (Telles Jr., *Introdução à ciência do direito*, cit., fasc. 2, p. 101). *V.* Jacy de Souza Mendonça, Problemática filosófico-jurídica atual, *RBF*, fasc. 81, p. 52, 1971.

332. Por mais desagradável que isto resulte não há por que se duvidar de que houve, há e sempre haverá normas injustas: a que instituiu a escravidão, as inúmeras leis fascistas, nazistas e soviéticas (conglomerado das mais anti-humanas e nefandas normas), que contudo não deixam de ser jurídicas ainda que aviltantes e repugnantes aos nossos sentimentos (M. Helena Diniz, *Conceito de norma jurídica*, cit., p. 49-56).

333. Adolfo Reinach (*Los fundamentos apriorísticos del derecho civil*, Barcelona, Bosch, 1934, p. 171) considera que o vocábulo "norma" é equívoco e usa o termo "determinação"; Llambias de Azevedo (*Eidética y aporética del derecho*, cit.) diz "disposição".

334. *Apontamentos de ciência das finanças e direito financeiro e tributário*, Revista dos Tribunais, 1969, p. 183; Eisenmann, *Centralisation et décentralisation*, p. 50. Para Kelsen, a expressão "norma" diz respeito à conduta que constitui o conteúdo da norma; então, a norma, para ele, pode referir-se também a *fatos* ou *situações* que não constituem conduta humana, mas desde que sejam condições ou efeitos de conduta humana (*Teoria generale delle norme*, cit., p. 11 e 12; *Teoria pura do direito*, v. 1, n. 4-b, p. 7). *V.* Juan Manuel Teran, *Filosofía del derecho*, 5. ed., México, Porrúa, 1971, que também considera a norma como um imperativo.

335. Del Vecchio, *Filosofía del derecho*, p. 339. No que se refere às normas diretivas, *v.* Santi Romano, *Principii di diritto costituzionale generale*, 2. ed., Milano, Giuffrè, 1947, p. 84. Cossio, *Norma, derecho y filosofía*, La Ley, 1946, § 4º, e *Ciencia del derecho y sociología jurídica*, §§ 11 e 12; e Machado Neto, Egologismo existencial como filosofia da ciência jurídica, *RBF*, *14*(55):380-1, 1964, estudam a norma como juízo disjuntivo.

As normas jurídicas, como já observamos, são postas em virtude de um ato concomitante de escolha, que pode emanar tanto do legislador ou do juiz, como resultar de opções consuetudinárias ou de estipulações fundadas na autonomia voluntária dos particulares, que também podem estabelecer normas de conduta e regulamentar suas respectivas relações jurídicas através de um negócio jurídico — contrato, p. ex. —, que é considerado, sob esse prisma, como uma *lex privata*. Isto não significa que as normas sejam vontade e, tampouco, atos volitivos, mas que são manifestações de um ato de vontade[336]. A norma não é um comando ou um imperativo, no sentido psicológico do termo, como se atrás de cada preceito houvesse alguém a dar ordens[337]. Reduzir o imperativo a um processo psíquico, como o faz Capitant, significa psicologismo no domínio do direito.

Cumpre observar que a norma jurídica não brota do cérebro da autoridade que a emite como um ato de vontade independente e espontâneo. Isto porque a vontade humana é condicionada[338]. Ao condicionamento social das ideias, observa Machado Neto, não escapa nem um gênio como Aristóteles nem o homem comum, pelo fato de que nosso viver é, forçosamente, um conviver, pela razão de que a sociedade nos cerca de todos os lados, socializando-nos e enculturando-nos a cada passo[339].

A norma é um produto da formação social. A autoridade apenas declara a norma jurídica, induzindo-a dos fatos, das relações objetivas exteriores e, uma vez declarada, ela adquire vida própria, destacando-se da vontade de quem a estabeleceu e vive acompanhando as vicissitudes da vida social, já que para este fim existe.

Verifica-se que o elaborador apenas traduz o pensar e o sentir da coletividade[340].

A norma jurídica é um comando, um imperativo, mas "despsicologizado", que não implica uma "vontade" no sentido psicológico do termo[341]. Poder-se-á dizer, como Miguel Reale, sem dúvida, que "o 'querer' que se manifesta na norma jurídica não é um querer psicológico, mas um querer deontológico, expressão de fins que nascem do reconhecimento de valores como razão da conduta social"[342]. Isto porque a norma antes de ser "querer querido" é "querer valorado"[343].

Por conseguinte, poder-se-á afirmar que a norma jurídica é um *imperativo* em virtude da significação do seu conteúdo. Ao sentido de um *querer*, desligado da sua base psicológica,

---

336. Santi Romano, *Principii di diritto costituzionale generale*, cit., p. 82-5; Edmund Husserl, *Investigaciones lógicas*, cit., p. 62.

337. Lourival Vilanova, *Sobre o conceito do direito*, cit., p. 93. Husserl demonstrou a insuficiência da tese psicologista, na sua obra *Investigaciones lógicas*, cit., p. 67-197; Hans Kelsen (*Teoria pura do direito*, cit., v. 1, p. 19) também faz algumas observações a esse respeito.

338. Sobre a condicionalidade sociológica da consciência cognoscente, *v.* o ensaio de Karl Mannheim, *Ideologia e utopia*, Rio de Janeiro, Zahar, 1968, cap. Sociologia do conhecimento; Miguel Reale, *Filosofia do direito*, cit., v. 2, p. 621; Goffredo Telles Jr., *O direito quântico*, cit., p. 159-60.

339. Condicionamento social das ideias, in *Introdução à ciência do direito*, São Paulo, Saraiva, 1963, v. 2, p. 73-82.

340. O elaborador deve ser fiel à ideia do grupo que ele deve realizar. Goffredo Telles Jr., *Filosofia do direito*, cit., v. 2, p. 455, e *O direito quântico*, cit., cap. VI, p. 258.

341. *V.* Kelsen, *Teoría general del derecho y del Estado*, cit., p. 36 e 37, e *Teoría general del Estado*, cit., p. 62.

342. *Filosofia do direito*, cit., v. 2, p. 621.

343. "A compreensão do caráter de 'imperatividade' em termos 'axiológicos' supera as objeções usualmente contrapostas ao 'imperativismo voluntarista', possibilitando considerar-se 'prescrição' como sinônimo de 'imperativo'" (Miguel Reale, *O direito como experiência*, cit., p. 246 e 248).

chamamos *dever ser*, assim como ao conteúdo do respectivo imperativo, inteiramente desligado do processo psíquico do ato de mandar ou de vontade, chamamos *norma*[344].

As normas jurídicas são *imperativas*, ou prescritivas, porque impõem um dever, situando-se no âmbito da normatividade ética, já que têm por escopo regular a conduta humana tendente à consecução de fins próprios ao homem[345].

Portanto, possuem uma *essência ética*, uma vez que se dirigem à conduta social do homem, indicando-lhe como agir no complexo da realidade social a que se ajusta, sob a inspiração de valores, cuja fonte comum axiológica é o próprio homem[346].

Todavia, como observa André Franco Montoro, alguns autores, sob a influência de Hans Kelsen e mais remotamente de Binding, negam à norma jurídica o caráter de imperatividade, afirmando que ela é um juízo, o que tem sido fonte de graves equívocos[347].

Machado Neto, examinando a questão, verifica que desde 1872 Binding afirmava que "não é possível entender as normas penais como imperativos, pois o Código Penal nada mais faz do que descrever uma certa conduta como delituosa e imputar uma sanção a tal conduta". Binding chegou a asseverar que os delinquentes não violam as normas penais, mas as cumprem. Isto parece um paradoxo, mas não é, diz ele: "abram o Código Penal, procurem qualquer norma, não se encontrará nenhuma que diga: *não matar, não roubar*. Não há os supostos imperativos (*não matar, não roubar*), para que possam ser desobedecidos, mas sim normas que dizem, por exemplo, que o que matar o outro será punido com 20 anos de prisão. E como são os criminosos os que matam e geralmente recebem a pena estabelecida, resulta que são eles os que na realidade cumprem o previsto na norma jurídica". Nota Machado Neto que a crítica de Binding se fundamenta apenas em um argumento verbal, como que a supor que as normas jurídicas deveriam vir, obrigatoriamente, redigidas de conformidade com sua natureza, se imperativas devem assumir a forma gramatical de tais[348].

Como as diferenças existentes entre norma e proposição são gnoseológicas e não de gramaticalismo lógico, a atitude anti-imperativista passou a ter dignidade teorética com os estudos de Hans Kelsen. Deveras, Kelsen *na primeira fase de seu pensamento* sustentou a tese de que a *norma* é um *juízo* e não um imperativo. Para este jusfilósofo, a norma estabeleceria uma vinculação entre os fatos na forma do "dever ser". Um imperativo é o fato de que uma vontade psicológica expressou seu querer; mas essa vontade é um fato da natureza, do "ser", inadequado para fundamentar um "dever ser". Em razão desta colocação a norma não é um imperativo, mas um juízo hipotético que estabelece como devida uma certa conduta e vincula ao fato de produzir-se esta uma determinada consequência, também devida. Assim, para Kelsen, como pontifica Machado Neto, o ato intelectual (juízo hipotético) em relação à norma significaria redução a uma fórmula intelectual daquilo que a vontade determinou

344. *V.* neste sentido Gustav Radbruch, *Filosofia do direito*, cit., p. 111; Kelsen, *Teoria pura do direito*, v. 1, p. 112.

345. Vicente Ráo, *O direito*, cit., v. 1, p. 37. Todas as normas, quaisquer que sejam, têm a mesma finalidade: são instrumentos ao serviço do homem e visam a direção da conduta humana. Se a norma estabelece uma conduta como dever é um imperativo. O adjetivo "ético" é de origem grega *êthé*, que significa, precisamente, "comportamento", "conduta".

346. Leonardo van Acker, Sobre um ensaio de jusnaturalismo fenomenológico-existencial, *RBF*, cit., *20* (78):186; M. Helena Diniz, *Conceito de norma jurídica*, cit., p. 56-64.

347. *Introdução*, cit., v. 2, p. 34.

348. *Teoria geral do direito*, cit., p. 33 e s. Juan Llambias de Azevedo, *Eidética y aporética del derecho*, cit., p. 71.

ser exigível. Logo, a realidade do direito está nessa fórmula intelectual e não na matéria criada pela vontade[349].

Mas, em que pese dever-se a Kelsen a primeira negação teórica do imperativismo da norma e a descoberta do seu caráter lógico como juízo, cabe aqui uma ressalva, já feita por André Franco Montoro, de que não foi Kelsen o primeiro a descobrir o caráter lógico da norma jurídica como juízo hipotético; antes dele, Korkounov, no século passado, já dizia: "As normas jurídicas são regras condicionais. Constam de dois elementos: a definição das condições de aplicação da regra (hipótese ou suposição) e a exposição da regra propriamente dita (disposição ou ordem). E podem ser expressas na fórmula seguinte: Se... em consequência..., ou melhor, 'Se alguém comete furto, em consequência ele é passível de prisão'". E, provavelmente, antes de Korkounov, outros autores fizeram formulações semelhantes[350].

Para Carlos Cossio, as normas jurídicas "não contêm mando algum", não são imperativas; são juízos disjuntivos que pensam uma conduta. Colocam-se ao lado da conduta como esquemas cognitivos[351].

Há, ainda, outros autores que contestam a imperatividade das normas jurídicas; dentre eles podemos citar: *a*) Léon Duguit, para quem as normas são regras técnicas de caráter hipotético e indicativo, já que indicam certas consequências, toda vez que se verificarem determinadas hipóteses; *b*) Anders Wedberg, que confunde norma de *dever ser* com a proposição de *dever ser* que a descreve, pois, para ele, a proposição de *dever ser* é norma; e *c*) Georges Kalinowski, para quem norma é apenas uma estrutura proposicional[352].

Na *segunda fase de seu pensamento*, Kelsen[353] distinguiu a norma da proposição jurídica. Distinção esta que tem por fim tornar impossível qualquer pretensão de se reduzirem as normas jurídicas a esquemas lógico-formais da conduta jurídica. Assim, para ele, as *normas jurídicas* formuladas pelas autoridades têm *caráter imperativo*, sendo fontes de direito, uma vez que impõem obrigações e conferem direitos. Por conseguinte, o *objeto* da norma jurídica é regulamentar a *conduta*. As *proposições jurídicas* são, no dizer de Kelsen, a "função da ciência jurídica", tendo por missão conhecer as normas jurídicas e descrevê-las, não podendo prescrever nada. Seu *objeto* é, portanto, descrever a *norma jurídica* e não regulamentar a conduta humana. Logo, não são fontes de direito. A *proposição jurídica*

349. Hans Kelsen, *Teoría pura del derecho*, 1. ed., Buenos Aires, Eudeba. Em sua obra *Teoría general del Estado*, Kelsen afirma categoricamente na p. 70 que "é inadmissível sustentar que as normas jurídicas constituam um imperativo". Machado Neto, *Teoria geral do direito*, cit., p. 31 e s.

350. *Cours de théorie générale du droit*, Paris, Giard & Brière, 1903, § 24, p. 192 e 193; André Franco Montoro, *Introdução*, cit., v. 2, p. 37.

351. *La valoración jurídica y la ciencia del derecho*, Buenos Aires, Ed. Arayú, 1954, p. 61.

352. L. Duguit, *Traité de droit constitutionnel*, cit., p. 82; Anders Wedberg, *Some problems in the logical analysis of legal science*; theoria, Estocolmo, 1951, v. 17, p. 251; Kalinowski, *Introduction à la logique juridique*, Paris, 1965, p. 82.

353. *Teoria pura do direito*, cit., v. 1, n. 16. As proposições jurídicas como enunciados descritivos são suscetíveis de verdade ou falsidade; tal não ocorre com as normas jurídicas, que são válidas ou inválidas, porque não são descrições de um objeto, mas prescrições. Assim uma norma vale como norma de direito quando sua criação obedece a preceitos estabelecidos numa norma jurídica anterior. Kelsen, *Teoria pura do direito*, cit., p. 143-5. *V.* o que diz R. Siches, *Tratado general*, cit., p. 153 e s. Alf Ross também contrapõe o enunciado descritivo ao imperativo prescritivo (Imperatives and logic, in *Philosophy and science*, 1944, v. 2, p. 31); em seu trabalho *On law and justice*, London, Stevens, 1958, p. 9 e 10, diz: "A diferença radical entre as normas jurídicas (isto é, as regras jurídicas contidas nas leis ou derivadas de precedentes ou de outras fontes de Direito) e as proposições doutrinárias dos livros de texto consiste em que 'as primeiras são diretivas — alógicas' e 'as segundas são asserções — lógicas' ".

é um *juízo hipotético condicional* que contém uma enunciação sobre a norma jurídica. Afirma Kelsen que pela proposição sabe-se o que se deve ou se pode, juridicamente, fazer sem incorrer numa consequência jurídica desfavorável, isto porque nela estão perfeitamente definidos os tipos de fato condicionantes, aos quais se vinculam as consequências prescritas na norma. Com isso Hans Kelsen cancela sua conhecida atitude anti-imperativista.

Daí se infere que: *a*) o *dever ser* da norma jurídica tem sentido prescritivo (imperativo); o *dever ser* da proposição, um sentido descritivo (indicativo); *b*) a norma decorre de um ato de vontade; é uma criação real e a proposição de um ato de conhecimento, sendo assim uma criação epistemológica, como diz Kelsen[354].

Apresentamos aqui as duas fases do pensamento kelseniano reconhecidas pela quase unanimidade dos comentadores. Contudo, meditando melhor sobre a concepção de Kelsen, verificamos que essa distinção entre norma e proposição sempre foi por ele admitida, ao declarar, na 2ª edição da *Teoria pura do direito* (v. 1, p. 157, nota 1), que a tese que defendeu de que a norma jurídica não é um imperativo, mas um juízo, refere-se à regra de direito formulada pela ciência jurídica e não às normas jurídicas criadas pelas autoridades. Já em sua obra *General theory of law and state*, ao estabelecer a distinção entre norma jurídica emitida pela autoridade e os enunciados sobre a norma formulados pela ciência jurídica, sugeria a denominação de "regras de direito", afirmando que estes enunciados ou regras do direito em sentido descritivo não devem ser confundidos com as normas jurídicas. A regra de direito é um juízo hipotético que relaciona consequências a certas condições. E até mesmo no livro *Problemas escogidos de la teoría pura del derecho* (p. 44), Kelsen chega a pronunciar as seguintes palavras: "*Es necesario distinguir las reglas de derecho (proposiciones jurídicas) de las normas jurídicas que, creadas por los actos de las autoridades jurídicas forman el derecho, objecto de la ciencia del derecho. En mi 'General Theory of Law and State' he presentado muy cuidadosamente esta distinción. Pero en mis obras anteriores, quizá no he sido suficientemente claro en lo que concierne a esta distinción; y asi he provocado malentendidos y objecciones, algunas de las cuales me parecen justificadas. En particular, la crítica emitida por la doctrina egológica ha llamado mi atención sobre la necesidad de aclarar nuevamente algunos pontos de mi propia teoría definiendo lo más precisamente que fuere posible la distinción entre las normas jurídicas creadas en el curso del proceso jurídico por las autoridades jurídicas y las reglas de derecho (proposiciones jurídicas) formuladas por la ciencia del derecho*". Com isso, parece-nos que ele jamais deixou de ser imperativista[355].

A questão é que, para Hans Kelsen, a norma de direito não é um enunciado acerca de um objeto de conhecimento, mas uma prescrição e, como tal, um imperativo. Como ele bem assevera, a *estrutura lógica* da norma de direito é que é um juízo hipotético que enlaça uma conduta humana, estabelecida como ilícita, com uma consequência jurídica que deve

354. *Teoria pura do direito*, cit., n. 16; Schreier, *Conceptos y formas fundamentales del derecho*, cit., p. 57. F. Castro também distingue entre a "norma" como "mandato jurídico com eficácia social organizadora" e "disposição legal" como "sinal sensível mediante o qual se manifesta aquele mandato" (*Derecho civil de España*, v. 1, I, p. 47). Von Wright fala em norma e formulação normativa (*Norma y acción. Una investigación lógica*, p. 70 e s.). Lacambra com base nas sugestões de Sánchez de la Torre (*La estructura lógica de la proposición normativa*, p. 6, 15 e 16) entende também que a proposição normativa é uma descrição. *V.* Legaz e Lacambra, *Filosofía del derecho*, cit., p. 391-6.

355. M. Helena Diniz, *A ciência jurídica*, 2. ed., São Paulo, Resenha Universitária, 1982, p. 101.

ser aplicada pelo órgão da comunidade jurídica. Enlace esse que também se estabelece em forma normativa, ou seja, como um *dever ser*, que não é prescritivo, como já dissemos, mas *descritivo*.

É certo que o elaborador da norma jurídica, em regra, serve-se da forma gramatical de um juízo. Pouco importa a forma linguística dos atos de que decorrem as normas jurídicas, o seu sentido é sempre prescritivo. A força prescritiva ou descritiva não depende das palavras empregadas[356].

Com o escopo de verificar o modo de raciocínio próprio dos juristas, Kelsen descobriu a lógica jurídica, substituindo, na seara jurídica, a cópula *ser* pela *dever ser*. Pela lógica da ciência jurídica, liga-se um fato condicionante a um fato condicionado, assim na descrição da norma jurídica aplica-se a imputação, que vem a ser a ligação de pressuposto e consequência expressa na proposição jurídica com a cópula lógica *dever ser*. O princípio imputativo consiste na conexão que há entre o ilícito e a consequência do ilícito (sanção). Tomemos como exemplo o art. 121 do Código Penal, que reza: "Matar alguém: Pena — reclusão, de seis a vinte anos". Esta é a norma estabelecida pela autoridade jurídica. O jurista, no seu trabalho intelectual de descrever a norma, nos diz que o expresso no artigo *supra* significa que "aquele que matar deve ser castigado com prisão de tantos anos"; esta é uma proposição jurídica que diz algo sobre a norma, descrevendo, corretamente, o seu conteúdo. É incorreta a expressão normativa dizendo-se "será" o que seria uma referência ao "ser", que para Hans Kelsen significa uma relação de causalidade e não de imputação[357].

Afirma ainda o mestre de Viena que a relação em que se encontram entre si a hipótese legal e a consequência jurídica é de condicionalidade.

O *dever ser* como cópula lógica não exprime nenhum juízo de valor moral ou político, não se refere ao valor intrínseco do que deve ser, mas à imputação neutra de um fato a outro, de modo que o segundo deve ser porque o primeiro é[358].

A proposição é axiologicamente ascética[359], enquanto representa a descrição de uma realidade (norma) que supõe valorações. Apresenta-se como um juízo hipotético, isto é, como a forma de *dever ser*, que é o enlace (imputação) do antecedente com o consequente. É a indicação de dois deveres: o dever de se abster, o indivíduo, da ação contrária à conduta desejada, e o dever por parte do órgão competente de praticar a ação condicionada, ou seja, o ato de coação. O *dever ser* significa apenas que a condição e a consequência jurídicas se correspondem na proposição jurídica[360].

---

356. Kelsen, *Teoria pura do direito*, cit., v. 1, p. 138 e 139.

357. *Teoria pura do direito*, cit., n. 18, e *Teoria geral do direito e do Estado*, 1ª parte, I (D-6), VIII; Goffredo Telles Jr., *A criação do direito*, cit., 2ª parte, cap. II, p. 209 e s. Se alguém matar uma pessoa, isto não significa que este alguém se encontre automaticamente condenado à pena de reclusão de tantos anos. O homicídio não produz causalmente a pena ao assassino, pois, por um lado há homicidas que escapam à penalidade e por outro lado há inocentes que são punidos como criminosos. Por isso nós, juristas, ao nos referirmos à consequência jurídica, não devemos utilizar a palavra "causalidade".

358. *V.* Cossio, *Teoría de la conducta*, cit., n. 8.

359. Legaz y Lacambra, *Filosofía del derecho*, cit., p. 393. A proposição é axiologicamente ascética, pois a norma jurídica por ela descrita, seja ela moral, imoral, amoral, justa, injusta, tem sempre a mesma estrutura lógica: a de um juízo hipotético.

360. O grande mérito de Kelsen foi o de ter enquadrado o juízo hipotético, em que consiste a proposição jurídica, segundo o seu entender, como um juízo de dever ser lógico, abstraído o valor, o caráter axiologicamente positi-

A estrutura lógico-imputativa da norma possui caráter formal e necessário. Formal, porque essa estrutura é sempre a mesma qualquer que seja o conteúdo, colocando simplesmente em relação imputativa os elementos nela contidos. Necessário, porque a ciência jurídica só pode, sob o prisma kelseniano, conceber a norma sob essa estrutura normativa[361].

Sem dúvida, a representação mais simples da estrutura lógica da norma jurídica, ou seja, da proposição normativa, é a kelseniana: "Se *A* é, deve ser *B*". Essa fórmula oculta, como verifica Legaz y Lacambra, alguma complexidade. Com efeito, o suposto de fato (A) pode ser um fato (F) de natureza juridicamente relevante (morte, nascimento), ou um fato de conduta (C), que pode ser livre, permitida (CL) ou obrigada (CO), a qual se especifica como cumpridora da prestação (P) e como não realizadora desta (Não P). Por sua vez, a consequência jurídica (B) pode ser favorável, convalidação ou validação do fato (V) ou uma sanção por inadimplemento (S)[362].

Ou, esquematicamente:

A (F, CL, CO, P) — B (V)

A (F, CL, CO, Não P) — B (S)

Dado um fato juridicamente relevante, uma conduta juridicamente permitida ou a prestação de uma conduta obrigada deve ser consequência jurídica de convalidação dos efeitos jurídicos queridos do ato ou implicados no sentido jurídico do fato; e, ao contrário, dada a não prestação de uma conduta obrigatória, deve ser uma consequência jurídica desfavorável, isto é, uma sanção.

Para Legaz y Lacambra, a proposição jurídica, segundo a teoria de Kelsen, pode ser assim resumida: "Em certas circunstâncias, um sujeito deve observar esta ou aquela conduta, se não o fizer, outro sujeito, órgão do Estado, deve aplicar-lhe uma sanção (ou validação se ele observar a conduta)".

Verifica-se que, para a concepção kelseniana, o conceito de sanção e de ilícito são correlatos. A sanção é consequência do ilícito e o ilícito é pressuposto da sanção. O ilícito não é negação, mas condição do direito, porque a conduta humana que constitui o delito é tornada, pela própria ordem jurídico-positiva, pressuposto de uma sanção. Logo, segundo Hans Kelsen, o ilícito não é um fato que está fora ou contra o direito, mas está dentro do direito, por ser por ele determinado, pois o direito, pela sua própria natureza, se refere a ele[363].

Na *primeira edição* de sua obra, a norma jurídica de Hans Kelsen encontra-se formalizada como um duplo juízo hipotético: "Dada certa conduta de alguém deve ser um ato coativo" (dada a não prestação, deve ser sanção), essa norma foi por ele denominada *primária*. "Dado um fato temporal deve ser a prestação" (dado FT deve ser P), essa seria

---

vo ou negativo do que deve ser. Assim, inaugurou a lógica jurídica como lógica do *dever ser*, diversa da lógica formal tradicional de progênie aristotélica como lógica do *ser*, fundada na cópula do ser.

361. Cossio (*La valoración*, cit., p. 74 e s.) realça a importância dessa estrutura.

362. Legaz y Lacambra, *Filosofía del derecho*, cit., p. 394 e 395; Kelsen, *Teoria pura do direito*, cit., v. 1, p. 167 e 168. A ordem social tem por escopo primordial fazer com que o homem evite certas ações prejudiciais e realize as úteis; para tanto, pode estatuir consequências para o caso de sua observância ou inobservância. Carlos A. Seixas Lins, Introdução aos elementos de introdução à lógica jurídica, *Revista da PUCSP*, *33*:425. Sobre a relação entre norma e prêmio, e para uma crítica do conceito de "sanção premial", *v.* Gray, Per un diritto premial, *RIFD*, 1959.

363. Kelsen, *Teoria pura do direito*, cit., v. 1, p. 167, 168, 180, 181, 48, 49, 64, 67, 75, 80, 79, 213-23.

a maneira pela qual Kelsen definia a conduta que evitaria a sanção. Kelsen denominou-a *secundária*, em decorrência da ênfase que colocou no ato coativo como específico do jurídico. Mais claramente, a primária é a que se refere à sanção, e a secundária, a que concerne à conduta lícita.

É mister que se acentue que, no nosso entender, ambas não estão em pé de igualdade; nota-se, na tese kelseniana, que só a primária era, verdadeiramente, uma norma, pois a secundária era um simples derivado lógico da primária, mera expressão auxiliar para dizer, de maneira explícita, o que está contido implicitamente na norma jurídica, tendo assim a finalidade de explicitá-la claramente[364].

Kelsen abandona na *segunda edição* da *Teoria pura do direito* esta terminologia para chamar as antigas normas secundárias "normas jurídicas não autônomas", devido às grandes confusões a que dava origem a distinção entre normas primárias e secundárias, reduzindo, então, todas as normas a um só tipo — *imperativo sancionador*, que prescreve: "Deve-se punir tal comportamento, se ele ocorrer, com determinada pena". A norma jurídica não proíbe, p. ex., o homicídio; prescreve apenas que os órgãos competentes devem aplicar sanções aos que matarem outrem. Segundo o kelsenismo, é só mediante a averiguação do fato por um órgão competente e por um processo determinado pela ordem jurídica que ele se transforma em jurídico. De modo que a proposição jurídica deverá, então, enunciar: "Se o tribunal competente, num processo determinado pela ordem jurídica, verificou, com força de caso julgado, que certo indivíduo praticou um homicídio, o tribunal deve mandar aplicar a este indivíduo uma determinada pena". As normas jurídicas, portanto, nos moldes kelsenianos, são comandos dirigidos aos órgãos para que apliquem sanções. Fala Kelsen em normas não autônomas que não estatuem sanções, mas salienta que só valem quando se ligam a uma norma estatuidora de sanção, ou seja, a *norma autônoma*[365].

Entretanto, o problema não fica completamente esclarecido, porque Kelsen afirma que a norma não autônoma "sob o ponto de vista da técnica legislativa resulta supérflua"[366]; também indica que no direito "nem todas as normas instituem por si mesmas um ato coativo"[367] e formula observações como a seguinte (correta, mas incoerente sob o prisma da técnica legislativa): "A definição do direito como ordem de coação pode subsistir mesmo quando a norma estatuidora de um ato de coação não esteja ela própria em ligação essencial com uma norma que ligue uma sanção à não aplicação da coação num caso concreto"[368].

Carlos Cossio critica a antiga distinção de Hans Kelsen, porque, para ele, é errôneo considerar como autêntica a primária, relegando a secundária ao papel de um mero recurso de linguagem. Sua crítica funda-se no fato de que há conduta em interferência intersubjetiva tanto na transgressão e aplicação da sanção como no cumprimento espontâneo da prestação. E como em toda sociedade, em regra, o que ocorre é o acatamento espontâneo dos deveres jurídicos, sendo as transgressões e a aplicação da sanção exceções, não há por

364. A. Torré, *Introducción al derecho*, cit., p. 141 e s.

365. *Teoria pura do direito*, cit., v. 1, p. 104 a 106 e 109; v. 2, p. 94-7.

366. *Teoria pura do direito*, cit., v. 1, p. 104.

367. Kelsen, *Teoria pura do direito*, cit., v. 1, p. 110.

368. Kelsen, *Teoria pura do direito*, cit., v. 1, p. 97. *V.* comentários feitos por Juan-Ramon Capella, *El derecho como lenguaje*, Barcelona, Ed. Ariel, 1968, p. 182 e 183.

que considerar como autêntica apenas a primária, que trata da sanção. Segundo Cossio, a secundária — que diz respeito à prestação — não é um mero recurso linguístico, mas está em pé de igualdade com a primária, pois, se assim não fosse, o dever jurídico e a conduta humana a ele correlata não teriam um lugar intrassistemático na norma jurídica, com o que demonstra que o esquema kelseniano é incompleto.

Para superar essa deficiência kelseniana, Cossio tomou como base a estrutura apresentada por Kelsen, dando-lhe, contudo, uma forma mais ampla, de modo que nela ficassem compreendidas a observância e a transgressão da norma.

Cossio, como observa Machado Neto, enlaça os dois juízos hipotéticos condicionais, em que consistiam a norma primária e a secundária de Kelsen, numa norma que é um juízo hipotético disjuntivo: "Dado um fato temporal deve ser prestação pelo sujeito obrigado face ao sujeito pretensor, ou, dada a não prestação deve ser a sanção pelo funcionário obrigado face à comunidade pretensora", eis o enunciado completo da caracterização egológica da norma. O juízo disjuntivo compõe-se, como se verifica, de dois juízos hipotéticos enlaçados pela conjunção disjuntiva *ou*, constituindo uma só norma.

Esta norma com que Cossio menciona a conduta jurídica pode ser esquematizada da seguinte maneira:

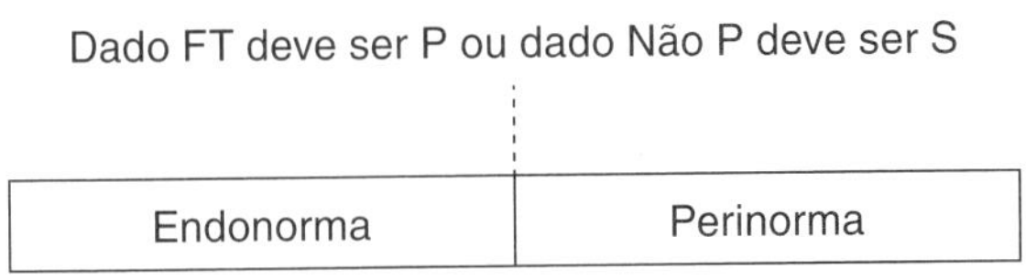

NORMA COMPLETA

A norma jurídica completa, para este jurista argentino, há de ser disjuntiva para referir à possibilidade das duas situações: prestação e sanção. Trata-se de uma norma única e não de duas normas. No esquema cossiano, tanto a prestação como a sanção têm caráter essencial na relação jurídica e na estrutura da norma que a pensa.

Na norma jurídica como juízo disjuntivo temos dez elementos permanentes, que são os seguintes:

1. fato jurídico (FT)
2. o "dever ser"
3. a prestação de alguém (P)
4. como alguém obrigado (AO) — sujeito passivo
5. ante alguém titular (AT) — sujeito ativo

(endonorma)

6. ou — cópula disjuntiva que delimita endonorma e perinorma
7. ilícito (Não P)

"dever ser"

8. a sanção do responsável (S)

9. imposta por um funcionário obrigado a isto (FO) — sujeito passivo
10. graças à pretensão da comunidade (PC) — sujeito ativo

(perinorma)

Pode-se dizer, como Machado Neto, que, ao enunciado da prestação ou dever jurídico, Cossio denominou *endonorma*, dando assim um lugar de honra à liberdade como pressuposto básico de toda normatividade. Ao enunciado do ilícito e sua consequência jurídica — a sanção —, chamou de *perinorma*. Como é evidente, a endonorma cossiana corresponde à antiga norma secundária de Kelsen e a perinorma, à primária, só que endonorma e perinorma não são duas normas diferentes e autônomas, mas são integrantes da estrutura única da norma jurídica completa.

Cossio incorpora, com seus dois termos (endonorma e perinorma), unidos pela disjuntiva "ou", o ilícito, sem expulsar, como já dissemos, o lícito, representando os dois modos de ser da conduta em face da norma: conduta permitida — "endonorma"; e a proibida e sancionada — "perinorma".

O jusfilósofo argentino, com base na disjuntividade, consegue fazer representar tanto o ilícito como o lícito, pois entende que toda conduta jurídica tem de ser forçosamente lícita ou ilícita e que só com a estrutura disjuntiva é possível conceitualizar ambas as possibilidades[369].

Sem embargo, alguns autores, ao examinarem o esquema normativo da norma-juízo da egologia, chegaram à conclusão de que as proposições que o compõem não resultam numa disjuntividade, tal como esta é entendida na lógica tradicional, isto porque a proposição disjuntiva caracteriza-se pelo fato de que a um mesmo sujeito se atribui uma pluralidade de determinações que se excluem entre si.

Deveras, verifica Aristegui que, por meio da cópula "ou", as duas determinações se põem por uma parte em exclusão mútua diante do objeto-sujeito; a indeterminação de eleição entre os dois predicados, que se excluem mutuamente, faz com que a função enunciativa seja flutuante.

Criticando o esquema cossiano, afirma Jorge Millas que a proposição disjuntiva implica a exclusão ou incompatibilidade das duas relações: os membros da disjuntiva não podem ser ao mesmo tempo. A disjuntiva contém duas possibilidades de "dever": "dever ser P" ou "dever ser S"; logo, ambas as relações de *dever ser* se excluem: se é devida a primeira não o é a segunda. Isto destrói, diz Millas, totalmente o sentido e a existência da norma jurídica. Com efeito, se por ser a primeira (endonorma) membro da disjuntiva, deixará de o ser a segunda (perinorma); encontrar-nos-íamos com um "dever ser" sem sanção, isto é, não mais

369. Sobre a proposição disjuntiva, *v.* Cossio, *Teoría egológica*, cit., p. 661, 662 e 451; Machado Neto, *Problemas da ciência do direito*, 1958, p. 133 e s. Paulo Dourado de Gusmão (*O pensamento jurídico contemporâneo*, p. 39-59 e 151-64), para tornar mais fácil a compreensão da norma como juízo hipotético disjuntivo, figura o seguinte exemplo: em um contrato de compra e venda, uma parte, dando a coisa à outra, esta deve efetuar o pagamento ("dado FT deve ser P", em que FT corresponde à entrega da coisa, e P ao pagamento). Temos aí a "endonorma". Mas, como o homem é livre, podendo não observar a endonorma, poderá ocorrer, então, uma situação contrária à endonorma. Nesse caso, se, dada a coisa, o devedor não efetua o pagamento, deverá ser aplicada uma sanção pelo órgão social ("dado não P deve ser S", em que "dado não P" corresponde à conduta do devedor que não efetua o pagamento e "deve ser S" à conduta do órgão social que deve aplicar a sanção, pois, sendo também livre, pode não aplicá-la, prevaricando). Machado Neto, *Teoria da ciência jurídica*, São Paulo, Saraiva, 1975, p. 151. Abelardo Torré, *Introducción al derecho*, cit., p. 141 e s.

haveria norma jurídica. Por outro lado, se o segundo membro da disjuntiva (perinorma) se realizar, isso significa que o primeiro (endonorma) não é, o que supõe o absurdo de que a conduta principal não é devida.

Na realidade, continua ele, para que a norma jurídica seja tal, requer-se a concorrência de suas duas fases: o *dever ser* da conduta exigida consiste no *dever ser* da consequência, e o *dever ser* da perinorma implica o *dever ser* da conduta principal; pelo fato de que o juiz deve castigar o ladrão, fica determinado o dever de atuar honradamente, e este dever, o de atuar honradamente, significa que, em caso contrário, o juiz deve castigar. Como se vê, assevera Millas, não pode haver disjuntiva possível: o dever ser da perinorma e o da endonorma concorrem, se implicam; o esquema de Carlos Cossio constitui, portanto, uma falsa estrutura disjuntiva[370].

Jorge Millas reconhece que há, na norma jurídica, um complexo proposicional de caráter *conjuntivo,* segundo a fórmula: "Se A é, B deve ser *e* se B não é, deve ser S", entendendo que este esquema, seguindo ao de Cossio em sua descrição da complexidade que tem a norma jurídica, o avantaja no que diz respeito à coexistência das duas fases, isto é, ao caráter conjuntivo de sua coordenação. Para ele, a norma jurídica constitui, do ponto de vista de sua estrutura lógica, uma "coordenação conjuntiva de duas proposições hipotéticas", pois, na expressão: "Se A é, B deve ser *e* se B não é, deve ser S", aparece, com efeito, graças ao símbolo conjuntivo "e", que indica a concorrência das duas proposições hipotéticas, o alcance exato do "dever ser" da conduta principal: que B deve ser significa que se B não é (ou seja, se ocorre a conduta contrária) deve ser S (isto é, deve ocorrer sanção).

Hans Kelsen, ao examinar o problema da norma jurídica como juízo hipotético disjuntivo, argumentou que Cossio deveria ter colocado entre a endonorma e a perinorma "e se não" em vez do "ou"[371], no que concordamos.

Aristegui — considerando que em parte alguma a egologia afirmou se a disjunção de sua norma-juízo é inclusiva ou exclusiva, pois essa teoria persiste nessas asseverações: o *dever ser* lógico da cópula pensa o *dever ser* existencial da conduta, ou seja, pensa a matéria ou substância da conduta em geral, que é a liberdade; a norma jurídica pensa a liberdade da conduta na totalidade de suas possibilidades, pois, em inúmeros textos, Cossio afirma que a liberdade é possibilidade e que esta por ser opção pode ser "P" ou "Não P", e que a liberdade pode ser pensada abrangendo suas duas possibilidades — observou que essa norma-juízo não é um juízo disjuntivo, mas que se trata de dois juízos hipotéticos enlaçados por uma conjunção *adversativa*, pois o que a norma-juízo da egologia está expressando é o seguinte: "Dado FT deve ser P *mas* dada a Não P então deve ser S".

Verifica Franco Montoro que alguns autores consideram que a fórmula disjuntiva se limita a descrever duas hipóteses possíveis: o cumprimento ou o não cumprimento da prestação, como se se tratasse de duas condutas indiferentes. Ora, assevera Avelino Quintas: "Não são indiferentes ao direito os dois polos dessa alternativa lógica. Do caráter axiológico

370. Sobre essas críticas, *v.* Pfander, *Lógica*, cit., p. 124 e s.; Aristegui, *Oposiciones fundamentales a la teoría egológica del derecho*, Ed. Platense, 1967, p. 158; J. Millas, nos artigos Axiología y ética, e El problema de la forma de la proposición jurídica, in *Anais do Congresso Internacional de Filosofia* (de 9 a 15-8-1954), v. 2, p. 597-602, e v. 3, p. 698-704, respectivamente.

371. Cossio, Teoria egológica e teoria pura do direito, *RF*, p. 63, maio 1950.

do direito decorre o primeiro membro da alternativa que é o aspecto primordial de qualquer ato jurídico. Enquanto que o segundo membro é apenas um substituto contingente da falta de cumprimento do que era devido. Por isso é preferível que a fórmula lógica apresente o segundo membro não como simples alternativa, mas como consequência do não cumprimento do enunciado no primeiro membro, para tanto deverá ser *adversativa* a fórmula que expressar essa situação: 'Dado H deve ser P, *mas* se não P deve ser S'. Dessa maneira resulta clara a proeminência do primeiro membro, que se refere ao ato devido a outrem, por motivo de sua adequação axiológica, isto é, humana; e nisto consiste o específico e primário no Direito"[372].

Mas de qualquer modo é forçoso reconhecer que a formulação cossiana tem a qualidade de ser um avanço em relação à kelseniana.

Ante a distinção proposta por Kelsen entre norma e proposição jurídica, pode-se falar em realidade ontológica da norma jurídica como preceito social e na sua estrutura lógica, que é a descrição de uma realidade que consiste em ser preceito.

Observa Franco Montoro que "há na pretensa negação do caráter imperativo da norma jurídica uma confusão entre a 'norma jurídica em si' e sua formulação lógica"[373].

Sob o prisma lógico, a norma jurídica tem, como vimos, uma estrutura proposicional, porque seu conteúdo pode ser enunciado mediante uma ou mais proposições entre si correlacionadas, e essa estrutura apresenta-se sempre sob a forma de uma proposição hipotética[374].

Tal estrutura hipotética da norma jurídica pode ser condicional, como querem Korkounov e Kelsen, disjuntiva, como prefere Carlos Cossio, conjuntiva, como pretende Jorge Millas, ou, ainda, adversativa, como diz Avelino Quintas[375].

Para melhor elucidar essa questão, Franco Montoro apresenta o seguinte exemplo: o art. 40, § 1º, II, da CF (com redação da EC n. 88/2015), que prescreve: "Os servidores abrangidos pelo regime de previdência de que trata este artigo serão aposentados, calculados os seus proventos a partir dos valores fixados na forma dos §§ 3º e 17, compulsoriamente aos setenta anos de idade com proventos proporcionais ao tempo de contribuição

372. Millas, El problema de la forma de la proposición jurídica, *Anais do Congresso Internacional de Filosofia*, cit., v. 3, p. 704; Aristegui, *Oposiciones fundamentales*, cit., p. 159-62. Franco Montoro (*Dados preliminares de lógica jurídica*, Apostila do Curso de Pós-graduação da PUCSP, 1976, p. 19 e 20) transcreve trecho de A. Quintas, Posibilidades y límites de la lógica jurídica, *Anuario de Filosofía del Derecho*, 1966.

373. *Introdução*, cit., v. 2, p. 38. Segundo a tese kelseniana, usar como sinônimos "norma jurídica" e "proposição jurídica" é confundir a função normativa da autoridade jurídica com a cognoscitiva da ciência jurídica.

374. Estrutura é o conjunto de elementos entrelaçados que constituem o esqueleto de uma unidade complexa. As proposições, quanto à forma, podem ser: *simples*, se constituídas apenas de dois conceitos — sujeito e predicado — unidos por uma afirmação ou negação; *complexas* ou compostas, também chamadas hipotéticas, quando formadas de duas ou mais proposições simples. A proposição hipotética é, portanto, uma proposição complexa, um organismo lógico, em que, além da afirmação ou negação, próprias de todas as proposições, existe sempre a expressão de uma hipótese, cuja verificação é suposta pela afirmação ou negação. A afirmação e a negação supõem a verificação de uma hipótese. Por tal razão, a proposição complexa chama-se supositiva ou hipotética. O suposto de fato constitui uma previsão ou uma antecipação hipotética sobre uma provável realidade futura; consiste, portanto, na própria realidade futura mentalmente imaginada; está por isso formulado com uma certa abstração e generalidade.

375. As proposições hipotéticas podem ser: condicionais, disjuntivas e conjuntivas. Se a verificação da hipótese for condição do que é afirmado ou negado, a proposição hipotética é condicional, sendo que o membro que exprime a hipótese chama-se antecedente ou condição e o outro membro, consequente ou condicionado. Se a verificação da hipótese for a única alternativa necessária, oposta ao que é afirmado ou negado, a proposição hipotética é chamada disjuntiva. Se a verificação da hipótese não for a única alternativa necessária, oposta ao que é afirmado ou negado, a proposição hipotética denomina-se conjuntiva. Goffredo Telles Jr., *Tratado*, cit., p. 146 e 147.

ou aos 75 anos na forma da Lei complementar n. 152/2015...", tem uma estrutura lógica que pode ser assim formulada: *a*) de acordo com o pensamento kelseniano: "se o servidor com setenta ou setenta e cinco anos de idade não for aposentado compulsoriamente, deve ser aplicada uma sanção à autoridade responsável"; *b*) segundo Cossio, a fórmula disjuntiva, constituída de duas proposições condicionais ligadas pela conjunção disjuntiva "ou" e formando uma só estrutura unitária: "se o servidor completar setenta ou setenta e cinco anos, deve ser aposentado compulsoriamente, *ou*, se não o foi, deve ser aplicada uma sanção à autoridade responsável".

Em complementação acrescentamos a fórmula de Millas: "se o servidor completar setenta ou setenta e cinco anos, deve ser aposentado compulsoriamente, *e* se não o foi, deverá ser aplicada uma sanção à autoridade responsável"; e a de Quintas: "se o servidor completar setenta ou setenta e cinco anos, deve ser aposentado compulsoriamente, *mas* se não o foi, deve ser aplicada uma sanção à autoridade responsável".

A norma jurídica é uma coisa e sua estrutura lógica, outra. Realmente, a *norma jurídica* é um "objeto cultural", não se situando no mundo do "dever ser" lógico. A formulação lógica da norma jurídica é um "objeto ideal". Com efeito, a *proposição jurídica* não tem existência no tempo e no espaço e é neutra ao valor, seus termos são abstratos e a relação é atemporal e aexistencial, embora se refiram indiretamente à realidade[376].

Respeitando a distinção entre norma e sua formulação lógica, pode-se dizer que, em si, a *norma jurídica* é sempre um *imperativo*, e pode ser formulada sob a forma de um juízo hipotético condicional, disjuntivo, conjuntivo ou adversativo, conforme a posição jusfilosófica do jurista[377].

A norma jurídica prescreve o que *deve ser* a conduta dos simples indivíduos, autoridades e instituições na vida social. E é justamente isso que a distingue da lei da natureza. A lei física é descritiva e a norma moral, dentre ela a jurídica, é prescritiva. Aquela representa uma "função de conhecimento", e esta manifesta uma "função de vontade"[378]. A finalidade da lei natural é a explicação de relações constantes entre fenômenos ou fatos, segundo o princípio da causalidade[379]. Fatos estes que não possuem uma significação, não têm um sentido, não visam à realização da justiça[380].

A norma moral tem por fim provocar um comportamento. A lei da natureza é a afirmação de que um acontecimento sucederá a outro; a norma jurídica prescreve, simplesmente,

376. Franco Montoro, *Introdução*, cit., v. 2, p. 39. Alaide Taveiros, A última expressão do pensamento de Hans Kelsen, *Revista da Faculdade de Direito da USP*, v. 48, p. 116, 1953.

377. Jaime Perriaux, *Las reglas de conducta*, Buenos Aires, 1949, p. 8; Franco Montoro, *Introdução*, cit., p. 40; M. Helena Diniz, *Conceito de norma jurídica*, cit., p. 64-85, e *A ciência jurídica*, cit., p. 85-126.

378. Paul Amselek, *Méthode phénoménologique et théorie du droit*, LGDJ, 1964, p. 71. O "ser" que aqui se opõe ao "dever ser" não é o "ser" da ontologia, o "ser" em seu conceito de existência.

379. *V.* Hans Kelsen, *Teoria pura do direito*, cit., v. 1, n. 18. Cabe aqui uma notável observação que foi feita por Telles Jr. de que o determinismo infrangível do mundo físico é posto em dúvida pela física moderna. Os físicos consideram as leis físicas como leis de probabilidade. Realmente, se alguém soltar um objeto no espaço ele cairá, a lei da queda dos corpos nos diz que os corpos pesados caem em movimento vertical e uniformemente acelerado. Isto não é um fato, porque nos fatos dados à nossa experiência não existe nenhuma queda que seja rigorosamente vertical e uniformemente acelerada; há a intervenção do ar, do vento etc. Assim sendo, melhor seria afirmar que as leis da natureza formulam regras meramente prováveis. *V.* o que diz I. Strenger, Uma teoria quântica do direito, *RBF*, fasc. 84, p. 433, 1971.

380. *V.* neste sentido E. García Máynez, *Introducción*, cit., p. 5 e 6.

como deve o homem comportar-se, embora ele possa, de fato, conduzir-se de outra maneira[381]. Ambas têm estrutura hipotética, o que estabelecem só se realiza se se verificar a hipótese para a qual existem. Mas há diferença entre os dois esquemas, diferença esta que revela a diversidade de natureza entre elas. A da natureza é a lei do *ser* (do que é) e a do comportamento é a do *dever ser* (do agir).

O esquema estrutural das normas jurídicas e morais, constituindo uma proposição, não é, portanto, como o das leis físico-naturais: "Se A é, B é"; mas, "Se A é, B deve ser". A norma ética consiste em definir as condutas devidas e os comportamentos proibidos. A norma costumeira, de trato social, moral, religiosa e jurídica é sempre medida daquilo que se pode ou não se pode praticar, do que se deve ou não se deve fazer[382], sendo mandamentos imperativos.

O traço que diferencia a norma ética da lei física é a imperatividade, pois distingue as normas do comportamento humano das leis que regem outros seres. Por conseguinte, é a nota da *imperatividade* que revela o *gênero próximo* da norma jurídica, incluindo-a no grupo das normas que regulam o comportamento humano[383].

c.3.2. *Autorizamento como essência específica da norma jurídica*

A caracterização da norma jurídica como imperativo é insuficiente porque não permite diferenciá-la do heterogêneo conjunto de normas que a vida em sociedade nos oferece. Há quem julgue que é a *sanção* a característica específica de toda norma de direito[384]; entretanto não consideramos estreita a concepção da norma jurídica caracterizada pela sanção, porque não é esta que distingue a norma jurídica da norma moral e dos convencionalismos sociais. Tanto estas normas como a jurídica são sancionadoras, pois a infração de seus preceitos acarreta consequências, que são as sanções[385]. Já as leis físicas não o são; as consequências por elas previstas resultam, necessariamente, do fato em seus nexos causais.

Todas as normas são, portanto, dotadas de sanção.

O desrespeito a uma norma moral pode causar:

a) sanção individual e interna, ou seja, da consciência, que nada mais é senão a satisfação ou o desgosto (arrependimento, vergonha, remorso);

381. Esta diferença entre as leis da natureza, os juristas a aceitam, salvo raras exceções. Segundo um dos dissidentes, Zitelmann: "A lei positiva jamais contém uma ordem. É, somente, um juízo hipotético geral; afirma que se produzirá tal efeito se houver tal causa; em consequência, a norma jurídica deveria ser interpretada como segue: 'Se X... faz tal coisa, Y... lhe imporá uma sanção'. 'Imporá' e não 'deverá impor': 'a lei jurídica é conduzida assim ao esquema da pura lei científica' ". Dabin, *Teoría general del derecho*, Madrid, Revista de Derecho Privado, 1955, p. 69.

382. *V.* também Hart, *El concepto del derecho*, cit., p. 10 e 11.

383. Telles Jr., *Tratado*, cit., p. 262. Essa divisão de mundo físico e de ético é apenas de valor didático, porque na realidade o que existe é um só mundo. Gênero próximo é um conceito que se estende a espécies múltiplas com aspecto formal comum. É o que há de geral em espécies diversas. O gênero permanece idêntico a ele próprio sejam quais forem as diferenças específicas que se lhe acrescentam. Telles Jr., *Tratado*, cit., p. 172; Paul Amseleck, La phénoménologie et le droit, *Archives de Philosophie du Droit et Sociologie Juridique*, 1972, p. 229 e 234. M. Helena Diniz, *Conceito de norma jurídica*, cit., p. 85-92.

384. Hans Kelsen, *Teoria pura do direito*, cit., v. 1, n. 5, p. 56 e 57. *V.* também H. Capitant, *Introduction à l'étude du droit civil*, p. 59.

385. *V.* Alf Ross, *Lógica de las normas*, Madrid, Tecnos, 1970, p. 86; Miguel Reale, *Filosofia do direito*, cit., cap. 18.

b) sanção externa, como a opinião pública, que estima as pessoas honestas e lança ao desprezo os iníquos (desconsideração social)[386].

Como a transgressão de normas morais ou sociais desencadeia uma sanção de reprovação ou de exclusão de um determinado círculo coletivo que pode resultar gravíssima para o sujeito e cujo temor costuma exercer uma vigorosa influência, esta sanção não pode ser a característica específica da norma jurídica[387]. Logo, não é a sanção a nota distintiva da norma jurídica, porque a norma moral também a contém[388].

Além disso, "a sanção é uma medida que poderá vir a ser imposta por quem foi lesado pela violação da norma jurídica a fim de fazer cumprir a norma violada, de fazer reparar o dano causado ou de infundir respeito à ordem jurídica"[389]. É, portanto, medida que a norma jurídica estabelece antes de ser violada; um remédio colocado pelo direito à disposição do lesado para eventual uso. Logo, esse remédio *não é empregado necessariamente*; o lesado o utiliza quando quiser. A sanção é sempre medida ligada à *violação possível da norma* e não à norma jurídica. Está sempre prescrita em norma jurídica antes mesmo que haja violação. Se é a norma que a estatui, então não pode ser de sua essência.

Daí a célebre e tradicional divisão das normas jurídicas em primárias, que prescrevem mandamentos, e secundárias, que determinam sanções. A secundária funda-se na primária; o estatuído na secundária encontra-se fundado no da primária, pois a sanção só é possível sobre a base da violação de um dever[390].

As sanções prescritas nas normas jurídicas são de muitas espécies; qualquer classificação lógica é possível. Faremos aqui um rol exemplificativo de sanções quanto ao ramo do direito e quanto a sua natureza.

1) Quanto ao ramo do direito a que pertencem podem ser:

a) *civis* — nulidade de ato irregular, condenação pecuniária, prescrição etc.;

b) *penais* — penas privativas de liberdade: reclusão, detenção e prisão simples; penas restritivas de direitos: prestação pecuniária, perda de bens e valores, prestação de serviços à comunidade, interdição temporária de direitos e limitação de fim de semana e pena de multa;

386. R. Jolivet, *Curso de filosofia*, cit., p. 382; Vicente Ráo, *O direito*, v. 1, p. 37. *V.* sobre sanções premiais: Angelo de Mattia, Merito e ricompensa, *RIFD*, ano XVIII, fasc. 6, p. 608 e s., nov./dez. 1937. Consulte também Silvio Rodrigues, *Direito civil*, cit., v. 1, p. 24.

387. Recaséns Siches, *Panorama del pensamiento jurídico en el siglo XX*, México, Porrúa, 1963, t. 1, p. 501. Legaz y Lacambra faz referência ao pensamento de Recaséns Siches (*Introducción*, cit., p. 467). Virally, *La pensée juridique*, Paris, LGDJ, 1960, p. 77.

388. Mas alguns autores a consideram como elemento específico da norma: Kelsen, *Teoria pura do direito*, cit., v. 1, p. 56 e 57; Durkheim, *Division — introduction*, p. 25-37; Radcliffe-Brown, Law primitive and sanction social, in *Encyclopaedia of the Social Sciences*; Thurnwald, Origem, formação e transformação do direito, *Sociologia*, v. 3, n. 3, 1941. *V.* Stodieck, Problemas da filosofia do direito, *RF*, v. 118, fasc. 542, 1948. Malinowski (*Crime and custom in savage society*) pesquisou o direito dos habitantes das Ilhas Trobriand, na Melanésia, e sustenta que é possível divisar a existência da norma jurídica mesmo sem a presença de uma sanção organizada que a torne obrigatória. Põe em dúvida, portanto, que a sanção organizada seja caráter específico da norma de direito.

389. Goffredo Telles Jr., Anotações de aula proferida no Curso de Pós-graduação da USP, em 1971.

390. Muitas vezes a primária está implícita numa secundária; p. ex.: o Código Civil, no art. 876, estabelece: "Todo aquele que recebeu o que lhe não era devido fica obrigado a restituir" (secundária) — a primária está subjacente: Ninguém deve receber o que não lhe é devido. E a secundária às vezes também está implícita numa primária, exemplificativamente: art. 426 do Código Civil: "Não pode ser objeto de contrato a herança de pessoa viva".

c) administrativas — multas, apreensão de mercadorias, interdição de estabelecimentos, penas disciplinares;

d) processuais — condenação nas custas, honorários advocatícios, absolvição da instância, revelia, preclusão dos prazos, pena de confesso.

Com caracteres semelhantes adaptados às peculiaridades dos demais ramos do direito, existem ainda sanções fiscais, comerciais, trabalhistas etc.[391].

2) De acordo com sua natureza podem ser, como nos ensina Goffredo Telles Jr.:

a) restitutivas — visam à reposição das coisas no estado anterior em que estavam antes da violação da norma;

b) compensatórias — abrangem indenização ou reparação de dano;

c) repressivas — constituem as penas em geral do direito criminal ou penal;

d) advenientes — são as sanções por incúria, abandono, desídia etc., que consistem na perda de um direito; trata-se da prescrição, revelia, decadência, pena de confesso, preclusão dos prazos, absolvição da instância etc.;

e) preventivas — são constituídas pelas medidas de segurança estabelecidas em lei por motivos de precaução, p. ex.: as medidas de segurança em matéria penal[392].

"A sanção é a *consequência jurídica* (grifamos) que o não cumprimento de um dever produz em relação ao obrigado"[393]. O essencial na norma jurídica não pode ser a consequência jurídica (a sanção), precisamente porque é consequência, e, como toda consequência, a sanção encontra-se condicionada pela realização de um suposto, ou seja, da violação da norma[394]. Se a obrigação for cumprida, a sanção não se pode impor. Portanto a sanção é indiferente, estranha à essência específica da norma de direito, pois é um elemento acidental.

Para outros é a *coação* o elemento eidético específico da norma jurídica.

Sanção e coação não se confundem. A sanção é uma consequência jurídica prevista pela norma jurídica; a coação é sua aplicação efetiva, segundo processos legais, ou, como diz Cesarini Sforza, "é o modo de concretizar-se da sanção"[395]. Exemplificativamente: a multa contratual é sanção, e a cobrança judicial dessa multa é coação[396].

---

391. Esta classificação foi feita por André Franco Montoro (*Introdução*, cit., v. 2, p. 262 e 263).

392. Goffredo Telles Jr., Anotações de aula proferida no Curso de Pós-graduação da USP, em 1971.

393. García Máynez, *Introducción*, cit., n. 154, p. 97; Du Pasquier (*Introduction*, cit., n. 135, p. 112) diz: "*La sanction est la conséquence attachée par le droit à la violation d'une règle juridique. Elle constitue une 'réaction', c'est-à-dire en général un évènement defavorable à l'auteur de la violation. Au besoin, elle peut être imposée par la force publique. C'est une règle de droit qui la détermine*".

394. Llambias de Azevedo, *Eidética y aporética del derecho*, cit., p. 86. A norma de direito estabelece consequências jurídicas que constituem as sanções da conduta. A norma pode também estabelecer consequências jurídicas favoráveis para o sujeito que se conduz de acordo com seus preceitos, p. ex.: efeitos derivados da autonomia da vontade, como o prêmio ou recompensa (sobre a relação entre norma e prêmio e para uma crítica do conceito de "sanção premial", *v.* a análise de Copello, *La sanción y el premio en el derecho*, Buenos Aires, Losada, 1945; Maurício Benevides Filho, *A sanção premial no direito*, Brasília, Brasília Jurídica, 1999) e não apenas desfavoráveis para o sujeito em caso de infração. *V.* Benvenuti, Sul concetto di sanzione, *Jus*, p. 223 e s., 1955; Mandrioli, Appunti sulla sanzione, *Jus*, p. 86 e s., 1956.

395. Norma e sanzione, *RIFD*, *1*:6, 1921; Pekelis, *Il diritto come volontà costante*, Padova, 1930, p. 109 e s.; Allara, *Le nozioni fondamentali del diritto privato*, Torino, 1939, v. 1, p. 6.

396. Goffredo Telles Jr., Anotações de aula proferida no Curso de Pós-graduação da USP, em 1971, e *Estudos*, cit., p. 27-34. Sobre a sanção *v.* ainda Carnelutti, Il valore della sanzione nel diritto, *Rivista di Diritto Processuale*, *1*:237 e s., 1955; García Máynez, *Introducción*, cit., p. 298 e s.; Nelson F. Zanzanelli, Sanção e coação, *Revista Juris* da FAAP, v. 9, 2013, p. 48 a 53.

Os adeptos da teoria do coativismo sustentam que a nota especificadora da norma jurídica reside no uso da força[397]. Com isso, a norma jurídica se converteria num fenômeno físico; ter-se-ia, justamente, o contrário do que as análises anteriores nos demonstraram. Ela apareceria como a causa de um efeito. A norma não exerce nenhuma pressão sobre o indivíduo, apenas lhe indica o caminho que deve seguir.

Realmente, como poderia a norma coagir? Como poderia por si mesma tomar um indivíduo pelo braço e forçá-lo a fazer ou a não fazer isto ou aquilo? A norma não age. Logo, não coage[398], apenas prescreve a conduta daquele que pode exercer coação. Esta, portanto, não é exercida pela norma jurídica, mas por quem é lesado pela violação dela[399]. Se a norma jurídica fosse coativa, a coação seguiria, necessariamente, a sua violação, mas nem sempre isto ocorre. Pode suceder que a norma seja violada sem que haja alguma coação contra o seu infrator. Se o lesado por esta violação não quiser coagir quem o prejudicou, nenhuma coação ter-se-á[400].

A tese de que a coação sempre depende da vontade do lesado não é desmentida em absoluto pela coação forçosa em caso de crime, porque, como nos ensina Goffredo Telles Jr., nesse caso existirão sempre dois lesados: a vítima direta e a indireta — a sociedade. É esta que fica autorizada pela norma jurídica a exercer coação sobre o praticante do crime; logo, a sociedade coage por intermédio dos seus órgãos competentes que aplicam a punição, atendendo à vontade do lesado, pois o governo ao aplicar a pena o faz em obediência ao anseio da coletividade de que haja repressão aos criminosos[401].

A violação de uma norma jurídica pressupõe, necessariamente, a sua existência, de maneira que a norma é anterior à coação. Portanto, não é a norma jurídica que depende da coação, mas é esta que depende daquela; logo, a coação jamais poderia ser um elemento essencial da norma.

397. Puffendorf foi quem lançou a ideia de que a norma jurídica é norma coativa (Telles Jr., *Introdução à ciência do direito*, cit., fasc. 2, p. 159). *V.* neste sentido: Hermes Lima, que alude à natureza e ao caráter coativo das normas jurídicas (*Introdução*, cit., 4. ed., p. 98 e 99, e 6. ed., p. 19 e 22); Suárez, em inúmeras passagens do seu *Tratado de las leyes y de Dios legislador* (Madrid, Ed. Reus, 1918, libr. III, 2, 11, 12), diz que a lei humana é coativa; Ihering, *El fin en el derecho*, trad. Adolfo Losada, Madrid, t. 1, p. 320; Kelsen, *Teoria pura do direito*, cit., v. 1, n. 5 e 6. A tese de que a norma jurídica é força (*rules about force*) é encontrada em Karl Olivecrona (*Law as fact*, London, Oxford University Press, 1959, p. 134); Alf Ross (*On law and justice*, cit., p. 34, 52 e 53) e Kelsen (*Teoria pura do direito*, cit., v. 1, n. 5 e 6). Seja em Kelsen, em Olivecrona ou em Ross, a ideia de coação está estreitamente conexa à ideia de força e, por conseguinte, à norma jurídica.

398. Goffredo Telles Jr., *O direito quântico*, cit., p. 264 e 265. Expressivas a esse respeito são as palavras de Carbonnier: "*C'est une règle de conduite humaine à l'observation de laquelle la société peut nous contraindre par une* ***pression extérieure*** (grifamos) *plus ou moins intense*" (*Droit civil*, 1957, v. 1, p. 5). Nesse mesmo sentido, *v.* Lucien Aulagnon, Aperçu sur la force dans la règle de droit, in *Mélanges Roubier*, Dalloz, 1961, v. 1, p. 29.

399. Goffredo Telles Jr., *O direito quântico*, cit., p. 265, 120; Laudelino Freire, *Grande e novíssimo dicionário da língua portuguesa*, v. 2.

400. A norma é por sua própria natureza violável, pois de outra maneira não seria uma norma, careceria de sentido normativo, seria mero enunciado de fatos. Podemos dizer como Rosmini que o "direito brilha com esplendor invulgar onde e quando violado" (*Filosofia del diritto*, 2. ed., 1865, v. 1, p. 126). Goffredo Telles Jr., *Filosofia*, cit., p. 279, *O direito quântico*, cit., p. 265, e *Introdução à ciência do direito*, cit., fasc. 2, p. 85 e 86. A coação só pode ser exercida pelo lesado, mas por meio de órgãos especiais do Estado ou da sociedade, pois estes é que são detentores dos meios de coação, salvo raras exceções em que a lei permite que se faça justiça pelas próprias mãos. *V.*, também, Miguel Reale, *Filosofia do direito*, cit., v. 1, p. 234.

401. Goffredo Telles Jr., *Introdução à ciência do direito*, cit., fasc. 5, p. 278-81, *Estudos*, cit., p. 35-56.

Note-se, ainda, que a coação pode nunca aparecer, contanto que a norma não seja violada. Além disso, são as normas que disciplinam as condições em que a coação pode ou deve ser levada a efeito; as pessoas que podem e devem exercê-la; o procedimento com que deve ser exercida etc.[402].

Para que a coação possa ser aplicada, é mister que o violador da norma seja encontrado e identificado. Muitos são os infratores que burlam a ação da polícia. Poderão não ser capturados, identificados, ou mesmo, se encontrados, conseguir de um hábil advogado a demonstração de sua inocência.

A coação não é elemento constitutivo da norma jurídica, pois se o fosse, nos casos em que se torna impossível coagir, desapareceria a norma jurídica.

Há quem julgue que a norma jurídica exerce contínua coação sobre todos, pelo medo que inspiram as consequências decorrentes de sua violação. Trata-se de uma coação psíquica, ou melhor, da *coerção.*

Ora, o medo de violar a norma só pode nascer se existir uma norma a violar. Deveras, que medo pode haver das consequências da violação de uma norma de direito se essa norma não existe? Além disso, a causa desse medo não é a norma jurídica, mas o serão, sim, as consequências que, eventualmente, poderão advir da sua violação; o medo não é da norma, mas das consequências resultantes de sua transgressão[403].

A coerção não é privativa da norma jurídica, pois o cumprimento de normas morais pode também ser motivado pelo medo das consequências que decorrem de sua violação. Os castigos e recompensas ultraterrenos, os veredictos da opinião pública, a exclusão de certos círculos sociais podem constituir uma coerção, que, não raras vezes, é mais forte que as sanções jurídicas[404].

É importante esclarecer que o medo de violar a norma jurídica só existe em quem deseja violá-la[405]. O normal é a eficácia pacífica da norma jurídica, sem necessidade do recurso à intimidação, à força ou à violência para obrigar os homens a se sujeitarem a ela[406]. Não há dúvida de que a coerção possui uma eficácia preventiva, enquanto engendra o motivo que leva o sujeito a conduzir-se de acordo com a norma jurídica[407]. Todavia, se os cidadãos resolverem ser violentos, aplicando atos de sabotagem e resistência às normas jurídicas, nota-se que a coerção é insuficiente para levá-los a cumpri-las.

Com efeito, a coação física ou psíquica não entra na constituição da norma jurídica[408], mas é um elemento importantíssimo na vida do direito; um remédio que socorre a norma quando violada.

402. Telles Jr., *O direito quântico*, cit., p. 265, e A diferença específica da norma jurídica: atributividade e não coatividade, *RBF*, v. 4, fasc. 4, 1954; Bobbio, *Studi per una teoria generale del diritto*, cit., p. 128.

403. Coerção é "fenômeno psicossocial decorrente da antecipação pelo indivíduo dos *efeitos* (grifamos) aflitivos da sanção" (Machado Neto, *Compêndio*, cit.).

404. Llambias de Azevedo, *Eidética y aporética del derecho*, cit., p. 82.

405. Goffredo Telles Jr., *O direito quântico*, cit., p. 266.

406. *V.*, nesse sentido, Edgar Bodenheimer, *Ciência do direito*, cit., p. 211 e cap. III desta dissertação. Goffredo Telles Jr., *O direito quântico*, cit., p. 267; Trendelenburg, *Diritto naturale sulla base dell'etica*, Napoli, 1873, § 52, p. 115; e Ahrens, *Cours de droit naturel*, 7. ed., Leipzig, 1875, § 21, p. 158, entendem que a norma jurídica é, geralmente, observada espontaneamente e não com o uso da força.

407. Mario Allara, *Le nozioni fondamentale del diritto privato*, cit., p. 6 do cap. I. Solomon Freehof, *The natural law in the Jewish tradition*, University of Notre Dame, Natural Law Institute Proceedings, 1953, n. 5, p. 15-22.

408. São adeptos desta afirmação: Cathrein, *La filosofía del derecho*, cit., p. 82 e 91; Trendelenburg, *Diritto naturale*, cit., p. 115; Ahrens, *Cours de droit naturel*, cit., p. 158; Eleutheropulos, *Sociologie*, 1908, p. 183; Pontes de Miranda, *À margem do direito*, p. 204 e 205; Thon, *Norma giuridica e diritto soggettivo*, 2. ed., Padova, CEDAM, 1951; Hubner, *Introducción a la teoría de la norma jurídica y a la teoría de la institución*, Ed. Jurídica de Chile, 1951,

Alguns autores afirmam que a *coatividade* é parte da norma jurídica, não sendo contingente por existir sempre, já que é a possibilidade de exercer a coação[409]. Esta só intervém no caso de transgressão da norma, mas a possibilidade de coagir permanece sempre latente, mesmo se a norma é respeitada.

Engenhosa é esta argumentação, mas não convincente. A coatividade ou a possibilidade de obrigar coativamente também não é característica essencial da norma jurídica, pois só pode fundar-se numa norma jurídica já existente. Além disso, essa possibilidade de coagir o violador da norma jurídica há de pertencer a alguma entidade[410], já que só seres conscientes podem exercê-la. A coatividade é contingente em relação à norma jurídica, pois depende da existência de uma norma e da vontade eventual do lesado pela sua violação de exercê-la. Impossível, portanto, definir a norma jurídica pela coatividade, que é elemento que não lhe pertence[411].

Não se pode dizer que a *coercibilidade* é um dos caracteres essenciais da norma positiva de direito, pois isto equivaleria a afirmar que a possibilidade de sofrer coação é a essência da norma jurídica; dizer "norma coercível" é o mesmo que afirmar que ela pode ser coagida. Nota-se, claramente, quão grave é a sinonímia entre coatividade e coercibilidade[412].

Petrazycki[413] deu um passo à frente ao dizer que as normas jurídicas são imperativo-atributivas, pois antes de sua obra a grande maioria dos autores afirmava que eram coativas; ele superou, assim, os imperfeitos critérios de coação e de coatividade como elementos específicos das normas de direito. A norma jurídica, como norma bilateral, contrapõe umas pessoas a outras, atribuindo-lhes pretensões e deveres correlatos, estabelecendo entre elas uma relação e um limite. Se esse limite não for respeitado e se a esfera jurídica de outro sujeito for invadida, há que atribuir a este o poder de repelir a transgressão.

---

p. 107; Mendizábal, *Derecho natural*, v. 1, p. 328 e s.; Bierling declara-se, decididamente, contra a inclusão da nota coativa no conceito do direito (*Juristische Prinzipienlehre*, Freiburg-Leipzig, 1894). Hegel (*Principes de la philosophie du droit*, § 94, p. 91 e 92) esclarece-nos que fazer da força a essência primordial da norma jurídica é defini-la segundo uma consequência que só passa a existir como resultado do ato antijurídico.

409. Cristian Thomasius, *Fundamenta iuris naturae et gentium*, 1705; Camarata, *Sulla coattività delle norme giuridiche*, Milano, 1932; Alessandro Levi, *Teoria generale del diritto*, Padova, CEDAM, 1950, p. 146-8; Del Vecchio, *Il concetto del diritto*; Flósculo da Nóbrega, *Introdução ao direito*, 3. ed., Rio de Janeiro, Konfino, 1965, p. 17, 18, 72 e 73. Já Gustav Radbruch (*Introducción a la ciencia del derecho*, Madrid, Revista de Derecho Privado, 1930, p. 16 e s.; e *Introducción a la filosofía del derecho*, México, Fondo de Cultura Económica, 1955, p. 57 e s.) parece confundir o fato real da coação com a nota da coatividade. Para Benjamin de Oliveira Filho (*Introdução*, cit., p. 236-44) são sinônimos os termos: coação e constrangimento, sanção específica (que, para ele, é o constrangimento organizado pelo poder público) e coatividade.

410. Goffredo Telles Jr., *O direito quântico*, cit., p. 270.

411. Goffredo Telles Jr., *O direito quântico*, cit., p. 269 e 270, e A diferença específica da norma jurídica: atributividade e não coatividade, *RBF*, cit., p. 521-2. Neste sentido também se manifesta Gredt, *Elementa philosophiae, aristotelico thomisticae*, 7. ed., t. 2, p. 391 e 394.

412. Façamos aqui um esclarecimento a respeito dos termos: coativo, coercivo, coercitivo, coercível, coatividade, coercitividade, coercibilidade. Os termos "coativo", "coercivo" e "coercitivo" são praticamente sinônimos, designam a qualidade de poder exercer a coação (qualidade ativa). Já a palavra "coercível" indica a qualidade de poder ser coagido, de poder sofrer a coação (qualidade passiva). A "coatividade" é sinônima de "coercitividade", pois ambas indicam a possibilidade de exercer a coação (qualidade ativa de coativo). A "coercibilidade" designa a possibilidade de sofrer a coação (qualidade passiva de coercível) (Goffredo Telles Jr., Anotações de aula do Curso de Pós-graduação da USP). *V.* também Laudelino Freire, *Grande e novíssimo dicionário da língua portuguesa*, v. 2.

413. *Theory of law*, 1913. *V.* Recaséns Siches (*Panorama del pensamiento jurídico en el siglo XX*, cit., t. 1, p. 92-100), que faz referência a esse autor.

Este seu argumento, então, tornou-se tradicional[414]. O elemento essencial específico da norma jurídica passou a ser a *atributividade*, que é a qualidade inerente à norma jurídica de atribuir, a quem seria lesado por sua eventual violação, a faculdade de exigir do violador, por meio do poder competente, o cumprimento dela ou a reparação do mal sofrido.

Essa ideia tradicional de que a norma jurídica é atributiva, contudo, deu ensejo a uma longa meditação feita por Goffredo Telles Jr.[415], para quem a norma jurídica não é uma atribuição de faculdade especial, a quem tenha sido lesado pela violação, de reagir contra quem o lesou, porque ela não possui nenhuma faculdade de exercer reação contra quem quer que seja.

A faculdade é uma qualidade inerente ao homem ou propriedade da personalidade: é um poder de agir. A filosofia clássica já ensinava que as faculdades são "potências ativas ou qualidades que dispõem imediatamente um ser a agir". As faculdades humanas são qualidades do homem que independem de normas jurídicas; elas existem com ou sem normas de direito[416]. Não se diga, pois, que a norma jurídica é atributiva.

Para Goffredo Telles Jr., a essência específica da norma de direito é o *autorizamento*, porque o que compete a ela é autorizar ou não o uso dessa faculdade de reação do lesado. A norma jurídica autoriza que o lesado pela sua violação exija o seu cumprimento ou a reparação pelo mal causado. Em rigor, deveríamos dizer que tal autorizamento é da sociedade e não da norma jurídica, mas como é esta que prescreve as ações exigidas e proibidas pela sociedade, nada desaconselha dizer-se que o autorizamento pertence à norma, que exprime em palavras o autorizamento inerente à sociedade[417]. Para melhor elucidar a questão, cita ele os seguintes exemplos: a norma jurídica autoriza o credor a exigir o pagamento que lhe é devido, mas não lhe atribui a faculdade de exigir o referido pagamento. O credor possui essa faculdade com ou sem a norma jurídica, que somente autoriza o seu uso. Por esse motivo esta exigência é lícita. Todos temos a faculdade de cometer crimes, mas ninguém deve usá-la, porque nenhuma norma jurídica autoriza esse uso, pelo contrário, o proíbe. Por isso os crimes são ilícitos.

A norma jurídica traça, objetivamente, as fronteiras entre o lícito e o ilícito jurídico[418]. Ela não encerra a coação ou a coatividade como elementos essenciais, mas as autoriza e condiciona. Só com o autorizamento da norma jurídica fica o lesado autorizado a coagir o violador da norma a cumpri-la ou a reparar o mal por ele produzido.

---

414. A grande maioria dos juristas adotaram seu ponto de vista, dentre eles podemos citar: Djacir Menezes, *A teoria científica do direito de Pontes de Miranda*, Fortaleza, 1938, § 10; Kelsen (*Teoria pura do direito*, v. 1, p. 70) fala em atribuir: "... atribui poder para aplicar a coação"; Cathrein, *La filosofía del derecho*, cit., p. 275 e 276; Reale, *Filosofia do direito*, cit., e *O direito como experiência*, cit.; Franco Montoro, *Introdução*, cit., v. 2; e o próprio Goffredo Telles Jr. em suas obras mais antigas, dentre elas: *Filosofia*, cit., *A criação do direito*, cit., e A diferença específica da norma jurídica: atributividade e não coatividade, *RBF*, cit., *4*(4):520-3; enfim a quase totalidade dos grandes mestres.

415. *O direito quântico*, cit., p. 263.

416. Goffredo Telles Jr., *O direito quântico*, cit., p. 270.

417. Telles Jr., *O direito quântico*, cit., p. 264.

418. Machado Neto, *Teoria da ciência jurídica*, cit., p. 151.

À vista do exposto verifica-se o equívoco em que se incorre, inevitavelmente, quando não se reconhece que a possibilidade de coação é mero corolário da nota que é essencial à norma jurídica: o *autorizamento*[419].

c.4. Conceito de norma jurídica

Através dessa análise em progressão, em que se selecionou tudo o que há de essencial na norma jurídica, deixando de lado os elementos acidentais, atingiram-se as suas notas essenciais: a imperatividade e o autorizamento.

O elemento "imperativo" revela seu gênero próximo, incluindo-a no grupo das normas éticas que regem a conduta humana, diferenciando-as das leis físico-naturais, e o "autorizante" indica sua diferença específica, distinguindo-a das demais normas, pois só a jurídica tem esse caráter.

A norma jurídica é imperativa porque prescreve as condutas devidas e os comportamentos proibidos e, por outro lado, é autorizante, uma vez que permite ao lesado pela sua violação exigir o seu cumprimento, a reparação do dano causado ou ainda a reposição das coisas ao estado anterior. Por conseguinte, a norma jurídica se define, como ensina Goffredo Telles Jr., "imperativo-autorizante". Conceito este que é, realmente, essencial, pois constitui a síntese dos elementos necessários que fixam a essência da norma jurídica. Esta, sem qualquer um destes elementos eidéticos, afigura-se incompreensível. Deveras uma norma jurídica que careça do autorizamento será uma norma moral, e sem a nota da imperatividade, apenas uma lei física[420].

D. DISTINÇÃO ENTRE NORMA MORAL E JURÍDICA

A norma moral e a jurídica têm uma comum base ética, ambas constituem normas de comportamento. Por isso, a problemática da distinção entre uma e outra é velha questão doutrinária.

Quando se examinam as ideias dos juristas a esse respeito, percebe-se um sem-número de pontos de vista. Para responder a essa indagação é frequente, como vemos, no meio jurídico, recorrer-se às ideias de sanção, coação, coatividade, atributividade; mas é, na realidade, a de autorizamento que permite solucionar tal questão. Todas as normas são imperativas porque fixam as diretrizes da conduta humana, entretanto só a jurídica é autorizante, porque só ela dá ao lesado pela sua violação o poder de exigir seu cumprimento ou a reparação do mal sofrido.

---

419. Goffredo Telles Jr., *O direito quântico*, cit., p. 264 e 270; *Iniciação na ciência do direito*, cit., p. 43-104. Outros autores consciente ou inconscientemente também empregam o termo "autorizar" ao se referirem à norma jurídica: Genaro R. Carrió, *Sobre el concepto de deber jurídico*, Buenos Aires, Abeledo-Perrot, 1966, p. 32; Kelsen, *Teoria pura do direito*, cit., v. 1, p. 69, 73, 230 e 231; García Máynez, *Introducción*, cit., p. 295-309. Sobre esse assunto, *v.* M. Helena Diniz, *Conceito de norma jurídica*, cit., p. 92-127.

A respeito da distinção entre princípio e regra: Gisele Leite, Entre os princípios e regras: a trama da teoria geral do direito. *Revista Síntese – Direito civil e Processual Civil*, v. 145, p. 68-89, 2023.

420. Goffredo Telles Jr., *O direito quântico*, cit., cap. VI; M. Helena Diniz, *Conceito de norma jurídica*, cit., p. 133-9; *Estudos*, cit., p. 9-26.

A norma jurídica é, por conseguinte, bilateral, porque se dirige a duas pessoas. De um lado, como imperativo, impõe dever a determinada pessoa, dizendo o que ela deve fazer; de outro lado, autoriza o lesado pela sua violação a exigir o dever. É bilateral por ser imperativa e autorizante; exemplificativamente: se alguém paga sua dívida e o credor se recusa a dar-lhe quitação, estará ele violando uma norma do Código Civil (art. 319). Em consequência, o lesado tem a autorização de exigir dele, por meio do poder público, o cumprimento dessa norma e a quitação negada[421].

As demais normas são unilaterais, pois apenas impõem dever, prescrevem um comportamento, mas não autorizam ninguém a empregar coação para obter o cumprimento delas. Assim, se uma pessoa não cumprir a norma "praticarás a caridade", estará violando-a e prejudicados serão os que se beneficiariam dessa caridade, mas ninguém estará autorizado a exigir seu adimplemento.

Essa ideia de alteridade significa que a norma de direito implica intersubjetividade. Este exemplo vem a esclarecer o assunto: "Imaginemos que um homem abastado, ao sair de sua casa, se encontre com um velho amigo de infância que, levado à miséria, lhe solicita um auxílio de cinco rublos, recebendo uma recusa formal e até mesmo violenta. Em seguida, a mesma pessoa toma um coche para ir a determinado lugar. Ao terminar o percurso, o cocheiro cobra cinco rublos. A diferença de situação é muito grande entre o cocheiro que pede cinco rublos e o amigo que solicitava a mesma quantia. No caso do amigo, que pedia uma esmola, havia um nexo de solidariedade humana, caridade, mas no caso do cocheiro temos um nexo de crédito por efeito da prestação de um serviço. No primeiro caso, não há laço de exigibilidade, o que não acontece no segundo, pois o cocheiro pode exigir o pagamento da tarifa"[422]. O primeiro tipo representa a obrigação, puramente moral, o segundo constitui o dever jurídico. O cumprimento das obrigações morais deve ser voluntário; a obrigação jurídica pode ser satisfeita inclusive mediante o uso de medidas repressivas.

Na sociedade há normas que apenas impõem deveres e normas que, de um lado os impõem, e, de outro, autorizam uma faculdade correspondente a esses deveres. A que manda amar os inimigos é da primeira espécie, pois não lhes dá a faculdade de exigirem o comportamento por ela prescrito. A que prescreve o pagamento de uma dívida autoriza o credor a exigi-lo; é uma norma da segunda espécie, ou seja, jurídica.

Realmente, em todo grupo social existem duas espécies de normas: morais ou de aperfeiçoamento e jurídicas ou de garantia. As normas de garantia ou jurídicas visam conferir ao grupo social a forma condizente com a sua razão de ser. São as que garantem a ordem necessária à consecução dos objetivos sociais, aquelas que ordenam quais as condutas do sujeito imprescindíveis aos demais. As contidas no Código Civil, as de um estatuto de sociedade anônima são normas de garantia. As de aperfeiçoamento destinam-se a aprimorar a comunhão humana de um grupo social que já está ordenado pelas normas de garantia. São exemplos destas normas: "amarás teu próximo como um ser igual a ti"; "praticarás caridade". É óbvio que a obediência às normas de aperfeiçoamento não é essencial à preservação da sociedade, pois elas têm em vista o bem individual. Mas a violação das normas

421. Goffredo Telles Jr., *Introdução à ciência do direito*, cit., fasc. 2, p. 151; *O direito quântico*, cit., p. 261.
422. Miguel Reale, *Lições preliminares*, cit., p. 69 e 70.

de garantia acarretaria o aniquilamento do grupo social; sem normas jurídicas, a sociedade acaba desaparecendo. Ora, a sociedade é um bem necessário aos homens para a consecução dos fins humanos. Em consequência disso, pelo simples fato de viverem em sociedade e de desejarem continuar a servir-se dela, os homens aderem à norma jurídica, que, por sua vez, é autorizante, pois só assim assegura a paz e a ordem social[423].

O autorizamento está intrinsecamente conectado com a função de certeza e segurança da norma jurídica. Sem dúvida nenhuma, realização da justiça, segurança, felicidade do povo, paz social etc. são momentos acidentais ao conceito da norma jurídica. É jurídica tanto a norma justa como a injusta, a moral, a imoral ou a amoral, pois o lesado pela violação de qualquer uma poderá exigir, por meio dos órgãos competentes, o seu cumprimento ou a reparação do mal sofrido; ele está autorizado a fazê-lo. P. ex.: é jurídica a norma que não reconheça a liberdade de todos, permitindo a escravidão, mas é injusta, pelo menos para nosso sentimento e para o de muitos contemporâneos do regime escravista. As normas jurídicas, postas pelo legislador, juiz etc., podem ser criticadas, mas todos devem agir de conformidade com elas, obedecendo-as por mais iníquas que sejam. Daí serem heterônomas, pois são postas por terceiros, e, enquanto não forem revogadas ou não caírem em desuso, obrigam e se impõem contra a vontade dos obrigados. Portanto, heteronomia é sujeição a um querer alheio. E se isto é verdade, a consequência é que "não se pode conceituar a norma jurídica (como conceito universal), levando em conta a sua direção axiológica", como pontifica Lourival Vilanova. Já a norma moral é autônoma, por ter como fonte a própria natureza humana, por regular a vida anterior, compelindo o homem, se ele quiser, à objetivação do bem individual; logo, o sujeito é autolegislador. Só será válida a norma moral, se o próprio sujeito a aceita como obrigatória. Autonomia quer dizer autolegislação, reconhecimento espontâneo de um imperativo criado pela própria consciência[424].

A norma jurídica autoriza ao lesado o emprego da coação ou coatividade para conseguir a observância de seus preceitos ou a reparação do dano ocasionado pela sua infração, por meio de determinadas autoridades. A possibilidade de recorrer à força, com o fim de lograr a imposição de um dever jurídico, acha-se, portanto, normativamente autorizada. Sendo jurídica a norma, autoriza a todos que forem lesados pela sua violação o uso da faculdade de fazê-la cumprir ou de exigir a reparação do mal sofrido. O lesado poderá exercer sua faculdade ou não. O fato é que com coação ou sem coação, com coatividade ou sem coatividade, a norma jurídica é sempre autorizante.

Serão jurídicas todas as normas que forem imperativas e autorizantes, uma vez que são universais e encontram-se entre si em relação de gênero e espécie[425]. O *autorizamento* constitui a pedra de toque, o *elemento* necessário e *específico* da norma jurídica; é ele que a distingue das demais normas que são, puramente, imperativas.

---

423. Telles Jr., *Filosofia*, cit., § 105. *V.* Luiz Fernando Coelho, *Teoria*, cit., p. 71.

424. Miguel Reale, *Lições preliminares*, cit., p. 41-57; A. Machado Pauperio, *Introdução*, cit., p. 54; García Máynez, *Introducción*, cit., p. 22; Kelsen, *Teoria generale delle norme*, cit., p. 137 e 138.

425. Goffredo Telles Jr., *O direito quântico*, cit., p. 172.

Tais considerações não nos levam a concluir que a separação entre norma moral e jurídica seja absoluta, porque a norma de direito, pela sua imperatividade, é, de modo geral, uma norma moral[426].

E. CLASSIFICAÇÃO DAS NORMAS JURÍDICAS

Quanto à *imperatividade*, podem ser:

1) De *imperatividade absoluta* ou impositivas, também chamadas absolutamente cogentes ou de ordem pública. São as que ordenam ou proíbem alguma coisa (obrigação de fazer ou de não fazer) de modo absoluto. As que determinam, em certas circunstâncias, a ação, a abstenção ou o estado das pessoas, sem admitir qualquer alternativa, vinculando o destinatário a um único esquema de conduta. Exemplificativamente: o Código Civil, no art. 1.526, parágrafo único (com a redação da Lei n. 12.133/2009), diz: "A habilitação será feita pessoalmente perante o oficial do Registro Civil, com a audiência do Ministério Público. Caso haja impugnação do oficial do Ministério Público ou de terceiro, a habilitação seria submetida ao juiz"; no art. 3º (com a redação da Lei n. 13.146/2015) estabelece: "São absolutamente incapazes de exercer pessoalmente os atos da vida civil os menores de 16 anos".

Essas normas, por sua vez, subdividem-se em *afirmativas* e *negativas*. P. ex.: o art. 1.245, *caput*, do Código Civil, que estatui o seguinte: "Transfere-se entre vivos a propriedade mediante o registro do título translativo no Registro de Imóveis"; o art. 426 do Código Civil, que dispõe: "Não pode ser objeto de contrato a herança de pessoa viva".

A imperatividade absoluta de algumas normas é motivada pela convicção de que determinadas relações ou estados da vida social não podem ser deixados ao arbítrio individual, o que acarretaria graves prejuízos para a sociedade. As normas impositivas tutelam interesses fundamentais, diretamente ligados ao bem comum, por isso são também chamadas de "ordem pública"[427].

2) De *imperatividade relativa* ou dispositivas, que não ordenam nem proíbem de modo absoluto; permitem ação ou abstenção, ou suprem declaração de vontade não existente.

Podem ser, portanto, *permissivas*, quando consentem uma ação ou abstenção. P. ex., Código Civil, art. 1.639: "É lícito aos nubentes, antes de celebrado o casamento, estipular, quanto aos seus bens, o que lhes aprouver"; art. 628, que estabelece que "o contrato de depósito é gratuito, exceto *se houver convenção* em *contrário*, se resultante de atividade negocial ou se o depositário o praticar por profissão" (grifo nosso).

As normas dispositivas são *supletivas* quando suprem a falta de manifestação de vontade das partes; só se aplicam, então, na ausência da declaração de vontade dos interessados. Se estes nada estipularem, em determinadas circunstâncias, a norma o faz em lugar deles. Como exemplos, podem-se enumerar, dentre outros: "Efetuar-se-á o pagamento no domicílio do devedor, salvo se as partes convencionarem diversamente..." (CC, art. 327, 1ª

426. Luiz Fernando Coelho, *Teoria*, cit., p. 72. Sobre direito e moral, consulte: Claude du Pasquier, *Introduction*, cit., § 55, p. 315-22; A. Machado Pauperio, *Introdução*, cit., p. 53-7; A. B. Alves da Silva, *Introdução*, cit., p. 38-43; Roberto José Vernengo, *Curso de teoría general del derecho*, cit., p. 136-46; García Máynez, *Introducción*, cit., p. 15-24.

427. Telles Jr., *Introdução à ciência do direito*, cit., fasc. 5, p. 347 e 348.

parte); "Não havendo convenção, ou sendo ela nula ou ineficaz, vigorará, quanto aos bens entre os cônjuges, o regime da comunhão parcial" (CC, art. 1.640, *caput*)[428].

Uma norma dispositiva pode tornar-se *impositiva*, em virtude da doutrina e da jurisprudência, como verifica Goffredo Telles Jr. O Código Civil de 1916, p. ex., no art. 924, estatuía o seguinte: "Quando se cumprir em parte a obrigação, poderá o juiz reduzir proporcionalmente a pena estipulada para o caso de mora, ou inadimplemento". Salienta o autor que ao tempo da promulgação do Código Civil esse dispositivo só vigorava quando não havia, no contrato, a declaração de que a multa era sempre devida, integralmente, no caso de mora ou inadimplemento. Por influência dos civilistas e dos tribunais entendia-se que a multa era sempre devida por inteiro, o juiz podia reduzir a pena, proporcionalmente à parte devida da obrigação, porque o citado artigo, que era dispositivo, passou a ser considerado norma impositiva[429]. Hoje, pelo art. 413 do atual Código Civil, "a penalidade deve ser reduzida equitativamente pelo juiz se a obrigação principal tiver sido cumprida em parte, ou se o montante da penalidade for manifestadamente excessiva, tendo-se em vista a natureza e a finalidade do negócio".

Quanto ao *autorizamento*, as normas jurídicas podem classificar-se em:

1) *Mais que perfeitas* (*plus quam perfectae*), as que por sua violação autorizam a aplicação de duas sanções: a nulidade do ato praticado ou o restabelecimento da situação anterior e ainda a aplicação de uma pena ao violador. Como exemplo desta norma podemos citar o Código Civil, que estatui: "Art. 1.521, VI. Não podem casar as pessoas casadas ..."; com a violação dessa disposição legal, autoriza a norma que se decrete a nulidade do casamento. Realmente, estabelece o Código, no art. 1.548, II, que: "É nulo o casamento contraído por infringência de impedimento". Pelo Código Penal é aplicada uma pena ao transgressor: "Art. 235. Contrair alguém, sendo casado, novo casamento: Pena — reclusão, de dois a seis anos".

2) *Perfeitas* (*perfectae*), que são aquelas cuja violação as leva a autorizar a declaração da nulidade do ato ou a possibilidade de anulação do praticado contra sua disposição e não a aplicação de pena ao violador. São exemplos dessas normas o Código Civil: "Art. 1.647. Ressalvado o disposto no art. 1.648, nenhum dos cônjuges pode, sem autorização do outro, exceto no regime da separação absoluta: I — alienar ou gravar de ônus real os bens imóveis", sob pena de nulidade relativa, não havendo suprimento judicial (CC, art. 1.649); "Art. 1.730. É nula a nomeação de tutor pelo pai ou pela mãe que, ao tempo de sua morte, não tinha o poder familiar"; a Consolidação das Leis do Trabalho: "Art. 9º Serão nulos de pleno direito os atos praticados com o objetivo de desvirtuar, impedir ou fraudar a aplicação dos preceitos contidos na presente Consolidação".

3) *Menos que perfeitas* (*minus quam perfectae*), as que autorizam, no caso de serem violadas, a aplicação de pena ao violador, mas não a nulidade ou anulação do ato que as violou. Como exemplos temos o Código Civil: "Art. 1.523, I. Não devem casar o viúvo ou a viúva que tiver filho do cônjuge falecido, enquanto não fizer inventário dos bens do casal e der partilha aos herdeiros...". Violada esta norma, não está nulo o novo matrimônio, porque ela não autoriza que se declare a nulidade desse ato. Com efeito, o art. 1.641, I, do mesmo

428. Telles Jr., *Introdução à ciência do direito*, cit., p. 349; A. Franco Montoro, *Introdução*, cit., v. 2, p. 76 e 77.
429. Telles Jr., *Introdução à ciência do direito*, cit., p. 350.

Código diz: "É obrigatório o regime da separação de bens no casamento: I — das pessoas que o contraírem com inobservância das causas suspensivas da celebração do casamento".

4) *Imperfeitas* (*imperfectae*), aquelas cuja violação não acarreta qualquer consequência jurídica. São normas *sui generis*; para Goffredo Telles Jr. não são propriamente normas jurídicas, pois estas são autorizantes. Casos típicos são as obrigações decorrentes de dívidas de jogo, dívidas prescritas e juros não convencionados. "A dívida de jogo deve ser paga." Tal norma não é, contudo, positiva, não a encontramos no Código Civil brasileiro, não está prescrita em norma jurídica; assim sendo, o lesado pela sua violação não poderá, certamente, exigir o seu cumprimento, e ninguém pode ser obrigado a pagar tal débito, já que essa norma não é autorizante.

O Código Civil chega até a dispor expressamente, no art. 814, que: "As dívidas de jogo ou de aposta não obrigam a pagamento...". Logo, se violado esse preceito, a referida norma não autoriza o credor a exigir o seu adimplemento.

Entretanto, se essa norma for cumprida, se o devedor satisfizer sua dívida, ele não poderá exigir a devolução do que, voluntariamente, pagou, porque a norma jurídica não o autoriza a isso. Com efeito, reza o art. 814 do Código Civil: "As dívidas de jogo ou de aposta não obrigam a pagamento; mas não se pode recobrar a quantia, que voluntariamente se pagou...". Além disso, dispõe esse mesmo estatuto, no seu art. 876: "Todo aquele que recebeu o que lhe não era devido fica obrigado a restituir". Ora, o credor recebeu a importância que lhe era devida em virtude de jogo, logo, não é obrigado a restituir (Súmulas 71 e 546 do STF).

A norma que manda pagar a dívida de jogo, embora não tenha a natureza de norma jurídica, adquire eficácia jurídica quando cumprida. Quem a viola não pode ser obrigado a cumpri-la, uma vez que ela não autoriza o lesado pela violação a exigir seu adimplemento; mas quem a cumpre não pode arrepender-se, pois a norma não o autoriza a exigir a restituição da importância com que saldou a dívida.

Da mesma natureza, como observa Goffredo Telles Jr., é a norma que manda pagar dívida prescrita, ou seja, da que, por força do tempo decorrido após seu vencimento, sem reclamação do credor, não pode mais ser cobrada judicialmente. O pagamento dessa dívida é inexigível, mas quem a pagar voluntariamente não poderá requerer a restituição da quantia com que a solveu (CC, art. 882). Se paga for, não abrirá espaço à repetição.

Essas obrigações, cujo cumprimento é inexigível, são as chamadas obrigações naturais, isto é, obrigações civis cuja evolução ainda não se completou por não ter chegado a adquirir a indispensável tutela jurídica. Realmente, como vimos, o credor não pode ingressar em juízo a fim de reclamar o pagamento; ele não tem ação, não está autorizado a isso, porque as obrigações naturais são desprovidas de exigibilidade. Trata-se de instituto impreciso, de natureza incerta. Não são obrigações jurídicas porque ninguém tem o dever de solvê-las e de exigi-las. Mas não deixam, como assevera Goffredo Telles Jr., de ser obrigações verdadeiras, pois acarretam dois efeitos: quando cumpridas, sua repetição é inexigível, e, quando não cumpridas, o descrédito social do inadimplente[430].

430. Ensinava-nos, ainda, André Franco Montoro que eram imperfeitas as normas "que têm em vista orientar determinados atos, cuja eficácia depende de outras normas". Estavam nesse caso, entre outros, os seguintes artigos da Emenda Constitucional n. 1, de 1969: "Art. 176. A educação, inspirada no princípio da unidade nacional e nos

Todavia, em que pese esta opinião, entendemos que, para delinear a natureza da obrigação natural, será preciso repensá-la na perspectiva de uma noção integral do ordenamento jurídico. É necessário estudar esse tema partindo do particular para o geral, pois o direito não se esgota num dispositivo legal, já que disciplina a vida social numa integração normativa de fatos e valores. Examinando a ordem jurídica, pode-se apontar, com base na teoria kelseniana, a existência de normas autônomas e não autônomas. Autônoma é a que autoriza a aplicação da sanção em caso de sua violação; dessa autorização decorre a exigibilidade, e, desta, a possibilidade de coagir. A norma não autônoma é a que não estatui sanção, mas terá juridicidade se estiver essencialmente ligada a uma norma que a estatua, visto que apenas estabelece negativamente o pressuposto da sanção. Enquadramos a obrigação natural nessa última categoria. Trata-se de uma norma não autônoma, que se liga aos seguintes dispositivos do Código Civil: arts. 166, II, 588, 589, 814, 815, 882 e 883.

Realmente, a obrigação natural se caracteriza por um dever de prestação cujo cumprimento não pode ser exigido por meio de uma ação intentada pelo credor em tribunal, e o não cumprimento não constitui pressuposto de uma execução civil. P. ex.: "a dívida prescrita deve ser paga" — essa norma não é exigível; o lesado pela sua violação não poderá, de modo algum, pretender judicialmente o seu cumprimento; logo, ninguém pode ser obrigado a pagar tal dívida. Mas se ocorrer o seu pagamento, não se terá repetição (CC, art. 882). Isso não significa senão a vigência de uma norma geral que determina que, quando o que recebe uma prestação, a qual aquele que a presta não estava juridicamente vinculado, não restitui o que foi prestado, podendo ser dirigida contra o seu patrimônio, através de uma ação, ou execução civil, e que a validade dessa norma estatuidora de sanção é limitada a certos casos fixados na ordem jurídica. Daí a obrigação natural (dívida de jogo ou de aposta, dívida prescrita, pagamento de juros não convencionados etc.) ser uma norma não autônoma, que ganhará validez e juridicidade na medida em que se liga a uma norma geral positiva (CC, arts. 814, 882 etc.) e a princípios gerais de direito: o da proibição do locupletamento ilícito (CC, art. 876); o da moralidade; o de que ninguém se pode escusar, alegando que não conhece a lei (LINDB, art. 3º); o de que ninguém pode invocar a própria malícia, que não são preceitos de ordem ética, política, sociológica, mas elementos integrantes do direito, pois são normas de valor genérico que orientam a compreensão da ordem jurídica.

Antes do adimplemento voluntário do devedor de uma dívida de jogo, p. ex., não haveria relação jurídica; ter-se-ia ato proibido pela lei (CC, arts. 166, II, e 814, 1ª parte), que não obriga a pagamento, sendo este inexigível. Ninguém poderá ser, pois, demandado por dívida de jogo, porque a lei o considera ilícito. Isso não impede, contudo, que o devedor acusado

ideais de liberdade e solidariedade humana, é direito de todos e dever do Estado, e será dada no lar e na escola"; "Art. 180. O amparo à cultura é dever do Estado" (*Introdução*, cit., v. 2, p. 77 e 78). Oswaldo Aranha Bandeira de Mello entende que as normas jurídicas imperfeitas são as que não acarretam nulidade nem penalidade pela infringência aos seus dispositivos, mas preveem danos indiretos, cerceando a liberdade dos infratores, para a prática de outros atos jurídicos (*Princípios gerais*, cit., v. 1). Explicita Kelsen em sua *Teoria pura do direito*, cit., que há normas não autônomas que não estatuem sanções (as derrogativas, as que conferem competência, as que determinam o sentido de uma norma), mas só valem quando se ligam a uma norma estatuidora de sanção. Sobre esta classificação *v.* Goffredo Telles Jr., *Introdução à ciência do direito*, cit., fasc. 5, p. 352; *Iniciação na ciência do direito*, cit., p. 155-58; André Franco Montoro, *Introdução*, cit., v. 2, p. 77 e 78; Cendrier, *L'obligation naturel*, p. 12; Dabin, *Teoría general del derecho*, cit., p. 52; Senn, *Leges perfectae, imperfectae, minusquam perfectae*, Paris, 1902; Washington de Barros Monteiro, *Curso de direito civil*, cit., v. 4, p. 237-42.

de não pagá-la ingresse em juízo com a exceção relativa à falta de licitude da obrigação, pois a nulidade da dívida de jogo é de ordem pública, podendo ser alegada a qualquer tempo pelo interessado. E, mesmo que o réu não a alegue, o magistrado não poderá condená-lo a satisfazer a dívida se se provar que ela é, realmente, oriunda de jogo, devendo intervir *ex officio*, pronunciando a invalidade da obrigação. Apesar de não poder ser exigida em juízo, a obrigação natural será tutelada juridicamente se cumprida espontaneamente pelo devedor, uma vez que a lei protege o credor contra a repetição do pagamento, assegurando-lhe a *soluti retentio*. O que a lei consagra é, nas palavras de Miguel Reale, uma expectativa de ação possível por parte do devedor, outorgando efeitos válidos à obrigação natural, oriundos do ato voluntário de seu adimplemento e não do ato originário que o legislador reputa sem vigência e sem eficácia jurídica.

A lei proíbe, de um lado, ao credor exigir o pagamento da obrigação natural, fulminando de nulidade qualquer ato jurídico que pretenda validar ou assegurar tal débito, como, p. ex.: qualquer contrato que encubra ou envolva reconhecimento, novação, fiança de dívida de jogo (CC, art. 814, § 1º), e, de outro lado, veda ao devedor recobrar o que pagou ao credor, pois esse pagamento é válido, visto que a lei não o proíbe, tanto assim que nega o direito de repetição, concedendo-lhe uma tutela indireta, por meio da exceção da *soluti retentio*, contra a devolução do pagamento que porventura lhe opusesse aquele que solveu dívida natural (*RTJ*, *72*:313, *49*:352). Se o devedor a cumprir não poderá arrepender-se, pois a norma não o autoriza a exigir a restituição da quantia paga. Isto é assim porque o credor, ao receber o pagamento, não se locupleta com o alheio (CC, art. 876), mas está recebendo o que lhe pertence[431].

Como o legislador dá ao devedor a liberdade de cumpri-la ou não, a obrigação natural contém em si uma relação creditória.

Quanto à *hierarquia*[432], classificam-se em:

1) normas constitucionais;

2) leis complementares;

3) leis ordinárias, leis delegadas, medidas provisórias, decretos legislativos e resoluções;

4) decretos regulamentares;

5) normas internas (despachos, estatutos, regimentos etc.);

6) normas individuais (contratos, testamentos, sentenças etc.).

Quanto à *natureza de suas disposições*[433], as normas podem ser:

1) *substantivas*, se definem e regulam relações jurídicas ou criam direitos e impõem deveres, como, p. ex., as disposições do Código Penal, do Código Civil, do Código Comercial etc.;

---

431. M. Helena Diniz, *Curso*, cit., v. 2, p. 67-71; Kelsen, *Teoria pura do direito*, cit., v. 1, p. 96-110; Emilio Betti, *Teoría general del negocio jurídico*, Madrid, p. 292; Miguel Reale, *Nos quadrantes do direito positivo*, Michalany, 1960, p. 370 e s.; De Gasperi, *Tratado de las obligaciones*, v. 1, p. 69; Carvalho de Mendonça, *Doutrina e prática das obrigações*, 4. ed., 1956, t. 1, p. 151.

432. Franco Montoro, *Introdução*, cit., p. 65 e s.

Vide Resolução n. 21/2017 do Conselho do Programa de Parcerias de Investimentos que delega ao ministro chefe da secretaria-geral da Presidência da República a competência para expedir Resoluções *ad referendum* em casos de relevância e urgência.

433. Franco Montoro, *Introdução*, cit., v. 2, p. 79; Oswaldo A. Bandeira de Mello, *Princípios gerais*, cit., v. 1, p. 229 e 230.

2) *adjetivas*, se regulam o modo ou o processo de efetivar as relações jurídicas, ou de fazer valer os direitos ameaçados ou violados, tais, p. ex., os artigos do Código de Processo Penal e do Código de Processo Civil.

Quanto à *aplicação*[434], as normas jurídicas serão:

1) de *eficácia absoluta*, se inatingíveis, insuscetíveis de emenda, daí conterem força paralisante total de toda a legislação que vier a contrariá-las (CF, arts. 1º, 2º, 14, 5º, I a LXXVII — intangíveis por força dos arts. 60, § 4º —, 34, VII, *a*, *b* e *c*, 18, 25, 46, § 1º, 60, § 1º);

2) de *eficácia plena*, ou plenamente eficazes, quando suficientes para disciplinar as relações jurídicas ou o processo da sua efetivação, por apresentarem todos os requisitos necessários para produzir os efeitos previstos imediatamente (p. ex., uma norma revoga outra; o efeito extintivo é imediato), já que, apesar de suscetíveis de emenda, não requerem normação ulterior, p. ex. os arts. 14, § 2º, 69, 155 e 156 da Constituição Federal;

3) de *eficácia relativa restringível*, por serem de aplicabilidade imediata, embora sua eficácia possa ser reduzida nos casos e na forma que a lei estabelecer; têm, portanto, seu alcance reduzido pela atividade legislativa. Nelas a possibilidade de produzir os efeitos é imediata, embora sujeita a restrições que elas mesmas preveem (p. ex.: normas que prescrevem regulamentação delimitadora); são normas dependentes de complementação por elas mesmas previstas ou resultante inequivocamente do sentido da disposição normativa (CF, arts. 5º, XII e LXVI, 139 e 170, parágrafo único). Assim, se apenas uma parte da lei depender de regulamento, somente essa parte deixará de ser autoaplicável;

4) de *eficácia relativa complementável*, se a possibilidade de produzir efeitos é mediata, dependendo de norma posterior que lhe desenvolva a eficácia, permitindo o exercício do direito ou benefício consagrado. Logo, enquanto não promulgada lei complementar ou ordinária, o dispositivo constitucional não produzirá efeito positivo, mas terá eficácia paralisante de efeitos de normas precedentes incompatíveis e impeditiva de qualquer conduta contrária ao que estabelecer. As normas programáticas (p. ex., arts. 205 e 218 da CF) comandam normas, ou seja, o próprio procedimento legislativo. O mesmo se diga da norma constitucional de princípio institutivo (p. ex., arts. 17, IV, 25, § 3º, 165, § 9º, I) que requer que o legislador estabeleça, mediante lei, esquemas gerais de estruturação e atribuições de órgãos, para que tenha aplicabilidade imediata.

Quanto ao *poder de autonomia legislativa*[435] conferido às circunscrições político-administrativas, as normas podem ser:

1) *nacionais e locais*, conforme vigorem em todo o território do país ou em parte dele, embora ambas sejam oriundas da mesma fonte legiferante;

2) *federais, estaduais e municipais*, se se tratar de normas da União, dos Estados federados ou dos Municípios. Cada uma dessas esferas territoriais tem sua competência normativa estabelecida na norma constitucional, como, p. ex., os arts. 22, parágrafo único, 25, § 1º, e

434. Oswaldo A. Bandeira de Mello, *Princípios gerais*, cit., v. 1, p. 231 e 232; Franco Montoro, *Introdução*, cit., v. 2, p. 79 e 80. Essa terminologia é de José Afonso da Silva, *Aplicabilidade das normas constitucionais*, São Paulo, 1968, p. 75. *V.* Tercio Sampaio Ferraz Jr., *Teoria da norma jurídica*, cit., p. 118, e M. Helena Diniz, *Norma constitucional e seus efeitos*, São Paulo, Saraiva, 1989, p. 97 a 104.

435. Miguel Reale, *Lições preliminares*, cit., p. 117-20; Oswaldo A. Bandeira de Mello, *Princípios gerais*, cit., p. 232; A. Franco Montoro, *Introdução*, cit., v. 2, p. 81 e 82.

30, I e II. A Constituição Federal reserva não só à União o poder de emanar normas para reger certas situações, mas também dá aos Estados e aos Municípios certo âmbito de ação, uma esfera privativa, vedando a ingerência de qualquer poder.

São leis federais a norma constitucional e suas leis complementares, leis, códigos, medidas provisórias e decretos federais, editados pela União ou qualquer de seus órgãos.

Constituem exemplos de leis estaduais: a Constituição dos Estados e leis complementares, leis, códigos e decretos estaduais, emitidos pelos entes estaduais.

As leis municipais abrangem leis, decretos, posturas, estatuídos por órgãos municipais.

Não há hierarquia entre leis federais, estaduais e municipais, esta somente existirá quando houver possibilidade de concorrência entre as diferentes esferas de ação. Apenas nos casos de assuntos sobre os quais pode manifestar-se qualquer dos poderes conjuntamente, isto é, na esfera de competência concorrente, é que se tem a primazia, p. ex., da lei federal sobre a estadual.

Se é da competência exclusiva do Estado a elaboração de sua Constituição, norma da União sobre essa matéria não tem o condão de excluir a lei estadual. Uma norma constitucional estadual não prevalece contra uma lei federal ordinária, se o assunto disciplinado for de competência privativa ou concorrente da União. Se esta invadir esfera de competência do município, o direito local prevalece sobre o federal.

As únicas normas jurídicas que têm prevalência, no Brasil, sobre as demais são as normas constitucionais federais.

Quanto à *sistematização*[436], podem ser:

1) *esparsas* ou *extravagantes*, se editadas isoladamente; p. ex., a lei do inquilinato, a do salário-família etc.;

2) *codificadas*, quando constituem um corpo orgânico de normas sobre certo ramo do direito; p. ex.: Código Tributário Nacional, Código Civil, Código Penal, Código de Processo Civil etc. O código não é um complexo de normas, mas uma lei única que dispõe sistematicamente sobre um ramo jurídico;

3) *consolidadas*, quando forem uma reunião de leis esparsas vigentes sobre determinado assunto; p. ex., a Consolidação das Leis do Trabalho.

F. VALIDADE DA NORMA JURÍDICA

f.1. Aspectos essenciais da validade

Tomando o termo *validade* como gênero, nele distinguimos, seguindo a esteira de Miguel Reale[437], a *vigência* como validade formal ou técnico-jurídica, a *eficácia* como

436. Franco Montoro, *Introdução*, cit., v. 2, p. 80 e 81.*Vide* Lei Complementar n. 95/98, com alteração da Lei Complementar n. 107/2001, arts. 13, §§ 1º a 3º, e 14, e Decreto n. 12.002/2024.

437. *Lições preliminares*, cit., p. 105 e 116; *Filosofia do direito*, cit., v. 2, p. 514 e s.; e *Teoria tridimensional do direito*, São Paulo, 1968, p. 28 e s. *V.* o que diz a respeito Tercio Sampaio Ferraz Jr., *Teoria da norma jurídica*, cit., p. 96; Marcelo N. Ribeiro Dantas, Existência, vigência, validade, eficácia e efetividade das normas jurídicas, *Ciência Jurídica*, *49*:27-46; Goffredo Telles Jr., *Iniciação na ciência do direito*, cit., p. 193 e s.; Bezerra Leite, Lyrio Pimenta e Pelá, *A validade e a eficácia das normas jurídicas*, Barueri, Manole, 2005; Aurora T. de Carvalho, *Curso*, cit., p. 735 a 768.

validade fática, e o *fundamento axiológico* como validade ética. Logo, a validade seria um complexo, com aspectos de vigência, eficácia e fundamento. Esses três aspectos essenciais da validade são os requisitos para que a norma jurídica seja legitimamente obrigatória. Há na norma uma relação necessária entre validade formal, fática e ética.

f.2. Validade formal ou vigência

f.2.1. *Conceito e requisitos da vigência da norma*

Vigência (em sentido amplo), validade formal ou técnico-jurídica, é uma qualidade da norma de direito.

Para Hans Kelsen[438], vigência seria a existência específica da norma, indicando uma propriedade das relações entre normas. Assim, uma norma inferior só será válida se se fundar em uma superior, reveladora do órgão competente e do processo para sua elaboração. A norma válida, então, será a promulgada por um ato legítimo de autoridade, não tendo sido revogada. Esclarece-nos, ainda, Kelsen, que a existência de uma norma positiva, isto é, sua vigência, é diferente da existência do ato de vontade que a põe. A norma pode ser vigente até mesmo quando o ato de vontade de seu elaborador deixou de existir. O indivíduo que criou uma norma jurídica não precisa continuar a querer a conduta normada para que a norma seja vigente. Logo, a validade da norma independe do ato volitivo de seu elaborador, que é tão somente condição de existência.

A norma será vigente, portanto, mesmo que não tenha sido aplicada ou ainda que seu criador não mais exista. Será imprescindível para que tenha vigência (sentido amplo) a presença de alguns requisitos, como[439]:

1º) elaboração por um órgão competente, que é legítimo por ter sido constituído para tal fim;

2º) competência *ratione materiae* do órgão, isto é, a matéria objeto da norma deve estar contida na competência do órgão;

3º) observância dos processos ou procedimentos estabelecidos em lei para sua produção, que nos EUA se denomina *due process of law*.

A validade formal ou *vigência*, em sentido amplo, é uma relação entre normas (em regra, inferior e superior), no que diz respeito à competência dos órgãos e ao processo de sua elaboração. Vigente será a norma se emanada do poder competente com obediência aos trâmites legais.

Sob o prisma da pragmática, nas palavras de Tercio Sampaio Ferraz Jr., a norma válida é aquela cuja autoridade, ainda que o conteúdo não seja cumprido, é respeitada, sendo tecnicamente imune a qualquer descrédito. Logo, o valer de uma norma não depende da existência real e concreta das condutas que prescreve: mesmo descumprida, ela vale. Será válida a norma se a autoridade legiferante for tecnicamente competente e se agiu de

---

438. *Teoria pura do direito*, cit., v. 1, p. 18 e 19. Sobre isso *v.* Tercio Sampaio Ferraz Jr., *Teoria da norma jurídica*, cit., p. 97.

439. *V.* Miguel Reale, *Lições preliminares*, cit., p. 106-12.

conformidade com as normas de sua competência legislativa, hipótese em que se terá uma validade condicional. Também será válida a norma cuja autoridade legisladora agiu dentro dos fins estabelecidos pelo ordenamento, caso em que haverá uma validade finalística. Fácil é denotar que para ser válida a norma precisará estar integrada no ordenamento, retirando sua validade de outras normas que condicionam a competência e/ou determinam os fins. Validade formal é, pois, sob esse ponto de vista, uma qualidade da norma cuja relação autoridade/sujeito (cometimento) é imune, por estar ela conforme ao ordenamento, tanto quanto às condições como quanto aos fins por ele estabelecidos[440].

f.2.2. *Âmbito temporal, espacial, material e pessoal de validade*

Ensina-nos Hans Kelsen que o âmbito ou domínio de vigência de uma norma é um elemento do seu conteúdo, que, por sua vez, pode ser predeterminado até certo ponto por uma norma superior.

A vigência das normas jurídicas é, segundo Kelsen, espaciotemporal na medida em que elas têm por conteúdo processos espaciotemporais. Dizer que uma norma vale, na teoria kelseniana, significa afirmar que ela vigora para um determinado espaço ou para um certo período de tempo, ou seja, que se refere a um comportamento que apenas pode verificar-se num dado lugar ou num certo momento (se bem que porventura não venha de fato a verificar-se). O âmbito de vigência temporal e espacial da norma de direito pode ser limitado ou ilimitado. A norma pode valer apenas para um determinado espaço ou para um certo tempo por ela mesma ou por uma outra norma superior fixado, regulando somente condutas que se dão dentro de um dado espaço e no decurso de certo lapso temporal. Todavia, nada obsta que possa valer também em toda parte e sempre, isto é, referir-se a certos fatos em geral, onde e quando se possam verificar. É este o seu sentido se ela não contiver qualquer determinação espaciotemporal e quando nenhuma outra norma superior delimitar seu âmbito espacial e temporal. Hipótese em que ela não vale a-espacial e intemporalmente, mas apenas sucede que não vigora para um certo espaço e para um determinado período de tempo, ou melhor, seus domínios de vigência espacial e temporal são ilimitados[441]. O âmbito temporal de validade constitui o período durante o qual ela tem vigência (sentido estrito) e o espacial diz respeito ao espaço em que se aplica.

Com base nestas lições, pode-se afirmar que as normas jurídicas têm vida própria, pois nascem, existem e morrem. Esses momentos dizem respeito à determinação do início, da continuidade e da cessação de sua vigência. *Vigência temporal* é uma qualidade da norma atinente ao tempo de sua atuação, podendo ser invocada para produzir efeitos. Seria, então, como diz Arnaldo Vasconcelos, um termo com o qual se demarcaria o tempo de validade de uma norma. A vigência pode coincidir com a validade, mas nem sempre, pois nada obsta que uma norma válida, cujo processo de produção já se aperfeiçoou, tenha sua vigência postergada (LINDB, art. 1º).

440. Hans Kelsen, *Teoria generale delle norme*, cit., p. 53 e s., 167 e s.; Miguel Reale, *Lições preliminares*, cit., p. 115; Tercio Ferraz Jr., *Teoria da norma jurídica*, cit., p. 105 e s., e ICM sobre bens importados: constitucionalidade da lei, *Revista Jurídica da Faculdade de Direito de Curitiba*, n. 4, p. 178 e 180, 1985.

441. Kelsen, *Teoria pura do direito*, cit., v. 1, p. 23 e 24, e *Teoria generale delle norme*, cit., p. 270, 225-7.

As normas nascem com a promulgação, mas só começam a vigorar com sua publicação no *Diário Oficial*. De forma que a promulgação atesta sua existência e a publicação, sua obrigatoriedade, visto que ninguém pode furtar-se a sua observância, alegando que não a conhece (LINDB, art. 3º). É obrigatória para todos, mesmo para os que a ignoram, porque assim o exige o interesse público. *Vigor* é uma qualidade da norma relativa à sua força vinculante, pela qual não há como subtrair-se ao seu comando[442].

A obrigatoriedade da norma de direito não se inicia no dia da publicação, salvo se ela assim o determinar. A escolha de uma ou de outra determinação é arbitrária, pois o órgão elaborador pode fazer com que a data da publicação e a entrada em vigor coincidam, se julgar inconveniente ao interesse público a existência de um tempo de espera; pode, ainda, estipular data precisa e mais remota quando verificar que há necessidade de maior estudo e divulgação devido à importância da norma, como ocorreu com o Código Civil de 1916, promulgado a 1º de janeiro de 1916 e com início de vigência estabelecida para 1º de janeiro de 1917 (CC de 1916, art. 1.806)[443], e com o novo Código Civil ao dispor no art. 2.044 que "este Código entrará em vigor 1 (um) ano após a sua publicação". Reza o art. 8º, §§ 1º e 2º, da Lei Complementar n. 95/98, com a redação da Lei Complementar n. 107/2001, que: "A contagem do prazo para entrada em vigor das leis que estabeleçam período de vacância far-se-á com a inclusão da data da publicação e do último dia do prazo, entrando em vigor no dia subsequente à sua consumação integral. As leis que estabeleçam período de vacância deverão utilizar a cláusula 'esta lei entra em vigor após decorridos (o número de) dias de sua publicação oficial'" (no mesmo sentido o art. 18 do Dec. n. 12.002/2004, vide o art. 20 do Decreto n. 4.176/2002, ora revogado, a título histórico).

Faltando disposição especial sobre o assunto, vigora o princípio que reconhece a necessidade do decurso de um lapso temporal entre a data da publicação e o termo inicial da obrigatoriedade. O intervalo entre a data da sua publicação e a da sua entrada em vigor chama-se *vacatio legis*[444], que tem a duração sujeita a dois critérios de prazos: o progressivo e o único.

Pelo *progressivo*, a lei entra em vigor em diferentes lapsos de tempo, nos vários Estados do País, p. ex., a antiga Lei de Introdução, no seu art. 2º, prescrevia que uma lei, na falta de disposição especial fixadora de outro prazo, entrava em vigor, no Distrito Federal, três dias depois de oficialmente publicada, quinze dias no Estado do Rio de Janeiro, trinta dias nos Estados Marítimos e no de Minas Gerais, e cem dias nos outros Estados e nas circunscrições não constituídas em Estados[445].

Pelo prazo *único*, a sua obrigatoriedade é simultânea, porque a norma entra em vigor, a um só tempo, em todo o país, na data prevista em lei, e, se não houver previsão legal, quarenta e cinco dias após sua publicação, conforme dispõe em caráter supletivo a atual Lei

---

442. Caio Mário da Silva Pereira, *Instituições*, cit., v. 1, p. 110; Tercio Sampaio Ferraz Jr., ICM, *Revista Jurídica da Faculdade de Direito de Curitiba*, cit., p. 179 e 180; Arnaldo Vasconcelos, *Teoria da norma jurídica*, 1978, p. 316.

443. Caio Mário da Silva Pereira, *Instituições*, cit., v. 1, p. 110 e 111; Celso Hiroshi Iocohama, *A obrigatoriedade imediata das leis ordinárias federais*, São Paulo, Ed. de Direito, s/d.

444. Espínola, A Lei de Introdução ao Código Civil, cit., v. 1, n. 19, p. 49; Vicente Ráo, *O direito*, cit., v. 1, n. 240 e 242; Caio Mário da Silva Pereira, *Instituições*, cit., v. 1, p. 111.

445. Washington de Barros Monteiro, *Curso de direito civil*, cit., v. 1, p. 25.

de Introdução às Normas do Direito Brasileiro, em seu art. 1º. Embora válida, a norma não produz efeito durante aqueles quarenta e cinco dias; só entrará em vigor posteriormente.

No que concerne à obrigatoriedade da norma brasileira no exterior, na ausência de disposição legal, estipulando lapso temporal para sua entrada em vigor, o prazo é de três meses depois de oficialmente publicada (LINDB, art. 1º, § 1º), pois há hipóteses em que ela obriga em países estrangeiros, no que diz respeito às atribuições dos ministros, embaixadores, cônsules e demais funcionários diplomáticos, aos princípios e convenções de direito internacional e aos interesses de brasileiros, no que se refere ao seu estatuto pessoal e aos atos regidos pela norma brasileira, e de estrangeiros, em relação a atos destinados a produzir efeitos no Brasil[446].

Se, durante a *vacatio legis*, vier a norma a ser corrigida em seu texto, que contém erros materiais ou falhas de ortografia, ensejando nova publicação, os prazos mencionados de quarenta e cinco dias e de três meses começam a correr da nova publicação (LINDB, art. 1º, § 3º)[447]. As emendas ou correções a lei que já tenha entrado em vigor são consideradas lei nova (LINDB, art. 1º, § 4º), a cujo começo de obrigatoriedade se aplica a regra geral da *vacatio legis*[448].

Qual a data da sua cessação?

Duas são as hipóteses:

1ª) A norma jurídica pode ter *vigência temporária* ou determinada, pelo simples fato de que o seu elaborador já fixou-lhe o tempo de duração, p. ex., as leis orçamentárias, que fixam a despesa e a receita nacional pelo período de um ano; aquela que concede favores fiscais durante dez anos às indústrias que se estabelecerem em determinadas regiões; ou as leis que subordinam sua duração a um fato: guerra, calamidade pública etc. Tais normas desaparecem do cenário jurídico com o decurso do prazo preestabelecido[449].

2ª) A norma de direito pode ter vigência para o futuro sem prazo determinado, durando até que seja modificada ou revogada por outra. Não sendo temporária a vigência, a norma não só atua, podendo ser invocada para produzir efeitos, mas também tem força vinculante (vigor) até sua revogação. Trata-se do *princípio de continuidade*, que assim se enuncia: não se destinando a vigência temporária, a norma estará em vigor enquanto não surgir outra que a altere ou revogue (LINDB, art. 2º). Contudo, as normas só podem ser revogadas por outras de hierarquia igual ou superior.

Revogar é tornar sem efeito uma norma, retirando sua obrigatoriedade. A *revogação* é o gênero, que contém duas espécies: a *ab-rogação*, supressão total da norma anterior; e a *derrogação*, que torna sem efeito uma parte da norma. Logo, se derrogada, a norma não sai de circulação jurídica, pois somente os dispositivos atingidos é que perdem a obrigatoriedade[450].

---

446. Caio Mário da Silva Pereira, *Instituições*, cit., p. 112. Há quem entenda que este parágrafo foi revogado para efeito de aplicação da Lei n. 2.145/53, que criou a Carteira do Comércio Exterior e dispôs sobre o intercâmbio comercial com o exterior. Tercio Sampaio Ferraz Jr., ICM, *Revista Jurídica da Faculdade de Direito de Curitiba*, cit., p. 179.

447. *V.* Planiol, Ripert e Boulanger, *Traité élémentaire*, cit., v. 1, n. 207.

448. Oscar Tenório, *Lei de Introdução*, cit., comentário ao art. 1º, § 4º; Caio Mário da Silva Pereira, *Instituições*, cit., p. 113.

449. Franco Montoro, *Introdução*, cit., v. 2, p. 148; Caio Mário da Silva Pereira, *Instituições*, cit., p. 120.

450. Campos Batalha, *Lei de Introdução ao Código Civil*, cit., p. 81 e 82; Franco Montoro, *Introdução*, cit., v. 2, p. 149; Caio Mário da Silva Pereira, *Instituições*, cit., p. 119; Tercio Sampaio Ferraz Jr., ICM, *Revista Jurídica da Faculdade de Direito de Curitiba*, cit., p. 179.

A revogação pode ser, ainda: *expressa*, quando o elaborador da norma declarar a lei velha extinta em todos os seus dispositivos ou apontar os artigos que pretende retirar; ou *tácita*, se houver incompatibilidade entre a lei nova e a antiga, pelo fato de que a nova passa a regular inteiramente a matéria tratada pela anterior (LINDB, art. 2º, § 1º)[451]. Bastante louvável é a revogação expressa, pois, a esse respeito, com muita propriedade assevera Saredo: "é evidente que na formação das leis deveria haver cuidado em indicar nitidamente, ao menos tanto quanto possível, quais as lei que ab-rogam. Seriam o melhor meio de evitar antinomias e obscuridades". Daí a razão pela qual a Lei Complementar n. 95/98, com a alteração da Lei Complementar n. 107/2001, prescreve no art. 9º: "a cláusula de revogação deverá enumerar, expressamente, as leis ou disposições legais revogadas".

Quando o legislador derroga ou ab-roga lei que revogou a anterior, surge a questão de se saber se a lei que fora revogada fica restabelecida, recuperando sua vigência, independentemente de declaração expressa. Pelo art. 2º, § 3º, da Lei de Introdução às Normas do Direito Brasileiro, a lei revogadora de outra lei revogadora não tem efeito repristinatório sobre a velha norma abolida, senão quando houver pronunciamento expresso do legislador a esse respeito[452]. Se a lei nova vem modificar ou regular, de forma diferente, a matéria versada pela norma anterior, podem surgir conflitos entre as novas disposições e as relações jurídicas já definidas sob a vigência da antiga norma. A nova lei só tem vigor para o futuro ou regula situações anteriormente constituídas?

Para solucionar tal questão, dois são os critérios utilizados:

1º) O das *disposições transitórias*, chamadas direito intertemporal, que são elaboradas pelo legislador, no próprio texto normativo, para conciliar a nova norma com as relações já definidas pela anterior. São disposições que têm vigência temporária, com o objetivo de resolver e evitar os conflitos ou lesões que emergem da nova lei em confronto com a antiga.

2º) O dos *princípios da retroatividade e da irretroatividade* das normas, construções doutrinárias para solucionar conflitos na ausência de normação transitória. Quanto ao âmbito de validade temporal da norma, na teoria kelseniana, deve-se distinguir o período de tempo posterior e o anterior à sua promulgação. Em regra, a norma só diz respeito a comportamentos futuros, embora possa referir-se a condutas passadas, tendo, então, força retroativa. A norma que atinge os efeitos de atos jurídicos praticados sob o império da lei revogada é *retroativa*; a que não se aplica a qualquer situação jurídica constituída anteriormente é *irretroativa*, hipótese em que uma norma revogada continua vinculante para os casos anteriores à sua revogação. Não se pode aceitar a retroatividade e a irretroatividade como princípios absolutos. O ideal seria que a lei nova retroagisse em alguns casos e em outros não. Foi o que fez o direito pátrio no art. 5º, XXXVI, da Constituição Federal, e no art. 6º, §§ 1º, 2º e 3º, da Lei de Introdução às Normas do Direito Brasileiro, com a redação da Lei n. 3.238/57, ao prescrever que a nova norma em vigor tem efeito imediato e geral, respeitando

451. Franco Montoro, *Introdução*, cit., v. 2, p. 148 e 149; Caio Mário da Silva Pereira, *Instituições*, cit., p. 122 e 123; Ruggiero e Maroi, *Istituzioni di diritto privato*, Milano, 1955, v. 1, § 19. O Código Civil da Venezuela, de 1982, reza no art. 7º: "*Las leyes no pueden derogar-se sino por otras leyes, y no vale alegar contra suo observancia el desuso, ni la costumbre o practica en contrario, por antíguos y universales que sean*".

452. Vicente Ráo, *O direito*, cit., v. 1, n. 263; Caio Mário da Silva Pereira, *Instituições*, cit., v. 1, p. 126 e 127; Gianturco, *Sistema del diritto civile italiano*, v. 1, p. 126; Gabba, *Teoria della retroattività delle leggi*, v. 1, p. 33.

sempre o ato jurídico perfeito, o direito adquirido e a coisa julgada. O *ato jurídico perfeito* é o que já se consumou segundo a norma vigente ao tempo em que se efetuou; o *direito adquirido* é aquele que já se incorporou definitivamente ao patrimônio e à personalidade de seu titular; e a *coisa julgada* é a decisão judiciária de que já não caiba mais recurso; a resolução definitiva do Poder Judiciário, trazendo a presunção absoluta de que o direito foi aplicado corretamente ao caso *sub judice*[453].

Assim, o efeito imediato das normas sobre a capacidade das pessoas atinge todos os que ela abranger. Se alterar a maioridade para 18 anos, alcançará os que já tiverem completado essa idade; se aumentar para 25, respeitará a maioridade dos que já haviam completado 21 anos. A norma que instaurou o divórcio admite como dissolúveis todos os casamentos celebrados antes dela. A lei que permite o reconhecimento dos filhos ilegítimos alcança os que nasceram ao tempo da norma anterior que impossibilitava isso; mas se proibisse tal reconhecimento, não atingiria os que já o obtiveram[454]. A norma que criar ou extinguir uma instituição, tal qual a que aboliu a escravidão, tem aplicação imediata, bem como as leis favoráveis, como o caso da norma penal mais branda (CF, art. 5º, XL) e da fiscal menos onerosa, e as sobre jurisdição e competência.

Sabemos que, em razão da soberania estatal, a norma aplica-se no espaço delimitado pelas fronteiras do Estado. Ela tem, portanto, uma *vigência espacial* (sentido estrito) limitada, só obrigando no espaço nacional, ou seja, no seu território, nas suas águas e na sua atmosfera[455]. Todavia esse *princípio da territorialidade* não pode ser aplicado de modo absoluto, ante o fato da comunidade humana alargar-se no espaço, relacionando-se com pessoas de outros Estados, como seria o caso do brasileiro que herda de um parente bens situados na Itália; do brasileiro que casa com francesa, na Inglaterra; do norte-americano divorciado que pretende convolar núpcias com brasileira no Brasil; da firma brasileira que contrata com empresa alemã etc.[456].

Sem comprometer a soberania nacional e a ordem internacional, os Estados modernos têm permitido, em seu território, a aplicação, em determinadas hipóteses, de normas estrangeiras, admitindo assim o sistema da extraterritorialidade, para tornar mais fáceis as relações internacionais, possibilitando conciliar duas ou mais ordens jurídicas pela adoção de uma norma que dê solução mais justa[457].

---

453. Washington de Barros Monteiro, *Curso de direito civil*, cit., v. 1, p. 31-5; Franco Montoro, *Introdução*, cit., v. 2, p. 153 e 154; Kelsen, *Teoria pura do direito*, cit., v. 1, p. 24; Tercio Sampaio Ferraz Jr., ICM, *Revista Jurídica da Faculdade de Direito de Curitiba*, cit., p. 179. Sobre conflito de leis no tempo, consulte: Lassale, *Théorie systématique des droits acquis*, Paris, 1904, 2 v.; García Máynez, *Introducción*, cit., p. 388-402; Paul Roubier, *Des conflicts des lois dans le temps*, Paris, Sirey, 1929; Planiol, *Traité élémentaire*, cit., v. 1, p. 97; Trinidad García, *Introducción al estudio del derecho*, México, 1935, p. 104; Haroldo Valladão, Direito intertemporal, in *Enciclopédia Saraiva do Direito*, v. 27, p. 222-9; Gabba, *Teoria della retroattività*, cit.; Abelardo Torré, *Introducción al derecho*, cit., p. 297-301 e 391-400; Raymundo M. Salvat, *Tratado de derecho civil argentino*, Buenos Aires, 1947, t. 1, p. 166-9; Mouchet e Zorraquín Becu, *Introducción*, cit., p. 199-201, 277-87; Guillermo A. Borda, *Retroactividad de la ley y derechos adquiridos*, Buenos Aires, 1951; Daniel Coelho de Souza, *Introdução*, cit., p. 411-7; Patrice Level, *Essai sur les conflicts des lois dans le temps*, Paris, LGDJ, 1959; Oswaldo A. Bandeira de Mello, *Princípios gerais*, cit., p. 265-96; Goffredo Telles Jr., *Iniciação na ciência do direito*, cit., p. 198-200.

454. Caio Mário da Silva Pereira, *Instituições*, cit., v. 1, p. 152-4; M. Helena Diniz, *Curso*, cit., v. 1, p. 62-5.

455. Franco Montoro, *Introdução*, cit., v. 2, p. 156.

456. Caio Mário da Silva Pereira, *Instituições*, cit., v. 1, p. 158 e 159.

457. Franco Montoro, *Introdução*, cit., v. 2, p. 156; Caio Mário da Silva Pereira, *Instituições*, cit., v. 1, p. 160.

O Brasil adotou a *doutrina da territorialidade moderada.*

Pela *territorialidade*, a norma aplica-se no território do Estado, inclusive ficto, como embaixadas, consulados e navios de guerra onde quer que se encontrem, por serem havidos como extensões do território nacional, navios mercantes em águas territoriais ou em alto-mar, navios estrangeiros, menos os de guerra, em águas territoriais, aviões no espaço aéreo do Estado, assemelhando-se a posição das aeronaves de guerra à dos barcos de guerra. Regula o princípio da territorialidade o regime de bens e obrigações (LINDB, arts. 8º e 9º). Já que se aplica a *lex rei sitae* para qualificar bens e reger as relações a eles concernentes — embora a Lei de Introdução ordene a aplicação da lei do domicílio do proprietário quanto aos bens móveis que ele trouxe, ou se se destinarem a transporte para outros lugares — a norma *locus regit actum* regula as obrigações que se sujeitam às normas do país em que se constituírem, bem como a prova de fatos ocorridos em país estrangeiro (LINDB, art. 13).

Pela *extraterritorialidade*, aplica-se a norma em território de outro Estado, segundo os princípios e convenções internacionais. Classicamente denomina-se "estatuto pessoal" a situação jurídica que rege o estrangeiro pela lei de seu país de origem. Trata-se da hipótese em que a norma de um Estado acompanha o cidadão para regular seus direitos em outro país. Esse estatuto pessoal baseia-se na lei da nacionalidade ou na do domicílio. No Brasil, em virtude do disposto no art. 7º da Lei de Introdução às Normas do Direito Brasileiro, funda-se na lei do domicílio (STF, Súmula 381). Regem-se por esse princípio as questões relativas ao começo e fim da personalidade, ao nome, à capacidade das pessoas, ao direito de família e sucessões (LINDB, arts. 7º e 10), à competência da autoridade judiciária (LINDB, art. 12). Há, apesar disso, um limite à extraterritorialidade da lei, pois atos, sentenças e leis de países alienígenas não serão aceitos no Brasil quando ofenderem a soberania nacional, a ordem pública e os bons costumes (LINDB, art. 17)[458].

Podem-se distinguir, ainda, na norma os domínios de validade pessoal e material, ligados entre si. Isto é assim porque a conduta humana é regulada em normas, que indicam como se deve agir.

O *âmbito pessoal de validade* é atinente ao elemento pessoal do comportamento normado. P. ex., a conduta fixada pelas normas de um ordenamento jurídico estadual é apenas o comportamento de homens que vivam no território do Estado ou, quando residam em outros lugares, sejam cidadãos desse Estado.

O *domínio material de validade* considera os vários aspectos da conduta humana que são normados, p. ex.: econômico, social, político etc.[459].

O âmbito material de validade é relativo à matéria que a norma regula e o pessoal, aos sujeitos a quem obriga[460]. Sob o prisma do domínio pessoal da validade, as normas podem ser gerais, se impõem deveres a todas as pessoas compreendidas na classe designada pela

458. M. Helena Diniz, *Curso*, cit., v. 1, p. 65 e 66; Caio Mário da Silva Pereira, *Instituições*, cit., v. 1, p. 170-2; Franco Montoro, *Introdução*, cit., v. 2, p. 157-9; Silvio Rodrigues, *Direito civil*, cit., v. 1, p. 53-5. Sobre o nome do estrangeiro *v.* arts. 31 e 42 e s. da Lei n. 6.815/80. Sobre conflitos de lei no espaço, *v.*: García Máynez, *Introducción*, p. 403-16; Niboyet, *Principios de derecho internacional privado*, p. 550 e s.; Kelsen, *Teoría general del Estado*, cit., p. 181; A. Torré, *Introducción al derecho*, cit., p. 378-91; Mouchet e Zorraquín Becu, *Introducción*, cit., p. 287-95; Daniel Coelho de Souza, *Introdução*, cit., p. 400-11; Oswaldo A. Bandeira de Mello, *Princípios gerais*, cit., p. 297-303.

459. Kelsen, *Teoria pura do direito*, cit., v. 1, p. 25-7, e *Teoria generale delle norme*, cit., p. 228 e s.

460. Kelsen, *El contrato y el tratado*, México, 1943, p. 53.

norma, e individuais, quando obrigam a um ou vários membros da mesma classe, individualmente determinados[461].

f.3. Validade fática ou eficácia

O problema da eficácia da norma jurídica diz respeito à questão de se saber se os seus destinatários ajustam ou não seu comportamento, em maior ou menor grau, às prescrições normativas, isto é, se cumprem ou não os comandos jurídicos[462], se os aplicam ou não. Casos há em que o órgão competente emite normas que, por violentarem a consciência coletiva, não são observadas nem aplicadas, só logrando, por isso, ser cumpridas de modo compulsório, a não ser quando caírem em desuso; consequentemente, têm vigência, mas não possuem eficácia espontânea. Vigência não se confunde com eficácia, logo, nada obsta que uma norma seja vigente sem ser eficaz, ou que seja eficaz sem estar vigorando.

A *eficácia* é, na lição de Tercio Sampaio Ferraz Jr., uma qualidade da norma que se refere à sua adequação em vista da produção concreta de efeitos. A norma será eficaz se tiver condições fáticas de atuar, por ser adequada à realidade (eficácia semântica); e condições técnicas de atuação (eficácia sintática), por estarem presentes os elementos normativos para adequá-la à produção de efeitos concretos. Será ineficaz, p. ex., a norma que prescrever o uso de certa máquina para proteger o operário, mas que não existe no mercado, por ser inadequada à realidade; a lei que determina que entrará em vigor imediatamente, mas requer regulamentação, porque não pode produzir efeitos[463].

Consiste a eficácia no fato real da aplicação da norma, tendo, portanto, um caráter experimental, por se referir ao cumprimento efetivo da norma por parte de uma sociedade, ao reconhecimento dela pela comunidade, no plano social, ou, mais particularizadamente, aos efeitos sociais que ela suscita pelo seu cumprimento. A eficácia social seria a efetiva correspondência da norma ao querer coletivo, ou dos comportamentos sociais ao seu conteúdo[464].

Contudo, no nosso entender, a razão está com Kelsen, que assevera, com muita propriedade: "Uma norma que nunca e em parte alguma é aplicada e respeitada, isto é, uma norma que — como costuma dizer-se — não é eficaz em uma certa medida, não será considerada como norma válida (vigente). Um mínimo de eficácia (como sói dizer-se) é a condição da sua vigência (validade)"[465]. O *mínimo de eficácia* é, portanto, a possibilidade da norma poder ser obedecida e não aplicada pelo tribunal, desobedecida pelos indivíduos a ela subordinados e aplicada pelos órgãos jurídicos, ou melhor, ser desobedecida ou não aplicada. Nítida é a relação entre vigência e eficácia, pois a norma deixará de ser vigente, se permanecer duradouramente ineficaz. O mínimo de eficácia é condição de vigência da

461. Eduardo García Máynez, *Introducción*, cit., p. 82. Sobre o conceito de classe, *v.*: Tarski, *Introducción a la lógica*, Buenos Aires, Espasa-Calpe, 1951, p. 85 e s.; García Bacca, *Introducción a la lógica moderna*, p. 141 a 163; Reichenbach, *Elements of symbolic logic*, New York, 1948, p. 195 e s.

462. *V.* o que diz a respeito Fausto E. Vallado Berrõn, *Teoría general del derecho*, cit., p. 10-2.

463. Consulte sobre isso Paulo de Barros Carvalho, *Curso de direito tributário*, cit., p. 45-50.

464. Tercio Sampaio Ferraz Jr., ICM, *Revista Jurídica da Faculdade de Direito de Curitiba*, cit., p. 180 e 181; Miguel Reale, *Lições preliminares*, cit., p. 112-6.

465. Kelsen, *Teoria pura do direito*, cit., v. 1, p. 20; *Teoria generale delle norme*, cit., p. 267 e 216-8.

norma, logo, se ela nunca puder ser aplicada pela autoridade competente nem obedecida pelo seu destinatário, perderá sua vigência[466].

Poder-se-ia finalizar dizendo que, para a doutrina dominante, a eficácia seria a relação entre a ocorrência (concreta) dos fatos estabelecidos pela norma que condicionam a produção do efeito e a possibilidade de produzi-lo[467].

f.4. Validade ética ou fundamento axiológico

f.4.1. *Justiça como fundamento da norma jurídica*

Como já pudemos apontar em páginas anteriores, a norma jurídica deve ser sempre uma tentativa de realização de valores (utilidade, liberdade, ordem, segurança, saúde etc.), visando a consecução de fins necessários ao homem e à sociedade. Realmente, se a norma jurídica objetiva atingir um certo propósito, ela é um meio de realização desse fim, encontrando nele sua justificação. Sua finalidade é implantar uma ordem justa na vida social.

A justiça, apesar de não se identificar com qualquer desses valores, é, diz Miguel Reale, condição primeira de todos eles, a condição transcendental de sua possibilidade como atualização histórica. Ela vale para que todos os valores valham. A justiça, que compendia todos os valores jurídicos, é a *ratio juris*, ou seja, a razão de ser ou fundamento da norma, ante a impossibilidade de se conceber uma norma jurídica desvinculada dos fins que legitimam sua vigência e eficácia[468]. Além disso, é preciso não olvidar que a justiça deve respaldar o exercício do poder que elabora a norma, legitimando-o; isto é assim porque a norma jurídica traduz interesses e ideologias do órgão legiferante[469]. A justiça exige que todos os esforços legais se dirijam no sentido de atingir a mais perfeita harmonia na vida social, possível nas condições de tempo e lugar.

---

466. Kelsen, *Teoria pura do direito*, cit., v. 1, p. 20 e 21. Consulte Tercio Sampaio Ferraz Jr., *Teoria da norma jurídica*, cit., p. 98.

467. *V.* Tercio Sampaio Ferraz Jr., *Teoria da norma jurídica*, cit., p. 102.

468. Miguel Reale, *Lições preliminares*, cit., p. 115, 116, 371 e 372; *Fundamentos do direito*, cit., e *Filosofia do direito*, cit., v. 2; Fábio K. Comparato, *Rumo à justiça*, São Paulo, Saraiva, 2010; Rafael Chagas Mancebo, Qualidades femininas e masculinas nas imagens da justiça, *Direito em debate*, São Paulo, Almedina, v. 2, p. 389 a 406; Giuseppe Gualtiere, *Il valore delle legge i fattori pratici della legalità*, Padova, CEDAM, 1939. A palavra justiça não só suscita controvérsias em relação ao seu significado, mas também à sua própria etimologia. Para uns as palavras *jus*, *justitia* e *justum* seriam derivadas do radical *ju* (yu), do idioma sânscrito, uma antiga língua clássica da Índia. *Ju* (yu), em sânscrito, significa unir, atar, dando origem em latim a *jungere* (jungir) e *jugum* (jugo, submissão, opressão, autoridade). Outros se referem à palavra *yóh*, também sânscrita, que se encontra no livro dos Vedas (livro sagrado dos hindus, correspondente à Bíblia para os cristãos, à Tora para os judeus e ao Corão para os muçulmanos), e que corresponde à ideia religiosa de salvação. Na Idade Moderna, alguns filósofos associaram a ideia de *jus* a Zeus ou Júpiter, as divindades supremas de gregos e romanos. Estas explicações não são necessariamente excludentes, revelando-nos que a primeira noção de justiça expressou um relacionamento sob a proteção divina (Julio Cesar T. Barbosa, *O que é justiça*, São Paulo, Brasiliense, 1985, p. 33-4).

469. Roberto A. R. de Aguiar, *O que é justiça*; uma abordagem dialética, São Paulo, Alfa-Omega, 1982, p. 23, 27 e 117; Eduardo Carlos Bianca Bittar, *Teorias sobre a justiça*, São Paulo, Juarez de Oliveira, 2000; *Curso de ética jurídica*, São Paulo, Saraiva, 2002; Tercio Sampaio Ferraz Jr. tece interessantes reflexões sobre direito e justiça, in *Estudos de filosofia do direito*, São Paulo, Atlas, 2002, p. 141-209; Carlos Coelho de Miranda Freire, *Conflito e decisão no direito*, João Pessoa, Ideia, 2008, p. 25 a 36. Justiça em geral é a ordem das relações humanas ou a conduta de quem se ajusta a essa ordem. Podem-se distinguir dois significados principais: justiça como conformidade da conduta a uma norma e justiça como eficiência de uma norma (ou de um sistema de normas, entendendo-se como eficiência de uma norma certa capacidade de possibilitar as relações entre os homens). Este é o conceito dado por Abbagnano, *Dicionário de filosofia*, São Paulo, Martins Fontes, 2003, p. 593.

O justo objetivo, não a vontade individual, que constitui objeto da norma, é o bem devido a outrem segundo certa igualdade, numa equivalência de quantidade. Ensina-nos Lachance que, porém, não cabe à justiça determinar essa igualdade; isto compete à prudência política do poder. À justiça compete produzir a igualdade nas relações humanas, assegurar efetivamente o devido a cada um. Já determinar o que se afigura devido é função política.

A norma jurídica deve corresponder aos ideais e aos sentimentos de justiça da comunidade que rege. É tão somente o meio necessário para alcançar a finalidade de justiça almejada pela sociedade.

A norma não é um *dever ser*, mas um *ser*. Aqui o termo *dever ser* precisa ser entendido como algo que vale e não como alguma coisa que existe em oposição ao *ser*. A norma não é um valor, o valor vale, não é, não existe. Se tudo o que é realidade pertence à região do *ser*, uma realidade é um *ser*. Assim sendo, a norma de direito é real, algo que tem consigo o seu valor; é um *ser* cultural a que corresponde um valor (dever ser). A norma é um ser devido; não é valor, mas meio de sua expressão, porque os valores não são entes *in se*, não são *objetos*, e sim qualidades do objeto, pois dão-lhe um significado.

Sendo a norma um objeto cultural, como já dissemos, ela situa-se no mundo do *ser — dever ser*, da integração do valor no fato, tendo por fim dirigir a atividade humana; logo, a autoridade que a estabelece opera por via de valores ao decidir o que deve ser permitido ou não, guiada, obviamente, não pela justiça, mas pela prudência. Assume a autoridade uma atitude de quem relaciona fatos e valores, mas sem valorar os fatos; não lhe interessa saber qual o valor determinado; sua função não é estimar positiva ou negativamente a norma de direito, mas relacioná-la a valores, ou seja, dar um sentido à norma, sem lhe atribuir um valor. O sentido da norma é ser ela um instrumento de realização de determinado valor: a justiça. Seu sentido é, em suma, uma tentativa de dirigir a liberdade humana à justiça, dando a cada um o que lhe é devido segundo uma certa igualdade. "A justiça é como um equilíbrio pela concordância efetiva das pretensões de um com os deveres de outros", como nos diz Gurvitch[470].

A norma deve ser expressão da justiça e ela o será na medida em que for útil à conservação e ao aperfeiçoamento do convívio humano, desde que: *a*) o seu fim não se possa alcançar, com segurança e no devido tempo, sem o apelo aos meios coercitivos; *b*) na generalidade dos casos, esses meios possam ser, efetivamente, empregados, quando necessários; *c*) o efetivo emprego dos meios coercitivos não cause maior mal do que aquele que se quis evitar, ou um mal em desproporção com o benefício causado[471].

Thon, apesar do aspecto formalista de sua doutrina, empresta caráter axiológico às normas jurídicas: sua origem é a ideia, viva na sociedade, daquilo que é justo; logo, o interesse, cuja efetivação, através de preceitos normativos, é desejada pela coletividade, funda-se, exclusivamente, na satisfação daquele impulso de justiça[472].

---

470. Droit naturel et droit positif intuitif, *Archives de Philosophie du Droit et de Sociologie Juridique*, 1933, n. 3 e 4, p. 70. *V.* também Teran, *Filosofía del derecho*, 5. ed., México, Porrúa, 1971, p. 201 e 202; Lachance, *Le concept du droit selon Aristote et Saint Thomas*, Montreal, 1933, p. 287 e 288.

471. Bruno de Mendonça Lima, Justiça, *Revista da Faculdade de Direito de Porto Alegre*, ano III, v. 1, n. 195, p. 95 e s.

472. *Norma giuridica*, cit., p. 98.

Expressivas são, a esse respeito, as seguintes palavras de Edgard Bodenheimer[473]: "Falando de justiça em termos amplos e gerais, poderíamos dizer que ela se relaciona com a aptidão da ordem estabelecida por um grupo ou de um sistema social para a consecução dos seus objetivos primaciais. O fim da justiça é coordenar as atividades e os esforços diversificados dos membros da comunidade e distribuir direitos, poderes e deveres entre eles, de modo a satisfazer as razoáveis necessidades e aspirações dos indivíduos e, ao mesmo tempo, promover o máximo de esforço produtivo e coesão social".

Por isso pode-se dizer que a ideia de justiça, contida na norma, além de ser um valor (dever ser), é ideológica, por se assentar na concepção do mundo que emerge das relações concretas do social, já que não pode subsistir desconectada da história. Eis por que a leitura das concepções de justiça há de ser a da situação na qual surgiu tal concepção[474]. Cada época apresenta uma concepção de justiça que depende das condições sociais de certo momento e lugar.

Deveras, ensina-nos Miguel Reale que cada época histórica tem a sua ideia de justiça, que depende da escala de valores dominante na sociedade. A justiça seria a realização da ordem social justa, oriunda de exigências transpessoais, imanentes ao processo do viver coletivo. Todavia, não se deve considerá-la tão somente como a virtude de dar a cada um o que é *seu*, porque o *seu* de cada um apenas terá sentido na totalidade de uma estrutura na qual se correlacionem o todo e as partes. Não se deve, ainda, esquecer que a subjetividade humana é, na lição de Husserl, a fonte doadora de sentido à realidade, por converter em humano tudo aquilo para que se volta a sua intencionalidade. Por isso, para esse eminente jusfilósofo, a justiça deve ser complementarmente subjetiva e objetiva, envolvendo em sua dialeticidade o homem e a ordem justa que ele instaura, porque esta ordem é uma projeção constante do ser humano, valor-fonte de todos os valores no processo dialógico da história[475].

Com efeito, uma norma jurídica não pode ser, em si mesma, justa ou injusta, depende do ângulo histórico sob o qual se a julga. Por tal razão, os valores jurídicos devem ser considerados como modos de referência relativos. Há um relativismo relativo quando se alude ao *factum* da história, ao *fieri* da cultura, para encontrar o critério do valor jurídico. Eis por que os valores jurídicos não são conceitos *a priori* aos quais devam ajustar-se as normas jurídicas para justificar sua existência, mas sim *a posteriori*, determináveis, pelo ser humano, progressivamente, na experiência histórica, visto serem ideias, ou melhor, pautas metódicas de conhecimento[476].

f.4.2. *Conceito e modalidades de justiça*

O vocábulo *justiça* é análogo, mas apresenta duas *significações* fundamentais[477]:

---

473. *Ciência do direito*, cit., p. 202.

474. Roberto A. R. de Aguiar, *O que é justiça*, cit., p. 19 e 65; *Direito, poder e opressão*, cit., p. 180.

475. Miguel Reale, *Lições preliminares*, cit., p. 371 e 372.

476. Fausto E. Vallado Berrõn, *Teoría general del derecho*, cit., p. 162, 167 e 168. Consulte: Solberg e Cross, *Le droit et la doctrine de la justice*, Paris, 1936; Perego, *Dinamica della giustizia*, Milano, Giuffrè; Ascoli, *La giustizia*, Padova, CEDAM, 1930; Paulo E. G. Modesto, Da realização da justiça, *Ângulos*, Rev. dos Estudantes de Direito da UFBA, 1988, *19*:82-93; Eros Roberto Grau, *Direito, conceitos e normas jurídicas*, São Paulo, Revista dos Tribunais, 1988, p. 15.

477. Franco Montoro, *Introdução*, cit., v. 1, p. 156-75; Eduardo C. B. Bittar, *A justiça em Aristóteles*, São Paulo, Forense Universitária, 1999; A teoria aristotélica da justiça, *Rev. da Faculdade de Direito da USP*, 1997, 92:53-73;

1ª) *Objetiva*, quando indica uma qualidade da ordem social. Caso em que o jurista vê na justiça uma exigência da vida em sociedade, um princípio superior da ordem social. Pode ainda significar a própria legislação (justiça penal, civil, trabalhista etc.) ou o órgão encarregado de sua aplicação (comparecer perante a justiça)[478].

2ª) *Subjetiva*, quando designa uma qualidade da pessoa, como virtude ou perfeição subjetiva.

Mas, em *sentido próprio*, justiça é a virtude da convivência humana, ou seja, de dar a cada um o que lhe é devido, segundo uma igualdade simples ou proporcional, exigindo, portanto, uma atitude de respeito para com os outros, dando-lhes aquilo a que tenham o direito de ter ou de fazer. Daí as três notas essenciais da justiça em sentido estrito: a alteridade (ou pluralidade de pessoas), o devido (ou exigibilidade) e a igualdade (ou relação de conformidade quanto à quantidade) simples ou proporcional.

Por extensão, a justiça aplica-se aos princípios superiores da ordem social, visto que esta só será justa na medida em que garantir ao indivíduo o seu direito; à legislação, porque esta deve assegurar a cada um o que lhe é devido no seio da sociedade; e aos órgãos encarregados da sua aplicação. Como, em regra, o dever de dar a cada um o que é seu vem imposto por norma jurídica, pode-se afirmar que o justo é o que exige o direito. Daí ser a justiça o próprio ordenamento jurídico e o ideal a que deve tender o direito[479].

Não há, portanto, ensina Franco Montoro, oposição entre a acepção subjetiva e a objetiva, por serem aspectos da mesma realidade. Justiça, no sentido subjetivo, consiste na virtude de dar ao indivíduo seu direito, e, no objetivo, designa a ordem social que garante a cada um o que lhe é devido. Logo, o que se disse da justiça como virtude aplicar-se-á, analogicamente, à ordem social. Poder-se-á dizer, como Machado Neto, que no famoso brocardo *dar a cada um o que é seu*, o *seu* de cada um é o que a cada um lhe falta para estar em iguais condições de liberdade com o outro que lhe interfere, no momento da interferência de condutas em que a norma jurídica consiste[480].

Tercio Sampaio Ferraz Jr., *Estudos de filosofia do direito — reflexões sobre o poder, a liberdade, a justiça e o direito*, São Paulo, Atlas, 2002.

478. Hauriou (*Aux sources du droit*, Paris, 1933, § 2, p. 44) escreve: "Nous prenons l'ordre social et la justice dans leur qualité d'idées objectives, comme faits"; Rénard, *La théorie*, cit., p. 25; Radbruch, *Filosofia do direito*, cit., § 4, n. 22, p. 46.

479. "Segundo a opinião geral, a justiça é aquela disposição de caráter que torna as pessoas propensas a fazer o que é justo, que as faz agir justamente e a desejar o que é justo; e de modo análogo, a injustiça é a disposição que leva as pessoas a agir injustamente e a desejar o que é injusto. (...) Tanto o homem que infringe a lei como o homem ganancioso e ímprobo são considerados injustos, de tal modo que tanto aquele que cumpre a lei como o homem honesto obviamente são justos. O justo, portanto, é aquele que cumpre e respeita a lei e é probo, e o injusto é homem sem lei e ímprobo. (...) Com efeito, a justiça é a virtude completa no mais próprio e pleno sentido do termo, porque é o exercício atual da virtude completa. Ela é completa porque a pessoa que a possui pode exercer sua virtude não só em relação a si mesmo, como também em relação ao próximo, uma vez que muitos homens exercem sua virtude nos assuntos privados, almas não em suas relações com as outras pessoas. (...) Portanto, nesse sentido a justiça não é uma parte da virtude, mas a virtude inteira; nem seu contrário, a injustiça, é uma parte do vício, mas o vício inteiro" (Aristóteles, *Ética a Nicômaco*, São Paulo, Martin Claret, 2006, p. 103-05). *V.*: Franco Montoro, *Introdução*, cit., v. 1, p. 157, 158, 162 e 163; Bodenheimer, *Ciência do direito*, cit., p. 210; Dabin, *La philosophie de l'ordre juridique positif*, Paris, 1929, p. 320; S. Tomás de Aquino, *De justitiae*, II, q. 61, a. 2, ad. 2; q. 80 c; Spencer, *A justiça*, Lisboa, 1891, caps. I e II; Mouchet e Zorraquín Becu, *Introducción*, cit., p. 48-54. É preciso lembrar que a verdadeira igualdade é a que trata igualmente os iguais e desigualmente os desiguais.

480. Franco Montoro, *Introdução*, cit., v. 1, p. 160; A. L. Machado Neto, *Teoria da ciência jurídica*, cit., p. 215 e 216.

Duas são as *modalidades* de justiça[481]:

1ª) A *particular*, cujo objeto é o bem do particular, e que pode ser:

a) *Comutativa*, se um particular dá a outro particular[482] o bem que lhe é devido, segundo uma igualdade simples ou absoluta. Na justiça comutativa, o devido é rigoroso, por dizer respeito a um direito próprio da pessoa (p. ex., o direito da personalidade, isto é, à vida, à integridade física, à dignidade, às obras etc., e o direito ao cumprimento de obrigações positivas, como prestação de um serviço, entrega de mercadoria, pagamento de certa quantia em dinheiro etc.). A igualdade é simples, por consistir na equivalência entre dois objetos, sem levar em conta a condição das pessoas. P. ex., é o que ocorre nas relações contratuais, dentre elas a compra e venda, em que "A", ao comprar um carro que vale R$ 2.000,00, deve efetuar a "B" (vendedor) um pagamento de igual valor (carro de R$ 2.000,00 = R$ 2.000,00), isto é, o comprador deve pagar ao vendedor o preço correspondente ao valor da mercadoria; na indenização de perdas e danos, quando o lesante é obrigado a reparar o dano na medida do prejuízo que causou ao lesado; no dever de prestar assistência entre parentes; nas promessas de recompensa.

b) *Distributiva*[483], quando a sociedade dá a cada particular o bem que lhe é devido segundo uma igualdade proporcional ou relativa. O grupo social (Estado, sociedade internacional, empresa, família etc.) reparte aos particulares aquilo que pertence a todos, assegurando-lhes uma equitativa participação no bem comum, conforme a necessidade, o mérito e a importância de cada indivíduo. Infere-se daí que o sujeito passivo (devedor) da relação jurídica é a comunidade, e o ativo (credor), um de seus membros.

A igualdade proporcional é a que se realiza na distribuição dos benefícios e dos encargos entre os membros de uma comunidade, considerando-se a situação das pessoas. Assim, pela justiça distributiva, a sociedade visa assegurar ao particular sua parcela no bem comum, distribuída conforme a posição que ele ocupa como membro do grupo social, tendo em vista o seu mérito, a natureza do serviço prestado, a sua condição econômica ou capacidade contributiva, o seu tempo de serviço. P. ex., se "A" contribui com R$ 50.000,00, recebe 5%, se "B" entra com R$ 30.000,00, recebe 3%, se "C" entra com R$ 20.000,00, recebe 2%. Disciplina a aplicação dos recursos da sociedade aos diversos setores da vida social, a fixação dos impostos, as deduções fiscais para efeito de pagamento do Imposto de

---

481. Franco Montoro, *Introdução*, cit., v. 1, p. 172 e 176-310; Dabin, *Théorie générale du droit*, Bruxelles, 1944, n. 230; Vermeersch, *Cuestiones acerca de la justicia*, Madrid, Ed. Calleja, 1900, n. 21; Mouchet e Zorraquín Becu, *Introducción*, cit., p. 54-7; Daniel Coelho de Souza, Direito e justiça, in *Enciclopédia Saraiva do Direito*, v. 27, p. 131; A. Machado Pauperio, *Introdução*, cit., p. 63-5; Goffredo Telles Jr., *Iniciação na ciência do direito*, cit., p. 355-72.

482. Por *particular* deve-se entender não só a pessoa física ou natural, mas também a pessoa jurídica, tanto de direito privado, em suas relações com outras pessoas, como de direito público, não na qualidade de poder público, mas na de particular. *V.* nesse sentido as lições de Franco Montoro, *Introdução*, cit., v. 1, p. 194 e 195; Dabin (*Théorie*, cit., n. 229) escreve: "*Peu importe d'ailleurs que les parties au rapport soient des personnes physiques ou des personnes morales. Du point de vue de la raison de dette, sinon du point de vue de la moralité, la justice commutative lie, activement et passivement, les collectivités aussi bien que les individus, sans distinction entre les collectivités privées et les collectivités publiques, sans distinction non plus entre le plan interne et le plan international. Ainsi les rapports entre les individus et les collectivités indépendants, comme deux sociétés privées ou deux États, ressortissent à la justice commutative*".

483. Faidherbe, *La justice distributive*, Paris, 1934; Dabin, *Théorie*, cit., n. 232 e 234, p. 239; J. Ryan, *Justicia distributiva*, Ed. Poblet, 1950; Vermeersch, *Cuestiones*, cit., n. 55 e s.; Plauto Faraco de Azevedo, *Justiça distributiva e aplicação do direito*, Porto Alegre, Fabris, 1983; Ricardo Castilho, *Justiça social e distributiva*, São Paulo, Saraiva, 2009.

Renda proporcionalmente aos encargos de família, a participação dos sócios nos lucros e nas perdas da empresa, o voto plural nas sociedades anônimas, a aplicação do salário-família pago ao trabalhador de acordo com o número de filhos menores, as medidas destinadas a promover a execução de planos de urbanismo e habitação, a nomeação de funcionário, a assistência social, a distribuição de prêmios etc.

Embora a justiça distributiva vise o interesse do particular, corresponde a uma função social, pois a sociedade, ao impor restrições aos seus membros, torna-se depositária de riquezas, de utilidades que deve redistribuir, proporcionalmente, aos indivíduos que a compõem. Repartem-se os bens de acordo com a necessidade de cada um, e os encargos, proporcionalmente à capacidade de seus membros.

2ª) A *social*[484], geral ou legal, quando as partes da sociedade, isto é, governantes e governados, indivíduos e grupos sociais, dão à comunidade o bem que lhe é devido, observando uma igualdade proporcional. Os membros da sociedade dão a esta sua contribuição para o bem comum, que é o fim da sociedade e da lei, proporcionalmente à função e responsabilidade na vida social. Os particulares, ou membros da comunidade social, são, portanto, os devedores e a sociedade, a credora. Essa justiça está presente na elaboração das normas, porque estas têm por escopo promover o bem comum, na prestação de serviço militar ou público, no pagamento de impostos, na obediência às normas, na promoção do bem comum pelos clubes de pais e mestres, pelas sociedades de bairro, pelas cooperativas, pelos sindicatos, pelos órgãos representativos da comunidade no seio da empresa, das categorias profissionais, dos alunos, do pessoal docente nos conselhos escolares etc. A justiça social, portanto, é a que tende diretamente ao bem comum da sociedade, subordinando a esse fim os interesses dos seus membros componentes, ordenando sua conduta em relação ao todo. Assim sendo, cada membro da sociedade deve a esta o necessário para a sua conservação e prosperidade. Para tanto, fixam-se os deveres de cada um com relação à sociedade em que vive ou pertence.

---

484. Desrosiers, *Soyons justes*, Montreal, 1945, parte II; Lustosa, *Justitia socialis*, Rio de Janeiro, 1936; Vermeersch, *Cuestiones*, cit., n. 40 e s.; Irene M. Portela e Domingos Vieira, A justiça social e a justiça: como se mede a distância entre ambas? *Direito em Debate* (coord. M. H. Diniz), São Paulo, Almedina, 2020, p. 117 a 136; Plauto Faraco de Azevedo, *Direito, justiça social e neoliberalismo*, São Paulo, Revista dos Tribunais, 1999; Wagner Balera, A justiça e o direito. Justiça social e solidariedade. Tensão entre leis e direitos humanos. *Atualidades Jurídicas* n. 7:259 a 274. Ferraz Junior desenvolve também as noções de justiça formal e justiça material, afirmando que: "em seu aspecto formal, ela (justiça) aparece como um valor ético-social de proporcionalidade em conformidade com o qual, em situações bilaterais normativamente reguladas, exige-se a atribuição a alguém daquilo que lhe é devido. Trata-se da ideia clássica do *suum cuique tribuere*, que reclama, porém, um segundo aspecto, a determinação do que é devido a cada um. A conformidade ou não com critérios sobre o que e a quem é devido é o problema do aspecto material da justiça" (*Introdução ao estudo do direito*, São Paulo: Atlas, 2003, p. 352-53). Perelman (*Ética e direito*, São Paulo, Martins Fontes, 2005) concebe: *justiça formal* ou *abstrata* como um princípio pelo qual se devem tratar igualmente todos os seres de uma mesma categoria. Mas como não se determina a categoria essencial dos seres, tal determinação ficaria ao encargo da *justiça concreta* (do aplicador, ou seja, do legislador ao elaborar a lei e do juiz ao aplicá-la ao caso *sub judice). Logo,* julgar-se-á o direito por meio da justiça concreta, que é a visão do mundo do aplicador do direito, o modo como ele distingue o que vale do que não vale conforme o contexto temporal, histórico e social, recorrendo à equidade, sempre que a aplicação da justiça formal for impossível nos casos concretos, diminuindo a desigualdade.

QUADRO SINÓTICO

NORMA JURÍDICA

1. GÊNESE	A norma jurídica surge de um ato decisório do poder que se sujeita à prudência objetiva, exigida pelo conjunto das circunstâncias fático-axiológicas em que se encontram os respectivos destinatários.		
2. REALIDADE ÔNTICA	A norma jurídica é um *objeto cultural egológico*, tendo por substrato regular a conduta humana em interferência intersubjetiva, e, por sentido, a tentativa de realizar a justiça.		
3. CONCEITO ESSENCIAL	Problema da determinação do conceito da norma jurídica	— Enunciar os aspectos essenciais da norma, por meio de indicação do gênero próximo e da diferença específica, buscando uma definição real essencial, lançando mão de uma reflexão filosófica. — Utilizar o método adequado para determinar esse conceito, ou seja, a intuição ideatória.	
	Conceito como objeto ideal	O conceito de norma jurídica é objeto ideal, pois é atemporal, não está no espaço, independe da experiência e é neutro ao valor. É objeto ideal que contém notas universais e necessárias, encontradas em qualquer norma jurídica.	
	Elementos essenciais da norma jurídica	Imperatividade	A imperatividade é a essência genérica da norma de direito, no sentido de que seu escopo é dirigir o comportamento humano. A norma jurídica é imperativa, ou prescritiva, porque impõe um dever, situando-se no âmbito da normatividade ética. O traço que distingue a norma ética da lei física é a imperatividade, que revela, então, o gênero próximo da norma jurídica, incluindo-se no grupo das normas que regem a conduta humana. Sob o prisma lógico, a norma tem estrutura proposicional, podendo apresentar-se, conforme a posição filosófica do jurista, como um juízo hipotético condicional, disjuntivo, conjuntivo e adversativo.
		Autorizamento	Como a caracterização da norma jurídica como imperativo é insuficiente por não permitir diferenciá-la das demais normas éticas, afastando os critérios imperfeitos da sanção, coação, coatividade e atributividade como seus elementos específicos, Goffredo Telles Jr. ensina, com acerto, que a essência específica da norma jurídica é o autorizamento, porque o que lhe compete é autorizar ou não o uso das faculdades humanas.

3. CONCEITO ESSENCIAL

- Conceito
  - Segundo Goffredo Telles Jr., a norma jurídica é imperativo-autorizante. A imperatividade revela seu gênero próximo, incluindo-a no grupo das normas éticas que regem a conduta humana, diferenciando-a das leis físico-naturais, e o autorizamento indica sua diferença específica, distinguindo-a das demais normas.

4. DISTINÇÃO ENTRE NORMA MORAL E JURÍDICA

A norma moral e a jurídica têm uma comum base ética, ambas são imperativas, constituindo normas de comportamento, mas só a jurídica é autorizante, sendo, por isso, bilateral. A norma moral é tão somente imperativa e, portanto, unilateral. Além disso, a jurídica é heterônoma, e a moral, autônoma.

5. CLASSIFICAÇÃO

- Quanto à imperatividade
  - — de imperatividade absoluta ou impositivas
  - — de imperatividade relativa ou dispositivas, que podem ser permissivas e supletivas
- Quanto ao autorizamento
  - — mais que perfeitas
  - — perfeitas
  - — menos que perfeitas
  - — imperfeitas
- Quanto à hierarquia
  - — normas constitucionais
  - — leis complementares
  - — leis ordinárias, leis delegadas, medidas provisórias, decretos legislativos e resoluções
  - — decretos regulamentares
  - — normas internas
  - — normas individuais
- Quanto à natureza de suas disposições
  - — substantivas
  - — adjetivas
- Quanto à sua aplicação
  - — de eficácia absoluta
  - — de eficácia plena
  - — de eficácia relativa restringível
  - — de eficácia relativa complementável
- Quanto ao poder de autonomia legislativa
  - — nacionais e locais
  - — federais, estaduais e municipais
- Quanto à sistematização
  - — esparsas
  - — codificadas
  - — consolidadas

6. VALIDADE

- Aspectos essenciais
  - validade formal; validade fática; validade ética.
- Validade formal
  - Conceito e requisitos
    - A validade formal, ou vigência em sentido amplo, é uma qualidade da norma jurídica que expressa uma relação entre normas. Exige a presença dos seguintes requisitos: elaboração da norma por órgão competente; competência *ratione materiae* do órgão, e observância do procedimento estabelecido em lei para sua produção.
  - Âmbito temporal de validade
    - O âmbito temporal de validade constitui o período durante o qual a norma tem vigência (sentido estrito). Vigência temporal é uma qualidade da norma atinente ao tempo de sua atuação.
    - Vigência da lei no tempo
      - Início de sua vigência
        - Obrigatoriedade só surge com a publicação no *Diário Oficial*, mas sua vigência não se inicia no dia da publicação, salvo se ela assim o determinar. O intervalo entre a data de sua publicação e sua entrada em vigor chama-se *vacatio legis.*
      - Duração da *vacatio legis*
        - *Prazo progressivo* — pelo qual a lei entra em vigor em diferentes lapsos de tempo nos vários Estados do país (p. ex., antiga LICC, art. 2º).
        - *Prazo único* — pelo qual a norma entra, não havendo estipulação legal da data de sua vigência, em vigor a um só tempo em todo o país, ou seja, quarenta e cinco dias após sua publicação, tendo aplicação no exterior três meses depois de publicada (LINDB, art. 1º, § 1º).

6. VALIDADE

- Validade formal
  - Âmbito temporal de validade
    - Vigência da lei no tempo
      - Cessação da vigência
        - Hipóteses
          - — A norma pode ter vigência temporária, porque o elaborador fixou o tempo de sua duração.
          - — A norma pode ter vigência para o futuro sem prazo determinado, durando até que seja modificada ou revogada por outra (LINDB, art. 2º).
        - Revogação
          - Conceito
            - É tornar sem efeito uma norma.
          - Espécies
            - *Ab-rogação* — supressão total da norma anterior;
            - *Derrogação* — torna sem efeito uma parte da lei;
            - *Expressa* — quando o legislador declara extinta a lei velha;
            - *Tácita* — quando houver incompatibilidade entre a lei velha e a nova (LINDB, art. 2º, § 1º).
      - Critérios para solucionar o conflito de leis no tempo
        - — O das *disposições transitórias*, elaboradas pelo próprio legislador com o objetivo de resolver e evitar os conflitos emergentes da nova lei em confronto com a antiga.

- **6. VALIDADE**
  - Validade formal
    - Âmbito temporal de validade
      - Vigência da lei no tempo
        - Critérios para solucionar o conflito de leis no tempo
          - — O dos *princípios da retroatividade e irretroatividade da norma.* É retroativa a norma que atinge efeitos de atos jurídicos praticados sob a égide da norma revogada. É irretroativa a que não se aplica a qualquer situação jurídica constituída anteriormente. Não se pode aceitar esses princípios como absolutos. O ideal seria que a nova lei retroagisse em alguns casos e em outros não, respeitando o ato jurídico perfeito, o direito adquirido e a coisa julgada (CF, art. 5º, XXXVI; LINDB, art. 6º, §§ 1º e 2º).
    - Âmbito espacial de validade
      - O âmbito espacial de validade é relativo ao espaço em que a norma se aplica.
      - Vigência da lei no espaço
        - *Princípio da territorialidade* — em que a norma se aplica no território do Estado que a promulgou.
        - *Princípio da extraterritorialidade* — pelo qual os Estados permitem que, em seu território, se apliquem em certas hipóteses normas estrangeiras.
        - *Princípio da territorialidade moderada*
          - — territorialidade (LINDB, arts. 8º e 9º)
          - — extraterritorialidade (LINDB, arts. 7º, 10, 12, 17)
    - Âmbito pessoal de validade
      - Diz respeito ao elemento pessoal do comportamento normado. Sob esse prisma, as normas podem ser gerais ou individuais.
    - Âmbito material de validade
      - É relativo à matéria que a norma regula, ou seja, considera os vários aspectos da conduta humana que são normados. P. ex., o econômico, o político, o social etc.

6. VALIDADE

- **Validade fática**
  - Na lição de Tércio Ferraz Jr., a eficácia é uma qualidade da norma que se refere à sua adequação em vista da produção concreta de efeitos. Seguindo a esteira de Kelsen, pode-se dizer que o mínimo de eficácia, ou seja, a possibilidade da norma poder ser obedecida e não aplicada pelos órgãos jurídicos, desobedecida e aplicada pelo tribunal, é condição de validade da norma.
- **Validade ética**
  - **Justiça como fundamento axiológico da norma**
    - Tendo a norma jurídica como sentido a tentativa de realização da justiça, esta é seu fundamento axiológico, ou seja, a sua razão de ser. A norma é o meio necessário para atingir a finalidade de justiça requerida pela sociedade. Não é valor, mas meio de sua expressão. A ideia de justiça contida na norma, além de ser um valor, é ideológica, por não poder subsistir desconectada da história. Cada época apresenta uma concepção de justiça dependente das condições sociais de certo tempo e lugar. A norma, em si, não pode ser justa ou injusta, depende do ângulo histórico sob o qual se a julga. Por isso, a justiça deve ser subjetiva e objetiva, como ensina Miguel Reale, envolvendo em sua dialeticidade o homem e a ordem justa que ele instaura.
  - **Conceito de justiça**
    - Em sentido próprio, é a virtude de dar a cada um o que lhe é devido segundo uma igualdade simples ou proporcional. A justiça aplica-se por extensão aos princípios superiores da ordem social, que só será justa se assegurar a cada um seu direito, à legislação, que deve garantir a cada um o que lhe é devido, e aos órgãos encarregados de aplicar a justiça.
  - **Modalidades de justiça**
    - **Justiça particular**
      - **Conceito**
        - É a que visa o bem do particular.
      - **Espécies**
        - *Justiça comutativa* — ocorre quando um particular dá a outro particular o bem que lhe é devido, segundo uma igualdade simples.
        - *Justiça distributiva* — acontece quando a sociedade dá a cada particular o bem que lhe é devido segundo uma igualdade proporcional, tendo em vista a sua situação.
    - **Justiça social ou geral**
      - Ocorre quando as partes da sociedade dão à comunidade o bem que lhe é devido, observando uma igualdade proporcional.

4. APLICAÇÃO DO DIREITO

A. PROBLEMÁTICA DA APLICAÇÃO JURÍDICA

O momento da aplicação da norma é característico do direito positivo. Isto porque as normas positivas existem, fundamentalmente, para ser aplicadas por um órgão competente, juiz, tribunal, autoridade administrativa ou particular. A aplicação do direito é, portanto, decorrência de competência legal. O juiz aplica as normas gerais ao sentenciar; o legislador, ao editar leis, aplica a Constituição; o Poder Executivo, ao emitir decretos, aplica norma constitucional; o administrador ou funcionário público aplica sempre normas gerais ao ditar atos administrativos; simples particulares aplicam norma geral ao fazer seus contratos e testamentos. Ater-nos-emos aqui, principalmente, à aplicação feita pelo Poder Judiciário que consiste em submeter um caso particular ao império de uma norma jurídica[485].

A norma contém, em si, uma generalidade, procede por abstração, fixando tipos, referindo-se a uma série de casos indefinidos e não a casos concretos[486].

De modo que essa abstração de normas, em virtude de seu processo generalizante, implica seu afastamento da realidade, surgindo um antagonismo entre normas jurídicas e fatos. Contudo, essa oposição não é um hiato insanável, porque os fatos individuais apresentam o geral determinado no conceito abstrato, ou seja, uma "nota de tipicidade" que permite sejam enquadrados nos conceitos normativos[487]. Deveras, a norma jurídica só se movimenta ante um fato concreto, pela ação do magistrado, que é o intermediário entre a

---

485. Betti, *Interpretazione della legge*, cit., 1949; Henry W. Johnstone Jr., Argumentation and inconsistency, *Logique et Analyse* (Le A) 58, 1961, p. 353; Roscoe Pound, The theory of judicial decisions, in *Lectures on legal topics*, p. 145. Sobre a tarefa de aplicação do direito realizada pelo juiz, consultar a obra de Orozimbo Nonato — Aspectos do modernismo jurídico, in *Pandectas brasileiras*, v. 8, 1ª parte, p. 176 (*v.* também *RF*, *81*:262); Miguel Reale, *Lições preliminares*, cit., p. 291; Hamilton Elliot Akel, *O poder judicial e a criação da norma individual*, São Paulo, Saraiva, 1995; Edgar Carlos de Amorim, *O juiz e a aplicação das leis*, Rio de Janeiro, Forense, 1992; Walter Campaz, *Direito, interpretação, aplicação e integração*, São Paulo, Ed. Juarez de Oliveira, 2005; Celso Ribeiro Bastos, *Hermenêutica e interpretação constitucional*, São Paulo, Ed. Celso Bastos, 2002; João Formolo, *Teoria do agir jurídico*, Porto Alegre, Fabris, 2004; Plauto Faraco de Azevedo, *Aplicação do direito e contexto social*, São Paulo, Revista dos Tribunais, 1998; Fábio S. Costa, *Hermenêutica jurídica e direito contemporâneo*, São Paulo, Juarez de Oliveira, 2004; Aurora T. Carvalho, *Curso*, cit., p. 219-274, 473-520; Paulo H. Siqueira Jr., Hermenêutica no século XXI, *RIASP*, *32*:199 a 234; Paulo M. da C. Coelho, Direito, linguagem e método: em busca de uma hermenêutica emancipadora, *Revista da Academia Paulista de Direito*, *6*:221-246; Valterno Carrijo, Raciocínios jurídicos normativos. As regras lógicas deônticas na elaboração, interpretação e aplicação do direito. *A Lei — Revista da Faculdade de Direito em S. João da Boa Vista*, ano I, n. 1, 1998, p. 57 a 64.

486. Alípio Silveira, *Hermenêutica no direito brasileiro*, cit., v. 1, p. 242; Kelly S. A. da Silva, *Hermenêutica jurídica e concretização judicial*, Porto Alegre, Fabris, 2000.

487. *V.* Tercio Sampaio Ferraz Jr., A noção de norma jurídica na obra de Miguel Reale, separata da *Revista Ciência e Cultura*, *26*(11): 1011-12; Lord Wilberforce, *Draft report for New Delhi conference*, 1975 (discurso do centenário da *International Law Association*).

norma e a vida ou o instrumento pelo qual a norma abstrata se transforma numa disposição concreta, regendo uma determinada situação individual. Assim, o dispositivo do Código Civil que estabelece a proteção possessória, garantindo o possuidor, permanece como norma abstrata até o momento em que o possuidor, alegando uma turbação da posse, pede ao órgão judicante a aplicação da norma protetora[488]. A aplicação do direito, dessa forma concebida, denomina-se *subsunção*[489].

O conceito normativo contém uma potencialidade que possibilita a subsunção dos objetos individuais por ele abarcados, excluindo os que não o são. A subsunção revela a perseverança do juiz em se aproximar mais da realidade fática, completando o pensamento abstrativo contido na norma[490].

A norma de direito é um modelo funcional que contém, em si, o fato, pois sendo um tipo geral oposto à individualidade concreta, pode ser adaptada a esta última[491]. Logo, o tipo contido no preceito normativo tem dupla função: é meio de designação dos elementos da hipótese de fato e forma de apreensão e exposição de relações jurídicas[492].

Esse pensamento tipológico é tarefa específica do órgão jurisdicional, que se vê na obrigatoriedade de decidir casos individuais, submetidos à sua jurisdição, mediante a aplicação de normas gerais.

Como vimos, a "subsunção" tem como problema central a qualificação jurídica dos casos *sub judice*[493], que apresenta dificuldades, devido a dois fatores:

1º) A *falta de informação* sobre os fatos do caso. Com frequência, o juiz ignora se o caso concreto pertence ou não a uma classe, a um tipo legal, porque não possui as informações necessárias. P. ex.: mesmo sabendo que todo ato de alienação é gratuito ou oneroso, ele pode ignorar se a alienação que "A" fez de sua casa a "B" foi a título oneroso ou gratuito, simplesmente porque desconhece se "B" pagou ou não uma importância pelo imóvel. Essa dificuldade de se saber se "A" dispôs da casa a título oneroso ou gratuito pode originar-se de outra fonte, ou seja, a *indeterminação semântica*, *vaguidade* ou *ambiguidade*, dos conceitos gerais contidos na norma[494]. Mesmo conhecendo todos os fatos do caso, pode o magistrado, ainda, não saber se a soma de dinheiro que "B" entregou a "A" como pagamento pelo imóvel constituía ou não um preço, em sentido técnico. Suponha-se, p. ex., que essa quantia fosse muito inferior ao valor econômico da casa. Hipótese em que podem surgir dúvidas sobre o fato: trata-se de uma compra e venda ou de uma doação encoberta? Essa primeira dificuldade — falta de conhecimentos empíricos — é de uma certa forma

---

488. Serpa Lopes, *Curso de direito civil*, cit., v. 1, p. 123.

489. Luiz Diez-Picazo, *Experiencias jurídicas y teoría del derecho*, Barcelona, Ed. Ariel, 1973, p. 208 e s.; Enneccerus, Kipp e Wolff, *Tratado de derecho civil*, cit., v. 1, p. 196 e 197; Kelsen, *Teoria generale delle norme*, cit., p. 441-3.

490. Yonne D. de Oliveira, *A tipicidade no direito tributário brasileiro* (tese), p. 3, 16 e 17; Engisch, *La idea de concreción en el derecho y la ciencia jurídica actuales*, Pamplona, Ed. Universidad de Navarra, 1968, p. 415 e 417.

491. Miguel Reale, *O direito como experiência*, cit., p. 191, 192 e 201.

492. Larenz, *Metodología de la ciencia del derecho*, Barcelona, Ed. Ariel, 1966, p. 348-53; Yonne D. de Oliveira, *A tipicidade*, cit., p. 13-5.

493. *V.* os comentários de Lara Campos Jr. sobre o assunto, na obra *Princípios gerais de direito processual*, cit., p. 74.

494. Bertrand Russel, Vagueness, *The Australasian Journal of Psychology and Philosophy*, p. 84 e s., 1923; Alchourrõn e Bulygin, *Introducción a la metodología*, cit., p. 61.

remediável pelas *presunções legais*, que permitem ao órgão jurisdicional suprir sua falta de conhecimento dos fatos e atuar como se conhecesse todas as circunstâncias relevantes do caso; levam-se em conta o princípio do *onus probandi*, segundo o qual todo aquele que afirma a existência de um fato deve prová-lo, e uma série de outras presunções: a da boa-fé, a da onerosidade dos atos mercantis etc., que constituem um conjunto de regras auxiliares para a determinação da existência jurídica dos fatos. A produção da prova visa criar no juiz a convicção da existência de certos fatos, direta ou indiretamente relevantes, descobertos sempre com base nas normas que regem os meios de prova admitidos em direito (confissão, depoimento testemunhal, documentos, perícia etc.)[495].

2º) A *indeterminação semântica* dos conceitos normativos, que não pode ser totalmente eliminada, podendo, porém, em certo ponto, ser mitigada mediante a introdução de terminologia técnica, o emprego de conceitos técnicos, introduzidos por meio de definições explícitas, que estipulam suas regras de aplicação[496].

A palavra "lacuna" é, às vezes, empregada para designar esses problemas supracitados, como o faz Kantorowicz[497], causando confusões. Alchourrõn e Bulygin, por isso, introduziram algumas distinções terminológicas, diferenciando esses problemas das *lacunas normativas*, e apresentaram as expressões "lacunas de conhecimento" e "lacunas de reconhecimento" para designar as questões relativas à "subsunção".

As *lacunas de conhecimento* referem-se aos casos individuais, que, por falta de informação fática, o juiz não sabe se pertencem ou não a uma determinada classe ou tipo[498]. As *lacunas de reconhecimento* concernem aos casos individuais que, em virtude da indeterminação semântica dos conceitos que caracterizam um caso genérico, o magistrado não sabe se pertencem ou não ao caso em tela[499].

Lacunas de reconhecimento são as oriundas do que Hart denomina *problema de penumbra*[500]. Muitos juristas que se ocupam da aplicação do direito a casos individuais, ao comprovarem a existência de penumbra, concluem que o direito é, essencialmente, incompleto, pois contém inúmeras lacunas[501]. Todavia, os casos de penumbra nada têm que ver com o problema tradicional das lacunas jurídicas, ou seja, da completude ou incompletude. Eles não se originam de insuficiência ou defeito do sistema, mas de certas propriedades semânticas da linguagem.

A subsunção do caso individual sob um genérico encontra-se, sinteticamente, ante a questão: o caso concreto tem solução, mas o magistrado não sabe qual é, ou porque falta

495. *V.* Alchourrõn e Bulygin, *Introducción a la metodología*, cit., p. 62; Perelman, *Justice et raison*, 1963, p. 206 e s.; Engisch, *Introdução ao pensamento jurídico*, cit., p. 71 e s.; Arthur D. F. Santos, Princípios, cláusulas gerais e conceitos vagos; diferenças entre os institutos e critérios para colmatação dos respectivos conteúdos, *Revista de Direito Privado*, v. 85, p. 45-82 (2018) SP - RT.

496. Alchourrõn e Bulygin, *Introducción a la metodología*, cit., p. 62-3.

497. La lucha por la ciencia del derecho, in *La ciencia del derecho*, Buenos Aires, Losada, 1949, p. 323. O mesmo ocorre com Krings ao falar em "lacuna interna", no caso em que a lei é obscura, ambígua e imprecisa, Les lacunes en droit fiscal, in *Le problème des lacunes en droit*, Bruxelles, Perelman (publ.), Émile Bruylant, 1968, p. 463.

498. Alchourrõn e Bulygin, *Introducción a la metodología*, cit., p. 63.

499. Alchourrõn e Bulygin, *Introducción a la metodología*, cit., p. 63.

500. Hart, Positivism, *Harvard Law Review*, cit., n. 71, p. 593-629, 1958.

501. Hart, Positivism, *Harvard Law Review*, cit., cap. VII; Dickinson, The problem of the unprovised case, in *Récueil en honneur de Geny*, v. 2, p. 503; *Legal rules*: their function in the process of decision, p. 79; e *Pennsylvania Law Review*, p. 833, citados por Alchourrõn e Bulygin, *Introducción a la metodología*, cit., p. 64.

informação sobre algum fato relevante (lacuna de conhecimento) ou porque o caso individual cai dentro da zona de vaguidade ou de penumbra de algum conceito relevante (lacuna de reconhecimento)[502]. Na determinação do direito que deve prevalecer no caso concreto, o juiz precisa verificar se o direito existe, qual o sentido exato da norma aplicável e se esta aplica-se ao fato *sub judice*[503].

Para a "subsunção", resolvendo-se os problemas oriundos das lacunas de conhecimento e de reconhecimento, é necessária uma *interpretação* para saber qual a norma que incide sobre o caso *sub judice*, ou melhor, para determinar a qualificação jurídica da matéria fática sobre a qual deve incidir uma norma geral. Para subsumir o órgão precisa interpretar. A subsunção está condicionada por uma prévia escolha de natureza axiológica, entre as várias interpretações possíveis[504].

Quando o magistrado não encontra norma que seja aplicável a determinado caso, e não podendo subsumir o fato a nenhuma norma, porque há falta de conhecimento sobre um *status* jurídico de um certo comportamento, devido a um defeito do sistema normativo que pode consistir na ausência de uma solução, ou na existência de várias soluções incompatíveis, estamos diante de um problema de *lacuna normativa*, no primeiro caso, ou de lacunas de conflito ou, *antinomia*, no segundo.

A *lacuna* constitui um estado incompleto do sistema que deve ser colmatado ante o princípio da plenitude do ordenamento jurídico. Daí a importante missão do art. 4º da Lei de Introdução às Normas do Direito Brasileiro, que dá ao magistrado, impedido de furtar-se a uma decisão, a possibilidade de integrar ou preencher a lacuna, de forma que possa chegar a uma solução adequada. Trata-se do fenômeno da *integração* normativa. É um desenvolvimento aberto do direito, dirigido metodicamente, em que o aplicador adquire consciência da modificação que as normas experimentam, continuamente, ao serem aplicadas às mais diversas relações da vida, chegando a apresentar, na ordem normativa, omissões concernentes a uma nova exigência da vida. O juiz tem permissão para desenvolver o direito sempre que se apresentar uma lacuna[505].

Ao lado do princípio da plenitude do ordenamento jurídico situa-se o da unidade da ordem jurídica, que pode levar-nos à questão da *correção* do direito incorreto. Se se apresentar uma *antinomia*, ter-se-á um estado incorreto do sistema que precisará ser solucionado, pois o postulado desse princípio é o da resolução das contradições. O sistema jurídico deverá, teoricamente, formar um todo coerente, devendo, por isso, excluir qualquer contradição, assegurando sua homogeneidade e garantindo a segurança na aplicação do direito. Para tanto, o jurista lançará mão de uma interpretação corretiva guiado pela interpretação sistemática, que o auxiliará na pesquisa dos critérios a serem utilizados pelo aplicador do direito para solucionar a antinomia. A este esforço os Estatutos da Universidade de Coimbra de

502. Alchourrõn e Bulygin, *Introducción a la metodología*, cit., p. 64, 65 e 203.

503. Serpa Lopes, *Curso de direito civil*, cit., v. 1, p. 125; Ferrara, *Trattato*, cit., v. 1, p. 195 e s.

504. *V.* os comentários de: Lara Campos Jr., *Princípios gerais de direito processual*, cit., p. 76; Palasi, *La interpretación y los apotegmas jurídico-lógicos*, Madrid, 1975, p. 36; Carlos Maximiliano, *Hermenêutica*, cit., n. 8 e 10; Sternberg, *Introducción*, cit., p. 137-8; Oswaldo Aranha Bandeira de Mello, *Princípios gerais*, cit., p. 342; Limongi França, Da jurisprudência, separata da *Revista da Faculdade de Direito da USP*, cit., p. 218; Miguel Reale, *Lições preliminares*, cit., p. 292.

505. Larenz, *Metodología*, cit., p. 201.

1772 denominavam *terapêutica jurídica*[506]. É preciso frisar que o princípio lógico da não contradição não se aplica às normas conflitantes, mas às proposições que as descrevem.

Havendo lacuna ou antinomia, o jurista, ante o caráter dinâmico do direito, ao sistematizá-lo, deve apontar critérios para solucioná-las. O processo de sistematização jurídica compreende várias operações que tendem não só a exibir as propriedades normativas, fáticas e axiológicas do sistema e seus defeitos formais (antinomias e lacunas), mas também a reformulá-lo para alcançar um sistema harmônico, atendendo aos postulados de capacidade total de explicação, ausência de contradições e aplicabilidade fecunda do direito a casos concretos. Logo, havendo lacuna ou antinomia, a sua solução é encontrada no sistema jurídico elaborado pelo jurista[507].

O magistrado, como dissemos, ao aplicar as normas jurídicas, criando uma norma individual, deverá interpretá-las, integrá-las e corrigi-las, mantendo-se dentro dos limites marcados pelo direito. As decisões dos juízes devem estar em consonância com o conteúdo da consciência jurídica geral, com o espírito do ordenamento jurídico, que é mais rico de conteúdo do que a disposição normativa, pois contém critérios jurídicos e éticos, ideias jurídicas concretas ou fáticas que não encontram expressão na norma do direito. Por isso, a tarefa do magistrado não é meramente mecânica, requer um certo preparo intelectual, ao determinar qual a norma que vai aplicar[508].

É imprescindível, ainda, para bem delinear a questão, que se fixe, com o auxílio da história, o momento em que a lacuna e a antinomia se tornaram problemas jurídicos.

O problema da lacuna e da antinomia, tal como aparece hodiernamente, surgiu no início do século XIX, em razão do fato de no final do século XVIII, na época da Revolução Francesa, terem sido consolidadas as condições políticas e jurídicas incorporadas pelo processo de positivação do direito[509]. Dentre as *condições políticas*[510], temos: 1ª) a *soberania nacional*, que, substituindo o rei pela nação, permitiu, por ser conceito de maior maleabilidade, a manutenção do caráter uno, indivisível, inalienável e imprescritível da soberania; e 2ª) a *separação de poderes*, influenciada pela teoria dos três poderes de Montesquieu, com base

506. Sobre *correção* do direito, *v.*: Karl Engisch, *Introdução ao pensamento jurídico*, cit., p. 253; Buch, Conception dialectique des antinomies juridiques, in *Les antinomies en droit*, Bruxelles, Perelman (publ.), Émile Bruylant, 1965, p. 390 e 391; Gavazzi, *Delle antinomie*, Torino, Giappichelli, 1959, p. 166-8; Kelsen, *Teoria generale delle norme*, cit., p. 195; Perelman e Olbrechts Tyteca, *Traité*, cit., § 46, p. 262; Carlos Maximiliano, *Hermenêutica*, cit., p. 134; M. Helena Diniz, *Conflito de normas*, São Paulo, Saraiva, 1987.

507. Leo Gabriel, *Integrale logik*, 1965, p. 273; M. Helena Diniz, *As lacunas*, cit., p. 71.

508. Larenz, *Metodología*, cit., cap. IV; M. Helena Diniz, *As lacunas*, cit., p. 232-9, 242 e 243, e *Curso*, cit., p. 46-7. Sobre a aplicação do direito, consulte: Mouchet e Zorraquín Becu, *Introducción*, cit., p. 247-50; José M. Oviedo, *Formación y aplicación del derecho*, Madrid, Instituto de Estudios Políticos, 1972; José Castán Tobeñas, *Teoría de la aplicación e investigación del derecho. Metodología y técnica operatoria en derecho privado positivo*, Madrid, 1947; Diez-Picazo, *Experiências jurídicas*, cit., cap. XI; Roberto José Vernengo, *Curso de teoría general del derecho*, cit., p. 397-403; Pasquale Fiore, *Delle disposizioni generali sulla pubblicazione, applicazione ed interpretazione delle leggi*, 1980, v. 2, n. 932.

509. John Gilissen, Le problème des lacunes du droit dans l'évolution du droit médiéval et moderne, in *Le problème des lacunes en droit*, Bruxelles, Perelman (publ.), Émile Bruylant, 1965, p. 197 e s.; Tercio Sampaio Ferraz Jr., *Função social*, cit., p. 71.

510. Gilissen, Le problème, in *Le problème des lacunes en droit*, cit., p. 232 e 236; Montesquieu, *De l'esprit des lois*, cit., Liv. I e XI, Cap. VI; Tercio Sampaio Ferraz Jr., *Função social*, cit., p. 62-4; Maximo Severo Giannini, *Diritto amministrativo*, Milano, v. 1, p. 95 e s.; Bertrand de Jouvenel, *De la souveraineté à la recherche du bien politique*, Paris, 1955, p. 216 e s.

na fórmula: "*Pour qu'on ne puisse pas abuser du pouvoir, il faut que par la disposition des choses, le pouvoir arrête le pouvoir*", que deu origem a uma concepção do Poder Judiciário com caracteres próprios e autônomos. Com efeito, o art. 1º do Cap. V da Constituição francesa de 1791 dispõe: "*Le pouvoir judiciaire ne peut, en aucun cas, être exercé par le corps législatif, ni par le roi*". E o art. 3º prescreve: "*Les tribunaux ne peuvent ni s'immiscer dans l'exercice du pouvoir législatif ni suspendre l'exécution des lois*", limitando, dessa forma, sua atuação. Assim sendo, as lacunas e as antinomias só poderiam ser eliminadas pelo Poder Legislativo. E as *condições jurídicas*[511] que se apresentaram foram: 1ª) *preponderância da lei* como fonte jurídica; 2ª) *concepção do direito como sistema*; e 3ª) *controle da legalidade das decisões judiciárias*, pelo qual o Poder Judiciário passou sob o jugo da lei, que ele só podia interpretar e aplicar. Deveras, um fato importante que demonstra a proeminência da lei foi a criação, pela Constituinte de 1790, dos Tribunais de Cassação, que exerciam o controle da legalidade das decisões judiciárias. Como se vê, a teoria clássica da divisão dos poderes criou condições para a neutralização do Poder Judiciário.

Estamos, portanto, diante do fenômeno da *positivação* do direito[512].

Verifica-se, no limiar do século XIX, que a relação homem e mundo circundante toma contornos específicos[513], sendo o homem fundamento e objeto da positivação[514].

A esse respeito observa Tercio Sampaio Ferraz Jr.[515] que a positivação forçou a tematização do ser humano como objeto central de preocupação do jurista, fazendo da ciência jurídica uma ciência humana, por enfrentar o problema do comportamento do homem e suas implicações na elaboração e aplicação do direito. Com isto, seja qual for seu objeto, essa ciência continuamente envolve uma questão de decidibilidade, fazendo frente ao problema da verdade.

Num *sentido estrito*, a positivação passa a ser termo correlato de decisão; e como toda decisão implica a existência de motivos decisórios, a positivação torna-se um fenômeno em que todas as valorações, regras e expectativas de comportamento na sociedade têm de ser filtradas, mediante processos decisórios, antes de adquirir validade jurídica. O direito positivo é aquele posto por uma decisão, sendo que as premissas da decisão que o põem são também postas por decisão.

Assim sendo, o problema teórico da lacuna e da antinomia jurídicas aparece no final do século XVIII e início do século XIX, marcado pelo fenômeno da positivação. De fato, com a positivação cresce a disponibilidade temporal do direito, pois sua validade se torna maleável, podendo ser limitada no tempo, adaptada a prováveis necessidades de futuras revisões, institucionalizando a mudança e a adaptação através de procedimentos cambiáveis, conforme as diferentes situações, possibilitando com isso um alto grau de pormenorização dos comportamentos como jurisdificáveis, não dependendo mais, o caráter jurídico das situações, de algo que sempre tenha sido direito. O direito transforma-se num instrumento

511. Gilissen, Le problème, in *Le problème des lacunes en droit*, cit., p. 236; Tercio Sampaio Ferraz Jr., *Função social*, cit., p. 64 e 66.
512. Tercio Sampaio Ferraz Jr., *Função social*, cit., p. 66.
513. Tercio Sampaio Ferraz Jr., *Direito, retórica e comunicação*, cit., p. 169 e s.
514. Tercio Sampaio Ferraz Jr., *Função social*, cit., p. 67.
515. Tercio Sampaio Ferraz Jr., *Localização sistemática do problema das lacunas*, p. 21 (artigo lido em manuscrito).

da modificação planificada da realidade, abarcando-a nos seus mínimos aspectos[516]. Ora, com isso surgem as condições para a colocação do problema jurídico, da possibilidade ou não de haver conflitos normativos e da existência ou não de situações pertencentes ao âmbito do não jurídico.

Resta-nos assinalar que a teorização do problema da lacuna e da antinomia só apareceu no pleno domínio do positivismo jurídico, porque foi preciso que o direito fosse captado e concebido pela ciência jurídica como um sistema[517] para que a *lacuna* e sua *integração* e a *antinomia* e sua *correção* se revelassem como problemas teóricos[518].

Poder-se-á dizer, por derradeiro, que a aplicação jurídica encerra as seguintes operações técnicas[519]:

1ª) construção de conceitos jurídicos e ordenação sistemática do direito pela ciência jurídica;

2ª) determinação da existência da norma jurídica no espaço e no tempo, pelo órgão;

3ª) interpretação da norma pelo jurista e pelo órgão;

4ª) integração do direito pelo órgão;

5ª) investigação corretiva do direito pelo órgão e pelo jurista;

6ª) determinação, pelo órgão, da norma ou das normas aplicáveis, por servirem de fundamento de validade à norma individual (sentença);

7ª) estabelecimento de uma relação entre a norma individual, criada pelo órgão para o caso *sub judice*, com outras do ordenamento que se sabe válidas.

B. INTERPRETAÇÃO DAS NORMAS E SUBSUNÇÃO

b.1. Conceito, funções e caráter necessário da interpretação

Por mais clara que seja uma norma, ela requer sempre interpretação. Nesse sentido, bastante convincentes são os dizeres de Degni: "A clareza de um texto legal é coisa relativa. Uma mesma disposição pode ser clara em sua aplicação aos casos mais imediatos e pode ser duvidosa quando se a aplica a outras relações que nela possam enquadrar e às quais não se refere diretamente, e a outras questões que, na prática, em sua atuação, podem sempre surgir. Uma disposição poderá parecer clara a quem a examinar superficialmente, ao passo que se revelará tal a quem a considerar nos seus fins, nos seus precedentes históricos, nas suas conexões com todos os elementos sociais que agem sobre a vida do direito na sua aplicação a relações que, como produto de novas exigências e condições, não poderiam ser consideradas, ao tempo da formação da lei, na sua conexão com o sistema geral do direito positivo vigente".

516. Tercio Sampaio Ferraz Jr., *Localização sistemática*, cit., p. 21, e *Função social*, cit., p. 68 e 69.

517. *V.* Tercio Sampaio Ferraz Jr., *Pressupostos filosóficos para a concepção de sistema no direito, segundo Emil Lask*, São Paulo, 1970.

518. Consulte M. Helena Diniz, *As lacunas*, cit., p. 11-7.

519. José Castán Tobeñas, *Teoría de la aplicación*, cit., p. 205, nota 161; José M. Oviedo, *Formación y aplicación del derecho*, cit., p. 100, 147-50; Enneccerus, Kipp e Wolff, *Tratado de derecho civil*, cit., p. 196 e s.

Daí a necessidade da interpretação de todas as normas, por conterem conceitos que têm contornos imprecisos, como diz Larenz.

Interpretar é descobrir o sentido e alcance da norma, procurando a significação dos conceitos jurídicos. Devido aos motivos já mencionados — vaguidade, ambiguidade do texto, imperfeição e falta de terminologia técnica, má redação — o magistrado, a todo instante, ao aplicar a norma ao caso *sub judice*, a interpreta, pesquisando o seu significado. Isto é assim porque a letra da norma permanece, mas seu sentido se adapta a mudanças que a evolução e o progresso operam na vida social. Interpretar é, portanto, explicar, esclarecer, dar o verdadeiro significado do vocábulo, extrair da norma tudo o que nela se contém, revelando seu sentido apropriado para a vida real e conducente a uma decisão.

As *funções* da interpretação são, conforme os ensinamentos de Machado Neto: 1) conferir a aplicabilidade da norma jurídica às relações sociais que lhe deram origem; 2) estender o sentido da norma a relações novas, inéditas ao tempo de sua criação; e 3) temperar o alcance do preceito normativo, para fazê-lo corresponder às necessidades reais e atuais de caráter social[520].

A interpretação, acrescenta Miguel Reale, é um momento de intersubjetividade: o ato interpretativo do juiz, procurando captar e trazer a ele o ato de outrem, no sentido de se apoderar de um significado objetivamente válido[521]. O ato interpretativo implicaria uma duplicidade, onde sujeito e objeto estão colocados um diante do outro[522].

Poder-se-á argumentar até que esse conhecimento interpretativo apresenta-se como uma transferência das propriedades do objeto para o sujeito cognoscente[523].

Para o intérprete, aquilo que se interpreta consiste em algo objetivo, porém o aplicador da norma não a reproduz, mas contribui, de um certo modo, para "constituí-la em

520. Carlos Maximiliano, *Hermenêutica*, cit., n. 13, 14, 22 e 24-6; Gaston May, *Introduction à la science du droit*, Paris, Ed. M. Giard, 1932, p. 75 e 76. Sobre a interpretação *v.*: Tercio Sampaio Ferraz Jr., *Função social*, cit., p. 143 e s.; Francesco Degni, *L'interpretazione della legge*, Napoli, Jovene, 1909, n. 9, 30 e 31; Giovanni Galloni, *La interpretazione della legge*, Milano, 1955; A. L. Machado Neto, *Compêndio*, cit., p. 216 e 217; Kalinowsky, Philosophie et logique de l'interprétation en droit, *Archives de Philosophie du Droit*, Paris, 1972, t. 17, p. 48; Carlos Santiago Nino, *Notas de introducción al derecho*; la ciencia del derecho y la interpretación jurídica, Buenos Aires, Ed. Astrea, 1975, v. 4; Betti, *Interpretazione della legge*, cit.; Larenz, *Metodología*, cit., p. 247; Leonel C. Pessôa, *A teoria da interpretação jurídica de Emílio Betti*, Porto Alegre, Fabris, 2002; Luiz Fernando Coelho, *Aulas de introdução*, cit., p. 297-320. Christiano José de Andrade, Notas sobre dogmática jurídica, filosofia do direito e hermenêutica jurídica, *Revista de Estudos Jurídicos*, UNESP, *5*:137-48; David Schnaid, *Filosofia do direito e interpretação*, São Paulo, Revista dos Tribunais, 2004; Ricardo A. L. Camargo, *Interpretação jurídica e estereótipos*, Porto Alegre, Fabris, 2003; Rodolfo Luis Vigo, *Interpretação jurídica*, São Paulo, Revista dos Tribunais, 2005; Rodrigo Luis Vigo, *Interpretação jurídica*, São Paulo, Revista dos Tribunais, 2006; Richard E. Palmer, *Hermenêutica*, Coimbra, Editora Almedina, Coleção O saber da filosofia, 2006; Ricardo M. F. Soares, *Hermenêutica e interpretação jurídica*, São Paulo, Saraiva, 2010; Miguel Reale, La basi filosofiche della interpretazione, *Revista Brasileira de Filosofia*, *235* (2010), p. 340-7; Felipe F. de Oliveira, A interpretação e construção do direito na ótica de Jürgen Habermas: novos paradigmas para a atuação do Ministério Público, *MPMG Jurídico*, *22*: 9 a 22; Renato G. Mendes. *A quarta dimensão do direito*, Curitiba, Zênite, 2013, p. 168 a 174.

521. Miguel Reale, *O direito como experiência*, cit., p. 240.

522. Ferraz Jr., A noção de norma jurídica na obra de Miguel Reale, separata da *Revista Ciência e Cultura*, cit., p. 1013.

523. Manuel G. Morente, *Fundamentos de filosofia*, cit., p. 143, 147, 217, 244, 262 e 263; M. Helena Diniz, *A ciência jurídica*, cit., p. 170-1.

seus valores expressivos", visto que lhe compete a tarefa de enquadrar o fato humano numa norma jurídica[524].

Num momento posterior, a duplicidade inicial — sujeito e objeto — passa a ser uma "intersubjetividade", na medida em que o ato interpretativo deixa de ser uma coisa, passando a ser um outro ato: as "intencionalidades objetivadas" constituem o domínio próprio da interpretação[525].

É a hermenêutica que contém regras bem ordenadas que fixam os critérios e princípios que deverão nortear a interpretação. A hermenêutica é a teoria científica da arte de interpretar, mas não esgota o campo da interpretação jurídica, por ser apenas um instrumento para sua realização[526]. Ensina Reuterskioeld[527] que o hermeneuta pratica uma arte guiada cientificamente, porém jamais substituída pela própria ciência, que, ao elaborar regras, traçar diretrizes, condicionar o esforço, metodizar as lucubrações, não dispensa o coeficiente pessoal, o valor subjetivo, nem reduz a um autômato o investigador esclarecido.

É tarefa do intérprete, enquanto jurista, apenas determinar mediante ato de conhecimento não só o sentido exato e a extensão da fórmula normativa, mas também fornecer ao aplicador o conteúdo e o alcance dos conceitos jurídicos. Na lição de Karl Engisch, a indicação do conteúdo é feita por meio de uma definição, ou seja, pela indicação das conotações conceituais (documento é toda declaração que se liga a algo sendo apropriada para provar um fato, permitindo conhecer seu autor), e a do alcance (extensão) é feita pela apresentação de grupos de casos (a ciência jurídica classifica entre os documentos os escritos probatórios) e casos individuais que se subordinam ao conceito jurídico (como sinais probatórios e documentos consideram-se, p. ex., o número de matrícula de um carro, o número do motor, a placa, o tipo do carro, a marca da rolha numa garrafa de vinho, a assinatura do artista num quadro)[528].

Ao se interpretar a norma, deve-se procurar compreendê-la em atenção aos seus fins sociais e aos valores que pretende garantir. O ato interpretativo não se resume, portanto, em simples operação mental, reduzida a meras inferências lógicas a partir das normas, pois o intérprete deve levar em conta o coeficiente axiológico e social nela contido, baseado no momento histórico em que está vivendo. Dessa forma, o intérprete, ao compreender a norma, descobrindo seu alcance e significado, refaz o caminho da "fórmula normativa" ao "ato normativo"; tendo presentes os fatos e valores dos quais a norma advém, bem como

---

524. Miguel Reale, *O direito como experiência*, cit., p. 241; Tercio Sampaio Ferraz Jr., A noção de norma jurídica na obra de Miguel Reale, separata da *Revista Ciência e Cultura*, cit., p. 1013; Carlos Maximiliano, *Hermenêutica*, cit., p. 25.

525. Miguel Reale, *O direito como experiência*, cit., p. 242; Tercio Sampaio Ferraz Jr., A noção de norma jurídica na obra de Miguel Reale, separata da *Revista Ciência e Cultura*, cit., p. 1013, esclarecendo este último que "intersubjetividade" significa vinculação entre dois elementos que se põem distintamente, mas ao mesmo tempo se interpenetram e se limitam.

526. Carlos Maximiliano, *Hermenêutica*, cit., p. 14 e 15; Serpa Lopes, *Curso de direito civil*, cit., p. 129; Gilmar F. Mendes, Inocêncio M. Coelho e Paulo G. Gonet Branco, *Hermenêutica constitucional e direitos fundamentais*, Brasília Jurídica, 2005.

527. *Uber Rechtsauslegung*, 1899, p. 85, citado por Carlos Maximiliano, *Hermenêutica*, cit., p. 22 e 23.

528. Carlos Maximiliano, *Hermenêutica*, cit., p. 28; Engisch, *Introdução ao pensamento jurídico*, cit., p. 102 e s.

os fatos e os valores supervenientes, ele a compreende, a fim de aplicar em sua plenitude o "significado nela objetivado"[529].

O jurista, ao interpretar, nada mais pode fazer senão estabelecer, mediante ato de cognição ou de conhecimento (*Sinnverstaendnis*), as possíveis significações da norma jurídica, não podendo optar por qualquer delas, pois sua tarefa consiste apenas em criar condições para uma decisão possível do órgão que é competente para aplicar o direito.

Explica-nos Kelsen, com muita propriedade, que se por *interpretação* se entende a fixação por via cognoscitiva do sentido, ou conteúdo, da norma, o seu resultado somente pode ser a fixação de uma moldura legal dentro da qual existem várias possibilidades de aplicação. Logo, a interpretação não conduz, necessariamente, a uma única solução correta, mas a várias soluções de igual valor, se bem que apenas uma delas se torne direito positivo no ato de escolha do órgão aplicador, que será conforme ao direito se se mantiver dentro daquela moldura. A interpretação jurídico-científica, na lição de Kelsen, por tal motivo é considerada *não autêntica*[530], pois compete-lhe tão somente determinar o quadro das significações possíveis da norma geral, emitindo proposições jurídicas que, por não serem normas, não são vinculantes. A atividade interpretativa do jurista tem natureza meramente cognoscitiva e a *opinio doctorum* apenas pode analisar os vários sentidos polissêmicos que a norma apresenta, limitando-se a descrever as diversas alternativas oferecidas pelo comando normativo, em razão da sua plurivocidade semântica.

O órgão aplicador do direito, obrigado a solucionar o caso *sub judice*, recebe informação normativa dos órgãos superiores mediante as normas gerais que lhe estão dirigidas e escolhe uma entre as várias possibilidades interpretativas que lhe oferece uma norma geral. Este ato volitivo do órgão, que decide em favor de uma das alternativas possíveis, estaria fundado em parte no conhecimento dos fatos e em parte em razões axiológicas. Assim sua decisão, como norma particular (sentença) fundada em norma geral, seria a expressão de uma informação fática e valorativa[531]. A interpretação do órgão seria, para Kelsen, uma operação que acompanha o processo da aplicação do direito no seu progredir de um escalão superior para um escalão inferior. Na aplicação do direito por um órgão jurídico competente, a interpretação cognoscitiva da norma geral a aplicar combina-se com um ato de vontade (*Sinngebung*) pelo qual aquele órgão efetua uma escolha entre as múltiplas possibilidades reveladas, produzindo uma norma individual (sentença). Só esta interpretação da autoridade constituída, ou competente, é *autêntica*, porque cria direito para o caso concreto[532].

A necessidade de uma interpretação resulta exatamente do fato da norma geral a aplicar deixar várias possibilidades em aberto, não contendo nenhuma decisão sobre a questão de

---

529. Miguel Reale, *Lições preliminares*, cit., p. 285 e 286, e *O direito como experiência*, cit., p. 247; Tercio Sampaio Ferraz Jr., A noção de norma jurídica na obra de Miguel Reale, separata da *Revista Ciência e Cultura*, cit., p. 1014.

530. *Teoria pura do direito*, cit., v. 2, n. 45, p. 288, 289, 296-8; Marcus T. L. F. dos Santos, Um estudo sobre a teoria da interpretação jurídica no pensamento de Hans Kelsen, *Revista Direito e Liberdade*, ESMARN, v. 2, p. 229-34.

531. Vernengo, *Curso de teoría general del derecho*, cit., p. 408 e 409.

532. Kelsen, *Teoria pura do direito*, cit., v. 2, n. 45, p. 283-5; Oscar Sarlo, La teoría kelseniana de la interpretación y algumas críticas actuales, *Filosofia e teoria geral do direito* — homenagem a Tercio Sampaio Ferraz Junior, São Paulo, Quartier Latin, 2011, p. 943 a 964. *Consulte*: Mª Helena Diniz: A complexidade do autêntico ato interpretativo, *(Re)pensando o direito* (coord. Alvaro de A. Gonzaga e Antonio B. Gonçalves) – estudos em homenagem a Cláudio De Cicco, São Paulo, Revista dos Tribunais, 2010, p. 221-30.

se saber qual dos interesses em jogo é o mais importante, deixando esta decisão a um ato de produção normativa, ou seja, à sentença judicial, p. ex.[533]. Interpretar, nesse sentido, é estabelecer uma norma individual, logo interpretação é um ato normativo.

b.2. Questão da vontade da lei ou do legislador como critério hermenêutico

Desde fins do século XIX até nossos dias, duas teorias da interpretação jurídica se enfrentam, numa grande polêmica relativa ao critério metodológico que o intérprete ou aplicador deve seguir para desvendar o sentido da norma: seria a vontade do legislador ou a da lei a meta da interpretação autêntica?

A *teoria subjetiva*, tendo por prosélitos, dentre outros, Savigny, Windscheid, Regelsberger, Enneccerus, Bierling, Heck, Stammler, Petraschek, Nawiasky[534], entende que a meta da interpretação é estudar a vontade histórico-psicológica do legislador expressa na norma, porque: 1) o recurso à técnica histórica de interpretação, aos documentos e às discussões preliminares, que tiveram importante papel na elaboração da norma, é incontornável, logo não se pode ignorar a vontade do legislador originário; 2) os fatores objetivos, que porventura determinam a vontade da lei, por sua vez, também estão sujeitos à interpretação, logo os que propugnam a busca da *mens legis* criaram um subjetivismo curioso que coloca a vontade do intérprete acima da vontade do legislador, de modo que aquele seria mais sábio do que o legislador e a norma jurídica; 3) a segurança e a certeza da captação do sentido da norma ficariam à mercê da opinião do intérprete, se se pretendesse obter a vontade da lei[535].

A interpretação deve procurar compreender o pensamento do legislador (*mens legislatoris*), sendo, portanto, *ex tunc* (desde então, ou seja, desde o aparecimento da norma).

A *teoria objetiva*[536], por nós acatada, tendo como representantes Köhler, Wach, Binding, Schreier, Dahm, Bartholomeyczik, Larenz, Radbruch, Sauer e Binder, preconiza que, na interpretação, deve-se ater à vontade da lei, à *mens legis*, que, enquanto sentido objetivo, independe do querer subjetivo do legislador, porque após o ato legislativo a lei desliga-se do seu elaborador, adquirindo existência objetiva. A norma seria uma "vontade" transformada em palavras, uma força objetivada independente do seu autor, por isso, deve-se procurar o sentido imanente no texto e não o que seu prolator teve em mira.

Uma vez nascida a lei, ingressa na ordem jurídica nela articulando-se ou harmonizando-se. A norma já elaborada se adapta, se desenvolve, se amplia e se restringe por sua

533. Kelsen, *Teoria pura do direito*, cit., v. 2, n. 45, p. 291. Interessantes são as obras de: Sergio Nojiri, *A interpretação judicial do direito*, São Paulo, Revista dos Tribunais, 2005; Atahualpa Fernandez e Athus Fernandez, A interpretação jurídica: razão e emoção, *Revista do Tribunal Regional do Trabalho da 8ª Região*, *81*:99 a 136.

534. Windscheid, *Pandekten*, § 21; Nawiasky, *Allgemeine Rechtslehre*, § 126 e s.; Bierling, *Juristische*, cit.

535. Sobre a teoria subjetiva consulte: Engisch, *Introdução ao pensamento jurídico*, cit., p. 141 e s.; Tercio Sampaio Ferraz Jr., *A ciência do direito*, São Paulo, Atlas, 1977, p. 70 e 71, e *Função social*, cit., p. 145; Larenz, *Metodología*, cit., p. 250; José Martins Oviedo, *Formación y aplicación del derecho*, cit., p. 78-80; Carlos Maximiliano, *Hermenêutica*, cit., p. 30 e s.; Sabino Jandoli, *Sulla teoria della interpretazione delle leggi con speciali riguardo alle correnti metodologiche*, 1921, p. 22 e s.

536. Larenz, *Metodología*, cit., p. 252-4; Tercio Sampaio Ferraz Jr., *A ciência do direito*, cit., p. 71, e *Função social*, cit., p. 145; Engisch, *Introdução ao pensamento jurídico*, cit., p. 141 e s.; José Martins Oviedo, *Formación y aplicación del derecho*, cit., p. 76 e 77, 80-2; Diez-Picazo, *Experiencias jurídicas*, cit., p. 246 e s.; Jethro Brown, *The underlying principles of modern legislation*, 1915, p. 38, 137 e 140; Wach, *Handbuch des deutschen Zivilprozessrechte*, 1885, v. 1, p. 254 e s.; Kohler, *Lehrbuch des buergerlichen Rechts*.

própria força. Emilio Betti pondera, a respeito, que a norma não se confina em sua formulação primitiva; devido ao seu valor atual acompanha as circunstâncias mutáveis da vida social presente a cujo serviço ela sempre se encontra. Se a norma existe a serviço da sociedade, está na sociedade e na vida social presente, que não é igual à vida social do passado, e se foi promulgada no passado, ela evolui, transfunde-se em elemento da vida social presente a fim de melhor servir às exigências sociais dentro da realidade atual. Para Siches, a norma jurídica revive toda vez que é aplicada. O seu reviver concreto fundamenta, para ele, uma nova interpretação, pois a norma sofre modificações para ajustar-se à nova realidade para que é revivida[537]. Olivecrona[538] chega até a afirmar que a norma jurídica é um imperativo independente, pois depois de promulgada não procede de nenhuma pessoa, de modo concreto, e tem vida própria. Lembram os sequazes dessa teoria que quase sempre a norma jurídica surge devido a um abuso recente, não sendo possível a presunção de que o elaborador de uma norma de decênios atrás previsse as transformações sociais. Eis por que se diz que "a norma é mais sábia do que o seu elaborador", porquanto abrange hipóteses que este não previu. Isto ocorre, simplesmente, porque a norma, como aludimos acima, uma vez emitida pelos órgãos competentes, adquire vida própria, uma autonomia relativa, desprende-se da vontade de seu autor com a potencialidade ou virtualidade de reger todos os casos que se apresentem, ainda que a autoridade, ao ditá-la, não tenha tido em mente tais hipóteses, mostrando-se a norma, portanto, mais previdente do que o seu elaborador.

O sentido incorporado na norma é mais rico do que tudo que seu criador pensou, porque ela, pelo seu dinamismo, é suscetível de adaptação. O advento de novos fenômenos sociais, técnicos, culturais, morais, econômicos leva o intérprete a apreciá-los, juridicamente, à luz das normas já existentes. Daí ser a interpretação preconizada pelos objetivistas *ex nunc* (desde agora), porque se deve ter em vista a situação atual em que a norma interpretada se aplica. Essa teoria concentra suas ideias em quatro argumentos centrais:

1º) O da vontade, afirmando que não há um legislador dotado de vontade própria. A *voluntas legislatoris* é mera ficção, visto que o legislador raramente é uma pessoa física identificável. E, no que concerne à lei, deve-se salientar, a título exemplificativo, que é obra de vários espíritos, cujas ideias se fundem. O legislador moderno é um ser anônimo constituído por várias pessoas. Deveras, no processo legislativo há o impulso inicial de um, seguindo-se a colaboração de muitos. Fundem-se muitas opiniões; o conjunto resulta, assim, de frações de ideias: cada representante aceita por uma determinada razão; os motivos que levaram alguém a propor a lei podem não coincidir, como é óbvio, com os que levaram outros a aceitá-la. Um e outro não querem a mesma coisa, cada qual busca impor sua opinião ao outro, num debate aberto entre indivíduos esclarecidos, de modo que há um acordo aparente que resulta de profundas contradições. Como descobrir, naquele labirinto de ideias contraditórias, e todas parcialmente vencedoras, a vontade, o pensamento, a intenção diretora e triunfante? A vontade do legislador não será a da maioria dos que tomam parte na votação da norma, porque poucos se informam com antecedência dos termos do projeto;

537. *V.* nesse sentido: Ferrini, *Manuale delle Pandette*, Milano, 1900, n. 22; Kelsen, *Teoria pura do direito*, cit., v. 1, p. 19; Recaséns Siches, *Vida humana*, cit.

538. *El derecho como hecho*, Buenos Aires, 1951, citado por Recaséns Siches, *Pensamiento jurídico*, cit., v. 1, p. 305 e 306.

portanto, não podem querer o que não conhecem. Quando muito, desejam o principal, p. ex., baixar um imposto. Às vezes nem isso; no momento da votação, perguntam do que se trata ou acompanham indiferentes os líderes, que por sua vez prestigiam apenas o voto de determinados membros da comissão permanente que emitiu parecer sobre o projeto. Logo, a vontade do legislador é a da minoria, a da elite intelectual. De forma que é muito difícil determinar a vontade do elaborador da norma[539].

2º) O da forma, pois apenas as manifestações volitivas vertidas na forma legal têm força obrigatória; assim, o legislador nada mais é senão uma competência legal *lato sensu*.

3º) O da confiança, segundo o qual o destinatário da norma deve poder confiar na sua palavra, ou seja, que a norma legal será aplicada segundo seu sentido objetivo; logo, o intérprete deve conceder essa confiança à palavra contida na norma.

4º) O da integração, onde só uma interpretação objetivista atende aos interesses de integração e complementação do direito pelo órgão competente.

Por tais razões, dizem os objetivistas, é imprescindível que o intérprete se circunscreva, rigorosamente, à *mens legis*, à *voluntas legis* ou ao sentido legal normativo, como prefere Larenz.

Ensina-nos Tercio Sampaio Ferraz Jr. que nenhuma das duas teorias da interpretação resolve, de modo satisfatório, a questão de saber se é a *mens legis* ou se é a *mens legislatoris* que deve servir de guia ao intérprete. A subjetiva favorece, em certa medida, o autoritarismo, por preconizar a preponderância da vontade do legislador; a objetiva, ao dar posição de destaque à equidade do intérprete, deslocando a responsabilidade do legislador, no que atina à criação da norma, para o intérprete, favorece o anarquismo. Trata-se de uma polêmica insolúvel, mas que nos aponta alguns pressupostos hermenêuticos. Se se partir da ideia de que o problema central da interpretação é a determinação do sentido do texto normativo e que este foi determinado por outro ato interpretativo (o da autoridade competente), que, por sua vez, está condicionado por vários fatores que o alteram, o restringem ou o ampliam, deve-se concluir que interpretar é compreender uma outra interpretação afixada na norma; logo há dois atos: o que dá à norma seu sentido e o que tenta captá-lo. É imprescindível, para a existência de uma interpretação jurídica, que se fixe um ato doador de sentido. O ponto de partida da interpretação jurídica deve ser tomado como algo indiscutível. P. ex., parte-se da norma, vista como dogma, embora se possa questioná-la sob o prisma de sua justiça ou de sua eficácia etc. Um dos pressupostos da hermenêutica jurídica é o *caráter dogmático* do seu ponto de partida. Deve haver um princípio dogmático que impeça o retrocesso ao infinito, pois se a interpretação tivesse princípios sempre abertos impossibilitaria a obtenção de uma decisão, ao mesmo tempo em que a sua identificação seria materialmente aberta. Consequentemente, o ato interpretativo tem um sentido problemático situado nas várias vias que podem ser escolhidas, o que manifesta a *liberdade* do intérprete como outro pressuposto básico da hermenêutica jurídica[540].

A correlação entre *dogma*, referente aos aspectos objetivos da interpretação, e *liberdade*, alusiva aos subjetivos, conduz a um outro pressuposto, que é o caráter *deontológico*

539. Carlos Maximiliano, *Hermenêutica*, cit., p. 35 e 36.
540. Tercio Sampaio Ferraz Jr., *A ciência do direito*, cit., p. 72-4; *Função social*, cit., p. 142-9.

e *normativo* da interpretação, pois a eleição ou opção do órgão aplicador por uma das múltiplas possibilidades interpretativas, igualmente válidas, oferecidas pelo texto normativo, acontece por um ato de vontade, que se efetiva por razões axiológicas, criando uma norma individual[541].

Ante a tensão entre dogma (critério objetivo) e liberdade (arbítrio do intérprete), segue-se que não há norma sem sentido, nem sentido sem interpretação; logo, deve haver uma interpretação e um sentido que preponderem, pondo um fim prático à cadeia das múltiplas possibilidades interpretativas. O critério para entender-se esse fim prático é a decidibilidade, ou seja, a criação de condições para uma decisão possível. Assim sendo, a ciência jurídica, ao interpretar normas, deve ter em vista uma finalidade prática, isto é, conhecer os textos normativos, verificando as condições de sua aplicabilidade, enquanto modelos de comportamento obrigatório. A hermenêutica jurídica deve criar condições para que os eventuais conflitos possam ser solucionados com um mínimo de perturbação social; para tanto deverá elucidar a norma de modo que os problemas pareçam razoavelmente decidíveis. Estabelece, portanto, alternativas de decisão possível por meio de construções dogmáticas, neutralizando a pressão exercida pelos problemas de distribuição de poder, de recursos etc. O intérprete deve interrogar o texto normativo, destacando tudo que nele se contém como adequado àquela finalidade prática, ajustando-o à atual situação, mediante uma avaliação ideológica, ao determinar os fins e objetivos da norma, permitindo, assim, um controle da *mens legis* e sua interpretação. O intérprete procura apreender o sentido do texto normativo, apresentando várias soluções possíveis, atendendo às pautas valorativas vigentes numa sociedade, em certo momento; com isso afasta-se de suas preferências pessoais, de sua opinião, de seu querer ou vontade. A interpretação jurídica assume um compromisso com a tomada de decisões ou com a solução de possíveis conflitos. A função da dogmática jurídica é a construção das condições do juridicamente possível, em termos de decidibilidade, ou seja, a determinação das possibilidades de construção jurídica de casos jurídicos[542]. Disto se infere que a interpretação, além de argumentativa e dialética, é ideológica.

b.3. Técnicas interpretativas

Para orientar a tarefa do intérprete e do aplicador há várias técnicas ou processos interpretativos: gramatical ou literal, lógico, sistemático, histórico e sociológico ou teleológico. Tais processos nada mais são do que meios técnicos, lógicos ou não, utilizados para desvendar as várias possibilidades de aplicação da norma, sem olvidar da constitucionalização do direito.

541. Miguel Reale, *O direito como experiência*, cit., p. 244 e s.

542. *V.* Tercio Sampaio Ferraz Jr., *A ciência do direito*, cit., p. 73 e 74; *Função social*, cit., p. 144, 148, 149 e 158. Consulte: Dennis J. A. Torres, La constitucionalización del derecho: debates en torno a la interpretación principiológica de las normas jurídicas, *Revista Direitos sociais e políticas públicas* (UNIFAFIBE), v. 9, n. 1, 2021, p. 857-887.

Marcelo Figueiredo observa: (A interpretação constitucional, https://profmarcelofigueiredo.blogspot.com/2021/05/a-interpretação-constitucional.html?m=1) as normas constitucionais são fundantes e condicionam a interpretação de todas as normas, possuem conteúdo político e conceitos indeterminados, daí o uso dos princípios da unidade da Constituição, de harmonização, da presunção da constitucionalidade das leis, da interpretação conforme à CF e da razoabilidade, da máxima efetividade e o da conformidade funcional.

Pela *técnica gramatical*[543], também chamada literal, semântica ou filológica, o hermeneuta busca o sentido literal do texto normativo, tendo por primeira tarefa estabelecer uma definição, ante a indeterminação semântica dos vocábulos normativos, que são, em regra, vagos ou ambíguos, quase nunca apresentando um sentido unívoco. Assim, ao interpretar uma norma, inicialmente se atém à consistência onomasiológica — onomasiologia é a teoria da designação nominal. Então, o primeiro passo na interpretação seria verificar o sentido dos vocábulos do texto, ou seja, sua correspondência com a realidade que eles designam. Logo, a definição jurídica oscila entre o aspecto onomasiológico da palavra (o uso corrente do termo para a designação do fato) e o semasiológico (a sua significação normativa). Se a norma se refere, p. ex., a veículo, a questão é saber o que é *veículo*, qual o sentido do vocábulo no texto. A palavra utilizada na norma opera como um instrumento do pensamento.

Por essa técnica, que se funda sobre as regras da gramática e da linguística, examina o aplicador ou o intérprete cada termo do texto normativo, isolada ou sintaticamente, atendendo à pontuação, colocação dos vocábulos, origem etimológica etc. O cientista procura os sentidos literais possíveis do termo, ou seja, os significados que possa ter, marcando o limite da interpretação, e o aplicador opta ou decide por um dos diferentes sentidos admissíveis.

Deve o hermeneuta ter sempre em vista as seguintes regras: 1ª) as palavras podem ter uma significação comum e uma técnica, caso em que deve-se dar preferência ao sentido técnico; 2ª) deve ser considerada a colocação da norma, p. ex., uma disposição, incluída no capítulo sobre curatela, está indicando que se destina a regular essa forma de incapacidade; 3ª) havendo antinomia entre o sentido gramatical e o lógico, este deve prevalecer; 4ª) o significado da palavra deve ser tomado em conexão com o da lei; 5ª) o termo deve ser interpretado em relação aos demais; e 6ª) havendo palavras com sentido diverso, cumpre ao intérprete fixar-lhes o adequado ou o verdadeiro.

No emprego do *processo lógico*[544], o que se pretende é desvendar o sentido e o alcance da norma, estudando-a por meio de raciocínios lógicos, analisando os períodos da lei e combinando-os entre si, com o escopo de atingir perfeita compatibilidade.

Os procedimentos desta técnica são, na lição de Tercio Sampaio Ferraz Jr.:

1º) Atitude formal, que procura solucionar eventuais incompatibilidades pelo estabelecimento: *a*) de regras gerais atinentes à simultaneidade de aplicação de normas, que introduzem os critérios de sucessividade (lei posterior revoga a anterior), de especialidade (lei especial revoga a geral), de irretroatividade (lei posterior não pode atingir direito adquirido,

---

543. Tercio Sampaio Ferraz Jr., *Função social*, cit., p. 149-51, e *A ciência do direito*, cit., p. 75 e 76; Degni, *L'interpretazione della legge*, cit., p. 236 e s.; Ferrara, *Trattato*, cit., p. 206 e s.; A. Pap, *Semantics and necessary truth*, 1958, p. 249; Larenz, *Metodología*, cit., p. 254-6; Diez-Picazo, *Experiencias jurídicas*, cit., p. 252-6; Abelardo Torré, *Introducción al derecho*, cit., p. 353 e 356; Luiz Fernando Coelho, *Lógica jurídica e interpretação das leis*, Rio de Janeiro, Forense, 1979, p. 74 e 75; Legaz y Lacambra, *Filosofía del derecho*, cit., p. 419; Roberto J. Vernengo, *La interpretación literal de la ley*, cit., e *Curso de teoría general del derecho*, cit., p. 406-8, 412 e 413; Chomsky, *Aspects of the theory of syntax*, 1965; Carlos S. Nino, *Notas de introducción al derecho*, cit., p. 14-51; Carlos Maximiliano, *Hermenêutica*, cit., p. 118-35; Charles Brocher, *Étude sur les principes généraux de l'interprétation des lois*, 1870, p. 21.

544. *V.* as lições de Van der Eycken, *L'interprétation juridique*, Bruxelles, 1907, p. 34 e s.; Tercio Sampaio Ferraz Jr., *Função social*, cit., p. 151, e *A ciência do direito*, cit., p. 76 e 77; Perelman e Olbrechts-Tyteca, *Traité*, cit., p. 265 e s.; Recaséns Siches, *La nueva filosofía*, cit., p. 188 e s. e 277 e s.; Luiz Fernando Coelho, *Lógica jurídica*, cit., p. 76-80; Carlos Maximiliano, *Hermenêutica*, cit., p. 135-9 e 146-8; Mouchet e Zorraquín Becu, *Introducción*, cit., p. 256-8; Campbell Black, *Handbook on the construction and interpretation of the laws*, p. 328.

ato jurídico perfeito e coisa julgada), ou de retroatividade (lei posterior, em certos casos, interfere em relações já normadas, para dar-lhes solução mais justa); *b*) de regras alusivas ao problema da especialidade, tendo em vista a aplicação de normas válidas em territórios diversos, mas que, por certas razões, cruzam-se nos seus âmbitos, que introduzem os critérios da *lex loci* (a forma dos negócios jurídicos é a do local de sua celebração; o seu cumprimento obedece à lei do lugar de sua execução; o direito real disciplina-se pela lei do local em que a coisa está situada); da *lex personae* (as relações familiares, matrimoniais, regem-se pela lei do domicílio, também as questões de estado e capacidade das pessoas).

2º) Atitude prática, que visa evitar incompatibilidades à medida que elas se forem apresentando, repensando as disposições normativas, atendo-se à situação. P. ex., as regras jurisprudenciais, que vislumbram as situações conforme os critérios de justiça, buscando uma solução mais equitativa para os conflitos, reinterpretando a norma conforme as exigências de uma decisão justa. O mesmo se diga das regras de interpretação dos negócios jurídicos, p. ex., as que determinam se atenda mais à intenção dos contratantes do que à letra das normas; que, em caso de conflito, a incompatibilidade prejudique o outorgante e não o outorgado; que as cláusulas duvidosas sejam interpretadas em favor de quem se obriga e não do que se obriga.

3º) Atitude diplomática, que recomenda ao intérprete, tentando evitar incompatibilidade em certo momento e em determinadas circunstâncias, invente uma saída que solucione, mesmo provisoriamente, apenas aquele conflito. P. ex., as ficções interpretativas, consistentes num pacto, admitido pelas partes, pelas conveniências sociais, pela equidade, que permite raciocinar como se certo fato ocorrido não tivesse acontecido e vice-versa. É a hipótese do juiz que, para fundamentar uma decisão que reputa justa, admite como existente uma declaração volitiva que não houve, reinterpretando, para o caso em tela, o sentido de um elemento do conteúdo de uma norma (exigência de declaração volitiva para a validade contratual).

Tais regras lógicas possibilitam adotar uma solução mais precisa ou justa.

O *processo sistemático*[545] é o que considera o sistema em que se insere a norma, relacionando-a com outras normas concernentes ao mesmo objeto. O sistema jurídico não se compõe de um único sistema normativo, mas de vários, que constituem um conjunto harmônico e interdependente, embora cada qual esteja fixado em seu lugar próprio. Poder-se-á até dizer que se trata de uma técnica de apresentação de atos normativos, em que o hermeneuta relaciona umas normas a outras até vislumbrar-lhes o sentido e o alcance. É preciso lembrar que uma das principais tarefas da ciência jurídica consiste exatamente em estabelecer as conexões sistemáticas existentes entre as normas. Horst Bartholomeyzik aconselha: na leitura da norma, nunca se deve ler o segundo parágrafo sem antes ter lido o primeiro, nem deixar de ler o segundo depois de ter lido o primeiro; nunca se deve ler um só artigo, leia-se também o artigo vizinho. Deve-se, portanto, comparar o texto normativo, em exame, com outros do mesmo diploma legal ou de leis diversas, mas referentes ao mesmo objeto, pois por umas normas pode-se desvendar o sentido de outras. Examinando as normas, conjuntamente, é possível verificar o sentido de cada uma delas.

545. A respeito do processo sistemático: Carlos Maximiliano, *Hermenêutica*, cit., p. 139-42; Luiz Fernando Coelho, *Lógica jurídica*, cit., p. 80; Horst Bartholomeyzik, *Die Kunst der Gesetzauslegung*, Frankfurt, 1971, p. 32; Diez-Picazo, *Experiencias jurídicas*, cit., p. 257; Larenz, *Metodología*, cit., p. 257-60; A. Torré, *Introducción al derecho*, cit., p. 358-9; Juarez Freitas, *Interpretação sistemática do direito*, São Paulo, Malheiros Ed., 2003.

A *técnica interpretativa histórica*[546], oriunda de obras de Savigny e Puchta, cujas ideias foram compartilhadas por Espínola, Gabba, Holder, Biermann, Cimbali, Wach, Alípio Silveira, Degni, Saleilles, Cosak, Salvioli, Endemann, Bufnoir, Bekker etc., baseia-se na averiguação dos antecedentes da norma. Refere-se ao histórico do processo legislativo, desde o projeto de lei, sua justificativa ou exposição de motivos, emendas, aprovação e promulgação, ou às circunstâncias fáticas que a precederam e que lhe deram origem, às causas ou necessidades que induziram o órgão a elaborá-la, ou seja, às condições culturais ou psicológicas sob as quais o preceito normativo surgiu (*occasio legis*). Como a maior parte das normas constitui a continuidade ou modificação das disposições precedentes, é bastante útil que o aplicador investigue o desenvolvimento histórico das instituições jurídicas, a fim de captar o exato significado das normas, tendo sempre em vista a razão delas (*ratio legis*), ou seja, os resultados que visam atingir. Essa investigação pode conduzir à descoberta do sentido e alcance da norma.

O *processo sociológico* ou *teleológico*[547] objetiva, como quer Ihering, adaptar a finalidade da norma às novas exigências sociais. Adaptação esta prevista pelo art. 5º da Lei de Introdução às Normas do Direito Brasileiro e pelo art. 8º do CPC/2015. A interpretação, como nos diz Ferrara, não é pura arte dialética, não se desenvolve como método geométrico num círculo de abstrações, mas perscruta as necessidades práticas da vida e a realidade social. O aplicador, nas palavras de Henri de Page, não deverá quedar-se surdo às exigências da vida, porque o fim da norma não deve ser a imobilização ou a cristalização da vida, e, sim, manter contato íntimo com ela, segui-la em sua evolução e a ela adaptar-se. Daí resulta, continua ele, que a norma se destina a um fim social, de que o magistrado deve participar, ao interpretar o preceito normativo.

A técnica teleológica procura o fim, a *ratio* do preceito normativo, para a partir dele determinar o seu sentido. O sentido normativo requer a captação dos fins para os quais se elaborou a norma, exigindo, para tanto, a concepção do direito como um sistema, o apelo às regras da técnica lógica válidas para séries definidas de casos, e a presença de certos princípios que se aplicam para séries indefinidas de casos, como o da boa-fé, o da exigência de justiça, o do respeito aos direitos da personalidade, o da igualdade perante a lei etc. Isto é assim porque se coordenam todas as técnicas interpretativas em função da teleologia que controla o sistema jurídico, visto que a percepção dos fins exige não o estudo de cada norma isoladamente, mas sua análise no ordenamento jurídico como um todo.

Carlos Maximiliano aponta algumas regras norteadoras do emprego do processo teleológico: 1ª) as normas conformes no seu fim devem ter idêntica execução, não podendo

546. Sobre a técnica interpretativa histórica: Degni, *L'interpretazione della legge*, cit.; Savigny, *Sistema del diritto romano attuale*, v. 1, p. 216, § 50; Espínola, *Tratado de direito civil brasileiro*, São Paulo-Rio de Janeiro, 1939, v. 3 e 4; Alípio Silveira, *Da interpretação das leis em face dos vários regimes políticos*, 1941; A. Torré, *Introducción al derecho*, cit., p. 361 e 362; Carlos Maximiliano, *Hermenêutica*, cit., p. 149-62; Endemann, *Lehrbuch des Bugerlichen Rechts*, v. 1, p. 50; Luiz Fernando Coelho, *Lógica jurídica*, cit., p. 80 e 81; A. B. Alves da Silva, *Introdução*, cit., p. 217 e 218; Engisch, *Introdução ao pensamento jurídico*, cit., p. 117.

547. Larenz, *Metodología*, cit., p. 262-70; Jean Defroidmont, *La science du droit positif*, p. 216 e 217; Tercio Sampaio Ferraz Jr., *A ciência do direito*, cit., p. 79, e *Função social*, cit., p. 152-4; Limongi França, *Princípios gerais de direito*, 2. ed., São Paulo, Revista dos Tribunais, 1971; Del Vecchio, *Los principios generales del derecho*, cit.; Genaro Carrió, *Principios jurídicos y positivismo jurídico*, Buenos Aires, 1970; Engisch, *Introdução ao pensamento jurídico*, cit., p. 108, 109 e 115-20; Carlos Maximiliano, *Hermenêutica*, cit., p. 163 a 168.

ser entendidas de modo que produzam decisões diferentes sobre o mesmo objeto; 2ª) se o fim advém de várias normas, cada uma delas deve ser compreendida de maneira que corresponda ao objetivo resultante do conjunto; 3ª) deve-se conferir ao texto normativo um sentido que resulte haver a norma regulado a espécie a favor e não em prejuízo de quem ela visa proteger; e 4ª) os títulos, as epígrafes, o preâmbulo e as exposições de motivos da norma auxiliam a reconhecer o seu fim.

Convém lembrar, ainda, que as diversas técnicas interpretativas não operam isoladamente, não se excluem reciprocamente, antes se completam, mesmo porque não há, como aponta Zweigert, na teoria jurídica interpretativa, uma hierarquização segura das múltiplas técnicas de interpretação. Realmente, há impossibilidade de se estabelecer uma hierarquia desses processos, devido a sua relação recíproca. Não são, na realidade, cinco técnicas de interpretação, mas operações distintas que devem atuar conjuntamente, pois todas trazem sua contribuição para a descoberta do sentido e do alcance da norma. Aos fatores verbais aliam-se os lógicos e com os dois colaboram, pelo objetivo comum, o sistemático, o histórico e o sociológico ou teleológico. Eis por que se diz que o ato interpretativo é complexo; há um sincretismo de processos interpretativos conducente à descoberta das várias possibilidades de aplicação da norma, ao determinar seu alcance e sentido. Todavia, com isso não se quer dizer que todas as técnicas devem ser empregadas sempre simultaneamente, pois uma pode dar mais resultado do que a outra em dado caso, condenando-se, isto sim, a supremacia de uma sobre a outra. Todos os exageros são condenáveis, não se justificando qualquer exclusivismo. A interpretação é una, não se fraciona, é, tão somente, exercida por vários processos ou técnicas que conduzem a um resultado final: a descoberta do alcance e sentido da disposição normativa[548].

A esse respeito, pondera Miguel Reale, toda interpretação jurídica é de natureza teleológica fundada na consistência valorativa do direito, operando-se numa estrutura de significações e não isoladamente, de modo que cada preceito normativo significa algo situado no todo do ordenamento jurídico. A norma, portanto, deverá ser interpretada no conjunto da ordenação jurídica, implicando a apreciação dos fatos e valores que lhe deram origem, mas também a dos supervenientes.

Ao se admitir essa visão interpretativa e retrospectiva da norma, reconhece-se ao intérprete o papel de criação epistemológica, e ao aplicador, o de criação real no processo hermenêutico[549].

---

548. Zweigert, *Studium generale*, 1954, p. 385; Luiz Fernando Coelho, *Lógica jurídica*, cit., p. 71; Gustav Radbruch, *Filosofia do direito*, cit., nota 184; José M. Oviedo, *Formación y aplicación del derecho*, cit., p. 120; Miguel Reale, *Lições preliminares*, cit., p. 288. Sobre as técnicas de interpretação, *v.*: Carlos Maximiliano, *Hermenêutica*, cit., p. 120-240; Barros Monteiro, *Curso de direito civil*, v. 1, p. 35; Vicente Ráo, *O direito*, cit., v. 1, t. 2, p. 575 e s.; Limongi França, *Formas e aplicação*, cit., p. 46 e s.; Franco Montoro, *Introdução*, cit., v. 2, p. 124 e s.; Cunha Barreto, Interpretação das leis, *RF*, *117*(539):40-4, 1948; Ferrara, *Interpretação e aplicação das leis*, trad. port., 1. ed., p. 37; De Page, *Traité élémentaire*, cit., t. 1, cap. III, p. 196 e s.

549. Miguel Reale, *Lições preliminares*, cit., p. 287 e 289; Christiano José de Andrade, *O problema dos métodos de interpretação jurídica*, São Paulo, Revista dos Tribunais, 1992.

b.4. Efeitos do ato interpretativo

Francesco Degni[550] ensina-nos que a *interpretação extensiva* e a *restritiva* ou *estrita* exprimem o efeito obtido ou o resultado a que chegará o hermeneuta empenhado em desvendar o sentido e o alcance do texto normativo. É preciso esclarecer que não se trata de defeito de expressão, por ser impossível concentrar numa fórmula perfeita tudo que pode ser enquadrado num comando normativo; assim sendo, às vezes, o alcance ou o sentido é mais estrito do que se deveria concluir do exame das palavras, outras, vai mais longe do que elas parecem indicar. A relação lógica entre o pensamento e a expressão e as circunstâncias extrínsecas permitirão verificar se a norma contém algo a mais ou a menos do que parece exprimir, indicando se se deve restringir ou ampliar o sentido ou o alcance do preceito. Logo, na aplicação ampla ou restrita da norma deve-se considerar o fim por ela colimado e os valores jurídico-sociais que influíram em sua gênese e condicionam sua aplicabilidade[551].

Há hipóteses em que o jurista, ou o aplicador, deve lançar mão da *interpretação extensiva* para completar uma norma, ao admitir que ela abrange certos fatos-tipos, implicitamente. Com isso, ultrapassa o núcleo do sentido normativo, avançando até o sentido literal possível da norma. A interpretação extensiva desenvolve-se em torno de um preceito normativo, para nele compreender casos que não estão expressos em sua letra, mas que nela se encontram, virtualmente, incluídos, conferindo, assim, à norma o mais amplo raio de ação possível, todavia sempre dentro de seu sentido literal. Não se acrescenta coisa alguma, mas se dá às palavras contidas no dispositivo normativo o seu significado. Conclui-se tão somente que o alcance da lei é mais amplo do que indicam seus termos. Ao se interpretar, p. ex., a norma "o proprietário tem direito de pedir o prédio para seu uso", constante da Lei do Inquilinato, deve-se incluir o usufrutuário entre os que podem pedir o prédio para uso próprio, porque a finalidade do preceito é beneficiar os que têm sobre a coisa um direito real. O fato já está contido na norma, mas as suas palavras não o alcançaram. É um meio de reintegração do sentido literal contido na norma, estabelecendo apenas as legítimas fronteiras do texto normativo, que é distendido somente para compreender a complexidade da matéria que lhe cabe regulamentar. Não se avança às raias do preceito normativo; com a interpretação procura-se levar os limites da norma até o seu verdadeiro posto, ante o fato de sua letra conduzir ao recuo. Não há falta de conteúdo na norma, mas de concordância entre o sentido e a palavra, por conter termos muito restritos. Assim, nessa interpretação, a consequência que o elemento lógico tira das premissas científicas designa justamente aquilo que, implicitamente, já está contido na norma, pois, embora suas palavras digam menos, seus motivos dizem tudo. Será extensiva a interpretação, portanto, quando o resultado do ato interpretativo revelar na disposição casos nela contidos implicitamente, sem quebrar sua estrutura[552].

---

550. *L'interpretazione della legge*, cit., p. 268.

551. Carlos Maximiliano, *Hermenêutica*, cit., p. 211; Pasquale Fiore, *Delle disposizioni*, cit., v. 2, p. 965; Julien Bonnecase, *L'école de l'exégèse en droit civil*, 1919, p. 82.

552. Sobre interpretação extensiva: Larenz, *Metodología*, cit., p. 272-81; Engisch, *Introdução ao pensamento jurídico*, cit., p. 239; M. Helena Diniz, *As lacunas*, cit., p. 153-7; João Mendes Neto, *Ruy Barbosa*, cit., p. 118 e 119; Geny, *Método de interpretación*, cit., v. 1, p. 298; Adolfo Ravà, *Istituzione di diritto privato*, 1938, p. 83 e 87; Paula Baptista, *Teoria e prática*, 8. ed., p. 235; Campos Batalha, *Introdução ao direito*, Revista dos Tribunais, 1967, v. 1, p. 259; Carlos Maximiliano, *Hermenêutica*, cit., p. 209-15; Franco Montoro, *Introdução*, cit., v. 2, p. 126. Essa interpre-

Outras vezes, o intérprete e o aplicador da norma devem valer-se da *interpretação restritiva*[553], limitando a incidência do comando normativo, impedindo que produza efeitos injustos ou danosos, porque suas palavras abrangem hipóteses que nelas, na realidade, não se contêm. Esse ato interpretativo não reduz o campo da norma, determina-lhe tão somente os limites ou as fronteiras exatas, com o auxílio de elementos lógicos e de fatores jurídico-sociais, possibilitando a aplicação razoável e justa da norma de modo que corresponda à sua conexão de sentido. P. ex.: naquela norma, "o proprietário tem direito de pedir o prédio para seu uso", deve-se interpretar que o nu-proprietário tem apenas a nua propriedade e não o direito de uso e gozo do prédio, não podendo beneficiar-se dessa lei. Apesar de proprietário, o nu-proprietário não poderá pedir o prédio para seu uso.

A interpretação extensiva e a restritiva são importantes, apesar de não serem processos ou técnicas interpretativas e sim *efeitos* do ato interpretativo. O hermeneuta, empenhado em saber se deve atingir o resultado estrito ou amplo, deverá ater-se: 1) ao espírito do texto normativo; 2) à equidade; 3) ao interesse geral; 4) ao paralelo entre a norma interpretanda e outras, sobre idêntico objeto, contidas no mesmo diploma legal ou em outro; 5) ao tipo da disposição normativa interpretanda, pois há preceitos que não admitem interpretação extensiva, como os de direito penal ou tributário, os contratos benéficos (CC, art. 392) etc.[554].

Ter-se-á então a *interpretação declarativa* apenas quando houver correspondência entre a expressão linguístico-legal e a *voluntas legis*, sem que haja necessidade de dar ao comando normativo um alcance ou sentido mais amplo ou mais restrito. Tal ocorre porque o sentido da norma condiz com a sua letra, de modo que o intérprete e o aplicador tão somente declaram que o enunciado normativo contém apenas aqueles parâmetros que se depreendem de sua letra.

C. INTEGRAÇÃO E O PROBLEMA DAS LACUNAS NO DIREITO

c.1. Localização sistemática do problema das lacunas jurídicas

Por localização sistemática entendemos o levantamento das questões relativas à lacuna dentro da ordenação jurídica, verificando as concepções de ordenamento jurídico e a possibilidade, positiva ou negativa, da emergência do problema da lacuna, bem como das questões paralelas que ela desencadeia. A grande dificuldade que se apresenta nesta localização é o critério de abordagem. Pode-se relacionar o problema das lacunas com a própria concepção do direito, ressaltando-se como questão fundamental a de se saber se o direito constitui ou não uma ordem limitada. Há a possibilidade dogmática de se partir de um texto legal, p. ex.,

tação consiste em pôr em realce casos não contidos implicitamente nas normas, extraindo do texto mais do que as palavras parecem indicar; *neque omne quod scriptum est, jus est; neque quod scriptum non est quiam vox, mens dicentis.* — Nem tudo o que está escrito prevalece como direito; nem o que não está escrito deixa de constituir matéria jurídica. Anterior e superior à palavra é a ideia de quem a preceitua (Celso, *Digesto*, Liv. 33, Tít. 10, frag. 7, § 2º).

553. Miguel Reale, *Lições preliminares*, cit., p. 289; Carlos Maximiliano, *Hermenêutica*, cit., p. 210, 212-4; Paulo de Lacerda, *Manual*, cit., v. 1, p. 588-91; François Geny, *Método de interpretación*, cit., v. 1, p. 289 e 299; Chironi e Abello, *Trattato*, cit., v. 1, p. 67, nota 2; Franco Montoro, *Introdução*, cit., v. 2, p. 126 e 127; Sutherland, *Statutes and statutory construction*, 2. ed., v. 2, § 518 e 519; Luiz Fernando Coelho, *Lógica jurídica*, cit., p. 82 e 83; Limongi França, *Formas e aplicação*, cit., p. 49.

554. Gèza Kiss, *Gesetzesauslegung und ungeschriebenes Recht*, 1911, p. 25 e 26, citado por Carlos Maximiliano, *Hermenêutica*, cit., p. 215; Limongi França, *Formas e aplicação*, cit., p. 49; Luiz Fernando Coelho, *Lógica jurídica*, cit., p. 82 e 83.

do art. 4º da Lei de Introdução às Normas do Direito Brasileiro, que reza: "quando a lei for omissa, o juiz decidirá o caso de acordo com a analogia, os costumes e os princípios gerais de direito". Poder-se-ia, ainda, usar, como critério de abordagem, a relação entre a lei e as interpretações dogmáticas que ela sugere, o que nos coloca nos quadros de neutralização do Poder Judiciário e da captação do direito como sistema. Esta questão traz, em seu bojo, o problema lógico da completude ou da incompletude do sistema, assim como o de se saber se o problema jurídico da lacuna é, como quer Legros, uma questão processual, ou seja, que só surge no momento da aplicação de uma ordem normativa a um caso dado.

Se se admitir a existência de lacunas, surgem os problemas de sua constatação e de seu preenchimento, bem como o da legitimidade de seu uso, pois não se pode olvidar que os diferentes ordenamentos jurídicos os apresentam com facetas mais ou menos complexas, já que há os que, expressamente, determinam quais os instrumentos de constatação e de preenchimento das lacunas, como é o caso do brasileiro, e também os que são omissos a respeito, gerando uma lacuna de segundo grau pela falta de norma sobre essas questões, como, p. ex., ocorre com o direito alemão.

Claro está que a localização sistemática do problema das lacunas do direito nos levou a distinguir três questões básicas: *existência*, *constatação* e *preenchimento das lacunas*[555].

c.2. Questão da existência das lacunas

c.2.1. *Considerações gerais*

Procuraremos abordar o *problema da existência* das lacunas, determinando no ordenamento jurídico a possibilidade ou impossibilidade de normas que qualifiquem como indiferentes certos comportamentos, levantando as seguintes questões: o comportamento que não está previsto expressamente, que nem é proibido nem obrigatório, está automaticamente permitido? Existe um âmbito de comportamentos não jurídicos?[556].

A problemática da existência ou da inexistência das lacunas coloca, portanto, as seguintes perguntas: a completude é um ideal racional do sistema normativo ou uma ficção que atende a finalidades práticas? A incompletude é inerente ao sistema jurídico? A lacuna

555. *V.* Tercio Sampaio Ferraz Jr., *Localização sistemática*, cit., p. 12 e 13; Robert Legros, Considérations sur les lacunes et l'interprétation en droit pénal, in *Le problème des lacunes en droit*, Bruxelles, Perelman (publ.), Émile Bruylant, 1968, p. 363 e s.; M. Helena Diniz, *As lacunas*, cit., p. 1-4.

556. Tercio Sampaio Ferraz Jr. (*Localização sistemática*, cit., p. 28 e 30) exemplifica: esfregar o couro cabeludo, ao lavar a cabeça, ou, guardar para si suas opiniões a respeito de certos assuntos, são comportamentos dos quais se pergunta se estão regulados pelo direito num dos modos deônticos — proibir, obrigar, permitir etc., ou se são totalmente irrelevantes ao direito. Alf Ross (*Sobre el derecho y la justicia*, cit.), p. ex., nos fala do comportamento "sentar-se num banco em Hyde Park", que, não sendo nem proibido, nem obrigatório, nem permitido, é antes um comportamento fora do campo normativo. A questão é bem mais complexa e envolve uma exata compreensão dos chamados "modos deônticos", que são os instrumentos através dos quais os comportamentos são qualificados, sobretudo, sobre a noção de "inqualificação" e "inqualificado". *V.* Amedeo Conte, *Saggio sulla completezza degli ordinamenti giuridici*, Torino, Giappichelli, 1962, p. 16 e s., citado por Tercio Sampaio Ferraz Jr., *Localização sistemática*, cit., p. 13, que afirma (p. 14): o problema é o de se saber se indiferente é um modo deôntico ou se há normas que determinam uma conduta como indiferente ou se tais normas não existem no sentido rigoroso, sendo indiferente a que for qualificada por exclusão.

é um problema do ordenamento ou da jurisdição? O sistema jurídico é dinâmico ou estático? É um sistema fechado ou aberto?[557].

Esse estudo, segundo alguns autores, exige a discussão do direito como um ordenamento[558], entendido como um conjunto de normas. Deste ângulo de abordagem surgem inúmeros problemas decorrentes das relações entre as diversas normas que compõem o ordenamento, tendo-se em vista a consideração estática ou dinâmica do direito. Logo, o problema da existência das lacunas vai depender da concepção que se tem do ordenamento jurídico.

Pode-se ainda abordar a questão das lacunas sob um prisma pragmático, voltando-se para o seu preenchimento, donde decorre a colocação de tal problema ao nível de decisão.

A consideração do direito como ordenamento (sob o prisma do *canon* da plenitude do sistema jurídico) e a colocação pragmática da teoria das lacunas ao nível da decisão judicial constituirão as bases de nossas investigações sobre o problema das lacunas no direito.

c.2.2. *Lacuna como problema inerente ao sistema jurídico*

A questão da existência da lacuna no direito, por assim dizer, é eminentemente sistemática. Pois "é evidente que a possibilidade da lacuna constituir um problema, tendo em vista a sua teorização, depende de uma consciência da mobilidade e temporalidade do sistema"[559].

Os autores se dividem em duas principais correntes antitéticas: a que afirma, pura e simplesmente, a inexistência de lacunas, sustentando que o sistema jurídico forma um todo orgânico sempre bastante para disciplinar todos os comportamentos humanos; e a que sustenta a existência de lacunas no sistema, que, por mais perfeito que seja, não pode prever todas as situações de fato que, constantemente, se transformam, acompanhando o ritmo instável da vida[560].

O fenômeno da "lacuna" está correlacionado com o modo de conceber o sistema. Se se fala em sistema normativo como um todo ordenado, fechado e completo, em relação a um conjunto de casos e condutas, em que a ordem normativa delimita o campo da experiência, o problema da existência das lacunas ficaria resolvido, para alguns autores, dentre eles Kelsen, de forma negativa, porque há uma norma que diz que "tudo o que não está juridicamente proibido, está permitido", qualificando como permitido tudo aquilo que não é obrigatório, nem proibido. Essa norma genérica abarca tudo, de maneira que o sistema terá sempre uma resposta, daí o postulado da plenitude hermética do direito. Toda e qualquer lacuna é uma aparência nesse sistema que é manifestação de uma unidade perfeita e acabada, ganhando o caráter de ficção jurídica necessária[561]. De uma forma sintética, poder-se-á dizer, como

557. Ferraz Jr., *Localização sistemática*, cit., p. 14; *A ciência do direito*, cit., p. 81 e 82.

558. Bobbio, *Teoria dell'ordinamento giuridico*, Torino, Giappichelli, 1960, cap. I; M. Helena Diniz, *As lacunas*, cit., p. 18 e 19; Eduardo C. B. Bittar, *Introdução ao estudo do direito*, São Paulo, Saraiva, 2018, p. 447 a 453.

559. Tercio Sampaio Ferraz Jr., *Localização sistemática*, cit., p. 3.

560. Enneccerus, *Tratado de derecho civil*, cit., v. 1, § 53.

561. *V.* Alchourrõn e Bulygin, *Introducción a la metodología*, cit., p. 170; Tercio Sampaio Ferraz Jr., *Conceito de sistema no direito*, Revista dos Tribunais, 1976, p. 9, 32 e 34; *Sistema jurídico e teoria geral dos sistemas*, apostila do Curso de Extensão Universitária em Direito promovido pela Associação dos Advogados de São Paulo, mar./jun. 1973, p. 11; *Função social*, cit., p. 72.

Von Wright, que "um sistema normativo é fechado quando toda ação está, deonticamente, nele determinada"[562].

Se se conceber o sistema jurídico como aberto e incompleto, revelando o direito como uma realidade complexa, contendo várias dimensões, não só normativa, como também fática e axiológica, aparecendo como um critério de avaliação, em que "os fatos e as situações jurídicas devem ser entendidas como um entrelaçamento entre a realidade viva e as significações do direito, no sentido de que ambas se prendem uma a outra"[563], temos um conjunto contínuo e ordenado que se abre numa desordem, numa descontinuidade, apresentando um "vazio", uma lacuna[564], por não conter solução expressa para determinado caso[565].

A expressão *lacuna* concerne a um estado incompleto do sistema. Ou, como nos diz Binder, há lacuna quando uma exigência do direito, fundamentada objetivamente pelas circunstâncias sociais, não encontra satisfação na ordem jurídica[566].

Convém salientar, ainda, que o vocábulo *lacuna* foi introduzido, com um sentido metafórico, para designar os possíveis casos em que o direito objetivo não oferece, em princípio, uma solução[567].

Não concordamos, *data venia*, com as correntes doutrinárias que entendem que o sistema jurídico é fechado porque todo comportamento está, deonticamente, nele determinado, sustentando, assim, o dogma da plenitude hermética do ordenamento jurídico, que se baseia no princípio de que "tudo que não está proibido, está permitido", e a ausência de lacuna no direito. Não as aceitamos porque, no nosso entender, esse princípio não constitui uma norma jurídico-positiva, não conferindo, portanto, direitos e obrigações a ninguém, sendo, assim, um mero enunciado lógico, inferido da análise do sistema normativo. Considerado sob o prisma da linguagem, seria uma metalinguagem, porquanto se dirige à linguagem-objeto, sendo, nesse sentido, uma proposição descritiva, formal ou lógica, isto é, analítica, posto que não se refere ao mundo fático. O que vem a comprovar, uma vez mais, a falta de normatividade do referido dogma. Com isso, essas teorias fracassam no empenho de sustentar que todo sistema jurídico é uno, completo, independente e sem lacunas, pois concebem o direito sob uma perspectiva estática[568].

---

562. An essay in deontic logic and the general theory of action, in *Acta philosophica fennica XXI*, Amsterdam, Helsenki, 1968, p. 83. Sobre as teorias que negam a existência da lacuna jurídica, *v.* M. Helena Diniz, *As lacunas*, cit., p. 27-48.

563. Tercio Sampaio Ferraz Jr., *Conceito de sistema*, cit., p. 37 e 38.

564. *V.* Goldschmidt, *Introducción filosófica al derecho*, 4. ed., Buenos Aires, Depalma, 1973, p. 288. Sobre a concepção de Engisch que admite a lacuna, consulte M. Helena Diniz, *As lacunas*, cit., p. 60-3.

565. Enrique Fuenzalida Puelma, *Integración de las lagunas jurídicas en el derecho chileno*, Santiago, Ed. Jurídica de Chile, 1973, p. 13; Karl Larenz, *Metodología*, cit., p. 292; Gisele Leite, A releitura da completude da norma diante da textura aberta do Direito, *Revista Síntese de direito civil e direito processual civil*, 118, p. 96 a 117 (2019).

566. Citação de Larenz, *Metodología*, cit., p. 295. *V.*, ainda, Eduardo García Máynez, *Lógica del raciocínio jurídico*, México, Fondo de Cultura Económica, 1964, p. 36, e Paulino J. Soares de Souza Neto, *Cadernos de direito civil*, Rio de Janeiro, 1954, v. 1, p. 193 (Introdução).

567. Diez-Picazo, *Experiencias jurídicas*, cit., p. 279; Roberto José Vernengo, *Curso de teoría general del derecho*, cit., p. 381; Tercio Sampaio Ferraz Jr., *Localização sistemática*, cit., p. 16; Anderson, *The formal analysis of normative systems*, New Haven, 1956; Giovanni, *Dal sistema*, cit.

568. Sobre a análise do dogma da plenitude hermética do ordenamento jurídico e da norma que fecha o sistema, consulte M. Helena Diniz, *As lacunas*, cit., p. 49-60.

Todavia, é importante assinalar, como o fizeram Alchourrõn e Bulygin[569], a diferença entre o postulado da plenitude, de acordo com o qual todos os sistemas jurídicos são completos, e a exigência de que o sejam. O postulado é uma mera ilusão que, não obstante, desempenha um papel ideológico definido no pensamento jurídico; a sua exigência responde a um ideal puramente racional, independente de toda atitude política. A exigência da completude é caso especial de um princípio mais geral, inerente a toda investigação científica enquanto atividade racional.

No nosso entender, o direito é uma realidade dinâmica, que está em perpétuo movimento, acompanhando as relações humanas, modificando-as, adaptando-as às novas exigências e necessidades da vida[570], inserindo-se na história, brotando do contexto cultural[571]. A evolução da vida social traz em si novos fatos e conflitos, de modo que os legisladores, diariamente, passam a elaborar novas leis; juízes e tribunais, de forma constante, estabelecem novos precedentes, e os próprios valores sofrem mutações, devido ao grande e peculiar dinamismo da vida.

Abarca o direito experiências históricas, sociológicas e axiológicas que se complementam. Logo, as normas, por mais completas que sejam, são apenas uma parte do direito, não podendo identificar-se com ele[572].

O direito não se reduz, portanto, à singeleza de um único elemento, donde a possibilidade de se obter uma unidade sistemática que o abranja em sua totalidade. O sistema jurídico não tem um aspecto uno e imutável, mas sim multifário e progressivo.

Isso nos leva a crer que o sistema jurídico é composto de vários subsistemas. Na tridimensionalidade jurídica de Miguel Reale encontramos a noção de que o sistema do direito se compõe de um subsistema de normas, de um subsistema de valores e de um subsistema de fatos, isomórficos entre si, por haver correlação entre eles[573].

Dessas ideias se deduz que os elementos do sistema são interdependentes. De forma que quando houver uma incongruência ou alteração entre eles, temos a lacuna e a quebra da isomorfia. Logo, o sistema normativo é *aberto*, está em relação de importação e exportação de informações com outros sistemas (fáticos, axiológicos etc.), sendo ele próprio parte de um subsistema jurídico[574].

---

569. *Introducción a la metodología*, cit., p. 25.

570. Interessantes são os estudos de Edmond Picard, *O direito puro*, Lisboa, Ed. Ibero-Americana, 1942, p. 87 e 30, a respeito da dinamicidade do fenômeno jurídico.

571. *V.* Francesco Calasso, *Storicità del diritto*, Milano, 1966, p. 198; Miguel Reale Jr., *Antijuridicidade concreta*, Bushatsky, 1974, p. 1; Tercio Sampaio Ferraz Jr., *Conceito de sistema no direito*, São Paulo, Revista dos Tribunais, p. 171.

572. Lourival Vilanova, Lógica, in *Filosofia-II, Anais do VIII Congresso Interamericano de Filosofia e V da Sociedade Interamericana de Filosofia*, cit., p. 535; Santi Romano, *El ordenamiento jurídico*, Madrid, Instituto de Estudios Políticos, 1963; M. Helena Diniz, *A ciência jurídica*, cit., p. 60 e 61; Campanini, *Ragione e volontà*, cit., p. 3.

573. Ulrich Klug define isomorfia: "*La isomorfía es una relación entre relaciones que puede ser caracterizada de la siguiente manera: dos relaciones R, S, serán isomorfas siempre que pueda establecerse entre ellas una relación biunívoca K, el llamado* correlador *por el que los miembros todos de R quedan coordinados con todos los miembros de S, y al revés; más, de tal modo aclopados, que siempre que entre X', Y' del campo R valga la relación R, valga también entre* los miembros correspondientes X', Y' del campo S, la relación S'. Isomorfía es igualdad estructural" (*Lógica jurídica*, trad. García Bacca, publicaciones de la Facultad de Derecho de la Universidad de Caracas, 1961, p. 129).

574. Tercio Sampaio Ferraz Jr., *Teoria da norma jurídica*, Forense, Rio de Janeiro, 1978, p. 141, e *Conceito*, cit., p. 156, 157, 162 e 171.

Esquematicamente, podemos ter:

- **SISTEMA JURÍDICO**
  - Subsistema normativo
    - Legal
      - Constitucional
      - Administrativo
      - Tributário
      - Penal
      - Processual Penal
      - Processual Civil
      - Trabalhista
      - Comercial
      - Civil
    - Consuetudinário
  - Subsistema fático
  - Subsistema valorativo

A fusão dos elementos do direito num só bloco não impede a existência de subsistemas que abarcam os vários elementos que o compõem[575]. Variedade concebida de modo unitário é um sistema que nada mais é senão uma unidade epistemológica de conjuntos, por isso, pode haver tantos sistemas como modos de observar a realidade jurídica[576].

Quando da aplicação do direito a um fato concreto, é mister correlacionar as normas entre si, bem como o subsistema de valores e de fatos a ele correspondente, não devendo ter o juiz um critério puramente normativo; deve, sim, dar lugar a uma compreensão dos sistemas normativos em relação ao fato e aos valores que os informam.

Na verdade, o juiz, com frequência, se vê na dificuldade de decidir certas hipóteses, por não encontrar, nas normas do sistema normativo, os instrumentos indispensáveis para solucioná-las. A multiplicidade dos casos e das circunstâncias que o cercam ultrapassa a capacidade de previsão do elaborador das normas[577], fazendo com que os casos, que devem ser resolvidos, não encontrem o seu *status* deôntico delineado em nenhum sistema normativo. O que interessa saber não é se essas condutas estão proibidas ou permitidas por um *determinado* sistema normativo, mas sim saber se elas podem ser solucionadas pelos demais subsistemas. Perante a lacuna, isto é, quando houver quebra de isomorfia entre os sistemas normativo, fático e valorativo, que passam a ser heteromórficos, o juiz, ante o caráter dinâmico do direito, passa de um subsistema a outro (do subsistema legal

575. *V.* Santi Romano, *Princípios*, cit., p. 126; Raz, *The concept of a legal system*, Oxford, 1970, e Identity of legal systems, *California Law Review*, v. 59, 1971.

576. Nathan Rosentreich, *On constructing a philosophical system*, 1963, p. 21, 24 e 179. *V.* comentários de Dworkin, Is a law a system of rules?, in *Essays in legal philosophy*, Oxford, Ed. Summers, 1968; M. Helena Diniz, *A ciência jurídica*, cit., p. 149.

577. Vicente Ráo, *O direito*, cit., v. 1, p. 89, n. 38.

ao subsistema consuetudinário ou a um subsistema axiológico ou a um subsistema fático), até suprir a lacuna. De maneira que esta é sempre *provisória*, porque o direito possui uma temporalidade própria[578].

É de ver, portanto, que a teoria das lacunas não deve ser analisada sob uma consideração estática do direito, porque isso traz como consequência uma visão errônea do fenômeno. O direito deve ser considerado sob o prisma dinâmico, em constante mutação, sendo, assim, lacunoso, no nosso entendimento.

Três são as principais espécies de lacunas[579]: 1ª) *normativa*, quando se tiver ausência de norma sobre determinado caso; 2ª) *ontológica*, se houver norma, mas ela não corresponder aos fatos sociais, quando, p. ex., o grande desenvolvimento das relações sociais, o progresso técnico acarretaram o ancilosamento da norma positiva; 3ª) *axiológica*, ausência de norma justa, isto é, existe um preceito normativo, mas, se for aplicado, sua solução será insatisfatória ou injusta.

c.2.3. *Lacuna como problema de jurisdição*

Autores há que, ao examinarem a problemática das lacunas jurídicas, a consideram uma questão processual, uma vez que só surgem por ocasião da aplicação de normas a determinado caso para o qual não há, real ou aparentemente, norma específica. Dentre eles, podemos citar Robert Legros[580], para quem é o processo que levanta o problema eventual da lacuna. Esses juristas fazem com que o problema tome uma feição pragmática ao ser colocado ao nível da decisão.

Hans Kelsen afasta a ideia da existência de "lacunas" no sistema, pois todo e qualquer comportamento pode ser considerado como regulado — num sentido positivo ou negativo — pela ordem jurídica. Justamente por entender que "quando a ordem jurídica não estatui qualquer dever a um indivíduo de realizar determinada conduta, permite esta conduta"[581], regulando-a negativamente, rejeita Kelsen a formulação, feita por alguns autores, de que, ante a impossibilidade das normas regulamentarem todas as ações humanas possíveis, haverá sempre casos em que a aplicação do direito estará excluída, por não haver norma que os prescreva, devendo os juízes criá-las como se fossem legisladores. Daí o caráter da completude ou da plenitude do sistema normativo, na concepção de Kelsen, pois as normas que o compõem contêm, em si, a possibilidade de solucionar todos os conflitos levados à apreciação dos magistrados ou órgãos competentes[582].

Apesar de Hans Kelsen não admitir a existência de "lacunas" no sistema jurídico, reconhece a importância da teoria das lacunas como um limite ao poder normativo do magistrado. Considera a "lacuna" como uma ficção[583], utilizada pelo legislador, com a

578. *V.* Tercio Sampaio Ferraz Jr., *Sistema jurídico*, cit., p. 9; M. Helena Diniz, *As lacunas*, cit., p. 63-73.

579. *V.* M. Helena Diniz, *As lacunas*, cit., p. 73-83.

580. Legros, Considérations, in *Le problème des lacunes en droit*, cit., p. 363 e s. Sobre os demais autores que colocam a lacuna como problema de jurisdição, consulte M. Helena Diniz, *As lacunas*, cit., p. 85-95.

581. Kelsen, *Teoria pura do direito*, cit., v. 1, p. 81-3; v. 2, p. 107-9.

582. Recaséns Siches, *Tratado general*, cit., p. 321-5; Juan Manuel Teran, *Filosofía del derecho*, cit., p. 143-74; Fernando A. de Oliveira, A norma individual e o problema da lacuna, *RDP*, *24*:104, 1973.

583. Sobre o conceito de "ficção", *v.*: Palasi, *La interpretación y los apotegmas*, cit., p. 124; Rafael Llano, *Naturaleza jurídica de la "ficti juris"*, Pamplona, Ed. Eunsa, 1963; Fuller, *Legal fictions*, Stanford University Press, 1967.

finalidade de restringir o poder de interpretação e de integração conferido aos tribunais, quando estes constatam a falta de uma determinada norma, na ordem jurídica, para resolver certo caso[584]. Para ele, "a existência de uma 'lacuna' só é presumida quando a ausência de uma norma jurídica é considerada pelo órgão aplicador do direito como indesejável do ponto de vista da política jurídica e, por isso, a aplicação — logicamente possível — do direito vigente é afetada, por ser considerada pelo órgão aplicador do direito como não equitativa ou desacertada. Porém, a aplicação da ordem jurídica vigente pode ser havida como não equitativa ou desacertada, não apenas quando esta não contenha uma norma geral que imponha ao demandado ou acusado uma determinada obrigação, mas também quando ela contenha uma tal norma. O fato da ordem jurídica não conter qualquer norma que estabeleça pena para o furto de energia elétrica pode ser considerado tão iníquo ou desacertado como o fato de uma ordem jurídica conter norma que é de aplicar tanto ao roubo acompanhado de homicídio como à hipótese de um filho matar o pai que sofre de doença incurável, a pedido deste. Lacuna, no sentido de inaplicabilidade lógica do direito vigente, tampouco existe num caso como no outro". Deveras, considerar o furto de energia elétrica, não previsto em lei, como um comportamento juridicamente permitido é uma iniquidade. Por isso, entender as lacunas como uma "ficção" permite ao juiz não aplicar tal norma, que conduziria a resultados injustos. Convém repetir, o legislador "recorre à ficção de que a ordem jurídica vigente, em certos casos, não pode ser aplicada — não por uma razão ético-política subjetiva, mas por uma razão lógico-objetiva — de que o juiz somente pode fazer-se de legislador quando o direito apresentar uma lacuna"[585], tendendo, com isso, a limitar a hipertrofia da função judicial. Kelsen, na *Teoria generale delle norme*, admite que o ordenamento jurídico possa autorizar o órgão judicante a aplicar a norma geral a um caso concreto apenas se considerar justa sua aplicação naquela hipótese. Somente pressupondo isto se pode dizer que a tarefa do juiz competente é formular uma sentença justa. Admitindo, assim, a existência de lacunas axiológicas ou políticas, no caso de um comportamento proibido pelo sistema, mas desejável, por razões político-jurídicas, pelo juiz, este passará a acatá-lo, propondo uma outra norma que o torne permitido; ou na hipótese de uma conduta regulada negativamente, sendo permitida, mas que, por razões políticas, o magistrado julgue deva ser normada de modo positivo[586].

Por admitir a lacuna como uma mera ficção em razão de um motivo prático, que é estabelecer limites ideológicos à atividade judicial, conclui-se que Kelsen, ao nível da decisão judicial, reconhece a incompletude[587].

584. Kelsen, *Teoria pura do direito*, cit., v. 2, p. 109.

585. Kelsen, *Teoria pura do direito*, cit., v. 2, p. 107, 108 e 111, e *Teoria generale delle norme*, cit., p. 205 e 206, 379 e 380.

586. Ferraz Jr., *Conceito*, cit., p. 131-2; Charles Huberlant, Les mécanismes institués pour combler les lacunes de la loi, in *Le problème des lacunes en droit*, Bruxelles, Perelman (publ.), Émile Bruylant, 1968, p. 32-3; Gioja, *El postulado jurídico de la prohibición*, Buenos Aires, Abeledo-Perrot, 1954; Carrió, *Notas sobre derecho y lenguaje*, Buenos Aires, Abeledo-Perrot, 1973, p. 44-8.

587. Ferraz Jr., *A ciência do direito*, cit., p. 82. *V.* Villela, O problema das lacunas do ordenamento jurídico e os métodos para resolvê-lo. *Revista da Faculdade de Direito da Universidade de Minas Gerais*, p. 223 e 224, out. 1961; Kelsen, *El método y los conceptos fundamentales de la teoría pura del derecho*, n. 43.

Alguns autores sustentam a tese de que não existem lacunas porque há juízes (Aftalión, García Olano e José Vilanova)[588]. Carnelutti[589] refere-se à proibição do *non liquet*[590], que tem caráter puramente pragmático, embora se tenha pretendido convertê-la num *a priori*, para justificar a plenitude da ordem jurídica[591], pois o juiz está obrigado a decidir todo e qualquer litígio jurídico. Tanto isto é verdade que a proibição da denegação da justiça está estabelecida, p. ex., como norma geral, no art. 4º da Lei de Introdução às Normas do Direito Brasileiro, bem como no art. 140 do Código de Processo Civil de 2015, que estatui: "O juiz não se exime de decidir sob alegação de lacuna ou obscuridade do ordenamento jurídico".

O legislador, reconhecendo a impossibilidade lógica de regulamentar todas as condutas, prescreve normas desse tipo com o escopo de estabelecer a "plenitude do ordenamento". E a proibição da denegação da justiça pelo juiz pretende tão somente estabelecer tal completude[592].

Sem embargo, sob o prisma lógico, como evidencia Juan-Ramón Capella[593], a norma geral exclusiva (tudo o que não está proibido, está permitido) conflita com a norma geral inclusiva, de Norberto Bobbio (proibição do *non liquet*), pois "na hipótese que valha a primeira, a segunda é irrelevante porque haverá sempre uma norma aplicável: aquela, na hipótese que valha a norma dirigida ao juiz, deixa de ser aplicável à primeira", o que acarreta uma antinomia irremovível, levando à conclusão de que, sob uma perspectiva lógica, não se pode considerar a ordem jurídica, enquanto norma, como um sistema[594].

Carrió[595] critica as teorias que colocam a questão das lacunas ao nível da decisão judicial, ao dizer: "*No parece serio ... sostener que no hay lagunas porque los jueces las colman*", já que estão obrigados a decidir o caso, seja dando lugar à demanda, seja rechaçando-a. Em ambos os casos, diz Vernengo, na concepção de alguns juristas, a norma individual criada pelo juiz eliminaria a lacuna, posto que tal norma ficaria incorporada no direito positivo, porém tal não ocorre porque esta tese confunde o problema da existência de casos não normados dentro do sistema de normas, que é o problema das lacunas, com a afirmação de que, quando existem órgãos de aplicação, as lacunas podem ser superadas.

---

588. *Introducción al derecho*, 5. ed., Buenos Aires, El Ateneo, 1956, t. 1, p. 257.

589. *Teoría general del derecho*, Madrid, 1955, p. 107 e 116.

590. *V.* Charles Huberlant, Les mécanismes, in *Le problème des lacunes en droit*, cit., p. 43-4; François Terré, Les lacunes du droit, in *Le problème des lacunes en droit*, Bruxelles, Perelman (publ.), Émile Bruylant, p. 145-8; Jean J. A. Salmon, Quelques observations sur les lacunes en droit international public, in *Le problème des lacunes en droit*, Bruxelles, Perelman (publ.), Émile Bruylant, p. 313, 314, 317 e 318; Lauterpacht, *Some observations on the prohibition of "non liquet" and the completeness of the law*, Haye, Symbolae Verzijl, 1958, p. 196-221. Tammelo, On the logical openness of legal orders. A modal analysis of law with special reference to the logical status of "non liquet" in international law, *The American Journal of Comparative Law*, v. 8, p. 187-203, 1958; Alípio Silveira, Hermenêutica do direito social, *RF*, *575*:18, 1951; Silvio Rodrigues, *Direito civil*, cit., v. 1, p. 43.

591. Oviedo, *Formación y aplicación del derecho*, cit., p. 131-2; Stammler, *Tratado de filosofía del derecho*, Madrid, Ed. Reus, 1930, p. 333; Wilhelm Sauer, *Filosofía jurídica y social*, Barcelona, 1933, p. 232; Capella, *El derecho como lenguaje*, cit., p. 294 e 295.

592. Luiz G. M. de Paula, *A lacuna e a antinomia no direito tributário brasileiro*, trabalho apresentado em 1976, no Curso de Mestrado da PUCSP.

593. *El derecho como lenguaje*, cit., p. 307-8.

594. *V.* conclusões de Luiz G. M. de Paula, *A lacuna*, cit., p. 25; Alchourrõn e Bulygin (*Introducción a la metodología*, cit., p. 236) também se referem ao princípio da inescusabilidade da sentença; Lescot, Les tribunaux en face de la carence du législateur, *JPC*, 1966, Ed. GI, n. 2.007.

595. *Notas*, cit., mencionado por Alchourrõn e Bulygin, *Introducción a la metodología*, cit., p. 182.

Portanto, não nega a existência de lacunas normativas, mas afirma tão somente que há técnicas para colmatá-las[596].

Realmente, a decisão judicial nem ao menos elimina as lacunas e os conflitos. O juiz, ao aplicar a um caso não previsto a analogia, o costume e os princípios gerais de direito, não fecha a lacuna através de uma construção judicial, na qual substitui o legislador.

Entendemos que a integração de uma lacuna não se situa no plano legislativo, nem tampouco é uma delegação legislativa ao juiz; ela não cria novas normas jurídicas gerais, mas individuais, ou, na expressão de Betti, máximas de decisão, que só poderão ascender à categoria de normas jurídicas gerais tão somente em virtude de um subsequente processo de recepção e absorção dessas normas por uma lei ou jurisprudência, uma vez que as súmulas dos Tribunais são tidas, por alguns autores, como normas gerais.

Não duvidamos de que o órgão judicante possa valer-se, excepcionalmente, das regras ou máximas de experiência[597], cujo papel integrativo está reconhecido, explicitamente, no art. 375 do Código de Processo Civil de 2015, que reza: "o juiz aplicará as regras de experiência comum subministradas pela observação do que ordinariamente acontece e ainda as regras de experiência técnica, ressalvado, quanto a esta, o exame pericial". Do exposto fácil é denotar o caráter supletivo das máximas, que não podem ser invocadas se houver preceito legal disciplinando a matéria, nem ser criadas arbitrariamente pelo magistrado, pois se exige como seu requisito necessário a observação do que comumente acontece. Ao elaborá-las, o juiz age indutivamente, pois, partindo de sua experiência vivencial, procede à observação de fatos particulares, dando-lhes uma significação, extraindo uma regra, de conformidade com aquilo que de mais comum sucede. O órgão judicante pode aplicá-las ao interpretar uma lei, ao avaliar provas (*RT, 520*:189-91), ao verificar as alegações das partes, ao deslindar o significado de certos conceitos normativos indeterminados como "castigo imoderado", "preço vil" etc. As máximas de experiência podem ser, por sua vez, objeto de prova, e o juiz tem a permissão de se informar sobre elas (CPC/2015, art. 376).

A integração pode colmatar as lacunas, mas não instaurar uma completude necessária, no sentido de garantir que todo comportamento possível tenha um *status* deôntico. A jurisdição integra as normas, mas a lacuna permanece. O juiz deve sempre decidir, em caso de lacunas, mas a circunstância dele julgar *de facto* e *de iure* não confere juridicidade ao comportamento não previsto. Da completude das normas sobre jurisdição não é correto inferir a completude das normas sobre outros comportamentos[598]. Além disso, o processo judicial não tem por escopo eliminar conflitos, mas pôr-lhes um fim. A decisão, em seu conceito moderno, soluciona um problema sem eliminá-lo, pois ressentimentos, decepções não podem ser institucionalizados. Pôr um fim, convém lembrar, não quer dizer eliminar incompatibilidades, significa tão somente que o conflito não pode mais ser retomado no plano institucional (coisa julgada). A decisão do órgão soluciona o *dubium* conflitivo, torna alternativas indecidíveis em decidíveis, que, num momento seguinte, podem originar

596. Vernengo, *Curso de teoría general del derecho*, cit., p. 383-4.

597. Munir Karam, A função judicial, *Revista Jurídica da Faculdade de Direito de Curitiba*, n. 4, p. 144-6, 1985; Carlos Ignácio Massini, *La función judicial*, Buenos Aires, 1981, p. 51.

598. Amedeo Conte, *Saggio*, cit., p. 102, 158, 169, 171, 172 e 178.

novas situações até mais complexas. A lacuna não torna um comportamento obrigatório ou permitido, mas juridicamente indecidível, cabendo ao órgão judicante fazê-lo decidível[599].

Partindo dessas considerações e do reconhecimento de que o legislador não pode conhecer e prever todos os fatos, conflitos e comportamentos que são capazes de surgir nas relações sociais, bem como do entendimento de que, dentro de uma visão dinâmica do direito, é impossível pretender que no ordenamento existam normas regulando e prescrevendo as relações jurídicas presentes e todas as que o progresso trará, entendemos que o direito será sempre lacunoso.

Outro argumento que atesta a existência de lacunas no direito é a possibilidade de inadequação entre os subconjuntos componentes do sistema jurídico. Em razão da própria evolução interna de cada um, pode surgir uma situação indesejável em que a norma e o fato que lhe corresponde entrem em conflito com o valor ou com uma ideologia que os informa, quando o elemento fático em decorrência de uma mudança qualquer não mais atenda aos ditames ideológicos, ou quando a ideologia ou elemento valorativo, modificado por circunstâncias fáticas, entre em conflito com a norma[600].

Assim sendo, parece-nos que a problemática das lacunas jurídicas, ante o caráter dinâmico do direito, é inerente ao sistema jurídico, de modo que essa questão não deve ser, entendemos, considerada como um problema que só surge no momento da aplicação do direito a um caso *sub judice* não previsto pela ordem jurídica.

c.2.4. *Aporia das lacunas*

Vão seria contestar a existência de lacunas no direito. Ante a dinamicidade do direito, as lacunas são uma realidade inquestionável, devido às próprias e naturais limitações da condição humana que impedem, como já dissemos, ao legislador a possibilidade de prever todas as situações presentes e futuras que podem cair sob a égide da norma, e como se isto não fosse suficiente, a contínua criação que a vida, de per si, contém implicitamente pelo seu desenvolvimento deixa sempre fora de adequação as pautas normativas ditadas pelo Legislativo, daí os conflitos dentro do complexo sistema jurídico[601].

Se não se admitisse o caráter lacunoso do direito, sob o prisma dinâmico, o Poder Legislativo, em um dado momento, não mais teria qualquer função, porque todas as condutas já estariam prescritas, em virtude do princípio de que "tudo o que não está proibido, está permitido". E além disso a afirmação: não há lacunas porque há juízes, que, com base no art. 4º da Lei de Introdução às Normas do Direito Brasileiro, as vão eliminando, nos conduz a uma falsa realidade, pois os magistrados apenas as colmatam. O juiz cria norma jurídica individual que só vale para cada caso concreto, pondo fim ao conflito, sem dissolver a lacuna, pois o caso *sub judice* por ele resolvido não pode generalizar a solução para outros casos, mesmo que sejam idênticos. A instauração de um modelo jurídico geral cabe ao Poder Legislativo, bem como as modificações e correções da norma, procurando novas formas que atendam e satisfaçam às necessidades sociais.

599. Tercio Sampaio Ferraz Jr., *Direito, retórica e comunicação*, cit., p. 70, 81, 83 e 177; *Função social*, cit., p. 163-7; *Teoria da norma jurídica*, cit., p. 28, 29 e 65.

600. Interessante é a análise de Luiz G. M. de Paula (*A lacuna*, cit., p. 20-1) sobre o tema.

601. Gardiol, *Introducción a una teoría general del derecho*, Buenos Aires, Ed. Astrea, 1975, p. 234; Picard, *O direito puro*, cit., p. 32; Miguel Reale, *Lições preliminares*, cit., p. 300.

A dinâmica do direito é dupla, pois pode ser: 1) exterior, quando mediante elaboração de novas normas pelo poder competente transforma o direito; e 2) interior, quando o aplicador aceita as normas em discordância com os fatos, sujeitando-as a valoração objetiva[602].

O direito é sempre lacunoso, mas é também, ao mesmo tempo, sem lacunas. O que poderia parecer um paradoxo, se se propusesse o conceito de lacuna sob um ponto de vista estático; porém captando-se o fenômeno jurídico em sua dinamicidade tal não ocorre[603]. É lacunoso o direito porque, como salientamos, a vida social apresenta nuanças infinitas nas condutas humanas, problemas surgem constantemente, mudam-se as necessidades com os progressos, o que torna impossível a regulamentação, por meio de norma jurídica, de toda sorte de comportamento, mas é concomitantemente sem lacunas porque o próprio dinamismo do direito apresenta soluções que serviriam de base para qualquer decisão, seja ela do órgão jurisdicional, seja ela do Poder Legislativo[604].

Dinamicamente considerado o direito autointegra-se, ele mesmo supre seus espaços vazios, através do processo de aplicação e criação de normas, logo o sistema jurídico, poder-se-ia dizer, não é completo, mas completável[605]. Poder-se-á até falar, ainda, que as lacunas no direito são "provisórias", porque podem ser supridas pela própria força interna do direito[606], porém não eliminadas pelo Judiciário.

A teoria das lacunas tem dupla função: *a*) fixar os limites para as decisões dos magistrados, demonstrando o que se deve entender por sistema jurídico, ressaltando sua composição complexa em subsistemas, bem como sua interligação com normas de outros sistemas, colocando em pauta os ditames das normas de proibição do *non liquet* (LINDB, arts. 4º e 5º, e CPC, art. 140); e *b*) justificar a atividade do Legislativo.

É, portanto, o ordenamento jurídico dinamicamente pleno e não estaticamente pleno, uma vez que prevê meios legislativos e judiciais para estender a esfera do disciplinado para a do não regulado[607].

Sem embargo dessa nossa opinião, que não consideramos um pronunciamento final e definitivo sobre o assunto, entendemos que o termo "lacuna" esconde ideias díspares e antagônicas, sendo bastante nebuloso. Trata-se de uma aporia[608]. Realmente, a lacuna é um *dubium*, uma questão fundamentalmente aporética; densa é a problemática que a envolve.

---

602. Picard, *O direito puro*, cit., p. 31, 87 e 88.

603. Este pensamento é de Tercio Sampaio Ferraz Jr., *Conceito de sistema*, cit., p. 137.

604. Paulo Dourado de Gusmão (*Introdução*, cit., p. 157 e s.) entende que o direito positivo contém lacunas. Villela, O problema das lacunas, *Revista da Faculdade de Direito da Universidade de Minas Gerais*, cit., p. 224; Luiz G. M. de Paula, *A lacuna*, cit., p. 30; Hermes Lima, *Introdução*, cit., p. 99; De Castro (*Derecho civil de España*, 3. ed., Madrid, 1955, p. 532-3) assevera: "*No* hay lagunas (grifo nosso) *porque el Derecho se completa a si mismo, mediante la actividad del juez;* hay lagunas *(grifamos) porque se reconocen casos en que es preciso salirse de la ley, abandonando los pretendidos procedimientos lógicos, buscar fuera de ella la solución. De este modo queda reducida la cuestión a una discusión terminológica: la de si es adecuado o no llamar laguna jurídica a la falta de ley aplicable. En realidad sería desejable prescindir de la palabra lagunas, tan poco exacta, como de las multiples clasificaciones que de ellas se han hecho*".

605. Lourival Vilanova, *As estruturas lógicas*, cit., p. 177, 179 e 207.

606. Palasi, *La interpretación y los apotegmas*, cit., p. 70, 89 e 90.

607. Bobbio, *Teoria dell'ordinamento giuridico*, Torino, Giappichelli, 1960; Luiz G. M. de Paula, *A lacuna*, cit., p. 30.

608. Explica Theodor Viehweg (*Tópica y jurisprudencia*, cit., p. 49) que "*el término* aporía *designa precisamente una cuestión que es acuciante e ineludible, la 'falta de un camino', la situación de un problema que no es posible apartar, lo que Boecio tradujo, acaso débilmente, con la palabra latina* dubitatio".

O grande elenco de juristas que abordam o tema, cada qual sob uma perspectiva, dinâmica ou estática, demonstra, cabalmente, que há várias maneiras de conceber uma mesma realidade. A questão recebe várias respostas, segundo a posição ideológica que se adote.

As lacunas jurídicas são uma questão sem saída a que não há resposta unânime[609], devido à pluridimensionalidade do direito, que contém inúmeros elementos heterogêneos, o que dificulta uma abordagem unitária do tema[610]. De forma que, quando o jurista se põe a pensar sobre o que deve ser entendido por lacuna, parece-nos que não pode tomar as posições doutrinárias como definitivas, nem tampouco adotar uma posição, excluindo as demais, mas sim lançar mão de um expediente muito simples: expor o tema sob uma forma problemática. Isto porque, no nosso entender, as diversas doutrinas se completam e não se excluem, pois partem de critérios e premissas diversas.

c.3. Constatação e preenchimento das lacunas

c.3.1. *Identificação da lacuna*

Uma vez admitida a questão da existência das lacunas jurídicas, surge a da sua identificação, isto é, da sua *constatação*. Esta problemática abrange duas facetas: 1ª) a concernente ao ordenamento jurídico, que se caracteriza pelo fato de se saber em que limite a norma é omissa, ou seja, até que ponto não é aplicável sem um complemento, até onde, em caso de lacuna, pode-se interpretar a lei e até que ponto integrá-la[611]; 2ª) a referente à dificuldade da determinação da medida em que a ausência de norma pode ser tida como lacuna[612]. De maneira que o problema se resume na definição da lacuna, na sua classificação, nos meios através dos quais o órgão jurisdicional completa as normas, nos limites dessa função integradora, no sentido de uma neutralização política do Judiciário[613].

A constatação da lacuna resulta de um juízo de apreciação, porém o ponto decisivo não é a concepção que o magistrado tem da norma de direito, nem tampouco sua *Weltanschauung* do conteúdo objetivo da ordem jurídica, mas o processo metodológico por ele empregado[614]. E o problema do preenchimento assume um aspecto pragmático, pois a questão é a da legitimidade, determinação e natureza metodológica do emprego dos instrumentos integradores pelo órgão judicante[615].

---

609. Tercio Sampaio Ferraz Jr., *Conceito de sistema*, cit., p. 2; M. Helena Diniz, *As lacunas*, cit., p. 95-103.

610. Sobre lacuna, *v.*, ainda, os seguintes autores: Tulio Ascarelli, Il problema delle lacune, *Archivo Giuridico*, v. 94, 1925; Canaris, De la manière de constater et de combler les lacunes de la loi en droit allemand, in *Le problème des lacunes en droit*, Bruxelles, Perelman (publ.), Émile Bruylant, 1968; Jorge Laguardia, Las lagunas de la ley y la plenitud hermética del ordenamiento jurídico, *Revista de la Universidad de San Carlos*, n. 46, p. 139-69, Guatemala, 1958; Miedzianagora, Juges, lacunes et idéologie, in *Logique et analyse*, 33, 1966, p. 52; Moor, La questione delle lacune del diritto, *RIFD*, 1941; Vanwelkenhuyzen, De quelques lacunes du droit constitutionnel belge, in *Le problème des lacunes en droit*, Bruxelles, Perelman (publ.), Émile Bruylant, 1968; Legaz y Lacambra, La plenitud del orden jurídico, *Revista Crítica del Derecho Inmobiliario*, p. 112 e s., mar. 1940; Norberto Bobbio, Completezza dell'ordinamento giuridico e interpretazione, *RIFD*, fascs. 4 e 5, 1940; Brunetti, Completezza dell'ordinamento giuridico, *RIFD*, 1928; Luzzatto, *Sull'asserita completezza dell'ordinamento giuridico*, 1922; Miceli, Il dogma della completezza dell'ordinamento giuridico, *RIFD*, 1925.

611. Carl Wilhelm Canaris, De la manière, in *Le problème des lacunes en droit*, cit., p. 160 e s.

612. Tercio Sampaio Ferraz Jr., *Localização sistemática*, cit., p. 14.

613. Tercio Sampaio Ferraz Jr., *Localização sistemática*, cit., p. 15.

614. *V.* o que diz Canaris, De la manière, in *Le problème des lacunes en droit*, cit., p. 173-4.

615. Tercio Sampaio Ferraz Jr., *Localização sistemática*, cit., p. 20 e 15.

Os mecanismos de constatação de lacunas são, concomitantemente, de integração.

A constatação e o preenchimento são aspectos correlatos, porém independentes. Correlatos porque o preenchimento pressupõe a constatação, e esta, os meios de colmatação. Assim sendo, a analogia é, ao mesmo tempo, meio para mostrar a "falha" e para completá-la. São independentes porque pode haver constatação de lacunas cujo sentido ultrapasse os limites de preenchimento possível (lacunas técnicas que só o legislador pode completar, mas em certos ordenamentos jurídicos, como no nosso, há permissão constitucional para o preenchimento, num dado caso concreto, daquelas omissões legislativas, que requerem regulamentação ulterior, pelo Judiciário, ante o mandado de injunção) e porque o preenchimento da lacuna, salvo disposição expressa, não impede a sua constatação em novos casos e circunstâncias (o preenchimento não elide a lacuna como tal, que continua a subsistir e a ser passível de constatação até que um dispositivo legal a elimine).

Os meios de preenchimento de lacuna são indicados pela própria lei, isto porque, como observa Alípio Silveira[616], nosso legislador não iria, evidentemente, pôr nas mãos do juiz um verdadeiro cartucho de dinamite para que fizesse ir pelos ares a certeza do direito e desse curso à torrente arrasadora do subjetivismo anárquico.

A vigente Lei de Introdução às Normas do Direito Brasileiro (Dec.-Lei n. 4.657, de 4-9-1942, com a alteração, em sua denominação, da Lei n. 12.376/2010), no seu art. 4º, reza: "Quando a lei for omissa, o juiz decidirá o caso de acordo com a analogia, os costumes e os princípios gerais de direito", apontando os mecanismos do preenchimento das lacunas. E o CPC/2015, no art. 8º, segunda parte, complementa que deverá o aplicador resguardar a dignidade da pessoa humana, observando a proporcionalidade, a razoabilidade, a legalidade, a publicidade e a eficiência.

c.3.2. *Meios supletivos das lacunas*

c.3.2.1. Analogia

Para integrar a lacuna, o juiz recorre, preliminarmente, à *analogia*, que consiste em aplicar, a um caso não contemplado de modo direto ou específico por uma norma jurídica, uma norma prevista para uma hipótese distinta, mas semelhante ao caso não contemplado[617].

É a analogia um procedimento quase lógico, que envolve duas fases: "a constatação (empírica), por comparação, de que há uma semelhança entre fatos-tipos diferentes e um

616. *Hermenêutica*, cit., p. 24; Rogério Donnini, A complementação de lacunas no Código Civil. Continua a viger o art. 4º da Lei de Introdução ao Código Civil?, *Revista da Academia Paulista de Direito*, n. 4, p. 235 a 248.

617. Siches, *Tratado general*, cit., p. 426; Diez-Picazo, *Experiencias jurídicas*, cit., p. 281; Franco Montoro, *Introdução*, cit., v. 2, p. 135; Melandri, *La linea e il circolo: studio logico-filosofico sull'analogia*, Bologna, 1968; Carmelo Scuto, *Istituzioni di diritto privato*; parte geral, v. 1, p. 126; Carlos Maximiliano, *Hermenêutica*, cit.; Carvalho de Mendonça, *Tratado de direito comercial*, cit., v. 1, p. 238; Lahr, *Manual de filosofia*, Porto, 1941, p. 396; Ferrara, *Trattato*, cit., p. 227; Washington de Barros Monteiro, *Curso de direito civil*, cit., v. 1, p. 41; Maurice Dorolle, *Le raisonnement par analogie*, Paris, Presses Universitaires de France, 1949; Von Tuhr, *Derecho civil*, Buenos Aires, Depalma, 1946, v. 1, t. 1, p. 57; Larenz, *Metodología*, cit., p. 300; Theodor Sternberg, *Introducción*, cit., p. 139; Villela, O problema das lacunas, *Revista da Faculdade de Direito da Universidade de Minas Gerais*, out. 1961, p. 225; Goffredo Telles Jr., *Iniciação na ciência do direito*, cit., p. 201-3; Maurizio Marchetti, *Analogia e criação judicial*, São Paulo, Ed. Juarez de Oliveira, 2001; E. F. da Costa, *Analogia jurídica e decisão judicial*, Porto Alegre, Fabris, 1987.

juízo de valor que mostra a relevância das semelhanças sobre as diferenças, tendo em vista uma decisão jurídica procurada"[618].

A nosso ver, a analogia é um argumento lógico-decisional, pois sua aplicação leva à decisão do magistrado, sem contudo haver inferências lógico-silogísticas, implicando uma seleção, um juízo avaliativo por parte do órgão judicante, dos elementos relevantes[619].

Modernamente, encontra-se na analogia uma averiguação valorativa. Ela seria um procedimento argumentativo, sob o prisma da lógica retórica, que teria por escopo "transferir valores de uma estrutura para outra". Teria um caráter inventivo, já que possibilita "ampliar a estrutura de uma situação qualquer, incorporando-lhe uma situação nova", tendo por base o juízo de semelhança[620]. Encaixa-se aqui, plenamente, a lógica do razoável, que não é uma invenção de Siches, mas decorre da verificação da realidade que nos oferece o "mundo" dos valores. Grande é o seu papel no procedimento analógico; embora não tenha sido apontada explicitamente pelo nosso legislador, o foi de modo implícito. Com efeito, prescreve o nosso art. 5º da Lei de Introdução às Normas do Direito Brasileiro: "Na aplicação da lei, o juiz atenderá aos fins sociais a que ela se dirige e às exigências do bem comum", com isso reconhecendo a validade da lógica do razoável no estabelecimento de critérios de valoração para a aplicação da norma, não podendo deixar de se estender ao uso da analogia, como bem assevera Alípio Silveira[621].

Percebe-se que o problema da aplicação analógica não está na averiguação das notas comuns entre o fato-tipo e o não previsto, mas sim em verificar se essa coincidência sobreleva, em termos valorativos, de maneira a justificar plenamente um tratamento jurídico idêntico para fatos ora em exame[622].

Larga é a aplicação da analogia, como se poderá ver nos seguintes exemplos:

1º) "Não se cogitando em texto expresso do Código Civil sobre o modo de proceder em relação aos bens de menores, sob o pátrio poder (hoje poder familiar), quando o pai é privado do usufruto inerente ao exercício do pátrio poder (hoje poder familiar), resolve-se a dificuldade recorrendo-se aos princípios que constituem a integração por analogia, lançando-se mão do disposto no art. 411, parágrafo único, do Código Civil de 1916 (correspondente ao art. 1.733, §§ 1º e 2º, do novo CC): 'Aos irmãos órfãos se dará um só tutor. No caso, porém, de ser nomeado mais de um, por disposição testamentária, entende-se que a tutela foi cometida ao primeiro e que os outros lhe hão de suceder pela ordem da nomeação, dado o caso de morte, incapacidade, escusa ou qualquer outro impedimento legal'. Parágrafo único. 'Quem institui um menor herdeiro, ou legatário seu, poderá nomear-lhe curador especial para os bens deixados, ainda que o menor se ache sob o pátrio poder (hoje poder familiar), ou sob tutela' " (*AJ*, *30*:156).

---

618. Tercio Sampaio Ferraz Jr., Analogia; aspecto lógico-jurídico: analogia como argumento ou procedimento lógico, in *Enciclopédia Saraiva do Direito*, v. 6, p. 363.*V.* ainda Klug, *Lógica jurídica*, cit., p. 97 e s.

619. *V.* o que diz a respeito Palasi, *La interpretación y los apotegmas*, cit., p. 184.

620. Tercio Sampaio Ferraz Jr., Analogia, in *Enciclopédia Saraiva do Direito*, cit., p. 364; Cossio, *La plenitud*, cit., p. 124 e s.

621. *Hermenêutica*, cit., v. 1, p. 296 e 78. *V.* Siches, The logic of the reasonable as differentiated from the logic of the rational, in *Essays in jurisprudence in honor of Roscoe Pound*, Bobbs-Mewiel, 1962, p. 192, 221 e 205.

622. *V.* Campos Batalha, *Lei de Introdução ao Código Civil*, cit., p. 260; Heller, citado por Engisch, *Introdução ao pensamento jurídico*, cit., p. 286-7, notas 22 e 24.

2º) O art. 1.666 do Código Civil de 1916 (correspondente ao art. 1.899 do Código Civil de 2002), que estatuía: "Quando a cláusula testamentária for suscetível de interpretações diferentes, prevalecerá a que melhor assegure a observância da vontade do testador", foi aplicado, por analogia, aos casos de doações, que são liberalidades (*RF*, *128*:498).

3º) O art. 640 do mesmo Código, que dizia: "O condômino, que administrar sem oposição dos outros, presume-se mandatário comum", foi estendido por aplicação analógica aos casos de usufruto de que são titulares cônjuges separados judicialmente; o que administrar, sem oposição do outro, presumir-se-á mandatário comum (*RT*, *209*:262 — hoje a matéria rege-se pelo art. 1.324 do novo Código Civil).

4º) O art. 413, II, também do Código Civil de 1916 (correspondente ao art. 1.735, II, do novo CC), estabelecia que "não podem ser tutores ... os que, no momento de lhes ser deferida a tutela, se acharem constituídos em obrigação para com o menor, ou tiverem que fazer valer direitos contra este; e aqueles cujos pais, filhos, ou cônjuges tiverem demanda com o menor". Pois bem, decisões há no sentido de que o devedor do testador é, por analogia com o disposto nesse artigo, inapto para exercer a testamentaria (*AJ*, *53*:156; *RT*, *131*:569).

A analogia é tão somente um processo revelador de normas implícitas[623].

O fundamento da analogia encontra-se na *igualdade jurídica*, já que o processo analógico constitui um raciocínio "baseado em razões relevantes de similitude"[624], fundando-se na identidade de razão, que é o elemento justificador da aplicabilidade da norma a casos não previstos, mas, substancialmente semelhantes, sem contudo ter por objetivo perscrutar o exato significado da norma, partindo, tão só, do pressuposto de que a questão *sub judice*, apesar de não se enquadrar no dispositivo legal, deve cair sob sua égide por semelhança de razão[625].

É necessário, portanto, que além da semelhança entre o caso previsto e o não regulado haja a mesma razão, para que o caso não contemplado seja decidido de igual modo. Daí o célebre adágio romano: *ubi eadem legis ratio, ibi eadem dispositio.*

Ao empregar a analogia, procura-se "a probabilidade de semelhança material dos próprios termos e do efeito que esta semelhança poderá causar no espírito de quem julga ou daquele a quem ela, de modo geral, se dirige", pois a definição da semelhança só pode basear-se nos quadros de uma teleologia. "A analogia requer sempre uma referência às finalidades (valoração dos objetivos e dos motivos) às quais ela se orienta"[626]. É imprescindível

623. Os acórdãos acima citados aplicaram, na verdade, os arts. 411, parágrafo único, 1.666, 640 e 413, II, do CC de 1916 e foram aqui transcritos a título de exemplo. Alípio Silveira, A analogia, os costumes e os princípios gerais de direito na integração das lacunas da lei, *RF*, fasc. 521, p. 261, 1946; João Arruda, Direito civil, *RT*, *23*:237-8, 1927; Lourival Vilanova (*Sobre o conceito do direito*, cit., p. 185-7), que cita Klug, *Juristiche logik*, p. 97-129; García Máynez, *Lógica del raciocinio jurídico*, cit., p. 35-60; e Alberto Trabucchi, *Istituzioni di diritto civile*, p. 46 e 48; Bobbio, *L'analogia nella logica del diritto*, Torino, Istituto Giuridico, 1938, p. 104; Miguel Reale, *Lições preliminares*, cit., p. 85, 292 e 293; Limongi França, Aplicação do direito positivo, in *Enciclopédia Saraiva do Direito*, v. 7, p. 200; M. Helena Diniz, *As lacunas*, cit., p. 121-43.

624. Miguel Reale, *Lições preliminares*, cit., p. 85; Limongi França, Aplicação do direito positivo, in *Enciclopédia Saraiva do Direito*, cit., p. 200.

625. *V.* comentários de Campos Batalha, *Introdução ao direito*, cit., p. 269; Oswaldo A. Bandeira de Mello, *Princípios gerais*, v. 1, p. 354; Bobbio, *L'analogia*, cit., p. 104, n. 406.

626. Tercio Sampaio Ferraz Jr., Analogia, in *Enciclopédia Saraiva do Direito*, cit., p. 365.

um juízo de valor que conclua quais são os pontos comuns e os diversos[627]. Seria, então, de bom alvitre traçar um breve desenvolvimento sobre seus pressupostos[628].

Requer a aplicação analógica:

1) Que o caso *sub judice* não esteja previsto em norma jurídica. Isto porque direito expresso ou literal disposição legal não abrange analogia; esta dilata a aplicação da lei a casos por ela não declarados e que, por identidade de razão, devem submeter-se a ela. A analogia compara e, da semelhança, conclui pela aplicação da norma ao caso em tela, sendo, portanto, um processo mental. Se houvesse lei regulando o caso, ter-se-ia interpretação extensiva.

2) Que o caso não contemplado tenha com o previsto, pelo menos, uma relação de semelhança.

3) Que o elemento de identidade entre os casos não seja qualquer um, mas sim fundamental ou de fato que levou o legislador a elaborar o dispositivo que estabelece a situação à qual se quer comparar a norma não contemplada. Terá de haver uma verdadeira e real semelhança e a mesma razão entre ambas as situações. Meras semelhanças aparentes, afinidades formais ou identidades relativas a pontos secundários não justificam o emprego da argumentação analógica[629].

Há autores, como Grolmann[630] e Wachter[631], que costumam distinguir *analogia legis* de *analogia juris*.

---

627. Karl Larenz, *Metodología*, cit., p. 300 e 301.

628. Sobre os pressupostos da analogia *v.*: Limongi França, Aplicação do direito positivo, in *Enciclopédia Saraiva do Direito*, cit., p. 201, e *Formas e aplicação*, cit., p. 71-2; Alípio Silveira, *Hermenêutica*, cit., v. 1, p. 295; Serpa Lopes, *Curso de direito civil*, cit., v. 1, p. 178-9; Barros Monteiro, *Curso de direito civil*, cit., v. 1, p. 41; Carlos Maximiliano, *Hermenêutica*, cit., p. 224; Clóvis Beviláqua, O direito expresso na doutrina e na jurisprudência brasileira, *RF*, dez. 1943; Ruggiero, *Istituzione di diritto civile*, 1. ed., Milano, Ed. Messina, v. 1, p. 151; Kelsen, *Teoria generale delle norme*, cit., p. 458 e s. *V.* também *AJ*, *64*(1):15, 1942 e *69*(6):417, 1944.

629. Contudo o recurso à analogia é limitado: 1) Carlo Saltelli escreve: "A tendência atualmente dominante na doutrina é aquela de limitar a proibição da analogia e do recurso aos princípios gerais em matéria penal, aos casos em que se trata de criar um delito e de aplicar uma pena, consentindo em qualquer outro caso a possibilidade do processo analógico e a aplicação dos princípios gerais de direito" (L'analogia i principii generali di diritto in materia penale, *Annali di diritto e procedura penale*, 1935, p. 125). Isto "porque as leis penais restringem a liberdade individual, não se desejando que o juiz acrescente outras limitações além das previstas pelo legislador"; W. Barros Monteiro, *Curso de direito civil*, cit., v. 1, p. 42; exceto nas hipóteses em que a analogia beneficie o réu; Narcélio Queirós, Analogia "in bonam partem" e a Lei de Introdução ao Código Civil, *RF*, *100*(496):5-10, 1944; Limongi França, *Aplicação do direito positivo*, cit., p. 202. *V.* ainda: *Revue International de Droit Pénal*, *14*:250, 1937; Marcelo Caetano, *Lições de direito penal*, 1939, p. 119; Coste-Floret, L'interprétations des lois penales, *Revue de Science Criminelle et de Droit Pénal Comparé*, t. 2, p. 4-20, 1937. 2) Nas leis de *ius singulare*, cujo caráter excepcional, conforme a doutrina, não pode comportar decisão de semelhante a semelhante: Limongi França, *Aplicação do direito positivo*, cit., p. 202; Tercio Sampaio Ferraz Jr. (Analogia, in *Enciclopédia Saraiva do Direito*, cit., p. 365) diz: "Proíbe-se a analogia nos casos de direito singular, como, p. ex., a não admissão da extensão analógica de prescrições formais para certos contratos, pois, em princípio, a forma dos contratos é livre"; Torrente (*Manuale di diritto privato*, 4. ed., Milano, Giuffrè, p. 25-6) esclarece que os casos não previstos pelas normas de exceção são disciplinados pelas de caráter geral, não justificando, portanto, analogia. 3) E, segundo alguns tributaristas, nas leis fiscais. Há possibilidade do órgão judicante cobrir o vácuo normativo, mediante a analogia, porém nem toda norma é suscetível de aplicação analógica. Só poderá sê-lo aquela em que os contornos flexíveis do tipo que nela se contém apresentarem a vantagem de superar a rigidez classificatória, propiciando a utilização de cláusulas gerais, conceitos acentuadamente indeterminados, inclusive de valor, orientados pela conexão de sentido, como um todo, assim como é na realidade. Sua aplicação possibilitará, então, a coordenação das situações mais ou menos similares ao tipo, ensejando, dessa forma, a integração normativa, através do emprego da analogia. A norma deverá ser de tipo aberto, como o é a grande maioria das disposições civis.

630. Citado por Luís Jiménez de Asúa, Le principe "nullum crimem sine lege" et la cuestión de l'analogie, *Revue de Droit Pénal et de Criminologie et Archives Internationales de Médécine Legal*, n. 3, 1936, p. 237 e s., e por Narcélio Queirós, Analogia "in bonam partem", *RF*, *100*(496):5.

631. Della analogia legale e giuridica nel diritto penale, in *Scritti germani*, v. 2, p. 34 e s., citado por Alípio Silveira, A analogia, *RF*, *108*(521):259, 1946.

A *analogia legis* consiste na aplicação de uma norma existente, destinada a reger caso semelhante ao previsto. E a *juris* estriba-se num conjunto de normas, para extrair elementos que possibilitem sua aplicabilidade ao caso concreto não contemplado, mas similar[632].

Machado Neto vê nessa distinção entre *analogia legis* e *analogia juris* uma diferenciação meramente acidental, já que não há pura semelhança de casos, mas de sua conceituação jurídica, nem pura analogia das disposições legislativas, porque a lei envolve uma conceituação genérica de casos possíveis. Manifesta ou não, toda analogia é *analogia juris*, pois, tal como toda aplicação o é, não de uma norma, mas do ordenamento jurídico inteiro, por mais aparentemente que se detenha na apuração da analogia das disposições normativas ou de fatos, jamais se poderá prescindir do conjunto da sistemática jurídica que tudo envolve[633]. No que concordamos plenamente, embora não haja motivo para desprezar essa distinção sob o prisma didático. Porém, na prática, a autêntica analogia é a *juris*.

O órgão judicante, ante a lacuna, recorre aos *argumentos analógicos*, que podem ser agrupados em três classes de raciocínio: *argumentum a simili ad simile*, *argumentum a fortiori* e *argumentum a contrario*. Esses argumentos nada mais são do que raciocínios que procuram provar ou refutar algo, persuadindo alguém de sua veracidade ou validade, correspondendo, na lógica retórica, aos procedimentos quase lógicos[634].

Pelo argumento *a simili ad simile* ou *a pari*, a *vis ac potestas* da norma concentra-se em sua *ratio*, pois a chamada identidade de razão é a base da analogia. Neste argumento, não se conclui acerca da identidade dos fatos, nem sobre a do fato com a lei, mas sim sobre a semelhança da *ratio legis*, devendo-se obedecer às seguintes regras: não fundar as conclusões em semelhanças raras e secundárias; não olvidar as diferenças; e não confundir as conclusões prováveis e problemáticas com as certas da indução e dedução[635].

---

632. Narcélio Queirós, Analogia "in bonam partem", *RF*, *100*(496):5; Villela, O problema das lacunas, *Revista da Faculdade de Direito da Universidade de Minas Gerais*, cit., p. 225; Barros Monteiro, *Curso de direito civil*, cit., v. 1, p. 42; Serpa Lopes, *Curso de direito civil*, cit., v. 1, p. 178; Carlos Maximiliano, *Hermenêutica*, cit., p. 222; Nowaski, *Analogia legis*, Warszawa, 1966; Clóvis Beviláqua, *Teoria geral do direito civil*, cit., p. 37; Ziembinsky, "Analogia legis" et interprétation extensive, in *La logique juridique* (travaux du II Colloque de Philosophie du Droit Comparé), Paris, Ed. Pedone, 1967, p. 247; Larenz, *Metodología*, cit., p. 304-5. Machado Neto (*Compêndio*, cit., p. 225), com base numa distinção meramente acidental, apresenta três tipos de analogia: a *analogia legis*, fundada na disciplina dos casos semelhantes, ou seja, em regras de matéria análoga; a *analogia facti*, fundada na semelhança de fatos, e, finalmente, a *analogia juris*, fundada na ascensão até os princípios gerais de direito de natureza análoga, para daí descer até o caso, supostamente, não previsto. Theodor Sternberg, *Introducción*, cit., p. 140.

633. Machado Neto, *Compêndio*, cit., p. 225-6. Copi (*Introducción a la lógica*, Buenos Aires, Eudeba, 1962, p. 308 e 313) refere-se à estimação dos raciocínios analógicos. Nesse mesmo teor de ideias: Binding, *Handbuch des Strafrechts*, Leipzig, 1885, v. 1, p. 216-7, citado por Paulo Dourado de Gusmão, *Introdução*, cit., p. 158; Oviedo, *Formación y aplicación del derecho*, cit., p. 136 e nota 338.

634. Tercio Sampaio Ferraz Jr. (Argumento-II, in *Enciclopédia Saraiva do Direito*, v. 7, p. 461), que cita Perelman, *Traité de l'argumentation*, Bruxelles, 1970. Silvio de Macedo, Argumento-I, in *Enciclopédia Saraiva do Direito*, v. 7, p. 460. Sobre os três tipos de argumento, *v.* Fabreguettes, *La logique judiciaire et l'art de juger*, Paris, 1914, e Matteo Pescatore, *La logica del diritto*, Torino, 1883, também citados por Tercio Sampaio Ferraz Jr., Argumento-II, in *Enciclopédia Saraiva do Direito*, cit., p. 468.

635. *V.* Preti, Studi sulla logica formale nel Medio Evo, *Rivista Critica di Storia Filosofica*; Giuliani, *Études de logique juridique*, Bruxelles, Émile Bruylant, 1970, p. 89; Palasi, *La interpretación y los apotegmas*, cit., p. 187-90 e 221; Carlos Maximiliano, *Hermenêutica*, cit., p. 257; Gardiol, *Introducción*, cit., p. 236; João Mendes Neto, *Ruy Barbosa e a lógica jurídica*, cit., p. 114 e 121; García Máynez, *Lógica del raciocinio jurídico*, cit., p. 155; Pfander, *Lógica*, cit., p. 413-4; Du Pasquier, *Introduction*, cit.; Klug, *Lógica jurídica*, cit., p. 98 e 104.

O argumento *a fortiori* surge do fato de que as notas, que trazem a tônica da semelhança de um objeto a outro, convenham ao segundo em grau distinto do primeiro[636]. Tal argumento compreende os argumentos *a maiori ad minus* e *a minori ad maius*, que levam o magistrado a aplicar a norma aos casos não regulados, nos quais se encontra a razão suficiente da hipótese explícita, mas mais forte[637]. O primeiro, *a maiori ad minus*, é aquele segundo o qual se a lei autoriza o mais, implicitamente permite o menos. Ou, como nos ensina Kalinowski[638], é o argumento que consiste em ter por ordenado ou permitido, de modo implícito, algo menor do que o que está determinado ou autorizado *expressis verbis*; se há permissão, p. ex., para divulgar em forma escrita as atas das sessões parlamentares, então, encontra-se subentendido, *a fortiori*, que se autoriza essa divulgação oralmente, posto que a divulgação oral seja menos eficaz que a escrita.

Embora alguns tratadistas afirmem que o argumento *a maiori ad minus* coincide com a analogia, parece-nos que esta argumentação não é analógica, pois na analogia o magistrado deve averiguar se há ou não *ratio juris* e semelhança que permita atribuir ao fato não regulado a mesma consequência jurídica do previsto, enquanto no argumento *a maiori ad minus* não há igual *ratio*, mas maior intensidade. P. ex.: se está permitido emprestar dinheiro, estabelecendo-se juros de 6%, com maior razão se autoriza o empréstimo a 4% de juros. Percebe-se que o argumento *a maiori ad minus* é uma inferência que possibilita interpretação extensiva, constituindo uma simples subsunção[639].

Quanto ao segundo argumento, *a minori ad maius*, consiste em passar da validade de uma disposição normativa menos extensa para outra mais ampla, necessitando-se, para tanto, do auxílio de valorações. Portanto, o argumento *a minori ad maius* é aquele que "se a lei proíbe o menos, com maior razão proíbe o mais". O exemplo que Kalinowski apresenta é bastante simples: "se está proibido pisar na grama, com mais razão está proibido arrancá-la", bem como o clássico exemplo de Siches e de Ihering: "se se proíbe transporte de cães, com mais razão está proibido o transporte de ursos". Da mesma forma temos argumentação *a minori ad maius* na assertiva: se alguém está privado de administrar seus bens, não os poderá, com maior razão, vender[640]. Também não vemos aqui qualquer raciocínio analógico, mas sim uma interpretação extensiva.

Tem-se sustentado que todo sistema normativo é completo, ante o emprego do "*argumentum a contrario*", que parte do fato de que uma disposição normativa inclui certo

636. Gardiol, *Introducción*, cit., p. 236. Esse argumento surgiu em Aristóteles (*Retórica II*, Cap. 23, IV): "Outro tópico es el del más y del menos" — e em Ulpiano (D., 50, XVIII, 21): "*Non debet, cui plus licet, quod minus est non licere*".

637. Carlos Maximiliano, *Hermenêutica*, cit., p. 258.

638. Interprétation juridique et logique des propositions normatives, *Logique et Analyse*, série 2, p. 135, 1959. *V.* Gregorowicz, L'argument "a maiori ad minus" et le problème de la logique juridique, *Logique et Analyse*, série 5, p. 66-72, 1962; Larenz, *Metodología*, cit., p. 307; Carlos Maximiliano, *Hermenêutica*, cit., p. 257; Ferraz Jr., Argumento-II, in *Enciclopédia Saraiva do Direito*, cit., p. 466.

639. *V.* o que afirmam Gregorowicz, L'argument "a maiori ad minus", *Logique et Analyse*, cit., p. 66; Klug, *Lógica jurídica*, cit., referido por Palasi, *La interpretación y los apotegmas*, cit., p. 226; Kelsen, *Teoria generale delle norme*, cit., p. 461 e s.

640. Tercio Sampaio Ferraz Jr., Argumento-II, in *Enciclopédia Saraiva do Direito*, cit., p. 466; Klug, *Lógica jurídica*, cit., p. 140; Kalinowski, Interpretatión juridique, *Logique et Analyse*, cit., p. 137; João Mendes Neto, *Ruy Barbosa e a lógica jurídica*, cit., p. 120; Carlos Maximiliano, *Hermenêutica*, cit., p. 258; Domat, *Teoria da interpretação das leis*, citado por Carlos Maximiliano, *Hermenêutica*, cit., p. 258, nota 3.

comportamento num modo deôntico, excluindo de seu âmbito qualquer outra conduta, isto é, um comportamento C estando proibido, qualquer conduta Não C está não proibida (= permitida), assim sendo, na aplicação da "norma geral excludente", na terminologia de Bobbio, utiliza-se esse tipo de argumentação[641]. Para Kelsen isso seria possível, em virtude daquele princípio de que "tudo que não está juridicamente proibido, está permitido", significando que se uma conduta não está, de modo expresso, vetada, será considerada como aceita. Conte já entende que do emprego dessa argumentação não é possível senão concluir pela inqualificação do comportamento[642].

O argumento *a contrario* funda-se no fato de que um objeto diverso de outro em várias notas também o será quanto à qualidade sob a qual existe a diferença. Atendendo-se à semelhança poder-se-á apresentar um argumento *a pari*, e à diferença, o *a contrario*. Ao argumento *a pari* opõe-se o *a contrario*. Um exemplo talvez esclareça as coisas. Suponhamos que um ordenamento exija, para que se possa ser testemunha num testamento por ato público, saber ler e escrever, sem contudo prescrever sobre as condições requeridas para testemunhar nos demais atos notariais. Aplicando-se o raciocínio *a pari*, concluir-se-ia, sem dúvida, que também para os outros instrumentos notariais se exige das testemunhas tal qualidade. Porém se se aplicar o *a contrario*, deduzir-se-á que esse requisito vale só para os testamentos, mas não para os demais atos notariais[643].

Fácil é notar que essa modalidade de argumentação, apesar da opinião de muitos, não constitui uma analogia. Não consta no rol dos mecanismos de preenchimento das lacunas estabelecidos pelo nosso art. 4º da Lei de Introdução às Normas do Direito Brasileiro, mas é um instrumento integrador que está ínsito no sistema em diretiva, que embora não seja norma posta, não deixa de ter um certo valor vinculante como: "a inclusão de um, importa na exclusão do outro".

Sob uma perspectiva retórica, grande é a sua valia. Entretanto, uma generalização do argumento *a contrario* extinguiria a interpretação extensiva e restritiva e, ainda, a analogia, ou seja, *argumentum a simili ad simile* ou *a pari*. Essa argumentação *a contrario* só pode ser manejada com grande prudência, ponderando adequadamente as diferenças nas quais se funda, após as tentativas infrutíferas de interpretação e do emprego da analogia, não se aplicando, portanto, a todos os casos de silêncio da lei[644].

Karl Larenz coloca ao lado dos argumentos da analogia *a pari* e da *a contrario* um procedimento especial, designado por ele "redução teleológica", que serve também, no seu

---

641. Conte, Décision, complétude, clôture. A propos des lacunes en droit, in *Le problème des lacunes en droit*, Bruxelles, Perelman (publ.), Émile Bruylant, 1968, p. 76 a 80; Lourival Vilanova, *Sobre o conceito do direito*, cit., p. 187, 190 e 194; Perelman-Tyteca, *Traité*, cit., p. 259, 235, 161; Larenz, *Metodología*, cit., p. 307-8; Alípio Silveira, *Hermenêutica*, cit., v. 1, p. 296-7; Diez-Picazo, *Experiencias jurídicas*, cit., p. 285.

642. Tercio Sampaio Ferraz Jr., Argumento-II, in *Enciclopédia Saraiva do Direito*, cit., p. 463.

643. Gardiol, *Introducción*, cit., p. 236; Campos Batalha, *Lei de Introdução ao Código Civil*, cit., v. 1, p. 260; João Mendes Neto, *Ruy Barbosa e a lógica jurídica*, cit., p. 121; Engisch, *Introdução ao pensamento jurídico*, cit., p. 230.

644. Tercio Sampaio Ferraz Jr., Argumento-II, in *Enciclopédia Saraiva do Direito*, cit., p. 463; Engisch, *Introdução ao pensamento jurídico*, cit., p. 238; Carlos Maximiliano, *Hermenêutica*, cit., p. 257; Coviello, *Manuale di diritto civile italiano*, cit., p. 80; Geny, *Método de interpretación*, cit., v. 1, p. 34; Berriat Saint Prix, *Manuel de logique juridique*, 2. ed., n. 69; Marcel Planiol, *Traité élémentaire*, cit., v. 1, n. 222; Pacifici-Mazzoni, *Istituzioni di diritto civile italiano*, 3. ed., v. 1, n. 22; M. Helena Diniz, *As lacunas*, cit., p. 145-53.

ponto de vista, para integrar lacunas. Entende que tal mecanismo é uma limitação feita a uma norma e exigida pelo seu sentido, apresentando-se como um paralelo, não só da interpretação restritiva, como também da argumentação analógica; enquanto esta última se traduz em tratar o que é semelhante (nos pontos essenciais) de modo igual, a redução teleológica visa tratar desigualmente o que é desigual, fazendo as diferenciações exigidas valorativamente, apelando, para isso, à *ratio legis*. Haverá "redução teleológica" quando ante uma lacuna o magistrado ao lançar mão de uma norma necessite de uma limitação que nela falte, conforme a teleologia imanente da lei. A norma, formulada de modo amplo, é reconduzida ao campo de aplicação que corresponde ao fim ou à conexão de sentido dessa mesma norma[645].

Canaris também vê na redução teleológica um meio de constatação e colmatação de lacunas[646].

Parece-nos que se trata, sem embargo da opinião de Larenz[647], de uma interpretação restritiva e da interpretação prevista no art. 5º da nossa Lei de Introdução às Normas do Direito Brasileiro e não de integração.

c.3.2.2. Costume

O costume é outra fonte supletiva, seja ele decorrente da prática dos interessados, dos tribunais e dos jurisconsultos, seja *secundum legem*, *praeter legem* ou *contra legem*. Pelo art. 4º da atual Lei de Introdução, situa-se o costume imediatamente abaixo da lei, pois o magistrado só poderá a ele recorrer quando se esgotarem todas as potencialidades legais para preencher a lacuna[648].

Realmente, não se pode negar a valiosa função reveladora do direito exercida pela prática jurisprudencial, pela doutrina e pelo costume, decorrente do povo, na hipótese de *lacuna normativa* e, principalmente, nos casos:

1) De *lacuna axiológica*, ou seja, quando há lei aplicável ao fato, mas ante a injustiça ou inconveniência, que sua aplicação traria, deve ser afastada. Casos há, indubitavelmente, em que as normas escritas são preceitos incompatíveis com o estado social e as ideias ou valores sociais dominantes, não correspondendo às suas finalidades, apresentando-se como puras ideias, criações cerebrinas. Assim, para ajustá-las aos valores vigentes na sociedade, a aplicação do costume, em qualquer de suas modalidades, principalmente do *contra legem*, tem sido admitida pelos juízes e tribunais.

2) De *lacuna ontológica*, quando há desajustamento entre os fatos e as normas. Se a realidade define a situação de um certo modo e a norma legal de outro, a doutrina ou a jurisprudência são levadas, autorizadas pelo art. 5º da Lei de Introdução às Normas do Direito Brasileiro, a concluir pela inaplicabilidade de tais normas, que estão em desuso, aplicando-se, então, na impossibilidade de analogia, um costume. Neste caso, temos uma lacuna ontológica — que aparece devido a uma mutação social qualquer ou do subsistema

645. Larenz, *Metodología*, cit., p. 308 e 309.
646. De la manière, in *Le problème des lacunes en droit*, cit., p. 169-71.
647. *Metodología*, cit., p. 308-9; M. Helena Diniz, *As lacunas*, cit., p. 157-9.
648. M. Helena Diniz, *Curso*, cit., v. 1, p. 55; Ferreira Coelho, *Código Civil*, cit., v. 2, p. 104, n. 845.

fático que informa a norma jurídica, havendo uma incongruência que rompe a isomorfia entre os vários subsistemas do sistema jurídico — suprida pelo subsistema normativo consuetudinário. Embora, em regra, uma lei só possa ser modificada por outra da mesma hierarquia ou de hierarquia superior, há casos, no direito brasileiro, em que os juízes aplicaram o costume *contra legem*. P. ex., o Tribunal de São Paulo ao verificar a existência de um costume local contrário à lei escrita passou a admiti-lo: "Segundo os usos e costumes dominantes no mercado de Barretos, os negócios de gado, por mais avultados que sejam, celebram-se dentro da maior confiança, verbalmente, sem que entre os contratantes haja troca de qualquer documento. Exigi-lo agora seria, além de introduzir nos meios pecuaristas locais um fator de dissociação, condenar de antemão, ao malogro, todos os processos judiciais que acaso se viessem intentar e relativos à compra e venda de gado". Esta decisão desprezou o art. 141 do Código Civil de 1916 (art. 227, ora revogado, do novo CC), que proibia a prova exclusivamente testemunhal em contratos de certo valor (*RT, 132*:660 e 662; *RTJ, 54*:63). O disposto neste artigo devia ser entendido, conforme o Código de Processo Civil/73, que, no art. 401, prescrevia que só se admitia prova exclusivamente testemunhal, nos contratos cujo valor não excedesse o décuplo do salário mínimo vigente no País, ao tempo em que foram celebrados. Generalizar tal conclusão era, sem embargo, perigoso, pois era difícil saber qual era o costume vivido pelos membros da comunidade, e qual a lei que não mais se seguia e que, por isso, não mais devia ser aplicada pelos juízes e tribunais. O CPC/2015, ao revogar o art. 227 do CC, veio solucionar essa questão, pois, atualmente, "a prova testemunhal é sempre admissível, não dispondo a lei de modo diverso" (CPC/2015, arts. 442 a 445), qualquer que seja o valor do negócio.

O bom órgão judicante, como nos ensina Machado Neto, deverá sempre, ao aplicar quaisquer das espécies de costume, estar armado de um certo grau de sensibilidade e faro sociológico para descobrir o ponto de saturação em que um uso pode ser invocado como jurídico[649].

c.3.2.3. Princípios gerais de direito

Quando a analogia e o costume falham no preenchimento da lacuna, o magistrado supre a deficiência da ordem jurídica, adotando *princípios gerais de direito*, que, às vezes, são cânones que não foram ditados, explicitamente, pelo elaborador da norma, mas que estão contidos de forma imanente no ordenamento jurídico[650].

---

649. Miguel Reale, *Questões de direito*, Sugestões Literárias, 1981, p. 17-22, e *Lições preliminares*, cit., p. 170; Machado Neto, *Compêndio*, cit., p. 208, 215 e 293; M. Helena Diniz, *Curso*, cit., v. 1, p. 56 e 57; *As lacunas*, cit., cap. III-A, n. 3. c, e p. 159 a 181.*V.*, neste livro, Cap. II, n. 2. d. 1; *Conceito de norma jurídica*, cit., p. 30; Bigne de Villeneuve, *La crise du "sens comun"*, cit., p. 96.

650. Caio Mário da Silva Pereira, *Instituições*, cit., v. 1, p. 78; Limongi França, *Princípios gerais de direito*, cit., p. 146; João Luiz Alves, *Código Civil anotado*, 1. ed., 1917, p. 5; Miguel Romero, Los principios generales del derecho y la doctrina legal como fuentes judiciales en España, *Revista General de Legislación y Jurisprudencia*, Madrid, 1941, n. 170; Aubry e Rau, *Cours de droit civil français*, 5. ed., Paris, 1936, v. 1, p. 245; Baudry-Lacantinerie, *Précis de droit civil*, 9. ed., Paris, 1905, t. 1, p. 53; Del Vecchio, *Los principios generales del derecho*, cit.; García Valdecasas, La naturaleza de los principios generales del derecho, in *Ponencias españolas*, VI Congreso Internacional de Derecho Comparado, Barcelona, 1962, p. 43; Miceli, I principii generali del diritto, *Rivista di Diritto Civile, 15*:23, 1923; Enneccerus, *Tratado de derecho civil*, cit., v. 1, p. 214; Puig Peña, Los principios generales del derecho como fuente normativa de la decisión judicial, *Revista de Derecho Privado*, Madrid, nov. 1956; Guasp (*Comentarios a la ley de enjuiciamento civil*, Madrid, 1943, t. 1, p. 46) considera os princípios gerais como fonte. Azpeitia, Los principios

Observa Jeanneau, os princípios não têm existência própria, estão ínsitos no sistema, mas é o juiz que, ao descobri-los, lhes dá força e vida.

Esses princípios que servem de base para preencher lacunas não podem opor-se às disposições do ordenamento jurídico, pois devem fundar-se na natureza do sistema jurídico, que deve apresentar-se como um "organismo" lógico, capaz de conter uma solução segura para o caso duvidoso. Com isso se evita que o emprego dos princípios seja arbitrário ou conforme as aspirações, valores ou interesses do órgão judicante[651].

O princípio geral do direito é uma diretriz para a integração das lacunas estabelecida pela própria lei, mas é vago em sua expressão, reveste-se de caráter impreciso, uma vez que o elaborador da norma não diz o que se deve entender por princípio. Por esse motivo os "princípios gerais de direito" são diversamente concebidos pelas escolas jurídicas, que buscam o sentido desse vocábulo[652]. Dentre elas temos:

1) A que combate a concepção dos princípios gerais, sem os negar, considerando-os, enquanto mecanismos de suprimento, como: *a*) meros expedientes para liberação das passagens legais que não mais atendem a opinião dominante (Unger); *b*) permissões para livre criação do direito por parte do magistrado (Hoffman, Pfaff e Ehrenzweig); *c*) impossíveis de determinação, ante o caráter variável da razão humana; e *d*) simples fontes interpretativas e integrantes de normas legais, sem qualquer força criadora[653].

2) Aquela que identifica os princípios gerais de direito com as normas do direito natural (Laun, Brunetti, Geny, Espínola, Manresa, Schuster, Nippel, Del Vecchio, Legaz y Lacambra, Winiwarter, Recaséns Siches, Zeiller). Dentro dessa direção jusnaturalista há diversos matizes, conforme a ideia que se tenha do direito natural, que pode ser entendido: *a*) Como *razão natural*, de modo que as normas do direito natural são dogmas obtidos pela razão, dela derivando[654]. *b*) Como *natureza das coisas*, de sorte que os princípios apareceriam, segundo pontifica Legaz y Lacambra, como "formalizaciones intelectuales de criterios de solución de interferencias y de medidas unipersonales de justicia, ajustadas a las exigencias dominantes de la naturaleza"[655]. Geny[656] também é sequaz desta opinião. Contudo, observa Vicente Ráo[657] que a concepção de Geny tem por escopo o exame da formação da ciência

generales del derecho como fuente del derecho civil, in *La reforma legislativa*, Madrid, t. 40; Jean Dabin, *La philosophie*, cit., p. 239 e s.

651. *V.* o que dizem Palasi, *La interpretación y los apotegmas*, cit., p. 136-7; Jeanneau, La nature des principes généraux du droit en droit français, in *Études de droit contemporain en l'honneur de Rodière* (préface), Cujas, 1962; García Máynez, *Introducción*, cit., p. 371-2; Del Vecchio, *Direito, Estado e filosofia*, trad. Luiz Luisi, Rio de Janeiro, Ed. Politécnica, 1952, p. 370; Siches, *Tratado general*, cit., p. 326.

652. Sobre as várias correntes, *v.*: Benlloch, Que debe entenderse por principios generales del derecho?, *Revista de los Tribunales*, Madrid, t. 37, 1903; Valverde, *Tratado de derecho civil*, 4. ed., Madrid, 1935, v. 1; Puigmarnau, *Los principios generales del derecho*; repertorio de reglas, máximas y aforismos jurídicos con la jurisprudencia del Tribunal Supremo de Justicia, Barcelona, 1947; Puelma, *Integración*, cit., p. 89-91; Campos Batalha, *Lei de Introdução ao Código Civil*, cit., v. 1, p. 261; Washington de Barros Monteiro, *Curso de direito civil*, cit., v. 1, p. 44; Vicente Ráo, *O direito*, cit., p. 310-5; Serpa Lopes, *Curso de direito civil*, cit., v. 1, p. 182-4; M. Helena Diniz, *As lacunas*, cit., p. 184-92.

653. Serpa Lopes, *Curso de direito civil*, cit., v. 1, p. 183; Castro y Bravo, *Derecho civil de España*, v. 1, p. 431.

654. Del Vecchio, *Los principios generales del derecho*, cit., p. 11 e s.; *Riforma del Codice Civile e principii generali di diritto*, Roma, 1937.

655. *Introducción*, cit., p. 51 e s.

656. *Método de interpretación*, cit., ns. 157, 158 e 159, citado por Vicente Ráo, *O direito*, cit., p. 312, nota 203.

657. *O direito*, cit., p. 313.

jurídica e não a investigação de normas subsidiárias do direito positivo ditadas pelos princípios gerais de direito. *c*) Como *verdades*, objetivamente derivadas da *lei divina*, de um sistema superior plantado por Deus no coração dos homens[658] que contém um conjunto de princípios superiores, oriundos do princípio da justiça, comum a toda a humanidade[659].

3) Aquela que entende ser os princípios gerais normas inspiradas no sentimento de equidade, sendo, então, a própria equidade (Maggiore, Osilia, Giorgio Giorgi, Borsari, Tripicione, Scialoja)[660]. García Máynez manifesta-se a favor da opinião que considera a equidade um princípio geral de direito, já que serve de base a todos os princípios[661]. Autores há, aos quais nos filiamos, que negam tal equivalência, dentre eles: Piola, Pacchioni, Rotondi, Eduardo Espínola, Eduardo Espínola Filho, Clemente de Diego, Laurent, Hauriou, Ferrara, Carnelutti, Clóvis Beviláqua, Scoevola[662]. Apesar de nossa atual Lei de Introdução às Normas do Direito Brasileiro (art. 4º) e de nossa Constituição (CF/88) não se referirem à equidade, consideramo-la como algo distinto dos princípios gerais e como meio de preenchimento de "vazios" na ordem jurídica, como logo mais se poderá ver.

4) A que considera os princípios gerais como tendo caráter universal, ditados pela ciência e pela filosofia do direito (Bianchi, Clóvis Beviláqua, Pacchioni)[663]. Os prosélitos desta concepção, a nosso ver, incidem no erro de confundir os "princípios" com formulações, abstrações lógicas ou enunciados de caráter científico.

5) A que, em virtude de sua direção positivista, os caracteriza como: *a*) princípios historicamente contingentes e variáveis, que estão na base do direito legislado, que o antecedem, constituindo os parâmetros fundamentais da norma jurídica, inspirando a formação de cada legislação, uma vez que se trata de orientações culturais ou políticas da ordem jurídica; dentro desta tendência temos Savigny e os pandectistas alemães[664]; *b*) princípios norteadores extraídos das diversas normas do ordenamento jurídico (Coviello, Fadda e Bensa, Carnelutti, Boulanger, Barassi, Ruggiero, Esser)[665].

6) A que adota uma posição eclética, procurando conciliar essas posições, isto é, os princípios sistemáticos com o direito científico ou com os imperativos da consciência social,

658. *V.* Diez-Picazo, *Experiencias jurídicas*, cit., p. 205.

659. *V.* Flósculo da Nóbrega, *Introdução ao direito*, cit., p. 133.

660. Osilia, *L'equità nel diritto privato*, Roma, 1923; Giorgi, *Teoria delle obbligazioni*, v.1; Maggiore, L'equità e il suo valore nel diritto, *RIFD*, 1923, p. 256-87; Tripicione, L'equità nel diritto, *RIFD*, p. 42, ano 5, 1925; Scialoja, Del diritto positivo e dell'equità, in *Studi giuridici*, v. 3, I, p. 22.

661. García Máynez, *Introducción*, cit., p. 377.

662. Piola, Equità, *Digesto Italiano*, v. 10, p. 506; Pacchioni, I principii generali di diritti, *Archivo Giuridico*, *91*:138; Rotondi, Equidad y principios generales del derecho, *Revista General de Derecho y Jurisprudencia*, t. 2; Espínola, *A Lei de Introdução ao Código Civil*, cit., t. 4, p. 440 e 163; Clemente de Diego, *La jurisprudencia*, cit., e *Apuntes de derecho civil*; Laurent, *Cours élémentaire*, cit., v. 1, p. 5-12; Hauriou, *Précis*, cit., p. 236, nota 6; Ferrara, *Trattato*, cit., p. 61; Carnelutti, *Lezioni di diritto processuale civile*, v. 2, p. 18 e s.; Clóvis Beviláqua, A Constituição e o Código Civil, *RT*, *97*:33; Scoevola, *Código Civil espanhol comentado*, v. 1, p. 251-3.

663. Sobre Clóvis Beviláqua, *v.* o que dizem Vicente Ráo, *O direito*, cit., p. 311, nota 202, e Alípio Silveira, A analogia, *RF*, *108*:462.

664. *V.* Savigny, *Sistema*, cit., p. 100; Alípio Silveira, A analogia, *RF*, *108*:460; Campos Batalha, *Lei de Introdução ao Código Civil*, cit., p. 261.

665. Coviello, *Manuale di diritto civile italiano*, cit., p. 96; Carnelutti, *Teoría general*, cit., p. 116, e *Sistema di diritto processuale civile*, Padova, 1936, t. 1, p. 120; Barassi, *Instituciones de derecho civil*, Barcelona, Bosch, 1955, v. 1, p. 32; Ruggiero, *Instituciones de derecho civil*, 4. ed., Madrid, Ed. Reus, t. 1, p. 154; Fadda e Bensa, nota ao § 23, v. 1, das *Pandectas* de Windscheid; Boulanger, *Le droit privé français au milieu du XX siècle*; Esser, *Principio y norma en la elaboración jurisprudencial del derecho privado*, Barcelona, Bosch, 1961, p. 169 e s.

ou os princípios sistemáticos com a concepção da escola livre. Condena o extremismo dos positivistas em querer submeter os princípios gerais do direito à regra de que só poderão ter lugar depois de esgotados todos os recursos no sentido de extrair a norma positiva, e assim mesmo não se poderá contradizer às ideias fundamentais da lei, dos costumes ou da doutrina. Argumenta que o mais perigoso seria forçar o magistrado a obter do direito positivo uma solução que este não pode ter[666].

Denota-se que na base desses diversos aspectos existe um elemento comum a todas as doutrinas: a justiça. Segundo Torré, a ela se reduzem os princípios gerais de direito, mas com ela não se identificam[667].

Entendemos que os princípios gerais do direito contêm múltipla natureza:

a) São decorrentes das normas do ordenamento jurídico, ou seja, dos subsistemas normativos. Princípios e normas não funcionam separadamente; ambos têm, na nossa opinião, caráter prescritivo. Atuam os princípios como fundamento de integração do sistema normativo e como limite da atividade jurisdicional[668].

b) São derivados das ideias políticas e sociais vigentes, ou seja, devem corresponder ao subconjunto axiológico e ao fático, que norteiam o sistema jurídico, sendo, assim, um ponto de união entre consenso social, valores predominantes, aspirações de uma sociedade com o sistema de direito, apresentando, portanto, uma certa conexão com a filosofia política ou ideologia imperante, de forma que a relação entre norma e princípio é lógico-valorativa, apoiando-se estas valorações em critérios de valor "objetivo"[669].

c) São reconhecidos pelas nações civilizadas os que tiverem *substractum* comum a todos os povos ou a alguns deles em dadas épocas históricas[670].

Abrangem, desse modo, investigações sobre o sistema jurídico, recaindo sobre os subsistemas normativo, fático e valorativo, concernentes à questão omissa que se deve solucionar, preenchendo as lacunas (normativas, ontológicas e axiológicas), podendo até penetrar, para tanto, no campo da ciência do direito, bem como no da filosofia jurídica, que contém dados sobre os princípios inspiradores de todos os ramos do direito[671].

---

666. Serpa Lopes, *Curso de direito civil*, cit., v. 1, p. 183; Pérez González e José Alguer, notas a Enneccerus, *Derecho civil*, v. 1, p. 222-4.

667. Franco Montoro, *Introdução*, cit., v. 2, p. 110-1; Torré (*Introducción al derecho*, cit., n. 70, p. 367): "Comumente, na falta de um preceito expresso ou de leis análogas, as legislações remetem o intérprete aos princípios gerais de direito, isto é, aos princípios de justiça, como fonte última a que deve recorrer para integrar o ordenamento jurídico".

668. Palasi, *La interpretación y los apotegmas*, cit., p. 138; Raz, Legal principles and the limits of law, *The Yale Law Journal*, n. 81, p. 823, 1972, e Identity of legal systems, *California Law Review*, cit., v. 59, p. 795, 1971.

669. *V.* Campos Batalha, *Lei de Introdução ao Código Civil*, cit., p. 261. Esta foi também a opinião de Eichenberger, Buser, Troller, Fleiner, Haefelin, Noll, Liver, Aubert, Grossen e Dubs, na assembleia da "Société suisse des juristes", em Locarno (18 a 20-10-1974). *V.* também Arévalo, La doctrina de los principios generales del derecho y las lagunas del ordenamiento administrativo, *RAP*, v. 40, p. 189, 1963; Schmidt citado por Engisch, *Introdução ao pensamento jurídico*, cit., p. 249-50.

670. Campos Batalha, *Lei de Introdução ao Código Civil*, cit., v. 1, p. 261; Engisch, *Introdução ao pensamento jurídico*, cit., p. 248.

671. *V.* as observações de Vicente Ráo, *O direito*, cit., p. 606; Miguel Reale (*Lições preliminares*, cit., p. 312): "Os princípios gerais de direito são conceitos básicos de diversa gradação ou extensão, pois alguns cobrem o campo todo da experiência jurídica universal, outros se referem aos ordenamentos jurídicos pertencentes a alguns países, outros são próprios do direito pátrio. O ordenamento jurídico se distribui em faixas normativas ou sistemas normativos diferentes, correspondentes às diferentes esferas da realidade social. Cada 'região' jurídica pressupõe diretrizes

Muitos desses princípios encontram-se prescritos em normas, p. ex., o art. 3º da Lei de Introdução às Normas do Direito Brasileiro, que dispõe: "Ninguém se escusa de cumprir a lei, alegando que não a conhece"; o art. 112 do Código Civil: "Nas declarações de vontade se atenderá mais à intenção nelas consubstanciada do que ao sentido literal da linguagem", e o art. 5º, II, da Constituição Federal do Brasil, que contém, em si, o princípio da legalidade, ao dizer: "Ninguém será obrigado a fazer ou deixar de fazer alguma coisa senão em virtude de lei". Porém, em sua grande maioria estão implícitos, podendo ser descobertos pela análise dos subsistemas. Estão contidos no sistema jurídico civil, p. ex., os princípios[672]: *a*) da moralidade, sendo que o da moralidade administrativa está previsto na CF/88, arts. 5º, LXXIII, 37, *caput*, e § 4º; 85, V; *b*) da igualdade de direitos e deveres diante do ordenamento jurídico; *c*) da proibição de locupletamento ilícito (CC, arts. 876 e 884); *d*) da função social da propriedade (CF/88, arts. 5º, XXIII, 182, e § 2º; 184; 185, parágrafo único, e 186) e do contrato (CC, art. 421); *e*) de que ninguém pode transferir ou transmitir mais direitos do que tem; *f*) de que a boa-fé se presume e a má-fé deve ser provada; *g*) da preservação da autonomia da instituição familiar; *h*) de que ninguém pode invocar a própria malícia; *i*) da exigência da justa causa nos negócios jurídicos; *j*) de que o dano causado por dolo ou culpa deve ser reparado; *l*) de que as obrigações contraídas devem ser cumpridas; *m*) dos pressupostos da responsabilidade civil; *n*) de que quem exercita o próprio direito não prejudica ninguém; *o*) do equilíbrio dos contratos; *p*) da autonomia da vontade e da liberdade de contratar; *q*) da intangibilidade dos valores da pessoa humana ou do devido respeito à personalidade humana; *r*) de que a interpretação a ser seguida é aquela que se revelar menos onerosa para o devedor; *s*) de que quando for duvidosa a cláusula do contrato, deve-se conduzir a interpretação visando aquele que se obriga; *t*) de que se responde pelos próprios atos e não pelos atos dos outros; *u*) de que se deve favorecer mais àquele que procura evitar um dano do que àquele que busca realizar um ganho; *v*) de que não se pode responsabilizar alguém mais de uma vez pelo mesmo fato; *x*) de que nas relações sociais e contratuais se tutela a boa-fé (CC, art. 422) e se reprime a má-fé etc.[673].

Alípio Silveira[674] conclui que o magistrado deve guiar-se pelos princípios gerais de justiça, já que a função jurisdicional visa buscar uma solução razoável.

Os princípios gerais de direito, entendemos, não são preceitos de ordem ética, política, sociológica ou técnica, mas elementos componentes do direito. São normas de valor

---

ou conceitos básicos que asseguram a unidade lógica dos institutos: princípios gerais do direito civil, do direito penal, do direito processual, do direito trabalhista etc. ...". Além disso se conexionam com elementos dos subsistemas fáticos e valorativos.

672. *V.* Miguel Reale, *Lições preliminares*, cit., p. 301; Washington de Barros Monteiro, *Curso de direito civil*, cit., v. 1, p. 44; Messineo, *Manuale di diritto civile*, 8. ed., Milano, 1950, p. 110; M. Helena Diniz, *As lacunas*, cit., p. 193 e 194.

673. Sraffa, Le clausule di concorrenza, in *Studi giuridiche dedicati a F. Schupper*, Torino, 1898, v. 2, p. 349, 371-8; Del Vecchio (Princípios gerais de direito, *Revista de Crítica Judiciária*, ano 13, v. 23, p. 8, 9 e 14, Rio de Janeiro, 1936) explica o caso dos escravos romanos, que, apesar dessa condição, tinham um reconhecimento parcial e indireto de sua personalidade, pois se admitia que o escravo pudesse votar e tomar parte nos *Collegia funeralitia*; foram, entre os escravos, juridicamente, considerados os laços de sangue, originando impedimentos matrimoniais, ainda que, porventura, sobreviesse a manumissão; se reconhece que o escravo era de fato (*naturaliter*) capaz de declarar a sua vontade, e, assim, realizar negócios jurídicos, obrigar-se e adquirir direitos, donde a possibilidade de relações de dever entre escravo e patrão e, por fim, a possibilidade para o escravo de adquirir a sua liberdade, pagando, ele próprio, o preço com seu pecúlio. Bonfante, *Istituzioni di diritto romano*, 5. ed., Milano, 1912, p. 40.

674. *A boa-fé no Código Civil*, p. 24.

genérico que orientam a compreensão do sistema jurídico, em sua aplicação e integração, estejam ou não positivadas[675]. Não se confundem os princípios gerais de direito, ainda, com os brocardos ou máximas, embora sejam, em parte, integrados por estas. Tais parêmias valem apenas como cristalizações históricas dos princípios gerais de direito: "*Exceptiones sunt strictissimae interpretationis*" (as exceções são de interpretação estrita); "*semper in dubiis, benigniora praeferenda sunt*" (nos casos duvidosos, deve-se preferir a solução mais benigna); "*ad impossibilia nemo tenetur*" (ninguém está obrigado ao impossível); "*utile per inutile non vitiatur*" (o que num ato jurídico é útil não deve ser prejudicado por aquilo que não é); "*actus, non a nomine sed ab effectu, judicatur*" (o ato jurídico é apreciado, tomando-se em consideração, em vez do simples nome, o efetivamente desejado, ou seja, a denominação falsa ou errada do ato não influi no valor e aplicabilidade das disposições; se ao legado chamam herança, p. ex., o magistrado corrige o engano, dando eficiência ao que foi, efetivamente, resolvido); "*nemo locupletari debet cum aliena injuria vel jactura*" (ninguém deve locupletar-se com o dano alheio, ou com a jactura alheia); "*in his quae contra rationem juris constituta sunt, non possumus sequi regulam juris*" (ao que foi determinado, introduzido, realizado em contraste com a razão de direito, não podemos aplicar a norma de direito); "*unum quod que dissolvitur eo modo quod fuerit colligatum*" (cada coisa dissolve-se do mesmo modo pelo qual tenha sido constituída) etc.[676].

O órgão judicante, empregando deduções, induções e, ainda, juízos valorativos, deverá seguir este roteiro, ao aplicar o princípio geral de direito:

1º) buscar os princípios norteadores da estrutura positiva da instituição a que se refere o caso *sub judice*;

2º) sendo inócua a primeira medida, deverá atingir os princípios que informam o livro ou parte do diploma onde se insere a instituição, depois os do diploma onde se encontra o livro, a seguir os da disciplina a que corresponde o diploma, e assim por diante até chegar aos princípios gerais de todo o direito escrito, de todo o regime jurídico-político e da própria sociedade das nações, embora estes últimos só digam respeito às questões de direito internacional público;

3º) procurar os princípios de direito consuetudinário, que não se confundem com as normas costumeiras, mas que são o ponto de partida de onde aquelas advêm;

4º) recorrer ao direito das gentes, especialmente ao direito comparado, onde se descobre quais são os princípios que regem o sistema jurídico das nações civilizadas, desde que estes não contradigam os princípios do sistema jurídico interno;

675. *V.* Miguel Reale (*Lições preliminares*, cit., p. 300, 301 e 302): "Os princípios podem ser: *a*) *omnivalentes*, válidos para todas as formas de saber, como é o caso dos princípios da identidade e de razão suficiente; *b*) *plurivalentes*, aplicáveis a vários campos de conhecimento como se dá com o princípio da causalidade, essencial às ciências da natureza, mas não extensivo a todos os campos do conhecimento; *c*) *monovalentes* que só valem no âmbito de uma ciência, como é o caso dos princípios gerais de direito"; M. Helena Diniz, *As lacunas*, cit., p. 198; Barassi (*Istituzioni di diritto civile*, cit., p. 40) diz que: "i principii generali non sono regole abstratte ma vere norme con carattere imperativo". Na mesma esteira de pensamento: Ráo, *O direito*, cit., v. 1, p. 307-14; Caio Mário da Silva Pereira, *Instituições*, cit., v. 1, p. 66; Legaz y Lacambra, *Filosofía del derecho,* p. 571; Limongi França, *Princípios gerais de direito*, cit., p. 117; Esser, *Principio*, cit., p. 169-71; Betti, *Interpretazione*, cit., p. 313.

676. Limongi França, *Princípios gerais de direito*, cit., p. 27-8 e 159-99; Alípio Silveira, *Hermenêutica*, cit., v. 1, p. 385; M. Helena Diniz, *As lacunas*, cit., p. 199-201; Miguel Reale, *Lições preliminares*, cit., p. 315; Carlos Maximiliano, *Hermenêutica*, cit., p. 271-2; Georg Cohn, *O direito civil em provérbios* (citado por Sternberg, *Introducción*, cit., p. 30), fracassou, obviamente, na sua tentativa de reduzir o direito a provérbios.

5º) invocar os elementos de justiça, isto é, os princípios essenciais, podendo para tanto penetrar o campo da jusfilosofia[677].

c.3.2.4. Equidade

Em caso de lacuna, o juiz deverá constatar, na própria legislação, se há semelhança entre fatos diferentes, fazendo juízo de valor de que esta semelhança se sobrepõe às diferenças. E se não encontrar casos análogos, deve recorrer ao costume e ao princípio geral de direito; não podendo contar com essas alternativas, é-lhe permitido, ainda, socorrer-se da *equidade*[678].

Alípio Silveira entende que a equidade, considerada em toda a extensão possível do termo, liga-se a três acepções, intimamente correlacionadas[679]:

a) na *latíssima*, ela seria o princípio universal da ordem normativa, a razão prática extensível a toda conduta humana (religiosa, moral, social, jurídica), configurando-se como uma suprema regra de justiça a que os homens devem obedecer;

b) na *lata*, a equidade confundir-se-ia com a ideia de justiça absoluta ou ideal, com os princípios de direito, com a ideia do direito, com o direito natural em todas as suas significações;

c) na *estrita*, seria ela esse mesmo ideal de justiça enquanto aplicado, ou seja, na interpretação, integração, individualização judiciária, adaptação etc. Sendo, nessa acepção empírica, a justiça no caso concreto.

A equidade é passível de classificação. Agostinho Alvim dividiu-a em *legal* e *judicial*.

A *equidade legal* seria a contida no texto da norma, que prevê várias possibilidades de soluções[680], p. ex., o art. 1.583, § 2º, do Código Civil, que reza: "Na guarda compartilhada, o tempo de convívio com os filhos deve ser dividido de forma equilibrada com a mãe e com o pai, sempre tendo em vista as condições fáticas e os interesses dos filhos"; o § 3º, que dispõe: "Na guarda compartilhada, a cidade considerada base de moradia dos filhos será aquela que melhor atender aos interesses dos filhos"; e o art. 1.584, II, desse diploma legal, que prescreve: "A guarda, unilateral ou compartilhada, poderá ser decretada pelo juiz, em atenção a necessidades específicas do filho, ou, em razão da distribuição de tempo necessário ao convívio deste com o pai e com a mãe". Óbvio está que o juiz, ao aplicar tais preceitos em benefício das partes, deverá averiguar certas circunstâncias, como idade dos filhos, conduta dos pais, relação de afinidade psicológica, integridade física e mental, padrão

677. Limongi França, Aplicação dos princípios gerais de direito, in *Enciclopédia Saraiva do Direito*, v. 7, p. 213.

678. Sobre equidade *v.* o que dizem Belime, *Philosophie du droit*, cit., p. 494-500; Newman (Ed.), *Equity in the world's legal systems*; a comparative study, Bruxelles, Émile Bruylant, 1973; De Page (*Traité élémentaire de droit civil belge*, 1963, t. 1, n. 214) chega até a afirmar que a equidade é indefinível; Arturo Alessandri e Manuel Somarriva, *Curso de derecho civil*, 3. ed., Santiago, Ed. Nascimento, 1961, t. 1, v. 1, p. 137; M. Helena Diniz, *As lacunas*, cit., p. 208-31; Alípio Silveira, A decisão por equidade no Código de Processo, in *Direito, doutrina, legislação e jurisprudência*, Rio de Janeiro, Freitas Bastos, v. 22, p. 50 e s., e Conceito de equidade na obra de Clóvis Beviláqua, in *Direito, doutrina, legislação e jurisprudência*, Rio de Janeiro, Freitas Bastos, 1943, v. 20, p. 247-8; Piola, Equità, *Digesto Italiano*, cit., v. 10; Scialoja, Del diritto positivo, in *Studi giuridici*, cit.; Miceli, Sul principio di equità, in *Studi in onore di Scialoja*, p. 83 e s.; Maggiore, L'equità, *RIFD*, cit., p. 274 e s; Elza A. P.C. Boiteux, Variação sobre o conceito de equidade, *Filosofia e teoria geral do direito* — homenagem a Tercio Sampaio Ferraz Junior, São Paulo, Quartier Latin, 2011, p. 321 a 346.

679. A decisão, in *Direito, doutrina, legislação e jurisprudência*, cit., p. 60-2.

680. Da equidade, *RT*, *132*(494):3, 1941.

de vida, possibilidade econômica, disponibilidade de tempo, convivência familiar e com o grupo de amizade, atendimento médico e hospitalar, formação educacional, segurança, nível de escola etc. O mesmo se diga dos arts. 166, II, 306, 363, 395, parágrafo único, 400, 402, 405, 527, 569, I, 667 e 1.638, I, do Código Civil pátrio. Em todos eles temos um *standard* jurídico, "onde há um apelo implícito à equidade do magistrado, a quem cabe julgar do enquadramento ou não do caso, em face às diretivas jurídicas", como assevera Limongi França. A equidade está, ainda, contida implicitamente nos arts. 4º e 5º da Lei de Introdução às Normas do Direito Brasileiro, que estabelecem a obrigatoriedade de julgar, por parte do juiz, em caso de omissão ou defeito legal, dentro de certos limites, e a permissão de adequar a lei às novas exigências, oriundas das mutações sociais das instituições. "Essa equidade legal seria uma justiça aproximada, porque a lei não 'individua', limita-se a especificar"[681].

A *equidade judicial* é aquela em que a lei, explícita ou implicitamente, permite ao órgão jurisdicional a solução do caso concreto por equidade[682]. Casos expressos são: o do art. 11, II, da Lei n. 9.307/96, que afirma que o compromisso arbitral poderá também conter "a autorização para que o árbitro ou os árbitros julguem por equidade, se assim for convencionado pelas partes"; o do art. 140, parágrafo único do Código de Processo Civil de 2015 que estabelece: "O juiz só decidirá por equidade nos casos previstos em lei". Casos implícitos são: o do art. 1.586 do Código Civil, sobre separação judicial, que prescreve: "Havendo motivos graves, poderá o juiz, em qualquer caso, a bem dos filhos, regular de maneira diferente da estabelecida nos artigos anteriores a situação deles com os pais"; o do art. 1.740, II, do Código Civil que determina que cabe ao tutor, quanto à pessoa do menor, "reclamar do juiz que providencie, como houver por bem, quando o menor haja mister correção".

Ensina-nos, ainda, Agostinho Alvim que o pressuposto da equidade legal ou judicial é a flexibilidade da lei. O art. 1.829 do Código Civil não admite equidade, por ser inflexível, como se pode ver de sua redação: "A sucessão legítima defere-se na ordem seguinte: I — aos descendentes, em concorrência com o cônjuge sobrevivente, salvo se casado este com o falecido no regime da comunhão universal, ou no da separação obrigatória de bens (art. 1.640, parágrafo único); ou se, no regime da comunhão parcial, o autor da herança não houver deixado bens particulares; II — aos ascendentes, em concorrência com o cônjuge; III — ao cônjuge sobrevivente; IV — aos colaterais". Assim, p. ex., se um indivíduo sem filhos, casado com comunhão universal de bens, morre, deixando viúva, que ficará com 1/3 pois 2/3 da metade dos bens do casal irão por herança para os ascendentes do falecido (CC, art. 1.837). Ora, suponha-se que a morte tivesse ocorrido no dia das núpcias; presuma-se, ainda, que o morto pouco tivesse levado para o casal e a viúva muito; suponha-se, mais, que os pais do falecido sejam multimilionários e inimigos da nora viúva. Todas essas circunstâncias juntas, diz Agostinho Alvim, não impedem que a viúva, que não desfrutou do casamento, viesse a repartir, do seu pouco herdado, com os ricos sogros e desafetos seus.

---

681. Agostinho Alvim, Da equidade, *RT*, *132*(494):4; Limongi França, Aplicação do direito positivo, in *Enciclopédia Saraiva do Direito*, cit., p. 204.

682. Agostinho Alvim, Da equidade, *RT*, *132*(494):4-5. *V.* Decreto-Lei n. 466/38 (revogado pelo Dec.-Lei n. 1.038/69), art. 54; Decreto n. 53.154/63, art. 69; Decreto-Lei n. 7.904/45, art. 176; Decreto-Lei n. 4.214/63, art. 9º; Decreto n. 45.421/59, art. 104; Decreto n. 45.422/59, art. 332, citados por Washington de Barros Monteiro, *Curso de direito civil*, cit., v. 1, p. 47.

É, segundo ele, o *dura lex, sed lex*[683]. O mesmo se diga do art. 1.521, I, do Código Civil que contém proibição de casamento entre ascendentes e descendentes[684].

Dessas classificações, Limongi França[685] infere os seguintes requisitos da equidade:

1º) decorrência do sistema e do direito natural;

2º) inexistência, sobre a matéria, de texto claro e inflexível;

3º) omissão, defeito ou acentuada generalidade da lei;

4º) apelo para as formas complementares de expressão do direito antes da livre criação da norma equitativa;

5º) elaboração científica, da regra de equidade, em harmonia com o espírito que rege o sistema e, especialmente, com os princípios que informam o instituto objeto da decisão.

A equidade exerce influência na *elaboração legislativa*. Essa função geral da equidade liga-se, segundo Calamandrei, "ao significado lato e compreensivo que lhe damos, quando dizemos, justamente, que o legislador ao formular suas leis deve obedecer à equidade: entendemos por equidade aquele conjunto de fatores econômicos e morais, de tendências e de aspirações vivas na consciência de uma certa sociedade, dos quais o legislador tem ou deveria ter em conta, quando elaborar uma lei"[686]. Pode surgir, a equidade, na elaboração de certas normas flexíveis que, de modo implícito ou explícito, autorizam ao juiz usar de poderes mais amplos que poderão ser exercidos com equidade, incluindo-se, p. ex., em matéria civil, a investigação da boa-fé (CC, art. 309), da vontade das partes nos contratos, testamentos; a apreciação dos vícios de vontade, nos atos jurídicos; a redução das multas contratuais[687]. Exemplificativamente, podemos citar o art. 413 do Código Civil, que afirma: "A penalidade deve ser reduzida equitativamente pelo juiz se a obrigação principal tiver sido cumprida em parte, ou se o montante da penalidade for manifestamente excessivo, tendo-se em vista a natureza e a finalidade do negócio", inspirando-se seu elaborador na equidade, ao permitir a apreciação equitativa daquele que for aplicar tal dispositivo.

Desempenha, ainda, a equidade função de grande importância na *interpretação das normas*. Nessa função interpretativa, a equidade pode significar: 1) o predomínio da finalidade da lei sobre sua letra; ou 2) a preferência, dentre as várias interpretações possíveis duma norma, pela mais benigna e humana[688]. Ambas as significações não precisam ser autorizadas legalmente.

Em sua função interpretativa, na busca do sentido da norma, a equidade aparece na aplicação do método histórico-evolutivo, que preconiza a adequação da lei às novas circunstâncias, e do método teleológico, que requer a valoração da lei (LINDB, art. 5º), a fim de que o órgão jurisdicional possa acompanhar as vicissitudes da realidade concreta.

683. Agostinho Alvim, Da equidade, *RT*, *132*(494):3-4.

684. *V.* Limongi França, Aplicação do direito positivo, in *Enciclopédia Saraiva do Direito*, cit., p. 205.

685. *Formas e aplicação*, cit., p. 78-9.

686. Calamandrei, *Il significato costituzionale delle giurisdizione di equità*, n. 6.

687. Vicente Ráo, *O direito*, cit., p. 94.

688. Serpa Lopes, *Curso de direito civil*, cit., v. 1, p. 170; Alípio Silveira, A decisão, in *Direito, doutrina, legislação e jurisprudência*, cit., p. 65, e *RF*, *108*(522):460, 1946; Kelsen, *Teoria pura do direito*, cit., v. 1, p. 139 e 140; v. 2, p. 283-9 e 294.

Pela equidade ponderam-se, compreendem-se e estimam-se os resultados práticos que a aplicação da norma produziria em determinadas situações fáticas. Se o resultado prático concorda com as valorações que inspiram a norma, em que se funda, tal norma deverá ser aplicada. Se, ao contrário, a norma aplicável a um caso singular produzir efeitos que viriam a contradizer as valorações, conforme as quais se modela a ordem jurídica, então, indubitavelmente, tal norma não deve ser aplicada a esse caso concreto[689].

Percebe-se que a equidade está consagrada como elemento de *adaptação da norma ao caso concreto*. Apresenta-se a equidade como a capacidade que a norma tem de atenuar o seu rigor, adaptando-se ao caso *sub judice*[690]. É, como vimos, o art. 5º da Lei de Introdução às Normas do Direito Brasileiro que permite corrigir a inadequação da norma ao caso concreto. A equidade seria uma válvula de segurança que possibilita aliviar a tensão e a antinomia entre a norma e a realidade, a revolta dos fatos contra os códigos[691].

Do que foi exposto infere-se a inegável função da equidade de *suplementar a lei*, ante as possíveis lacunas[692]. No nosso entender, a equidade é elemento de integração, pois consiste, uma vez esgotados os mecanismos previstos no art. 4º da Lei de Introdução às Normas do Direito Brasileiro, em restituir à norma, a que acaso falte, por imprecisão de seu texto ou por imprevisão de certa circunstância fática, a exata avaliação da situação a que esta corresponde, a flexibilidade necessária à sua aplicação, afastando por imposição do fim social da própria norma o risco de convertê-la num instrumento iníquo.

A equidade exerce função integrativa na decisão: *a*) dos casos especiais que a própria lei deixa, propositadamente, omissos, isto é, no preenchimento das lacunas voluntárias, ou seja, daqueles casos em que a própria norma remete ao órgão judicante a utilização da equidade; e *b*) dos casos que, de modo involuntário, escapam à previsão do elaborador da norma; por mais que este queira abranger todos os casos, ficam sempre omissas dadas circunstâncias, surgindo, então, lacunas que devem ser preenchidas pela analogia, costume, princípios gerais de direito, sendo que, na insuficiência desses instrumentos, se deverá recorrer à equidade[693]. Dessa forma, os casos concretos que dão lugar a uma aplicação equitativa são os que resultam da excessiva generalidade da lei, que não pode prever todas as circunstâncias da realidade; os que advêm do fato de a norma não prever todas as circunstâncias da realidade; os que advêm do fato de a norma não prever nenhuma das circunstâncias da realidade são os casos

---

689. Recaséns Siches, Nueva perspectiva de la equidad, in *La nueva filosofía de la interpretación del derecho*, p. 256-8.

690. Clóvis Beviláqua preconiza, quanto à adaptação da lei aos casos concretos, que ela seja feita segundo os princípios gerais de justiça, solidariedade, moral, direito justo, equidade e liberdade (Alípio Silveira, *Método de interpretação e fontes na obra de Clóvis Beviláqua*, p. 119).

691. *V.* o que ensina Alípio Silveira, *Hermenêutica*, cit., v. 1, p. 370-1, e *Conceito e funções da equidade em face do direito positivo*, São Paulo, 1943; Flósculo da Nóbrega, *Introdução ao direito*, cit., p. 33, 39 e 196.

692. Alípio Silveira, A decisão, in *Direito, doutrina, legislação e jurisprudência*, cit., n. 14, e *RF*, *108*:460. A equidade como meio de integração de lacuna foi prevista, expressamente, no art. 113, n. 27, da nossa Constituição Federal de 1934. Limongi França, Da jurisprudência, separata da *Revista da Faculdade de Direito da USP*, cit., p. 220; Aplicação do direito positivo, in *Enciclopédia Saraiva do Direito*, cit., p. 200; Miguel Reale, *Lições preliminares*, cit., p. 294; Puelma, *Integración*, cit., p. 95; Michel Mouskeli, L'équité en droit international moderne, *Revue Générale de Droit International Public*, v. 15, t. 7, p. 347-73, 1933. Já Henri de Page recusa-se a enquadrar a equidade na categoria de fonte supletiva do direito. Maria Helena Diniz e Wilson J. Gonçalves, Importância da equidade na decisão judicial em busca da verdade e do justum. *Revista Argumentum*, v. 26, n. 1, p. 17-47, São Paulo, 2025.

693. *V.* Alípio Silveira, A equidade no direito do trabalho, *Revista do Trabalho*, n. 139, 1945, e *Conceito e funções da equidade*, cit., p. 118 e s.

omissos ou singulares e provenientes da inadequação total ou parcial dos dispositivos legais às suas próprias circunstâncias[694].

Vicente Ráo apresenta três regras que devem ser seguidas pelo magistrado, ao aplicar a equidade: "*a*) por igual modo devem ser tratadas as coisas iguais e desigualmente as desiguais; *b*) todos os elementos que concorreram para constituir a relação *sub judice*, coisa ou pessoa, ou que, no tocante a estas tenham importância, ou sobre elas exerçam influência, devem ser devidamente considerados; *c*) entre várias soluções possíveis deve-se preferir a mais humana, por ser a que melhor atende à justiça"[695].

A equidade confere, pode-se assim dizer, um poder discricionário ao magistrado, mas não uma arbitrariedade. É uma autorização de apreciar, segundo a lógica do razoável, interesses e fatos não determinados *a priori* pelo legislador, estabelecendo uma norma individual para o caso concreto ou singular[696], sempre considerando as pautas axiológicas contidas no sistema jurídico, ou seja, relacionando sempre os subsistemas normativos, valorativos e fáticos.

É o poder conferido ao magistrado para revelar o direito latente, apesar de interferir, como vimos, na elaboração de normas jurídicas gerais ou de leis, traçando diretivas ao comportamento do órgão judicante ao aplicá-las.

D. CORREÇÃO DO DIREITO E ANTINOMIA JURÍDICA

d.1. Noção de antinomia jurídica

Apresentando-se uma antinomia jurídica, esta requererá, como vimos, a correção do direito, pois sua solução é indispensável para que se mantenha a coerência do sistema jurídico.

Antinomia é o conflito entre duas normas, dois princípios, ou de uma norma e um princípio geral de direito em sua aplicação prática a um caso particular[697]. É a presença de duas normas conflitantes, sem que se possa saber qual delas deverá ser aplicada ao caso singular. A antinomia pode dar origem, no entender de Ulrich Klug, à *lacuna de conflito* ou de colisão, porque, em sendo conflitantes, as normas se excluem reciprocamente,

694. Alípio Silveira, *Hermenêutica*, cit., v. 1, p. 371; Barros Monteiro, *Curso de direito civil*, cit., v. 1, p. 47; *RF*, *107*:65, *139*:131; *AJ*, *58*:283, *DJE*, 16 maio 1941, Proc. n. 10.793.

695. Vicente Ráo, *O direito*, cit., p. 88; Windscheid (*Diritto delle Pandette*, trad. ital., p. 82) reúne esses três preceitos ao dizer que "*è equo il diritto commisurato ai rapporti di fatto, ossia quello in cui ogni momento dei rapporti di fatto che merita d'esser tenuto in conto, lo è effetivamente e non è tenuto in conto quello che non lo merita e d'ognuno si fa quel conto che la sua indole esige*".

696. Alípio Silveira, *Hermenêutica*, cit., v. 1, p. 380; Limongi França, Da jurisprudência, separata da *Revista da Faculdade de Direito da USP*, cit., p. 220; Pedro Baptista Martins, *Comentários ao Código de Processo Civil*, cit., v. 1, p. 346.

697. *V.* a respeito: Malgaud, Les antinomies en droit a propos de l'étude de G. Gavazzi, in *Les antinomies en droit*, Bruxelles, Perelman (publ.), Émile Bruylant, 1965, p. 7 e 8; Foriers, Les antinomies en droit, in *Les antinomies en droit*, Bruxelles, Perelman (publ.), Émile Bruylant, 1965, p. 20 e 21; Morgenthal, Les antinomies en droit social, in *Les antinomies en droit*, Bruxelles, Perelman (publ.), Émile Bruylant, 1965, p. 39; Silance, Quelques exemples d'antinomies et essai de classement, in *Les antinomies en droit*, Bruxelles, Perelman (publ.), Émile Bruylant, 1965, p. 63; Salmon, Les antinomies en droit international public, in *Les antinomies en droit*, Bruxelles, Perelman (publ.), Émile Bruylant, 1965, p. 285; Szabó, Des contradictions et le droit des différents systèmes sociaux, in *Les antinomies en droit*, Bruxelles, Perelman (publ.), Émile Bruylant, 1965, p. 354; Paul Robert, *Dictionnaire de l'Academie Française*, 1932; Ranzoli, *Dizionario di scienze filosofiche*, v. 5; Baldwin, *Dictionary of philosophy and psychology*, v. 5; Eduardo C. B. Bittar, *Introdução ao estudo do direito*, São Paulo, Saraiva, 2018, p. 438 a 446.

por ser impossível deslocar uma como a mais forte ou decisiva, por não haver uma regra que permita decidir entre elas, obrigando o magistrado a solucionar o caso *sub judice*, segundo os critérios de preenchimento de lacunas. Assim para que se tenha presente uma real antinomia são imprescindíveis três elementos: incompatibilidade, indecidibilidade e necessidade de decisão. Só haverá antinomia real se, após a interpretação adequada das duas normas, a incompatibilidade entre elas perdurar. Para que haja antinomia será mister a existência de duas ou mais normas relativas ao mesmo caso, imputando-lhe soluções logicamente incompatíveis[698].

Eis por que a *antinomia real*, segundo Tercio Sampaio Ferraz Jr.[699], é "a oposição que ocorre entre duas normas contraditórias (total ou parcialmente), emanadas de autoridades competentes num mesmo âmbito normativo, que colocam o sujeito numa posição insustentável pela ausência ou inconsistência de critérios aptos a permitir-lhe uma saída nos quadros de um ordenamento dado".

d.2. Classificação das antinomias

Podem-se classificar as antinomias quanto[700]:

1) Ao *critério de solução*. Hipótese em que se terá: A) *Antinomia aparente*, se os critérios para a sua solução forem normas integrantes do ordenamento jurídico. B) *Antinomia real*, quando não houver na ordem jurídica qualquer critério normativo para solucioná-la, sendo, então, imprescindível à sua eliminação a edição de uma nova norma. Na opinião de Tercio Sampaio Ferraz Jr. e de Alf Ross, seria de bom alvitre substituir tal distinção, baseada na existência ou não de critérios normativos para sua solução, por outra, em que *antinomia real* seria aquela em que a posição do sujeito é insustentável porque há: *a*) lacuna de regras de solução, ou seja, ausência de critérios para solucioná-la, ou *b*) antinomia de segundo grau, ou melhor, conflito entre os critérios existentes; e *antinomia aparente*, o caso contrário. O reconhecimento de antinomia real, neste sentido, não exclui a possibilidade de uma solução efetiva, pela edição de nova norma, que escolha uma das normas conflitantes, ou pelo emprego da interpretação equitativa, recurso ao costume, aos princípios gerais de direito, à doutrina etc. Embora a antinomia real seja solúvel, não deixa, por isso, de ser uma

698. Ulrich Klug, Observations sur le problème des lacunes en droit, in *Le problème des lacunes en droit*, Bruxelles, Perelman (publ.), Émile Bruylant, 1968, p. 86-9; Tercio Sampaio Ferraz Jr., *Direito, retórica e comunicação*, cit., p. 141, nota 136; Carlos Santiago Niño, *Notas de introducción al derecho*, cit., p. 53.

699. Antinomia, in *Enciclopédia Saraiva do Direito*, v. 7, p. 14.

700. Tercio Sampaio Ferraz Jr., Antinomia, in *Enciclopédia Saraiva do Direito*, cit., p. 14-8; Silance, Quelques exemples, in *Les antinomies en droit*, cit., p. 64 e s.; Salmon, Les antinomies, in *Les antinomies en droit*, cit., p. 285 e s.; Elst Vander, Antinomies en droit international privé, in *Les antinomies en droit*, Bruxelles, Perelman (publ.), Émile Bruylant, 1965, p. 138 e s.; Karl Engisch, *Introdução ao pensamento jurídico*, cit., p. 253-67; Alf Ross, *Sobre el derecho y la justicia*, cit.; Juan-Ramon Capella, *El derecho como lenguaje*, cit., p. 279-88, 59 e 60; Bobbio, *Teoria dell'ordinamento giuridico*, cit., p. 92-5; Kelsen, *Teoria pura do direito*, cit., v. 2, p. 28; Gavazzi, *Delle antinomie*, cit., p. 66-73. Como antinomia real temos o conflito entre os arts. 33, 78 e 97 do ADCT por contrariarem os arts. 5º e 100 (com a redação da EC n. 62/2009) da CF/88, que requerem tratamento igual a todos os credores da fazenda pública, que deverão ser pagos na ordem cronológica de precatórios. Pelo art. 33 os credores a ele submetidos deverão aguardar oito anos, pelo art. 78, dez anos e pelo art. 97, até 15 anos, com possibilidade de sequestro de bens da entidade executada em caso de desrespeito ao prazo. Além disso, os credores sujeitos ao art. 33 do ADCT estão em posição de inferioridade em relação aos submetidos ao art. 78 do ADCT. E os credores preferenciais (os de crédito alimentar) estão em posição igualmente inferior, pois, embora excepcionados expressamente, em que pese não haja o parcelamento, não gozam da garantia do sequestro para sua efetivação.

antinomia, porque a solução dada pelo órgão judicante a resolve tão somente no caso concreto, não suprimindo sua possibilidade no todo do ordenamento jurídico, e mesmo na hipótese de edição de nova norma, que pode eliminar a antinomia, mas gerar outras concomitantemente.

2) Ao *conteúdo*. Ter-se-á: A) *Antinomia própria*, que ocorre quando uma conduta aparece ao mesmo tempo prescrita e não prescrita, proibida e não proibida, prescrita e proibida. P. ex.: se norma do Código Militar prescreve a obediência incondicionada às ordens de um superior e disposição do Código Penal proíbe a prática de certos atos (matar, privar alguém de liberdade), quando um capitão ordena o fuzilamento de um prisioneiro de guerra, o soldado vê-se às voltas com duas normas conflitantes — a que o obriga a cumprir ordens do seu superior e a que o proíbe de matar um ser humano. Somente uma delas pode ser tida como aplicável, e essa será determinada por critérios normativos. B) *Antinomia imprópria*, a que ocorrer em virtude do conteúdo material das normas, podendo apresentar-se como: *a*) *antinomia de princípios*, se houver desarmonia numa ordem jurídica pelo fato de dela fazerem parte diferentes ideias fundamentais entre as quais se pode estabelecer um conflito. P. ex.: quando as normas de um ordenamento protegem valores opostos, como liberdade e segurança; *b*) *antinomia valorativa*, no caso de o legislador não ser fiel a uma valoração por ele próprio realizada, como, p. ex., quando prescreve pena mais leve para delito mais grave; se uma norma do Código Penal punir menos severamente o infanticídio (morte voluntária da criança pela mãe no momento do parto, ou logo após o nascimento) do que a exposição de criança a perigo de vida pelo enjeitamento, surge esse tipo de antinomia, que deve ser, em geral, aceita pelo aplicador; *c*) *antinomia teleológica*, se se apresentar incompatibilidade entre os fins propostos por certa norma e os meios previstos por outra para a consecução daqueles fins. Essa antinomia pode, em certos casos, converter-se em normativa, devendo como tal ser tratada; em outros, terá de ser suportada, como a antinomia valorativa. A esses tipos de antinomia imprópria há quem acrescente a *antinomia técnica*, atinente à falta de uniformidade da terminologia legal. P. ex., o conceito de *posse* em direito civil é diverso daquele que lhe é dado em direito administrativo. Essas antinomias são impróprias porque não impedem que o sujeito aja conforme as normas, mesmo que com elas não concorde. As antinomias próprias caracterizam-se pelo fato de o sujeito não poder atuar segundo uma norma sem violar a outra, devendo optar, e esta sua opção implica a desobediência a uma das normas em conflito, levando-o a recorrer a critérios para sair dessa situação.

3) Ao *âmbito*. Poder-se-á ter: A) *Antinomia de direito interno*, que ocorre entre normas de um mesmo ramo do direito ou entre aquelas de diferentes ramos jurídicos. B) *Antinomia de direito internacional*, a que aparece entre convenções internacionais, costumes internacionais, princípios gerais de direito reconhecidos pelas nações civilizadas, decisões judiciárias, opiniões dos publicistas mais qualificados como meio auxiliar de determinação de normas de direito (Estatuto da Corte Internacional de Justiça, art. 38), normas criadas pelas organizações internacionais e atos jurídicos unilaterais. Nessas normas existem apenas hierarquias de fato; quanto ao caráter subordinante, são elas mais normas de coordenação do que de subordinação, e, quanto à sua autoridade, mais do que sua fonte importa o valor que elas encarnam. C) *Antinomia de direito interno-internacional*, que surge entre norma de direito interno e norma de direito internacional, e resume-se no problema das relações entre dois ordenamentos, na prevalência de um sobre o outro na sua coordenação.

4) À *extensão da contradição*. Segundo Alf Ross, ter-se-á: A) *Antinomia total-total*, se uma das normas não puder ser aplicada em nenhuma circunstância sem conflitar com a outra. B) *Antinomia total-parcial*, se uma das normas não puder ser aplicada, em nenhuma hipótese, sem entrar em conflito com a outra, que tem um campo de aplicação conflitante com a anterior apenas em parte. C) *Antinomia parcial-parcial*, quando as duas normas tiverem um campo de aplicação que, em parte, entra em conflito com o da outra e em parte não. A esse respeito bem semelhante é a posição de Hans Kelsen[701].

d.3. Critérios para solução das antinomias

Como nos ensina Hans Kelsen[702], para haver conflito normativo, as duas normas devem ser válidas, pois se uma delas não o for não haverá qualquer antinomia. Por isso, ante a antinomia jurídica o aplicador do direito ficará num dilema, já que terá de escolher, e sua opção por uma das normas conflitantes implicaria a violação da outra. A ciência jurídica, por essa razão e ante o postulado da coerência do sistema, aponta critérios a que o aplicador deverá recorrer para sair dessa situação anormal. Tais critérios não são princípios lógicos, mas jurídico-positivos, pressupostos implicitamente pelo legislador, apesar de se aproximarem muito das presunções. A ordem jurídica prevê uma série de *critérios* para a solução de *antinomias no direito interno*, que são[703]:

1) O *hierárquico* (*lex superior derogat legi inferiori*), baseado na superioridade de uma fonte de produção jurídica sobre a outra; a ordem hierárquica entre as fontes servirá para solucionar conflitos de normas em diferentes níveis, embora, às vezes, possa haver incerteza para decidir qual das duas normas antinômicas é a superior.

2) O *cronológico* (*lex posterior derogat legi priori*), que remonta ao tempo em que as normas começaram a ter vigência, restringindo-se somente ao conflito de normas pertencentes ao mesmo escalão.

3) O de *especialidade* (*lex specialis derogat legi generali*), que visa a consideração da matéria normada, com o recurso aos meios interpretativos. Para Bobbio, a superioridade da norma especial sobre a geral constitui expressão da exigência de um caminho da justiça, da legalidade à igualdade, por refletir, de modo claro, a regra da justiça *suum cuique tribuere*. Ter-se-á, então, de considerar a passagem da lei geral à especial, isto porque as pessoas pertencentes à mesma categoria deverão ser tratadas de igual forma e as de outra, de modo diverso. Há, portanto, uma diversificação do desigual. Esse critério serviria, numa certa medida, para solucionar antinomia, tratando desigualmente o que é desigual, fazendo as diferenciações exigidas fática e axiologicamente, apelando para isso à *ratio legis*. Realmente,

701. *Teoria generale delle norme*, cit., p. 193-5.

702. *Teoria generale delle norme*, cit., p. 195, 353, 197, 307, 308, 310 e 350-4; Hans Kelsen e Ulrich Klug, *Rechtsnormen und logische Analyse. Ein Briefwechsel 1959 bis 1965*, Wien, 1981. No mesmo teor de ideias, Adolf Merkl, *Allgemeines Verwaltungsrecht*, 1927, p. 211. Sobre a positividade desses critérios, *v.*: García Máynez, *Introducción*, cit., p. 47; Bobbio, Des critères pour résoudre les antinomies, in *Les antinomies en droit*, Bruxelles, Perelman (publ.), Émile Bruylant, 1965, p. 244 e 250.

703. Bobbio, Des critères, in *Les antinomies en droit*, cit., p. 237-58, e *Teoria dell'ordinamento giuridico*, cit., p. 103 e 104; Tercio Sampaio Ferraz Jr., Antinomia, in *Enciclopédia Saraiva do Direito*, cit., p. 14; Foriers, Les antinomies, in *Les antinomies en droit*, cit., p. 37; Capella, *El derecho como lenguaje*, cit., p. 284; Kelsen, *Teoria pura do direito*, cit., v. 2, p. 30 e 31; Engisch, *Introdução ao pensamento jurídico*, cit., p. 256 e 257; García Máynez, Some considerations on the problem of antinomies in the law, *Archiv fur Rechts und Sozialphilosophie*, v. 49, p. 1 e s., 1963.

se, em certas circunstâncias, uma norma ordena ou permite determinado comportamento somente a algumas pessoas, as demais, em idênticas situações, não são alcançadas por ela, por se tratar de disposição excepcional, que só vale para as situações normadas.

Desses critérios, o mais sólido é o hierárquico, mas nem sempre por ser o mais potente; é o mais justo.

Se esses critérios forem aplicáveis, a posição do sujeito não seria insustentável, porque teria uma saída.

Caso não seja possível a remoção do conflito normativo, ante a impossibilidade de se verificar qual é a norma mais forte, surgirá a antinomia real ou lacuna de colisão, que será solucionada por meio da correção, empregando-se os princípios gerais do preenchimento de lacunas.

É preciso não olvidar que havendo antinomia, ou mesmo lacuna de conflito, em casos excepcionais o valor *justum* deverá lograr entre duas normas incompatíveis, devendo-se seguir a mais justa ou a mais favorável, procurando salvaguardar a ordem pública ou social[704].

Nos casos de *conflito entre normas de direito internacional*[705], principalmente no que se refere aos tratados, os critérios para solucioná-los, como nos aponta Salmon, são:

1) *Prior in tempore potior in jus*, que dá, havendo conflito entre dois tratados, preferência ao primeiro sobre o segundo, desde que não tenham sido elaborados pelas mesmas partes. Trata-se do princípio da primazia da obrigação anteriormente assumida.

2) *Lex posterior derogat priori*, que se aplica sempre que o segundo tratado dita a lei dos Estados signatários do primeiro. Como o segundo tratado não é *res inter alios acta*, haverá derrogação expressa ou tácita do primeiro.

3) *Lex specialis derogat generali*, aplicável apenas nos casos de tratados sucessivos entre os mesmos signatários.

4) *Lex superior derogat inferiori*, pelo qual a norma superior liga-se não à natureza da fonte, mas ao valor por ela colimado. P. ex.: uma norma que concretize o valor ordem pública internacional deverá prevalecer contra a que visa a mera segurança de um dos contratantes; a Carta das Nações Unidas deverá ter preferência ante um tratado em que dois Estados cuidam de assuntos que só a eles interessam.

Nas hipóteses de tratados coletivos ou multilaterais antinômicos poderão surgir dificuldades na aplicação da regra: *lex priori*, quando os tratados advierem de convenções que nasceram quase que paralelamente, não estando, portanto, muito distanciadas no tempo; *lex posterior*, por ser, geralmente, difícil que as partes, no correr do tempo, permaneçam as mesmas; deveras, os signatários da primeira convenção poderão não ser os mesmos da segunda, daí a variabilidade de sua aplicação apenas em casos muito especiais; *lex specialis*

704. Bobbio, Des critères, in *Les antinomies en droit*, cit., p. 237 e 245; Perelman, *De la justice*, Bruxelles, Émile Bruylant, 1945, p. 72.

705. Salmon, Les antinomies, in *Les antinomies en droit*, cit., p. 285-314; Tercio Sampaio Ferraz Jr., Antinomia, in *Enciclopédia Saraiva do Direito*, cit., p. 16 e 17; Michael Akehurst, *A modern introduction*, cit.; Kelsen, Théorie du droit international public, in *Recueil des Cours*, 1953, v. 3, t. 84; Serge Sur, *L'interprétation en droit international public*, Paris, LGDJ, 1974; Fred Castberg, La méthodologie du droit international public, in *Recueil des Cours*, 1933, v. 1, t. 43, p. 373 e s.; Jenks, The conflict of law — making treaties, in *British Yearbook of International Law*, v. 30, p. 444 e 445, 1953.

e *lex superior*, que, apesar de suscetíveis de serem aplicadas a esses tratados, poderão não o ser pelas mesmas razões acima apontadas, principalmente nas relativas à *lex posterior*.

Nos *conflitos entre normas de direito interno-internacional*[706], que ocorrem quando uma lei interna contraria um tratado internacional, a jurisprudência consagrará a superioridade da norma internacional sobre a interna, se esses conflitos forem submetidos a um juízo internacional; mas se forem levados à apreciação do juízo interno, este poderá reconhecer: *a*) a autoridade relativa do tratado e de outras fontes jurídicas na ordem interna, entendendo-se que o legislador interno não pretendeu violar o tratado, exceto nos casos em que o fizer claramente, hipótese em que a lei interna prevalecerá; *b*) a superioridade do tratado sobre a lei mais recente em data; e *c*) a superioridade do tratado sobre a lei, ligando-a, porém, a um controle jurisdicional da constitucionalidade da lei.

d.4. Antinomias de segundo grau e os metacritérios para sua resolução

Embora os critérios anteriormente analisados possam solucionar os problemas de antinomias normativas, não se deverão olvidar situações em que surgem antinomias entre os próprios critérios, quando a um conflito de normas seriam aplicáveis dois critérios, que, contudo, não poderiam ser ao mesmo tempo utilizados na solução da antinomia, pois a aplicação de um levaria à preferência de uma das normas, e a de outro resultaria na escolha da outra norma. P. ex., num conflito entre uma norma constitucional anterior e uma norma ordinária posterior, pelo critério hierárquico haverá preferência pela primeira e pelo cronológico, pela segunda.

Ter-se-á *antinomia de segundo grau*, quando houver conflito entre os critérios:

1) *hierárquico* e *cronológico*, hipótese em que sendo uma norma anterior superior antinômica a uma posterior-inferior, pelo critério hierárquico deve-se optar pela primeira e pelo cronológico, pela segunda;

2) de *especialidade* e *cronológico*, se houver uma norma anterior-especial conflitante a uma posterior-geral, seria a primeira preferida pelo critério de especialidade e a segunda pelo critério cronológico;

3) *hierárquico* e de *especialidade*, no caso de uma norma superior-geral ser antinômica a uma inferior-especial, em que prevalece a primeira aplicando-se o critério hierárquico e a segunda, utilizando-se o da especialidade.

Realmente, os critérios de solução de conflitos não são consistentes, daí a necessidade de a doutrina apresentar *metacritérios* para resolver antinomias de segundo grau que, apesar de terem aplicação restrita à experiência concreta e serem de difícil generalização, são de grande utilidade.

Na hipótese de haver conflito entre o critério *hierárquico* e o *cronológico*, a metarregra *lex posterior inferiori non derogat priori superiori*, resolveria o problema, isto é, o critério cronológico não seria aplicável quando a lei nova for inferior à que lhe veio antes.

706. Salmon, Les antinomies, in *Les antinomies en droit*, cit., p. 315-9; Tercio Sampaio Ferraz Jr., Antinomia, in *Enciclopédia Saraiva do Direito*, cit., p. 17; Marek, Les rapports entre le droit international et le droit interne à la lumière de la jurisprudence de la CPJI, *Revue Générale de Droit International Public*, n. 2, p. 260-98, 1962; Toru Yamamoto, *Direito internacional e direito interno*, Porto Alegre, Fabris, 2000.

Prevalecerá, portanto, o critério hierárquico, por ser mais forte que o cronológico, visto que a competência se apresenta mais sólida do que a sucessão no tempo.

Em caso de antinomia entre o critério de *especialidade* e o *cronológico*, valeria o metacritério *lex posterior generalis non derogat priori speciali*, segundo o qual a regra de especialidade prevaleceria sobre a cronológica. A metarregra *lex posterior generalis non derogat priori speciali* não tem valor absoluto, tendo em vista certas circunstâncias presentes. Não há uma regra definida, pois, conforme o caso, haverá supremacia ora de um, ora de outro critério.

No conflito entre o critério *hierárquico* e o de *especialidade*, havendo uma norma superior-geral e outra inferior-especial, não será possível estabelecer uma metarregra geral dando prevalência ao critério hierárquico, ou vice-versa, sem contrariar a adaptabilidade do direito. Poder-se-á, então, preferir qualquer um dos critérios, não existindo, portanto, qualquer predominância de um sobre o outro. Todavia, segundo Bobbio, dever-se-á optar, teoricamente, pelo hierárquico, uma lei constitucional geral deverá prevalecer sobre uma lei ordinária especial, pois se se admitisse o princípio de que uma lei ordinária especial pudesse derrogar normas constitucionais, os princípios fundamentais do ordenamento jurídico estariam destinados a esvaziar-se, rapidamente, de seu conteúdo. Mas, na prática, a exigência de se aplicarem as normas gerais de uma Constituição a situações novas levaria, às vezes, à aplicação de uma lei especial, ainda que ordinária, sobre a Constituição. A supremacia do critério de especialidade só se justificaria, nessa hipótese, a partir do mais alto princípio da justiça: *suum cuique tribuere*, baseado na interpretação de que "o que é igual deve ser tratado como igual e o que é diferente, de maneira diferente".

Em caso extremo de falta de um critério que possa resolver a antinomia de segundo grau, o *critério dos critérios* para solucionar o conflito normativo seria o do *princípio supremo da justiça*: entre duas normas incompatíveis dever-se-á escolher a mais justa[707].

d.5. Incompletude dos meios de solução das antinomias jurídicas

Em que pese a existência de critérios para a solução dos conflitos normativos e das antinomias de segundo grau, há casos em que se tem *lacuna das regras de resolução* desses conflitos, ante o fato daqueles critérios não poderem ser aplicados, instaurando uma incompletude dos meios de solução e uma antinomia real, que poderá ser suprimida pela edição de norma derrogatória[708], que opte por uma das normas antinômicas, ou resolvida por meio de correção ou de uma interpretação equitativa.

Assim, se houver conflito entre duas normas, por uma delas estatuir como devido algo inconciliável com o que a outra prescreve como devido, ante a inaplicabilidade de um daqueles critérios, essa antinomia se resolve anulando ou limitando a validade de uma das

707. Bobbio, Des critères, in *Les antinomies en droit*, cit., p. 253-8, e *Teoria dell'ordinamento giuridico*, cit., p. 115-9; Capella, *El derecho como lenguaje*, cit., p. 285; Tercio Sampaio Ferraz Jr., Antinomia, in *Enciclopédia Saraiva do Direito*, cit., p. 14; Alf Ross, *Sobre el derecho y la justicia*, cit., p. 129 e 130; Gavazzi, *Delle antinomie*, cit., p. 80, 83 e 87; Silance, Quelques exemples, in *Les antinomies en droit*, cit., p. 69 e 70; Du Pasquier, *Introduction*, cit., n. 147 e 148.

708. Estamos usando o termo *derrogação* em sentido amplo, abrangendo tanto a ab-rogação (supressão total da norma) como a derrogação, em acepção restrita (supressão parcial da norma).

normas antagônicas com uma norma derrogatória, que estabelece, segundo Kelsen, o não mais-dever ser (*Nichtsollen*) de um certo comportamento, isto é, afirma que não é mais devida uma conduta estatuída como tal em outra norma. Tal função não é, portanto, de uma das normas em conflito, mas de uma terceira norma, que estabelece que, em caso de antinomia, uma das duas, ou ambas as normas perdem a validade[709].

Nenhuma antinomia jurídica poderá ser definitivamente resolvida pela interpretação científica ou pela decisão judicial, o que a solucionaria apenas naquele caso *sub judice*, persistindo então o conflito normativo no âmbito das normas gerais. O juiz resolve não o conflito entre as normas, mas o caso concreto submetido à sua apreciação, mediante um ato de vontade que o faz optar pela aplicação de uma das disposições normativas[710]. Só o legislador é que poderia eliminá-lo.

Nota-se, ainda, que mesmo a derrogação, consistente na edição de nova norma ab-rogando pelo menos uma das normas antagônicas, não está isenta do *periculum antinomiae*, visto que o conflito poderá reaparecer a qualquer tempo, pois a norma que suprime a antinomia poderá, por sua vez, dar origem a um novo conflito[711].

O reconhecimento da lacuna dos critérios de resolução da antinomia real não exclui, como já dissemos, a possibilidade de solução efetiva por meio da interpretação equitativa[712].

Como em caso de lacuna de conflito, de antinomia de segundo grau, existem várias soluções incompatíveis, não havendo univocidade, ocorre a discricionariedade do órgão aplicador, que hoje pode aplicar uma delas, amanhã outra. Assim, o magistrado, ao compreender as normas antinômicas, deverá ter presentes fatos e valores, para optar pela que for mais favorável[713], baseado na experiência ideológica do momento atual[714].

A ideologia é que permitirá solucionar a antinomia jurídica, ponderando, diretamente, certos valores, ligando-os à consciência jurídica popular, determinando as finalidades do ordenamento jurídico e possibilitando o controle da *mens legis*[715].

Interpretação e aplicação da norma não constituem uma atividade passiva, mas sim ativa, pois devem ser estudados e aplicados os textos normativos em atenção à realidade social subjacente e ao valor que confere sentido a esse fato. O aplicador deve basear-se nas pautas estimativas informadoras da ordem jurídico-positiva[716], preferindo a decisão razoável, ao declarar certa norma inaplicável ao caso[717].

709. Kelsen (*Teoria generale delle norme*, cit.) procura examinar a natureza e a função da norma derrogatória nas p. 5, 171, 173, 177-80, 195, 196, 270, 353, 356, 366 e 367; desenvolve esse estudo na obra Derogation, in *Essays in jurisprudence in honor of Roscoe Pound* (aos cuidados de Ralph A. Newman), New York, 1962, p. 339-55.

710. Tercio Sampaio Ferraz Jr., *Direito, retórica e comunicação*, cit., p. 70, 81, 83 e 177, e *Teoria da norma jurídica*, cit., p. 28, 29 e 65; Gavazzi, *Delle antinomie*, cit., p. 109; Kelsen (*Teoria generale delle norme*, cit., p. 354-67) salienta a tarefa do juiz e afirma que a interpretação científica não pode resolver a questão do conflito de normas.

711. Capella, *El derecho como lenguaje*, cit., p. 287 e 288.

712. Tercio Sampaio Ferraz Jr., Antinomia, in *Enciclopédia Saraiva do Direito*, cit., p. 15.

713. Miguel Reale, *O direito como experiência*, cit., p. 247.

714. Tercio Sampaio Ferraz Jr., *Direito, retórica e comunicação*, cit., p. 152 e 153.

715. Tercio Sampaio Ferraz Jr., *Teoria da norma jurídica*, cit., p. 157 e 158.

716. Miguel Reale, *Lições preliminares*, cit., p. 65 e 298; Limongi França, Da jurisprudência, separata da *Revista da Faculdade de Direito da USP*, 1971, ano 66, p. 221.

717. Recaséns Siches, *La nueva filosofía*, cit.

Entre duas normas plenamente justificáveis, deve-se opinar pela que permitir a aplicação do direito com sabedoria, justiça, prudência, eficiência e coerência com seus princípios. Na aplicação do direito deve haver flexibilidade do entendimento razoável do preceito[718], permitida pelo art. 5º da Lei de Introdução às Normas do Direito Brasileiro, corrigindo-se o conflito normativo, adaptando a norma que for mais razoável à solução do caso concreto, aliviando a antinomia[719].

A antinomia jurídica real é situação problemática, que impõe a determinação da estrutura da incompatibilidade das normas e uma tomada de posição que convenha à solução do conflito[720]. Para tanto, o aplicador do direito está autorizado a recorrer aos princípios gerais de direito[721], aos valores predominantes na sociedade, positivados, implícita ou explicitamente, pela ordem jurídica, para proporcionar a garantia necessária à segurança da comunidade. O juiz deverá, portanto, optar pela norma mais justa ao solucionar os conflitos normativos, servindo-se de critério metanormativo, superior à norma, mas contido no ordenamento jurídico, afastando a aplicação de uma das normas em benefício do fim social e do bem comum[722].

E. TEORIA DO DIÁLOGO DAS FONTES: SEU PAPEL NA APLICAÇÃO JURÍDICA

Na antinomia real não há solução unívoca, por tal razão há discricionariedade do órgão aplicador que, ao fazer uso dos arts. 4º e 5º da LINDB, poderá hoje aplicar uma das normas conflitantes e amanhã outra, optando pela mais favorável, ao ler as normas sob a luz dos valores vigentes na sociedade. Daí o grande papel da ideologia nos casos de antinomias reais, visto que ao valorar os valores, permitirá solucioná-las, ao apontar as fontes geradoras e determinar os fins por elas almejados, possibilitando controlar a *mens legis*, indicando os pontos de partida de uma argumentação jurídica.

A interpretação corretivo-equitativa não constitui uma atividade passiva, pois requer a aplicação dos textos normativos em diálogo, atendo-se à realidade social subjacente e ao valor que confere sentido a esse fato. Requer prudência objetiva por exigir que se condicione a intepretação às balizas contidas no ordenamento jurídico e ao critério do *justum*, buscando a flexibilidade do entendimento razoável dos preceitos e não a lógica do raciocínio matemático.

718. M. Helena Diniz, *As lacunas*, cit., p. 222 e 223; Recaséns Siches, *La nueva filosofía*, cit., p. 128 e 255-8; Miguel Reale, *Filosofia do direito*, cit., v. 2, p. 32 e 33; Alípio Silveira, *Hermenêutica*, cit., v. 1, p. 343.

719. M. Helena Diniz, *As lacunas*, cit., p. 225; Wilson de Souza Campos Batalha, *Lei de Introdução ao Código Civil*, cit., v. 1, p. 5 e 6.

720. Gavazzi, *Delle antinomie*, cit., p. 5 e s.

721. Huberlant, Antinomies et recours aux principes généraux, in *Les antinomies en droit*, Bruxelles, Perelman (publ.), Émile Bruylant, 1965, p. 204-36; Limongi França, *Princípios gerais de direito*, cit., p. 117; Legaz y Lacambra, *Filosofía del derecho*, cit., p. 571; Josef Esser, *Principio*, cit., 1961.

722. Foriers, La distinction du fait e du droit devant la Cour de Cassation de Belgique, in *Dialectica*, v. 16, p. 395; Silance, Quelques exemples, in *Les antinomies en droit*, cit., p. 120. Sobre antinomias, consulte M. Helena Diniz, *Conflito de normas*, cit.; Tercio Sampaio Ferraz Jr., *Direito, retórica e comunicação*, São Paulo, Saraiva, 1973, p. 152 a 158; Miedzianágora, Droit positif et ideologie, *Études de logique juridique*, Bruxelles, Bruylant, 1973, p. 79 e s.; Veronica B. Oliveira, Teoria do diálogo das fontes como remédio para conflito de normas – https://jus.com.br/artigos/48357/superação-do-clássico-método-deresoluçãodeconflitos-antinomias; Cláudia Lima Marques, Superação das antinomias pelo diálogo das fontes: o modelo brasileiro de coexistência entre o Código de Defesa do Consumidor e o Código Civil de 2002, *Revista da Escola Superior da Magistratura de Sergipe*, n. 7, p. 15-54, 2004.

Os arts. 4º e 5º da LINDB fornecem, juntamente, com a teoria do diálogo das fontes de Erik Jayme, critérios hermenêuticos para a correção do conflito real de normas.

Será que a teoria do diálogo das fontes conduziria à superação dos critérios normativos: cronológico (LINDB, art. 2º, § 1º), hierárquico (CF, art. 59) e especialidade (CF, art. 5º) para resolver antinomias aparentes?

Parece-nos que não, pois esses critérios são normativos, por serem oriundos de normas, uma teoria hermenêutica não teria força para isso.

Mas poder-se-á utilizar a teoria do diálogo das fontes na subsunção (interpretação sistemática); na integração de lacunas e na correção de antinomias reais (LINDB, arts. 4º e 5º), sempre tendo em vista a constitucionalização, tendo como vetores o respeito dos direitos fundamentais, a dignidade da pessoa humana e a justiça.

Esse é o grande desafio: aplicação justa do diálogo das fontes seja:

a) no diálogo sistemático de coerência, em que uma norma serve de base conceitual para outra, tendo por suporte o fundamento teleológico das normas (p. ex., questão de transporte pode encontrar subsídios no CC, no CDC e nos tratados internacionais);

b) no diálogo de complementariedade pois uma norma poderá incidir diretamente na aplicação de outra de forma complementar. P. ex., CC, art. 424, ao prescrever que nos contratos de adesão são nulas cláusulas sobre renúncia antecipada do aderente a direito alusiva a fato resultante da natureza do negócio pode sofrer incidência direta do art. 51 do CDC alusivo às cláusulas abusivas nulas;

c) no diálogo de subsidiariedade em que uma norma incide de forma indireta na aplicação de outra, p. ex. O art. 429 do CC reza que oferta ao público equivale a proposta quando encerra requisitos essenciais do contrato, salvo se o contrário resultar das circunstâncias ou usos, pode sofrer influência indireta dos arts. 30 e 35 do CDC segundo os quais a oferta deve conter informações claras relativas a produtos e serviços. Se o fornecedor se recusar a cumprir a oferta, o consumidor poderá exigir o cumprimento dela, aceitar coisa equivalente ou rescindir o contrato;

d) no diálogo de coordenação e adaptação sistemática onde pode ocorrer influência da norma especial sobre a geral. Assim, o princípio da boa-fé objetiva previsto no CC pode ser influenciado pelo CDC.

Nesse diálogo de leis se almeja uma coisa só: a finalidade social em busca do critério do *justum*. Os fins da norma, segundo Engisch, podem estar dentro dela, em outras normas e até fora dela, nos valores objetivos e no fato positivado.

A percepção da *ratio* e do *justum* está na análise do ordenamento jurídico como um todo. Daí ser o diálogo das fontes uma técnica hermenêutica para interpretar, integrar lacunas e corrigir antinomia real de forma coordenada, em consonância com a Constituição Federal.

Se assim é deixo no ar, com todo respeito que tenho pela opinião contrária, uma questão: "Qual a novidade da teoria do diálogo das fontes se sempre existiu na hermenêutica jurídica?".

F. TÓPICA COMO FORMA DE ARGUMENTAÇÃO DO APLICADOR DO DIREITO

Originariamente, a ideia de tópica deriva da obra Organon, de Aristóteles, no título da quinta parte. A "tópica", para ele, teria como objeto "conclusões que decorrem de premissas que parecem verdadeiras com base numa opinião respeitável"[723]. Cícero, séculos depois, veio desenvolvê-la em sua obra, de mesmo título. Viehweg distingue as duas concepções de tópica (aristotélica e ciceriana), indicando que a primeira é uma teoria da dialética, enquanto a segunda é uma prática da argumentação, tendo em vista que Cícero focou seu trabalho em elaborar uma lista de tópicos (*topoi*) que auxiliassem na prática argumentativa[724].

Para Viehweg a argumentação tópica é uma técnica de discussão de problemas[725], que se ocupa das aporias jurídicas e, consequentemente, do problema das lacunas e antinomias. É um pensar problemático, é uma *ars inveniendí*, "uma arte de descobrir premissas, os pontos de vista ou *topoi* que irão presidir a solução dos concretos problemas da vida". Assim, quando não pode, p. ex., encontrar meios para a resolução do problema, o magistrado pode apelar aos *topoi*, a fim de avaliar o sentido do direito e atingir uma decisão justa[726]. Para Theodor Viehweg, a tópica seria uma parte da retórica, uma forma de pensar na aplicação do direito, na qual o objetivo é criar mecanismo de solução justa dos problemas[727]. A tópica é uma técnica de pensar problemas, uma técnica da hermenêutica do direito, que tem a finalidade de dar direção de como agir diante de problemas, buscando uma resolução justa.

---

723. Theodor Viehweg, *Tópica e jurisprudência: uma contribuição à investigação dos fundamentos jurídico-científicos*, 5. ed., Porto Alegre, Fabris, 2018, p. 24.

724. Theodor Viehweg, *Tópica e jurisprudência*, cit., p. 21-31.

725. Sobre diálogo das fontes consulte: Tercio Sampaio Ferraz Jr., *Direito, retórica e comunicação*, São Paulo, Saraiva, 1973, p. 152 a 158; Miedzianágora, *Droit positif et ideologie, Études de logique juridique*, Bruxelles, Bruylant, 1973, p. 79 e s.; Felipe C. de Almeida, CDC, CPC, Inversão e redistribuição do ônus da prova à luz da teoria do diálogo das fontes: palcos e finalidades para agentes diferentes, *Revista Síntese, Direito Civil e Processual Civil*, n. 140, p. 9 a 32, 2022. Veronica B Oliveira, Teoria do diálogo das fontes como remédio para conflito de normas, https://jus.com.br/artigos/48357/superação-do-clássico-método-de-resoluçãodeconflitos-antinomias; Claúdia Lima Marques, Superação das antinomias pelo diálogo das fontes: o modelo brasileiro de coexistência entre o Código de Defesa do Consumidor e o Código Civil de 2002, *Revista da Escola Superior da Magistratura de Sergipe*, n. 7, p. 15-54 (2004). Sobre tópica: Viehweg, *Tópica y jurisprudencia*, cit.; Tercio Sampaio Ferraz Jr., Argumento-II, in *Enciclopédia Saraiva do Direito*, cit., v. 7, p. 450; Kassius D. da Silva Pontes, Osmar M. Paixão Côrtes e Rodrigo de O. Kaufmann, *O raciocínio jurídico na filosofia contemporânea* — tópica e retórica no pensamento de Theodor Viehweg e Chaim Perelman, São Paulo, Carthago, 2002; George Salomão Leite, *Interpretação constitucional e tópica jurídica*, São Paulo, Ed. Juarez de Oliveira, 2002.

726. Viehweg, *Tópica y jurisprudencia*, cit., p. 49; Roscoe Pound, The theory of judicial decision, in *Lectures of legal topics*, cit.; Tercio Sampaio Ferraz Jr., *A ciência do direito*, cit., p. 85; J. Baptista Machado, Prefácio à *Introdução ao pensamento jurídico*, de Engisch, p. XIX. "*Topoi* ou lugares-comuns são fórmulas de procura que orientam a argumentação. *Não são dados ou fenômenos*, mas construções ou operações estruturantes. Na moderna teoria jurídica da interpretação, a flexibilidade da interpretação das leis, em oposição ao princípio literal, pode ser vista como um *topos* da hermenêutica atual, p. ex., o art. 5º da Lei de Introdução às Normas do Direito Brasileiro, que reza: 'na aplicação da lei, o juiz atenderá aos fins sociais a que ela se destina e às exigências do bem comum'. Tanto a noção de 'fins sociais' quanto a de 'bem comum' são, do ponto de vista da pragmática, noções tópicas que, no caso, devem orientar o discurso aplicativo da lei. A presença de *topoi*, no discurso, dá à estrutura uma flexibilidade de abertura característica, pois sua função é antes a de ajudar a construir um quadro problemático, mais do que resolver problemas. Outros *topoi* da argumentação jurídica são a imparcialidade do juiz, a noção de interesse, de boa-fé, a presunção de inocência até prova em contrário, etc. ..." como nos ensina Ferraz Jr. (*Teoria da norma jurídica*, cit., p. 23).

727. Robert Alexy, *Teoria da argumentação jurídica*, 2. ed., São Paulo, Landy, 2006, p. 36.

Alexis Augusto Couto de Brito assevera: por meio da tópica tem-se a solução do problema, contrapondo o pensamento sistemático que prevalece sobre a resolução do problema apresentado. Daí a predominância do pensamento problemático[728].

Realmente, a tópica é a teoria dos lugares-comuns, vale dizer, das classes gerais, nas quais podem ser encontrados todos os argumentos ou raciocínios[729]. É uma técnica que, dado um problema, procura indicar possibilidades, desvendando caminhos em busca da decisão[730]. A tópica apresenta-se como uma contraposição ao método dedutivo por partir do específico para o geral, isto é mediante um problema encontra-se a solução, e dali são retiradas as fundamentações válidas. Para Viehweg, a tópica é a forma para o direito avaliar os problemas, trazendo soluções adequadas, sendo uma forma de trazer racionalidade e confiança ao discurso jurídico. A tópica é um pensamento da problemática, visto que foca o problema, e não o sistema jurídico. Ao tomar como ponto inicial o problema, o raciocínio tem um papel importante na busca pela *topoi* adequada para elaboração de uma decisão ao caso concreto, é o problema que escolhe o sistema para resolvê-lo[731].

Ante um problema, apresenta-se uma série de premissas, que tendem a uma conclusão plausível e não única. Essa solução não é verdadeira nem falsa, mas sim aceitável ou inaceitável etc.[732]. O pensamento tópico, portanto, precede a convicção do magistrado baseada nos autos, facilitando a opção por uma das possibilidades de aplicação da norma.

Ao se considerar um problema, surgem várias indagações, fixando-se muitos sistemas, p. ex., dada a questão X, poder-se-á ter vários sistemas: sistema A sobre o aspecto X' de X; sistema B relativo ao aspecto X" de X; sistema C concernente ao aspecto X"' de X, e assim por diante. Podendo existir tantos sistemas quantas forem as premissas e tantos fundamentos quantos forem os sistemas, chegando a um fundamento último, que gira em torno do problema fundamental. Logo, o pensamento problemático possui um limite real, isto é, só pode ater-se ao conteúdo da questão a ser solucionada. Esquematicamente temos:

Questão X =	premissas A1, A2, A3 ... Sistema A ... Fundamento A'
fundamento	premissas B1, B2, B3 ... Sistema B ... Fundamento B'
último	premissas C1, C2, C3 ... Sistema C ... Fundamento C'

Requer a tópica premissas agrupadas em sistemas e para cada sistema um fundamento, sendo que o fundamento último dos fundamentos é a própria questão em tela. Tal pensamento tem a estrutura de um círculo, como se vê no gráfico:

---

728. Alexis Augusto Couto de Brito, Princípios e Topoi: a abordagem do sistema e da tópica na ciência do direito, In: *Sistema e tópica na interpretação do ordenamento*, Coord. Renan Lotufo (coord.), Barueri, Manole, 2006, p. 192.

729. Lalande, Épistémologie e gnoseologie, in *Vocabulaire téchnique et critique de la philosophie*, cit., p. 1134-7; Abbagnano, *Dicionário de filosofia*, 1970, p. 926.

730. Tercio Sampaio Ferraz Jr., Argumentação-II, in *Enciclopédia Saraiva do Direito*, cit., p. 453.

731. Theodor Viehweg, *Tópica e jurisprudência*, cit., p. 33-37.

732. Nakamura, *A comparative study of judicial process*, cit.; Viehweg, *Tópica y jurisprudencia*, cit., p. 53 e s.

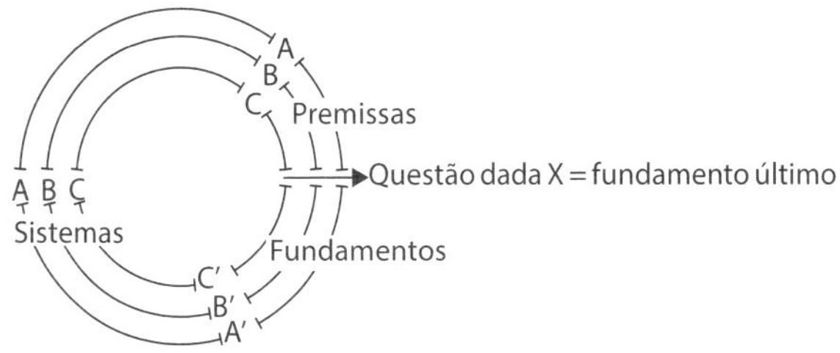

É óbvio que, se há vários sistemas, há várias soluções.

A tópica pressupõe sempre a consideração dinâmica do direito[733] e a adoção da ideia de sistema aberto, exigindo sua elasticidade para poder oferecer soluções satisfatórias que se integram à sistemática jurídica. O magistrado, para solucionar o caso *sub judice*, procura o melhor convencimento; aí o motivo pelo qual é usual, como já dissemos, a citação de opiniões de juristas insignes, em pareceres nos processos e em fundamentações de decisões. A solução do juiz não é imutável, uma vez que, não satisfazendo a parte litigante vencida, pode ser reformulada nas apelações, surgindo outras premissas, outros sistemas, novos fundamentos, em que o órgão jurisdicional poderá apresentar uma outra solução diversa da primeira, considerada, por ele, mais provável para a consecução da justiça. Logo, a tópica tem a função de auxiliar na aplicação do direito, no sentido de amoldar o justo e adequar a ordem jurídica à realidade social presente.

Examinando o assunto percebe-se que o órgão judicante, preliminarmente, ao resolver certo caso, busca todos os possíveis argumentos, elegendo o que lhe parecer mais adequado, convincente, ou dotado de maior credibilidade, reforçando, depois, sua argumentação[734].

O processo judicial tem por questão um *dubium*, que, por sua vez, é conflitivo. Se tivermos o *dubium* em função da norma, temos uma questão "dogmática", porém se a norma estiver em função do *dubium*, trata-se da questão "zetética"[735].

Poder-se-á apresentar, em linhas gerais, uma descrição da argumentação tópica, que não deve ser considerada como rígida, mas adaptável a várias situações[736]. Como todo caso *sub judice* é conflitivo, ou seja, contém alternativas possíveis que pedem uma solução, a *argumentação dogmática* inicia-se com o questionamento da consistência desse conflito jurídico; por outras palavras, tem por escopo verificar se há, de fato, um *dubium* e se este é mesmo jurídico. Essa primeira fase denomina-se *translatio*.

A etapa seguinte é a *conjectural*, que se ocupa da consistência fática das alegações, articulando um *fato* em relação a um autor. Indagando: há o fato? Quem é o autor? O ataque

733. *V.* Tammelo, The nature of facts as a juristic topos, *ARSP*, 1963, p. 236, citado por Palasi, *La interpretación y los apotegmas*, cit., p. 91; Tercio Sampaio Ferraz Jr., Argumento-II, in *Enciclopédia Saraiva do Direito*, cit., p. 462; Fritz Schulz, *History of Roman legal science*, 1946, p. 69. Para Engisch a sistematização total dos conhecimentos jurídicos, e a solução de todos os problemas, só seria possível através de um pensamento tópico, que opera com juízos de valor, transformando os critérios éticos e político-sociais em "verdades jurídicas".

734. Viehweg, *Tópica y jurisprudencia*, cit., p. 53. Interessante é o trabalho apresentado em 1975, no Curso de Mestrado da PUC, por Jacques Pripas, *A técnica do pensamento problemático e a tópica na obra de Viehweg*.

735. Viehweg, Some considerations, in *Law, reason and justice*, cit.; Tercio Sampaio Ferraz Jr., *Direito, retórica e comunicação*, cit., p. 95, 96 e 99.

736. Sobre as fases da argumentação tópica *v.*: Tercio Sampaio Ferraz Jr., *Direito, retórica e comunicação*, cit., p. 103-12, e Argumentar, in *Enciclopédia Saraiva do Direito*, v. 7, p. 455-9.

mais forte afirma o fato e o relaciona ao autor; a defesa de maior força nega ambos. A defesa mais fraca admite o fato, mas nega a autoria, conduzindo-nos à terceira fase.

Na *definitio*, utilizada sempre no interesse das partes, estabelece-se uma relação entre a questão onomasiológica (designação do fato) e a semasiológica da palavra normativa (significado do texto normativo). Visa, portanto, essa terceira fase a subsunção do fato ao sentido abstrato da norma, tendo em vista a vontade do legislador ou da lei. O caráter negativo da determinação do sentido das palavras da norma obriga que se distinga entre um *plenum* (definição que abrange número limitado de fatos-tipos) e um *parum* (definição que abarca fatos-tipos demasiada ou restritivamente)[737].

Quando se admite algo, mas *de iure*, sobrevém um quarto momento, que é o da *qualificação* adverbial do fato, conforme a alternativa *jure-non jure*. A defesa é da qualidade jurídica do fato, surgindo a questão da quantidade. Procura-se a demonstração de que o fato revela uma qualidade *de iure* imanente, mediante sua conformidade evidente com uma prescrição normativa, colocando o problema dos graus de validade das normas e dos demais âmbitos normativos: direito positivo, suprapositivo, princípios axiológicos. Esse aspecto levanta a *argumentação zetética* (fundamento das normas para além do dogma), ou seja, quando não se encontra a conformidade entre fato *sub judice* e norma, a defesa se dá pela introdução de fatos ou condições que modificam, favoravelmente, a qualidade jurídica.

Essa *argumentação zetética* correlaciona-se com a dogmática, apresentando três níveis: análise, crítica e metacrítica.

Na *análise*, a norma é tomada como uma ação linguística, envolvendo questões relativas ao seu autor (orador), ao seu destinatário (ouvinte) e a ela própria como técnica de comunicação (objeto). Concebendo-se a norma como algo escrito ou oral que contém alguma intenção (vontade da lei ou do legislador). A *definitio* levanta o problema da determinação (histórica, sociológica, psicológica, econômica etc.) da *voluntas* e da possibilidade da sua ampliação analógica.

Essa ampliação analógica nos leva ao nível da *crítica*. Nela a norma é articulada dentro de uma situação, examinada na sua estrutura, repertório e objetivos, sendo interrogada no seu próprio fundamento (dever de prova). A analogia faz da *definitio* uma tentativa de normativização da própria norma, surgindo, então, uma questão qualitativa. Nesse mesmo nível se encontra o conflito entre normas, ou antinomias, que, preliminarmente, é um desdobramento da análise, já que levanta a possibilidade de incompatibilidade entre dois *scripti* e *voluntates*. Na crítica uma norma é avaliada por outra, tendo-se em vista sua hierarquia e seu âmbito de incidência.

O nível crítico introduz o pensamento problemático na *metacrítica*, onde a norma é questionada em sua eficácia e fundamento axiológico.

Fácil é perceber a grande importância do pensamento tópico, de tal modo que se ele inexistisse seria quase que impossível o conflito de posições (a favor ou contra), a constatação

737. *V.* Hart, The ascription of responsibility and rights, in *Essays on logic and language*, Ed. Flew, 1ª série, p. 147 e s., citado por Tercio Sampaio Ferraz Jr., *Direito, retórica e comunicação*, cit., p. 106, nota 78, e *Função social*, cit., p. 149.

e preenchimento de lacunas[738], a resolução de conflitos normativos. A argumentação tópica guia-se pela intuição, que a precede. Colocado ante o caso *sub judice*, o sujeito cognoscente (o magistrado), com o auxílio das noções jurídicas, terá, com o emprego da intuição, possibilidade de operar a subsunção e, em caso de omissão normativa, de aplicar os argumentos analógicos, os costumes e os princípios gerais de direito às espécies propostas e de corrigir antinomias. Enfim, poderá fazer um "diagnóstico jurídico"[739].

O juiz soluciona o caso concreto por meio da intuição e não por uma inferência lógico-silogística. Decide o magistrado pela sua convicção e não por raciocínio, que é articulado pelo poder judicante, depois da intuição, para redigir os considerandos ou fundamentos jurídicos de sua sentença, passando a observar normas, costumes, princípios que possam ser úteis, com o escopo de eleger entre essas realidades jurídicas aquela que, em sua opinião, justifique o resultado que deseja, por estimá-lo justo[740].

A intuição heurística é o conhecimento direto que faz o juiz pressentir a verdade, adivinhar a solução do problema ou descobrir algo novo[741].

Como vimos, devem-se distinguir, no mecanismo que conduz a uma decisão, dois planos — "o da descoberta" e "o da demonstração". No primeiro, grande é a importância da intuição e da tópica, no segundo, patenteia-se a validade das descobertas mediante o emprego de raciocínios dedutivo e indutivo[742].

Sendo modalidade pré-lógica, a tópica assinala como se buscam as premissas para atingir uma possível solução para a questão dúbia; a lógica as recebe e com elas trabalha[743] adaptando-as ao pensamento conclusivo, considerado necessário. O órgão jurisdicional, primeiramente, verifica todas as hipóteses ou premissas, mediante as argumentações dogmáticas e zetéticas, e depois, através da lógica, demonstra a norma mais adequada para o caso em tela, de modo que a lógica subsume-se totalmente à tópica.

Para Viehweg, não existe uma resposta direta fornecida a uma *quaestio juris*, já que cabe ao aplicador ou intérprete a realização da melhor solução da problemática. A tópica permite estruturação de raciocínio utilizando premissas, com isso será possível a argumentação mais flexível à realidade, à evolução social, ao avanço tecnológico em casos complexos, desde que não abra espaço a arbitrariedades.

---

738. Tercio Sampaio Ferraz Jr., *A ciência do direito*, cit., p. 84-5; *Função social*, cit., p. 156 e 157; Alexandre A. Costa, *Introdução ao direito — uma perspectiva zetética das ciências jurídicas*, Porto Alegre, Fabris, 2001.

739. *V.* Ilmar Tammelo, The nature of facts, *ARSP*, cit., p. 236; Johnson Whitehead, "Whitehead's theory of intuition, in *The Journal of General Psychology*, 1947. Theodor Sternberg, *Introducción*, cit., p. 125; M. Helena Diniz, *Conceito de norma jurídica*, cit., p. 13-6; João Mendes Neto, *Ruy Barbosa e a lógica jurídica*, cit., p. 23; Fuchs, *Juristicher Kulturkampf*, 1912, p. 6, citado por Alípio Silveira, *Hermenêutica*, cit., v. 1, p. 377; Scholten, L'interprétation de la loi et la justice, *Annales de l'Institut de Droit Comparé de l'Université de Paris*, v. 2, p. 2 e 14, 1936; Siches, O estudo do direito e seus caminhos, artigo traduzido no periódico *Tribuna da Justiça*, n. 437, p. 3. Dualde e Jerome Frank (citados por Siches, *La nueva filosofía*, cit., p. 91-110) entendem que a chave do problema da aplicação do direito consiste em averiguar como o juiz forma suas intuições.

740. Hutcheson Jr., The judgement intuitive; the function of the hunch in judicial decisions, *Cornell Law Quarterly*, n. 14, 1929.

741. Hessen, *Teoria do conhecimento*, cit., cap. IV, p. 125 e s.; Franco Montoro, *Dados preliminares de lógica jurídica*, cit., p. 44 e 45.

742. *V.* Franco Montoro, *Dados preliminares de lógica jurídica*, cit., p. 44.

743. Viehweg, *Tópica y jurisprudencia*, cit., p. 58, 62 e 122; Palasi, *La interpretación y los apotegmas*, cit., p. 147-8; Legaz y Lacambra, *Introducción*, cit. Sobre o raciocínio tópico, consulte M. Helena Diniz, *As lacunas*, cit., p. 106-16.

G. PAPEL DA IDEOLOGIA NA APLICAÇÃO JURÍDICA

Íntima é a relação entre sistema jurídico e ideologia[744], relacionamento este que se reflete no problema da aplicação jurídica, seja na *subsunção* do caso *sub judice* à lei, quando nele concorrerem todos os caracteres do conceito abstrato contido na norma, seja na *integração* de lacunas e na *correção* de antinomias, porque, em todas essas hipóteses, devido à natural inadaptação do ordenamento jurídico, dada a sua dinamicidade, às situações que ele deve reger, considera-se sua finalidade tal como é concebida no momento atual, adaptando-o às modificações supervenientes, levando o aplicador, ao decidir, baseado em juízos de valor, a escolher uma dentre as múltiplas possibilidades de aplicação possível do direito ao caso concreto. A opção por uma dessas diretrizes provém da análise do sistema jurídico e de uma decisão do aplicador.

A autoridade, ao elaborar norma individual (sentença, p. ex.), deve relacionar a norma a aplicar a fatos e valores, dando-lhe um sentido, buscando realizar a justiça.

A questão da justiça, segundo Brecht, ensina-nos Tercio Sampaio Ferraz Jr., implica, de um lado, um problema de ajustamento a um estado de coisas aceito, a instituições que constituem a base da vida social cotidiana; e, de outro lado, a ânsia de superação de um estado de coisas fundada em critérios que transcendem aquelas instituições. Isto permite distinguir, no conceito de valor, dois momentos funcionais diversos: programa valorativo e campo valorativo, componentes básicos da estrutura da dimensão axiológica do direito.

O *programa valorativo* seria a delimitação da realidade (dimensão fática) através de um projeto de sentido estimativo; é um processo seletivo interno (demarca a realidade e procede à apreciação do valor). O *campo valorativo* refere-se ao conteúdo material da norma, ajustamento à realidade; é um processo seletivo externo (realização do valor). Os processos seletivos interno e externo equivalem ao processo de concretização dos valores, pois estes valem para os comportamentos sociais. Assim, quando se fala em "norma justa", ou se está pensando no programa valorativo, enquanto projeto modificativo e demarcatório da realidade visada, ou no campo valorativo, enquanto ajustamento à realidade visada[745].

Um sistema jurídico numa dada situação concreta de decisão deve neutralizar os valores através da ideologia.

Tercio Sampaio Ferraz Jr. atribui, como já afirmamos, à ideologia um papel neutralizador do valor, na medida em que através dela se valoram os próprios valores[746]. A ideologia, portanto, é um conceito axiológico que tem a função seletiva do valor, pois neutraliza os

---

744. Miedzianagora, Droit positif et ideologie, in *Études de logique juridique*, Bruxelles, Émile Bruylant, 1973, p. 79 e s.; Tercio Sampaio Ferraz Jr., Rigidez ideológica e flexibilidade valorativa, in *Filosofia-II, Anais do VIII Congresso Interamericano de Filosofia e V da Sociedade Interamericana de Filosofia*, p. 472; M. Helena Diniz, *As lacunas*, cit., p. 243-8; Wróblewski, La règle de décision dans l'application judiciaire du droit, in *La règle du droit*, Bruxelles, 1971, p. 76 e s.

745. Brecht, *Teoria política*, Rio de Janeiro, 1965, p. 197; Tercio Sampaio Ferraz Jr., Rigidez ideológica, in *Filosofia-II, Anais do VIII Congresso Interamericano de Filosofia e V da Sociedade Interamericana de Filosofia*, cit., p. 472-3.

746. Ferraz Jr., *Direito, retórica e comunicação*, cit., p. 150; Rigidez ideológica, in *Filosofia-II, Anais do VIII Congresso Interamericano de Filosofia e V da Sociedade Interamericana de Filosofia*, cit., p. 475-6; *Teoria da norma jurídica*, cit., p. 155; e *Função social*, cit., p. 190 e 191; Umberto Eco, *A estrutura ausente. Introdução à pesquisa semiológica*, São Paulo, 1971, p. 83 e s., e 23, 24, 25, 29 e 32.

programas valorativos ao determinar os fins, condições, meios, justificações, tornando-se assim uma "concretização finalística condicional", e os campos valorativos, ao criar regras de hermenêutica, caso em que se converte numa "concretização condicional finalística". A valoração ideológica torna, portanto, rígida a flexibilidade do momento valorativo[747]. De certa forma, com a ideologia o valor subjetivo passa a ser objetivo.

É a ideologia que permite ao órgão judicante decidir-se, num caso concreto, por uma norma na qual possa fundar sua decisão, constatar a falta da referida norma, identificar antinomias, indicando os meios para que possa prolatar uma decisão. Há sempre uma ideologia da política jurisdicional, pois a aplicação é uma operação lógico-valorativa[748]. Os magistrados, p. ex., na sua função de preencher lacunas, são inspirados em considerações fundadas em avaliações ideológicas, que estabelecem orientações gerais[749].

O juiz deve "ler" a norma não sob a luz de seus valores e ideologia redimensionados por ocasião da elaboração da norma, porém dos valores e ideologias da própria norma[750].

Tercio Sampaio Ferraz Jr. assevera, ainda, que o problema das lacunas não pode ser entendido: *a*) se se desligar a norma de seu conteúdo axiológico, pois não se trata de uma inadequação do texto normativo em relação a um sistema de valores; *b*) olvidando-se a relação entre discurso da norma e discurso judicial, pois ambos se ligam, intimamente, pelo caráter decisório; *c*) se não se analisar a diferença entre função do valor e função ideológica, o que nos permite explicar certas disfunções dentro da própria norma; *d*) se se entender o discurso da norma como sendo dialógico-com (científico), pois assim torna-se inexplicável o aspecto total e sem exceções do momento ideológico-monológico. Nestes termos, observa ele, pode-se dizer que a lacuna é um recurso ideológico do discurso da norma que: *a*) permite o discurso judicial como discurso persuasivo, partidário, que busca uma decisão favorável; *b*) encobre o conflito legalidade-equidade, dando ao intérprete condições para apresentar fatores extrapositivos como positivos ou positiváveis; *c*) regula o emprego da analogia, delimitando-lhe o alcance; *d*) permite ao discurso da norma uma sistematização[751].

O sistema jurídico está embebido de ideologia valorativa; logo, o magistrado, ao aplicar o direito, também o está, pois há, de sua parte, uma prévia escolha, de natureza axiológica, dentre as várias soluções possíveis.

---

747. Tercio Sampaio Ferraz Jr., Rigidez ideológica, in *Filosofia-II, Anais do VIII Congresso Interamericano de Filosofia e V da Sociedade Interamericana de Filosofia*, cit., p. 476-7, e *Teoria da norma jurídica*, cit., p. 155-6.

748. Miedzianagora, Juges, in *Le problème des lacunes en droit*, cit., p. 518, 519 e 520; Ferraz Jr. (*Função social*, cit., p. 192) ensina: "A assimilação de pontos de vista ideológicos propicia o encobrimento dos problemas na medida em que faz com que certos conflitos não sejam vistos como problemas. Isto é típico nos casos de preenchimento de lacunas, quando certas situações passam do plano do proibido para o plano do permitido. Assim, p. ex., a percepção, num momento histórico, de que a proteção ao concubinato também era uma exigência de justiça, inerente ao ordenamento (pois a concubina, afinal, partilha com seu parceiro de sucessos e fracassos comuns), só tem sentido quando o universo de expectativas ideológicas referentes ao sentido monogâmico da família sofre conturbações. Antes disso, a ideologia vigente não autorizava o jurista a ver a situação da concubina como um problema, ainda que os conflitos daí resultantes transparecessem. De certo modo, a ideologia não só esconde os problemas como, também, neutraliza a busca de soluções para eles".

749. Tercio Sampaio Ferraz Jr., *Teoria da norma jurídica*, cit., p. 157-8.

750. Tercio Sampaio Ferraz Jr., *Direito, retórica e comunicação*, cit., p. 152-3.

751. Tercio Sampaio Ferraz Jr., *Direito, retórica e comunicação*, cit., p. 153 e 154. *V.*: Luiz Sérgio Fernandes de Souza, *O papel da ideologia no preenchimento das lacunas no direito*, São Paulo, Revista dos Tribunais, 1993; Maria José G. Souza Oliveira, A determinação do justo na aplicação do direito, *Revista de Estudos Jurídicos*, UNESP, 5:169-84; Oscar Correas, *Crítica da ideologia jurídica*, São Paulo, 1995.

H. LIMITES DO ATO DE DECISÃO JUDICIAL

Ao Poder Judiciário está reservada a grande responsabilidade de adequar o direito, quando a sua vigência social apresenta sintomas de inadaptabilidade em relação à realidade social, mantendo-o vivo. Desta afirmação não se infere que o juiz tenha uma liberdade onímoda.

O órgão judicante é livre não só para aplicar a norma que julgar adequada ao caso, ainda que não haja sido invocada no processo, e mesmo em grau de recurso, mas também para solucionar antinomias e preencher as lacunas, de conformidade com os meios previstos no art. 4º da nossa Lei de Introdução às Normas do Direito Brasileiro, que permite uma integração analógica, introduzindo uma norma não expressa, que autoriza a utilização de normas costumeiras e o recurso aos princípios gerais de direito, que leva à introdução no sistema de normas generalíssimas não explícitas. Seria este artigo uma espécie de norma de "reconhecimento" ou de identificação, cujo conteúdo, além de oferecer critérios caracterizadores para a inclusão da norma de conduta latente no sistema, confere ao magistrado o poder de criação da norma individual completante, permitindo assim o desenvolvimento judicial aberto[752], em caso de lacuna.

A aplicação do direito é, portanto, uma decorrência de competência legal[753].

Contudo o juiz, ao aplicar o direito, não deve exceder aos ditames jurídico-legais, nem prejudicar terceiros[754].

Na ordem jurídica há zona geral de liberdade, órbita de imposições, órbita de proibições e órbita de imposições e proibições, como se pode verificar no esquema:

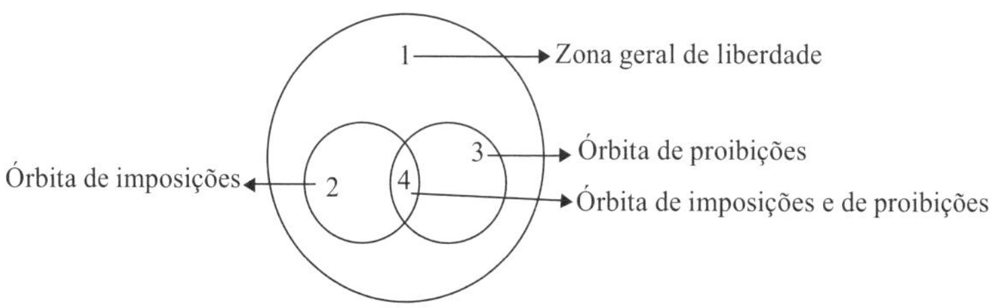

Dentro desse quadro da ordem jurídica, o poder de jurisdição do magistrado tem uma zona de liberdade, dentro da qual pode exercer sua atividade. A liberdade de julgar só é garantida nos limites da órbita jurídica que lhe corresponde; se o órgão judicante ultrapassar esses marcos, invade órbitas jurídicas alheias e sua atividade torna-se uma perturbação da ordem, um abuso de direito[755].

---

752. *V.* as observações de Bobbio, *Studi per una teoria generali del diritto*, cit., p. 187; Warat, *Abuso del derecho y lagunas de la ley*, Buenos Aires, Abeledo-Perrot, 1969, cap. V, p. 89 e s.; M. Helena Diniz, *As lacunas*, cit., p. 248-56.

753. Miguel Reale, *Lições preliminares*, cit., p. 291.

754. Flóscolo da Nóbrega, *Introdução ao direito*, cit., p. 186; Mauro Cappelletti, *Juízes irresponsáveis*, Porto Alegre, Fabris, 1989; *Juízes legisladores*, Porto Alegre, Fabris, 1993; Oswaldo A. de Castro Jr., *A democratização do Poder Judiciário*, Porto Alegre, Fabris, 1998.

755. *V.* Flóscolo da Nóbrega, *Introdução ao direito*, cit., p. 86-7.

Percebe-se que o problema do abuso do direito, ou desvio de poder, está em íntima conexão com o direito subjetivo, pois este apresenta-se na vida jurídica como uma posição diante da norma, uma autorização dada pela norma a um sujeito, de fazer ou de ter algo, em face de alguém que se obriga[756]. Logo, se o magistrado exceder tal permissão que lhe foi dada normativamente estará agindo de modo abusivo.

Assim sendo, o poder jurisdicional está limitado pelas normas, visto que, além de se ater às normas processuais, deve, p. ex.:

1) circunscrever-se aos fatos em que se funda a relação jurídica litigiosa;

2) deter-se nos fatos e circunstâncias constantes dos autos, ainda que não alegados pelas partes;

3) obedecer a normas legais sobre formas probatórias dos atos jurídicos;

4) considerar as presunções legais;

5) levar em conta, ao solucionar antinomias e ao preencher lacunas, o espírito informador do ordenamento jurídico, fixando-se no complexo daquelas convicções sociais vigentes, que integram o sistema valorativo da ordem jurídica em vigor, bem como no disposto nos arts. 4º e 5º da Lei de Introdução às Normas do Direito Brasileiro.

As decisões dos juízes estão condicionadas pelo sistema jurídico em seus três subconjuntos: normativo, valorativo e fático[757].

Se, nos casos de lacuna, o magistrado julga sem lei, até mesmo contra ela, para preencher omissão legal, atendendo às necessidades emergentes da vida social e aos reclamos da justiça, é o sistema, em seu todo, que o autoriza a criar norma individual sem relação lógica de subalternação a uma lei. A norma individual possui, portanto, um limite, que seria a sua plena e pacífica compatibilidade com o ordenamento jurídico a fim de nele poder penetrar sem causar-lhe incongruências. Se assim não fosse, a ciência do direito não teria como considerar válida a norma individual do juiz, que julga caso inédito[758]. A tarefa do órgão judicante é *criadora*, por dar como explícito algo já implícito no sistema jurídico, estabelecendo a norma individual relativa ao caso *sub judice*.

756. Goffredo Telles Jr., *O direito quântico*, cit., cap. VI.

757. *V.* Warat, *Abuso del derecho*, cit., p. 91, 97 e 99.

758. *V.* Lourival Vilanova, *As estruturas lógicas*, cit., p. 161; Arnaldo Vasconcelos, *Teoria da norma jurídica*, cit., p. 293; Fernando Mujica Besanilla, La integración de las lagunas legales, *Revista de Derecho y Jurisprudencia*, t. 56, 1959; J. G. de Souza, *A criação judicial do direito*, Porto Alegre, Fabris, 1991.

QUADRO SINÓTICO

APLICAÇÃO DO DIREITO

1. PROBLEMÁTICA DA APLICAÇÃO JURÍDICA

- **Subsunção**: É a aplicação da norma geral ao caso individual. A tarefa da subsunção apresenta duas dificuldades: *a*) falta de informação sobre os fatos do caso, que é solucionada por presunções legais e pelo *onus probandi*; e *b*) indeterminação semântica dos conceitos gerais contidos na norma, resolvida pela introdução de definições explícitas. Daí a necessidade da *interpretação* para saber qual a norma que incide sobre o caso *sub judice*.
- **Integração**: Se o órgão judicante não encontra a norma aplicável ao caso por haver lacuna, deverá aplicar os arts. 4º e 5º da Lei de Introdução às Normas do Direito Brasileiro, para preenchê-la. Trata-se da integração, que é um desenvolvimento aberto do direito, dirigido metodicamente.
- **Correção**: Se o magistrado não pode subsumir o fato a nenhuma norma, por haver incoerência no sistema, ante a existência de várias soluções incompatíveis, ou seja, de antinomia, deve lançar mão de uma interpretação corretiva.
- **Localização histórica do problema das lacunas e antinomias**: O problema das lacunas e das antinomias, tal como aparece atualmente, surgiu no século XIX, porque nele se consolidaram condições políticas (soberania nacional, separação de poderes) e jurídicas (preponderância da lei como fonte jurídica, controle da legalidade das decisões judiciárias e concepção do direito como sistema), incorporadas pelo processo de positivação do direito.
- **Operações técnicas**:
  - — construção de conceitos jurídicos e ordenação sistemática do direito pela ciência jurídica
  - — determinação da existência da norma jurídica no espaço e no tempo, pelo órgão
  - — interpretação da norma pelo jurista e pelo órgão
  - — integração, pelo órgão
  - — investigação corretiva do direito pelo órgão e pelo jurista
  - — determinação, pelo órgão, da norma aplicável
  - — estabelecimento de uma relação entre a norma individual, criada pelo órgão para o caso *sub judice*, com outras do ordenamento que se sabe válidas

2. INTERPRETAÇÃO DAS NORMAS E SUBSUNÇÃO

Conceito

Interpretar é descobrir o sentido e o alcance da norma. O aplicador do direito procura e tenta compreender o conteúdo dos conceitos jurídicos em atenção aos fins sociais e valores que pretende garantir. A interpretação jurídico-científica é, segundo Kelsen, considerada não autêntica, porque apenas determina o quadro das significações possíveis da norma geral. A interpretação do órgão é autêntica, por ser aquela em que se efetua, por meio de ato de vontade, a escolha entre as múltiplas possibilidades reveladas, produzindo uma norma individual.

Funções

— conferir a aplicabilidade da norma às relações sociais que lhe deram origem
— estender o sentido da norma a relações novas, inéditas ao tempo de sua criação
— temperar o alcance do preceito normativo, para fazê-lo corresponder às necessidades reais e atuais de caráter social

Caráter necessário

É imprescindível a interpretação de todas as normas, por conterem conceitos que têm contornos imprecisos.

Questão da vontade da lei ou do legislador como critério hermenêutico

A *teoria subjetiva* entende que se deve estudar a vontade do legislador expressa na norma, daí ser a interpretação *ex tunc*. A *teoria objetiva* preconiza que se deve ater à vontade da lei, logo a interpretação é *ex nunc*. Observa Tércio Sampaio Ferraz Jr. que nenhuma delas resolve a questão de se saber se é a vontade da lei ou a do legislador que deve servir de guia ao intérprete, porque a subjetiva favorece o autoritarismo e a objetiva, o anarquismo. Essa polêmica insolúvel aponta alguns *pressupostos hermenêuticos*: se interpretar é compreender uma outra interpretação afixada na norma, há dois atos: o que dá à norma seu sentido e o que tenta captá-lo, e a norma deve ser vista como um dogma; logo um dos pressupostos da hermenêutica jurídica é o *caráter dogmático* de seu ponto de partida. A liberdade do intérprete, ante os vários caminhos que podem ser escolhidos, conduz ao *caráter deontológico e normativo* das interpretações, pois a opção do órgão por uma daquelas vias se dá por um ato de vontade, que se efetiva por razões axiológicas, criando uma norma individual. Como o intérprete procura apreender o sentido do texto normativo, apresentando várias soluções possíveis, atendendo às pautas valorativas vigentes numa sociedade, em certo momento, a interpretação também tem *caráter ideológico*.

Técnicas interpretativas

Conceito — São os processos, lógicos ou não, utilizados para desvendar as várias possibilidades de aplicação da norma.

2. INTERPRETAÇÃO DAS NORMAS E SUBSUNÇÃO	Técnicas interpretativas	Técnica gramatical	Por meio dela, o intérprete busca o sentido literal do texto normativo, alicerçando-se em regras de linguística, atendendo à pontuação, colocação dos vocábulos, origem etimológica etc.
		Processo lógico	Procura desvendar o sentido e o alcance da norma, estudando-a por meio de raciocínios lógicos, analisando os períodos da lei e combinando-os entre si, com o escopo de atingir perfeita compatibilidade.
		Processo sistemático	Considera o sistema em que se insere a norma, relacionando-a com outras, relativas ao mesmo objeto.
		Técnica histórica	Baseia-se na averiguação dos antecedentes da norma. Refere-se ao histórico do processo legislativo e às circunstâncias fáticas que a precederam, às causas ou necessidades que induziram o órgão a elaborá-la, ou seja, às condições culturais ou psicológicas sob as quais o preceito normativo surgiu (*occasio legis*), tendo sempre em vista a razão da norma (*ratio legis*), isto é, os resultados que visa atingir.
		Processo sociológico ou teleológico	Objetiva adaptar a finalidade da norma às novas exigências sociais (LINDB, art. 5º).
	Efeitos do ato interpretativo	Interpretação extensiva	Ao admitir que a norma abrange, implicitamente, certos fatos-tipos, o intérprete tenta ultrapassar o núcleo do conteúdo normativo, avançando até o seu sentido literal possível. Essa interpretação apenas reintegra o sentido literal do texto normativo, estabelecendo-lhe as legítimas fronteiras; a norma é distendida somente para a compreensão dos casos que não estão expressos em sua letra, mas que nela se encontram, virtualmente, incluídos.
		Interpretação restritiva	Limita a incidência do comando normativo, impedindo que produza efeitos injustos ou danosos, porque suas palavras abrangem hipóteses que nelas, na realidade, não se contêm.
		Interpretação declarativa	Se houver correspondência entre a expressão linguística legal e a *voluntas legis*.

3. INTEGRAÇÃO E O PROBLEMA DAS LACUNAS NO DIREITO

- **Localização sistemática do problema das lacunas jurídicas**
  - Nela se levantam as questões relativas à lacuna dentro do ordenamento, como: sua existência, constatação e preenchimento.
- **Questão da existência das lacunas**
  - **Lacuna como problema inerente ao sistema jurídico**
    - Não aceitamos as teorias que concebem o sistema jurídico como fechado, que sustentam o dogma da plenitude hermética do ordenamento jurídico baseando-se no princípio de que "tudo que não está proibido, está permitido", e a ausência de lacuna no direito. Isto porque esse princípio não é norma, mas um mero enunciado lógico. No nosso entender, o direito é uma realidade dinâmica, que abrange normas, fatos e valores. Logo, o sistema jurídico é aberto, composto de subsistema normativo, legal e consuetudinário, de subsistema fático e de subsistema valorativo, apresentando lacunas quando houver quebra de isomorfia entre os subsistemas. Haverá lacuna normativa em hipótese de ausência de preceito normativo sobre um caso; lacuna ontológica, quando houver norma, mas ela não corresponder aos fatos sociais; e lacuna axiológica, se se apresentar ausência de norma justa.
  - **Lacuna como problema de jurisdição**
    - Há autores que consideram a lacuna jurídica uma questão processual, por aparecer por ocasião da aplicação da norma a um caso. Outros sustentam a tese de que não há lacunas porque há juízes, ante a proibição do *non liquet*. Não podemos acatar tais opiniões porque a sentença judicial não suprime lacunas; a decisão judicial apenas integra normas ao preencher lacunas. Além disso, o processo judicial não elimina os conflitos, apenas põe-lhes um fim, impedindo que sejam retomados no plano institucional (coisa julgada). O problema das lacunas, por tais razões, ante o caráter dinâmico do direito, é inerente ao sistema jurídico.
  - **Aporia das lacunas**
    - Ante a dinamicidade do direito é preciso admitir a existência das lacunas. O direito é sempre lacunoso, mas é, ao mesmo tempo, sem lacunas. É lacunoso por ser impossível a regulamentação normativa de todo comportamento humano, e sem lacunas, porque o próprio dinamismo do direito apresenta soluções que serviriam de base para qualquer decisão, seja ela do juiz, seja do legislador. Logo, o sistema jurídico é completável, sendo provisórias suas lacunas. A teoria das lacunas tem dupla função: fixar os limites das decisões judiciais e justificar a atividade do Legislativo. Sem embargo desta nossa

3. INTEGRAÇÃO E O PROBLEMA DAS LACUNAS NO DIREITO

- Questão da existência das lacunas
  - Aporia das lacunas: opinião, não a consideramos um pronunciamento final e definitivo sobre o assunto, porque a lacuna é um *dubium*, isto é, uma questão aporética, ou sem saída, pois sobre ela não há resposta unânime.
- Constatação e preenchimento das lacunas
  - Identificação da lacuna: Identifica-se a lacuna pela constatação, que procura defini-la, classificá-la, verificando os meios para o seu preenchimento, indicando os limites da função integradora do magistrado. A constatação da lacuna resulta de um juízo de apreciação, cujo ponto decisivo é o processo metodológico, empregado pelo magistrado. No preenchimento da lacuna surge a questão da legitimidade, determinação e natureza metodológica do emprego dos instrumentos integradores pelo órgão judicante. Os mecanismos de constatação de lacunas são, ao mesmo tempo, de integração. A constatação e o preenchimento são correlatos e independentes; correlatos porque o preenchimento pressupõe a constatação, e a constatação, os meios de colmatação. Independentes porque pode haver constatação de lacuna cujo sentido ultrapasse os limites de preenchimento possível e porque tal preenchimento não impede a sua constatação em novos casos.
  - Meios supletivos das lacunas
    - Analogia
      - Conceito e fundamento: É um procedimento quase lógico, que envolve duas fases: a constatação (empírica), por comparação, de que há uma semelhança entre fatos-tipos diferentes e um juízo de valor que mostra relevância das semelhanças sobre as diferenças, tendo em vista uma decisão jurídica. É um processo revelador de normas implícitas que se funda na igualdade jurídica, baseada em razões relevantes de similitude, por razão suficiente, como ensina Bobbio.
      - Espécies
        - — *legis*, que consiste na aplicação da norma existente destinada a reger caso semelhante ao previsto
        - — *juris*, que se estriba num conjunto de normas para extrair elementos que possibilitem sua aplicação

3. INTEGRAÇÃO E O PROBLEMA DAS LACUNAS NO DIREITO

- Constatação e preenchimento das lacunas
  - Meios supletivos das lacunas
    - Analogia
      - Espécies: ao caso concreto não previsto mas similar. Na prática só esta é autêntica analogia
      - Argumentos: Apenas o argumento *a simili ad simile* ou *a pari* é analógico; os argumentos *a fortiori* e *a contrario* não o são, constituem tipos de interpretação.
    - Costume: O juiz pode socorrer-se de qualquer espécie de costume; quando se esgotarem as potencialidades legais para preencher a lacuna normativa, axiológica e ontológica, desde que armado de um certo grau de sensibilidade e faro sociológico para descobrir o ponto de saturação em que um uso pode ser invocado como jurídico.
    - Princípios gerais de direito
      - Conceito: São normas de valor genérico que orientam a compreensão do sistema jurídico em sua aplicação e integração (p. ex.: LINDB, art. 3º; CC, art. 112; proibição do locupletamento ilícito; ninguém pode transferir mais direitos do que tem etc.).
      - Natureza múltipla
        - — decorrem dos subsistemas normativos
        - — originam-se das ideias políticas e sociais vigentes
        - — são reconhecidos pelas nações civilizadas os que tiverem *substractum* comum a todos os povos ou a algum deles em dada época histórica
      - Roteiro de sua aplicação pelo juiz: O juiz, empregando dedução, indução e juízos valorativos, deve:
        - — buscar os princípios da instituição a que se refere o caso;
        - — sendo isto inócuo, deve procurar os que informam o livro ou parte do diploma onde se

3. INTEGRAÇÃO E O PROBLEMA DAS LACUNAS NO DIREITO

- Constatação e preenchimento das lacunas
  - Meios supletivos das lacunas
    - Princípios gerais de direito
      - Roteiro de sua aplicação pelo juiz
        - insere a instituição, depois o do diploma onde se encontra o livro, em seguida, o da disciplina a que corresponde o diploma, até chegar aos princípios gerais de todo o direito escrito, de todo o regime jurídico-político e da sociedade das nações;
        - — procurar princípios de direito costumeiro;
        - — recorrer ao direito comparado;
        - — invocar elementos de justiça, entrando na seara da filosofia do direito.
    - Equidade
      - Acepções
        - *Latíssima* — seria a suprema regra da justiça a que os homens devem obedecer.
        - *Lata* — confunde-se com os princípios gerais de direito e com o direito natural.
        - *Estrita* — seria o ideal de justiça enquanto aplicado, isto é, na interpretação, integração, individualização judiciária, adaptação etc.
      - Espécies
        - *Legal* — a que está contida no texto normativo (p. ex., CC, art. 1.584, parágrafo único; LIndb, arts. 4º e 5º).
        - *Judicial* — quando o legislador, implícita ou explicitamente, incumbe ao juiz a decisão do caso concreto (p. ex.: CC, arts. 1.586, 1.740, II; CPC/2015, art. 140, parágrafo único; Lei n. 9.307/96, art. 11, II).
      - Requisitos
        - — o seu emprego decorre do sistema e do direito natural
        - — inexistência de texto claro e inflexível sobre a matéria
        - — só se aplica em caso de lacuna depois de esgotados os recursos do art. 4º da LIndb
        - — deve estar em harmonia com o espírito que rege o sistema e com os princípios que informam o instituto objeto da decisão
      - Funções
        - — interpretativa
        - — de adaptação da norma ao caso concreto
        - — de suplementar a lei

4. CORREÇÃO DO DIREITO E ANTINOMIA JURÍDICA

- **Noção de antinomia jurídica**
  - Segundo Tércio Sampaio Ferraz Jr., é a oposição que ocorre entre duas normas contraditórias (total ou parcialmente), emanadas de autoridades competentes, num mesmo âmbito normativo, que colocam o sujeito numa posição insustentável, pela ausência de inconsistência de critérios aptos a permitir-lhe uma saída nos quadros de um ordenamento dado.
- **Classificação das antinomias**
  - Quanto ao critério de solução
    - *Antinomia aparente* — se os critérios para a sua solução forem normas integrantes do ordenamento jurídico.
    - *Antinomia real* — quando não houver na ordem jurídica qualquer critério normativo para solucioná-la, sendo necessária à sua eliminação a edição de uma nova norma.
  - Quanto ao conteúdo
    - Antinomia própria
      - Se se der por razão formal, independentemente de seu conteúdo material.
    - Antinomia imprópria
      - Conceito
        - Se ocorrer em virtude do conteúdo material das normas.
      - Espécies
        - *Antinomia de princípios* — se houver desarmonia numa ordem jurídica pelo fato de dela fazerem parte diferentes ideias fundamentais entre as quais se pode estabelecer um conflito.
        - *Antinomia valorativa* — no caso de o legislador não ser fiel a uma valoração por ele próprio realizada.
        - *Antinomia teleológica* — se se apresentar incompatibilidade entre os fins propostos por certa norma e os meios previstos por outra para a consecução daqueles fins.
        - *Antinomia técnica* — atinente à falta de uniformidade da terminologia legal.
  - Quanto ao âmbito
    - Antinomia de direito interno
      - Aparece entre normas de um ramo do direito ou entre normas de diferentes ramos jurídicos.

4. CORREÇÃO DO DIREITO E ANTINOMIA JURÍDICA

- Classificação das antinomias
  - Quanto ao âmbito
    - Antinomia de direito internacional: Surge entre convenções ou costumes internacionais, princípios gerais de direito reconhecidos pelas nações civilizadas, decisões judiciárias, opiniões dos publicistas qualificados, normas de organizações internacionais e atos jurídicos unilaterais.
    - Antinomia de direito interno-internacional: Ocorre entre norma de direito interno e norma de direito internacional.
  - Quanto à extensão
    - Antinomia total-total: Se uma das normas não puder ser aplicada em nenhuma circunstância sem conflitar com a outra.
    - Antinomia total-parcial: Se uma das normas não puder ser aplicada, em nenhuma circunstância, sem conflitar com a outra, que tem um campo de aplicação conflitante com a anterior apenas em parte.
    - Antinomia parcial-parcial: Quando as duas normas tiverem um campo de aplicação que, em parte, entra em conflito com o da outra e em parte não.
- Critérios para a solução das antinomias
  - De direito interno
    - — hierárquico (lei superior prevalece sobre a inferior)
    - — cronológico (lei posterior derroga a anterior)
    - — de especialidade (lei especial tem preferência sobre a geral)
  - De direito internacional
    - *Prior in tempore potior in jus* — que dá, havendo conflito entre dois tratados, preferência ao primeiro sobre o segundo, desde que não tenham sido elaborados pelas mesmas partes.
    - *Lex posterior derogat priori* — que se aplica sempre que o segundo tratado dita a lei dos Estados signatários do primeiro.
    - *Lex specialis derogat generali* — aplicável somente nos casos de tratados sucessivos entre os mesmos signatários.
    - *Lex superior derogat inferiori* — pelo qual a norma superior liga-se não à natureza da fonte, mas ao valor por ela colimado.

- **4. CORREÇÃO DO DIREITO E ANTINOMIA JURÍDICA**
  - Critérios para a solução das antinomias
    - De direito interno-internacional
      - — superioridade da norma internacional sobre a interna, se o conflito for submetido a um juízo internacional
      - — se o conflito for levado à apreciação do juízo interno, este poderá reconhecer ora a superioridade da lei interna, ora a do tratado
  - Antinomias de segundo grau e os metacritérios para sua resolução
    - — Conflito entre os critérios hierárquico e cronológico será solucionado pela metarregra *lex posterior inferiori non derogat priori superiori.*
    - — Antinomia entre os critérios de especialidade e cronológico será resolvida pelo metacritério *lex posterior generalis non derogat priori speciali.*
    - — No conflito entre os critérios hierárquico e de especialidade, havendo uma norma superior-geral e outra inferior-especial, não será possível estabelecer uma metarregra geral, preferindo o critério hierárquico ao de especialidade, ou vice-versa, sem contrariar a adaptabilidade do direito. Poder-se-ia optar por qualquer deles, contudo Bobbio entende que se deve preferir o hierárquico; a supremacia do de especialidade só se justificaria ante o princípio do *suum cuique tribuere.*
    - — Não havendo critério para solucionar antinomia de segundo grau, o critério dos critérios seria o do princípio supremo da justiça.
  - Incompletude dos meios de solução das antinomias jurídicas
    - Apesar de haver critérios para solucionar antinomias, há casos em que se tem lacuna das regras de resolução, ante o fato daqueles critérios não poderem ser aplicados, instaurando uma incompletude dos meios de solução e uma antinomia real, que só pode ser suprimida pela edição de norma derrogatória que opte por uma das normas antinômicas, ou resolvida por meio de uma interpretação equitativa ou corretiva.
- **5. TÓPICA COMO FORMA DE ARGUMENTAÇÃO DO APLICADOR DO DIREITO**
  - Conceito
    - Para Viehweg é uma técnica de discussão de problemas, ou seja, uma arte de descobrir premissas que irão presidir a solução dos concretos problemas da vida.
  - Fases da argumentação tópica
    - Argumentação dogmática
      - — *translatio*
      - — conjectural
      - — *definitio*
      - — qualificação
    - Argumentação zetética
      - — análise
      - — crítica
      - — metacrítica

5. TÓPICA COMO FORMA DE ARGUMENTAÇÃO DO APLICADOR DO DIREITO	Tópica e intuição	A argumentação tópica guia-se pela intuição na subsunção, na descoberta e preenchimento de lacuna e na correção das antinomias. Isto é assim porque no mecanismo que conduz a uma decisão há dois planos: o da *descoberta*, onde grande é a importância da intuição e da tópica, e o da *demonstração*, que patenteia a validade das descobertas mediante o emprego de raciocínios dedutivos e indutivos.
6. PAPEL DA IDEOLOGIA NA APLICAÇÃO JURÍDICA	Íntima é a relação entre ideologia e aplicação jurídica, tanto na subsunção, na integração, como na correção, porque em todas essas hipóteses deve-se ater à finalidade da norma aplicável, tal como concebida no momento atual. O órgão, ao sentenciar, deve relacionar a norma a aplicar a fatos e valores, buscando realizar a justiça. Daí a importância da ideologia, pois o aplicador deve neutralizar os valores. A ideologia atua como elemento estabilizador; valorando os próprios valores ela os retém, tornando rígida a flexibilidade do momento valorativo. A ideologia fixa a norma, dando-lhe um cerne axiológico, de modo que ela não possa ser questionada, eliminando, artificialmente, outras possibilidades de sua aplicação. Com a ideologia, o valor subjetivo passa a ser objetivo.	
7. LIMITES DO ATO DE DECISÃO JUDICIAL	— Obediência às normas processuais. — Limitação, em seu exame, aos fatos em que se funda a relação jurídica litigiosa e aos constantes dos autos. — Observância das normas legais sobre prova dos atos jurídicos. — Consideração das presunções legais e do espírito informador do ordenamento jurídico, ao preencher lacunas, atendo-se ao complexo das convicções sociais vigentes, que integram o subsistema valorativo, bem como ao disposto nos arts. 4º e 5º da Lei de Introdução às Normas do Direito Brasileiro. Sua decisão está condicionada pelo sistema jurídico em seus três subconjuntos: normativo, fático e valorativo.	

5. RELAÇÃO JURÍDICA

A. CONCEITO E ELEMENTOS

As normas de direito regulam comportamentos humanos dentro da sociedade. Isto é assim porque o homem, na vida social, está sempre em interação, influenciando a conduta de outrem, o que dá origem a relações sociais que, disciplinadas por normas jurídicas, transformam-se em relações de direito[759].

Segundo Del Vecchio[760], a relação jurídica consiste num vínculo entre pessoas, em razão do qual uma pode pretender um bem a que outra é obrigada. Tal relação só existirá quando certas ações dos sujeitos, que constituem o âmbito pessoal de determinadas normas, forem relevantes no que atina ao caráter deôntico das normas aplicáveis à situação. Só haverá relação jurídica se o vínculo entre pessoas estiver normado, isto é, regulado por norma jurídica, que tem por escopo protegê-lo. Sem norma incidente, na lição de Lourival Vilanova, numa relação social ou fática, essa relação não se eleva ao nível jurídico. A transformação do vínculo de fato em jurídico acarreta os seguintes efeitos:

1º) Tem-se uma relação entre sujeitos jurídicos, ou melhor, entre o *sujeito ativo*, que é o titular do direito subjetivo de ter ou de fazer o que a norma jurídica não proíbe, e o *sujeito passivo*, que é o sujeito de um dever jurídico, é o que deve respeitar o direito do ativo. É imprescindível, portanto, uma relação intersubjetiva, isto é, um liame entre duas ou mais pessoas[761]. Esse vínculo será de sujeição relativa ou específica se o sujeito passivo tiver a obrigação de satisfazer determinado interesse do titular do direito. É o que se dá com o direito de crédito: o devedor deverá pagar sua dívida a certo credor. A sujeição poderá ser absoluta ou genérica quando consistir apenas no dever de respeitar a posição jurídica do titular, como sucede nos direitos personalíssimos e nos direitos reais[762], oponíveis *erga omnes*.

---

759. Serpa Lopes, *Comentários*, cit., v. 1, p. 227 e 228; Pugliatti, *Introducción al estudio del derecho civil*, p. 192; Von Tuhr, *Teoría general del derecho civil alemán*, v. 1, p. 155; Luiz Fernando Coelho, *Aulas de introdução*, cit., p. 187-248.

760. *Lezione de filosofia*, cit., p. 263. Sobre o conceito de relação jurídica, *v.* Vicente Ráo, *O direito*, cit., v. 3, p. 296; Trabucchi, *Istituzioni*, cit., cap. III; Enneccerus, *Tratado de derecho civil*, cit., v. 1, t. 1. Santoro-Passarelli ensina-nos que a relação jurídica indica a respectiva posição de poder de uma pessoa e de dever da outra, ou seja, poder e dever estabelecidos pelo ordenamento jurídico para a tutela de um interesse (*Dottrine generali del diritto civile*, p. 69). Para Hans Kelsen (*Teoria pura do direito*, cit., v. 1, p. 311 e s.), a relação jurídica não é uma relação entre indivíduos, mas entre normas, ou seja, entre o dever jurídico e o direito reflexo que lhe corresponde; sendo este último o dever jurídico, isto é, a própria norma jurídica, não há, na realidade, nenhuma relação entre o dever jurídico e o direito reflexo. Cicala, *Il rapporto giuridico*, p. 14, 17 e 65.

761. Windscheid, *Diritto delle Pandette*, cit., v. 1, § 37-a; Von Tuhr (*Teoría general*, cit., v. 1, p. 156) por sua vez admite a existência de relações jurídicas entre uma pessoa e uma coisa (propriedade); entre duas pessoas (tutela); entre uma pessoa e determinado lugar (domicílio). Bobbio, *Teoria dell'ordinamento giuridico*, p. 30-4.

762. Orlando Gomes, *Introdução ao direito civil*, cit., p. 98.

Além do mais, quanto ao conteúdo a relação jurídica poderá ser: *simples*, quando se constitui de um só direito subjetivo. Cada sujeito ocupa uma posição: um, a ativa e outro, a passiva; e *complexa*, se contiver vários direitos subjetivos, caso em que as pessoas ocupam, simultaneamente, as duas posições, figurando, ao mesmo tempo, como sujeito ativo e passivo; p. ex., numa compra e venda, o comprador tem direito à entrega do objeto comprado (sujeito ativo) e dever de pagar o preço (sujeito passivo), e o vendedor tem o direito de receber o pagamento do preço (sujeito ativo) e o dever de entregar a coisa vendida (sujeito passivo)[763]. Há autores, como Brinz e Bekker, que afirmam que há direitos sem sujeitos, p. ex.: *a*) o caso de herança jacente (CC, arts. 1.819 e s.), em que os herdeiros ainda não são conhecidos, e o do nascituro (CC, art. 2º), que, embora não tenha nascido, tem direitos resguardados pela lei. Todavia, nestas hipóteses, há um sujeito que está em expectativa, pois a herança jacente e a figura jurídica do nascituro só existem em função do titular, enquanto ele é esperado, pois desaparecendo essa expectativa, por não haver herdeiro nem nascimento com vida, deixam de existir esses direitos; e *b*) o caso da fundação, que é um patrimônio (CC, art. 62) destinado a um fim. Aqui também há sujeito, pois o titular de direito é a própria fundação, que é uma pessoa jurídica, verdadeira instituição, dotada de realidade própria.

O sujeito ativo tem, ainda, a *proteção jurídica*, ou seja, a autorização normativa para ingressar em juízo, reavendo o seu direito, reparando o mal sofrido em caso de o sujeito passivo não ter cumprido suas obrigações.

2º) O poder do sujeito ativo passa a incidir sobre um *objeto imediato*, que é a prestação devida pelo sujeito passivo, por ter a permissão jurídica de exigir uma obrigação de dar, fazer ou não fazer, e sobre um *objeto mediato*, ou seja, o bem móvel, imóvel ou semovente, sobre o qual recai o direito, devido à permissão que lhe é dada por norma de direito de ter alguma coisa como sua, abrangendo, ainda, os seus modos de ser (sua vida, seu nome, sua liberdade, sua honra etc.). Orlando Gomes[764] afirma que para ser objeto de direito a coisa precisa apresentar os requisitos da economicidade, permutabilidade e limitabilidade, isto é, ser suscetível de avaliação pecuniária, podendo submeter-se ao domínio da pessoa e sendo o seu uso e quantidade limitados.

3º) Há necessidade de um *fato propulsor*, idôneo à produção de consequências jurídicas. Pode ser um acontecimento, dependente ou não da vontade humana, a que a norma jurídica dá a função de criar, modificar ou extinguir direitos. É ele que tem o condão de vincular os sujeitos e de submeter o objeto ao poder da pessoa, concretizando a relação. Reveste a forma de fato jurídico *stricto sensu*, quando o acontecimento for independente da ação humana; de ato jurídico, se consistir num ato voluntário, sendo irrelevante a intenção do resultado; e de negócio jurídico, se provier de ação humana que visa a produzir os efeitos que o agente pretende[765].

De modo que se pode dizer, exemplificativamente, que o direito de propriedade é um vínculo, oriundo de contrato de compra e venda (fato propulsor), entre o proprietário (sujeito

763. Orlando Gomes, *Introdução ao direito civil*, cit., p. 104.
764. *Introdução ao direito civil*, cit., p. 103.
765. Orlando Gomes, *Introdução ao direito civil*, cit., p. 104.

ativo), que tem domínio sobre a coisa (objeto mediato), em razão de permissão legal, e demais pessoas (sujeito passivo), que são obrigadas a respeitar tal domínio (objeto imediato)[766].

A relação jurídica é, como nos ensina Lourival Vilanova, efectual, por ser efeito jurídico da realização de hipóteses normativas; é aquilo que sobrevém do fato jurídico pela conexão estatuída pela norma. Constitui a relação jurídica, como diz Pontes de Miranda, o lado eficacial da incidência das normas de direito sobre os suportes fáticos[767].

B. SUJEITO DE DIREITO

b.1. Personalidade

Primeiramente, imprescindível se torna verificar qual é a acepção jurídica do termo "pessoa"[768].

Para a doutrina tradicional, "pessoa" é o ente físico ou coletivo suscetível de direitos e obrigações, sendo sinônimo de sujeito de direito. *Sujeito jurídico* é o sujeito de um dever jurídico, de uma pretensão ou titularidade jurídica, que seria o poder de fazer valer, através de uma ação, o não cumprimento do dever jurídico, ou melhor, o poder de intervir na produção da decisão judicial[769].

Para Kelsen, o conceito de sujeito jurídico não é necessário para a descrição do direito, é um conceito auxiliar que lhe facilita a exposição. De forma que a pessoa natural ou jurídica que tem direitos e deveres é um complexo destes direitos e deveres, cuja unidade é, figurativamente, expressa no conceito de pessoa. Esta é tão somente a personificação dessa unidade. Assim sendo, para esse autor, "pessoa" não é, portanto, um indivíduo ou uma comunidade de pessoas, mas a unidade personificada das normas jurídicas que lhe impõem deveres e lhe conferem direitos. Logo, sob o prisma kelseniano, é a "pessoa" uma

766. Franco Montoro, *Introdução*, cit., v. 2, p. 242-4, 255 e 256; Vernengo, *Curso de teoría general del derecho*, cit., p. 242-6; Machado Pauperio, *Introdução*, cit., p. 167-72; A. Torré, *Introducción al derecho*, cit., p. 171 e 172; A. L. Machado Neto, *Compêndio*, cit., p. 139 e 140; Miguel Reale, *Lições preliminares*, cit., p. 209-22; M. Helena Diniz, *Curso*, cit., v. 1, p. 71 e 72; Lourival Vilanova, *Causalidade e relação no direito*, Recife, 1985, p. 75-91, 123-33, 145-54, 160-2, 167-75, 184-204.

767. Lourival Vilanova, *Causalidade*, cit., p. 87, 133, 169, 175, 213; Pontes de Miranda, *Tratado de direito privado*, t. 1, p. 116-32.

768. Segundo Barros Monteiro (*Curso de direito civil*, cit., v. 1, p. 58 e 59), o vocábulo *pessoa* é oriundo do latim *persona*, que, adaptado à linguagem teatral, designava máscara. Isto é assim porque *persona* advinha do verbo *personare*, que significava ecoar, fazer ressoar, de forma que a máscara era uma *persona* que fazia ressoar, mais intensamente, a voz da pessoa por ela ocultada. Mais tarde *persona* passou a exprimir a própria atuação do papel representado pelo ator e, por fim, completando esse ciclo evolutivo, a palavra passou a indicar o próprio homem que representava o papel. Passa, então, a ter três acepções: *a*) a *vulgar*, em que pessoa seria sinônimo de ser humano; porém não se pode tomar com precisão tal assertiva, ante a existência de instituições que têm direitos e deveres, sendo, por isso, consideradas como pessoas, e devido ao fato de que já existiram seres humanos que não eram considerados pessoas, como os escravos; *b*) a *filosófica*, segundo a qual a pessoa é o ente, dotado de razão, que realiza um fim moral e exerce seus atos de modo consciente; *c*) a *jurídica*, que considera como pessoa todo ente físico ou moral, suscetível de direitos e obrigações. É nesse sentido que pessoa é sinônimo de sujeito de direito ou sujeito da relação jurídica.

769. Diego Espín Cánovas, *Manual de derecho civil español*, v. 1, p. 100; Barros Monteiro, *Curso de direito civil*, cit., v. 1, p. 59; Clóvis Beviláqua, *Teoria geral do direito civil*, cit., p. 69. Diz Vernengo (*Curso de teoría general del derecho*, cit., p. 253): "*La capacidad de un órgano para suscitar con sus actos ciertas consecuencias jurídicas, en el ámbito material que se le atribuye, se denomina la competencia o jurisdicción del órgano. En especial la producción de nuevas normas dotadas de validez*".

construção da ciência do direito, que com esse entendimento afasta o dualismo: direito objetivo — direito subjetivo[770].

Entre essas duas concepções ficamos com a primeira, que passamos a analisar.

Liga-se à pessoa a ideia de personalidade, que exprime a aptidão genérica para adquirir direitos e contrair obrigações[771]. Deveras, sendo a pessoa natural (ser humano) ou jurídica (agrupamentos humanos) sujeito das relações jurídicas e a personalidade, a possibilidade de ser sujeito, ou seja, uma aptidão a ele reconhecida, toda pessoa é dotada de personalidade.

Capacidade, por sua vez, é "a medida jurídica da personalidade"[772]. Só mediante representação e assistência poderá realizar-se um ato de interesse de um incapaz e, ainda assim, sob observância de rigorosas formalidades legais[773]. Isto é assim porque a capacidade jurídica é a condição de todos os direitos. A capacidade é a determinação de um âmbito pessoal de validade relacionada com um âmbito material normado. Deveras, um preceito normativo contém referência a uma conduta, como conteúdo ou âmbito material, que alguém deve realizar ou não, em certo tempo e lugar. A capacidade do sujeito é, então, condição de validade dos negócios jurídicos.

Assim, para ser "pessoa" basta que o homem exista, e para ser "capaz" o ser humano precisa preencher os requisitos necessários para agir por si, como sujeito ativo ou passivo duma relação jurídica. Eis por que os autores distinguem entre capacidade de direito ou de gozo e capacidade de exercício ou de fato[774], como veremos logo mais.

A fim de satisfazer suas necessidades nas relações sociais, o homem adquire direitos e assume obrigações, sendo, portanto, sujeito ativo e passivo de relações jurídico-econômicas. O conjunto dessas situações jurídicas individuais, suscetíveis de apreciação econômica, designa-se *patrimônio*, que é, sem dúvida, a projeção econômica da personalidade. Porém, a par dos direitos patrimoniais a pessoa tem direitos da personalidade[775].

Como pontifica Goffredo Telles Jr., a personalidade consiste no conjunto de caracteres próprios da pessoa. O direito objetivo autoriza a pessoa a defender sua personalidade, de forma que, segundo esse autor, os direitos da personalidade são os direitos subjetivos da pessoa de defender o que lhe é próprio, ou seja, identidade, liberdade, sociabilidade, reputação, honra, autoria etc. Por outras palavras, os direitos da personalidade são aqueles comuns da existência, porque simples permissões dadas pela norma jurídica, a cada pessoa, de defender um bem que a natureza lhe deu[776].

---

770. Kelsen, *Teoria pura do direito*, cit., v. 1, p. 320 e s.

771. Caio Mário da Silva Pereira, *Instituições*, cit., v. 1, p. 198; Clóvis Beviláqua, *Teoria geral do direito civil*, cit., § 3º, p. 67; D'Aguano, *La genese e l'evoluzione del diritto civile*, p. 141 e s.; Enneccerus a define como a qualidade jurídica que constitui a condição prévia de todos os direitos e deveres (*Tratado de derecho civil*, cit., p. 318); Larenz a considera como a faculdade de uma pessoa de poder ser titular de direitos e deveres (*Derecho civil*; parte general, p. 104).

772. Haroldo Valladão, Capacidade de direito, in *Enciclopédia Saraiva do Direito*, v. 13, p. 34; Virgílio de Sá Pereira, *Direito de família*, 2. ed., Rio de Janeiro, Freitas Bastos, 1959; Orlando Gomes, *Introdução ao direito civil*, cit., p. 149.

773. Antônio Chaves, Capacidade civil, in *Enciclopédia Saraiva do Direito*, v. 13, p. 2.

774. Antônio Chaves, Capacidade civil, in *Enciclopédia Saraiva do Direito*, cit., p. 3.

775. Caio Mário da Silva Pereira, *Instituições*, cit., v. 1, p. 202 e 203. *V.* Lei n. 4.319/64, que criou o Conselho de Defesa dos Direitos da Pessoa Humana.

776. Direito subjetivo-I, in *Enciclopédia Saraiva do Direito*, cit., v. 28, p. 315 e 316; *Iniciação na ciência do direito*, cit., p. 297-304. Limongi França define os direitos da personalidade como "faculdades jurídicas cujo objeto

Os direitos da personalidade são absolutos, intransmissíveis, indisponíveis, irrenunciáveis, ilimitados, imprescritíveis, impenhoráveis e inexpropriáveis[777].

b.2. Pessoa natural

Ao estudarmos a relação jurídica, vimos que ela contém duplicidade de sujeito: o ativo e o passivo. Qualquer dessas duas figuras denomina-se "pessoa"[778]. De modo que a "pessoa natural" é o ser humano considerado como sujeito de direitos e obrigações.

Contudo, civilistas e legislações não chegam a um acordo quanto à denominação da pessoa humana como ente jurídico. Nosso Código Civil adotou a expressão "pessoa natural", que designa o *ser humano* tal como ele é[779].

Como já pudemos apontar, a personalidade tem sua medida na *capacidade*, que é reconhecida, num sentido de universalidade, no art. 1º do Código Civil, que, ao prescrever "toda pessoa é capaz de direitos e deveres na ordem civil", emprega o termo "pessoa" na acepção de todo ser humano, sem qualquer distinção de sexo (Lei n. 9.029/95), credo (Lei n. 12.033/2009, art. 1º), idade (Lei n. 8.069/90; n. 10.741/2003, art. 96; n. 12.033/2009, art. 1º; e n. 12.213/2010, com alteração do art. 1º da Resolução n. 27/2010, ora revogado pela Resolução CNAS/MC n. 81/2022), raça (Leis n. 7.437/85, n. 7.716/89, com modificação das Leis n. 9.459/97, n. 12.288/2010, que altera a Lei n. 10.778/2003 e pela Lei n. 14.532/2023; n. 12.033/2009, art. 1º; Decreto de 8-9-2000, ora revogado pelo Decreto n. 10.087/2019; CP, art. 145, parágrafo único) etc. Igualmente, a Constituição Federal (CF, arts. 5º, I, VI, XLI, XLII, 1º, III, 3º, IV, e 19, I) desconhece a discriminação racial ou de nacionalidade (CF, art. 19, III) no Brasil. E proclamando o princípio da igualdade civil, por razões de ordem pública e de interesse nacional, sem criar distinções entre brasileiros e estrangeiros, admite restrições ao exercício por estes de certos direitos, vedando-lhes a exploração de minas e quedas-d'água (CF, art. 176, § 1º, com alteração da EC n. 6/95), as funções de corretor da Bolsa e leiloeiro público (CPC, art. 883), a propriedade de empresas jornalísticas (CF, art. 222, §§ 1º a 5º com redação da EC n. 36/2002; Lei n. 10.610/2002) e de embarcações (art. 178 e parágrafo único, com alteração da EC n. 7/95) etc., e, no campo político, reservando o direito de voto aos brasileiros natos ou naturalizados (CF, art. 14, §§ 2º e 3º, I) e para adquirirem os estrangeiros propriedade rural podem depender de certas limitações legais (Lei n. 5.709/71, Decreto n. 74.965/74, Decreto n. 5.311/2004, ora revogado pelo Decreto n. 5.978/2006, atualmente, o Sistema de Cadastro Rural está previsto no Decreto n. 11.232/2022

---

são os diversos aspectos da própria pessoa do sujeito, bem assim as suas emanações e prolongamentos" (*Manual de direito civil*, 3. ed., Revista dos Tribunais, 1975, p. 403). Simón Carrejo (*Derecho civil*, Bogotá, Themis, 1972, t. 1, p. 299 e 1300).

777. Orlando Gomes, *Introdução ao direito civil*, cit., p. 143; Adriano de Cupis, *Os direitos da personalidade*, Lisboa, Livr. Moraes, 1961, p. 44 e s.; Arturo de Valencia Zéa, *Derecho civil*; parte general, 6. ed., Bogotá, Themis, t. 1, p. 459 e 460; Carbonnier, *Droit civil*, cit., v. 1, p. 247; Antônio Chaves, *Lições de direito civil*; parte geral, São Paulo, Bushatsky, 1972, v. 3, p. 168; Fábio Maria de Mattia, Direitos da personalidade-II, in *Enciclopédia Saraiva do Direito*, v. 28, p. 155-8, e Direitos da personalidade: aspectos gerais, Separata da *Revista de Direito Civil, Imobiliário, Agrário e Empresarial*, n. 3, p. 40 e 41, 1978; Kayser, Les droits de la personnalité: aspects théoriques et pratiques, *Revue Trimestrielle de Droit Civil*, 1971, p. 486; M. Helena Diniz, *Curso*, cit., v. 1, p. 79-82.

778. Serpa Lopes, *Curso de direito civil*, cit., p. 253.

779. Teixeira de Freitas, *Esboço*, observações ao art. 17; Caio Mário da Silva Pereira, *Instituições*, cit., v. 1, p. 199 e 200; Clóvis Beviláqua, *Teoria geral do direito civil*, cit., p. 70.

(art. 16, XI) ou de autorização do Congresso Nacional (CF, art. 190). Contudo tais restrições não implicam desigualdade jurídica entre nacional e estrangeiro[780].

Da análise do art. 1º do Código Civil surge a noção de capacidade, que é a maior ou menor extensão dos direitos e dos deveres de uma pessoa.

De modo que a esta aptidão, oriunda da personalidade, para adquirir direitos e contrair deveres na vida civil, dá-se o nome de *capacidade de gozo* ou *de direito*. A capacidade de direito não pode ser recusada ao indivíduo, sob pena de se negar sua qualidade de pessoa, despindo-o dos atributos da personalidade[781]. Entretanto, tal capacidade pode sofrer restrições legais quanto ao seu exercício pela intercorrência de um fator genérico, como o tempo (menoridade), de uma insuficiência somática, como a que provoca impossibilidade transitória ou permanente de exprimir a vontade, a toxicomania, a prodigalidade[782]. Aos que assim são tratados por lei, o direito denomina "incapazes". Logo, a *capacidade de fato* ou *de exercício* é a aptidão de exercer por si os atos da vida civil, dependendo, portanto, do discernimento, que é critério, prudência, juízo, tino, inteligência, e, sob o prisma jurídico, a aptidão que tem a pessoa de distinguir o lícito do ilícito, o conveniente do prejudicial[783].

A capacidade jurídica da pessoa natural é limitada, pois uma pessoa pode ter o gozo de um direito sem ter o seu exercício, por ser incapaz; logo, seu representante legal é quem o exerce em seu nome[784]. A capacidade de exercício pressupõe a de gozo, mas esta pode subsistir sem a de fato ou de exercício[785].

A incapacidade é a restrição legal ao exercício dos atos da vida civil, devendo ser sempre encarada estritamente, considerando-se o princípio de que "a capacidade é a regra e a incapacidade, a exceção".

Como toda incapacidade advém de lei, consequentemente não podem ser consideradas como tal quaisquer limitações ao exercício dos direitos provenientes de ato jurídico *inter vivos* ou *causa mortis*. Exemplificativamente: se o doador grava o bem doado de inalienabilidade, o donatário não poderá dele dispor; se o testador institui uma substituição fideicomissária, o fiduciário não terá a disponibilidade da coisa recebida[786]. Estes casos constituem simples restrições ao direito de dispor e não incapacidades jurídicas.

Não se confunde também com a incapacidade a proibição legal de efetivar determinados negócios jurídicos com certas pessoas ou em atenção a bens a elas pertencentes, p. ex., a que proíbe o ascendente de vender bens aos descendentes sem o consentimento dos demais

---

780. Caio Mário da Silva Pereira, *Instituições*, cit., v. 1, p. 201 e 202. O termo "capacidade" advém do latim *capere*, isto é, agarrar, prender, tomar nas mãos, apoderar-se, apreender, adquirir, apanhar. *Capax* é aquele que tem essa aptidão, *capacitas* (Antônio Chaves, Capacidade civil, in *Enciclopédia Saraiva do Direito*, cit., p. 2). *V.* Decreto n. 74.965/74, que regulamenta a Lei n. 5.709/71, que trata da aquisição de imóvel rural por estrangeiro, e Decreto n. 5.311/2004, que altera os arts. 96 e 97 do Decreto n. 86.715/81 e o art. 30 do Decreto n. 1.983/96, que estabelece prazo de validade do passaporte para estrangeiros e do *laissez-passer*. *Vide* notas 21 e 22 do Cap. II do *Curso de direito civil brasileiro*, São Paulo, Saraiva, 2009, v. 1, sobre todas as leis a respeito de vedações discriminatórias.

781. Orgaz, *Personas individuales*, Buenos Aires, 1961.

782. Caio Mário da Silva Pereira, *Instituições*, cit., v. 1, p. 224.

783. Antônio Chaves, Capacidade civil, in *Enciclopédia Saraiva do Direito*, cit., p. 2. Consulte: Mª Helena Diniz, A nova teoria das incapacidades, *Revista Thesis Juris*, v. 5, n. 2, 2016, p. 263-288.

784. Antônio Chaves, Capacidade civil, in *Enciclopédia Saraiva do Direito*, cit., p. 7.

785. Barros Monteiro, *Curso de direito civil*, cit., v. 1, p. 63.

786. Caio Mário da Silva Pereira, *Instituições*, cit., v. 1, p. 229; Planiol, Ripert e Boulanger, *Traité élémentaire*, cit., v. 1, n. 2.156; Colin e Capitant, *Cours élémentaire*, cit., v. 1, n. 71.

descendentes; além disso, o consorte do alienante também deverá anuir (CC, art. 496; STF, Súmula 494); o casado, exceto no regime de separação absoluta de bens, de alienar imóveis sem outorga do outro cônjuge (CC, art. 1.647, I); os tutores ou curadores, de dar em comodato os bens confiados a sua guarda, sem autorização especial (CC, art. 580). Trata-se de impedimentos para a prática de certos atos jurídicos, não traduzindo incapacidade do tutor, do curador, do ascendente e da pessoa casada, que conservam o pleno exercício de seus direitos civis[787]; referem-se à legitimação, que é "a posição das partes, num ato jurídico, negocial ou não, concreto e determinado, em virtude da qual elas têm competência para praticá-lo"[788].

Eis por que, modernamente, se distingue a capacidade de gozo da legitimação. Mesmo que o indivíduo tenha capacidade de gozo, pode estar impedido de praticar certo ato jurídico, em razão de sua posição especial em relação a certos bens, pessoas e interesses.

Deveras, como nos ensina Carnelutti, a capacidade de gozo é relativa ao modo de ser da pessoa, e a legitimação, à sua posição em relação às outras[789].

O instituto da "incapacidade" visa proteger os que são menores de 16 anos (art. 3º) ou portadores de uma deficiência jurídica apreciável (CC, art. 4º, com redação da Lei n. 13.146/2015). Graduando, no processo de interdição, em se tratando de incapacidade relativa, para nomear curador, ou na tomada de decisão apoiada, a forma de proteção (CC, art. 1.772, com a redação da Lei n. 13.146/2015). A proteção para os absolutamente incapazes (CC, art. 3º) assume a feição de representação, pois estão completamente privados de agir juridicamente; e, para os relativamente incapazes (CC, art. 4º), reveste o aspecto de assistência, dentro dos limites da curatela, já que têm o poder de atuar na vida civil, desde que autorizados[790]. Por meio da representação e da assistência, supre-se a incapacidade e os negócios jurídicos realizam-se regularmente.

A incapacidade (CC, art. 4º, II e III) termina, em regra, ao desaparecerem as causas que a determinaram. Assim, p. ex., no caso da toxicomania, da embriaguez, da prodigalidade, cessando a enfermidade físico-psíquica que as determinou[791].

Em relação à menoridade, a incapacidade cessa quando o menor completar 18 anos e quando houver emancipação pelas formas previstas pelo CC, art. 5º, parágrafo único: *a*) concessão dos pais em ato conjunto (CC, art. 1.631 e parágrafo único), ou de um deles na falta do outro, mediante instrumento público inscrito no Registro Civil competente (Lei n. 6.015/73, arts. 29, IV, 89 e 90; CC, arts. 9º, II, 166, IV), independentemente de homologação judicial, ou por sentença do juiz, ouvido o tutor (CPC de 2015, arts. 719 a 725, I; CC, art. 1.763, I; Lei n. 8.069/90, art. 148, VII, parágrafo único, *e*; *RF, 197*:247); em ambas as hipóteses o menor terá que ter 16 anos completos. Também neste caso, pela Lei n. 6.015/73, art. 91 e parágrafo único, o juiz, ao conceder emancipação, deverá comunicá-la, de ofício, ao

787. Caio Mário da Silva Pereira, *Instituições*, cit., v. 1, p. 229 e 230; Antônio Chaves, Capacidade civil, in *Enciclopédia Saraiva do Direito*, cit., p. 7 e 8.

788. Mário Salles Penteado, A legitimação dos atos jurídicos, *RT, 454*:28, 1973.

789. Antônio Chaves (Capacidade civil, in *Enciclopédia Saraiva do Direito*, cit., p. 8 e 9) expõe a doutrina de Carnelutti. A propósito *v.* Emilio Betti, *Teoría general del negocio jurídico*, cit., p. 177; Cariota Ferrara, *Negócio jurídico*, n. 432, p. 592.

790. Caio Mário da Silva Pereira, *Instituições*, cit., v. 1, p. 230 e 231; Planiol, Ripert e Boulanger, *Traité élémentaire*, cit., v. 1, n. 2.175; M. Helena Diniz, *Curso*, cit., v. 1, p. 83-104.

791. Serpa Lopes, *Curso de direito civil*, cit., v. 1, p. 291; Franco Montoro, *Introdução*, cit., v. 2, p. 304 e 305.

oficial do registro, se não constar dos autos haver sido efetuado este dentro de 8 dias, pois cabe ao interessado promover tal registro, já que antes dele a emancipação não produzirá efeito (CC, art. 9º, II); *b*) casamento, pois não é plausível que fique sob a autoridade de outrem quem tem condições de casar e constituir família; assim, mesmo que haja anulação do matrimônio, viuvez, separação judicial ou divórcio, o emancipado por esta forma não retorna à incapacidade; *c*) exercício de emprego público, por funcionários nomeados em caráter efetivo (não abrangendo diaristas e contratados), com exceção de funcionários de autarquia ou entidade paraestatal, que não são alcançados pela emancipação; *d*) colação de grau em curso de ensino superior, embora, nos dias atuais, dificilmente alguém se emancipará por essa forma, dada a extensão de 1º e 2º graus e superior (*RF*, *161*:713); *e*) estabelecimento civil (p. ex., exposição de obra de arte numa galeria, por artista plástico menor, que, por isso, recebe remuneração) ou empresarial (p. ex., compra de produto feita pelo menor para revenda, obtendo lucro) ou pela existência de relação de emprego (p. ex., prática de desporto profissional ou atuação como artista em emissora de televisão ou rádio), desde que, em função deles, o menor com 16 anos completos tenha economia própria, porque é sinal de que a pessoa tem amadurecimento e experiência, podendo reger sua própria pessoa e patrimônio, sendo ilógico que para cada ato seu houvesse uma autorização paterna ou materna. Pelo art. 73 da Lei n. 4.375/64, reproduzido pelo Decreto n. 57.654/66, art. 239: "Para efeito de serviço militar cessará a incapacidade civil do menor na data em que completar 17 anos". A capacidade empresarial é dada: *a*) aos que tiverem a livre administração de seus bens, desde que não proibidos de praticar atividades econômicas organizadas para a produção e circulação de bens e serviços, p. ex., as pessoas dos arts. 3º e 4º do Código Civil e os que momentaneamente estão impedidos de praticar atividades empresariais, p. ex., Presidente da República, governadores, prefeitos, funcionários públicos, militares (oficiais), falidos etc.; *b*) aos menores emancipados e com mais de 16 anos, autorizados pelos pais, ou por um deles na falta do outro, por escritura pública. Quanto à capacidade plena para o trabalho, é aos 16 anos, salvo na condição de aprendiz a partir de 14 anos (ora revogado pelo Decreto n. 9.579/2018, art. 49, I, II, III e parágrafo único; CLT, art. 428; Decretos n. 4.134/2002, ora revogado pelo Decreto n. 10.088/2019, e n. 6.481/2008, art. 3º; Instrução Normativa MTE/SIT n. 97/2012 da Secretaria de Inspeção do Trabalho), a mulheres e menores em indústrias insalubres, a menores de idade, se noturno o trabalho, e se realizado em local prejudicial à sua formação e desenvolvimento físico, psíquico, moral e social ou em local e horário que lhes impeçam frequência à escola (Lei n. 8.069/90, arts. 60 a 69). A capacidade política, votar e ser votado, é permitida aos maiores de 16 anos, mas para concorrer a certos cargos, como o de deputado federal ou estadual, é preciso ter 21 anos e, para o de senador e Presidente da República, 35 anos. A capacidade penal, ou seja, de responder perante a lei penal, inicia-se aos 18 anos, tendo por incapazes os retardados ou os doentes mentais.

Imprescindível se torna traçar algumas linhas sobre o início da personalidade natural.

O nosso Código Civil, no seu art. 2º, afirma que a personalidade jurídica inicia-se com o nascimento com vida, ainda que o recém-nascido venha a falecer instantes depois.

Conquanto comece do nascimento com vida a personalidade civil do homem, a lei põe a salvo, desde a concepção, os direitos do nascituro (CC, arts. 2º, 542, 1.596, 1.597, 1.609, parágrafo único, 1.779, parágrafo único, 1.798, 1.800, § 3º; Lei n. 11.105/2005, arts. 6º, III, e 25; Lei n. 11.804/2008; Res. CFM n. 2.320/2022; CF, art. 5º). Assim sendo, poder-se-ia até mesmo afirmar que, na vida intrauterina, tem o nascituro e, na vida extrauterina, tem o embrião, concebido *in vitro*, *personalidade jurídica formal* no que atina aos direitos da personalidade, visto ter carga genética diferenciada desde a concepção, seja ela *in vivo* ou *in vitro* (Projeto de Lei n. 699/2011, art. 2º; Recomendação n. 1.046/89, n. 7, do Conselho da Europa; Pacto de São José da Costa Rica, art. 4º, I), passando a ter *personalidade jurídica material*, alcançando os direitos patrimoniais e obrigacionais somente com o nascimento. Se nascer com vida, adquire personalidade jurídica material, mas, se tal não ocorrer, nenhum direito patrimonial ou obrigacional terá, pois permanece em estado potencial. Portanto, "o nascimento com vida torna, na mesma ocasião, o ente humano sujeito de direito e, em consequência, transforma em direitos subjetivos as expectativas de direito que lhe tinham sido atribuídas na fase de concepção" (*RT*, *182*:438)[792].

É necessário dizer, ainda, que todo nascimento deve ser registrado (Leis n. 6.015/73, arts. 46, §§ 1º a 6º, com alteração da Lei n. 14.382/2022, 50, 53 e 54, § 5º, acrescentado pela Lei n. 14.382/2022, e 9.053/95; CF/88, art. 5º, LXXVI, *a*; CC, art. 9º, I) mesmo que a criança tenha nascido morta ou morrido durante o parto.

Cessa a personalidade jurídica da pessoa natural com a morte real (CC, art. 6º, 1ª parte), deixando de ser sujeito de direitos e obrigações.

Há alguns casos de morte civil na nossa ordenação jurídica, p. ex., no art. 1.816 do Código Civil, segundo o qual são pessoais os efeitos da exclusão da herança por indignidade. Os descendentes do herdeiro excluído sucedem como se ele morto fosse; o Decreto-Lei n. 3.038/41, art. 7º, e a Lei n. 6.880/80, art. 130, que revogou o Decreto-Lei n. 9.698/46, dispõem que uma vez declarado indigno do oficialato, ou com ele incompatível, perderá o militar o seu posto e patente, ressalvado à sua família o direito à percepção de suas pensões[793].

A morte presumida, sem (CC, arts. 6º, 2ª parte, 7º e 9º, IV) ou com declaração de ausência, de uma pessoa, nos casos dos arts. 22 a 39 do Código Civil e do art. 745, § 4º, do Código de Processo Civil de 2015, apenas no que concerne a efeitos patrimoniais[794] e, excepcionalmente, a efeitos pessoais na dissolução do casamento (CC, art. 1.571, § 1º).

Temos, ainda, a morte simultânea ou comoriência, prevista no Código Civil, art. 8º, que assim reza: "Se dois ou mais indivíduos falecerem na mesma ocasião, não se podendo averiguar se algum dos comorientes precedeu aos outros, presumir-se-ão simultaneamente mortos".

b.3. Pessoa jurídica

Sendo o ser humano eminentemente social, para que possa atingir seus fins e objetivos une-se a outros homens formando agrupamentos. Ante a necessidade de personalizar tais grupos, para que participem da vida jurídica, com certa individualidade e em nome próprio,

792. Torrente, *Manuale*, cit., p. 51, nota 2; Planiol, Ripert e Boulanger, *Traité élémentaire*, cit., v. 1, p. 150; Francisco Amaral, O nascituro no direito civil brasileiro. Contribuição do direito português, *Revista Brasileira de Direito Comparado*, 1990, *8*:75.

793. Caio Mário da Silva Pereira, *Instituições*, cit., v. 1, p. 209; Barros Monteiro, *Curso de direito civil*, cit., v. 1, p. 74.

794. Caio Mário da Silva Pereira, *Instituições*, cit., v. 1, p. 210.

a norma de direito lhes confere personalidade e capacidade jurídicas, tornando-os sujeitos de direitos e obrigações[795].

Surge assim a chamada *pessoa jurídica*, que é a unidade de pessoas naturais ou de patrimônios que visa a consecução de certos fins, reconhecida pela ordem jurídica como sujeito de direitos e obrigações[796]. Três são os seus requisitos: organização de pessoas ou bens; licitude de propósitos ou fins; e capacidade jurídica reconhecida por norma[797].

Quanto à *natureza jurídica* da pessoa jurídica, várias teorias foram elaboradas, agrupando-se em quatro correntes:

1ª) *Teoria da ficção legal*, de Savigny[798] — afirma que só o homem é capaz de ser sujeito de direito, concluindo que a pessoa jurídica é uma ficção legal, ou seja, uma criação artificial da lei para exercer direitos patrimoniais e facilitar a função de certas entidades. Vareilles-Sommières varia um pouco esse entendimento, ao afirmar que a pessoa jurídica apenas tem existência na inteligência dos juristas, apresentando-se como mera *ficção criada pela doutrina*[799].

Não se pode aceitar esta concepção que, por ser abstrata, não corresponde à realidade; se o Estado é uma pessoa jurídica, e se se concluir que ele é ficção legal ou doutrinária, o direito que dele emana também o será.

2ª) *Teoria da equiparação*, defendida por Windscheid e Brinz — entende que a pessoa jurídica é um patrimônio equiparado no seu tratamento jurídico às pessoas naturais[800]. É inaceitável porque eleva os bens à categoria de sujeito de direitos e obrigações, confundindo pessoas com coisas.

3ª) *Teoria da realidade objetiva* ou *orgânica*, de Gierke, Zitelmann e Von Tuhr — admite que há junto às pessoas naturais (que são organismos físicos) organismos sociais, constituídos pelas pessoas jurídicas, que têm existência e vontade própria, distinta da de seus membros, tendo por finalidade realizar um objetivo social. Entretanto, essa concepção recai na ficção quando afirma que a pessoa jurídica tem vontade própria, porque o fenômeno volitivo é peculiar ao ser humano e não ao ente coletivo.

4ª) *Teoria da realidade das instituições jurídicas*, de Hauriou[801] e Rénard, tendo como sequazes dentre outros Gaston Morin, Delos, Le Fur, Waline — afirma que há um pouco de verdade em cada uma dessas concepções. Como a personalidade humana deriva

---

795. *V.* Orlando Gomes, *Introdução ao direito civil*, cit., p. 174 e 175; Caio Mário da Silva Pereira, *Instituições*, cit., v. 1, p. 254; Barros Monteiro, *Curso de direito civil*, cit., v. 1, p. 101; M. Helena Diniz, *Curso*, cit., v. 1, p. 108-30.

796. Cunha Gonçalves, *Tratado de direito civil*, ed. bras., p. 917; Helita Barreira Custódio, *Associações e fundações de utilidade pública*, São Paulo, Revista dos Tribunais, 1979. Silvio Rodrigues (*Direito civil*, cit., v. 1, p. 92) define-as como "entidades a que a lei empresta personalidade. Isto é, seres que atuam na vida jurídica, com personalidade diversa da dos indivíduos que as compõem, capazes de ser sujeitos de direitos e obrigações na ordem civil".

797. Ruggiero apud Helita B. Custódio, *Associações*, cit.; Caio Mário da Silva Pereira, *Instituições*, cit., v. 1, p. 255.

798. *Traité de droit romain*, cit., § 85. Adeptos dessa corrente são: Aubry e Rau, *Cours*, cit., v. 1, § 54; Laurent, *Principes de droit civil français*, 3. ed., Bruxelles, 1878, v. 1, n. 288; Mourlon, *Répétitions écrites sur le Code de Napoléon*, 8. ed., Paris, t. 1, n. 97.

799. *Les personnes morales*, Paris, 1902, p. 147 e 428.

800. *Diritto delle Pandette*, v. 1, § 40.

801. *Précis*, cit., e Aux sources du droit, *Cahiers de la Nouvelle Journée*, n. 23, p. 106, Paris, 1933. Rénard, *La théorie*, cit. *V.* comentários de Marcel Prelot em *Cahiers de la Nouvelle Journée*, n. 20, p. 210; Delos, *Qu'est-ce que la société?*

do direito (tanto que este já privou seres humanos de personalidade — os escravos, p. ex.), da mesma forma pode ele concedê-la a agrupamentos de pessoas ou de bens que tenham por escopo a realização de interesses humanos. A personalidade jurídica é uma qualidade que a ordem jurídica estatal outorga a entes que a merecerem. Logo, essa teoria é a que melhor atende à essência da pessoa jurídica, por estabelecer, com propriedade, que é ela uma realidade jurídica. Ao lado da pessoa natural, há a instituição, com sua finalidade objetiva, organização própria e duração que não se confunde com a vida individual de seus membros. A pessoa jurídica é uma ideia diretriz que se incorpora a uma organização para poder perpetuar-se e agir, ou melhor, uma ideia com força bastante para ligar entre si seus membros e manifestar-se externamente e, destarte, realizar um fim comum. Ou, em outros termos, é uma instituição[802].

Poder-se-á classificar a pessoa jurídica[803]:

1) Quanto à *nacionalidade*, pois nesta categoria qualifica-se a pessoa jurídica como nacional ou estrangeira, tendo em vista sua subordinação à ordem jurídica que lhe conferiu personalidade, sem se ater à nacionalidade dos membros que a compõem e à origem do controle financeiro (LINDB, art. 11; CF, arts. 176, § 1º, e 222).

2) Quanto à *estrutura interna*[804], em que se tem: *a*) a *universitas personarum*, que é a corporação, um conjunto de pessoas que, apenas coletivamente, goza de certos direitos e os exerce por meio de uma vontade única, p. ex., associações e sociedades, e *b*) a *universitas bonorum*, que é o patrimônio personalizado destinado a um fim, que lhe dá unidade, p. ex., as fundações[805].

3) Quanto à *função e capacidade*, as pessoas jurídicas são de direito público e de direito privado (CC, art. 40).

As *pessoas jurídicas de direito público* podem ser: *a*) de *direito público externo*, regulamentadas pelo direito internacional, abrangendo nações estrangeiras, Santa Sé, uniões aduaneiras (MERCOSUL, União Europeia) e organismos internacionais (ONU, OIT, OEA, UNESCO, FAO, OMC, INTERPOL etc.)[806]; *b*) de *direito público interno* de administração direta (CC, art. 41, I a III) — União, Estados, Distrito Federal, Territórios e Municípios legalmente constituídos[807]; e de administração indireta (CC, art. 41, IV e V) — órgãos descentralizados, criados por lei, com personalidade jurídica própria para o exercício de atividades de interesse público[808], como as *autarquias* (Dec.-Lei n. 6.016/43, art. 2º; Lei n. 8.443/92, arts. 1º, I, e 5º, I; Lei n. 4.717/65, art. 20; Dec.-Lei n. 200/67, art. 5º, com redação

802. Sobre essas teorias *v.* Silvio Rodrigues, *Direito civil*, cit., v. 1, p. 93-6; Barros Monteiro, *Curso de direito civil*, cit., v. 1, p. 104 e 105; Del Vecchio, *Lições de filosofia do direito*, v. 2, p. 144; Torrente, *Manuale di diritto privato*, p. 70; Cánovas, *Manual de derecho civil*, v. 1, p. 181; Caio Mário da Silva Pereira, *Instituições*, cit., v. 1, p. 258-67; Serpa Lopes, *Curso de direito civil*, cit., v. 1, p. 332-8; Orgaz, *Concepto y elementos de las personas colectivas*, La Ley, 1951, t. 63, p. 950; A. Torré, *Introducción al derecho*, cit., p. 165-7.

803. Barros Monteiro, *Curso de direito civil*, cit., v. 1, p. 107.

804. Clóvis Beviláqua, *Teoria geral do direito civil*, cit., p. 161.

805. Torrente, *Manuale*, cit., p. 70.

806. J. Guimarães Menegale, Capacidade das pessoas de direito público externo, *RF*, *129*:339; Barros Monteiro, *Curso de direito civil*, cit., v. 1, p. 109.

807. Observar o disposto no art. 18, §§ 1º a 4º, da Constituição Federal. O Código Civil de 2002, em seu art. 41, inova o art. 14 do Código Civil de 1916, acrescentando os territórios e autarquias, e demais entidades de caráter público.

808. Franco Montoro, *Introdução*, cit., v. 2, p. 320.

dada pelo Dec.-Lei n. 900/69), dentre elas: INSS, INCRA, USP, INPI, o Hospital das Clínicas etc.; as *associações públicas* (Lei n. 11.107/2005, arts. 1º, §§ 1º a 3º, e 2º a 6º, I e § 1º), que são consórcios públicos com personalidade jurídica de direito público, por conjugarem esforços de entidades públicas, que firmam acordos para a execução de um objeto de finalidade pública, celebrados com a ratificação, mediante lei, do Protocolo de intenções (Lei n. 11.107/2005, arts. 4º, § 5º, 5º e 6º, I, p. ex., o consórcio COPATI, formado por municípios, cortados pelo rio Tibagi com Paraná); as *fundações públicas* (fapesp, FUNASA, FUNARTE etc. — CC, art. 41, V e parágrafo único; CF/88, arts. 37, XI, § 9º e 38) que surgem quando a lei individualiza um patrimônio a partir de bens pertencentes a uma pessoa jurídica de direito público, afetando-o à realização de um fim administrativo e dotando-o de organização adequada[809]; as *agências executivas* (autarquias ou fundações públicas dotadas de regime especial) e as *reguladoras*, que são autarquias federais especiais (Leis s. 9.649/98, arts. 51 e 52, n. 9.986/2000, n. 10.871/2004, com alterações das Leis n. 11.907/2009, n. 12.823/2013, n. 12.998/2014, n. 13.326/2016 e n. 13.328/2016) dotadas de poder regulador e dever atribuídos institucionalmente pela lei, para atuarem administrativamente dentro dos estritos limites legais, criando regulação com parceria com os agentes regulados para a consecução de uma relação entre usuários, agentes econômicos e agências para que a sociedade possa atingir os objetivos do Brasil. Tais agências são órgãos democráticos que realizam consultas e audiências públicas, canalizando conflitos existentes entre os agentes econômicos e os usuários, em razão de sua especificidade e peculiaridade, e atendendo a um dever de ofício ao elaborar textos que receberão críticas e sugestões da sociedade naquelas consultas ou audiências públicas. Dentre as agências reguladoras podemos citar ANP, ANATEL, ANEEL.

As *pessoas jurídicas de direito privado*, instituídas por iniciativa de particulares, conforme o art. 44, I a VII (com a redação da Lei n. 15.068/2024), do Código Civil, dividem-se em:

a) Fundações particulares, que são universalidades de bens personalizadas pela ordem jurídica, em consideração a um fim estipulado (CC, art. 62) pelo fundador, sendo este objetivo imutável e seus órgãos servientes, pois todas as resoluções estão delimitadas pelo instituidor.

b) Associações religiosas (CC, art. 44, IV e § 1º; Decreto n. 7.107/2010), pias, morais, científicas ou literárias e as associações de utilidade pública. Abrangem um conjunto de pessoas que colimam fins sociais que podem ser alterados, pois os sócios deliberam livremente, já que seus órgãos são dirigentes.

A doutrina e a lei distinguem as associações das sociedades.

809. Celso Antônio Bandeira de Mello, *Natureza e regime jurídico das autarquias*, São Paulo, 1967; Homero Senna e Zobaran Monteiro, *Fundações no direito e na administração*, Rio de Janeiro, Fund. Getúlio Vargas, 1970. Art. 2º do Decreto-Lei n. 900/69: "Não serão instituídas pelo Poder Público novas fundações que não satisfaçam cumulativamente os seguintes requisitos: *a*) dotação específica de patrimônio, gerido pelos órgãos de direção de fundação, segundo os objetivos estabelecidos na respectiva lei de criação; *b*) participação de recursos privados no patrimônio e nos dispêndios correntes da fundação, equivalentes a, no mínimo, um terço do total; *c*) objetivos não lucrativos e que, por sua natureza, não possam ser satisfatoriamente executados por órgãos da Administração Federal, direta ou indireta; *d*) demais requisitos estabelecidos na legislação pertinente a fundações (CC, arts. 62 e s.). Luiz Fernando Coelho, *Fundações públicas*, Rio de Janeiro, 1978. *V.* Lei n. 8.112/90 sobre o regime jurídico dos servidores públicos civis da União, das autarquias e das fundações públicas.

Há *associação* quando não se visa fim lucrativo, embora tenha patrimônio, formado por contribuição de seus membros para a obtenção de finalidades culturais, educacionais, esportivas, religiosas, recreativas, morais etc. Não perde a categoria de associação mesmo que realize negócios para manter ou aumentar o seu patrimônio, sem, contudo, proporcionar ganhos aos associados. P. ex.: associação esportiva que vende aos seus membros uniformes, bolas etc., embora isso traga, como consequência, lucro para a entidade[810].

Os *partidos políticos* são associações civis assecuratórias, no interesse do regime democrático, da autenticidade do sistema representativo e defensoras dos direitos fundamentais definidos na Constituição Federal (CF/88, arts. 17, I a IV, §§ 1º a 4º, 22, XXVII, 37, XVII, XIX, XX, 71, II a IV, 150, § 2º, e 163, II; CC, art. 44, V e § 3º (acrescentados pela Lei n. 10.825/2003); Lei n. 9.096/95, com alteração das Leis n. 9.259/96, n. 9.504/97 (alterada pela Lei n. 13.107/2015), n. 9.693/98, n. 11.459/2007, n. 11.694/2008, n. 12.034/2009, n. 12.891/2013, n. 12.875/2013, n. 13.487/2017, n. 13.488/2017, n. 13.165/2015, n. 13.831/2019, n. 13.877/2019, n. 14.063/2020, n. 14.192/2021, n. 14.208/2021, n. 14.291/2022; Lei n. 12.016/2009, art. 21; Lei n. 13.107/2015; e Decreto n. 4.199/2002).

c) Sociedade simples, por sua vez, é a que objetiva o lucro, que deve ser repartido entre os sócios, sendo alcançado pelo exercício de certas profissões ou pela prestação de serviços técnicos. P. ex.: sociedade imobiliária (Lei n. 4.728/65, art. 62); sociedade que presta serviços de pintura (*RT*, *39*:216). Mesmo que uma sociedade simples venha a praticar, eventualmente, atos empresariais, tal fato não a desnatura, pois o que importa para a identificação da natureza da sociedade é sua atividade principal (*RT*, *462*:81)[811].

d) Sociedades empresárias, que visam lucro, mediante o exercício de atividade mercantil (*RT*, *468*:207), assumindo as formas de: sociedade em nome coletivo; sociedade em comandita simples; sociedade em comandita por ações; sociedade limitada; sociedade anônima ou por ações (CC, arts. 1.039 a 1.092); startups (LC n. 182/2021), sociedades anônimas simplificadas, que acompanham inovações mercadológicas, têm pouca burocracia e apresentam solução prática a certos problemas e diminuem a carga tributária (p. ex., Amazon, Apple). Se a sociedade tiver por objeto o exercício de atividade econômica organizada para produção ou circulação de bens ou serviços será empresária, caso contrário, simples, mesmo que adote forma empresarial, como permite o art. 983 do Código Civil, exceto se por ex. for anônima ou em comandita por ações, que, por força de lei, serão sempre empresárias (*RT*, *434*:122; CC, arts. 982 e 983)[812].

e) Empresas individuais de responsabilidade limitada, hoje sociedade limitada unipessoal, que eram constituídas por uma única pessoa titular da totalidade do capital social devidamente integralizado, não inferior a cem vezes o maior salário mínimo vigente no Brasil. Com isso, os credores ficaram resguardados, pois teriam maior segurança, já que esse capital responderá pelas atividades empresariais. Eram regidas no que coubesse pelas normas atinentes à sociedade limitada. Também poderiam resultar da concentração das quotas de outra modalidade societária num único sócio, independentemente dos motivos conducentes

810. Caio Mário da Silva Pereira, *Instituições*, cit., v. 1, p. 294; Orlando Gomes, *Introdução ao direito civil*, cit., p. 181. Pelo art. 44, § 2º (acrescentado pela Lei n. 10.825/2003), as disposições relativas às associações aplicam-se subsidiariamente às sociedades que são objeto do Livro II da Parte Especial do Código Civil.

811. Orlando Gomes, *Introdução ao direito civil*, cit., p. 180; Bassil Dower, *Curso moderno de direito civil*, 1976, v. 1, p. 98; *RT*, *477*:154, *461*:128.

812. Bassil Dower, *Curso moderno*, cit., v. 1, p. 99.

àquela concentração. O seu nome empresarial era ser formado pela inclusão do termo *Eireli* após a firma ou denominação social (CC, art. 980-A, §§ 1º a 6º, ora revogado pela Lei n. 14.382/2022, acrescentado pela Lei n. 12.441/2011). Hoje pela Lei n. 14.195/2021, art. 41, parágrafo único, as antigas Eirelis poderão ser transformadas em *sociedades limitadas unipessoais*.

f) Empreendimentos de economia solidária, sendo que as disposições concernentes às associações aplicam-se subsidiariamente aos empreendimentos de economia solidária e às sociedades cooperativas (art. 44, VII, § 2º, CC com a redação da Lei n. 15.068/2024), pois a economia solidária compreende as atividades de organização da produção e da comercialização de bens e de serviços, da distribuição, do consumo e do crédito, observados os princípios da autogestão, do comércio justo e solidário, da cooperação e da solidariedade, a gestão democrática e participativa, a distribuição equitativa das riquezas produzidas coletivamente, o desenvolvimento local, regional e territorial integrado e sustentável, o respeito aos ecossistemas, a preservação do meio ambiente e a valorização do ser humano, do trabalho e da cultura (art. 2º da Lei n. 15.068/2024). As sociedades, independentemente da sua forma societária, também poderão ter empreendimentos econômicos solidários (art. 4º da Lei n. 15.068/2024) para atingir a plenitude se sua função social é solidária. Nem toda sociedade, associação sem fins lucrativos ou cooperativa poderá ser caracterizada como pessoa jurídica de economia solidária, uma vez que somente serão empreendimentos de economia solidária e beneficiários da Política Nacional de Economia Solidária os que: a) sejam organizações autogestionárias cujos membros exerçam coletivamente a gestão das atividades econômicas e a decisão sobre a partilha dos seus resultados, por meio da administração transparente e democrática, da soberania assemblear e da singularidade de voto dos associados; b) tenham seus membros diretamente envolvidos na consecução de seu objetivo social; c) pratiquem o comércio de bens ou prestação de serviços de forma justa e solidária; d) distribuam os resultados financeiros da atividade econômica de acordo com a deliberação de seus membros, considerada a proporcionalidade das operações e atividades econômicas realizadas individual e coletivamente; e) destinem o resultado operacional líquido, quando houver, à consecução de suas finalidades, bem como ao auxílio a outros empreendimentos equivalentes que estejam em situação precária de constituição ou consolidação, e ao desenvolvimento comunitário ou à qualificação profissional e social de seus integrantes (art. 4º da Lei n. 15.068/2024). Os empreendimentos econômicos solidários formalizados juridicamente serão classificados como pessoas jurídicas de fins econômicos sem finalidade lucrativa (§ 2º do art. 4º da Lei n. 15.068/2024).

As pessoas jurídicas de direito público iniciam-se em razão de fatos históricos, de criação constitucional, de lei especial e de tratados internacionais, se se tratar de pessoa jurídica de direito público externo[813].

O processo genético da pessoa jurídica de direito privado apresenta duas fases: 1ª) a do ato constitutivo, que deve ser escrito; e 2ª) a do registro público.

Na *primeira fase* tem-se a constituição da pessoa jurídica por ato jurídico unilateral *inter vivos* ou *causa mortis*, nas fundações, e por ato jurídico bilateral ou plurilateral *inter vivos*, nas associações e sociedades[814].

813. Franco Montoro, *Introdução*, cit., v. 2, p. 324.
814. Orlando Gomes, *Introdução ao direito civil*, cit., p. 182.

Há certas sociedades que para adquirirem personalidade jurídica dependem de prévia autorização do governo (CC, arts. 45, 2ª parte, 1.123 e 1.125) como, p. ex., sociedades estrangeiras (LINDB, art. 11, § 1º; Dec. n. 9.787/2019, ora revogado pela Lei n. 11.497/2023; Lei n. 8.934/94, art. 4º, X, com a redação da Lei n. 14.195/2021; CC, arts. 1.134 e 1.135); agências ou estabelecimentos de seguros (Dec.-Lei n. 2.063/40; Dec.-Lei n. 73/66, art. 74); montepio, caixas econômicas e bolsas de valores (Lei n. 4.728/65, arts. 7º e 8º; Resolução n. 39/66, ora revogada pela Resolução n. 1.655/1989; Lei n. 6.385/76 e Lei n. 6.404/76), salvo cooperativas (Lei n. 5.764/71, arts. 17 a 21 com alterações da Lei n. 7.231/84; CF/88, art. 174, § 2º; CC, arts. 1.093 a 1.096)[815], salvo sindicatos profissionais e agrícolas (CLT, arts. 511 e s.; CF, art. 8º, I a VIII, 5º, XXVIII e 240; Lei n. 11.648/2008).

A *segunda fase* configura-se no registro (CC, arts. 45, 984, 985, 998 e 1.150), pois para que a pessoa jurídica de direito privado exista legalmente é necessário inscrever os contratos, estatutos ou compromissos no seu registro peculiar, regulado por lei especial; o mesmo deve fazer quando conseguir a imprescindível autorização governamental (CC, arts. 45, 46, 1.123 e 1.125; Lei n. 6.015/73, arts. 114 e 121, com alteração da Lei n. 9.042/95 e da Lei n. 14.382/2022; Lei n. 8.934/94, regulamentada pelo Dec. n. 1.800/96 e alterada pelas Leis n. 9.829/99 e n. 14.195/2021).

Em se tratando de fundações, para que se proceda ao registro há dependência de intervenção do Ministério Público (CPC, arts. 764 e 765), que por elas velará (CC, art. 66, §§ 1º e 2º), com as alterações da Lei n. 13.151/2015. Portanto, para que a fundação adquira personalidade jurídica é preciso: dotação, que compreende, no testamento, a reserva de bens livres, indicação dos fins e modo de administração (CC, arts. 62 e s.), elaboração e aprovação dos estatutos e registro[816].

No momento em que se opera o assento do contrato ou do estatuto no registro competente, a pessoa jurídica começa a existir, passando a ter aptidão para ser sujeito de direitos e obrigações, adquirindo vida própria, não se confundindo com os seus membros, por ser uma nova unidade orgânica[817].

A capacidade da pessoa jurídica decorre da personalidade que a ordem jurídica lhe reconhece por ocasião de seu registro. Pode exercer todos os direitos subjetivos, não se limitando à esfera patrimonial. Tem direito à identificação; é dotada de uma denominação, de um domicílio e de uma nacionalidade. Logo, tem direito à personalidade (como o direito ao nome, à liberdade, à própria existência, à boa reputação)[818]; direitos patrimoniais ou reais (ser proprietária, usufrutuária etc.); direitos industriais (CF, art. 5º, XXIX); direitos

815. Sobre as cooperativas: Decreto n. 22.239/32; Decreto-Lei n. 581/38; n. 5.893/43; n. 6.274/44; n. 8.401/45; e Lei n. 5.764/71.

816. Bassil Dower, *Curso moderno*, cit., v. 1, p. 115.

817. Bassil Dower, *Curso moderno*, cit., v. 1, p. 83 e 102.

818. Amaro Cavalcanti (*Responsabilidade civil do Estado*, p. 80 e 86) enumera os seguintes direitos: 1º) para se apresentar, em seu próprio nome, aos poderes públicos, requerendo e sustentando quaisquer direitos e pretensões legítimas, como fazem as pessoas naturais; 2º) para criar ou organizar por si sós, ou associadas com outras pessoas físicas ou jurídicas, instituições de beneficência, caridade, instrução, exercendo sobre elas a precisa fiscalização; 3º) para confeccionar e promulgar regulamentos dos seus serviços, impondo neles obrigações e penas aos seus subordinados; 4º) para exercer mandatos, por conta de terceiros; 5º) ou, bem assim, para aceitar e desempenhar outras funções análogas, de caráter manifestamente pessoal, como as de sócio, liquidante, síndico, árbitro e gestor de negócios alheios; 6º) para deliberar e usar do direito de voto ao lado de indivíduos nos negócios que lhes são concernentes.

obrigacionais (contratar, comprar, vender, alugar etc.) e direitos à sucessão, pois pode adquirir bens *causa mortis*.

Sofre, contudo, limitações decorrentes[819]:

1) *De sua natureza*, pois, não sendo dotada de um organismo biopsíquico, falta-lhe titularidade ao direito de família, ao parentesco e a outros que são inerentes ao homem[820]; não pode, como é óbvio, praticar diretamente os atos da vida jurídica, necessitando de um representante legal que exteriorize sua vontade.

2) *De norma jurídica*, mesmo no campo patrimonial, em virtude de razões de segurança pública, pois às pessoas jurídicas estrangeiras é vedado receber concessão para o aproveitamento de recursos minerais; não podem adquirir propriedade no País, com exceção dos edifícios-sedes de suas representações diplomáticas e consulares, nem, em regra, ser acionistas de empresas jornalísticas etc. (CF, arts. 190, 176, § 1º, e 222, com redação da EC n. 36/2002).

Os mesmos fatores que dão origem a uma pessoa jurídica de direito público acarretam seu término. Logo, extinguem-se pela ocorrência de fatos históricos, por norma constitucional, lei especial ou tratados internacionais.

Termina a pessoa jurídica de direito privado, conforme prescrevem os arts. 54, VI, 61, 69 e 1.033 do Código Civil:

1) pelo *decurso do prazo de sua duração*, se constituída por tempo determinado (*RT*, *434*:149; CC, arts. 69, 1ª parte, e 1.033, I);

2) pela *dissolução deliberada unanimemente entre os membros*, mediante distrato, salvo o direito da minoria (CC, art. 1.033, II) e de terceiro;

3) por *determinação legal*, quando se der qualquer uma das causas extintivas previstas no art. 1.033 do Código Civil;

4) por *ato governamental* (CC, arts. 1.125 e 1.033, V) que lhes casse a autorização de funcionamento, por motivos de desobediência à ordem pública, pela sua ilicitude e pela prática de atos contrários a seus fins ou nocivos ao bem público[821];

5) pela *dissolução judicial*[822] (CC, art. 1.034, I e II): *a*) no caso de figurar qualquer causa de extinção prevista em norma jurídica ou nos estatutos e, apesar disso, a sociedade continuar funcionando, o juiz, por iniciativa de qualquer dos sócios, decreta seu fim; *b*) quando a sentença concluir pela impossibilidade da sobrevivência da pessoa jurídica, estabelecendo seu término em razão de suas atividades nocivas, ilícitas ou imorais, mediante denúncia popular ou do órgão do Ministério Público;

6) por *deliberação* dos sócios por *maioria absoluta* na sociedade por prazo indeterminado (CC, art. 1.033, III);

---

819. Franco Montoro, *Introdução*, cit., v. 2, p. 323; STF, Súmula 365.

820. Cunha Gonçalves, *Tratado de direito civil*, cit., v. 1, t. 2, n. 124; Caio Mário da Silva Pereira, *Instituições*, cit., v. 1, p. 268.

821. Orlando Gomes, *Introdução ao direito civil*, cit., p. 184; Bassil Dower, *Curso moderno*, cit., v. 1, p. 108.

822. Caio Mário da Silva Pereira, *Instituições*, cit., v. 1, p. 301 e 302.

7) por *falta de pluralidade de sócios*, se não fosse reconstituída em EIRELI no prazo de cento e oitenta dias (CC, art. 1.033, IV, ora revogado pela Lei n. 14.195/2021); não configurada qualquer hipótese prevista no parágrafo único do art. 1.033, ora revogado pela Lei n. 14.195/2021, do Código Civil, com a alteração da Lei n. 12.441/2011, mas é preciso não olvidar que se pode sempre transformar a antiga EIRELI (CC, art. 980-A, §§ 1º a 6º) em sociedade limitada unipessoal (Lei n. 14.195/2021, art. 41, parágrafo único). Convém não olvidar que, com autorização dada pela Lei n. 13.874/2019 para que exista sociedade unipessoal, o art. 1.033, IV, do CC perdeu significado, e com a Lei n. 14.195/2021, que o revogou, se uma sociedade, que era composta por vários sócios, passou a contar com somente um único sócio, ela deverá tornar-se uma sociedade limitada unipessoal, não havendo razão legal para sua dissolução;

8) por *morte de sócio*, se os sócios remanescentes optarem pela dissolução da sociedade (CC, art. 1.028, II).

Qualquer que seja o seu fator extintivo, tem-se o fim da entidade; porém, se houver bens de seu patrimônio e dívidas a resgatar, ela continuará em fase de liquidação, durante a qual subsiste para a realização do ativo e pagamento de débitos, cessando, de uma vez, quando se der ao acervo econômico o destino próprio[823].

Logo, a existência das pessoas jurídicas de direito privado finda pela sua *dissolução* (CC, arts. 51, § 1º, 1.033, 1.044 e 1.087) e *liquidação* (CC, arts. 1.102 a 1.112 e 2.035, 51, § 3º)[824].

C. OBJETO IMEDIATO E MEDIATO

Na relação jurídica, o poder do sujeito ativo recai sobre um *objeto imediato*, que é a *prestação* devida pelo sujeito passivo consistente num ato ou abstenção, abrangendo, portanto, um dever positivo (dar ou fazer) ou negativo (não fazer)[825]. O sujeito passivo deverá cumprir a prestação obrigacional, limitando sua liberdade, pois deverá dar, fazer ou não fazer algo em atenção ao interesse do sujeito ativo, que, em caso de inadimplemento, poderá buscar, por via judicial, no patrimônio do devedor, recursos para satisfazer seu direito de crédito (CPC, arts. 568 e 591)[826]. Infere-se daí que o sujeito ativo tem o direito de exigir do passivo uma *obrigação*[827]:

---

823. De Page, *Traité élémentaire*, cit., v. 1, n. 511; Ruggiero e Maroi, *Istituzioni di diritto privato*, cit., § 44; Caio Mário da Silva Pereira, *Instituições*, cit., p. 303.

824. Orlando Gomes, *Introdução ao direito civil*, cit., p. 184. Código de Processo Civil, de 1939, arts. 655 a 674, mantidos em vigor pelo art. 1.218, VII, do Código atual. Consulte sobre o sujeito de direito: Miguel Reale, *Lições preliminares*, cit., p. 223-45; A. Torré, *Introducción al derecho*, cit., p. 156-67; Claude du Pasquier, *Introduction*, cit., p. 82-9; Machado Pauperio, *Introdução*, cit., p. 173-88; Vernengo, *Curso de teoría general del derecho*, cit., p. 249-89; Daniel Coelho de Souza, *Introdução*, cit., p. 201-16; García Máynez, *Introducción*, cit., p. 271-94; Francisco Romero, *Filosofía de la persona*, Buenos Aires, 1938; A. B. Alves da Silva, *Introdução*, cit., p. 65-84. *Vide*: CC, art. 2.031 e parágrafo único (acrescentado pela Lei n. 10.825/2003).

825. Franco Montoro, *Introdução*, cit., v. 2, p. 246.

826. Silvio Rodrigues, *Direito civil*, cit., v. 2, p. 16 e 17; Alfredo Buzaid, *Do concurso de credores no processo de execução*, São Paulo, 1952, p. 43 e s.; Claude du Pasquier, *Introduction*, cit., p. 103.

827. M. Helena Diniz, *Curso*, cit., v. 2, p. 27-39 e 73-94; Franco Montoro, *Introdução*, cit., v. 2, p. 246 e 247, 286-8; Limongi França, Obrigação de fazer e de não fazer, in *Enciclopédia Saraiva do Direito*, v. 55, p. 332, 333 e 343.

1) *De dar*, em que a prestação do obrigado é a entrega ou a restituição de coisa (objeto mediato) que pode ser certa (CC, arts. 233 a 242) ou incerta (CC, arts. 243 a 246). P. ex.: a que obriga o devedor a entregar ao credor o iate Netuno ou 50 sacas de café ou a devolver a coisa depositada etc.

2) *De fazer* (CC, arts. 247 a 249), vinculando o devedor à prestação de um serviço ou ato positivo, material ou imaterial, seu ou de terceiro, em benefício do credor ou de terceira pessoa. Tem por objeto imediato qualquer comportamento humano, lícito e possível (*AJ*, *64*:63), do devedor ou de outra pessoa, à custa daquele, seja a prestação de trabalho físico ou material (p. ex., podar as roseiras de um jardim, construir uma ponte etc.), seja a realização de um serviço intelectual, artístico ou científico (p. ex., compor uma música, escrever um livro etc.), seja ele, ainda, a prática de certo ato que não configura execução de qualquer trabalho (p. ex., locar um imóvel, renunciar a certa herança, reforçar uma garantia etc.).

3) *De não fazer* (CC, arts. 250 e 251), que consiste naquela em que o devedor assume o compromisso de se abster de algum ato, que poderia praticar livremente se não se tivesse obrigado a atender interesse jurídico do credor ou de terceiro. P. ex.: a de não impedir passagem sobre o seu terreno, a de não trazer animais para o quarto alugado, a de não construir muro além de certa altura, a de não cantar em outro canal de TV etc.

O poder do sujeito ativo incide não só sobre um objeto imediato, que é a prestação devida pelo sujeito passivo, por ter a autorização de exigir uma obrigação de dar, fazer ou não fazer, mas também sobre um *objeto mediato*, ou seja, o bem móvel, imóvel ou semovente sobre o qual recai o direito, devido a permissão que lhe é dada por norma jurídica de ter alguma coisa como sua, abrangendo, ainda, os seus modos de ser (sua vida, seu nome, sua honra etc.), pois está também autorizado a defender sua personalidade. Há, portanto, direitos que têm por objeto a pessoa do próprio titular (à liberdade, à honra) ou de outrem (poder familiar, direitos recíprocos dos cônjuges), garantidos por preceitos constitucionais, penais, civis etc. Assim, os direitos da personalidade são direitos de defender: *a*) a *integridade física* — a vida, os alimentos, o próprio corpo vivo ou morto, o corpo alheio vivo ou morto, as partes separadas do corpo vivo ou morto (Lei n. 9.434/97, cujos arts. 2º, 4º, 8º, 9º e 10 sofreram alteração pela Lei n. 10.211/2001, que também revogou o seu art. 4º, §§ 1º, 2º, 3º, 4º e 5º, e Lei n. 9.175/2017 que regulamentam o transplante de tecidos, órgãos e partes de cadáver, para fins terapêuticos e científicos); *b*) a *integridade intelectual* — a liberdade de pensamento, a autoria científica, artística, literária; *c*) a *integridade moral* — a honra, a honorificência, o recato, o segredo pessoal, doméstico e profissional, a imagem e a identidade pessoal, familiar e social.

Como se vê, destinam-se a resguardar a dignidade humana, mediante sanções, que devem ser suscitadas pelo ofendido[828]. Essa sanção deve ser feita através de medidas cautelares que suspendam os atos que desrespeitam a integridade física, intelectual e moral, movendo-se, em seguida, uma ação que irá declarar ou negar a existência de lesão, que poderá ser cumulada com ação ordinária de perdas e danos a fim de ressarcir danos morais e patrimoniais[829].

828. Orlando Gomes, *Introdução ao direito civil*, cit., v. 1, p. 139 e 148; M. Helena Diniz, *Curso*, cit., v. 1, p. 82; Franco Montoro, *Introdução*, cit., v. 2, p. 253 e 254.

829. Fábio M. de Mattia, Direitos da personalidade-II, in *Enciclopédia Saraiva do Direito*, cit., p. 163-4; Kayser, Les droits, *Revue Trimestrielle de Droit Civil*, cit., p. 486; Limongi França, *Manual de direito civil*, cit., p. 411 e s.

Passemos ao estudo do *objeto mediato* da relação jurídica, atinente aos bens jurídicos, que, na lição de Agostinho Alvim[830], são as coisas materiais ou imateriais que têm valor econômico e que podem servir de objeto a uma relação jurídica[831].

Podem-se classificar os bens:

1) Considerados em si mesmos, em:

a) *Bens corpóreos* — coisas que têm existência material, como casa, terreno, joia, livro, ou melhor, são o objeto do direito[832]; e *bens incorpóreos* — os que não têm existência tangível e são relativos aos direitos que as pessoas físicas ou jurídicas têm sobre as coisas, sobre os produtos do intelecto, ou sobre outra pessoa, apresentando valor econômico, tais como os direitos reais, obrigacionais, autorais[833].

b) *Bens imóveis* — aqueles que não podem ser removidos sem alteração de sua substância[834]; e *bens móveis* — os que, sem deterioração na substância ou na forma, podem ser transportados de um lugar para outro, por força própria ou alheia (CC, art. 82). No primeiro caso, temos os semoventes, que são os animais, e, no segundo, os móveis propriamente ditos, ou seja, mercadorias, moedas, objetos de uso, energias, ações de companhia etc.[835].

c) *Bens fungíveis* — os móveis, que podem substituir-se por outros da mesma espécie, qualidade e quantidade; e *infungíveis*, os que não podem. P. ex.: são fungíveis o café, o dinheiro, o arroz etc., e infungíveis, o quadro "X" de Renoir, o cavalo de corrida Relâmpago etc.

d) *Bens consumíveis* — os que terminam logo com o primeiro uso, havendo imediata destruição de sua substância (p. ex., alimentos, dinheiro); e *inconsumíveis* — os que podem ser usados continuadamente, possibilitando que se retirem todas as suas utilidades, sem atingir sua integridade (p. ex., roupas).

e) *Bens divisíveis* (CC, art. 87) — que podem ser fracionados em partes homogêneas e distintas, sem alteração das qualidades essenciais do todo, e sem desvalorização, formando uma totalidade perfeita (p. ex., se repartirmos uma saca de café, cada metade conservará as qualidades do produto); e *indivisíveis* (CC, art. 88) — *por natureza*: quando não puderem ser partidos sem alteração na sua substância ou no seu valor, p. ex., um cavalo vivo dividido ao meio deixa de ser semovente (*RT*, *227*:603, *185*:993); um quadro de Portinari, partido ao meio, perde sua integridade e seu valor; *por determinação legal*: o art. 1.386 do Código Civil, p. ex., estabelece que as servidões prediais são indivisíveis em relação ao prédio serviente; e *por vontade das partes*: p. ex., nas obrigações indivisíveis (CC, art. 314), em que se torna

830. *Curso de direito civil* (apostila), PUC, v. 1, p. 13.

831. Serpa Lopes, *Curso de direito civil*, cit., v. 1, p. 355-6; Silvio Rodrigues, *Direito civil*, cit., v. 1, p. 124; Barros Monteiro, *Curso de direito civil*, cit., v. 1, p. 143; Ferrara, *Trattato*, cit., v. 1, p. 733 e 735; Barassi, *I diritti reali nel nuovo Codice Civile*, p. 118.

832. Orlando Gomes, *Introdução ao direito civil*, cit., p. 198; Serpa Lopes, *Curso de direito civil*, cit., v. 1, p. 358.

833. Barassi (*I diritti reali e possesso*, v. 1, p. 159) esclarece que, apesar do silêncio da lei a respeito, nada impede que se estenda a ideia de "bem" às entidades imateriais, que existem realmente, não sendo produto de qualquer fantasia; vivem fora de nós, mas possuem estrutura imaterial. Orlando Gomes, *Introdução ao direito civil*, cit., p. 199; Bassil Dower, *Curso moderno*, cit., v. 1, p. 137; Barros Monteiro, *Introdução*, cit., v. 1, p. 144 e 145.

834. Clóvis Beviláqua, *Comentários ao Código Civil*, obs. 3 ao art. 43, p. 267. No mesmo sentido, Aubry e Rau (*Cours de droit civil français*, cit., t. 1, § 163) definem os bens imóveis: "*Les choses corporelles sont meubles ou immeubles, selon qu'elles peuvent ou non se transporter d'un lieu à un autre, sans changer de nature*", deduzindo do art. 528 do Código Civil francês. *V.* STF, Súmula 329; Orlando Gomes, *Introdução ao direito civil*, cit., p. 202.

835. Clóvis Beviláqua, *Teoria geral do direito civil*, cit., § 34, p. 190.

indivisível bem divisível, ajustando-se conservar a indivisibilidade por tempo determinado ou não, ou, então, fracionar em partes ideais coisa indivisível, como sucede no condomínio.

f) *Bens singulares* — os que, embora reunidos, se consideram de per si, independentemente dos demais (CC, art. 89); são considerados em sua individualidade (p. ex.: caneta, livro, casa etc.); e *bens coletivos* ou *universais* — os constituídos por vários bens singulares, considerados em conjunto, formando um todo único, que passa a ter individualidade própria, distinta da dos seus objetos componentes, que conservam sua autonomia funcional. Podem ser: *universalidade de fato*, por formar um conjunto de bens singulares, corpóreos e homogêneos, ligados entre si pela vontade humana para a consecução de um fim, p. ex.: uma biblioteca, um rebanho (*RT*, *390*:226, *462*:76). Ou *universalidade de direito*, constituída por bens singulares corpóreos heterogêneos ou incorpóreos, a que a norma jurídica, com o intuito de produzir certos efeitos, dá unidade, como, p. ex.: o patrimônio, a massa falida e a herança.

2) Reciprocamente considerados, em: *coisa principal* — que existe por si, exercendo sua função e finalidade independentemente de outra (p. ex., o solo), e *acessória* — que supõe, para existir juridicamente, uma principal (p. ex., frutos).

3) Considerados em relação ao titular do domínio, em: públicos ou particulares.

Os *bens públicos*, segundo o art. 98 do Código Civil, são do domínio nacional, pertencentes à União, aos Estados ou aos Municípios e às demais pessoas jurídicas de direito público interno (CC, art. 41, I a V). Todos os demais são *particulares*, pertençam a quem seja. Os *bens públicos* podem ser: *a*) de *uso comum* do povo (CC, art. 99, I) — embora pertencentes a pessoa jurídica de direito público interno, podem ser utilizados, sem restrição, gratuita ou onerosamente, por todos, não havendo necessidade de qualquer permissão especial, p. ex.: praças, jardins, ruas, estradas, mar, praias, rios, baías, golfos etc.; *b*) de *uso especial* (CC, art. 99, II) — utilizados pelo próprio poder público, constituindo-se por imóveis aplicados ao serviço federal, estadual ou municipal, como prédios onde funcionam tribunais, escolas públicas, secretarias, ministérios, quartéis etc.; e *c*) *dominicais* — que compõem o patrimônio da União, dos Estados ou dos Municípios, como objeto do direito pessoal ou real dessas pessoas de direito público interno (CF, arts. 20, I a XI, e 26, I a IV; EC n. 46/2005 e CC, art. 99, III). Não dispondo a lei em contrário, consideram-se dominicais os bens pertencentes às pessoas jurídicas de direito público a que se tenha dado estrutura de direito privado (como, p. ex., as fundações públicas, as empresas públicas, as sociedades de economia mista e os consórcios públicos (Lei n. 11.107/2005, arts. 1º, § 1º, e 6º; CC, art. 99, parágrafo único). Abrangem bens móveis ou imóveis, como: títulos de dívida pública; estradas de ferro, telégrafos, oficinas e fazendas do Estado; ilhas formadas em mares territoriais ou rios navegáveis; terras devolutas (Lei n. 6.925/81; Dec. n. 761/93, ora revogado pelo Dec. n. 1.796/96, que revogou o Dec. n. 11/91), terrenos de marinha e acrescidos; bens vagos, bens perdidos pelos criminosos condenados por sentença proferida em processo judiciário federal; quedas-d'água, jazidas e minérios; arsenais com todo o material da marinha, exército e aviação; os bens que foram do domínio da Coroa (Dec.-lei n. 9.760/46, art. 64; Lei n. 9.636/98, que revogou os arts. 65 e 66 do Dec.-lei n. 9.760/46 com alterações e acréscimos da Lei n. 11.481/2007; Dec.-Lei n. 227/67; Dec.-Lei n. 318/67; Dec.-Lei n. 3.236/41; Lei n. 9.478/97, que revogou a Lei n. 2.004/53).

4) Quanto à sua disponibilidade, em:

a) *Bens alienáveis*, disponíveis ou no comércio — são os que se encontram livres de quaisquer restrições que impossibilitem sua transferência ou apropriação, podendo, portanto, passar, gratuita ou onerosamente, de um patrimônio a outro, quer por sua natureza, quer por disposição legal.

b) *Bens inalienáveis*, ou fora do comércio — são os que não podem ser transferidos de um acervo patrimonial a outro, ou os insuscetíveis de apropriação.

Constituem espécies de bens inalienáveis: os inapropriáveis por sua natureza, como os bens inexauríveis, tais o ar, a luz solar; os legalmente inalienáveis, que, apesar de suscetíveis de apropriação pelo homem, têm sua comercialidade excluída pela lei, para atender a certos interesses econômico-sociais e proteger certas pessoas, como, exemplificativamente: bens públicos (CC, art. 100), bens das fundações (CC, arts. 62 a 69) etc.; e os inalienáveis pela vontade humana, que lhes impõe cláusula de inalienabilidade, temporária ou vitalícia, nos casos e formas previstos em lei, por ato *inter vivos* ou *causa mortis*. P. ex.: o titular do bem pode colocar essa cláusula em doação ou testamento a fim de que o bem não saia do patrimônio do donatário ou do herdeiro, protegendo-os contra eles mesmos, impedindo que atos de irresponsabilidade, prodigalidade e má administração possam esvaziar seu acervo (CC, art. 1.911; STF, Súmula 49)[836].

D. FATO JURÍDICO

O fato jurídico *lato sensu* é o elemento que dá origem aos direitos subjetivos, impulsionando a criação da relação jurídica, concretizando as normas jurídicas. Realmente, do direito objetivo não surgem diretamente os direitos subjetivos; é necessária uma "força" de propulsão ou causa, que se denomina "fato jurídico"[837]. Assim: "fatos jurídicos seriam os acontecimentos, previstos em norma de direito, em razão dos quais nascem, se modificam, subsistem e se extinguem as relações jurídicas"[838].

O fato jurídico *lato sensu* abrange:

1) O *fato jurídico "stricto sensu"* — que é o acontecimento independente da vontade humana, que produz efeitos jurídicos; pode ser classificado[839], quanto à normalidade, em:

a) *Ordinário*, como morte, nascimento, maioridade, menoridade, álveo abandonado, decurso do tempo, que, juridicamente, se apresenta sob a forma de *prazo*, ou seja, intervalo entre dois termos (*dies a quo* e *dies ad quem*): o inicial e o final, pois termo é o momento no qual se produz, se exerce ou se extingue determinado direito; de *usucapião*, que é a aquisição da propriedade pela posse da coisa durante certo tempo previsto em lei; de *prescrição*, que, segundo Câmara Leal, é a "extinção de uma ação (em sentido material) ajuizável, em virtude da inércia de seu titular durante um certo lapso de tempo, na ausência de causas

836. Sobre os bens jurídicos, *v.* M. Helena Diniz, *Curso*, cit., v. 1, p. 141-63.

837. Trabucchi, *Istituzioni*, cit., p. 112; Orlando Gomes, *Introdução ao direito civil*, cit., p. 226. Deveras, etimologicamente "fato" advém do latim *factum*, de *facere*, que significa fazer, causar, executar, desempenhar (De Plácido e Silva, *Vocabulário jurídico*, v. 2, p. 678).

838. Barros Monteiro, *Curso de direito civil*, cit., v. 1, p. 172; Caio Mário da Silva Pereira, *Instituições*, cit., v. 1, p. 396 e 397.

839. Barros Monteiro, *Curso de direito civil*, cit., v. 1, p. 173.

preclusivas de seu curso"[840]. A prescrição tem por objeto a pretensão à prestação devida em virtude da violação de um direito subjetivo, ou seja, de um descumprimento legal ou obrigacional, que gera o direito para obter a tutela jurisdicional (CC, art. 189), por ser uma exceção oposta ao exercício da ação (em sentido material), tem por escopo extingui-la, ante a inércia do titular, deixando escoar o prazo legal para exigi-la, p. ex.: os locadores têm direito de cobrar seus aluguéis por ação judicial, se os inquilinos recusarem-se a pagá-los; mas se, dentro de três anos, não formalizarem a demanda, perdem o direito de fazê-lo, porque há um interesse social em não permitir que as pendências fiquem sempre em aberto (CC, art. 206, § 3º, II); e de *decadência*, que é a extinção do direito pela inação de seu titular, que deixa escoar o prazo legal ou voluntariamente fixado para seu exercício[841]. P. ex.: haverá decadência se alguém deixar passar mais de cento e vinte dias para exercer o direito de impetrar mandado de segurança.

b) *Extraordinário*, como o caso fortuito e a força maior, que se caracterizam pela presença de dois requisitos: o objetivo, que se configura na inevitabilidade do evento, e o subjetivo, que é a ausência de culpa na produção do acontecimento. Na *força maior*, conhece-se a causa que dá origem ao evento, pois se trata de um fato da natureza, como o raio, que provoca incêndio, a inundação, que danifica produtos. No *caso fortuito*, acidente, que gera o dano, advém de causa desconhecida, como o cabo elétrico aéreo que se rompe e cai sobre fios telefônicos, causando incêndio, a explosão de caldeira de usina, provocando morte. Pode ser ocasionado por fato de terceiro, como greve, motim, que cause graves prejuízos, devido à impossibilidade do cumprimento de certos deveres. Acarretam a extinção das obrigações, salvo se se convencionou pagá-los ou se a lei impõe esse dever, como nos casos de responsabilidade objetiva[842].

2) O *ato jurídico* (em sentido amplo) — ou seja, o evento que depende da vontade humana, abrangendo:

---

840. Segundo Quicherat (*Dictionnaire latin-français*, verb. *praescribo*) o termo "prescrição" procede do vocábulo latino *praescriptio*, derivado do verbo *praescribere*, formado de *prae* e *escribere*, com a significação de "escrever antes" ou "no começo". Zachariae-Crome, *Manuale del diritto civile francese*, com. ao art. 2.219 do Código Civil francês; Maynz, *Droit romain*, §§ 58 e 61; Chironi e Abello, *Trattato*, cit., v. 1, último cap.; Barassi, *Istituzioni di diritto civile*, cit., § 48; Alves Moreira, *Direito civil português*, v. 1, *in fine*; Espínola, *Breves anotações ao Código Civil*, v. 1, nota 227; Carpenter, *Da prescrição*, n. 16; Clóvis Beviláqua, *Teoria geral do direito civil*, cit., § 77; Antônio Luís da Câmara Leal, *Da prescrição e decadência*, Rio de Janeiro, Forense, 1978, p. 9.

841. "Decadência" é um vocábulo de formação vernácula, originário do verbo latino *cadere* (cair); do prefixo latino *de* (de cima de) e do sufixo *entia* (ação ou estado); literalmente designa a ação de cair ou o estado daquilo que caiu (Câmara Leal, *Da prescrição e decadência*, cit., p. 99). *RT*, *453*:104, *469*:68, *450*:279, *474*:157, *464*:161. Pontes de Miranda (*Tratado*, cit., t. 6, p. 135) utiliza-se do termo *preclusão* para designar o instituto da decadência, no sentido de que preclui o que deixa de estar incluído no mundo jurídico. Preclusão é extinção de efeito jurídico. Todavia, para José Manoel de Arruda Alvim Netto (*Manual*, cit., v. 1, p. 282 e 283) a preclusão não se confunde com a prescrição ou com a decadência. A decadência é um prazo estabelecido pela norma para exercício de um direito. Não usado dentro do prazo, ter-se-á a extinção do direito. A prescrição é um prazo dentro do qual se pode ajuizar a ação. Se o não for, a ação prescreve, embora o direito desmunido de ação exista, sendo, todavia, em termos práticos, muito difícil prosperar a pretensão. Já a preclusão deriva do fato de não haver a prática de um ato, no prazo em que ele deveria ser realizado, não sendo alusivo à existência ou inexistência de um direito, mas sim às faculdades processuais.

842. Orlando Gomes, *Introdução ao direito civil*, cit., p. 236 e 237; Limongi França, Caso fortuito e força maior, in *Enciclopédia Saraiva do Direito*, v. 13, p. 475-9; José Cretella Jr., Caso fortuito, in *Enciclopédia Saraiva do Direito*, v. 13, p. 474 e 475. Alguns autores consideram as expressões "força maior" e "caso fortuito" como sinônimas. Dentre eles Mazeaud, *Traité théorique et pratique de la responsabilité civile*, 2. ed., v. 2, § 1.540; Antônio Chaves, Caso fortuito e força maior, *Revista da Faculdade de Direito de São Paulo*, n. 61, 1966.

a) Ato jurídico em sentido estrito, se objetivar a mera realização da vontade do agente, gerando consequências jurídicas previstas em lei. De forma que "o ato jurídico *stricto sensu* seria aquele que surge como mero pressuposto de efeito jurídico, preordenado pela lei, sem função e natureza de autorregulamento"[843]. P. ex.: fixação e transferência de domicílio, achado de tesouro, confissão, notificação etc.

b) Negócio jurídico, que é a norma estabelecida pelas partes, que podem autorregular, nos limites legais, seus próprios interesses[844]. P. ex.: contratos, testamentos, adoção etc.

3) *Ato ilícito* (CC, art. 186) — o praticado em desacordo com a ordem jurídica, violando direito subjetivo individual. Causa dano a outrem, criando o dever de reparar tal prejuízo (CC, art. 927). Logo, produz efeito jurídico, só que este não é desejado pelo agente, mas imposto pela lei[845]. P. ex.: o delito de lesões corporais (CC, art. 949, e CP, art. 129); o não pagamento de dívidas etc. Há casos excepcionais que não constituem atos ilícitos apesar de causarem lesões aos direitos de outrem, como a legítima defesa (CP, art. 25), o exercício regular de um direito reconhecido (p. ex., credor que penhora bens do devedor), e o estado de necessidade (CC, art. 188, II, e CP, art. 24, §§ 1º e 2º), que consiste na ofensa a direito alheio para remover perigo iminente[846].

E. PROTEÇÃO JURÍDICA

Toda relação jurídica é tutelada pelo Estado mediante proteção jurídica contida em norma, que prescreve sanção para os casos de sua violação, autorizando o lesado a exigir respeito ao seu direito, requerendo do órgão judicante a sua aplicação (coação); deve, para tanto, mover uma ação judicial (civil ou penal). O lesado tem autorização para invocar a prestação jurisdicional do Estado, fazendo valer seu direito[847].

Quando sofrer ameaça ou violação, o direito subjetivo é protegido por ação judicial; para propô-la ou contestá-la, é preciso ter legítimo interesse econômico ou moral (CPC, art. 17; STF, Súmula 409). A ação judicial é um direito que todos têm de movimentar a máquina judiciária para pedir proteção, fazendo cessar a violação de um direito subjetivo,

---

843. Fábio Maria de Mattia, Ato jurídico em sentido estrito e negócio jurídico, in *Enciclopédia Saraiva do Direito*, v. 9, p. 39; Orlando Gomes, *Introdução ao direito civil*, cit., p. 241-5; Von Tuhr, *Tratado de las obligaciones*, v. 1, p. 129; Messineo, *Manuale di diritto civile e commerciale*, v. 1, p. 261.

844. Orlando Gomes, *Introdução ao direito civil*, cit., p. 250; Betti, *Teoria generale del negozio giuridico*, 2. ed., 1950; Scognamiglio, *Contributo alla teoria del negozio giuridico*, Napoli, 1950.

845. Orlando Gomes (*Introdução ao direito civil*, cit., p. 443) esclarece que não se deve confundir o ato ilícito com o negócio ilícito, pois este último não é reprimido com a sanção legal do ressarcimento, mas com a ineficácia. É ilícito o negócio quando sua causa ou seu motivo determinante não forem conformes ao direito, ou quando o objeto e o comportamento das partes não forem idôneos. A causa é ilícita quando contrária aos bons costumes. P. ex.: o contrato em que uma das partes recebe dinheiro para não cometer um crime. Se o motivo determinante do negócio for ilícito, como no caso de empréstimo para jogo, o contrato será ilícito, se comum às partes. O negócio é também ilícito, quando tem objeto inidôneo, como a venda de coisa proibida. Ilícito é, do mesmo modo, subjetivamente, se o sujeito está proibido de praticá-lo, como na compra, pelo tutor, de bem do pupilo. *V.*, ainda, Santoro-Passarelli, *Dottrina generale*, cit., p. 186.

846. Sobre fato jurídico, consulte: M. Helena Diniz, *Curso*, cit., v. 1, p. 175-274; Machado Paupério, *Introdução*, cit., p. 189-257; A. Torré, *Introducción al derecho*, cit., p. 167-70; Du Pasquier, *Introduction*, cit., p. 91; Daniel Coelho de Souza, *Introdução*, cit., p. 186-201; A. L. Machado Neto, *Compêndio*, cit., p. 163-8; Miguel Reale, *Lições preliminares*, cit., p. 197-208, 218-22.

847. Franco Montoro, cit., v. 2, p. 259-66; García Máynez, *Introducción*, cit., p. 295-314; A. L. Machado Neto, *Compêndio*, cit., p. 190-6.

desde que tenha interesse econômico, isto é, apreciável em dinheiro, ou moral, concernente à honra, à liberdade, ao decoro, ao estado da pessoa e à profissão do autor ou de sua família[848]. Pelo art. 5º, LXXIII, da Lei Constitucional, "Qualquer cidadão será parte legítima para propor ação popular que vise anular atos lesivos ao patrimônio público", por estar em jogo o interesse público.

Tutela-se os direitos subjetivos e permite-se ao titular do direito eventual, nos casos de condição suspensiva e resolutiva, o exercício de atos destinados a conservá-los (CC. art. 130).

Além desse meio de defender o direito lesado, o titular provido está de instrumentos de defesa preventiva, para impedir a violação de seu direito, que pode ser: 1) extrajudicial, como a cláusula penal, arras, fiança etc.; e 2) judicial, como, p. ex., o interdito proibitório (CC, art. 1.210, e CPC, art. 567), a ação de dano infecto (CC, art. 1.280) etc.

Encontramos, ainda, em nosso ordenamento jurídico resquícios de justiça pelas próprias mãos, em que a pessoa lesada, empregando força física, defende-se usando meios moderados, mediante agressão atual e iminente, sem recorrer ao Poder Judiciário. A autodefesa está prevista, p. ex., no art. 1.210, § 1º, do Código Civil que na primeira parte, estatui: "O possuidor turbado, ou esbulhado, poderá manter-se, ou restituir-se por sua própria força, contanto que o faça logo", e, na segunda parte, prescreve: "Os atos de defesa, ou de desforço, não podem ir além do indispensável à manutenção ou restituição da posse".

---

848. Barros Monteiro, *Curso de direito civil*, cit., v. 1, p. 180 e s.; M. Helena Diniz, *Curso*, cit., v. 1, p. 180 e 181; Machado Pauperio, *Introdução*, p. 263 e 264; A. Torré, *Introducción al derecho*, cit., p. 173-5.

QUADRO SINÓTICO

RELAÇÃO JURÍDICA

1. CONCEITO DE RELAÇÃO JURÍDICA

Segundo Del Vecchio, consiste num vínculo entre pessoas, em razão do qual uma pode pretender um bem a que outra é obrigada.

2. ELEMENTOS DE RELAÇÃO JURÍDICA

— sujeito ativo e passivo
— objeto imediato e mediato
— fato propulsor
— proteção jurídica

3. SUJEITO DE DIREITO

- Personalidade
  - Conceito de pessoa
    - *Teoria tradicional*: Pessoa é o ente físico ou coletivo suscetível de direitos e obrigações.
    - *Teoria kelseniana*: Pessoa natural ou jurídica é a personificação de um complexo de normas.
  - *Personalidade jurídica* — Aptidão genérica para adquirir direitos e contrair obrigações.
  - *Capacidade* — É a medida jurídica da personalidade.
  - *Direitos da personalidade* — São direitos subjetivos da pessoa de defender o que lhe é próprio.
- Pessoa natural
  - *Conceito* — É o ser humano considerado como sujeito de direitos e obrigações.
  - Capacidade
    - *Conceito* — É a maior ou menor extensão dos direitos de uma pessoa.
    - Espécies
      - *De gozo ou de direito* — Aptidão, oriunda da personalidade, para adquirir direitos e contrair obrigações na vida civil.
      - *De fato ou de exercício* — Aptidão para exercer, por si, atos da vida civil.

3. SUJEITO DE DIREITO

- Pessoa natural
  - Incapacidade
    - *Conceito* — É a restrição legal ao exercício dos atos da vida civil.
    - Espécies
      - *Absoluta* — Quando houver proibição total do exercício do direito pelo incapaz, acarretando a nulidade (CC, art. 166) se o realizar sem a devida representação legal. É o caso dos menores de 16 anos (CC, art. 3º com a redação da Lei n. 13.146/2015).
      - *Relativa* — Refere-se àqueles que podem praticar, por si, os atos da vida civil, desde que assistidos por quem de direito os represente, sob pena de anulabilidade (CC, art. 171) do negócio jurídico. É o caso dos maiores de 16 e menores de 18 anos, dos ébrios, toxicômanos e daqueles que, por causa transitória ou permanente, não puderem exprimir sua vontade (CC, art. 4º, com a redação da Lei n. 13.146/2015).
    - Cessação da incapacidade
      - *a*) Quando o menor atingir 18 anos (CC, art. 5º).
      - *b*) Pela emancipação (CC, art. 5º, parágrafo único).
  - Começo da personalidade natural
    - Inicia-se (CC, art. 2º; Lei n. 6.015/73, arts. 50 a 54) com o nascimento com vida, ainda que o recém-nascido venha a falecer instantes depois, ressalvados desde a concepção os direitos do nascituro.
  - Extinção da personalidade natural
    - — morte real (CC, art. 6º, 1ª parte)
    - — morte civil (CC, art. 1.816; Dec.-Lei n. 3.038/41, art. 7º; e Lei n. 6.880/80, art. 130)
    - — morte presumida (CC, arts. 6º, 2ª parte, 9º, IV, 22 a 29; CPC, arts. 744 e 745)
    - — morte simultânea ou comoriência (CC, art. 8º)
- Pessoa jurídica
  - Conceito
    - É a unidade de pessoas naturais ou de patrimônios que visa a consecução de certos fins, reconhecida pela ordem jurídica como sujeito de direitos e obrigações.
  - Natureza jurídica
    - *a*) Teoria da ficção: 1) *legal* (Savigny) — conclui que a pessoa jurídica é uma ficção legal, isto é, criação artificial da lei para exercer direitos patrimoniais e

3. SUJEITO DE DIREITO

Pessoa jurídica

Natureza jurídica

facilitar a função de certas entidades, uma vez que só o homem é capaz de ser sujeito de direito; 2) *doutrinária* (Vareilles-Sommières) — afirma que a pessoa jurídica apenas tem existência na inteligência dos juristas, apresentando-se como mera ficção criada pela doutrina.

b) Teoria da equiparação: entende que a pessoa jurídica é um patrimônio equiparado às pessoas naturais em seu tratamento jurídico (Windscheid e Brinz).

c) Teoria da realidade objetiva ou orgânica: admite ao lado da pessoa natural, que é organismo físico, organismos sociais constituídos pelas pessoas jurídicas, que têm existência própria distinta da de seus membros, tendo por objetivo realizar um fim social (Gierke e Zitelmann).

d) Teoria da realidade das instituições jurídicas: afirma que, como a personalidade humana deriva do direito, da mesma forma este pode concedê-la a agrupamentos de pessoas ou de bens. A personalidade jurídica é um atributo que a ordem jurídica outorga a entes que o merecerem (Hauriou).

Classificação

a) Quanto à nacionalidade
- nacional
- estrangeira

b) Quanto à estrutura interna
- corporação
- fundação

c) Quanto à função e capacidade (CC, art. 40)

Pessoas jurídicas de direito público

Externo
- — nações estrangeiras
- — Santa Sé
- — organismos internacionais

Interno

Administração direta: União, Estados, Distrito Federal, Territórios, Municípios.

Administração indireta:
- — Autarquias (Dec.-Lei n. 6.016/43, art. 2º; Lei n. 8.443/92, arts. 1º, I, e 5º, I; Lei n. 4.717/65, art. 20; Dec.-Lei n. 200/67, art. 5º, com redação do Dec.-Lei n. 900/69);
- — Associações públicas;
- — Fundações públicas;
- — Agências reguladoras;
- — Agências executivas.

3. SUJEITO DE DIREITO

- Pessoa jurídica
  - Classificação
    - *c*) Quanto à função e capacidade (CC, art. 40)
      - Pessoas jurídicas de direito privado (CC, art. 44, I a III)
        - — Fundações particulares — universalidades de bens personalizadas pela ordem jurídica, em consideração a um fim estipulado pelo fundador (*RT*, *252*:661, *242*:232, *172*:525, *422*:162; *RF*, *165*:265).
        - — Associações — grupos de pessoas que colimam fim educacional, esportivo, religioso, recreativo etc.
        - — Sociedade simples — grupo de pessoas que objetivam o lucro, que deve ser repartido entre os sócios; é alcançado pelo exercício de certas profissões ou pela prestação de serviços técnicos (*RT*, *391*:216, *395*:205, *462*:81).
        - — Sociedade empresária — grupo de pessoas que visa a lucratividade, mediante o exercício de atividade empresarial (*RT*, *468*:207).
        - — Partidos políticos.
  - Começo da existência legal da pessoa jurídica
    - *a*) Pessoa jurídica de direito público — tem seu início em razão de fatos históricos, por criação constitucional, lei especial e tratados internacionais.
    - *b*) Pessoa jurídica de direito privado — *1ª fase*: a do ato constitutivo, que é unilateral *inter vivos* ou *causa mortis* nas fundações, e bilateral ou plurilateral *inter vivos* nas associações e sociedades. Nesta fase, temos os elementos: *a*) material — atos de associação, fim a que se propõe e conjunto de bens; e *b*) formal — deve ser escrito, podendo ser público ou particular, com exceção das fundações, que estão sujeitas ao requisito formal específico, isto é, instrumento público ou testamento (CC, art. 62). Casos há em que se requer autorização governamental (CC, arts. 45, 1.123 a 1.125, 1.134 e 1.135; LINDB, art. 11, § 1º; Dec.-Lei n. 2.063/40; Dec.-Lei n. 73/66, art. 74; Lei n. 4.728/65, arts. 7º e 8º; Resolução n. 39/66; Lei n. 6.385/76; Lei n. 6.404/76). *2ª fase*: a do registro público (CC, arts. 45, 46, 984, 985, 998, 1.134 e 1.150; Lei n. 6.015/73, arts. 114 a 121). Quanto às fundações, deve haver intervenção do Ministério Público (CC, arts. 62 a 69; CPC, arts. 764 e 765) para que se proceda ao registro. Quanto às sociedades não personificadas (CC, arts. 986 a 990, 1.132 e 1.136).

3. SUJEITO DE DIREITO

- Pessoa jurídica
  - Capacidade
    - *a*) *Direitos subjetivos* — da personalidade (CC, art. 52), patrimoniais ou reais, industriais, obrigacionais e à sucessão.
    - *b*) Limitações
      - *Em razão da natureza* — Falta-lhe titularidade ao direito de família, parentesco; não pode praticar diretamente os atos da vida jurídica, necessitando de um representante legal (CC, art. 49; CPC, art. 75, I e II).
      - *Decorrentes da lei* — CF, arts. 190, 176, § 1º, e 222.
  - Fim da pessoa jurídica
    - *a*) De direito público — Termina pela ocorrência de fatos históricos, por norma constitucional, lei especial ou tratados internacionais.
    - *b*) De direito privado (CC, arts. 51, § 1º, 54, VI, 1.033, 1.125, 1.034 e 1.028, II)
      - Dissolução
        - — pelo decurso do prazo de sua duração
        - — pela dissolução deliberada entre os membros, salvo o direito da minoria e de terceiro (*RT, 464:221, 433:165, 453:202, 450:290, 426:256*)
        - — por determinação legal (CC, art. 1.033)
        - — por ato governamental
        - — pela dissolução judicial
        - — por deliberação dos sócios por maioria absoluta na sociedade
        - — por morte de sócio
        - — por falta de pluralidade de sócios
      - Liquidação: CC, arts. 51, §§ 2º e 3º, 61, § 2º, e 69.

4. OBJETO IMEDIATO E MEDIATO

- Objeto imediato — É a prestação devida pelo sujeito passivo consistente num ato ou abstenção, abrangendo, portanto, um dever positivo (dar ou fazer) ou negativo não fazer).
- Objeto mediato
  - Direitos da personalidade — São direitos subjetivos da pessoa de defender sua integridade física (vida, alimentos, próprio corpo vivo ou morto, corpo alheio vivo ou morto, partes separadas do corpo vivo ou morto); sua integridade intelectual (liberdade de pensamento, autoria científica, artística e literária); e sua integridade moral (honra, recato, segredo pessoal, profissional e doméstico, imagem, identidade pessoal, familiar e social).
  - Bens jurídicos — *Conceito* — Segundo Agostinho Alvim, "bens são as coisas materiais ou imateriais que têm valor econômico e que podem servir de objeto a uma relação jurídica".

4. OBJETO IMEDIATO E MEDIATO

Objeto mediato

Bens jurídicos

Bens considerados em si mesmos

a) *Corpóreos*, se tiverem existência material, e *incorpóreos*, se não tiverem.

b) *Móveis*, se puderem ser transportados sem alteração em sua substância; e *imóveis*, se não puderem ser removidos sem destruição de sua substância.

c) *Fungíveis* e *infungíveis* (CC, art. 85), isto é, os que podem ser substituídos por outros da mesma espécie, qualidade e quantidade, e os que não podem.

d) *Consumíveis*, se terminarem logo com o primeiro uso, havendo imediata destruição de sua substância (CC, art. 86); *inconsumíveis*, se puderem ser usados continuadamente, possibilitando que se retirem todas as suas utilidades sem atingir sua integridade.

e) *Divisíveis* (CC, art. 87), se puderem ser fracionados em partes homogêneas e distintas, sem alteração das qualidades essenciais do todo e sem desvalorização, formando uma totalidade perfeita; *indivisíveis*, que podem ser: por natureza (CC, art. 88); por determinação legal (CC, arts. 1.386, 1.421 e 1.791, parágrafo único); por vontade das partes (CC, art. 314).

f) *Singulares*, os que, embora reunidos, se consideram de per si, independentemente dos demais (CC, art. 89); *coletivos*, os constituídos por vários bens singulares, considerados em conjunto, formando um todo único, que passa a ter individualidade própria, distinta da dos seus objetos componentes, que conservam sua autonomia funcional. Apresentam-se como universalidades de fato ou de direito. (CC, arts. 90 e 91).

Bens reciprocamente considerados

— Coisa principal, que existe por si, abstrata ou concretamente.
— Coisa acessória, aquela cuja existência supõe a da principal.

- **4. OBJETO IMEDIATO E MEDIATO**
  - Objeto mediato
    - Bens jurídicos
      - Bens considerados em relação ao titular do domínio
        - Bens públicos
          - *Conceito* — Os de domínio nacional, pertencentes à União, Estados, Municípios (CC, art. 98).
          - Espécies
            - — uso comum (CC, arts. 99, I, e 103)
            - — uso especial (CC, art. 99, II)
            - — dominicais (CC, art. 99, III; Dec.-Lei n. 9.760/46, arts. 64 e s.; Dec.-Lei n. 227/67; Dec.-Lei n. 318/67; Dec.-Lei n. 3.236/41; Lei n. 9.478/97, que revogou a Lei n. 2.004/53; Lei n. 6.925/81)
        - Bens particulares
          - Os que recaírem sob a titularidade de pessoa natural ou jurídica de direito privado.
      - Bens quanto à disponibilidade
        - Alienáveis
          - Podem ser transferidos ou apropriados, passando, gratuita ou onerosamente, de um patrimônio a outro, quer por sua natureza, quer por disposição legal.
        - Inalienáveis
          - Não podem ser transferidos de um acervo patrimonial a outro, ou os insuscetíveis de apropriação, incluindo os *inapropriáveis* por sua natureza, como as coisas de uso inexaurível e os direitos da personalidade; os *legalmente inalienáveis*, como bens públicos (CC, art. 100); bens de fundação (CC, arts. 62 a 69); e os *inalienáveis pela vontade humana*, em razão de cláusula de inalienabilidade em doação ou testamento (CC, art. 1.911).
- **5. FATO JURÍDICO**
  - Conceito de fato jurídico em sentido amplo
    - É o acontecimento, previsto em norma jurídica, em razão do qual nascem, se modificam, subsistem e se extinguem relações jurídicas.

5. FATO JURÍDICO

- Classificação dos fatos jurídicos em sentido amplo
  - Fato jurídico *stricto sensu*
    - *Conceito* — É o que advém, em regra, de fenômeno natural, sem intervenção da vontade humana e que produz efeito jurídico.
    - Classificação
      - Ordinário — Nascimento, morte, maioridade, menoridade, decurso de tempo, aluvião, avulsão.
      - Extraordinário
        - *Força maior* — quando se conhece a causa que dá origem ao evento, por tratar-se de fato da natureza, como, p. ex., raio que provoca incêndio, inundação que danifica produtos.
        - *Caso fortuito* — se o acidente que gera o dano advém de causa desconhecida, como o cabo elétrico aéreo que se rompe e cai sobre fios telefônicos, causando incêndio; a explosão de caldeira de usina, provocando morte.
  - Ato jurídico
    - *Conceito* — Acontecimento que depende da vontade humana.
    - Classificação
      - *Ato jurídico em sentido estrito* — é o que surge como mero pressuposto de efeito jurídico, preordenado pela lei, sem função e natureza de autorregulamento. P. ex.: confissão, notificação etc.
      - *Negócio jurídico* — é o poder de autorregulação dos interesses que contém a enunciação de um preceito. P. ex.: contratos, testamentos etc.
  - Ato ilícito
    - *Conceito* — É o ato praticado em desacordo com a ordem jurídica, violando direito subjetivo individual, causando dano a outrem, criando o dever de reparar tal prejuízo (CC, arts. 186 e 927).
    - *Atos lesivos ao direito que não são ilícitos (CC, art. 188):*
      - *a*) legítima defesa (CPC, art. 86; e CC, art. 188, I);
      - *b*) exercício regular de um direito;
      - *c*) estado de necessidade (CC, arts. 188, II e parágrafo único, 929 e 930).

6. PROTEÇÃO JURÍDICA

- *Conceito* — É a tutela estatal da relação jurídica, pois o ordenamento jurídico contém sanções para os casos de sua violação, autorizando o lesado a mover ação judicial civil ou penal, para exigir o respeito ao seu direito.
- *Atos de defesa do direito lesado* — Ação judicial (CC, art. 130; CF/88, art. 5º, LXXIII) para defender direitos atuais e eventuais.
- Atos de defesa preventiva
  - *Extrajudicial* (cláusula penal, arras, fiança etc.).
  - *Judicial* (interdito proibitório — CC, art. 1.210, e CPC, art. 567; ação de dano infecto — CC, art. 1.280).
- *Autodefesa* — CC, art. 1.210, § 1º.

Bibliografia

ABBAGNANO, Nicola. *Dicionário de filosofia*. São Paulo: Mestre Jou, 1970.

AFFONSO DA COSTA, Newton Carneiro. Sobre a teoria lógica da linguagem. *RBF*, fasc. 29.

AFTALIÓN, Enrique; Fernando, GARCÍA OLANO; VILANOVA, José. *Introducción al derecho*. 5. ed. Buenos Aires: El Ateneo, 1956. 2 v.

AGUIAR, Roberto A. R. de. *Direito, poder e opressão*. São Paulo: Alfa-Omega, 1980.

AGUIAR, Roberto A. R. de. *O que é justiça*; uma abordagem dialética. São Paulo, Alfa-Ômega, 1982.

AHRENS, Henri. *Cours de droit naturel*. 7. ed. Leipzig F.A.: Brockhaus, 1875.

AHUMADA, Raul. Sobre el concepto del derecho. *RBF*, fasc. 55.

AKEHURST, Michael. *A modern introduction to international law*. London: Routledge, 1970.

ALBUQUERQUE, Francisco Uchoa de; UCHOA, Fernanda Maria. *Introdução ao estudo do direito*. São Paulo: Saraiva, 1982.

ALCÂNTARA NOGUEIRA. *O pensamento filosófico de Clóvis Beviláqua. Rio de Janeiro:* DASP – Serviço de Documentação, 1959.

ALCHOURRÕN, Carlos E.; BULYGIN, Eugenio. *Introducción a la metodología de las ciencias jurídicas y sociales*. Buenos Aires: Astrea, 1974. v. 1.

ALESSANDRI, Arturo; SOMARRIVA, Manuel. *Curso de derecho civil*. 3. ed. Santiago: Nascimento, 1961. t. 1, v. 1.

ALEXY, Robert. Teoria da argumentação jurídica. 2. ed. São Paulo: Landy, 2006.

ALLARA, Mario. *Le nozioni fondamentali del diritto privato*. Torino: G. Giappichelli, 1939. v. 1.

ALMEIDA, Felipe C. de. CDC, CPC, inversão e redistribuição do ônus da prova à luz da teoria do diálogo das fontes: palcos e finalidades para agentes diferentes. Revista Síntese – Direito Civil e Processual Civil, n. 140, p. 9-32, 2022.

ALMEIDA JR., Antonio; COSTA JR., J. B. O. *Lições de medicina legal*. São Paulo: Nacional, 1968.

ALTAMIRA, Rafael. La costumbre en el derecho español. *Revista de la Escuela Nacional de Jurisprudencia*, México, 1952.

ALTAMIRA, Rafael. La costumbre jurídica en la colonización española. *Revista de la Escuela Nacional de Jurisprudencia*, México, 1948.

ALVAREZ, Alejandro B. Reflexões para um estudo da norma no direito civil. In: FERRAZ, Sérgio (coord.). *A norma jurídica*. Rio de Janeiro: Freitas Bastos, 1980.

ALVES DA SILVA, A. B. *Introdução à ciência do direito*. São Paulo: Salesianas, 1940.

ALVES, João Luiz. *Código Civil anotado*. Rio de Janeiro: F. Briguiet e Cia., 1917.

ALVES MOREIRA, Guilherme. Instituições do d*ireito civil português*. Coimbra: França Amado, 1911. v. 1.

ALVIM, Agostinho. *Curso de direito civil* (apostila). PUC. v. 1.

ALVIM, Agostinho. Da equidade. *RT*, v. 132, fasc. 494, 1941.

AMADO, Gilberto. As instituições políticas e o meio social no Brasil. In: CARDOSO, Vicente Licínio (org.). À margem da história da República. Brasília: Editora UnB, 1985.

AMARAL SANTOS, Moacyr. Direito processual civil. *Enciclopédia Saraiva do Direito*, v. 28, 1979.

AMSELEK, Paul. La phénoménologie et le droit. *Archives de Philosophie du Droit*, 1972.

AMSELEK, Paul. *Méthode phénoménologique et théorie du droit*. Paris: LGDJ, 1964.

ANDERSON, Alan Ross. *The formal analysis of normative systems*. New Haven: Yale University, 1956.

ANTONELLI, Étienne. Le droit institution sociale. In: ROUBIER, Paul. Mélanges en l'honneur Paul Roubier. Paris: Dalloz & Sirey, 1961. v. 1.

ANZILOTTI, Dionisio. *Cours de droit international*. Paris: Recueil Sirey, 1929.

AQUINO, S. Tomás de. De justitiae, II. *Decem libras Ethicorum, Aristoteles and Nicomachum expositio.*

AQUINO, S. Tomás de. *Summa theologica.*

ARAGÃO, Antônio Moniz Sodré de. *As três escolas penais*. Rio de Janeiro: Freitas Bastos, 1963.

ARAÚJO CINTRA, Antonio Carlos de; GRINOVER, Ada Pellegrini; DINAMARCO, Cândido Rangel. Direito processual. *Enciclopédia Saraiva do Direito*, v. 28, 1979.

ARENDT, Hannah. *Crises da República*. São Paulo: Perspectiva, 1973.

ARÉVALO. La doctrina de los principios generales del derecho y las lagunas del ordinamiento administrativo. *RAP*, v. 40, 1963.

ARISTEGUI, Abel. *Oposiciones fundamentales a la teoría egológica del derecho*. La Plata: Platense, 1967.

ARISTÓTELES. *Ethica Nicomachea*, I e II.

ARISTÓTELES. *Metafísica.*

ARISTÓTELES. *Retórica*, II.

ARON, Raymond. *L'homme contre les tyrans.* Paris: Gallimard, 1946.

ARRUDA ALVIM NETTO, José M. *Manual de direito processual civil.* São Paulo: RT, 1978. v. 1 e 2.

ARRUDA, João. Direito civil. *RT*, v. 23, 1927.

ASCARELLI, Tulio. Il problema delle lacune. *Archivo Giuridico*, v. 94, 1925.

ASCOLI, Max. *La giustizia.* Padova: Cedam, 1930.

ASÚA, Luís J. Le principe "nullum crimen sine lege" et la cuestión de l'analogie. *Revue de Droit Pénal et de Criminologie et Archives Internationales de Médécine Legal*, n. 3, 1936.

ATALIBA, Geraldo. *Apontamentos de ciência das finanças e direito financeiro e tributário.* São Paulo: RT, 1969.

ATALIBA, Geraldo. *Lei complementar na Constituição.* São Paulo: RT, 1971.

ATALIBA, Geraldo. *Noção de direito tributário.* São Paulo: RT, 1964.

ATALIBA, Geraldo. *Sistema constitucional tributário brasileiro.* São Paulo: RT, 1966.

AUBRY, C.; RAU, C. *Cours de droit civil français.* 5. ed. Paris: LGDJ, 1936. v. 1.

AULAGNON, Lucien. Aperçu sur la force dans la règle de droit. In: ROUBIER, Paul. Mélanges en l'honneur Paul Roubier. Paris: Dalloz & Sirey, 1961.

AUSTIN, John. *Province of jurisprudence determined.* Cambridge: Cambridge University Press, 1832.

AVELAR BROTERO, José Maria de. *Princípios de direito natural compilados.* Rio de Janeiro: Typ. Imperial e Nacional, 1829.

AZPEITIA. Los principios generales del derecho como fuente del derecho civil. *La reforma legislativa.* Madrid, t. 40.

BACHOFEN, J. J. *El derecho natural y el derecho histórico.* Madrid: Instituto de Estudios Políticos, 1955.

BAGOLINI, Luigi. Consciência e direito como exigência existencial. In: *VIII CONGRESSO INTERAMERICANO DE FILOSOFIA E V DA SOCIEDADE INTERAMERICANA DE FILOSOFIA. Anais [...]. 1972.*

BALAVAL, Yvon. *Les philosophes et leur langage.* Paris: Gallimard, 1952.

BALDWIN, James Mark. *Dictionary of philosophy and psychology.* London: MacMillan, v. 5.

BALLWEG, Ottmar. Science, prudence et philosophie du droit. *ARSP*, v. 51, 1965.

BALLWEG, Ottmar. *Rechtswissenschaft und Jurisprudenz.* Basel: Helbing &. Lichtenhahn, 1970.

BANDEIRA DE MELLO, Celso Antônio. *Natureza e regime jurídico das autarquias.* São Paulo: RT, 1967.

BANDEIRA DE MELLO, Oswaldo Aranha. Contrato de direito público ou administrativo. *Revista de Direito Administrativo*, Rio de Janeiro, v. 88, 1967.

BANDEIRA DE MELLO, Oswaldo Aranha. *Princípios gerais de direito administrativo.* Rio de Janeiro: Forense, 1969. v. 1.

BAPTISTA DE MELLO. Direito de resistência. *AJ*, v. 37, 1936.

BARASSI, Ludovico. *Istituzioni di diritto civile.* Milano: Vallardi, 1914.

BARASSI, Ludovico. *I diritti reali e possesso.* Milano: Giuffrè, 1952. v. 1.

BARASSI, Ludovico. *I diritti reali nel nuovo Codice Civile.* Milano: Giuffrè, 1943.

BARASSI, Ludovico. *Il diritto del lavoro.* Milano: Giuffrè, 1949.

BARBOSA, Elyana. O que constitui a ciência, o método ou o objeto? *RBF*, fasc. 94.

BARNES, Harry Elmer; BECKER, Howard. *Historia del pensamiento social.* México: Fondo de Cultura Económica, 1945.

BARRETO, Luiz Pereira. *A cultura jurídica no Brasil.*

BARRETO, Luiz Pereira. *As três filosofias.*

BARROS CARVALHO, Paulo de. *Curso de direito tributário. São Paulo:* Saraiva, 1985.

BARROS GUIMARÃES, Murillo de. Um critério para solução do problema da resistência às leis injustas. *RT*, v. 117.

BARROS MONTEIRO, Washington de. *Curso de direito civil*: parte geral. São Paulo: Saraiva, 1967. 6 v.

BASSIL DOWER, Nelson Godoy. *Curso moderno de direito civil.* São Paulo: Nelpa, 1976. v. 1.

BATIFFOL, H. Sur la positivité du droit. In: *DABIN, Jean. Mélanges en l'honneur de Jean Dabin.* Paris: Sirey, 1963. t. 1.

BAUDRY-LACANTINERIE, Gabriel. *Précis de droit civil.* 9. ed. Paris: Recueil Sirey, 1905. t. 1.

BEALE, Joseph H. *A treatise on the conflict of laws.* New York: Baker, 1935.

BEARD, Charles. *The social and economic views of Mr. Justice Brandeis.* New York: The Vanguard Press, 1936.

BEKKER, Ernst Immanuel. *Zur lehre von rechtssubjekt.* Jena: F. Mauke, 1873.

BELAID, S. *Essai sur le pouvoir créateur et normatif du juge.* Paris: LGDJ, 1974.

BELIME, W. *Philosophie du droit et cours d'introduction à la science du droit.* 3. ed. Paris: Durand et Pedone Lauriel, 1869.

BELING, Ernst von. La science du droit, sa fonction et ses limites. *Recueil d'études sur les sources du droit, en honneur de François Gény. Paris:* Recueil Sirey, 1937. t. 2.

BENLLOCH. Que debe entenderse por principios generales del derecho? *Revista de los Tribunales*, Madrid, t. 37, 1903.

BENTHAM, Jeremy. *Principles of morals and legislation*. New York: Oxford University Press, 1892.

BENTHAM, Jeremy. *The limits of jurisprudence defined*. New York: Columbia University Press,1945.

BENTHAM, Jeremy. *The theory of legislation*. New York: Ogden, 1931.

BENTHAM, Jeremy. *Works*. New York: Bowring, 1843. v. 1 e 2.

BENVENUTI, Feliciano. Sul concetto di sanzione. *Jus*, 1955.

BERGBOHM, Karl. *Jurisprudenz und Rechtsphilosophie*. Leipzig: Duncker & Humblot, 1892. v. 1.

BERRIAT SAINT-PRIX, Félix. *Manuel de logique juridique*. 2. ed. Paris: Libraires du Conseil d'État, 1875.

BERRÕN, Fausto E. Vallado. *Teoría general del derecho*. México: Universidad Nacional Autónoma de México, 1972.

BETTI, Emilio. Cours de théorie générale du droit (apêndice). In: BETTI, Emilio. *Cours de droit civil comparé des obligations*. Milano: Giuffrè, 1958.

BETTI, Emilio. *Interpretazione della legge e degli atti giuridici*. Milano: Giuffrè, 1949.

BETTI, Emilio. *Teoría general del negocio jurídico*. Madrid: Revista de Derecho Privado, 1950.

BETTI, Emilio. *Teoria geral da interpretação*. 1965.

BEUDANT, Charles. *Cours de droit civil français*. Paris: A. Rousseau, *1934*. t. 1.

BEVILÁQUA, Clóvis. A Constituição e o Código Civil. *RT*, v. 97.

BEVILÁQUA, Clóvis. *Código Civil comentado*. v. 2.

BEVILÁQUA, Clóvis. *Código Civil dos Estados Unidos do Brasil comentado*. Rio de Janeiro: Francisco Alves, 1956. v. 1 e 2.

BEVILÁQUA, Clóvis. *Esboços e fragmentos de juristas filósofos*. 1897.

BEVILÁQUA, Clóvis. Ideias fundamentais do direito atual; escolas e tendências. *Estudos jurídicos*.

BEVILÁQUA, Clóvis. O direito expresso na doutrina e na jurisprudência brasileira. *RF*, dez. 1943.

BEVILÁQUA, Clóvis. *Teoria geral do direito civil*. 4. ed. Brasília: Ministério da Justiça, 1972.

BIERLING, Ernst Rudolf. *Juristische Prinzipienlehre*. Freiburg-Leipzig: J.C.B. Mohr, 1894.

BIGNE DE VILLENEUVE. *La crise du "sens comun" dans les sciences sociales*.

BINDING, Karl. *Handbuch des Strafrechts*. Leipzig: Duncker & Humbolt, 1885. v. 1.

BINGHAM, Joseph Walter. What is the law? *Michigan Law Review*, v. 11, 1912.

BISCARETTI DI RUFFIA, Paolo. *Direito constitucional, instituições de direito público*. Trad. M. Helena Diniz. São Paulo: RT, 1984.

BLANCHÉ, Robert. *Introduction à la logique contemporaine*. Paris: Armand Colin, 1968.

BLANCO ANDE, Joaquín. *Teoría del poder*. Madrid: Pirámide, 1977.

BLONDEAU. *Chrestomatie*.

BOBBIO, Norberto. Completezza dell'ordinamento giuridico e interpretazione. *RIFD*, 1940.

BOBBIO, Norberto. *Dalla struttura alla funzione*. Milano: Ed. di Comunità, 1977.

BOBBIO, Norberto. Des critères pour résoudre les antinomies. In: PERELMAN, Chaïm (publ.). *Les antinomies en droit*. Bruxelles: Émile Bruylant, 1965.

BOBBIO, Norberto. Essere e dover essere nella scienza giuridica. *Congresso Mondial di Filosofia del Diritto e Filosofia Sociale*. Milano-Gardone-Riviera, set. 1967.

BOBBIO, Norberto. *Introduzioni alla filosofia del diritto*. Torino: Giappichelli, 1948.

BOBBIO, Norberto. *L'analogia nella logica del diritto*. Torino: Istituto Giuridico, 1938.

BOBBIO, Norberto. Scienza del diritto e analisi del linguaggio. *Rivista Trimestrale di Diritto e Procedura Civile*, 1950.

BOBBIO, Norberto. *Studi per una teoria generale del diritto*. Torino: Giappichelli, 1970.

BOBBIO, Norberto. *Sur le principe de légitimité*. Paris: PUF, 1957.

BOBBIO, Norberto. *Teoria dell'ordinamento giuridico*. Torino: Giappichelli, 1960.

BOBBIO, Norberto. *Teoria della scienza giuridica*. Torino: Giappichelli, 1950.

BODENHEIMER, Edgard. *Ciência do direito: filosofia e metodologia jurídicas*. Rio de Janeiro: Forense, 1962.

BODENHEIMER, Edgard. *Modern analytical jurisprudence and the limits of its usefulness*. University of Pennsylvania Law Review, v. 104, p. 1080-1085, 1956.

BODENHEIMER, Edgard. *Teoría del derecho*. 2. ed. México: Fondo de Cultura Económica, 1946.

BONFANTE, Pietro. La autonomia della scienza del diritto i conferii della filosofia. In: *Scritti*. v. 1.

BONFANTE, Pietro. *Istituzioni di diritto romano*. 5. ed. Milano: Vallardi, 1912.

BONNECASE, Julien. *Introduction à l'étude du droit*, 2. ed. Paris, Sirey, 1931.

BONNECASE, Julien. *La escuela de la exégesis en derecho civil*. Trad. José M. Cajica Jr. Puebla: J. M. Cajica, 1945.

BORDA, Guillermo A. *Retroactividad de la ley y derechos adquiridos*. Buenos Aires: Perrot, 1951.

BORGES CARNEIRO, Manuel. *Direito civil de Portugal: das pessoas*. Lisboa: Régia, 1826. v. 1.

BOULANGER. *Le droit privé français au milieu du XX siècle.*

BRANDÃO, Yulo. O problema do conhecimento e a sua exata posição. *RBF*, fasc. 105.

BRANDÃO, Yulo. Digressão em torno de um problema de sempre: a filosofia como fundamento. *RBF*, fasc. 58.

BRECHT, Arnold. *Teoria política.* Rio de Janeiro: Zahar, 1965.

BRITO, Alexis Augusto Couto de. Princípios e Topoi: a abordagem do sistema e da tópica na ciência do direito. In: LOTUFO, Renan (coord.). Sistema e tópica na interpretação do ordenamento. Barueri: Manole, 2006.

BROCHER, Charles. *Étude sur les principes généraux de l'interprétation des lois. Paris: Ernest Thorin,* 1870.

BROWN, Jethro. *The underlying principles of modern legislation.* Michigan: J. Murray, 1915.

BRUNETTI. Completeza dell'ordinamento giuridico. *RIFD*, 1928.

BRUNO, Aníbal. *Direito penal.* Rio de Janeiro: Forense, 1967. t. 1.

BUCH, H. Conception dialectique des antinomies juridiques. In: PERELMAN, Chaïm (publ.). *Les antinomies en droit.* Bruxelles: Émile Bruylant, 1965.

BUENO MAGANO, Octavio. Direito do trabalho (tendências atuais). *Enciclopédia Saraiva do Direito*, v. 26.

BUNGE, Mario et al. *Ideología y ciencias sociales.* México: Universidad Nacional Autónoma de México, 1979.

BUZAID, Alfredo. *Do concurso de credores no processo de execução.* São Paulo: Saraiva, 1952.

CABALLERO, Alexandre. O ser em si e o ser para si. *RBF*, v. 48, fasc. 71, 1968.

CAETANO, Marcelo. *Lições de direito penal.* Lisboa: J. Comércio & Colónias, 1939.

CALAMANDREI, Piero. *Il significato costituzionale delle giurisdizione di equità. Firenzi:* Tipografia Galileiana, *1921.*

CALASSO, Francesco. *Storicità del diritto.* Milano: Giuffrè, 1966.

CALERA, Nicolas M. Lopes. *La estructura lógico-real de la norma jurídica.* Madrid: Ed. Nacional, 1969.

CÂMARA LEAL, Antônio Luiz da. *Da prescrição e decadência.* Rio de Janeiro: Forense, 1978.

CAMERLYNCK, Guillaume Hubert; LYON-CAEN, Gerard. *Droit du travail.* Paris: Dalloz, 1967.

CAMMARATA, Angelo Ermanno. *Sulla coattività delle norme giuridiche.* Milano, 1932.

CAMPANINI, Giorgio. *Ragione e volontà nella legge.* Milano: Giuffrè, 1965.

CAMPBELL BLACK. *Handbook on the construction and interpretation of the laws.*

CAMPOS BATALHA, Wilson de Souza. *Introdução ao direito.* São Paulo: RT, 1967.

CAMPOS BATALHA, Wilson de Souza. *Lei de Introdução ao Código Civil*. São Paulo: Max Limonad, 1959. v. 1.

CAMPOS, Francisco. *Introdução crítica à filosofia do direito*. Belo Horizonte: Imprensa Oficial do Estado de Minas Gerais, 1918.

CAMPOS JR., Ephraim de. *A função desempenhada pela Parte Geral no direito civil e fora do direito civil*: análise da Lei de Introdução ao Código Civil e sua função no ordenamento jurídico. Curso de Pós-graduação em Direito da PUCSP, 1980.

CANARIS, Claus-Wilhelm. De la manière de constater et de combler les lacunes de la loi en droit allemand. In: PERELMAN, Chaïm (publ.). *Le problème des lacunes en droit*. Bruxelles: Émile Bruylant, 1968.

CANARIS, Claus-Wilhelm. *Pensamento sistemático e conceito de sistema na ciência do direito*. Lisboa: Gulbenkian, 1989.

CÁNOVAS, Diego Espín. *Manual de derecho civil español*. v. 1.

CAPELLA, Juan-Ramon. *El derecho como lenguaje*. Barcelona: Ariel, 1968.

CAPITANT. *Introduction à l'étude du droit civil*.

CARBONNIER, Jean. *Droit civil*. Paris: PUF, 1957. v. 1.

CARBONNIER, Jean. *Sociologie juridique*. Paris: A. Collin, 1972.

CARCOVA, Carlos M. *La idea de ideología en la teoría pura del derecho*. Buenos Aires: Cooperadora de Derecho y Ciencias Sociales, 1973.

CARDOZO, Benjamin. *Justice*.

CARDOZO, Benjamin. *The growth of the law*. New Haven: Yale University Press, 1924.

CARDOZO, Benjamin. *The nature of the judicial process*. New Haven: Yale University Press, 1921.

CARDOZO, Benjamin. *The paradoxes of the legal science*. New York: Columbia University Press, 1928.

CARNAP, Rudolf. Introducción a la semántica. *Cuadernos de Epistemología*. Facultad de Filosofía y Letras, Universidad de Buenos Aires, 1965.

CARNAP, Rudolf. *Studies in semantics*. Cambridge: Harvard University Press, 1942. v. 1; 1943. v. 2.

CARNAP, Rudolf. *The logical syntax of language*. London: Routledge & Kegan Paul, 1949.

CARNEIRO MAIA, Paulo. Dogmática jurídica-I. *Enciclopédia Saraiva do Direito*, v. 29.

CARNELUTTI, Francesco. Il valore della sanzione nel diritto. *Rivista di Diritto Processuale*, v. 1, 1955.

CARNELUTTI, Francesco. *Lezioni di diritto processuale civile*. Padova: Cedam, v. 2.

CARNELUTTI, Francesco. *Metodologia del diritto*. Padova: Cedam, 1939.

CARNELUTTI, Francesco. *Sistema de diritto processuale civile*. Padova: Cedam, 1936. t. 1.

CARNELUTTI, Francesco. *Teoría general del derecho*. Madrid: Revista de Derecho Privado, 1955.

CARPENTER. *Da prescrição*.

CARRAZZA, Roque Antonio. *O regulamento no direito tributário brasileiro*. São Paulo: RT, 1981.

CARREJO, Simón. *Derecho civil*. Bogotá: Temis, 1972.

CARRIÓ, Genaro. *Notas sobre derecho y lenguaje*. Buenos Aires: Abeledo-Perrot, 1973.

CARRIÓ, Genaro. Principi di diritto e positivismo giuridico. *Rivista di Filosofia*, v. 61, fasc. 127, 1970.

CARRIÓ, Genaro. *Sobre el concepto de deber jurídico*. Buenos Aires: Abeledo-Perrot, 1966.

CARRIÓ, Genaro. *Sobre los limites del lenguaje normativo*. Buenos Aires: Abeledo-Perrot, 1973.

CARVALHO DE MENDONÇA, Manuel Inácio. *Doutrina e prática das obrigações*. 4. ed. Rio de Janeiro: Forense, 1956. t. 1.

CARVALHO DE MENDONÇA, Manuel Inácio. *Tratado de direito comercial brasileiro*. Rio de Janeiro: Freitas Bastos, 1953. v. 1.

CASTBERG. La méthodologie du droit international public. *Recueil des Cours*, v. 1, t. 43, 1933.

CASTILHOS, Luiz Ricardo de. O risco da supressão de debates decorrente do uso de machine learning em decisões judiciais. Revista Síntese – Direito Civil e Processual Civil, n. 150, p. 160-170, 2024.

CASTRO Y BRAVO. *Derecho civil de España*. v. 1.

CATHREIN, Victor. *La filosofía del derecho*: el derecho natural y el derecho positivo. 3. ed. Madrid: Reus, 1940.

CAVALCANTI, Amaro. *Responsabilidade civil do Estado*.

CAVALCANTI FILHO, Theóphilo. A revolta contra o formalismo jurídico e o problema da experiência. *RBF*, fasc. 74.

CAVALCANTI, Themístocles Brandão. *Tratado de direito administrativo*. Rio de Janeiro: Freitas Bastos, 1955. v. 1.

CENDRIER. *L'obligation naturel*.

CERRONI, Umberto. *Il pensiero giuridico sovietico*. Roma: Editori Riuniti, 1969.

CESARINO JR., Antônio Ferreira. *Direito social brasileiro*. São Paulo: Saraiva, 1970.

CHAMBERLAIN, Houston Stewart. *Grundlagen des neunzehnten jahrhunderts*. München: Verlagsanstalt F. Bruckmann A.-G., 1890.

CHAVES, Antônio. Capacidade civil. *Enciclopédia Saraiva do Direito*, v. 13.

CHAVES, Antônio. Caso fortuito e força maior. *Revista da Faculdade de Direito da USP*, n. 61, 1966.

CHAVES, Antônio. *Lições de direito civil*; parte geral. São Paulo: Bushatsky, 1972. v. 3.

CHIRONI & ABELLO. *Trattato di diritto civile italiano*. v. 1.

CHOMSKY, Noam. *Aspects of the theory of syntax*. Cambridge: The MIT Press, 1965.

CICALA. *Il rapporto giuridico*.

COELHO, Luiz Fernando. *Aulas de introdução ao direito*. Barueri: Manole, 2004.

COELHO, Luiz Fernando. *Fundações públicas*. Rio de Janeiro: Forense, 1978.

COELHO, Luiz Fernando. Fonte de produção e fonte de cognição. *Enciclopédia Saraiva do Direito*, v. 38.

COELHO, Luiz Fernando. Fonte formal. *Enciclopédia Saraiva do Direito*, v. 38.

COELHO, Luiz Fernando. *Lógica jurídica e interpretação das leis*. Rio de Janeiro: Forense, 1979.

COELHO, Luiz Fernando. Lógica jurídica. *Enciclopédia Saraiva do Direito*, v. 50.

COELHO, Luiz Fernando. *Teoria da ciência do direito*. São Paulo: Saraiva, 1974.

COGLIOLO, Pietro. *Filosofia do direito privado*. Trad. Henrique Carvalho. Lisboa: Liv. Clássica de A.M. Teixeira, 1915.

COGLIOLO, Pietro. *Saggio sopra l'evoluzione del diritto privato. A Casa, 1885.*

COGLIOLO, Pietro. *Scritti varii di diritto privato*. Torino: UTET, 1970.

COHN, Georg. *O direito civil em provérbios*.

COING, Helmut. *Fundamentos de la filosofía del derecho*. Barcelona: Ariel, 1961.

COING, Helmut. *Zur geschichte des Privatrechtssystems*. Frankfurt: Klostermann, 1962.

COLIN, Ambroise; CAPITANT, Henri. *Cours élémentaire de droit civil français*. 11. ed. Paris: Dalloz, 1947.

COLLAÇO, Felippe N. *Pode a sociedade em algum caso resistir ao poder público?* Recife, 1861.

COMTE, Augusto. *Cours de philosophie positive*. Paris, 1949.

COMTE, Augusto. *Plan des travaux scientifiques nécessaires pour réorganiser la société*. Harmattan, 1822.

CONTE, Amedeo. Décision, complétude, clôture. A propos des lacunes en droit. In: Perelman, Chaïm (publ.). *Le problème des lacunes en droit*. Bruxelles: Émile Bruylant, 1968.

CONTE, Amedeo. *Saggio sulla completezza degli ordinamenti giuridici*. Torino: Giappichelli, 1962.

COPELLO, Mario Alberto. *La sanción y el premio en el derecho*. Buenos Aires: Losada, 1945.

COPI, Irving. *Introducción a la lógica*. Buenos Aires: Eudeba, 1962.

CORBIN, Arthur L. Legal analysis and terminology. *The Yale Law Journal*, v. 29, 1919.

CORREA & SCIASCIA. *Direito romano.* v. 1.

CORREIA, Alexandre. *A concepção histórica do direito.* São Paulo: [s.n.], 1934.

CORREIA, Alexandre. Direito natural-I. *Enciclopédia Saraiva do Direito*, v. 27.

COSSIO, Carlos. *Ciencia del derecho y sociología jurídica.*

COSSIO, Carlos. *Egología.*

COSSIO, Carlos. *El derecho en el derecho judicial.* Buenos Aires: Kraft, 1945.

COSSIO, Carlos. La norma y el imperativo en Husserl. *RBF*, fasc. 37, 1960.

COSSIO, Carlos. La norma y el imperativo. *Anuario de Filosofía del Derecho.* Instituto Nacional de Estudios Jurídicos. Madrid, 1961. t. 7.

COSSIO, Carlos. *La plenitud del ordenamiento jurídico y la interpretación judicial de la ley.* Buenos Aires: Losada, 1939.

COSSIO, Carlos. *La teoría de la imprevisión.* Buenos Aires: Abeledo-Perrot, 1961.

COSSIO, Carlos. *La valoración jurídica y la ciencia del derecho.* Buenos Aires: Arayú, 1954.

COSSIO, Carlos. *Las actitudes filosóficas de la ciencia del derecho.* Buenos Aires: La Ley, 1956.

COSSIO, Carlos. *Las lagunas del derecho.* Instituto Argentino de Filosofía Jurídica y Social, 1942.

COSSIO, Carlos. *Norma, derecho y filosofía.* Buenos Aires: La Ley, 1946. t. 43.

COSSIO, Carlos. *Teoría de la conducta.*

COSSIO, Carlos. *Teoría de la verdad jurídica.* Buenos Aires: Losada, 1964.

COSSIO, Carlos. *Teoría egológica del derecho y el concepto jurídico de libertad.* Buenos Aires: Abeledo-Perrot, 1964.

COSSIO, Carlos. Teoria egológica e teoria pura do direito. *RF*, maio 1950.

COSTA JR., Olimpio. Duas concepções fenomenológicas do direito. *RBF*, fasc. 97.

COSTA MANSO, Odilon. *Formação nacional e cultura jurídica.* São Paulo, 1949.

COSTE-FLORET, Alfred. L'interprétations des lois penales. *Revue de Science Criminelle et de Droit Pénal Comparé*, t. 2, 1937.

COUTO, Cláudio. *Introdução ao direito como ciência social.* Rio de Janeiro: Tempo Brasileiro, 1971.

COVIELLO, Nicola. *Doctrine general del derecho civil.* 4. ed. México: Hispano-Americana, 1938.

COVIELLO, Nicola. *Manuale di diritto civile italiano:* parte geral. Milano: Societa Editrice Libraria, 1924.

CRETELLA JR., José. Caso fortuito. *Enciclopédia Saraiva do Direito*, v. 13.

CRETELLA JR., José. *Curso de filosofia do direito.* São Paulo: Bushatsky, 1967.

CRUET, Jean. *La vie du droit et l'impuissance des lois*. Paris: E. Flammarion, 1908.

CRUZ COSTA, J. *Panorama da história da filosofia no Brasil*. São Paulo: Cultrix, 1961.

CUNHA BARRETO. Interpretação das leis. *RF*, v. 117, fasc. 539, 1948.

CUNHA GONÇALVES. *Tratado de direito civil*. Ed. bras.

CUNHA GONÇALVES. *Princípios de direito civil*. v. 1.

CUSTÓDIO, Helita B. *Associações e fundações de utilidade pública*. São Paulo: RT, 1979.

CZERNA, Renato Cirell. *A justiça como história*. São Paulo: Saraiva, 1952.

CZERNA, Renato Cirell. Criticismo transcendental e processo histórico. *RBF*, fasc. 97.

CZERNA, Renato Cirell. Funcionalidade histórico-cultural e antiformalismo jurídico e o problema da experiência. *RBF*, fasc. 74.

DABIN, Jean. *La philosophie de l'ordre juridique positif*. Paris: Recueil Sirey, 1929.

DABIN, Jean. *Le droit subjectif*. Paris: Dalloz, 1952.

DABIN, Jean. *Technique de l'élaboration du droit positif*. Bruxelles: É. Bruylant, 1935.

DABIN, Jean. *Teoría general del derecho*. Madrid: Revista de Derecho Privado, 1955.

D'AGUANO, José. *Genesis y evolución del derecho*. Buenos Aires: Impulso, 1943.

DANTAS, Tatiana Firmino. O hibridismo entre civil law e commom law no Brasil. Revista Síntese – Direito Civil e Processual Civil, v. 148, p. 39-69, 2024.

DE BUEN, Demófilo. Las normas jurídicas y la función judicial. *Revista General de Legislación y Jurisprudencia*, 1917.

DE CASTRO Y BRAVO, Federico. *Derecho civil de España*. 3. ed. Madrid: Instituto de Estudios Políticos, 1955.

DE CUPIS, Adriano. *Os direitos da personalidade*. Lisboa: Livr. Moraes, 1961.

DE DIEGO, Felipe Clemente. *Apuntes del derecho civil*.

DE DIEGO, Felipe Clemente. *Fuentes del derecho civil español*. Madrid: Imprenta Clásica Española, 1922.

DE DIEGO, Felipe Clemente. En torno de las lagunas de la ley. *Revista da Facultad de Derecho de Madrid*, p. 11 e s., jan./jul. 1944.

DE DIEGO, Felipe Clemente. *La jurisprudencia como fuente del derecho*. Madrid: Reus, 1925.

DEFOURNY, M. *La sociologie positiviste: Augusto Comte*. Louvain-Paris: Nabu Press, 1902.

DEFROIDMONT, Jean. *La science du droit positif*.

DE GASPERI. *Tratado de las obligaciones*. v. 1.

DEGNI. *L'interpretazione della legge*. Napoli: Jovene, 1909.

DE HASS. *Louis Dembitz Brandeis*. 1929.

DELBOS. *La philosophie pratique de Kant.* Paris: Alcam, 1905.

DEL VECCHIO, Giorgio. *A justiça.* São Paulo: Saraiva, 1960.

DEL VECCHIO, Giorgio. *Direito, Estado e filosofia.* Trad. Luiz Luisi. Rio de Janeiro: Politécnica, 1952.

DEL VECCHIO, Giorgio. *I presupposti filosofici della nozioni del diritto.* Bologna: Zanichelli, 1905.

DEL VECCHIO, Giorgio. *Il concetto del diritto.* Bologna: Zanichelli, 1906.

DEL VECCHIO, Giorgio. *Il concetto della natura e il principio del diritto.* Torino: Cedam, 1908.

DEL VECCHIO, Giorgio. *Lezioni di filosofia del diritto.* 13. ed. Milano: Giuffrè, 1965; 9. ed. 1953.

DEL VECCHIO, Giorgio. *Los principios generales del derecho.* 3. ed. Barcelona: Bosch, 1971.

DEL VECCHIO, Giorgio. *Philosophie du droit.* Paris: Dalloz, 1953.

DEL VECCHIO, Giorgio. *Riforma del Codice Civile e principii generali di diritto.* Roma: Rivista Internazionale di Filosofia del Diritto, 1937.

DE MATTIA, Angelo. Merito e ricompensa. *RIFD*, fasc. 6, 1937.

DEMOLOMBE. *Cours du Code Napoléon.* t. 1.

DE PAGE, Henri. *Droit naturel et positivisme juridique.* Bruxelles: Bruylant, 1939.

DE PAGE, Henri. *Traité élémentaire du droit civil belge.* Bruxelles: Bruylant, 1963. t. 1.

DESROSIERS. *Soyons justes.* Montreal: Desrosiers, 1945.

DEWEY, John. Logical method and law. *Cornell Law Review*, v. 10, 1924.

DEWEY, John. *Problems of man.* New York: Philosophical Library, 1946.

DEWEY, John. *The theory of inquiry.* New York: Henry Holt, 1938.

DI CARLO, Eugenio. *Filosofia del diritto.* Palermo: Palumbo, 1942.

DICKINSON. The problem of the unprovised case. *Récueil en honneur de Geny.* v. 2.

DICKINSON. Legal rules: their function in the process of decision. *Pennsylvania Law Review.*

DIEZ-PICAZO, Luis. *Experiencias jurídicas y teoría del derecho.* Barcelona: Ariel, 1973.

DIJOL, Marcel. *La justice dans les contrats.* Paris: Recueil Sirey, 1918.

DILTHEY, Wilhelm. *Introducción a las ciencias del espíritu.* México: Fondo de Cultura Económica, 1944.

DILTHEY, Wilhelm. *Introduction à l'étude des sciences humaines.* Paris: PUF, 1942.

DILTHEY, Wilhelm. *Psicologia e teoria do conhecimento.*

DINIZ, Almachio. *Curso de enciclopédia jurídica.* Salvador, 1913.

DINIZ, M. Helena. *A ciência jurídica.* 2. ed. São Paulo: Resenha Universitária, 1982.

DINIZ, M. Helena. *As lacunas no direito.* São Paulo: RT, 1980.

DINIZ, M. Helena. *Conceito de norma jurídica como problema de essência.* São Paulo: RT, 1977.

DINIZ, M. Helena. *Conflito de normas.* São Paulo: Saraiva, 1987.

DINIZ, M. Helena. *Curso de direito civil brasileiro.* 3. ed. São Paulo: Saraiva, 1985. v. 1, 2, 3 e 8.

DINIZ, M. Helena. *Norma constitucional e seus efeitos.* São Paulo: Saraiva, 1989.

DONATI, Donato. *Il problema delle lacune dell'ordinamento giuridico.* Milano: Società Editrice Libraria, 1910.

DONATI, Donato. Lacune della legge. *Nuovo Digesto Italiano*, v. 7, 1938.

DONATI, Donato. *Lei de Introdução às Normas do Direito Brasileiro interpretada.* São Paulo: Saraiva, 2011.

DONCEL, Juvenal Machado. *La resistencia a la opresión ante la libertad, el orden y el poder.* Buenos Aires: La Ley, 1939. t. 4.

DORANTES, Luis. *Que es el derecho?* México: UTEHA, 1962.

DOROLLE, Maurice. *Le raisonnement par analogie.* Paris: PUF, 1949.

DORSEY, Gray L. Marxist-leninist dialectic; alienation without transcendence. In: *VIII CONGRESSO INTERAMERICANO DE FILOSOFIA E V DA SOCIEDADE INTERAMERICANA DE FILOSOFIA. Anais [...]. 1972.*

DUALDE, Joaquín. *Una revolución en la lógica del derecho* (*concepto de la interpretación del derecho privado*). Barcelona: Bosch, 1933.

DUEZ, Paul; DEBEYRE, Guy. *Traité de droit administratif.* Paris: Dalloz, 1952.

DUGUIT, Léon. *Las transformaciones generales del derecho privado desde el Código de Napoléon.* Madrid: F. Beltran, 1920.

DUGUIT, Léon. *Le droit social, le droit individuel et la transformation de l'État.* Paris: F. Alcan, 1911.

DUGUIT, Léon. *L'État, le droit objectif et la loi positive.* Paris: A. Fontemoing, 1901.

DUGUIT, Léon. *Traité de droit constitutionnel.* 3. ed. Paris: A. Fontemoing, 1927. v. 1.

DU PASQUIER, Claude. *Introduction à la théorie générale et à la philosophie du droit.* 4. ed. Neuchatel: Delachaux-Niestlé, 1967.

DURKHEIM, Émile. *Division: introduction.*

DURKHEIM, Émile. *La división del trabajo social.* Madrid: Daniel Jorro, 1928.

DURKHEIM, Émile. *Leçons de sociologie: physique des moeurs et du droit.* Paris: PUF, 1950.

DWORKIN, Ronald. Is a law a system of rules? In: SUMMERS, Robert. *Essays in legal philosophy.* Oxford: Ed. Summers, 1968.

EBENSTEIN, William. *La teoría pura del derecho.* México: Fondo de Cultura Económica, 1947.

ECO, Umberto. *A estrutura ausente. Introdução à pesquisa semiológica.* São Paulo: Perspectiva, 1971.

EHRLICH. *Principles of the sociology of law.*

EHRLICH. *Soziologie und Jurisprudenz.* 1906.

EISENMANN. *Centralisation et décentralisation.*

ELEUTHEROPULOS. *Sociologie.* 1908.

ENDEMANN. *Lehrbuch des Burgerlichen Rechts.* v. 1.

ENGISCH, Karl. *Introdução ao pensamento jurídico.* 2. ed. Lisboa: Fundação Calouste Gulbenkian, 1964.

ENGISCH, Karl. *La idea de concreción en el derecho y la ciencia jurídica actuales.* Pamplona: Ed. Universidad de Navarra, 1968.

ENNECCERUS, Ludwig. *Tratado de derecho civil*: parte general. Barcelona: Bosch, 1948. v. 1, t. 1.

ENNECCERUS, Ludwig; KIPP, Theodor; WOLFF, Martin. *Tratado de derecho civil.* Barcelona: Bosch, 1934. v. 1.

218.ESMEIN. *Cours élémentaire d'histoire du droit français.* 1925.

ESPÍNOLA, Eduardo. *A Lei de Introdução ao Código Civil brasileiro comentada.* São Paulo: Freitas Bastos, 1943 e 1944. 3 v.

ESPÍNOLA, Eduardo. *Breves anotações ao Código Civil.* Rio de Janeiro: J. Ribeiro, 1918. v. 1.

ESPÍNOLA, Eduardo. *Sistema do direito civil brasileiro.* 3. ed. Rio de Janeiro: Livraria Francisco Alves, 1938.

ESPÍNOLA, Eduardo; ESPÍNOLA F~~ILHO,~~Eduardo. *Tratado de direito civil brasileiro.* São Paulo-Rio de Janeiro: Freitas Bastos, 1939. v. 3 e 4.

ESSER, Josef. *Principio y norma en la elaboración jurisprudencial del derecho privado.* Barcelona: Bosch, 1961.

ESTEVEZ, José Lois. *Investigación científica y su propedéutica en el derecho.* Caracas: Universidad Central de Venezuela, Facultad de Derecho, 1970. t. 1.

FABREGUETTES, M.-P. *La logique judiciaire et l'art de juger.* Paris: LGDJ, 1914.

FAIDHERBE. *La justice distributive.* Paris: Recueil Sirey, 1934.

FARBER, Marvin. Existência, valor e filosofia da existência. *RBF,* fasc. 39, 1960.

FARIA, Anacleto de Oliveira. Direito público e privado. *Enciclopédia Saraiva do Direito*, v. 28.

FARIA, José Eduardo. *Poder e legitimidade*. São Paulo: Perspectiva, 1978.

FERNANDES, Rafael Laffitte. A insegurança jurídica na uniformização de Jurisprudência, Revista Síntese – Direito Civil e Processual Civil, n. 150, p. 118-136, 2024.

FERRARA, Francesco. *Interpretação e aplicação das leis*. Trad. port. Coimbra: Arménio Amado, 1934.

FERRARA, Francesco. *Negócio jurídico*.

FERRARA, Francesco. *Trattato di diritto civile italiano*. Roma: Athenaeum, 1921. v. 1.

FERRAZ JR., Tercio Sampaio. *A ciência do direito*. São Paulo: Atlas, 1977.

FERRAZ JR., Tercio Sampaio. A noção de norma jurídica na obra de Miguel Reale. Separata da *Revista Ciência e Cultura*, v. 26, fasc. 11.

FERRAZ JR., Tercio Sampaio. Algumas observações em torno da cientificidade do direito, segundo Miguel Reale. *RBF*, fasc. 74, 1969.

FERRAZ JR., Tercio Sampaio. Analogia; aspecto lógico-jurídico: analogia como argumento ou procedimento lógico. *Enciclopédia Saraiva do Direito*, v. 6.

FERRAZ JR., Tercio Sampaio. Antinomia. *Enciclopédia Saraiva do Direito*, v. 7.

FERRAZ JR., Tercio Sampaio. Aplicação analógica. *Enciclopédia Saraiva do Direito*, v. 7.

FERRAZ JR., Tercio Sampaio. Argumentação-II. *Enciclopédia Saraiva do Direito*, v. 7.

FERRAZ JR., Tercio Sampaio. Argumentar. *Enciclopédia Saraiva do Direito*, v. 7.

FERRAZ JR., Tercio Sampaio. Argumento-II. *Enciclopédia Saraiva do Direito*, v. 7.

FERRAZ JR., Tercio Sampaio. Ciência do direito. *Enciclopédia Saraiva do Direito*, v. 14.

FERRAZ JR., Tercio Sampaio. *Conceito de sistema no direito*. São Paulo: RT, 1976.

FERRAZ JR., Tercio Sampaio. *Constituinte: assembleia, processo, poder*. São Paulo: RT, 1985.

FERRAZ JR., Tercio Sampaio. Decreto-lei: um instrumento discricionário. *Jornal do Advogado*, abr. 1985.

FERRAZ JR., Tercio Sampaio. Direito natural ou racional. *Enciclopédia Saraiva do Direito*, v. 27.

FERRAZ JR., Tercio Sampaio. Direito subjetivo-II. *Enciclopédia Saraiva do Direito*, v. 28.

FERRAZ JR., Tercio Sampaio. *Direito, retórica e comunicação*. São Paulo: Saraiva, 1973.

FERRAZ JR., Tercio Sampaio. Dogmática do direito ou jurídica. *Enciclopédia Saraiva do Direito*, v. 29.

FERRAZ JR., Tercio Sampaio. *Função social da dogmática jurídica*. São Paulo: RT, 1978.

FERRAZ JR., Tercio Sampaio. ICM sobre bens importados: constitucionalidade da lei. *Revista Jurídica da Faculdade de Direito de Curitiba*, n. 4, 1985.

FERRAZ JR., Tercio Sampaio. *Introdução ao estudo do direito.* São Paulo: Atlas, 1988.

FERRAZ JR., Tercio Sampaio. *Localização histórica do problema das lacunas.* (Artigo lido em manuscrito.)

FERRAZ JR., Tercio Sampaio. *Localização sistemática do problema das lacunas.* (Artigo lido em manuscrito.)

FERRAZ JR., Tercio Sampaio. O direito ao delito. "Por quê?" *A Tribuna da Imprensa* (suplemento). 1973.

FERRAZ JR., Tercio Sampaio. *Pressupostos filosóficos para a concepção de sistema no direito, segundo Emil Lask.* São Paulo, 1970.

FERRAZ JR., Tercio Sampaio. Rigidez ideológica e flexibilidade valorativa. In: *VIII CONGRESSO INTERAMERICANO DE FILOSOFIA* E *V DA SOCIEDADE INTERAMERICANA DE FILOSOFIA. Anais [...]. 1972.*

FERRAZ JR., Tercio Sampaio. *Sistema jurídico e teoria geral dos sistemas.* Apostila do Curso de Extensão Universitária em Direito promovido pela Associação dos Advogados de São Paulo, mar./jun. 1973.

FERRAZ JR., Tercio Sampaio. *Teoria da norma jurídica.* Rio de Janeiro: Forense, 1978.

FERRAZ JR., Tercio Sampaio. Teoria da norma jurídica: um modelo pragmático. In: FERRAZ, Sérgio (coord.). *A norma jurídica.* Rio de Janeiro: Freitas Bastos, 1980.

FERREIRA COELHO. *Código Civil comparado, comentado e analisado.* 1920. v. 2.

FERREIRA FILHO, Manoel Gonçalves. *Curso de direito constitucional.* São Paulo: Saraiva, 1973.

FERRI, Enrico. *Principii di diritto criminale.* Torino: Torinese, 1928.

FERRI, Enrico. *Sociologia criminale.* Torino: Fratelli Bocca, 1900.

FERRINI, Contardo. Consuetudine. *Enciclopedia giuridica italiana*, v. 3, parte 3, n. 9 e 10.

FERRINI, Contardo. *Manuale delle Pandette.* Milano: Societa Editrice Libraria, 1900.

FILGUEIRAS, Leovigildo. *Estudos de filosofia do direito.* Rio de Janeiro: Polytechnegraphica, 1904.

FIORE, Pasquale. *Delle disposizioni generali sulla pubblicazione, applicazione ed interpretazione delle leggi.* Torino: UTET, 1890. v. 2.

FLORIAN, Eugenio. *Trattato di diritto penale.* Milano: Vallardi, 1934.

FLUSSER, Vilém. Para uma teoria da tradução. *RBF*, fasc. 73, 1969.

FONSECA, Arnoldo M. da. *Caso fortuito e teoria da imprevisão.* 2. ed. Rio de Janeiro: Imprensa Nacional, 1943.

FONSECA, Tito Prates da. *Direito administrativo.* Rio de Janeiro: Freitas Bastos, 1939.

FORD, John. The fundamentals of Holmes' juristic philosophy. *Fordham Law Review,* v. 11, 1942.

FORIERS, Paul. La distinction du fait e du droit devant la Cour de Cassation de Belgique. *Dialectica*, v. 16.

FORIERS, Paul. Les antinomies en droit. In: PERELMAN, Chaïm (publ.). *Les antinomies en droit*. Bruxelles: Émile Bruylant, 1965.

FORIERS, Paul. L'État des recherches de logique juridique en Belgique. *Logique et analyse*, Centre National Belge de Recherches de Logique, n. 37.

FORSTHOFF, Ernest. *Recht und Sprache*. Halle: M. Niemeyer, 1940.

FOUCAULT, Michel. *Un diálogo sobre el poder y otras conversaciones*. Madrid: Alianza Editorial, 1981.

FRANCO MONTORO, André. *Dados preliminares de lógica jurídica*. Apostila do Curso de Pós-graduação da PUCSP. 1976.

FRANCO MONTORO, André. Filosofia do direito e colonialismo cultural. *Congresso Interamericano de Filosofia*. Brasília, 1972.

FRANCO MONTORO, André. *Introdução à ciência do direito*. 3. ed. São Paulo: Livraria Martins, 1972. v. 1 e 2.

FRANCO MONTORO, André. *O problema ontológico do direito*. (Apostila.)

FRANCO MONTORO, André. *Os grandes problemas da filosofia*. (Apostila.)

FRANCO MONTORO, André. *Os princípios fundamentais do método no direito*. São Paulo: Livraria Martins, 1942.

FRANCOVITCH, Guilhermo. *Filósofos brasileños*. Rio de Janeiro: Borsoi, 1939.

FRANK, Jerome. *Courts on trial*. Princeton: Princeton University Press, 1950.

FRANK, Jerome. *Law and the modern mind*. New York: Brentano's, 1949.

FREEHOF, Solomon. *The natural law in the Jewich traditions*. University of Notre Dame, Natural Law Institute Proceedings, 1953.

FREIRE, Laudelino. *Grande e novíssimo dicionário da língua portuguesa*. Rio de Janeiro: Livraria José Olympio Editora, v. 2.

FREYER, Hans. *La sociología, ciencia de la realidad*. Buenos Aires: Losada, 1944.

FRIEDMANN, W. *Théorie générale du droit*. Paris: LGDJ, 1965.

FUCHS. *Juristicher Kulturkampf*. 1912.

FULLER, Lon L. *American legal realism*. 1934.

FULLER, Lon L. *Legal fictions*. Stanford: Stanford University Press, 1967.

GABBA. *Teoria della retroattività delle leggi*. v. 1.

GABRIEL, Leo. *Integrale logik*. Basel: Herder, 1965.

GALLONI, Giovanni. *La interpretazione delle legge*. Milano: Giuffrè, 1955.

GARCÍA BACCA. *Introducción a la lógica moderna*.

GARCIA, Basileu. *Curso de direito penal*.

GARCIA, Basileu. *Instituições de direito penal*. São Paulo: Max Limonad, 1966. v. 1, t. 1.

GARCÍA MÁYNEZ, Eduardo. *Introducción al estudio del derecho*. México: Porrúa, 1972.

GARCÍA MÁYNEZ, Eduardo. *La definición del derecho*. México: Stylo, 1950.

GARCÍA MÁYNEZ, Eduardo. *Lógica del raciocinio jurídico*. México: Fondo de Cultura Económica, 1964.

GARCÍA MÁYNEZ, Eduardo. Some considerations on the problem of antinomies in the law. *Archiv fur Rechts und Sozialphilosophie*, v. 49, 1963.

GARCÍA MORENTE, Manuel. *Fundamentos de filosofia: lições preliminares*. Trad. Guillermo de la Cruz Coronado. 4. ed. São Paulo: Mestre Jou, 1967. v. 1.

GARCÍA MORENTE, Manuel. *Lecciones preliminares de filosofía*. Tucumán: Universidad Nacional de Tucumán, 1938.

GARCÍA VALDECASAS. La naturaleza de los principios generales del derecho. *Ponencias españolas*. VI Congresso Internacional de Derecho Comparado, 1962.

GARDIOL, Ariel A. *Introducción a una teoría general del derecho*. Buenos Aires: Astrea, 1975.

GARLAN, E. N. *Legal realism and justice*. New York: Columbia University Press, 1941.

GAROFALO, R. *La criminologie*. Paris, F. Alcan, 1903.

GASSET, Ramon Badenes. *Metodología del derecho*. Barcelona: Bosch, 1959.

GAUDEMET. *L'interprétation du Code Civil en France*. *Archives de Philosophie du Droit*, v. 17.

GAVAZZI, Giacomo. *Delle antinomie*. Torino: Giappichelli, 1959.

GEAMANU, Grigore. *La résistance à l'oppression et le droit à l'insurrection*. Paris: Domat-Monchrestien, 1933.

GENY, François. *Método de interpretación y fuentes en el derecho privado*. 2. ed. Madrid: Reus, 1925.

GENY, François. *Science et technique en droit privé positif*. 2. ed. Paris: Sirey, 1924/1930. 4 v.

GIANNINI, M. Severo. *Diritto amministrativo*. Milano: Giuffrè, 1970. v. 1.

GIANTURCO. *Sistema del diritto civile italiano*. v. 1.

GIL, A. Hernández. *El concepto del derecho civil*. Madrid: Revista de Derecho Privado, 1943.

GIL, A. Hernández. *Metodología de la ciencia del derecho*. Madrid: Gráficas Uguina-Melendez Valdes, 1973.

GIL, A. Hernández. *Metodología del derecho*. Madrid: Revista de Derecho Privado, 1945.

GIL, A. Hernández. *Problemas epistemológicos de la ciencia jurídica*. Madrid: Civitas, 1976.

GILISSEN, John. Le problème des lacunes du droit dans l'évolution du droit médiéval et moderne. In: PERELMAN, Chaïm (publ.). *Le problème des lacunes en droit*. Bruxelles: Émile Bruylant, 1965.

GILLES. *Pensée formelle et sciences de l'homme*. Paris: Aubier, 1967.

GIOJA, Ambrosio. *El postulado jurídico de la prohibición*. Buenos Aires: Abeledo-Perrot, 1954.

GIORGI. *Teoria delle obbligazioni*. v. 1.

GIOVANNI. Dal sistema sopra al sistema. *RIFD*, v. 1 e 2, 1965.

GITS, Carlos. *Recht, Persoon en Gemeenschap*. Louvain: Right, Person and Community, 1949.

GIULIANI. *Études de logique juridique*. Bruxelles: Émile Bruylant, 1970.

GLANVILLE, Williams. Language and law. *The Law Quarterly Review*, v. 61, 1952.

GOBLOT, Edmond. *Le vocabulaire philosophique*. 5. ed. Paris: A. Collin, 1920.

GOLDSCHMIDT, Werner. *Conducta y norma*. Buenos Aires: Abeledo-Perrot, 1955.

GOLDSCHMIDT, Werner. *Filosofía, historia y derecho*. Buenos Aires: Libr. Jurídica, 1953.

GOLDSCHMIDT, Werner. *Introducción filosófica al derecho*. 4. ed. Buenos Aires: Depalma, 1973.

GOMES, Hélio. *Medicina legal*. 14. ed. Rio de Janeiro: Freitas Bastos, 1972.

GOMES MACHADO, Lourival. *Tomás Antonio Gonzaga e o direito natural*. São Paulo: Livraria Martins, 1968.

GOMES, Orlando. *Introdução ao direito civil*. 3. ed. Rio de Janeiro: Forense, 1971.

GOMES, Orlando. *Obrigações*. Rio de Janeiro: Forense, 1976.

GOMES, Orlando; GOTTSCHALK, Elson. *Curso de direito do trabalho*. Rio de Janeiro: Forense, 2008.

GÓMEZ ROBLEDO, Antonio. *La filosofía en el Brasil*. México: Unam, 1946.

GONZAGA, Tomás Antonio. *Tratado de direito natural*. Rio de Janeiro: Instituto Nacional do Livro, 1957.

GORSKI, D. P. *Pensamiento y lenguaje*. Montevideo: Pueblos Unidos, 1958 (obra coletiva).

GRANGER, Gaston. *A razão*. São Paulo: Difel, 1962.

GRAU, Eros. Por que tenho medo dos juízes: a interpretação, à aplicação do direito e os princípios. São Paulo: Malheiros, 2014.

GRAY, John Chipmann. *The nature and the sources of the law*. New York: Columbia University Press, 1909.

GREDT, Josephus. *Elementa philosophiae aristotelico thomisticae*. 7. ed. Friburgi Brisgoviae: Herder, 1937. t. 1.

GREEN, Leon. *Judge and jury*. Kansas City: Vernon Law Book Co., 1930.

GREGOROWICZ. L'argument "a maiori ad minus" et le problème de la logique juridique. *Logique et Analyse*, série 5, 1962.

GRESSAYE, Jean Brèthe de la; LACOSTE, Marcel Laborde. *Introduction général à l'étude du droit.*

GRISPIGNI. *Diritto penale italiano.* v. 1.

GRISPIGNI. La periculosità criminale e il valore sintomatico del reato. In: *Scuola positiva.*

GROPPALI, Alessandro. *Avviamento allo studio del diritto.* Milano: Giuffrè, 1951.

GROPPALI, Alessandro. *Sociologia e diritto.* Milano: Casa Editrice Ambrosiana, 1945.

GROPPALI, Alessandro. Sul problema della conoscenza del diritto. *Rivista di Diritto Privato*, 1942.

GUALTIERI, Giuseppe. *Il valore delle legge i fattori pratici della legalità.* Padova: Cedam, 1939.

GUASP, Jaime. *Comentarios a la ley de enjuiciamiento civil.* Madrid: M. Aguilar, 1943. t. 1.

GURVITCH, Georges. Droit naturel et droit positif intuitif. *Archives de Philosophie du Droit et de Sociologie Juridique,* 1933.

GURVITCH, Georges. *L'idée du droit social.* Paris: Vrin, 1933.

GURVITCH, Georges. *Sociologia jurídica.* Trad. Djacir Meneses. Rio de Janeiro: Kosmos, 1946.

GUSMÃO, Paulo Dourado de. A teoria egológica do direito. *RF*, v. 570.

GUSMÃO, Paulo Dourado de. *Curso de filosofia do direito.* Rio de Janeiro: Freitas Bastos, 1950.

GUSMÃO, Paulo Dourado de. *Introdução à ciência do direito.* Rio de Janeiro: Forense, 1959.

GUSMÃO, Paulo Dourado de. *O pensamento jurídico contemporâneo.*

HAESAERT, J. *Théorie générale du droit.* Bruxelles: Émile Bruylant, 1948.

HALL, Jerome. *Comparative law and social theory.* Lousiana: Louisiana State University Press, 1963.

HALL, Jerome. *El actual pensamiento jurídico norteamericano.* Buenos Aires: Losada, 1951.

HART, Herbert L. A. El concepto del derecho. 2. ed. Buenos Aires: Abeledo-Perrot, 1968.

HART, Herbert L. A. Positivism and the separation of law and morals. *Harvard Law Review*, v. 71, 1958.

HART, Herbert L. A. The ascription of responsibility and rights. In: RYLE, Gilbert et al. *Essays on logic and language.* Oxford: Blackwell, 1963.

HARTMANN, N. *Ontología y fundamentos.* México: Fundo de Cultura Económica, 1954.

HAURIOU, Maurice. Aux sources du droit. *Cahiers de la Nouvelle Journée*, Paris, n. 23, 1933.

HAURIOU, Maurice. Nas fontes do direito. *Cadernos da Nova Jornada*, Paris, n. 23.

HAURIOU, Maurice. *Précis de droit constitutionnel.* 2. ed. Paris: Sirey, 1929.

HAURIOU, Maurice. *Teoria dell'istituzioni e fondazione.* Milano: Giuffrè, 1963.

HECK, Philipp. *Interpretação da lei e jurisprudência de interesses.* Trad. José Osório. São Paulo: Saraiva, 1947.

HEGEL, George W. F. *Filosofía del derecho.*

HEGEL, George W. F. *Ciência da lógica.* 1816.

HEGEL, George W. F. *La phénoménologie de l'esprit.*

HEGEL, George W. F. *Filosofía de la historia universal.*

HEGEL, George W. F. *Principes de la philosophie du droit.* § 94.

HEINRICH. Recherches sur la problématique du droit coutumier. *Recueil d'études sur les sources du droit en l'honneur de Geny.* v. 2.

HELLER. Poder político. *RF,* v. 107, fasc. 517, 1946.

HERRERA FIGUEROA, Miguel. Filosofía social y jurídica individualista. In: *VIII CONGRESSO INTERAMERICANO DE FILOSOFIA* E *V DA SOCIEDADE INTERAMERICANA DE FILOSOFIA. Anais [...]. 1972.*

HESSEN, Johannes. *Filosofia dos valores.* 3. ed. Coimbra: Arménio Amado, 1967.

HESSEN, Johannes. *Teoria do conhecimento.* 5. ed. Coimbra: Arménio Amado, 1970.

HESSEN, Johannes. *Tratado de filosofía.* Buenos Aires: Ed. Sudamericana, 1957. t. 1.

HOBBES. *Leviathan.*

HUBERLANT. Antinomies et recours aux principes généraux. In: PERELMAN, Chaïm (publ.). *Les antinomies en droit.* Bruxelles: Émile Bruylant, 1965.

HUBERLANT. Les mécanismes institués pour combler les lacunes de la loi. In: PERELMAN, Chaïm (publ.). *Le problème des lacunes en droit.* Bruxelles: Émile Bruylant, 1968.

HUBNER GALLO, Jorge. *Introducción a la teoría de la norma jurídica y a la teoría de la institución.* Santiago: Ed. Jurídica de Chile, 1951.

HUGO, Gustav. *Lehrbuch eines civilistischen Cursus.* Louvain-Paris: Nabu Press, 1977.

HUSSERL, Edmund. *Idées directrices pour une phénoménologie.* 4. ed. Paris: Gallimard, 1950.

HUSSERL, Edmund. *Meditaciones cartesianas.*

HUSSERL, Edmund. *Investigaciones lógicas.* Madrid: Revista de Occidente, 1929. t. 1 e 2.

HUSSERL, Gerhard. *Validade e eficiência do direito.* 1925.

HUTCHESON JR., Joseph C. The judgement intuitive; the function of the hunch in judicial decisions. *Cornell Law Quarterly,* n. 14, 1929.

IHERING, Rudolf von. *El fin en el derecho.* Trad. Adolfo Losada. Madrid. t. 1.

IHERING, Rudolf von. *Jurisprudencia en broma y en serio.* Trad. Ramón Riaza. Madrid: Revista de Derecho Privado, 1932.

IHERING, Rudolf von. *L'esprit du droit romain*. Trad. Neulenaere. t. 3.

IHERING, Rudolf von. *La lucha por el derecho*. Buenos Aires: Lacort, 1939.

IZQUIERDO, Miguel Sancho. *Principios de derecho natural como introducción al estudio del derecho*. 5. ed. Zaragoza: Librería General, 1955.

JAGUARIBE, Hélio. *A filosofia no Brasil*. Rio de Janeiro: Escola Técnica Nacional, 1957.

JANDOLI, Sabino. *Sulla teoria della interpretazione delle leggi con speciali riguardo alle correnti metodologiche*. 1921.

JASPERS, Karl. Esencia y valor de la ciencia. *Rev. Universidad Nacional del Litoral*. Santa Fé: Imprenta de la Universidad, 1939.

JASPERS, Karl. *Filosofía de la existencia*. Madrid: Aguillar, 1958.

JASPERS, Karl. *Introdução ao pensamento filosófico*. São Paulo: Cultrix, 1951.

JEANNEAU. La nature des principes généraux du droit en droit français. *Études de droit contemporain en l'honneur de Rodière*. Cujas, 1962.

JELLINEK, George. *Teoría general del Estado*. Buenos Aires: Albatros, 1954.

JENKS. The conflict of law — making treaties. *British Yearbook of International Law*, v. 30, 1953.

JERUSALEM, Franz W. *Kritik der Rechtswissenschaft*. Frankfurt Am Main: J. Knecht, 1948.

JOHNSON, A. N. Whitead's theory of intuition. *The Journal of General Psychology*, 1947.

OHNSTONE JR., Henry W. Argumentation and inconsistency. *Logique et Analyse*, 1961.

JOLIVET, Régis. *Curso de filosofia*. 7. ed. Rio de Janeiro: Agir, 1965.

JOLIVET, Régis. *Tratado de filosofia*. Rio de Janeiro: Agir, 1965. v. 3.

JORDAN, León. *La lógica y la linguística*. Buenos Aires: Paidos, 1989.

JORION, Edmond. *De la sociologie juridique*. Bruxelles: Université Libre de Bruxelles, 1967.

JOUVENEL, Bertrand de. *De la souveraineté à la recherche du bien politique*. Paris: Editions Génin, Librairie de Médicis, 1955.

JOUVENEL, Bertrand de. *Le pouvoir*. Paris: Hachette, 1974.

KALINOWSKI, Georges. Interprétation juridique et logique des propositions normatives. *Logique et Analyse*, série 2, 1959.

KALINOWSKI, Georges. *Introduction à la logique juridique*. Paris: LGDJ, 1965.

KALINOWSKI, Georges. La logique juridique. *Archives de Philosophie du Droit*. Paris, 1966. t. 11.

KALINOWSKI, Georges. *Le logique des normes*. Paris: PUF, 1972.

KALINOWSKI, Georges. Philosophie et logique de l'interprétation en droit. *Archives de Philosophie du Droit,* Paris, t. 17, 1972.

KALINOWSKI, Georges. Possibilité et structure de la logique deontique. *Archives de Philosophie du Droit,* Paris, 1965.

KALINOWSKI, Georges. *Querelle de la science normative.* Paris: LGDJ, 1969.

KALINOWSKI, Georges. *Théorie des propositions normatives.* Paris: PUF, 1953.

KANT, Immanuel. *Crítica da razão pura.* Trad. Valério Rohden. São Paulo: Abril Cultural, 1974. (Col. *Os pensadores*, v. 25.)

KANT, Immanuel. *Fundamentação da metafísica dos costumes.* Trad. A. P. Carvalho. São Paulo: Ed. Nacional, 1964.

KANT, Immanuel. *Metaphysik der Sitten.* v. 6.

KANT, Immanuel. *Studi storici di filosofia del diritto.* Torino: Giappichelli, 1949.

KANTOROWICZ, Hermann. La lucha por la ciencia del derecho. In: KANTOROWICZ, Hermann *et al. La ciencia del derecho.* Buenos Aires: Losada, 1949.

KARAM, Munir. A função judicial. *Revista Jurídica da Faculdade de Direito de Curitiba*, n. 4, 1985.

KAUFMANN, Arthur. *Naturrecht und Geschichtlichkeit.* Tübingen: Mohr. Maihofer, 1957.

KAYSER. Les droits de la personnalité: aspects théoriques et pratiques. *Revue Trimestrielle de Droit Civil*, 1971.

KELSEN, Hans. *Contribuciones a la teoría pura del derecho.* Buenos Aires: Centro Editor da América Latina, 1969.

KELSEN, Hans. Derogation. In: NEWMAN, Ralph Abraham. *Essays in jurisprudence in honor of Roscoe Pound.* New York: Bobbs-Merrill, 1962.

KELSEN, Hans. *El contrato y el tratado.* México: Fondo de Cultura Económica, 1943.

KELSEN, Hans. *El método y los conceptos fundamentales de la teoría pura del derecho.* Tradução Luis Legaz Lacambra. Madrid: Reus, 2009.

KELSEN, Hans. *Hauptprobleme der Staatsrechtslehre.* Tübingen: J. C. B. Mohr, 1923.

KELSEN, Hans. Jurisprudência normativa e sociologia – a teoria pura do direito e a jurisprudência analítica. In: KELSEN, Hans. *La idea del derecho natural y otros ensayos.* Buenos Aires: Losada, 1946.

KELSEN, Hans. *Justice et droit naturel.*

KELSEN, Hans. Law, State and justice in the pure theory of law. *The Yale Law Journal*, 1948.

KELSEN, Hans. *Sociedad y naturaleza: una investigación sociológica.* Buenos Aires: Depalma, 1945.

KELSEN, Hans. *Teoría comunista del derecho y del Estado.* Buenos Aires: Emecê Ed., 1957.

KELSEN, Hans. *Teoría general del derecho y del Estado.* México: Imprensa Universitária, 1950.

KELSEN, Hans. *Teoría general del Estado.* Barcelona: Labor, 1934.

KELSEN, Hans. *Teoria generale delle norme.* Torino: Einaudi, 1985.

KELSEN, Hans. *Teoria pura do direito.* 2. ed. Coimbra: Arménio Amado, 1962. v. 1 e 2.

KELSEN, Hans. Théorie du droit international public. *Recueil des Cours de l'Academie de Droit International de la Haye*, v. 3, t. 84, 1953.

KELSEN, Hans. *What is justice?* Berkeley: Ed. University of California, 1957.

KELSEN, Hans; COSSIO, Carlos. *Problemas escogidos de la teoría pura del derecho: teoría egológica y teoría pura*. Buenos Aires: Kraft, 1952.

KLUG, Ulrich. Observations sur le problème des lacunes en droit. In: PERELMAN, Chaïm (publ.). *Le problème des lacunes en droit*. Bruxelles: Émile Bruylant, 1968.

KLUG, Ulrich. *Lógica jurídica*. Trad. García Bacca. Publicaciones de la Facultad de Derecho de la Universidad de Caracas, 1961.

KOHLER. *Lehrbuch des buergerlichen Rechts*.

KOKOUSEK, Albert. Roscoe Pound as a former colleague knew him. In: KOKOUSEK, Albert. *Interpretations of modern legal philosophies*. New York: Oxford University Press, 1947.

KORKOUNOV, N. M. *Cours de théorie générale du droit*. Paris: Giard & Brière, 1903.

KRINGS. Les lacunes en droit fiscal. In: PERELMAN, Chaïm (publ.). *Le problème des lacunes en droit*. Bruxelles: Émile Bruylant, 1968.

KUNZ, Joseph L. *La filosofía del derecho latinoamericano en el siglo XX*. Buenos Aires: Losada, 1951.

LABORDE-LACOSTE. *Introduction générale à l'étude du droit*. Paris.

LACERDA, Paulo de. *Manual do Código Civil brasileiro*: introdução. Rio de Janeiro: J. Ribeiro dos Santos, 1918. v. 1.

LACHANCE. *Le concept du droit selon Aristote et Saint Thomas*. Montreal: Levesque, 1933.

LADRIÈRE. Langage scientifique et langage spéculative. *Revue Philosophique de Louvain*, n. 1 e 2, 1971.

LADUSANS, Stanislavs P. Fenomenologia da estrutura dinâmica do conhecimento. *Anais do VIII Congresso Interamericano de Filosofia*. v. 1.

LAFER, Celso. *O sistema político brasileiro*. São Paulo: Perspectiva, 1975.

LAGUARDIA, Jorge M. G. Las lagunas de la ley y la plenitud hermética del ordenamiento jurídico. *Revista de la Universidad de San Carlos*, Guatemala, n. 46, 1958.

LAHR, C. *Manual de filosofia*. Porto: Livraria Apostolado da Imprensa, 1941.

LALANDE, André. Analyse. In: LALANDE, André. *Vocabulaire téchnique et critique de la philosophie*. 4. ed. Paris: PUF, 1968. v. 1 e 2.

LALANDE, André. Épistémologie e gnoséologie. In: LALANDE, André. *Vocabulaire téchnique et critique de la philosophie*. 4. ed. Paris: PUF, 1968. v. 1 e 2.

LAMBERT, Édouard. *La fonction du droit civil comparé*. Paris: V. Giard & E. Brière, 1903.

LARA CAMPOS JR., A. *Princípios gerais de direito processual*. São Paulo: Bushatsky, 1963.

LARENZ, Karl. *Derecho civil*: parte general. Madrid: Edersa, 1978. v. 1.

LARENZ, Karl. *Metodología de la ciencia del derecho.* Barcelona: Ariel, 1966.

LASK, Emil. *Filosofia jurídica.* Trad. Goldschmidt. Buenos Aires: Depalma, 1946.

LASSALE, Ferdinand. *Théorie systématique des droits acquis.* Paris: V. Giard & E. Brière, 1904. v. 1 e 2.

LATORRE, Angel. *Introducción al derecho.* Barcelona: Ariel, 1900.

LAURENT, François. *Cours élémentaire de droit civil.* Bruxelles: Bruylant-Christophe, 1887. t. 1.

LAURENT, François. *Principes de droit civil français.* 3. ed. Bruxelles: Bruylant-Christophe, 1878.

LAUTERPACHT, Hersch. *Some observations on the prohibition of "non liquet" and the completeness of the law.* Haye: Symbolae Verzijl, 1958.

LEBRUN, Gérard. *O que é poder?* São Paulo: Brasiliense, 1981.

LEFÈBVRE, Henri. *Lenguaje y sociedad.* Trad. Floreal Mazía. Buenos Aires: Proteo, 1967.

LEGAZ Y LACAMBRA, Luis. *Filosofía del derecho.* 3. ed. Barcelona: Bosch, 1972.

LEGAZ Y LACAMBRA, Luis. *Horizontes del pensamiento jurídico.* Barcelona: Bosch, 1947.

LEGAZ Y LACAMBRA, Luis. *Introducción a la ciencia del derecho.* Barcelona: Bosch, 1943.

LEGAZ Y LACAMBRA, Luis. *Kelsen: estudio crítico de la teoría pura del derecho y del Estado de la Escuela de Viena.* Barcelona: Bosch, 1933.

LEGAZ Y LACAMBRA, Luis. La lógica como posibilidad del pensamiento jurídico. *Anuario de Filosofía del Derecho*, n. 30, 1957.

LEGAZ Y LACAMBRA, Luis. La plenitud del orden jurídico. *Revista Crítica del Derecho Inmobiliario*, 1940.

LEGROS, Robert. Considérations sur les lacunes et l'interprétation en droit pénal. In: PERELMAN, Chaïm (publ.). *Le problème des lacunes en droit.* Bruxelles: Émile Bruylant, 1968.

LEMOS, Miguel; MENDES, R. Teixeira. *A nossa iniciação no positivismo.* Rio de Janeiro: Igreja Positivista do Brasil, 1889.

LEITE, Gisele. Entre os princípios e regras: a trama da teoria geral do direito. Revista Síntese – Direito civil e Processual Civil, n. 145, p. 68-89, 2023.

LEMOS, Virgílio. *Da classificação dos conhecimentos humanos e das ciências jurídicas.* Salvador: Imprensa Official do Estado, 1916.

LENZEN, Victor F. Philosophy of science. In: LENZEN, Victor F. *Twentieth century philosophy.* New York: Ed. Runes, 1943.

LEROY, Maurice. *Las grandes corrientes de la linguística*. Trad. Utrilla. México: Fondo de Cultura Económica, 1969.

LESCOT. Les tribunaux en face de la carence du législateur. *JPC*, Ed. GI, n. 2007, 1966.

LESSA, Pedro. *Estudos de philosophia do direito*. Rio de Janeiro: Typografia do Jornal do Commercio, 1912.

LEVEL, Patrice. *Essai sur les conflicts des lois dans le temps*. Paris: LGDJ, 1959.

LEVI, Alessandro. *Teoria generale del diritto*. Padova: Cedam, 1950.

LÉVY-BRUHL, Lucien. *Introduction à l'étude du droit*. Paris: A. Rousseau, 1951. v. 1.

LÉVY-BRUHL, Lucien. *La preuve judiciaire. Étude de sociologie juridique*. Paris: Marcel Rivière, 1964.

LIARD, Louis. *Lógica*. Buenos Aires: Editorial Araujo, 1943.

LIMA, Hermes. *Introdução à ciência do direito*. Rio de Janeiro: Freitas Bastos, 1970.

LIMA, Hermes. O papel do juiz na interpretação de leis. *RF*, v. *170*, n. 645, p. 70 e s., 1957.

LIMA, Hermes. *Tobias Barreto*. São Paulo: Editora Nacional, 1939.

LIMA ROCHA, Olavo A. de. Costume no direito privado. *Enciclopédia Saraiva do Direito*, v. 21.

LIMONGI FRANÇA, Antônio de S. Cibernética jurídica. *Enciclopédia Saraiva do Direito*, v. 14.

LIMONGI FRANÇA, Rubens. Analogia-noção. *Enciclopédia Saraiva do Direito*, v. 6, 1978.

LIMONGI FRANÇA, Rubens. Aplicação do direito positivo. *Enciclopédia Saraiva do Direito*, v. 7.

LIMONGI FRANÇA, Rubens. Aplicação dos princípios gerais de direito. *Enciclopédia Saraiva do Direito*, v. 7.

LIMONGI FRANÇA, Rubens. Ato jurídico. *Enciclopédia Saraiva do Direito*, v. 9.

LIMONGI FRANÇA, Rubens. Caso fortuito e força maior. *Enciclopédia Saraiva do Direito*, v. 13.

LIMONGI FRANÇA, Rubens. Código Civil-histórico. *Enciclopédia Saraiva do Direito*, v. 15.

LIMONGI FRANÇA, Rubens. Condição. *Enciclopédia Saraiva do Direito*, v. 17.

LIMONGI FRANÇA, Rubens. Costume. *Enciclopédia Saraiva do Direito*, v. 21.

LIMONGI FRANÇA, Rubens. Da jurisprudência como direito positivo. Separata da *Revista da Faculdade de Direito da USP*, ano LXVI, 1971.

LIMONGI FRANÇA, Rubens. Fato jurídico. *Enciclopédia Saraiva do Direito*, v. 36.

LIMONGI FRANÇA, Rubens. Forma do ato jurídico. *Enciclopédia Saraiva do Direito*, v. 38.

LIMONGI FRANÇA, Rubens. *Formas e aplicação do direito positivo*. São Paulo: RT, 1969.

LIMONGI FRANÇA, Rubens. Jurisprudência. *Enciclopédia Saraiva do Direito*, v. 47.

LIMONGI FRANÇA, Rubens. *Manual de direito civil.* 3. ed. São Paulo: RT, 1975. v. 1.

LIMONGI FRANÇA, Rubens. Obrigação de fazer e de não fazer. *Enciclopédia Saraiva do Direito*, v. 55.

LIMONGI FRANÇA, Rubens. *Princípios gerais de direito.* 2. ed. São Paulo: RT, 1971.

LLAMBIAS DE AZEVEDO, Juan. *Eidética y aporética del derecho:* prolegómenos a la filosofía del derecho. Buenos Aires: Espasa-Calpe, 1940.

LLANO, Rafael. *Naturaleza jurídica de la "ficti juris".* Pamplona: Ed. Eunsa, 1963.

LLEWELLYN, Karl N. A realistic jurisprudence: the next step. *Columbia Law Review*, v. 30, 1930.

LLEWELLYN, Karl N. Legal tradition and the social science method: a realist's critique. In: LLEWELLYN, Karl N. *Essays in research in the social sciences.* 1931.

LLEWELLYN, Karl N. *My philosophy of law.* 1941.

LLEWELLYN, Karl N. On the good, the true, and the beautiful on law. *University of Chicago Law Review*, v. 9, 1942.

LLEWELLYN, Karl N. Some realism about realism responding to dean pound. *Harvard Law Review*, v. 44, 1932.

LLEWELLYN, Karl N. *The bramble busch: on our law and its study.* New York: Oceana Publications, 1951.

LLEWELLYN, Karl N. The normative, the legal, and the law jobs: the problem of juristic méthod. *The Yale Law Journal*, n. 49, 1940.

LOCKE, John. *Essays on the law of nature.* Oxford: Clarendon Press, 1954.

LOMBROSO, Cesar. *L'anthropologie criminelle.* Paris: F. Alcan, 1891.

LOMBROSO, Cesar. *L'uomo delinguente in rapporto all'antropologia, giurisprudenza ed alle discipline carcerarie.*

LÓPEZ LASTRA, Julio E. *¿Qué es el derecho?* La Plata: Ed. Platense, 1972.

LOSANO, Mário G. *Informática jurídica.* São Paulo: Saraiva, 1976.

LUISI, Luiz. Sobre a ciência do direito. *RBF*, fasc. 83, 1971.

LUNDSTEDT, Wilhelm. *Legal thinking revised.* Stockholm: Almqvist & Wiksell, 1956.

LUNDSTEDT, Wilhelm. *Die Unwissenschaftlichkeit der Rechtswissenschaft.* Berlin-Grunewald: W. Rothschild, 1932. v. 1.

LUÑO, Antonio-Enrique Pérez. *Cibernética, informática y derecho.* Bologna: Real Colegio de España, 1976.

LUSTOSA. *Justitia socialis.* Rio de Janeiro, 1936.

LUZZATTO, R. *Sull'asserita completezza dell'ordinamento giuridico.* Ferrara: Taddei, 1922.

LYOTARD, Jean-François. *La phénoménologie.* Paris: PUF, 1959.

MACEDO, Silvio de. A filosofia da linguagem e a metodologia científica. In: *FILOSOFIA--I. VIII CONGRESSO INTERAMERICANO DE FILOSOFIA E V DA SOCIEDADE INTERAMERICANA DE FILOSOFIA. Anais [...].*

MACEDO, Silvio de. Argumento-I. *Enciclopédia Saraiva do Direito*, v. 7.

MACEDO, Silvio de. Dogmática jurídica-II. *Enciclopédia Saraiva do Direito*, v. 29.

MACEDO, Silvio de. Doutrina. *Enciclopédia Saraiva do Direito*, v. 29.

MACEDO, Silvio de. Linguagem. *Enciclopédia Saraiva do Direito*, v. 50.

MACHADO NETO, A. L. As ciências humanas e a neutralidade científica. *RBF*, fasc. 57.

MACHADO NETO, A. L. *Compêndio de introdução à ciência do direito.* 5. ed. São Paulo: Saraiva, 1984.

MACHADO NETO, A. L. Condicionamento social das ideias. In: MACHADO NETO, A. L. *Introdução à ciência do direito.* São Paulo: Saraiva, 1963. v. 2.

MACHADO NETO, A. L. Egologismo existencial como filosofia da ciência jurídica. *RBF*, v. 14, fasc. 55, 1964.

MACHADO NETO, A. L. *Marx e Mannheim: dois aspectos da sociologia do conhecimento.* Salvador: Livraria Progresso, 1956.

MACHADO NETO, A. L. *O marxismo como determinismo e humanismo.* Salvador, 1953 (tese).

MACHADO NETO, A. L. *Problemas da ciência do direito.* Salvador: Livraria Progresso, 1958.

MACHADO NETO, A. L. Sobre a intersubjetividade da compreensão. *RBF*, fasc. 100.

MACHADO NETO, A. L. *Sociedade e direito na perspectiva da razão vital.* Salvador, 1957.

MACHADO NETO, A. L. *Teoria da ciência jurídica.* São Paulo, Saraiva, 1975.

MACHADO NETO, A. L. *Teoria geral do direito.* Rio de Janeiro: Tempo Brasileiro, 1966.

MACHADO NETO, A. L. Teoria pura e teoria geral do direito. *RBF*, v. 16, fasc. 64, 1966.

MACHADO NETO, A. L. Um curso egológico do direito. *RBF*, fasc. 83, 1971.

MACHADO PAUPERIO, A. *Introdução ao estudo do direito.* Rio de Janeiro: Forense, 1981.

MACHADO PAUPERIO, A. *O direito político de resistência.* Rio de Janeiro: Forense, 1962.

MACHADO PAUPERIO, A. Teoria geral do direito. *Enciclopédia Saraiva do Direito*, v. 72.

MAGALHÃES NORONHA, E. Direito processual penal. *Enciclopédia Saraiva do Direito*, v. 28.

MAGGIORE. L'equità e il suo valore nel diritto. *RIFD*, 1923.

MALGAUD. Les antinomies en droit a propos de l'étude de G. Gavazzi. In: PERELMAN, Chaïm (publ.). *Les antinomies en droit.* Bruxelles: Émile Bruylant, 1965.

MALINOWSKI. *Crime and custom in savage society.*

MANDRIOLI. Appunti sulla sanzione. *Jus*, 1956.

MANNHEIM, Karl. *Ideologia e utopia.* Rio de Janeiro: Zahar, 1968.

MANSO, Odilon da Costa. *Formação nacional e cultura jurídica.* 1949.

MARCHELLO, Giuseppe. Sur la scienza del diritto come analisi del linguaggio. *Rivista Internazionale di Filosofia del Diritto,* 1952.

MARÉCHAL, Joseph. *O ponto de partida da metafísica.*

MAREK. Les rapports entre le droit international et le droit interne à la lumière de la jurisprudence de la CPJI. *Revue Générale de Droit International Public,* n. 2, 1962.

MARI, Enrique Eduardo. *Neopositivismo e ideologia.* Buenos Aires: Eudeba, 1974.

MARINHO, Josaphat. *Direito de revolução.* Salvador: Tipografia da Bahia, 1953.

MARITAIN, J. *Court traité de l'existence et de l'existant.* Paris: Hartman, 1947.

MARITAIN, J. *Éléments de philosophie*: petite logique. 2. ed. Paris: Téqui, 1923.

MARITAIN, J. *Quatre essays sur l'esprit dans sa condition charnelle.* Paris: Alsatia, 1956.

MARITAIN, J. *Réfléxions sur l'intelligence et sur sa vie propre.* Paris: Desclée de Brouwer, 1924.

MAROTTA RANGEL, Vicente. Direito internacional público: conceito. *Enciclopédia Saraiva do Direito,* v. 27.

MARQUES, José Frederico. *Instituições de direito processual civil.* Rio de Janeiro: Forense, 1969. v. 5.

MARTEL, Alamiro. *Curso de historia del derecho.* Santiago: Santiago de Chile, 1955. v. 1.

MARTIN, Richard Milton. *Towards a systematic pragmatics.* Amsterdam: North-Holland Pub. Co, 1959.

MARTINS, Pedro Baptista. *Comentários ao Código de Processo Civil.* Rio de Janeiro: Forense, 1940. v. 1.

MARTINS, Pedro Baptista. *O abuso do direito e o ato ilícito.* Rio de Janeiro: Forense, 1997.

MASCARO NASCIMENTO, Amauri. Direito do trabalho. *Enciclopédia Saraiva do Direito,* v. 26.

MASON, T. *Brandeis: lawyer and judge in the Modern State.* Princeton: Princeton University Press, 1933.

MASSINI, Carlos I. *La función judicial.* Buenos Aires: Depalma, 1981.

MATTIA, Fábio M. de. Ato jurídico em sentido estrito e negócio jurídico. *Enciclopédia Saraiva do Direito,* v. 9; *Revista da Universidade Católica de São Paulo,* v. 32, 1967.

MATTIA, Fábio M. de. Direitos da personalidade-II. *Enciclopédia Saraiva do Direito,* v. 28.

MATTIA, Fábio M. de. Direitos da personalidade: aspectos gerais. Separata da *Revista de Direito Civil, Imobiliário, Agrário e Empresarial,* n. 3, 1978.

MAXIMILIANO, Carlos. *Hermenêutica e aplicação do direito.* 8. ed. Rio de Janeiro: Freitas Bastos, 1965.

MAY, Gaston. *Introduction à la science du droit.* Paris: Ed. M. Giard, 1932.

MAYER, Max Ernst. *Filosofía del derecho.* Barcelona: Labor, 1933.

MAYNZ. *Droit romain.*

MAZEAUD, Henri. *Traité théorique et pratique de la responsabilité civile.* 2. ed. Paris: Recueil Sirey, v. 2.

McKINNON, R. *The secret of Mr. Justice Holmes.* 1950. v. 1.

MELANDRI, Enzo. *La linea e il circolo: studio logico-filosofico sull'analogia.* Bologna: Il Mulino, 1968.

MENDES, Cândido. *Princípios de direito mercantil.* v. 1.

MENDES JR., João. *Direito judiciário brasileiro.* Rio de Janeiro: Freitas Bastos, 1940.

MENDES NETO, João. *Ruy Barbosa e a lógica jurídica.* São Paulo: Saraiva, 1949.

MENDIZÁBAL. Principios morales básicos. In: *Tratado elemental de filosofía de la Universidad de Lovaina.* t. 1.

MENDIZÁBAL. *Derecho natural.* v. 1.

MENDONÇA LIMA, Bruno. Justiça. *Revista da Faculdade de Direito de Porto Alegre*, ano III, v. 1, n. 195.

MENEGALE, J. G. Capacidade das pessoas de direito público externo. *RF*, v. 129.

MENEZES, Djacir. *A teoria científica do direito de Pontes de Miranda.* Fortaleza, 1934.

MENEZES, Djacir. *Introdução à ciência do direito.* 2. ed. Porto Alegre: Globo, 1938; 4. ed. Rio de Janeiro, 1964.

MERKL, Adolf. *Allgemeines Verwaltungsrecht.* Wien: J. Springer, 1927.

MESSER. Filosofía y educación. *Revista de Pedagogía*, Madrid, 1929.

MESSINEO, Francesco. *Manual de derecho civil y comercial.* Buenos Aires: EJEA, 1954. t. 1.

MEYER. *Institutiones juris naturalis.*

MICELI. Il dogma della completezza dell'ordinamento giuridico. *RIFD*, 1925.

MICELI. I principii generali del diritto. *Rivista di Diritto Civile*, v. 15, 1923.

MICELI. Sul principio di equità. In: *Studi in onore di Scialoja.*

MICHOUD, Léon. *La théorie de la personnalité morale.* Paris: LGDJ, 1932. v. 1.

MIEDZIANAGORA. Juges, lacunes et idéologie. In: PERELMAN, Chaïm (publ.). *Le problème des lacunes en droit.* Bruxelles: Émile Bruylant, 1968.

MIEDZIANAGORA. Droit positif et ideologie. In: PERELMAN, Chaïm (publ.). *Études de logique juridique.* Bruxelles: Émile Bruylant, 1973.

MILLAS, Jorge. Axiología y ética. *Anais do Congresso Internacional de Filosofia*, 1954. v. 2.

MILLAS, Jorge. El problema de la forma de la proposición jurídica. *Anais do Congresso Internacional de Filosofia*, 1954. v. 3.

MIRANDA FREIRE, Carlos C. *Influência da doutrina jurídica nas decisões judiciárias.* João Pessoa: Ed. União, 1977.

MIRANDA ROSA, F. A. de. *Poder, direito e sociedade.* Rio de Janeiro: Zahar, 1982.

MIRANDA ROSA, F. A. de. *Sociologia do direito.* Rio de Janeiro: Zahar, 1970.

MONTESQUIEU. *De l'esprit des lois.* Liv. I, Cap. III.

MOOR, J. La questione delle lacune del diritto. *RIFD*, 1941.

MORAES FILHO, Evaristo de. *Augusto Comte e o pensamento sociológico contemporâneo.* Rio de Janeiro: Livraria São José, 1957.

MORAES FILHO, Evaristo de. *O problema de uma sociologia do direito.* Rio de Janeiro: Freitas Bastos, 1950.

MORENO, Júlio Luis. *Los supuestos filosóficos de la ciência jurídica.* Montevideo: Universidad de la República, Facultad de Derecho y Ciencias Sociales, 1963.

MORENTE, Manuel G. *Fundamentos de filosofia: lições preliminares.* Trad. Guillermo de la Cruz Coronado. 4. ed. São Paulo: Mestre Jou, 1970.

MORGENBESSER, Sidney. Filosofia da ciência. São Paulo: Cultrix, 1967.

MORGENTHAL. Les antinomies en droit social. In: PERELMAN, Chaïm (publ.). *Les antinomies en droit.* Bruxelles: Émile Bruylant, 1965.

MORIN, Gaston. La décadence de l'autorité de la loi. *Revue de Metaphisique et de Morale*, 1925.

MORIN, Gaston. Le rôle de la doctrine dans l'élaboration du droit positif. *Annuaire de l'Institute de Philosophie du Droit et de Sociologie Juridique*, Paris, 1934.

MORRIS, Charles W. *Foundations of the theory of signs.* Chicago: The University of Chicago Press, 1938.

MORRIS, Charles W. *Language and behavior.* New York: Prentice-Hall, 1955.

MORRIS, Charles W. Semiotic and scientific empirism. *Actes du Congrès International de Philosophie Scientifique.* 1938. v. 1.

MOSCO, Luigi. *Scienza giuridica e metodologia giuridica.* Napoli: Jovene, 1954.

MOUCHET, Carlos; BECU, Ricardo Z. *Introducción al derecho.* 7. ed. Buenos Aires: Abeledo-Perrot, 1970.

MOURLON, Frédéric. *Répétitions écrites sur le Code de Napoléon.* 8. ed. Paris: Marescq Aine, 1869. t. 1.

MOUSKELI, Michel. L'équité en droit international moderne. *Revue Générale de Droit International Public*, v. 15, t. 7, 1933.

MUJICA BESANILLA, Fernando. La integración de las lagunas legales. *Revista de Derecho y Jurisprudencia*, t. 56, 1959.

MYRDALL, Gunnar. *Value in social theory.* London: Routledge and Kegan Paul, 1958.

NAGEL, Ernest. *Ciência: natureza e objetivo.*

NAKAMURA, Muneo. *A comparative study of judicial process. Tokio:* Waseda University, 1959.

NAVARRO, Mariano Aguillar. *Derecho internacional público.* Madrid: EISA, 1952. t. 1.

NAWIASKY, Hans. *Allgemeine Rechtslehre.* Stuttgart: Franz Steiner Verlag, 1948.

NÉKAM, Alexander. *The personality concept of the legal entity.* Cambridge: Harvard University Press, 1938.

NEWMAN, Ralph A. (ed.). *Equity in the world's legal systems*: a comparative study. Bruxelles: Émile Bruylant, 1973.

NIBOYET. *Principios de derecho internacional privado.*

NINO, Carlos Santiago. *El concepto de sistema jurídico y la validez moral del derecho.* Buenos Aires: Astrea, 1974.

NINO, Carlos Santiago. *Notas de introducción al derecho*: la ciencia del derecho y la interpretación jurídica. Buenos Aires: Astrea, 1975. v. 4.

NIPPERDEY, H. C.; HUECK, Alfred. *Compendio de derecho del trabajo.* Madrid: Revista de Derecho Privado, 1963.

NÓBREGA, J. Flóscolo da. A teoria egológica do direito. *RT*, v. 390, 1968.

NÓBREGA, J. Flóscolo da. *Introdução ao direito.* 3. ed. Rio de Janeiro: Konfino, 1965.

NOGUEIRA SALDANHA, Nelson. História do direito. *Enciclopédia Saraiva do Direito*, v. 41.

NOGUEIRA SALDANHA, Nelson. *Sociologia do direito.* São Paulo: RT, 1970.

NONATO, Orozimbo. Aspectos do modernismo jurídico. In: *Pandectas brasileiras.* v. 8.

NOWASKI, J. *Analogia legis.* Warszawa, 1966.

NUNES, Pedro. *Dicionário de tecnologia jurídica.* 3. ed. Rio de Janeiro: Freitas Bastos, 1956. v. 2.

NUÑO, Juan A. Metodologia científica: el problema del conocimiento. In: *VIII CONGRESSO INTERAMERICANO DE FILOSOFIA E V DA SOCIEDADE INTERAMERICANA DE FILOSOFIA.* Anais [...]. 1974.

NUSSBAUM. Ueber aufgabe und Wessen der Jurisprudenz. *Zeit für Sozialwiss*, v. 9, fasc. 17.

OERTMANN, Paul. *Interessen und Begriffe in Rechtswissenschaft.* Leipzig: Deichert, 1931.

OLIVECRONA, Karl. *El derecho como hecho.* Buenos Aires: Dpalma, 1951.

OLIVECRONA, Karl. *Law as fact.* London: Oxford University Press, 1959.

OLIVECRONA, Karl. *Lenguaje jurídica y realidad.* Buenos Aires: Centro Editor America Latina, 1968.

OLIVEIRA ANDRADE, Darcy B. *Aspectos da evolução da teoria dos contratos.* São Paulo: Saraiva, 1949.

OLIVEIRA, Fernando A. de. A norma individual e o problema da lacuna. *RDP*, v. 24, 1973.

OLIVEIRA FILHO, Benjamin de. *Filosofia social de Augusto Comte.* Rio de Janeiro: Editor Guilherme Haddad, 1954.

OLIVEIRA FILHO, Benjamin de. *Introdução à ciência do direito.* Rio de Janeiro: Tip. Jornal do Comércio, 1954.

OLIVEIRA FRANCO SOBRINHO, Manuel de. Direito administrativo. *Enciclopédia Saraiva do Direito*, v. 25.

OLIVEIRA VIANA. *Instituições políticas brasileiras.* Rio de Janeiro: José Olympio, 1955. 2 v.

OLIVEIRA, Yonne D. de. *A tipicidade no direito tributário brasileiro* (tese). São Paulo, 1978.

OPOCHER, Enrico. *Lezioni di filosofia del diritto: il problema della natura della giurisprudenza.* Padova: Cedam, 1953.

OPOCHER, Enrico. Positivismo lógico e scienza giuridica. *Rivista Trimestrale di Diritto e Procedura Civile*, 1951.

ORECCHIA, Rinaldo. *I problemi attuali della filosofia del diritto.* Milano: Giuffrè, 1954.

ORGAZ, Arturo. *Concepto y elementos de las personas colectivas.* Buenos Aires: La Ley, 1951. t. 63.

ORGAZ, Arturo. *Diccionario elemental de derecho y ciencias sociales.* Córdoba: Assandri, 1941.

ORGAZ, Arturo. *Lecciones de introducción al derecho y a las ciencias sociales.* Córdoba, 1945.

ORGAZ, Arturo. *Personas individuales.* Buenos Aires: Depalma, 1961.

ORLANDO, V. E. *Della resistenza politica individuale e collettiva.* Firenze, 1885.

ORTEGA Y GASSET. Apuntes sobre el pensamiento, su teurgia y su demiurgia. In: ORTEGA Y GASSET. *Obras completas.* 2. ed. Madrid: Revista de Occidente, 1951.

OSILIA. *L'equità nel diritto privato.* Roma: Athenaeum, 1923.

OVIEDO, José M. *Formación y aplicación del derecho.* Madrid: Instituto de Estudios Políticos, 1972.

PACCHIONI, Giovanni. *Corso di diritto civile.* Torino: Giapichelli, 1933.

PACCHIONI, Giovanni. I principii generali di diritti. *Archivo giuridico*, v. 91, 1924.

PACHECO, Armando Correia. *Ensaístas brasileiros: a escola do Recife. Recife:* Union Panamericana, 1952.

PACIFICI-MAZZONI, Emidio. *Istituzioni di diritto civile italiano.* 3. ed. Firenze: E. e F. Cammeli, 1881. v. 1.

PALASI, José Villar. *La interpretación y los apotegmas jurídico-lógicos*. Madrid: Tecnos, 1975.

PALAZZOLO, Vincenzo. *La filosofia del diritto de Julius Binder*. Milano: Giuffrè, 1947.

PALMEIRA, Pedro. *As leis injustas e a sua sanção*: o direito de resistência. 1933. Tese (Cátedra) – Faculdade de Direito do Recife, Recife, 1933.

PALMER, Ben W. Hobbes, Holmes and Hitler. *American Bar Association Journal*, n. 31, 1945.

PANIÁGUA, José Maria Rodriguez. *Historia del pensamiento jurídico*. Madrid: Universidad Complutense, 1976.

PANNAM, Clifford L. Professor Hart and analytical jurisprudence. *Journal of Legal Education*, v. 16, 1964.

PAP, Arthur. *Semantics and necessary truth*. New Haven: Yale University Press, 1958.

PASHUKANIS, Evgeny. *Teoría general del derecho y marxismo*. Calabria: Labor Universitaria, 1927.

PASINI, Dino. Norma giuridica e realtà sociale. *RIFD*, v. 1 e 2, 1960.

PATTERSON, Edwin W. La teoría de los intereses sociales de Pound. In: PATTERSON, Edwin W. *El actual pensamiento jurídico norteamericano*, Buenos Aires: Losada, 1951.

PAULA BAPTISTA, Francisco de. *Teoria e prática*. 8. ed. São Paulo: Saraiva, 1930.

PAULA, Luiz G. M. de. *A lacuna e a antinomia no direito tributário brasileiro*. 1976. Dissertação (Mestrado) – Pontifícia Universidade Católica de São Paulo, São Paulo, 1976.

PEKELIS, Alessandro. Il diritto come volontà costante. Padova: Cedam, 1930.

PERASSI, Tomaso. *Introduzione alle scienze giuridiche*. Padova: cedam, 1953.

PERDOMO, Rogélio Peres. L'argument d'autorité dans le raisonnement juridique. *Archives de Philosophie du Droit*, Paris, v. 16, 1971.

PEREGO, Luigi. *Dinamica della giustizia*. Milano: Giuffrè, 1966.

PEREIRA, Caio Mário da Silva. *Instituições de direito civil*. Rio de Janeiro: Forense, 1967. v. 1.

PEREIRA, Caio Mário da Silva. *Instituições de direito civil*. 5. ed. Rio de Janeiro: Forense, 1976.

PEREIRA DOS SANTOS, Gérson. Direito penal. *Enciclopédia Saraiva do Direito*, v. 27.

PERELMAN, Chaïm. A regra jurídica. *Estudos jurídicos. Revista da Escola de Direito da Universidade do Vale do Rio dos Sinos*, São Leopoldo, v. 5, n. 12, 1971.

PERELMAN, Chaïm. Avoir un sens et donner un sens. *Logique et Analyse*, v. V, n. 20, 1962.

PERELMAN, Chaïm. *De la justice*. Bruxelles: Émile Bruylant, 1945.

PERELMAN, Chaïm. *Justice et raison*. Bruxelles: Presses Universitaires de Bruxelles, 1963.

PERELMAN, Chaïm. Le problème des lacunes en droit. In: PERELMAN, Chaïm. *Le problème des lacunes en droit.* Bruxelles: Émile Bruylant, 1968.

PERELMAN, Chaïm. *Les antinomies en droit.* Bruxelles: Émile Bruylant, 1965.

PERELMAN, Chaïm. *Traité de l'argumentation.* Bruxelles: Université Libre de Bruxelles, 1970.

PERELMAN, Chaïm; OLBRECHTS-TYTECA, Lucies. *Traité de l'argumentation.* Bruxelles: Lucie Olbrechts-Tyteca Ed., 1970.

PEREZ CARRILLO, Agustin. *Introducción al estudio del derecho. La definición en la ciencia jurídica y en el derecho.* México: Porrúa, 1978.

PÉREZ, Pascual M. *La política del derecho.* Barcelona: Bosch, 1963.

PERRIAUX, Jaime. *Las reglas de conducta.* Buenos Aires: Balmes, 1949.

PESCATORE, Matteo. *La logica del diritto.* Torino: UTET, 1883.

PETRAZYCKI, Léon. *Theory of law.* 1913.

PFANDER, A. *Lógica.* Madrid: Revista de Occidente, 1928.

PICARD, Edmond. *O direito puro.* Lisboa: Ed. Ibero-Americana, 1942.

PINEDA, B. Mantilla. La crisis de las ciencias del derecho. In: *VIII CONGRESSO INTERAMERICANO DE FILOSOFIA E V DA SOCIEDADE INTERAMERICANA DE FILOSOFIA.* Anais [...]. 1974.

521. PINTO ANTUNES. Revisão constitucional. Direito à revolução. *Revista da Faculdade de Direito da Universidade de Minas Gerais*, 1956.

PINTO FERREIRA. Direito constitucional. *Enciclopédia Saraiva do Direito*, v. 25.

PIOLA. Equità. *Digesto Italiano*, v. 10.

PLANCK, Max. *Aonde vai a ciência?*

PLANIOL, Marcel; RIPERT; Georges, BOULANGER, Jean. *Traité élémentaire de droit civil.* 11. ed. Paris: LGDJ, 1928.

POLITIS, Nicholas. *Les nouvelles tendances du droit international.* Paris: Libr. Hachette, 1927.

PONTES DE MIRANDA, Francisco Cavalcanti. *À margem do direito.* São Paulo: Bookseller, 1912.

PONTES DE MIRANDA, Francisco Cavalcanti. *Introdução à ciência do direito.* Porto Alegre: Globo, 1938.

PONTES DE MIRANDA, Francisco Cavalcanti. *Introdução à política científica e os fundamentos da ciência positiva do direito.* Rio de Janeiro: Garnier, 1924.

PONTES DE MIRANDA, Francisco Cavalcanti. *La conception du droit international privé d'après la doctrine et la pratique au Brésil.* Paris: Recueil des Cours, 1933.

PONTES DE MIRANDA, Francisco Cavalcanti. *Preliminares para a revisão constitucional.*

PONTES DE MIRANDA, Francisco Cavalcanti. *Tratado de direito privado*. t. 1.

POPPER, Karl. *Conjectures and refutations: the growth of scientific knowledge*. London: Routledge and Kegan Paul, 1962.

POPPER, Karl. *The logic of scientific discovery*. New York: Science, 1968.

PRETI, Giulio. Studi sulla logica formale nel Medio Evo. *Rivista Critica di Storia Filosofica, 1953*.

PRIPAS, J. *A técnica do pensamento problemático e a tópica na obra de Viehweg*. 1975. Dissertação (Mestrado) – Pontifícia Universidade Católica de São Paulo, São Paulo, 1975.

PROUDHON, Jean-Baptiste-Victor. *Cours de droit français*. Paris: Hachette Livre BNF, 1809. t. 1.

PUCHTA, Georg Friedrich. *Corso delle istituzioni*. Napoli: Tipografia All'Insegna del Diogene, 1854.

PUELMA, Enrique F. *Integración de las lagunas jurídicas en el derecho chileno*. Santiago: Ed. Jurídica de Chile, 1973.

PUGLIA, Ferdinando. *Manuale di diritto penale*. Napoli: A. Tocco, 1895. v. 1.

PUGLIATTI, Salvador. *Introducción al estudio del derecho civil*. Mexico: Porrua, 1943.

PUIG BRUTAU. A jurisprudência como fonte do direito. *Ajuris*, Porto Alegre, 1977.

PUIGARNAU, Jamie A. *Los principios generales del derecho*: repertorio de reglas, máximas y aforismos jurídicos con la jurisprudencia del Tribunal Supremo de Justicia. Barcelona: Bosh, 1947.

PUIG PEÑA, Federico. Los principios generales del derecho como fuente normativa de la decisión judicial. *Revista de Derecho Privado*, Madrid, 1956.

PUY, Francisco. *Tratado de filosofía del derecho*. Madrid: Escelicer, 1972. t. 1.

QUEIRÓS, Narcélio. Analogia "in bonam partem" e a Lei de Introdução ao Código Civil. *RF*, v. 100, fasc. 496, 1944.

QUEIRÓZ LIMA, Euzébio de. *Princípios de sociologia jurídica*. Rio de Janeiro: Record, 1958.

QUICHERAT, Louies Marie. *Dictionnaire latin-français. Paris:* Hachette Livre BNF, *1865*.

QUINE, Willard van Orman. *O sentido da nova lógica*. São Paulo: Livr. Martins, 1944.

QUINTAS, A. Posibilidades y límites de la lógica jurídica. *Anuario de Filosofía del Derecho*, 1966.

RADBRUCH, Gustav. *Filosofia do direito*. 2. ed. São Paulo: Saraiva, 1937.

RADBRUCH, Gustav. *Introducción a la ciencia del derecho*. Madrid: Revista de Derecho Privado, 1930.

RADBRUCH, Gustav. *Introducción a la filosofía del derecho*. México: Fondo de Cultura Económica, 1955.

RADBRUCH, Gustav. La securité en droit d'après la théorie anglaise. *Archives de Philosophie du Droit et de Sociologie Juridique*, ns. 3 e 4, p. 87 e s., 1936.

RADCLIFFE-BROWN, A. R. Law primitive and sanction social. *Encyclopaedia of the Social Sciences, 1944.*

RAEYMAEKER, Luis de. *Introdução à filosofia*. São Paulo: Herder, 1969.

RANSON GILES, Thomas. *História do existencialismo e da fenomenologia*. São Paulo: Editora Pedagógica e Universitária, 1975. v. 1 e 2.

RANZOLI, Cesare. *Dizionario di scienze filosofiche*. Milano: U. Hoepli, 1916. v. 5.

RÁO, Vicente. *O direito e a vida do direito*. São Paulo: Max Limonad, 1952.

RAVÀ, Adolfo. *Istituzioni di diritto privato*. Padova: Cedam, 1938.

RAZ, Joseph. Identity of legal systems. *California Law Review*, v. 59, 1971.

RAZ, Joseph. Legal principles and the limits of law. *The Yale Law Journal*, n. 81, 1972.

RAZ, Joseph. *The concept of a legal system*. Oxford: Oxford University Press, 1970.

REALE JR., Miguel. *Antijuridicidade concreta*. São Paulo: Bushatsky, 1974.

REALE, Miguel. *Antijuridicidade concreta*. São Paulo: Bushatsky, 1974.

REALE, Miguel. *Filosofia do direito*. 5. ed. São Paulo: Saraiva, 1969. v. 1 e 2.

REALE, Miguel. Filosofia e ciência positiva. *Enciclopédia Saraiva do Direito*, v. 37.

REALE, Miguel. Filosofia jurídica, teoria geral do direito e dogmática jurídica. *Enciclopédia Saraiva do Direito*, v. 37.

REALE, Miguel. *Fundamentos do direito: contribuição ao estudo da formação, da natureza e da validade da ordem jurídica positiva*. São Paulo: RT, 1940.

REALE, Miguel. Law and power: their correlation. *Essays in honor of Roscoe Pound,* v. 5.

REALE, Miguel. *Lições preliminares de direito*. São Paulo: Bushatsky, 1973; Saraiva, 1976.

REALE, Miguel. Lógica dialética e ciência jurídica. *Enciclopédia Saraiva do Direito*, v. 50.

REALE, Miguel. *Momentos decisivos e olvidados do pensamento brasileiro. Ensaios e conferências*. Universidade do Rio Grande do Sul.

REALE, Miguel. *Nos quadrantes do direito positivo*. São Paulo: Michalany, 1960.

REALE, Miguel. *O direito como experiência: introdução à epistemologia jurídica*. São Paulo: Saraiva, 1968.

REALE, Miguel. *Pluralismo e liberdade*. São Paulo: Saraiva, 1963.

REALE, Miguel. *Questões de direito*. São Paulo: Sugestões Literárias, 1981.

REALE, Miguel. Sentido do pensar no nosso tempo. *RBF*, fasc. 100.

REALE, Miguel. Sociologismo jurídico-I. *Enciclopédia Saraiva do Direito*, v. 70.

REALE, Miguel. *Teoria do direito e do Estado*. São Paulo: Martins, 1940.

REALE, Miguel. *Teoria tridimensional do direito*. São Paulo: Saraiva, 1968.

RECASÉNS SICHES, Luis. Direcciones contemporáneas del pensamiento jurídico. México: Nacional, 1974.

RECASÉNS SICHES, Luis. *Estudios de la filosofía del derecho.* Barcelona: Bosch, 1936.

RECASÉNS SICHES, Luis. *Experiencia jurídica, naturaleza de la cosa y lógica razonable.* Mexico: Fondo de Cultura Economica, 1971.

RECASÉNS SICHES, Luis. La naturaleza del pensamiento jurídico. In: *VIII CONGRESSO INTERAMERICANO DE FILOSOFIA. Anais [...].* São Paulo: Instituto Brasileiro de Filosofia, 1974.

RECASÉNS SICHES, Luis. *La nueva filosofía de la interpretación del derecho.* México: Unam, 1950.

RECASÉNS SICHES, Luis. O estudo do direito e seus caminhos (trad.). *Tribuna da Justiça*, n. 437.

RECASÉNS SICHES, Luis. *Panorama del pensamiento jurídico en el siglo XX.* México: Porrúa, 1963. t. 1.

RECASÉNS SICHES, Luis. *Pensamiento jurídico en el siglo XX.* México: Porrúa, 1963.

RECASÉNS SICHES, Luis. The logic of the reasonable as differentiated from the logic of the rational. In: NEWMAN, Ralph Abraham. *Essays in jurisprudence in honor of Roscoe Pound.* Indianapolis: Bobbs-Mewiel, 1962.

RECASÉNS SICHES, Luis. *Tratado de sociologia. Rio de Janeiro:* Globo, 1968. v. 2.

RECASÉNS SICHES, Luis. *Tratado general de filosofía del derecho.* 3. ed. México: Porrúa, 1965.

RECASÉNS SICHES, Luis. *Vida humana, sociedad y derecho: fundamentación de la filosofía del derecho.* 2. ed. México: Porrúa, 1953.

REDANO, Ugo. Etica, società, norma giuridica. *RIFD*, v. 1 e 2, 1960.

REICHENBACH. *Elements of symbolic logic.* New York: MacMillan, 1948.

REINACH, Adolfo. *Los fundamentos apriorísticos del derecho civil.* Barcelona: Bosch, 1934.

RÉNARD, Georges. *La théorie de l'institution.* Paris: Sirey, 1930.

RÉNARD, Georges. *Le valeur de la loi.* Paris: Sirey, 1928.

RÉNARD, Georges. *Le droit, l'ordre et la raison.* Paris: Sirey, 1927.

RIBAS, Antonio Joaquim. *Direito civil.* 2. ed. Rio de Janeiro: Garnier, 1880. v. 1.

RICKERT, Heinrich. *Ciencia cultural y ciencia natural.* Buenos Aires: Espasa-Calpe, 1943.

RIGAUX, François. *Introduction à la science du droit.* Bruxelles: Ed. Vie Ouvrière, 1974.

ROBERT, Paul. *Dictionnaire de l'Academie Française.* Paris: Librairie de Firmin-Didot, 1932.

ROCHA, Leonel Severo. Algumas anotações sobre a semiologia do poder. *Contradogmáticas*, n. 1, 1984.

RODRIGUES, Silvio. *Direito civil.* 3. ed. São Paulo: Max Limonad, 1967. v. 1.

ROMERO, Francisco. *Filosofía de la persona.* Buenos Aires: Espasa-Calpe, 1938.

ROMERO, Miguel. Los principios generales del derecho y la doctrina legal como fuentes judiciales en España. *Revista General de Legislación y Jurisprudencia*, Madrid, 1941.

ROMERO, Francisco; PUCCIARELLI, Eugenio. Lógica. Buenos Aires: Espasa-Calpe Argentina, 1948.

ROMERO, Sílvio. *A filosofia no Brasil.* 1878.

ROMERO, Sílvio. *Ensaios de philosophia do direito.* Rio de Janeiro: Cunha & Irmão, 1895.

ROMERO, Sílvio. *Ensaios de sociologia e literatura.* Rio de Janeiro: H. Garnier, 1901.

ROSCOE POUND, Nathan. *Interpretations of legal history.* Cambridge: Harvard University Press, 1923.

ROSCOE POUND, Nathan. *Introducción a la filosofía del derecho.* Buenos Aires: TEA, 1962.

ROSCOE POUND, Nathan. *Las grandes tendencias del pensamiento jurídico.* Trad. Puig Brutau. Barcelona: Ariel, 1950.

ROSCOE POUND, Nathan. *Social control through law.* New Haven: Yale University Press, 1942.

ROSCOE POUND, Nathan. Sociología y jurisprudencia. In: ROSCOE POUND, Nathan. *Sociología del siglo XX.* Buenos Aires: El Ateneo, 1956. t. 1.

ROSCOE POUND, Nathan. *The formative era in American jurisprudence.* Boston: Little, Brown & Co., 1938.

ROSCOE POUND, Nathan. *The nature of the judicial process.* New Haven: Yale University Press, 1949.

ROSCOE POUND, Nathan. The political and social factor in legal interpretation: an introduction. *Michigan Law Review*, mar. 1947.

ROSCOE POUND, Nathan. The scope and purpose of sociological jurisprudence. *Harvard Law Review*, v. 24 e 25, 1911/1912.

ROSCOE POUND, Nathan. *The sprit of the common law.* 4. ed. Boston: M. Jones Co, 1921.

ROSCOE POUND, Nathan. The theory of judicial decisions. *Lectures of legal topics.*

ROSELLI, Alessandro. *I poteri discrizionali del giudice civile.* Padova: Cedam, 1927. v. 1.

ROSENTREICH, Nathan. *On constructing a philosophical system.* 1963.

ROSMINI, Antonio. *Filosofia del diritto.* 2. ed. Intra: Tipografia di Paolo Bertolotti, 1865. v. 1.

ROSS, Alf. *El concepto de validez y otros ensayos.* Buenos Aires: Centro Editor de America Latina, 1969.

ROSS, Alf. *Hacia una ciencia realista del derecho.* Buenos Aires: Abeledo-Perrot, 1961.

ROSS, Alf. Imperatives and logic. In: *Philosophy and science.* 1944. v. 2.

ROSS, Alf. *Lógica de las normas.* Madrid: Tecnos, 1970.

ROSS, Alf. *Sobre el derecho y la justicia.* Buenos Aires: Eudeba, 1963.

ROTONDI. Équité et principes généraux du droit. In: *Études sur les sources du droit en l'honneur de François Geny.* 1935. t. 2.

ROUBIER, Paul. *Des conflicts de lois dans le temps.* Paris: Sirey, 1929.

ROUBIER, Paul. *Théorie générale du droit.* 2. ed. Paris: Sirey, 1951.

ROUSSEAU, Jean-Jacques. *Discours sur l'origine de l'inégalité parmi les hommes.* Paris: Garnier, 1961.

ROUSSEAU, Jean-Jacques. *Du contrat social.* 1762.

ROUSSEAU, Jean-Jacques. *Émile.* Ed. Nelson.

RUA, Julio Cueto. *Fuentes del derecho.* Buenos Aires: Abeledo-Perrot, 1961.

RUGGIERO, Roberto. *Diritto civile italiano.* Messina: G. Principato, 1929. v. 1.

RUGGIERO, Roberto. *Istituzione di diritto civile.* Milano: Messina, 1934-1935. v. 1.

RUSSEL, Bertrand. Vagueness. *The Australasian Journal of Psychology and Philosophy*, v. 1, 1923.

RYAN, John A. *Justicia distributiva.* Buenos Aires: Poblet, 1950.

SALDANHA, Nelson. Fontes do direito. *Enciclopédia Saraiva do Direito*, v. 38.

SALEILLES, Raymond. *De la personnalité juridique.* Paris: Librairie Arthur Rousseau, 1922.

SALMON, Jean. Quelques observations sur les lacunes en droit international public. In: PERELMAN, Chaïm (publ.). *Le problème des lacunes en droit.* Bruxelles: Émile Bruylant, 1968.

SALMON, Jean. Les antinomies en droit international public. In: PERELMAN, Chaïm (publ.). *Les antinomies en droit.* Bruxelles: Émile Bruylant, 1965.

SALMOND, John Willian. *First principles of jurisprudence.* London: Stevens & Haynes, 1893.

SALMOND, John Willian. Jurisprudence on the theory of the law. London: Stevens & Haynes, 1902.

SALMOND, John Willian. *Science of legal method.* London: The Macmillan Company, 1921.

SALTELLI. L'analogia i principii generali di diritto in materia penale. *Annali di diritto e procedura penale*, 1935.

SALVAT, Raymundo M. *Tratado de derecho civil argentino.* Buenos Aires: La Ley, 1947. t. 1.

SANCHES DE LA TORRE, Ángel. *La structura lógica de la proposición normativa.*

SANCHEZ, Edgard. *Prolegômenos à ciência do direito.* Salvador: Imprensa Official do Estado, 1927.

SANCTIS GARCIA, Dínio de. *Introdução à informática jurídica.* São Paulo: Bushatsky, 1976.

SANTA CRUZ, Rebeca; SILVA SOBRINHO, Sérgio Murilo Santa Cruz. O dever de argumentação qualificada no sistema brasileiro de precedentes. Revista Síntese – Direito Civil e Processual Civil, n. 150, p. 100-117, 2024.

SANTI ROMANO. *L'ordinamento giuridico.* Firenze: Sansoni, 1951.

SANTI ROMANO. *Osservazioni sulla completezza dell'ordinamento statale.* Modena: Facolta di Giurisprudenza della R. Università degli Studi di Modena, 1925.

SANTI ROMANO. *Princípios de direito constitucional geral.* Trad. M. Helena Diniz. São Paulo: RT, 1977.

SANTORO-PASSARELLI, Francesco. Atto giuridico. *Enciclopedia del Diritto,* v. 4.

SANTORO-PASSARELLI, Francesco. *Dottrina generale del diritto civile. Napoli: Jovene, 1954.*

SAUER, Wilhelm. *Filosofía jurídica y social.* Barcelona: Labor, 1933.

SAUSSURE, Ferdinand de. *Curso de linguística general.* Trad. Amado Alonso. Buenos Aires: Losada, 1969.

SÁ VIANNA, Manoel Alvaro de Souza. *Elementos de direito internacional.* Rio de Janeiro: Jornal do Commercio, 1908.

SAVIGNY, Friedrich Karl von. *Traité de droit romain.* Paris: Firmin Didot Frères, 1845. v. 3. § 103.

SCARPELLI, Uberto. Scienza del diritto e analisi del linguaggio. *Rivista del Diritto Commerciale*, v. 1, 1948.

SCARPELLI, Uberto. *La définition en droit.* 1958.

SCHNEIDER, Herbert. *History of American philosophy.* New. York: Columbia University Press, 1946.

SCHOLTEN, P. L'interprétation de la loi et la justice. *Annales de l'Institut de Droit Comparé de l'Université de Paris*, v. 2, 1936.

SCHREIER, Fritz. *Conceptos y formas fundamentales del derecho*: esbozo de una teoría formal del derecho y del Estado sobre base fenomenológica. Buenos Aires: Losada, 1942.

SCHULZ, Fritz. *History of Roman legal science.* Oxford: The Clarendon Press, 1946.

SCIALOJA, Vittorio. Del diritto positivo e dell'equità. *Studi giuridic,* v. 3.

SCOEVOLA, Mucius. *Código Civil espanhol comentado.* v. 1.

SCOGNAMIGLIO, Renato. *Contributto alla teoria del negozio giuridico.* Napoli: Jovene, 1950.

SCUTO, Carmelo. *Istituzioni di diritto privato.* Napoli: Libreria Internazionale Treves di Leo Lupi, 1952. v. 1.

SEIXAS LINS, Carlos A. Introdução aos elementos de introdução à lógica jurídica. *Revista da PUCSP*, v. 33.

SENNA, Homero; MONTEIRO, Clovis Zobaran. *Fundações no direito e na administração*. Rio de Janeiro: Fundação Getulio Vargas, 1970.

SENN, Félix. *Leges perfectae, imperfectae, minusquam perfectae*. Paris: A. Rousseau, 1902.

SERPA LOPES, Miguel de Maria. *Comentários à Lei de Introdução ao Código Civil*. Rio de Janeiro: Freitas Bastos, 1959. v. 1.

SERPA LOPES, Miguel de Maria. *Curso de direito civil*. 2. ed. Rio de Janeiro: Freitas Bastos, 1962. v. 1.

SERRANO, Alberto. *Una introducción a la teoría egológica del derecho*. Maracaibo: Zulia, 1971.

SESMAT, Augustin. *Logique*. Paris: Hermann & Cie., 1950. v. 1.

SFORZA, Cesarini. *Il diritto dei privati*. Milano: Giuffrè, 1963.

SFORZA, Cesarini. Norma e sanzione. *RIFD*, v. 1, 1921.

SILANCE, Lucien. Quelques exemples d'antinomies et essai de classement. In: PERELMAN, Chaïm (publ.). *Les antinomies en droit*. Bruxelles: Émile Bruylant, 1965.

SILVA, José Afonso da. *Aplicabilidade das normas constitucionais*. São Paulo: RT, 1968.

SILVEIRA, Alípio. A analogia, os costumes e os princípios gerais de direito na integração das lacunas da lei. *RF*, v. 108, fascs. 521 e 522, 1946.

SILVEIRA, Alípio. *A boa-fé no Código Civil*. São Paulo: Ed. Universitária de Direito, 1972.

SILVEIRA, Alípio. A decisão por equidade no Código de Processo. *Direito, doutrina, legislação e jurisprudência,* Rio de Janeiro, v. 22.

SILVEIRA, Alípio. A equidade no direito do trabalho. *Revista do Trabalho*, n. 139, 1945.

SILVEIRA, Alípio. A interpretação das leis excepcionais e restritivas de direitos em face da nova Lei de Introdução ao Código Civil. *RF*, v. 105, fasc. 511, 1946.

SILVEIRA, Alípio. Conceito de equidade na obra de Clóvis Beviláqua. In: *Direito, doutrina, legislação e jurisprudência,* Rio de Janeiro, v. 20. 1943

SILVEIRA, Alípio. *Conceito e funções da equidade em face do direito positivo*. São Paulo, 1943.

SILVEIRA, Alípio. *Da interpretação das leis em face dos vários regimes políticos*. São Paulo: Tipografia Paulista, 1941.

SILVEIRA, Alípio. Hermenêutica do direito social. *RF*, v. 135, fasc. 575, 1951.

SILVEIRA, Alípio. *Hermenêutica no direito brasileiro*. São Paulo: RT, 1968. v. 1 e 2.

SILVEIRA, Alípio. *Método de interpretação e fontes na obra de Clóvis Beviláqua*.

SILVEIRA, Alípio. O costume jurídico no direito brasileiro. *RF*, v. 163, fascs. 631 e 632, 1956.

SILVEIRA, Alípio. Sentido e alcance da livre convicção no CPC. *RF*, v. 116, fasc. 538, 1948.

SOARES, Marcos Antônio S. A decisão judicial em Hans Kelsen e a tradição do cartesianismo. Revista Brasileira de Estudos Políticos, Belo Horizonte, n. 114, p. 345-387, 2017.

SOHM, Rodolfo. *Instituciones de derecho privado romano.* 17. ed. Madrid: Libreria General de Victoriano Suarez, 1928.

SOLBERG, P.-C.; CROS, Guy-Charles. *Le droit et la doctrine de la justice.* Paris: Félix Alcan, 1936.

SOLER, Sebastian, *Interpretación de la ley.* Barcelona:Ariel, 1962.

SOUSA LIMA, Javert de. A equidade no direito do trabalho. *RF*, v. 125, fasc. 556, 1949.

SOUZA, Daniel Coelho de. Direito e justiça. *Enciclopédia Saraiva do Direito*, v. 27.

SOUZA, Daniel Coelho de. *Introdução à ciência do direito.* 4. ed. São Paulo: Saraiva, 1983.

SOUZA MENDONÇA, Jacy de. Problemática filosófico-jurídica atual. *RBF*, fascs. 81 e 82, 1972.

SOUZA NETO, Paulino J. Soares de. A deformação do direito e o delírio legislativo. *O Gládio* (órgão do Centro Acadêmico Evaristo da Veiga), Niterói, set. 1950.

SOUZA NETO, Paulino J. Soares de. *Cadernos de direito civil.* Rio de Janeiro, 1954. v. 1.

SOUZA SAMPAIO, Nelson. Fontes do direito-II. *Enciclopédia Saraiva do Direito*, v. 38.

SPENCER, Herbert. *A justiça.* Lisboa, 1891.

SRAFFA. Le clausule di concorrenza. In: *Studi giuridiche dedicati a F. Schupper.* Torino, 1898. v. 2.

STAMMLER, Rudolf. *Economía y derecho según la concepción materialista de la historia.* Madrid: Reus, 1929.

STAMMLER, Rudolf. *Teoria da ciência jurídica.* 1911.

STAMMLER, Rudolf. *Tratado de filosofía del derecho.* Madrid: Reus, 1930.

STEIN, Ernildo. *A questão do método na filosofia: um estudo do modelo heideggeriano.* Diadema: Livr. Duas Cidades, 1973.

STEIN, Ernildo. Metalinguagem e compreensão nas ciências humanas. In: *VIII CONGRESSO INTERAMERICANO DE FILOSOFIA* E *V DA SOCIEDADE INTERAMERICANA DE FILOSOFIA. Anais [...]. 1972.*

STERNBERG, Theodor. *Introducción a la ciencia del derecho.* Trad. José Rovira y Ermengol. 2. ed. Barcelona: Labor, 1930.

STEVENSON, C. L. *Ethics and language.* New Haven: Yale University Press, 1944.

STODIECK. Problemas da filosofia do direito. *RF*, v. 118, fasc. 542, 1948.

STOLFI, Nicola. *Diritto civile.* Torino: Torinese, 1919. v. 1.

STONE, Harlan F. "Non liquet" and the international judicial function. In: PERELMAN, Chaïm (publ.). *Le problème des lacunes en droit.* Bruxelles: Émile Bruylant, 1968.

STONE, Harlan F. The common law in the United States. *Harvard Law Review*, n. 50, 1936.

STRECK, Lenio Luiz; ABBOUD, Georges. O que é isto. O precedente judicial e as súmulas vinculantes. Porto Alegre: Livraria do Advogado, 2014.

STRENGER, Irineu. Contribuição a uma teoria geral dos modelos jurídicos. In: *VIII CONGRESSO INTERAMERICANO DE FILOSOFIA* E *V DA SOCIEDADE INTERAMERICANA DE FILOSOFIA. Anais [...]. 1972.*.

STRENGER, Irineu. Dialética da experiência jurídica. *RBF*, fasc. 74.

STRENGER, Irineu. Uma teoria quântica do direito. *RBF*, fasc. 84, 1971.

STUCHKA, Petr Ianovich. *La función revolucionaria del derecho y del Estado.* Barcelona: Península, 1969.

SUÁREZ, Francisco. *Tratado de las leyes y de Dios legislador.* Madrid: Reus, 1918.

SUMMER MAINE, Henry. *Ancien droit.* Paris: Ernest Thorin éditeur, 1884.

SUR, Serge. *L'interprétation en droit international public.* Paris: LGDJ, 1974.

SÜSSEKIND, Arnaldo Lopes; MARANHÃO, Délio; VIANA, José de Segadas. *Instituições de direito do trabalho.* São Paulo: Freitas Bastos, 1971. v. 1.

SUTHERLAND, Jabez Gridley. *Statutes and statutory construction.* 2. ed. Chicago: Callaghan, 1943. v. 2.

SWOBODA. Les diverses sources du droit: leur équilibre et leur hierarchie dans les divers systèmes juridiques. *Archives de Philosophie du Droit et de Sociologie Juridique*, n. 12, 1934.

SZABÓ. Des contradictions et le droit des différents systèmes sociaux. In: PERELMAN, Chaïm (publ.). *Les antinomies en droit.* Bruxelles: Émile Bruylant, 1965.

TÁCITO, Caio. *Direito administrativo.* São Paulo: Saraiva, 1975.

TAMMELO, Ilmar. On the construction of a legal logic in retrospect and in prospect. In: *VIII CONGRESSO INTERAMERICANO DE FILOSOFIA E V DA SOCIEDADE LATINO-AMERICANA DE FILOSOFIA. Anais [...].* 1974.

TAMMELO, Ilmar. On the logical openess of legal orders. A modal analysis of law with special reference to the logical status of "non liquet" in international law. *The American Journal of Comparative Law*, v. 8, 1958.

TAMMELO, Ilmar. On the logical structure of the law field. *Archiv Fuer Rechts und Sozialphilosophie, 1959.*

TAMMELO, Ilmar. *Sociologia del diritto.* Milano: Giuffrè, 1974.

TAMMELO, Ilmar. The nature of facts as a juristic topos. *ARSP*, 1963.

TARSKI, Alfred. *Introducción a la lógica.* Buenos Aires: Espasa-Calpe, 1951.

TARSKI, Alfred. La concepción semántica de la verdad y los fundamentos de la semántica. *Antología semántica.* Buenos Aires, 1968.

TARSKI, Alfred. The semantic conception of truth (reimp.). In: LINSKY, Leonard (ed.). *Semantics and the philosophy of language.* Illinois: Ed. Linsky, 1952.

TARTUCE, Flávio. Direito civil: lei de introdução e parte geral. Rio de Janeiro, Forense, 2019.

TAVEIROS, Alaide. A última expressão do pensamento de Hans Kelsen. *Revista da Faculdade de Direito da USP*, v. 48, 1953.

TEIXEIRA, Sálvio de Figueiredo. A jurisprudência como fonte do direito. *Revista do Curso de Direito da Universidade Federal de Uberlândia*, v. 11, 1982.

TELLES JR., Goffredo. *A Constituição, a Assembleia Constituinte e o Congresso Nacional*. São Paulo: Saraiva, 1986.

TELLES JR., Goffredo. *A criação do direito*. São Paulo: Saraiva, 1953. v. 1 e 2; 2. ed. São Paulo: Juarez de Oliveira, 2004.

TELLES JR., Goffredo. *A democracia e o Brasil*. São Paulo: RT, 1965.

TELLES JR., Goffredo. A diferença específica da norma jurídica: atributividade e não coatividade. *RBF*, v. 4, fasc. 4, 1951.

TELLES JR., Goffredo. Direito subjetivo-I. *Enciclopédia Saraiva do Direito*, v. 28.

TELLES JR., Goffredo. Duas palavras. In: ALVES, Allôr Caffé et al. *O que é filosofia do direito?*. Barueri: Manole, 2003. p. 11-32.

TELLES JR., Goffredo. *Estudos*. São Paulo: Juarez de Oliveira, 2005.

TELLES JR., Goffredo. *Filosofia do direito*. São Paulo: Max Limonad, 1966. v. 1 e 2.

TELLES JR., Goffredo. *Iniciação na ciência do direito*. São Paulo: Saraiva, 2001.

TELLES JR., Goffredo. *Introdução à ciência do direito*. (Postilas) Fascs. 2, 3, 4 e 5, 1972.

TELLES JR., Goffredo. *O direito quântico*. 5. ed. São Paulo: Max Limonad, 1971.

TELLES JR., Goffredo. *O povo e o poder*. São Paulo: Malheiros, 2003.

TELLES JR., Goffredo. *Palavras do amigo aos estudantes de direito*. São Paulo: Juarez de Oliveira, 2003.

TELLES JR., Goffredo. Resistência violenta aos governos injustos. *RF*, 1955.

TELLES JR., Goffredo. *Tratado da consequência*. 2. ed. São Paulo: Bushatsky, 1962.

TEMER, Michel. *Elementos de direito constitucional*. São Paulo: RT, 1982.

TENÓRIO, Oscar. *Lei de Introdução ao Código Civil brasileiro*. 2. ed. Rio de Janeiro: Borsoi, 1955.

TERAN, Juan Manuel. *Filosofía del derecho*. 5. ed. México: Porrúa, 1971.

TERRÉ, François. Les lacunes du droit. In: PERELMAN, Chaïm (publ.). *Le problème des lacunes en droit*. Bruxelles: Émile Bruylant, 1968.

TESAURO, Alfonso. *Atti e negozi giuridici*. Padova: Cedam, 1933.

THOMASIUS, Cristian. *Fundamenta iuris naturae et gentium*. Halle: Salfeld, 1705.

THON, August. *Norma giuridica e diritto soggettivo*. 2. ed. Padova: Cedam, 1951.

THURNWALD, Richard. Origem, formação e transformação do direito. *Sociologia*, v. 3, n. 3, 1954.

TOBEÑAS, José Castán. *Teoría de la aplicación e investigación del derecho. Metodología y técnica operatoria en derecho privado positivo.* Madrid: Reus, 1947.

TOBEÑAS, José Castán. *Situaciones jurídicas subjetivas.* Madrid: Reus, 1963.

TORRÉ, Abelardo. *Introducción al derecho.* 6. ed. Buenos Aires: Abeledo-Perrot, 1972.

TORRENTE, Andrea. *Manuale di diritto privato.* 4. ed. Milano: Giuffrè, 1960.

TRABUCCHI, Alberto. *Istituzioni di diritto civile. Padova: Cedam, 1971.*

TRENDELENBURG, Adolfo. *Diritto naturale sulla base dell'etica.* Napoli: Jovene, 1873.

TREVES, Renato. El fundamento filosófico de la teoría pura del derecho de Hans Kelsen. *Cuadernos de Filosofía del Derecho,* Caracas, n. 2, 1968.

TREVES, Renato. *Introduzione alla sociologia del diritto.* Collana: Einaudi, 1977.

TRIAS, Eugênio. *Teoría de las ideologías.* Barcelona: Península, 1970.

TRINIDAD GARCÍA. *Introducción al estudio del derecho.* México: Porrúa, 1935.

TRIPICIONE. L'equità nel diritto. *RIFD,* ano 5, 1925.

VALDOUR, Jacques. *Les méthodes en science sociale.* Paris: A. Rousseau, 1927.

VALLADÃO, Haroldo. Capacidade de direito. *Enciclopédia Saraiva do Direito,* v. 13.

VALLADÃO, Haroldo. Direito comparado. *Enciclopédia Saraiva do Direito,* v. 25.

VALLADÃO, Haroldo. Direito internacional privado. *Enciclopédia Saraiva do Direito,* v. 27.

VALLADÃO, Haroldo. Direito intertemporal. *Enciclopédia Saraiva do Direito,* v. 27.

VALLADÃO, Haroldo. *História do direito brasileiro.* Rio de Janeiro: Freitas Bastos, 1972

VALVERDE Y VALVERDE, Calixto. *Tratado de derecho civil.* 4. ed. Madrid: Reus, 1935. v. 1.

VAN ACKER, Leonardo. Curso de filosofia do direito. *Revista da PUCSP,* v. 34 e 35, 1968.

VAN ACKER, Leonardo. Elementos de lógica clássica formal e material. *Revista da PUCSP,* v. 40, 1971.

VAN ACKER, Leonardo. Experiência e epistemologia jurídica. *RBF,* v. 19, fasc. 74, 1969.

VAN ACKER, Leonardo. *Introdução à filosofia: lógica.* São Paulo: Saraiva, 1932.

VAN ACKER, Leonardo. Sobre um ensaio de jusnaturalismo fenomenológico-existencial. *RBF,* v. 20, fasc. 78.

VANDER ELST. Antinomies en droit international privé. In: PERELMAN, Chaïm (publ.). *Les antinomies en droit.* Bruxelles: Émile Bruylant, 1965.

VANWELKENHUYZEN. De quelques lacunes du droit constitutionnel belge. In: PERELMAN, Chaïm (publ.). *Le problème des lacunes en droit.* Bruxelles: Émile Bruylant, 1968.

VAREILLES-SOMMIÈRES, Gabriel. *Les personnes morales.* Paris: F. Pichon, 1902.

VARELA, Antunes. *Direito das obrigações*. Rio de Janeiro: Forense, 1977.

VASCONCELOS, Arnaldo. *Teoria da norma jurídica*. Rio de Janeiro: Forense, 1978.

VELA, Luis. *El derecho natural en Giorgio del Vecchio*. Roma: Libreria editrice dell'Università Gregoriana, 1965.

VENÂNCIO FILHO. *A intervenção do Estado no domínio econômico*. Rio de Janeiro: Renovar, 1968.

VENOSA, Sílvio de Salvo. *Direito civil. Teoria geral*. São Paulo: Atlas, 1984. v. 1.

VERMEERSCH, A. *Cuestiones acerca de la justicia*. Madrid: Calleja, 1900.

VERNENGO, Roberto José. *Curso de teoría general del derecho*. 2. ed. Buenos Aires: Cooperadora de Derecho y Ciencias Sociales, 1976.

VERNENGO, Roberto José. *La interpretación literal de la ley y sus problemas*. Buenos Aires: Abeledo-Perrot, 1971.

VERÓN, Eliseo. *Conducta, estructura y comunicación*. Buenos Aires: Tiempo Contemporáneo, 1972.

VERÓN, Eliseo. *El proceso ideológico*. Buenos Aires: Tiempo Contemporáneo, 1971.

VICEN, Felipe Gonzáles. El positivismo en la filosofía del derecho contemporánea. *Revista de Estudios Políticos*, Madrid, 1950.

VICO, G. *Scienza nova*. Padova: Cedam, 1953.

VIEHWEG, Theodor. *Argumentação jurídica e modelo sistemático na história: a Era Moderna*. Trad. Ferraz Jr. Trabalho apresentado no Congresso Mundial de Filosofia do Direito e Social, em Bruxelas, em 1971.

VIEHWEG, Theodor. Ideologie und Rechtsdomatik. In: VIEHWEG, Theodor. *Ideologie und Recht*. Frankfurt: Maihofer, 1968.

VIEHWEG, Theodor. Some considerations concerning legal reasoning. In: VIEHWEG, Theodor. *Law, reason and Justice: essays in legal philosophy*. New York: Hughes, 1969.

VIEHWEG, Theodor. Tópica e jurisprudência: uma contribuição à investigação dos fundamentos jurídico-científicos. 5. ed. Porto Alegre: Fabris, 2008.

VIEHWEG, Theodor. *Tópica y jurisprudencia*. Madrid: Taurus, 1964.

VILANOVA, José M. *Filosofía del derecho y fenomenología existencial*. Buenos Aires: Cooperadora de Derecho y Ciencias Sociales, 1973.

VILANOVA, Lourival. *As estruturas lógicas e o sistema do direito positivo*. São Paulo: RT, 1977.

VILANOVA, Lourival. *Causalidade e relação no direito*. Recife: OAB-PE, 1985.

VILANOVA, Lourival. *Lógica jurídica*. São Paulo: Bushatsky, 1976.

VILANOVA, Lourival. Lógica, ciência do direito e direito. In: *VIII CONGRESSO INTERAMERICANO DE FILOSOFIA* E *V DA SOCIEDADE INTERAMERICANA DE FILOSOFIA. Anais [...]. 1972.*

VILANOVA, Lourival. *Sobre o conceito do direito.* Recife: Imprensa Oficial, 1947.

VILANOVA, Lourival. Teoria da norma fundamental. Separata do *Anuário do Mestrado em Direito*, n. 7, Recife-PE, 1976.

VILLAÇA DE AZEVEDO, Álvaro. *Direito civil*: teoria geral das obrigações. São Paulo: Bushatsky, 1973.

VILLAR PALASI. *La interpretación y los apotegmas jurídico-lógicos.* Madrid: Tecnos, 1975.

VILLEGAS, Rafael Rojina. *Introducción al estudio del derecho.* México: Porrúa, 1967.

VILLELA, J. B. O problema das lacunas do ordenamento jurídico e os métodos para resolvê-lo. *Revista da Faculdade de Direito da Universidade de Minas Gerais*, out. 1961.

VIRALLY, Michel. *La pensée juridique.* Paris: LGDJ, 1960.

VOLANSKY, Alexandre. *Essai d'une définition expressive du droit basée sur l'idée de bonne foi: étude de doctrine juridique.* Paris: Librairie de Jurisprudence Ancienne et Moderne/Édouard Duchemin, 1930.

VON KIRCHMAN, Julius Herman. *La jurisprudencia no es ciencia.* Madrid: Instituto de Estudios Políticos, 1949.

VON TUHR, Andreas. *Derecho civil.* Buenos Aires: Depalma, 1946. v. 1 e 2.

VON WRIGHT, Georg Henrik. An essay in deontic logic and the general theory of action. *Acta philosophica fennica XXI,* Amsterdam, 1968.

VON WRIGHT, Georg Henrik. *An essay in modal logic.* Amsterdam: North-Holland Publishing Company, 1951.

VON WRIGHT, Georg Henrik. *Logical studies.* London: Routledge and Kegan Paul, 1965.

VON WRIGHT, Georg Henrik. *Norm and action. A logical enquiry.* London: Routledge and Kegan Paul, 1963.

VON WRIGHT, Georg Henrik. *Norma y acción. Madrid: Tecnos, 1979.*

VYSHINSKIJ. Problemas del derecho y del Estado en Marx. In: CERRONE, U. (ed.). *Teorie sovietiche del diritto.* Milano: Giuffrè, 1964.

WACHTER. Della analogia legale e giuridica nel diritto penale. In: *Scritti germani*, v. 2.

WALD, Arnoldo. *Do mandado de segurança na prática judiciária.* Rio de Janeiro: Forense, 1968.

WARAT, Luís Alberto. *A definição jurídica: suas técnicas, texto programado.* Porto Alegre: Atrium, 1977.

WARAT, Luís Alberto. A procura de uma semiologia do poder. *IV Encontro Anual da Associação Nacional de Pós-graduação e Pesquisa em Ciências Sociais.*

WARAT, Luís Alberto. *Abuso del derecho y lagunas de la ley.* Buenos Aires: Abeledo--Perrot, 1969.

WARAT, Luís Alberto. *El derecho y su lenguaje.* Buenos Aires: Cooperadora de Derecho y Ciencias Sociales, 1976.

WARAT, Luís Alberto. El sentido común teórico de los juristas. *Contradogmáticas*, n. 1, 1981.

WARAT, Luís Alberto. *Mitos e teoria na interpretação da lei.* Porto Alegre: Síntese, 1979.

WARAT, Luís Alberto. *O direito e sua linguagem.* (Curso de pós-graduação.) Santa Catarina, 1983.

WEDBERG, Anders. *Some problems in the logical analysis of legal science*: theoria. Estocolmo, 1951. v. 18.

WENDELL HOLMES, Oliver. *The common law.* Boston: Little, Brown and Company, 1882.

WHITEHEAD, Johnson. Whitehead's theory of intuition. *The Journal of General Psychology*, 1947.

WIENER, Norbert. *Cibernética. São Paulo:* Polígono, 1970.

WILBERFORCE. *Draft report for New Delhi conference.* 1975.

WINDSCHEID, Bernardo. *Diritto delle Pandette.* Torino: UTET, 1902.

WOLF, Erik. Les lacunes du droit et leur solution en droit suisse. In: PERELMAN, Chaïm (publ.). *Le problème des lacunes en droit.* Bruxelles: Émile Bruylant, 1968.

WRÓBLEWSKI, J. La règle de décision dans l'application judiciaire du droit. In: PERELMAN, Chaïm (publ.). *La règle du droit.* Bruxelles: Émile Bruylant, 1971.

XAVIER TELES, A. *Introdução ao estudo da filosofia. São Paulo:* Ática, 1965.

ZARZANA, Dávio A. P. Direito tributário. *Enciclopédia Saraiva do Direito*, v. 28.

ZÉA, Arturo. *Derecho civil*: parte general. 6. ed. Bogotá: Themis, 1988. t. 1.

ZIEMBINSKY. "Analogia legis" et interprétation extensive. In: TRAVAUX DU II COLOQUE DE PHILOSOPHIE DU DROIT COMPARE. *La logique juridique.* Paris: Pedone, 1967.

ZIEMBINSKY. Les lacunes de la loi dans le système juridique polonais contemporaine et les méthodes utilisées pour les combler. In: PERELMAN, Chaïm (publ.). *Le problème des lacunes en droit.* Bruxelles: Émile Bruylant, 1968.

ZITELMANN, E. Las lagunas del derecho. *Revista General de Legislación y Jurisprudencia, España, 1922.*

ZITELMANN, E. *La ciencia jurídica. Buenos Aires: Losada, 1949.*

ZWEIGERT, Konrad. *Studium generale.* 1954.

2026/1